Sebastian Schipper, Lisa Vollmer (Hg.)

Wohnungsforschung

Ein Reader

W0040838

[transcript]

Bibliografische Information der Deutschen Nationalbibliothek

Die Deutsche Nationalbibliothek verzeichnet diese Publikation in der Deutschen Nationalbibliografie; detaillierte bibliografische Daten sind im Internet über http://dnb.d-nb.de abrufbar.

© 2020 transcript Verlag, Bielefeld

Umschlaggestaltung: Kordula Röckenhaus, Bielefeld
Übersetzung aus dem Englischen: Andrea Tönjes
Satz: Tabea Latocha
Druck: Friedrich Pustet GmbH & Co. KG, Regensburg
Print-ISBN 978-3-8376-5351-9
PDF-ISBN 978-3-8394-5351-3
https://doi.org/10.14361/9783839453513

Gedruckt auf alterungsbeständigem Papier mit chlorfrei gebleichtem Zellstoff.
Besuchen Sie uns im Internet: *https://www.transcript-verlag.de*
Unsere aktuelle Vorschau finden Sie unter *www.transcript-verlag.de/vorschau-download*

Inhalt

Historische Zugriffe

Soziologische Zugriffe

(Sozial-)Räumliche Zugriffe

Akteurszentrierte Zugriffe

Wohnungsforschung
Einleitung zu den Schlüsselwerken und Überblickstexten

Sebastian Schipper und Lisa Vollmer

Mietenwahnsinn stoppen, Wohnungsunternehmen enteignen, Wohnraumversorgung demokratisieren – so oder ähnlich lauten Forderungen, mit denen es der mietenpolitischen sozialen Bewegung gelungen ist, die Wohnungsfrage (wieder einmal) machtvoll auf die politische Tagesordnung zu setzen. Steigende Mieten, Wohnungslosigkeit und die Verdrängung von einkommensarmen Haushalten und von Gewerbe des täglichen Bedarfs aus »angesagten« Nachbarschaften haben zu Protesten ebenso wie zu zahlreichen konkreten Vorschlägen geführt, wie diesen Problemen zu begegnen ist. Die Mieter*innenbewegung wird dabei nicht müde, auf die strukturellen Ursachen hinter diesen Entwicklungen zu verweisen. Dabei kann sie auf die Erkenntnisse einer kritischen Wohnungsforschung zurückgreifen, wie sie mit diesem Band vorgestellt wird.

In vielen sozial- und raumwissenschaftlichen Disziplinen hat das Interesse an der Wohnungsforschung angesichts der derzeit vielerorts zu beobachtenden Rückkehr der Wohnungsfrage (Rink et al. 2015; Schönig 2013) und der damit verbundenen neuen Protestwelle (Rink/Vollmer 2019; Scheller 2019; Schipper 2018b; Vollmer 2019; Vogelpohl et al. 2017) wieder deutlich zugenommen. Zudem zeichnet sich aktuell ab, dass die in Deutschland bislang über viele Disziplinen fragmentierte und diskontinuierlich verlaufende Forschung zu Themen der Wohnraumversorgung sich explizit als Wohnungsforschung zu institutionalisieren beginnt (wie zum Beispiel durch Einrichtung der Reihe, in der dieser Band erscheint) und damit eine Entwicklung nachholt, die im angelsächsischen und nordeuropäischen Kontext seit geraumer Zeit unter dem Titel *Housing Studies* firmiert. Die stärkere Institutionalisierung der *Housing Studies* außerhalb Deutschlands zeigt sich unter anderem in der Publikation von überblicksartigen Handbüchern und Readern (Clapham et al. 2012; Moos 2019; Tighe/Mueller 2013), dem Vorhandensein eigener, den *Housing Studies* gewidmeter Zeitschriften[1] sowie verschiedener universitärer Forschungs-

---

1   Unter anderem Zeitschriften wie Housing Studies, Housing, Theory and Society, International Journal of Housing Policy, Housing and Society, Journal of Housing and the Build En-

institute[2]. Um zur weiteren Institutionalisierung der Wohnungsforschung auch in Deutschland beizutragen, möchten wir eine dieser Lücken schließen und mit dieser Publikation ausgewählte Schlüsselwerke der Wohnungsforschung versammeln.

Mit primärem Fokus auf das deutsche Wohnungssystem bringt das Handbuch sowohl klassische Texte als auch systematisierende Überblicksartikel der deutschsprachigen und internationalen Wohnungsforschung zusammen.[3] Gerade die Zusammenstellung dieser Textsorten scheint uns dringend geboten, denn die deutsche Wohnungsforschung tendiert – auch aufgrund der bislang fehlenden Institutionalisierung – dazu, ihre eigene Geschichte und den in früheren Phasen bereits erlangten Kenntnisstand zu vergessen, mit der Konsequenz Grundlagenwissen bei jeder neuen Welle der Nachfrage infolge einer Wohnungskrise neu aufarbeiten zu müssen (Schipper/Schönig i.E.; Frank/Schubert 1983). Statt der zyklischen Krisenhaftigkeit der Wohnraumversorgung mit ebenso zyklischer Forschung zu begegnen, müsste die Wohnungsforschung unserer Ansicht nach kontinuierlicher – auch und gerade antizyklisch zur gesellschaftlichen Aufmerksamkeit – aufgestellt sein, um etwa in Zeiten einer akuten Wohnungskrise kurzfristig wissenschaftlich wie gesellschaftlich relevante Ergebnisse produzieren zu können. Die Textzusammenstellung soll durch die Verknüpfung von Klassikern sowie aktuellen Überblicksartikeln einen Impuls in diese Richtung geben, indem sie Studierenden, Forschenden und einer breiteren Fachöffentlichkeit einen Einblick in die gesellschaftswissenschaftlich eingebetteten und interdisziplinär ausgerichteten Arbeiten aktueller sowie früherer Phasen der Wohnungsforschung bietet, die sich aus einer kritischen Perspektive mit Fragen der Wohnraumversorgung beschäftigen bzw. beschäftigt haben.

Wohnungsforschung als kritische Gesellschaftswissenschaft

Mit unserem Verständnis von Wohnungsforschung knüpfen wir an die Debatten und Definitionen der internationalen *Housing Studies* an (vgl. für eine Programma-

---

vironment, Journal of Housing Economics, Critical Housing Analysis, Housing Policy Debate und Radical Housing Journal.

2   Unter anderem Institute wie Comparative Housing Research Expertise Center (TU Delft), Institute for Housing and Urban Development Studies (Erasmus University Rotterdam), Socioeconomics of Housing department (Czech Academy of Science), Institute for Housing and Urban Research (Uppsala University), Critical Urban Sustainability Hub (Göteborg, Lund, Malmö, Uppsala), Housing and Communities (London School of Economics), Center for Housing Policy (University of York), Cambridge Center for Housing & Planning Research, Institute for Housing Studies (DePaul University, Chicago) und das Joint Center for Housing Studies (Harvard University).

3   Ganz herzlich danken wir Tabea Latocha für die Vereinheitlichung der Zitierweise der Texte und den Satz des Bandes.

tik der interdisziplinären Wohnungsforschung auch Schönig/Vollmer 2020). Den Gegenstand der Wohnungsforschung – Wohnraum – verstehen wir dabei als unter kapitalistischen Verhältnissen grundsätzlich strukturiert von seiner widersprüchlichen Eigenschaft als Ware einerseits und Grundbedürfnis andererseits (siehe Holm in diesem Band). Wohnraum als Immobilie ist kapitalistisch produziert und nimmt eine besondere Funktion in der Reproduktion gesellschaftlicher Verhältnisse insgesamt ein (siehe Aalbers und Christophers in diesem Band). Gleichzeitig ist Wohnraum als Zuhause ein menschliches Grundbedürfnis – das Bedürfnis nach einer Behausung ebenso wie nach einer räumlichen Verortung, die Zugang zu Infrastrukturen, sozialen Netzwerken und emotionalen Bindungen gewährt (siehe Häußermann und Siebel in diesem Band). Die Versorgung mit dem lebenswichtigen Gut Wohnung erfolgt unter kapitalistischen Bedingungen in der Regel vermittelt über Marktmechanismen und eingebunden in – zunehmend globale – Prozesse der Kapitalzirkulation. Nutzer*innen einer Wohnung müssen daher, sei es als Mieter*innen oder als Eigentümer*innen und damit fast immer Kreditnehmer*innen, über eine ausreichende Zahlungsfähigkeit verfügen, welche die profitable Verwertung des in der Wohnimmobilie investierten Kapitals auch im Vergleich zu konkurrierenden Anlagesphären sicherstellt. Ausgangspunkt der Wohnungsforschung ist somit das Grundproblem, dass der Verwertungsprozess des Kapitals im Wohnungssektor im Widerspruch zu den Erfordernissen einer ausreichenden Reproduktion der Klasse der Lohnabhängigen steht (siehe Aalbers und Christophers, Krätke sowie Engels in diesem Band; vgl. auch Madden/Marcuse 2016).

Aus diesem grundsätzlichen Widerspruch ergibt sich, dass die Ausgestaltung der Wohnraumversorgung ständigen, konflikthaften gesellschaftlichen Aushandlungsprozessen unterliegt (Harloe 1995). Auf der einen Seite wirken die Verwertungsinteressen von Immobilieneigentümer*innen, ihre Organisationen, Verbände und Lobbygruppen darauf hin, die Wohnraumversorgung möglichst lukrativ für sie zu gestalten. Dies muss nicht immer geschehen, indem die Wohnraumversorgung möglichst marktförmig organisiert wird – gerade das deutsche System des sozialen Wohnungsbaus hat sich als äußerst profitabel für private Immobilieneigentümer*innen und -anleger*innen erwiesen (siehe Niethammer in diesem Band; vgl. auch Prigge/Kaib 1988). Die Interessen des Immobilienkapitals werden also auch in staatliche Institutionen und Gesetze eingeschrieben. Auf der anderen Seite drängen die Nutzer*innen von Wohnraum darauf, dass dieser für sie bezahlbar, erreichbar und in Größe, Ausstattung und Lage angemessen ist. Auch sie haben sich organisiert in Mieter*innenvereinen und sozialen Bewegungen und versuchen ihre Interessen auf politisch-institutionellem Wege, über Gewerkschaften und Sozialverbände und auf der Straße durchzusetzen. Die konflikthafte Aushandlung erfolgt dabei in Wellen mit Hochphasen, wenn sich eine Wohnungskrise besonders bemerkbar macht; d.h. wenn nicht nur marginalisierte Bevölkerungsgruppen, sondern auch Mittelschichthaushalte betroffen sind (siehe Vollmer in diesem Band). Angesichts dieser Konstellation greift der Staat jeweils abhängig vom Stand der gesellschaftlichen Kräfteverhältnisse sowie der historisch spezifischen Gesellschaftsformation regelmäßig mit diversen Instrumenten mehr oder weniger intensiv in die Wohnungsversorgung ein. Die widersprüchliche Bindung der Wohnungsfrage an kapitalistische Verwertungsinteressen sowie soziale Grundbedürfnisse ist zudem Ausdruck der generellen Doppelbindung von Wohlfahrtsregimen an die Marktwirtschaft einerseits und die in Demokratien notwendige Organisation gesellschaftlicher Mehrheiten andererseits. Diese Doppelbindung führt dazu, dass »wohlfahrtsstaatliches Handeln strukturell zerrissen [ist] zwischen den sich ausschließenden Anforderungen der Akkumulation und Legitimation« (Lessenich 2016: 5). Wir verstehen die Wohnraumversorgung daher als Teil der wohlfahrtsstaatlichen Daseinsvorsorge (siehe Torgerson in diesem Band; vgl. auch Harloe 1995), als Infrastruktur in Wohlfahrtsregimen (Schönig/Vollmer 2020). Damit ist auch der Wandel der Wohnraumversorgung als Element der Transformationsprozesse von Wohlfahrtsregimen zu begreifen, deren Theoretisierung einiges an Erklärungspotential für die Wohnungsforschung bereithält.

Das Erkenntnisinteresse der Wohnungsforschung fokussiert dabei auf die Analyse der geschichtlichen Gewordenheit des jeweils bestehenden gesellschaftlichen Regimes der Wohnraumversorgung inklusive seiner Krisentendenzen, Antagonismen und vielschichtigen Widersprüche. Untersucht wird erstens, wie Kapital im Wohnungssektor zirkuliert (siehe Aalbers und Christophers sowie Holm in diesem Band; vgl. auch Aalbers 2016; Belina 2018, 2017), wie es dort zu einer räumlich ungleichen Entwicklung in Phasen der Abwertung und der Gentrifizierung kommt (siehe Jensen und Schipper in diesem Band; vgl. auch Bernt 2012; Clark 1995; Friedrichs/Blasius 2016; Holm 2014; Lees et al. 2008; Smith 2002, 1996, 1979; Üblacker 2018; Vollmer 2018), wie krisenhafte Prozesse der Überakkumulation mit Investitionen in die gebaute Umwelt als sekundärem Kapitalkreislauf zusammenhängen (Gotham 2009; Harvey 2012, 1982 [2006]) und wie über den Ausschlussmechanismus des Privateigentums an Grund und Boden die (private) Aneignung von städtischen Grundrenten ermöglicht wird (siehe Brede et al. in diesem Band; vgl. auch Haila 2016; Krätke 1991). Zweitens richtet ein weiterer Strang der Wohnungsforschung den Blick auf wohnungspolitische Transformationsprozesse und die damit verbundenen gesellschaftlichen Konflikte (siehe Matznetter, Schönig und Vollmer, Bernt sowie Vollmer in diesem Band; vgl. auch Castells 1983; Schipper 2018b; Vogelpohl et al. 2017), um etwa die politische Durchsetzung von Marktmechanismen durch die Privatisierung und Finanzialisierung des Wohnens (siehe Heeg in diesem Band; vgl. auch Aalbers 2016; Calbet Elias 2017; Fields/Uffer 2016; Klus 2013; Unger 2018) nachzuzeichnen sowie deren sozialräumliche Effekte in Form von Verdrängung, Segregation, Wohnungsnot und Unsicherheit zu beleuchten (siehe DeFilippis und Fraser in diesem Band; vgl. auch Beran/Nuissl 2019; Bernien 2017; Bernt/Holm 2009; Dangschat 1997; Frank 2017; Marcuse 1986; Helbrecht 2016). Darüber hinaus untersuchen zahlreiche Arbeiten drittens, wie Wohnen mit der Reproduktion sozialer Ungleichheit und gesellschaftlicher Machtverhältnisse sowie mit Ideologien des Privateigentums, rassistischen Diskriminierungen und Geschlechterverhältnissen verwoben ist (siehe Häußermann und Siebel sowie Frank in diesem Band; vgl. auch Hayden 2004; Künkel 2018; Weresch 2005). Schließlich widmet sich ein vierter Strang der Erarbeitung und Analyse progressiver wohnungspolitischer Alternativen, wobei Wissenschaftler*innen oft die Vorschläge von sozialen Bewegungen aufgreifen und systematisieren (siehe Novy sowie Krätke in diesem Band; vgl. auch Autor*innenkollektiv 2018; Balmer/Bernet 2017; Horlitz 2017; Krätke 1985; Kuhnert/Leps 2017; Sarnow 2019; Schipper 2018b; Vollmer 2018; Vollmer/Kadi 2018). Wohnungsforschung als kritische Gesellschaftswissenschaft versteht sich in diesem Sinne immer auch als Intervention in die Praxis, als angewandte Wissenschaft im Sinne derjenigen, die aus ökonomischen, geschlechtsspezifischen, rassistischen, aufgrund ihres Alters oder anderen Gründen durch Praxen der sozialen Ausgrenzung bei der Wohnraumversorgung benachteiligt und von den etablierten Institutionen der gesellschaftlichen Hegemonieproduktion und den politischen Entscheidungsprozessen weitgehend ausgeschlossen sind. Diese Form des Anwendungsbezugs und der Transdisziplinarität steht aber nicht im Widerspruch zu gesellschaftswissenschaftlichen Perspektiven, die grundlagenorientiert und gesellschaftstheoretisch informiert forschen. Ansätze der politischen Ökonomie, der materialistischen Staatstheorie, der Regulationstheorie, der Wohlfahrtsregimeforschung, der *Gender Studies* und poststrukturalistischer Gesellschaftstheorien können dabei einen jeweils spezifischen Beitrag für unterschiedliche Erkenntnisinteressen leisten. Ihre Integration bleibt in der Wohnungsforschung – ebenso wie in anderen Forschungsbereichen – eine lohnenswerte Herausforderung. Es ist unsere Überzeugung, dass gesellschaftstheoretische Perspektiven die Voraussetzung für eine kritische und transdisziplinär angewandte Wohnungsforschung darstellen, weil sie es ermöglichen, gesellschaftliche Prozesse zu durchdringen und Alternativen zu denken.

Die vier skizzierten Stränge machen deutlich, dass die Wohnraumversorgung ein komplexer Forschungsgegenstand ist, der aus ganz unterschiedlichen disziplinären Perspektiven und mit verschiedensten Methoden betrachtet und erforscht wird. Forschung zu Wohnraumversorgung und Wohnen findet sich in Soziologie, Geographie, Politikwissenschaften, Planungswissenschaften, Architektur und Städtebau, Ökonomie oder auch Geschichtswissenschaft. Der Band versammelt deshalb Texte von Autor*innen mit unterschiedlichen disziplinären Hintergründen, was sich nicht nur am Gegenstand der Beiträge, sondern auch in deren Herangehensweise und Stil bemerkbar macht. Wohnungsforschung als kritische Gesellschafswissenschaft ist in unserem Verständnis gesellschaftstheoretisch fundiert, interdisziplinär und praxisrelevant transdisziplinär.

Auswahl der Texte und Aufbau des Bandes

Den Anstoß zur Zusammenstellung dieser Texte lieferte ein interdisziplinäres Doktorand*innenkolloquium, das 2018 am Institut für Europäische Urbanistik der Bauhaus-Universität Weimar im Rahmen einer Workshop-Reihe zur Wohnungsforschung stattfand. Auf dem Kolloquium und in der Workshop-Reihe wurde immer wieder der Wunsch von Teilnehmenden geäußert, die disziplinär und institutionell fragmentierte Forschungslandschaft besser zu vernetzen. So entstand erstens ein Mailverteiler[4] und zweitens die Idee, kollektiv eine »must-read«-Liste mit Grundlagenliteratur für Studierende und Promovierende zu erstellen. Nach einer strukturierten Umfrage über den Mailverteiler zu den drei zentralen Texten, die jede*r Wohnungsforscher*in gelesen haben sollte, stellte sich jedoch schnell heraus, dass die Fragmentierung der Forschungslandschaft sich auch darin widerspiegelt, was als Grundlagenliteratur gelten soll. So wurden zwar einige der Texte aus unserem ersten Abschnitt »polit-ökonomische Zugriffe« mehrfach genannt – ansonsten ergab sich aber eine lange Liste mit eher spezieller Literatur. Aus diesem Grund haben wir uns entschieden, die Zusammenstellung der Texte stärker zu kuratieren. Unweigerlich spiegelt die Auswahl dabei auch unsere eigenen disziplinären Hintergründe und Forschungsinteressen wider. Unser Bestreben war dennoch, ein möglichst breites Feld solcher Publikationen aufzunehmen, die unser eben skizziertes Verständnis einer kritischen Wohnungsforschung abbilden. Entstanden ist so eine Sortierung entlang von polit-ökonomischen, historischen, soziologischen, (sozial-)räumlichen sowie akteurszentrierten Zugriffen. Unvermeidbar ergeben sich durch die Auswahl der fünf Zugriffe und die Begrenzung auf insgesamt 19 Texte Leerstellen in thematischer, methodischer und disziplinärer Hinsicht. Gerne hätten wir zum Beispiel auch Beiträge zur Wohnungsfrage aus ökologischer Sicht (vgl. Debatte dazu in sub\urban Bd. 8 Nr. 1/2 2020, zur Wohnungsfrage im ländlichen Raum Steinführer et al. 2018, Schönig 2020), zu selbstgenutztem Wohneigentum (Bourdieu 2002; Ronald et al. 2015), zu rassistischen Ausschlüssen auf dem Wohnungsmarkt (vgl. Domann 2016) und zur Frage von Wohnraum und sozialer Reproduktion und dem Zusammenhang mit Geschlechterverhältnissen (Becker 2008; Reuschke 2009) aufgenommen, mussten aber aus Platzgründen darauf verzichten. Unterrepräsentiert sind auch Texte, welche die baulich-räumliche Dimension der Wohnraumversorgung und ihres Wandels reflektieren (Aue 2015; Schönig 2018; Swenarton et al. 2015). Im Folgenden stellen wir die einzelnen Texte und Zugriffe kurz vor und betten sie in die breitere wissenschaftliche Debatte ein.

---

4   wohnungsforschung@lists.riseup.de

Polit-ökonomische Zugriffe

Unter der Überschrift »Polit-ökonomische Zugriffe« sind gesellschaftstheoretische Perspektiven auf Wohnungsforschung versammelt, welche die gesellschaftliche Produktion und Verteilung von Wohnraum im Verhältnis zu gesellschaftlichen Machtbeziehungen, Regulationsweisen und politischen Systemen samt den darin eingelagerten Widersprüchen und Konflikten in den Blick nehmen. Ausgewählt haben wir Beiträge der marxistisch geprägten Kritik der politischen Ökonomie, der Wohlfahrtsregimeforschung sowie der international vergleichenden Wohnungsforschung.

Eröffnet werden die polit-ökonomischen Zugriffe von einem Artikel, den **Manuel Aalbers** und **Brett Christophers** 2014 unter dem Titel »Centring Housing in Political Economy« in der Zeitschrift *Housing, Theory and Society* publiziert haben. Der für diesen Band ins Deutsche übersetzte Text[5] bietet einen umfassenden Überblick zur politischen Ökonomie des Wohnens und argumentiert darüber hinaus, dass die Wohnungsfrage einen zentralen, aber in der politischen Ökonomie zugleich häufig unterschätzten und vernachlässigten Stellenwert im Verständnis kapitalistischer Gesellschaften einnimmt. Indem die beiden Autoren aufzeigen, wie die Wohnraumversorgung in Prozesse der Kapitalzirkulation und ökonomischen Krisenbearbeitung, der sozialen Reproduktion und sozialräumlichen Ungleichheit sowie der Ideologieproduktion und hegemonialen Machtausübung eingebettet ist, rücken sie die Wohnungsforschung vom Rand ins Zentrum der politischen Ökonomie.

Der zweite Beitrag »Wohnung als Ware« von **Andrej Holm**, welcher erstmalig 2011 in der Zeitschrift *Widersprüche* erschienen ist, widmet sich der Ökonomie und Politik der Wohnraumversorgung mit Fokus auf den deutschen Kontext. Dank seiner pointierten Darstellung, eingängigen Sprache und anschaulichen Beispiele hat sich der Text in Lehrveranstaltungen und anderen Bildungskontexten vielfach als Einstieg bewährt. Der widersprüchliche Doppelcharakter der Ware Wohnraum, als Gebrauchswert zugleich Träger von Tauschwert zu sein, und die darin angelegten sozialen Interessensgegensätze und Konflikte zwischen Mieter*innen und Eigentümer*innen dienen dem Autor als Ausgangspunkt. Darauf aufbauend diskutiert Holm die Funktion von Wohnungen als zinstragende Kapitalanlage, die Finanzialisierung und Privatisierung der Wohnraumversorgung, die strukturelle Unvollkommenheit und soziale Blindheit von Wohnungsmärkten sowie die machtvolle Rolle von »Immobilien-Verwertungs-Koalitionen« bei der Gestaltung von Woh-

---

5   Angesichts der komplexen Argumentation, der voraussetzungsvollen Sprache und dem zentralen Stellenwert haben wir uns dazu entschieden, den Text von Manuel Aalbers und Brett Christophers ins Deutsche zu übersetzen. Vorgenommen hat diese Arbeit Andrea Tönjes von SocioTrans – Social Science Translation & Editing.

nungspolitik und Stadtentwicklung. Zugleich skizziert er hoch aktuelle Perspektiven für eine sozialorientierte Wohnungspolitik, die auf eine Entmachtung der »Immobilien-Verwertungs-Koalitionen« sowie auf eine Dekommodifizierung, Vergesellschaftung und Demokratisierung der Wohnraumversorgung abzielen.

Der anschließende Beitrag »Politische Ökonomie des Wohnungsbaus und der Stadtentwicklung« von **Stefan Krätke** ist erstmalig 1988 in dem Sammelband *Sozialer Wohnungsbau im internationalen Vergleich*, herausgegeben von Walter Prigge und Wilfried Kaib, erschienen. Wir haben uns für eine Wiederveröffentlichung dieses Textes entschieden, weil er erstens einen Rückblick auf die polit-ökonomische Wohnungsforschung in Deutschland in ihrer Blütezeit der 1970er Jahre (vgl. Andritzky/Selle 1979; Behnke et al. 1976; Brede et al. 1976; Brede et al. 1975; Herlyn/Herlyn 1976; Niethammer 1979; Riege 1972) bietet, wodurch erstaunliche Parallelen, aber auch Differenzen zu heutigen Debatten sichtbar werden. Zweitens argumentiert der Autor wissenschaftssoziologisch, wie ein »dogmatischer Ableitungsmarxismus« sowie eine »antireformistische Attitüde« die institutionelle Etablierung einer Wohnungsforschung in Deutschland – im Unterschied zu Ländern wie den USA, England oder Frankreich – unattraktiv gemacht und letztlich verhindert hat. Die Folgen dieser ausgebliebenen institutionellen Verankerung sind, wie bereits oben angesprochen, bis heute spürbar, da eine langfristige Entwicklung von Debattensträngen ausgeblieben ist (vgl. Frank/Schubert 1983; Schipper/Schönig i.E.). Drittens skizziert der Beitrag mögliche Perspektiven für eine Renaissance polit-ökonomischer Wohnungsforschung unter Rückgriff auf damals innovative regulationstheoretische Ansätze, wie sie Ende der 1980er Jahre in die Stadtforschung eingeführt wurden (vgl. auch Esser/Hirsch 1987) und dort bis heute diskutiert und angewandt werden (siehe Heeg und Vollmer in diesem Band; vgl. auch Brenner 2004; Mayer 2003).

Die beiden bei Suhrkamp in den 1970er Jahren erschienenen Monographien »Ökonomische und politische Determinanten der Wohnungsversorgung« (Brede et al. 1975) sowie »Politische Ökonomie des Bodens und Wohnungsfrage« (Brede et al. 1976) haben Pionier- und Grundlagenarbeit für eine kritische Wohnungsforschung geleistet und werden daher auch heute noch vielfach als Klassiker zitiert. Die Kapitel 2 und 4 aus »Politische Ökonomie des Bodens und Wohnungsfrage« werden hier erneut abgedruckt, weil dort die zentralen Kategorien Bodenpreis und Grundrente sowie ihr Verhältnis zueinander bestimmt werden und zudem ein Einblick in die zeitgenössischen Debatten um das Verhältnis von Boden- und Wohnungsfrage gewährt wird. In Tradition der Marx'schen Kritik der politischen Ökonomie definieren **Helmut Brede, Barbara Dietrich** und **Bernhard Kohaupt** die Grundrente als Tauschwert für den monopolisierten Gebrauchswert des Bodens bzw. als Geldsumme, »die der Grundeigentümer jährlich aus der Verpachtung [oder Vermietung] eines Stücks des Erdballs bezieht« (Marx 1988 [1893]: 636). Bei der ökonomischen Verwertung des Grundeigentums handelt es sich demnach um eine Form der Aneignung des gesellschaftlich geschaffenen Mehrwerts, die auf der Institution des Privateigentums an Grund und Boden aufbaut. Die drei Autor*innen vertreten hier noch die ältere Theorie städtischer Grundrente basierend auf der Annahme, dass eine relativ homogene Klasse von traditionellen Grundeigentümer*innen ihre Monopolmacht nutzt, um auf Kosten sowohl des Kapitals als auch der Lohnarbeit Bestandteile des Mehrwerts anzueignen. Aktuelle Arbeiten zur städtischen Grundrente bauen zwar auf den Erkenntnissen der älteren Klassiker auf, argumentieren jedoch vor dem Hintergrund von Finanzialisierung und Globalisierung der Grundstücksverwertung (siehe Heeg in diesem Band), dass es in den letzten Jahrzehnten zu einer Verschmelzung von Kapital und Grundeigentum gekommen sei. Die Durchkapitalisierung des Grundeigentums habe zur Auflösung einer sozial abgegrenzten Klasse von Grundeigentümer*innen geführt, da Boden mittlerweile als reine Finanzanlage und fiktives Kapital analog zu anderen Anlageformen wie etwa Aktien oder Staatsanleihen verwertet wird (Haila 2016; Harvey 1982 [2006]; Krätke 1991).

Überlegungen zur Grundrente sind auch der Ausgangspunkt einer weiteren Ausprägung der Wohnungsforschung: der Gentrifizierungsforschung (einen Überblick bieten z.B. Lees/Phillips 2018; Lees et al. 2015; Lees et al. 2008; Vollmer 2018). Gentrifizierung meint einen Prozess der baulichen und/oder diskursiven Aufwertung einer Nachbarschaft, durch den ärmere Bevölkerungsschichten durch reichere verdrängt werden (Bernt/Holm 2009). Die Gentrifizierungsforschung hat sich lange mit Debatten darum aufgehalten, ob die Ursachen für Gentrifizierung nachfrageseitig oder angebotsseitig zu erklären sind; ob also die gestiegene Nachfrage nach innerstädtischem Wohnraum durch Mittelschichten zur Verdrängung von ärmeren Bevölkerungsteilen führt oder ob immobilienwirtschaftliche Interessen dahinterstehen. Neil Smith hat schon in seinem klassischen Aufsatz von 1979 darauf hingewiesen, dass aus einer polit-ökonomischen Perspektive diese Unterscheidung zwischen Angebot und Nachfrage wenig sinnvoll ist (deutsche Übersetzung und aktuelle Einordnungen des Textes in sub\urban 2019). Auf dieses Verständnis nimmt auch der Beitrag von Susanne Frank (in diesem Band) Bezug, wenn sie aus soziologischer Sicht betont, dass die gestiegene Nachfrage nach innerstädtischem Wohnraum durch Mittelschichten auch auf wohnungspolitische Entscheidungen und immobilienwirtschaftliche Interessen zurückzuführen ist. **Sebastian Schipper** und **Inga Jensen** entwerfen in ihrem 2018 in der Zeitschrift *Prokla* erschienenen Beitrag »Jenseits von schwäbischen Spätzlemanufakturen und kiezigen Kneipen« eine kurze Programmatik einer polit-ökonomischen Perspektive auf Gentrifizierung und nehmen dabei Bezug auf die *rent gap* Theorie von Neil Smith, die urbane politische Ökonomie von David Harvey sowie Forschungsarbeiten zur Neoliberalisierung des Städtischen. Dabei grenzen sie sich von in der Öffentlichkeit gängigen – und überaus wirkmächtigen – Interpretationen von Gentrifizierung ab, die einzelne Personengruppen für deren Auftreten verantwortlich machen.

Neben dezidiert polit-ökonomischen Zugriffen haben wir zwei exemplarische, oft zitierte Klassiker der *Housing Studies* ausgewählt: die Anwendung der Perspektive der Wohlfahrtsregimeforschung in der Wohnungsforschung (Arbaci 2007; Hoekstra 2010; Kemeny 2001; Kleinman 1996) durch Ulf Torgersen sowie die international vergleichende Wohnungsforschung, wie sie Walter Matznetter zusammengefasst hat. **Ulf Torgersen** argumentiert in seinem 1987 in dem Journal *Scandinavian Housing and Planning Research* erschienenen Artikel »Housing: the Wobbly Pillar under the Welfare State«, dass die Wohnraumversorgung als eine Säule der wohlfahrtstaatlichen Daseinsvorsorge betrachtet werden sollte, obschon dies in der »klassischen« Wohlfahrtsregimeforschung selten geschieht (Matznetter/Mundt 2012: 276). Dabei arbeitet er heraus, dass sich die Wohnraumversorgung von der Organisation der anderen Bereiche der wohlfahrtstaatlichen Versorgung (wie z.B. Renten, Bildung oder Gesundheit) durch eine Reihe von institutionellen Besonderheiten grundlegend unterscheidet, was sie zu einer besonders »wackeligen Säule« des Wohlfahrtsstaates macht.

Die international vergleichende Wohnungsforschung nimmt stark Bezug auf die Wohlfahrtsregimeforschung (Matznetter/Mundt 2012; Kemeny/Lowe 1998). Dabei knüpft sie an die Typologisierung von Wohlfahrtsregimen als historisch und national spezifische Arrangements zwischen Staat, Markt und Haushalt bzw. Familie an, wie sie Gøsta Esping-Andersen entwickelt hat (Esping-Andersen 1990; Lessenich/Ostner 1998). **Walter Matznetter** fasst den Stand der vergleichenden Wohnungsforschung in dem viel zitierten Vortrag »Quo vadis, comparative housing research?« zusammen, den er 2006 auf der Konferenz des *European Network of Housing Research* gehalten hat. Er zeichnet die Debatten um die Fragen nach, ob sich nationale Wohnraumregime angesichts von internationalen gesellschaftlichen Transformationsprozessen divergent oder konvergent entwickeln; ob sich differente nationale Wohlfahrtregime direkt in nationalen Wohnraumregimen abbilden oder eine unabhängige Typologisierung sinnvoller ist; und ob der Wandel von nationalen Wohnraumregimen stärker von internationalen Restrukturierungsprozessen oder von einmal etablierten Eigentums- und Siedlungsstrukturen abhängen, die zukünftige Entwicklungen determinieren. Dabei zeigt er Forschungsbedarf für die Zukunft auf, der immer noch aktuell ist.

Historische Zugriffe

Die Kategorie »Historische Zugriffe« ist auf verschiedene Weisen zu verstehen: Neben einem Überblick zur historischen Entwicklung der Wohnungspolitik in Deutschland steht der zeitgenössische Klassiker »Zur Wohnungsfrage« von Friedrich Engels aus dem 19. Jahrhundert sowie der Rückblick eines Historikers auf den sozialen Wohnungsbau in Europa und ein Beitrag, der im internationalen

Vergleich unterschiedlich hohe Wohneigentumsquoten auf historisch gewachsene Pfadabhängigkeiten zurückführt.

Der erste historische Zugriff von **Barbara Schönig** und **Lisa Vollmer** wurde ausgewählt, weil er alle Phasen der Wohnungspolitik in Deutschland vom Kaiserreich bis heute umfasst und sowohl auf die BRD als auch die DDR eingeht. Viele Überblickswerke verzichten auf Einbezug aller Phasen und Systeme (einen eher seltenen Vergleich zwischen NS, BRD und DDR zieht Schildt (1998)) oder sie sind, wie zum Beispiel die »Geschichte des Wohnens« der Deutschen Verlagsanstalt (1996-2000) als mehrbändige Werke angelegt. Mit einem ähnlichen Grundverständnis der Wohnungsforschung, wie wir es auch in diesem Band vertreten, skizzieren die Autorinnen in ihrem 2018 in *Informationen zur Raumentwicklung* veröffentlichten Artikel »Wohnungsnot gestern und heute« die jeweils spezifischen Wohnungsfragen für die unterschiedlichen Phasen der Wohnungspolitik, die regulatorischen Antworten darauf und die in deren Formulierung involvierten Akteure. Die Autorinnen kommen zu dem Schluss, dass die deutsche Wohnungspolitik mit Ausnahme der DDR über alle Phasen hinweg davon gekennzeichnet gewesen ist, dass staatliche Interventionen nur als Reaktion auf akute Krisen erfolgen und dementsprechend zurückgenommen werden, sobald die jeweilige Krise (vermeintlich) vorbei ist (siehe Niethammer in diesem Band).

Der 1872/73 von **Friedrich Engels** erstmals als Artikelserie im *Volksstaat*, dem Organ der Sozialdemokratischen Arbeiterpartei, publizierte Text »Zur Wohnungsfrage« gilt als Klassiker und historischer Ausgangspunkt kritischer Wohnungsforschung. Er liest sich stellenweise bemerkenswert aktuell und bietet dadurch zahlreiche Anregungen für heutige Debatten. Dies betrifft etwa die strukturellen Ursachen von Wohnungsnot in kapitalistischen Gesellschaften (siehe Holm in diesem Band; vgl. auch Belina 2017), die Skizzierung von Prozessen der ökonomischen Inwertsetzung und Verdrängung, die heute unter dem Begriff Gentrifizierung diskutiert werden (Beran/Nuissl 2019; Bernt/Holm 2009; Helbrecht 2016; Marcuse 1986), oder die herausgehobene gesellschaftliche Rolle des Kleinbürgertums bzw. der Mittelschicht, wenn es um die Politisierung der Wohnungsfrage und daraus möglicherweise resultierende staatliche Interventionen geht (siehe Niethammer und Vollmer in diesem Band). Von selbigen verspricht sich Engels freilich wenig, da er die Wohnungsnot für eine »notwendige Institution« hält, die »nur beseitigt werden« könne, »wenn die ganze Gesellschaftsordnung, der sie entspringt, von Grund aus umgewälzt wird.« Ausgehend von diesem revolutionären Postulat weist Engels in seinem polemisch geschriebenen Artikel im ersten Abschnitt die Reformvorschläge des Anarchisten Pierre-Joseph Proudhon, der zur Lösung der Wohnungsfrage Arbeiter*innen zu Eigentümer*innen an Grund und Boden machen will, vehement als kleinbürgerlichen Sozialismus zurück. Ebenso hart geht er im zweiten Abschnitt mit den Vorschlägen des bürgerlichen Nationalökonomen Emil Sax als exemplarischen Vertreter der Bourgeoisie ins Gericht. Engels Klas-

siker wird hier in Auszügen abgedruckt, da der Text ausgehend von den zeitgenössischen Auseinandersetzungen zwischen Marxist*innen, Anarchist*innen und
bürgerlichen Wohnreformer*innen einen Einblick in die strukturellen Gründe für
die beständige Wiederkehr der Wohnungsfrage ermöglicht und weil bemerkens-
werte Bezüge zu Debatten der Wohnungsforschung heute sichtbar werden.[6]

Der dritte historische Zugriff in unserem Band erfolgt durch den Historiker
Lutz Niethammer, welcher Ende der 1980er Jahre und damit in der Frühphase
der Neoliberalisierung, als der Abbau öffentlicher Subventionen im Mietwoh-
nungssektor, die Abschaffung der Wohnungsgemeinützigkeit und die drohende
Privatisierung öffentlicher Wohnungsbestände bereits absehbar waren, einen international vergleichenden »Rückblick auf den sozialen Wohnungsbau« geworfen
hat (zuerst erschienen in Prigge/Kaib 1988). Ausgehend von frühen Experimenten
mit staatlichen Interventionen im späten 19. Jahrhundert, über die Hochphasen
eines öffentlich finanzierten und z.T. auch öffentlich getragenen Wohnungsbaus
im Anschluss an die beiden Weltkriege bis hin zur Abkehr von der Objektförderung in den 1980er Jahren analysiert Niethammer überblicksartig den sozialen
Wohnungsbau, wie er den Alltag breiter Bevölkerungsschichten in vielen europäischen Ländern über Jahrzehnte hinweg geprägt hat. Dabei kann er zeigen, dass
der soziale Wohnungsbau nicht von einem breiten gesellschaftlichen Konsens
getragen wurde. Vielmehr wurde seine massenhafte Ausbreitung durch soziale
Krisen in Gestalt der Folgen von abruptem Bevölkerungswachstum, Kriegen und
ökonomischen Konjunktureinbrüchen begünstigt. In die Strukturen des sozialen
Wohnungsbaus eingeschrieben war daher der stets mögliche und später auch
tatsächlich erfolgte Rückzug des Staates qua Förderstopp und Privatisierung.
Sobald die systemgefährdenden gesellschaftlichen Ungleichgewichte und Krisen-
erscheinungen als überwunden galten, wurde die Wohnraumversorgung wieder
sukzessive dem Markt und privaten Akteuren überlassen. Ziel der staatlichen
sozialen Wohnbauförderung war somit nie die dauerhafte Vergesellschaftung
und Demokratisierung der Wohnraumversorgung, die Ermöglichung alternativer
Lebensweisen jenseits der Kleinfamilie oder die Herausbildung kollektiver Iden-
titäten unter den Bewohner*innen. Bezogen auf aktuelle Debatten sowohl in der
Wohnungsforschung als auch der Mieter*innenbewegung, die sich beide für eine
Rückkehr des sozialen Wohnungsbaus stark machen, bietet die von Niethammer
vorgelegte Analyse wertvolle Anregungen, wie ein stadträumlich, gestalterisch,
organisatorisch und in seiner Versorgungsreichweite grundlegend erneuerter
sozialer Wohnungsbau konzipiert sein müsste (Scanlon et al. 2014; Schönig 2018;
Kuhnert/Leps 2017) und woher die gesellschaftliche Basis für seine Durchsetzung

---

6   Die ungekürzte Version des Textes findet sich hier: www.mlwerke.de/me/me18/me18_209.
htm#Kap_I

kommen könnte (Vollmer/Kadi 2018). Dies betrifft etwa die demokratische Organisierung und dezentrale Verwaltung der Wohnungsbestände, die gleichzeitige Ausrichtung auf untere und mittlere Einkommensgruppen, die dauerhafte Preis- und Belegungsbindung, die Absicherung vor einer zukünftig drohenden Privatisierung, die Ermöglichung von Lebensweisen jenseits der Kleinfamilie und viele weitere Fragen, die in diesen Kontexten gegenwärtig diskutiert werden (Holm et al. 2015; Kuhnert/Leps 2017).

Ein vierter historischer Zugriff wendet ein zentrales Konzept der Wohlfahrtsregimeforschung an: die institutionelle Pfadabhängigkeit. In seinem Aufsatz »Urban history matters: Explaining the German-American homeownership gap«, 2016 in *Housing Studies* erschienen, führt **Sebastian Kohl** am Beispiel der unterschiedlich hohen Wohneigentumsquoten in Deutschland und den USA den hohen Einfluss bereits im 19. Jahrhundert geschaffener Institutionen auf die nationale Ausprägung von Wohnraumregimen vor. Er zeigt dabei auf, dass gängige Erklärungsansätze für den im internationalen Vergleich in Deutschland ungewöhnlich hohen Anteil des Mietwohnungsmarktes an der gesamten Wohnraumversorgung nicht nur über wohnungspolitische Entscheidungen, sozio-ökonomische Faktoren oder ideologische und kulturelle Präferenzen zu erklären ist, sondern ganz wesentlich auf der Persistenz von einmal geschaffenen institutionellen Arrangements beruht. Der Text ist gleichzeitig ein Beispiel der international vergleichenden Wohnungsforschung.

Soziologische Zugriffe

Die Wohnungsforschung hat in Deutschland alleine in der Soziologie Ansätze einer eigenständigen Institutionalisierung als Unterdisziplin erfahren, wie sich zum Beispiel an einem Fachgebiet mit dem Titel »Architektur- und Wohnsoziologie« an der Universität Stuttgart oder dem kürzlich erschienenen »Handbuch Wohnsoziologie« (Eckardt/Meier 2020) zeigt. Soziologische Zugriffe der Wohnungsforschung stellen dabei das Wohnen als soziale und kulturelle Praxis in den Mittelpunkt und verweisen auf gesellschaftliche Veränderungen, etwa in der Arbeitsteilung, den familiären Beziehungen, der Herrschaftsorganisation oder den Geschlechterverhältnissen, um den Wandel von Wohnweisen als räumlich organisierte Lebensweisen zu verstehen. Frühe Untersuchungen von Wohnverhältnissen, wie etwa Engels Schrift »Zur Lage der arbeitenden Klasse in England« (1845 [1972]), bilden zudem den Ausgangspunkt der allgemeineren Stadtsoziologie (Hannemann 2013: 80).

Die Analyse von sich historisch wandelnden Wohnverhältnissen steht auch im Zentrum des Textes von **Hartmut Häußermann** und **Walter Siebel**. In ihrer 1996 erschienenen Monographie »Soziologie des Wohnens« beschreiben sie die Herausbildung der bürgerlichen Wohnweise als Idealtypus des modernen Wohnens. Damit verbunden sind die Trennung von Arbeit und Wohnen, jene von Privatheit und

Öffentlichkeit, die Herausbildung der Wohnung als Ort der Kleinfamilie und der Intimität und die Strukturierung des Wohnraums als Ware. Die Idealisierung und Universalisierung der bürgerlichen Wohnweise ist auch als Erziehung der Arbeiterklasse von oben durch ein Programm der Modernisierung und Disziplinierung zu verstehen (siehe Niethammer in diesem Band). Für diesen Sammelband wurde das einleitende Kapitel ausgewählt.

Im zweiten soziologischen Zugriff »Mittelschichtfamilien als Adressaten und Motoren der Stadt- und Quartiersentwicklung«, 2014 erstmalig in der Zeitschrift *Informationen zur Raumentwicklung* publiziert, untersucht **Susanne Frank**, wie nach einer Phase der Suburbanisierung sich verändernde Lebensstile und Wohnwünsche der Mittelschicht im Zusammenspiel mit gezielt eingesetzten Wohnungspolitiken zu einer »Rückkehr« dieser Schicht aus den Vorstädten in die Innenstädte führten. In der Folge entstünden »Mittelschichtinseln« in den Städten, die sich gegen ihre Umgebung abgrenzen und ihre Bewohner*innen gegen statusniedrigere Bevölkerungsgruppen abschirmen – diesen Prozess bezeichnet Frank als »innere Suburbanisierung«. In ihrem Beitrag verbindet Susanne Frank Fragen nach sozialen Schichten und deren Wohnpraktiken mit räumlichen Fragen und leitet damit bereits zum nächsten Kapitel über: den räumlichen Zugriffen der Wohnungsforschung.

(Sozial-)Räumliche Zugriffe

Die interdisziplinäre Wohnungsforschung widmet sich nicht nur der Betrachtung des Wohnens als soziale Praxis, sondern auch den räumlichen Aspekten des Wohnens. Die (sozial-)räumlichen Zugriffe fokussieren dabei sowohl die materiell-räumlichen Aspekte der Gestaltung von Wohnraum, also seine (städte-)bauliche und architektonische Ausprägung, als auch sozial-räumliche Fragen der Verteilung von Bevölkerungsschichten und -klassen im Stadtraum. Bei letzterem geht es um mit dem Wohnen zusammenhängende Fragen etwa der residentiellen Segregation, des nachbarschaftlichen Wohnumfelds oder der Stadt-Land-Beziehungen.

Eine solche räumliche Perspektive nimmt **Daniela Zupan** in ihrem 2015 in den *Informationen zur Raumentwicklung* erschienenen Beitrag »Innovationen in der räumlichen Planung« ein, wenn sie städtebauliche Aspekte des Wohnungsbaus mit Fragen des Leitbildwandels in der räumlichen Planung verknüpft. Sie fragt, inwiefern der Leitbildwandel von der funktionalistischen, funktionsgetrennten Stadt der Moderne zur kompakten, nutzungsgemischten Stadt nur als Reaktion auf veränderte gesellschaftliche Rahmenbedingungen zu verstehen ist oder inwiefern die Profession der Stadtplaner*innen und ihre Diskurse eine aktive Rolle in diesem Prozess einnehmen. Sie zeichnet nach, wie der Massenwohnungsbau der BRD nach dem Zweiten Weltkrieg im Verlauf der 1960er bis 1980er Jahre im Rahmen dieses Leitbildwandels eine diskursive Abwertung erfahren hat – die sich noch heute in der (häufig empirisch nicht gestützten) Stigmatisierung von »Plattenbauvierteln« als »Problemviertel« und in der Schwierigkeit, große Wohnungsneubauprojekte durchzusetzen, ausdrückt. Diese Abwertung wurde nach 1989 insbesondere auf ostdeutsche Wohnsiedlungen übertragen (Bernt 2003). Die Untersuchung von Großwohnsiedlungen hat auch in der Forschung besondere Aufmerksamkeit erfahren (Altrock et al. 2018; Güney et al. 2019). Mit ihnen wird oft die Annahme einer räumlichen Konzentration von einkommensarmen und migrantischen Haushalten verknüpft, die für den deutschen Kontext vor allem als Konsequenz von Belegungspolitik und – in manchen Fällen – der infrastrukturellen Unterversorgung der Quartiere zu verstehen ist, fälschlicherweise aber oft als direkte Folge der architektonischen und städtebaulichen Gestaltung dargestellt wird.

Der zweite Text der (sozial-)räumlichen Zugriffe setzt hier an. **James DeFilippis** und **James Fraser** geben in ihrem Beitrag »Why Do We Want Mixed-Income Housing and Neighborhoods?«, der zuerst 2010 in dem Sammelband *Critical Urban Studies* (Davies/Imbroscio 2010) veröffentlicht worden ist, einen fundierten Einblick in die Debatte zum Ideal sozial gemischter Nachbarschaften, welches sowohl wissenschaftliche als auch öffentliche Auseinandersetzungen um Wohnungs- und Stadtentwicklungspolitik seit Jahrzehnten prägt. Das Versprechen der »sozialen Mischung« basiert dabei auf den Annahmen, dass die räumliche Konzentration von Armut u.a. vermittelt über Quartierseffekte (kritisch dazu Bauder 2002) soziale Exklusionsprozesse verstärkt (Dangschat 1999; Dangschat 1997) und dass der Zuzug wohlhabenderer Gruppen mit mittleren und höheren Einkommen die Lebensqualität in von Armut geprägten Nachbarschaften auch für die dort bislang ansässige Wohnbevölkerung verbessern kann. Zugrunde liegt dem die Vorstellung, dass ärmere Gruppen durch die räumliche Nähe zu Mittelschichthaushalten von deren sozialem und kulturellem Kapital profitieren und die ökonomischen Ressourcen sowie der politische Einfluss höherer Einkommensklassen mittelfristig eine allgemeine Aufwertung des Stadtteils bedingen. Kritiker*innen wenden dagegen ein, dass ein solch positiver Zusammenhang bislang empirisch kaum bestätigt werden konnte, räumliche Nähe zwischen sozialen Gruppen und Klassen nicht zwingend zu sozialer Nähe und zu klassenübergreifenden Interaktionen führt (siehe Frank in diesem Band), Strategien der sozialen Mischung oft als Mittel der Gentrifizierung eingesetzt werden und daher lediglich als Vorstufe der Verdrängung einkommensärmerer Schichten fungieren und zudem die eigentlichen gesellschaftlichen Ursachen von Armut und sozialer Ungleichheit durch die rein räumliche Perspektive ausgeblendet werden (Bridge et al. 2012; Huning/Schuster 2015; Mösgen et al. 2018; Rinn 2018). DeFilippis und Fraser stellen pointiert die Pro- und Contra-Argumente dieser Debatte gegenüber und arbeiten dabei die Unzulänglichkeiten sowie problematischen Annahmen des Versprechens der »sozialen Mischung« heraus.

Akteurszentrierte Zugriffe

Eine kritische Wohnungsforschung versteht die historisch und räumlich unterschiedlichen Ausprägungen der Wohnraumversorgung als Ergebnisse von
Aushandlungsprozessen, an denen eine ganze Reihe von Akteuren beteiligt sind.
Diese Akteure, ihre Handlungslogiken, Organisierungsformen, Positionen und
ihre Beziehungen zueinander sind ebenfalls Gegenstand der Wohnungsforschung
(Egner 2004). Sie werden dabei dialektisch in ihrem jeweiligen Wechselverhältnis
zu den strukturellen gesellschaftlichen bzw. polit-ökonomischen Rahmenbedingungen untersucht. Eine solche Akteursgruppe – die der Architekt*innen und
Stadtplaner*innen – begegnet uns etwa in Daniela Zupans Beitrag. In diesem
Kapitel werden nun Texte versammelt, die sich exemplarisch oder überblicksartig
mit vier weiteren Akteursgruppen befassen: Erstens mit den Kommunen, als
eine der zentralen Steuerungsebenen der Wohnungspolitik, deren Bedeutung seit
der neoliberalen Transformation der Wohnraumversorgung noch an Bedeutung
gewonnen hat (Schönig et al. 2016); zweitens mit der Immobilienwirtschaft, deren
Interesse an einer profitablen Verwertung von Wohnraum die Wohnraumversorgung schon immer zentral mitbeeinflusst und die sich in jüngster Zeit durch den
Einstieg finanzmarktorientierter Wohnungsmarktakteure auf dem deutschen Immobilienmarkt restrukturiert hat (Unger 2018); drittens mit dem nicht (notwendig)
profitorientierten Teil der Wohnungswirtschaft, wie öffentliche Wohnungsunternehmen (zur Privatisierung kommunaler Wohnungsunternehmen vgl. z.B. Klus
2013, zu deren neoliberalen Umstrukturierung vgl. z.B. Lederer/Naumann 2011)
oder kollektive Formen des Wohnungseigentums in Form von Genossenschaften
(Crome 2007; Metzger 2020) oder Hausprojekten (Balmer/Bernet 2017; Wendt
2018); und viertens mit Organisationsformen der Wohnenden wie Mieter*innen-
vereine oder wohnungspolitische soziale Bewegungen.

Der erste akteurszentrierte Zugriff betrachtet die kommunale Ebene. **Matthias Bernt** zeichnet in dem Artikel »Die Herausforderung der ›Behutsamen Stadterneuerung‹« (zuerst erschienen in Altrock et al. 2013) den Wandel kommunaler Wohnungspolitik am Beispiel Berlins nach, wodurch die Abkehr von der in den 1980er
Jahren in West-Berlin angesichts des Drucks sozialer Bewegungen etablierten behutsamen Stadterneuerung (Holm/Kuhn 2010) und die Durchsetzung eines neoliberalen Modells der Stadtentwicklung im Laufe der 1990er Jahre sichtbar wird (zur
neoliberalen Stadt vgl. Mullis 2011; Schipper 2018a). Dabei wendet er den politikwissenschaftlichen *Advocacy-Coalition*-Ansatz an und illustriert damit beispielhaft
eine mögliche methodische Annäherung an die Analyse von politischem Wandel.

Der von **Susanne Heeg** 2013 in *sub\urban. zeitschrift für kritische Stadtforschung*
veröffentlichte Beitrag »Wohnungen als Finanzanlage« analysiert gegenwärtige
Entwicklungen auf städtischen Wohnungsmärkten in Deutschland vor dem Hintergrund eines gesamtgesellschaftlichen Wandels hin zu einem finanzdominierten

Akkumulationsregime. Im Zentrum stehen dabei die beiden Begriffe Finanzialisierung und Responsibilisierung. Innerhalb der mittlerweile umfangreichen Debatte zur Finanzialisierung sozioökonomischer Verhältnisse im Allgemeinen (Aglietta 2000; Chesnais 2004; Lapavitsas 2013; Sablowski 2011) und der Wohnraumversorgung im Speziellen (Aalbers 2016; Belina 2017; Calbet i Elias 2019; Fields/Uffer 2016; Rolnik 2019; Unger 2018, 2016) nimmt der Text eine Schlüsselposition ein, weil er aus regulationstheoretischer Perspektive das starke Interesse von sowohl institutionellen Investoren – wie etwa börsennotierten Wohnungsunternehmen, Kreditinstituten, Versicherungen und Investmentgesellschaften – als auch Privatpersonen an Immobilien als Anlageprodukt anschaulich zu erklären vermag. Während der Begriff der Finanzialisierung die zunehmende Bedeutung von Finanzmärkten und Finanzinstitutionen hervorhebt, verweist das Konzept der Responsibilisierung auf sozialpolitische Veränderungen, die mit dem Abbau sozialstaatlicher Sicherungssysteme und der Individualisierung von (Lebens-)Risiken einhergehen. In den Blick gerät, wie etwa die Schwächung kollektiver, umlagefinanzierter Rentensysteme und eine drohende Altersarmut eine zunehmende Verpflichtung zur individuellen Selbstvorsorge erzeugen. Auf der Ebene gesellschaftlicher Subjekte werden Menschen dadurch verstärkt dazu angerufen, Immobilien nicht primär als Gebrauchsgüter, sondern als renditeträchtige Finanzanlageobjekte zu betrachten, in welche vermittelt über entsprechende Finanzprodukte investiert werden sollte, um sich vor Risiken des Lebens wie Alter oder Krankheit abzusichern. Gesellschaftstheoretisch bedingen sich Finanzialisierung und Responsibilisierung somit gegenseitig und verweisen auf den gemeinsamen Nenner eines finanzdominierten Akkumulationsregimes, in dem der in der Nachkriegszeit erkämpfte fordistische Klassenkompromiss zwischen Arbeit und Kapital aufgekündigt wurde.

Die genossenschaftliche Wohnungswirtschaft mit ihren Ursprüngen im 19. Jahrhundert gilt gemeinhin als radikaler Gegenpol zu finanzmarktgesteuerten Wohnungsunternehmen sowie als politische Alternative sowohl zur marktförmig-kapitalistischen als auch zur staatlich organisierten und gelenkten Wohnraumversorgung. So argumentiert beispielsweise Klaus Novy (1985), einer der prominentesten Autor*innen der neuen Wohnungsgenossenschaftsbewegung der 1980er Jahre, dass das genossenschaftliche Identitätsprinzip die Rollen von Vermieter*in und Mieter*in institutionell zusammenführe und somit der vormals externe Marktkonflikt eine innerorganisatorische Vermittlung fände. Dadurch sei auch eine potenziell autoritär auftretende staatliche Verwaltungsbürokratie überflüssig (Balmer/Bernet 2017; Metzger 2015). Entgegen einer solchen Reformperspektive haben jedoch Kritiker*innen stets eingewandt, dass die Genossenschaftsbewegung keine gesellschaftliche Alternative zum kapitalistischen Wohnungsbau bieten könne, weil auch Genossenschaften sich in einem marktförmigen Umfeld bewegen, Gewinne erwirtschaften und hohe Bodenpreise zahlen müssten. Da zudem Fragen der Klassenzugehörigkeit ausgeblendet und die organisatorischen Anforderungen, mit denen sich die Mitglieder konfrontiert sähen, Menschen mit niedrigem kulturellen und sozialen Kapital ausschlössen, tendierten Genossenschaften (oder auch das Mietshäusersyndikat) zu einer sozialen Exklusivität, sodass letztlich eine Klientelpolitik für eine alternative Mittelschicht betrieben würde (Balmer/Bernet 2017; Krätke 1985; Metzger 2020). Der hier wieder abgedruckte, 1982 im *Leviathan* erschienene Aufsatz »Wohnungswirtschaftliche Selbstverwaltung und Selbstfinanzierung – eine ideengeschichtliche Montage« von **Klaus Novy** zeichnet die Entwicklung der genossenschaftlichen Selbsthilfeinstitutionen im Wohnbereich nach, skizziert die Debatten der Wohnungsreformbewegung in Hinblick auf Fragen der Selbstverwaltung sowie der Solidarfondfinanzierung unter Umgehung des Kapitalmarktes und argumentiert vor diesem Hintergrund, dass eine »insuläre Einführung postkapitalistischer Wirtschaftsformen« im Wohnbereich sehr wohl möglich ist. Schon Novy musste 1982 den Verlust an über Generationen gewonnenen Erfahrungswissens schockiert zur Kenntnis nehmen; eine Diagnose, die gegenwärtig sicherlich verstärkt Gültigkeit beanspruchen kann. Daher bietet der Artikel höchst relevante Impulse sowohl für die heutige Wohnungsforschung als auch für die Praxis alternativer Wohnprojekte, wie eine zugleich demokratisch organisierte, entkapitalisierte und sozial inklusive Wohnungsversorgung konkret aussehen und realisiert werden könnte (vgl. dazu auch Balmer/Bernet 2017; Horlitz 2017; Metzger 2020).

Das letzte Beispiel eines akteurszentrierten Zugriffs fokussiert auf eine oft übersehene, weil wenig institutionalisierte Gruppe in politischen Aushandlungsprozessen: soziale Bewegungen. Während städtische soziale Bewegungen (Mayer 2013; Castells 1983, 1975) in der Bewegungsforschung eine eigenständige Subdisziplin darstellen, sind wohnungspolitische Bewegungen in Deutschland bisher kaum als selbstständige Bewegung beschrieben worden (für internationale Beispiel vgl. Bradley 2014; Marcuse 1999; Pérez 2017; Polanska/Piotrowski 2015; Wills 2016). Jüngst sind aber die Entwicklung einer eigenständigen, bundesweiten mietenpolitischen Bewegung konstatiert (Rink und Vollmer 2019) sowie mietenpolitische Bewegungen einzelner Städte oder einzelne Gruppen empirisch untersucht worden (Habermann/Hohenstatt 2013; Hamann et al. 2015; Holm und Gebhardt 2011; Rinn 2016; Schipper 2018b; Vogelpohl et al. 2017). Der Beitrag von **Lisa Vollmer** (zuerst erschienen in *Bürger im Staat* 2/3 2019) zeigt, dass sich eine solche Mieter*innenbewegung bereits im 19. Jahrhundert herausgebildet hat. In dem einführenden Text wird ein Überblick über die Entwicklung der Mieter*innenbewegung in Deutschland in ihren drei Hochphasen in der Krise des *Laissez-faire*-Kapitalismus im 19. Jahrhundert, in der Krise der fordistischen Stadt in den 1970er Jahren und in der Krise des Neoliberalismus heute gegeben. Damit führt der abschließende Beitrag zurück zum Ausgangspunkt der Zusammenstellung: den polit-ökonomischen Zugriffen und dem regulationstheoretischen Ansatz und der damit verbundenen Phaseneinteilung.

Literatur

Aalbers, Manuel (2016): The Financialization of Housing. A political economy approach, London: Taylor and Francis. DOI: 10.4324/9781315668666

Aglietta, Michel (2000): Ein neues Akkumulationsregime. Die Regulationstheorie auf dem Prüfstand, Hamburg: VSA Verlag.

Altrock, Uwe/Grunze, Nico/Kabisch, Sigrun (Hg.) (2018): Großwohnsiedlungen im Haltbarkeitscheck. Differenzierte Perspektiven ostdeutscher Großwohnsiedlungen. Wiesbaden: Springer VS. DOI: 10.1007/978-3-658-18579-4

Altrock, Uwe/Kunze, Ronald/Schmitt, Gisela/Schubert, Dirk (Hg.) (2013): Das Ende der Behutsamkeit? (= Jahrbuch Stadterneuerung 2013), Berlin: Universitätsverlag der TU Berlin.

Andritzky, Michael/Selle, Gert (1979): Lernbereich Wohnen. Didaktisches Sachbuch zur Wohnumwelt vom Kinderzimmer bis zur Stadt, Band 1, Reinbek bei Hamburg: Rowohlt.

Arbaci, Sonia (2007): »Ethnic Segregation, Housing Systems and Welfare Regimes in Europe«, in: European Journal of Housing Policy 7 (4), S. 401-433. DOI: 10.1080/14616710701650443

Aue, Stefan (Hg.) (2015): Housing after the neoliberal turn. International case studies. Haus der Kulturen der Welt Berlin; Ausstellungsprojekt Wohnungsfrage, 1. Auflage, Berlin: Haus der Kulturen der Welt.

Autor*innenkollektiv (2018): »Für eine wirklich soziale Wohnungspolitik. Wissenschaftler_innen fordern Schutz der Bestandsmieten, Gemeinnützigkeit und Demokratisierung«, in: sub\urban. zeitschrift für kritische stadtforschung 6 (2/3), S. 205-222. DOI: 10.36900/suburban.v6i2/3.411

Balmer, Ivo/Bernet, Tobias (2017): »Selbstverwaltet bezahlbar wohnen? Potentiale und Herausforderungen genossenschaftlicher Wohnprojekte«, in: Barbara Schönig/Justin Kadi/Sebastian Schipper (Hg.), Wohnraum für alle?! Perspektiven auf Planung, Politik und Architektur. Bielefeld: transcript, S. 259-280. DOI: 10.14361/9783839437292-017

Bauder, Harald (2002): »Neighbourhood Effects and Cultural Exclusion«, in: Urban Studies 39 (1), S. 85-93. DOI: 10.1080/00420980220099087.

Becker, Ruth (2008): »Lebens- und Wohnformen: Dynamische Entwicklung mit Auswirkungen auf das Geschlechterverhältnis«, in: Ruth Becker/Beate Kortendiek (Hg.), Handbuch Frauen- und Geschlechterforschung. Theorie, Methoden, Empirie, 2. Auflage, Wiesbaden: Springer VS, S. 453-462. DOI: 10.1007/978-3-531-91972-0_54

Behnke, Hans-Jürgen/Evers, Klaus-Gerd/Möller, Karl (1976): Grundrente und Bodenspekulation. Fallstudien zum städtischen Veränderungsprozeß in Hamburg, 1948-1975. Westberlin: VSA.

Belina, Bernd (2017): »Kapitalistischer Wohnungsbau: Ware, Spekulation, Finanzialisierung«, in: Barbara Schönig/Justin Kadi/Sebastian Schipper (Hg.), Wohnraum für alle?! Perspektiven auf Planung, Politik und Architektur, Bielefeld: transcript, S. 31-46. DOI: 10.14361/9783839437292-003

Belina, Bernd (2018): »Wenn Geldkapital eine sichere Bank sucht. Theorie und die politökonomischen Grundlagen der aktuellen Wohnungsfrage in Deutschland«, in: Prokla. Zeitschrift für kritische Sozialwissenschaft 48 (2), S. 187-203. DOI: 10.32387/prokla.v48i191.80

Beran, Fabian/Nuissl, Henning (2019)· Verdrängung auf angespannten Wohnungsmärkten. Das Beispiel Berlin, Unter Mitarbeit von Stefan Krämer, Ludwigsburg: Wüstenrot Stiftung.

Bernien, Sandra (2017): »Verdrängung hat viele Gesichter«, in: Uwe Altrock/Ronald Kunze (Hg.), Stadterneuerung und Armut (= Jahrbuch Stadterneuerung 2016), Wiesbaden: Springer VS. S. 37-63. DOI: 10.1007/978-3-658-13418-1_2

Bernt, Matthias (2003): Rübergeklappt. Die ›behutsame Stadterneuerung‹ im Berlin der 90er Jahre, Berlin: Schelzky & Jeep.

Bernt, Matthias (2012): »The ›Double Movements‹ of Neighbourhood Change: Gentrification and Public Policy in Harlem and Prenzlauer Berg«, in: Urban Studies 49 (14), S. 3045-3062. DOI: 10.1177/0042098012437746.

Bernt, Matthias/Holm, Andrej (2009): »Is it, or is not? The conceptualisation of gentrification and displacement and its political implications in the case of Berlin-Prenzlauer Berg«, in: City 13 (2-3), S. 312-324. DOI: 10.1080/13604810902982268.

Bourdieu, Pierre (2002): Der Einzige und sein Eigenheim (= Schriften zu Politik & Kultur, Pierre Bourdieu, 3), Hamburg: VSA Verlag.

Bradley, Quintin (2014): The tenants' movement. Resident involvement, community action and the contentious politics of housing, London: Routledge. DOI: 10.4324/9781315867083

Brede, Helmut/Dietrich, Barbara/Kohaupt, Bernhard (1976): Politische Ökonomie des Bodens und Wohnungsfrage, Frankfurt a.M.

Brede, Helmut; Kohaupt, Bernhard; Kujath, Hans-Joachim (1975): Ökonomische und politische Determinanten der Wohnungsversorgung. Frankfurt a.M.: Suhrkamp.

Brenner, Neil (2004): New state spaces. Urban governance and the rescaling of statehood, Oxford: University Press.

Bridge, Gary/Butler, Tim/Lees, Loretta (Hg.) (2012): Mixed communities. Gentrification by stealth? Bristol: Policy Press. DOI: 10.2307/j.ctt9qgkp2

Calbet Elias, Laura (2017): »Financialised Rent Gaps and the Public Interest in Berlin's Housing Crisis: Reflections on N. Smith's ›Generalised Gentrification‹«, in: Abel Albet/Núria Benach (Hg.), Gentrification as a global strategy. Neil Smith and beyond (= Routledge critical studies in urbanism and the city), London: Routledge, S. 165-176. DOI: 10.4324/9781315307510-14

Calbet i Elias, Laura (2019): »Wo ist die Rente im Erbe der Rent-Gap-Theorie?«, in: sub\urban zeitschrift für kritische stadtforschung 7 (3), S. 95-100. DOI: 10.36900/suburban.v7i3.514

Castells, Manuel (1975): Kampf in den Städten. Gesellschaftliche Widersprüche und politische Macht, Berlin: VSA Verlag.

Castells, Manuel (1983): The city and the grassroots. A cross-cultural theory of urban social movements, Berkeley: University of California Press.

Clapham, David F./Gibb, Kenneth/Clark, William A. V. (Hg.) (2012): The Sage handbook of housing studies, Los Angeles: Sage. DOI: 10.4135/9781446247570

Clark, Eric (1995): »The Rent Gap Re-examined«, in: Urban Studies 32 (9), S. 1489-1503. DOI: 10.1080/00420989550012366

Crome, Barbara (2007): »Entwicklung und Situation der Wohnungsgenossenschaften in Deutschland«, in: Informationen zur Raumentwicklung (4), S. 211-222.

Dangschat, Jens (Hg.) (1999): Modernisierte Stadt – Gespaltene Gesellschaft. Ursachen von Armut und sozialer Ausgrenzung, Opladen: Leske + Budrich.

Dangschat, Jens (1997): »Sag' mir, wo Du wohnst, und ich sag' Dir, wer Du bist!«, in: Prokla. Zeitschrift für kritische Sozialwissenschaft 27 (109), S. 619-647. DOI: 10.32387/prokla.v27i109.866

Davies, Jonathan S./Imbroscio, David L. (Hg.) (2010): Critical urban studies. New directions, Albany, NY: SUNY Press.

Deutsche Verlagsanstalt (Hg.) (1996-2000): Geschichte des Wohnens, Band 1-5, Stuttgart: Deutsche Verlagsanstalt.

Domann, Valentin (2016): »Rassismus auf dem Wohnungsmarkt. Fallstricke und Potenziale des Paired Ethnic Testings«, in: movements. Journal for Critical Migration and Border Regime Studies 2 (1), S. 227-236.

Eckardt, Frank/Meier, Sabine (Hg.) (2020): Handbuch Wohnsoziologie, Wiesbaden: Springer VS.

Egner, Björn (2004): Wohnungspolitik in Deutschland. Positionen, Akteure, Instrumente, Darmstadt: Schader-Stiftung.

Engels, Friedrich (1845 [1972]): Die Lage der arbeitenden Klasse in England. Nach eigner Anschauung und authentischen Quellen, Berlin: Dietz Verlag.

Esping-Andersen, Gøsta (1990): The three worlds of welfare capitalism, Cambridge: Policy Press.

Esser, Josef/Hirsch, Joachim (1987): »Stadtsoziologie und Gesellschaftstheorie. Von der Fordismuskrise zur ›postfordistischen‹ Regional- und Stadtstruktur«, in: Walter Prigge (Hg.), Die Materialität des Städtischen. Stadtentwicklung und Urbanität im gesellschaftlichen Umbruch, Basel: VS Verlag, S. 31-56.

Fields, Desiree/Uffer, Sabine (2016): »The financialisation of rental housing. A comparative analysis of New York City and Berlin«, in: Urban Studies 53 (7), S. 1486-1502. DOI: 10.1177/0042098014543704

Frank, Hartmut/Schubert, Dirk (Hg.) (1983): Lesebuch zur Wohnungsfrage, Köln: Pahl-Rugenstein.

Frank, Susanne (2017): »Gentrifizierung und neue Mittelschichten: Drei Phasen eines wechselhaften Verhältnisses«, in: Barbara Schönig/Justin Kadi/Sebastian Schipper (Hg.), Wohnraum für alle?! Perspektiven auf Planung, Politik und Architektur, Bielefeld: transcript, S. 87-100. DOI: 10.14361/9783839437292-007

Friedrichs, Jürgen/Blasius, Jörg (Hg.) (2016): Gentrifizierung in Köln. Soziale, ökonomische, funktionale und symbolische Aufwertungen, Leverkusen/Opladen: Verlag Budrich Barbara. DOI: 10.2307/j.ctvddzpkp

Gotham, Kevin Fox (2009): »Creating Liquidity out of Spatial Fixity: The Secondary Circuit of Capital and the Subprime Mortgage Crisis«, in: International Journal of Urban and Regional Research 33 (2), S. 355-371. DOI: 10.1111/j.1468-2427.2009.00874.x

Güney, K. Murat/Keil, Roger/Üçoglu, Murat (Hg.) (2019): Massive suburbanization. (re)building the global periphery, Toronto: University of Toronto Press. DOI: 10.3138/9781487531867

Habermann, Tina/Hohenstatt, Florian (2013): »Im Schatten der Bauausstellung. Proteste und Perspektiven gegen unwürdiges Wohnen bei der GAGFAH«, in: Arbeitskreis Umstrukturierung Wilhelmsburg (AKU) (Hg.), Unternehmen Wilhelmsburg. Stadtentwicklung im Zeichen von IBA und igs., Berlin: Assoziation A, S. 96-104.

Haila, Anne (2016): Urban land rent. Singapore as a property state, Chichester: Wiley. DOI: 10.1002/9781118827611

Hamann, Ulrike/Kaltenborn, Sandy/Kotti & Co/Haus der Kulturen der Welt Berlin (Hg.) (2015): Und deswegen sind wir hier, Leipzig: Spector Books.

Hannemann, Christine (2013): »Stadtsoziologie«, in: Harald A. Mieg/Christoph Heyl (Hg.), Stadt. Ein interdisziplinäres Handbuch, Stuttgart: J.B. Metzler Verlag, S. 64-86. DOI: 10.1007/978-3-476-05189-9_4

Harloe, Michael (1995): The people's home? Social rented housing in Europe & America, Oxford, Cambridge: Blackwell.

Harvey, David (1982 [2006]): The limits to capital, London: Verso.

Harvey, David (2012): Rebel cities. From the right to the city to the urban revolution, New York: Verso.

Hayden, Dolores (2004): Building suburbia. Green fields and urban growth, 1820-2000, 1. Auflage, New York: Vintage Books.

Helbrecht, Ilse (Hg.) (2016): Gentrifizierung in Berlin. Verdrängungsprozesse und Bleibestrategien, Bielefeld: transcript. DOI: 10.14361/9783839436462

Herlyn, Ingrid/Herlyn, Ulfert (1976): Wohnverhältnisse in der BRD, Frankfurt a.M.: Campus.

Hoekstra, Joris (2010): Divergence in European welfare and housing systems, Amsterdam: IOS Press (= Sustainable urban areas 38). http://site.ebrary.com/lib/alltitles/docDetail.action?docID=10440448 (letzter Zugriff am 04.05.2020).

Holm, Andrej (2014): »Gentrifizierung – mittlerweile ein Mainstreamphänomen?«, in: Informationen zur Raumentwicklung (4), S. 277-290.

Holm, Andrej/Gebhardt, Dirk (Hg.) (2011): Initiativen für ein Recht auf Stadt. Theorie und Praxis städtischer Aneignungen, Hamburg: VSA Verlag.

Holm, Andrej/Horlitz, Sabine/Jensen, Inga (2015): Neue Gemeinnützigkeit. Gemeinwohlorientierung in der Wohnungsversorgung, Arbeitsstudie im Auftrag der Fraktion DIE LINKE. im deutschen Bundestag. https://www.rosalux.de/fileadmin/rls_uploads/pdfs/Studien/Studien_5-17_Neue_Wohnungsgemeinnuetzigkeit.pdf (letzter Zugriff am 09.02.2016).

Holm, Andrej/Kuhn, Armin (2010): »Häuserkampf und Stadterneuerung«, in: Blätter für deutsche und internationale Politik (3), S. 107-115.

Horlitz, Sabine (2017): »Community Land Trusts in den USA: Strukturen und aktuelle Tendenzen«, in: Barbara Schönig/Justin Kadi/Sebastian Schipper (Hg.), Wohnraum für alle?! Perspektiven auf Planung, Politik und Architektur, Bielefeld: transcript, S. 281-296. DOI: 10.14361/9783839437292-018

Huning, Sandra/Schuster, Nina (2015): »›Social Mixing‹ or ›Gentrification‹? Contradictory Perspectives on Urban Change in the Berlin District of Neukölln«, in: International Journal of Urban and Regional Research, S. 738-755. DOI: 10.1111/1468-2427.12280

Kemeny, Jim (2001): »Comparative housing and welfare: Theorising the relationship«, in: Journal of Housing and the Built Environment 16 (1), S. 53-70. DOI: 10.1023/A:1011526416064

Kemeny, Jim/Lowe, Stuart (1998): »Schools of Comparative Housing Research. From Convergence to Divergence«, in: Housing Studies 13 (2), S. 161-176. DOI: 10.1080/02673039883380

Kleinman, Mark (1996): Housing, welfare, and the state in Europe. A comparative analysis of Britain, France, and Germany, Cheltenham: Edward Elgar Publishing.

Klus, Sebastian (2013): Die europäische Stadt unter Privatisierungsdruck. Konflikte um den Verkauf kommunaler Wohnungsbestände in Freiburg, Wiesbaden: Springer VS (= Stadt, Raum und Gesellschaft).

Krätke, Stefan (1991): Strukturwandel der Städte. Städtesystem und Grundstücksmarkt in der »post-fordistischen« Ära, Frankfurt a.M., New York: Campus.

Krätke, Stefan (1985): »Gemeinwirtschaftliche Reformperspektiven im Wohnungsbau. Zur aktuellen Diskussion um die Zukunft gemeinnütziger Trägerformen«, in: Prokla. Zeitschrift für kritische Sozialwissenschaft (61), S. 95-125.

Kuhnert, Jan/Leps, Olof (2017): Neue Wohnungsgemeinnützigkeit: Wege zu langfristig preiswertem und zukunftsgerechtem Wohnraum, Wiesbaden: Springer VS. DOI: 10.1007/978-3-658-17570-2

Künkel, Jenny (2018): »Die städtische Produktion von ›Armutsmigration‹. Soziale Kämpfe um prekäres Wohnen in Frankfurt a.M.«, in: Prokla. Zeitschrift für kritische Sozialwissenschaft 48 (2), S. 283-298. DOI: 10.32387/prokla.v48i191.85

Lederer, Klaus/Naumann, Matthias (2011): »Linke Metropolenpolitik und öffentliche Unternehmen. Eine Bestandsaufnahme am Beispiel Berlins«, in: Andrej Holm (Hg.), Linke Metropolenpolitik. Erfahrungen und Perspektiven am Beispiel Berlin (= Raumproduktionen 12), Münster: Westfälisches Dampfboot, S. 128-144.

Lees, Lorett/Slater, Tom/Wyly, Elvin K. (2008): Gentrification, New York: Routledge.

Lees, Loretta/Shin, Hyun Bang/López-Morales, Ernesto (Hg.) (2015): Global gentrifications. Uneven development and displacement, Bristol: Policy Press. DOI: 10.1332/policypress/9781447313472.001.0001

Lees, Loretta/Phillips, Martin (Hg.) (2018): Handbook of gentrification studies, Cheltenham: Edward Elgar Publishing. DOI: 10.4337/9781785361746

Lessenich, Stephan/Ostner, Ilona (1998): Welten des Wohlfahrtskapitalismus. Der Sozialstaat in vergleichender Perspektive (= Theorie und Gesellschaft 40), Frankfurt a.M.: Campus.

Madden, David/Marcuse, Peter (2016): In defense of housing. The politics of crisis, London/New York: Verso.

Marcuse, Peter (1986): »Abandonment, Gentrification, and Displacement: The Linkages in New York City«, in: Neil Smith/Peter Williams (Hg.), Gentrification of the City, Boston: Allen & Unwin, S. 153-177.

Marx, Karl (1988 [1893]): Das Kapital. Kritik der politischen Ökonomie, Band 3, Der Gesamtprozeß der kapitalistischen Produktion, Berlin: Dietz Verlag (MEW 25).

Matznetter, Walter/Mundt, Alexis (2012): »Housing and welfare regimes«, in: David F. Clapham/Kenneth Gibb/William A. V. Clark (Hg.), The Sage handbook of housing studies, Los Angeles: Sage, S. 274-294.DOI: 10.4135/9781446247570.n15

Mayer, Margit (2003): »Das Potenzial des Regulationsansatzes für die Analyse städtischer Entwicklungen am Beispiel territorialer Anti-Armutspolitik«, in: Ulrich Brand/Werner Raza (Hg.), Fit für den Postfordismus? Theoretisch-politische Perspektiven des Regulationsansatzes, Münster: Westfälisches Dampfboot, S. 265-281.

Mayer, Margit (2013): »Urbane soziale Bewegungen in der neoliberalisierenden Stadt«, in: sub/urban. zeitschrift für kritische stadtforschung 1 (1), S. 155-168. DOI: 10.36900/suburban.v1i1.64

Metzger, Joscha (2015): »Soziales Wohnen in der neoliberalen Stadt? Vom Sozialen Wohnungsbau zu Recht auf Stadt und Urbanen Commons«, in: Widersprüche 35 (137), S. 43-56.

Metzger, Joscha (2020): Genossenschaften und die Wohnungsfrage. Eine kritisch-geographische Analyse großer Wohnungsgenossenschaften in Hamburg, Unveröffentlichte Dissertation, Hamburg.

Moos, Markus (2019): A research agenda for housing, Cheltenham: Edward Elgar Publishing. DOI: 10.4337/9781788116510

Mösgen, Andrea/Rosol, Marit/Schipper, Sebastian (2018): »State-led gentrification in previously ›un-gentrifiable‹ areas. Examples from Vancouver/Canada and Frankfurt/Germany«, in: European Urban and Regional Studies 37 (4), S. 419-433. DOI: 10.1177/0969776418763010

Mullis, Daniel (2011): »Die Stadt im Neoliberalismus. Von der Produktion einer Ideologie zur Perspektive dagegen«, in: Andrej Holm (Hg.), Linke Metropolenpolitik. Erfahrungen und Perspektiven am Beispiel Berlin, Münster: Westfälisches Dampfboot (= Raumproduktionen 12), S. 14-33.

Niethammer, Lutz (Hg.) (1979): Wohnen im Wandel. Beiträge zur Geschichte des Alltags in der bürgerlichen Gesellschaft, Wuppertal: Verlag Peter Hammer.

Novy, Klaus (1985): »›Vorwärts immer – rückwärts nimmer‹ (Alter Genossenschaftsspruch) – das gilt auch für die heutige Genossenschaftsdebatte. Historische Anmerkungen zu einem aktuellen Problem«, in: Marlo Riege/Heinz Bierbaum (Hg.), Die neue Genossenschaftsbewegung. Initiativen in der BRD und in Westeuropa, Hamburg: VSA Verlag, S. 124-141.

Prigge, Walter/Kaib, Wilfried (Hg.) (1988): Sozialer Wohnungsbau im internationalen Vergleich, Frankfurt a.M.: Vervuert.

Reuschke, Darja (2009): Wohnen und Gender. Theoretische, politische, soziale und räumliche Aspekte, Wiesbaden: Springer VS. DOI: 10.1007/978-3-531-92110-5

Riege, Marlo (1972): »Staatliche Wohnungsbaupolitik in der BRD«, in: Hermann Korte (Hg.), Soziologie der Stadt (= Grundfragen der Soziologie 11), München: Juventa, S. 77-109.

Rink, Dieter/Holm, Andrej/Schönig, Barbara/Gardemin, Daniel (2015): »Städte unter Druck. Die Rückkehr der Wohnungsfrage«, in: Blätter für deutsche und internationale Politik (6), S. 69-79.

Rink, Dieter/Vollmer, Lisa (2019): »Mietenwahnsinn stoppen!«, in: Forschungsjournal Soziale Bewegungen 32 (3), S. 337-349. DOI: 10.1515/fjsb-2019-0041

Rinn, Moritz (2016): Konflikte um die Stadt für alle. Das Machtfeld der Stadtentwicklungspolitik in Hamburg (= Raumproduktionen: Theorie und gesellschaftliche Praxis 21), Münster: Westfälisches Dampfboot.

Rinn, Moritz (2018): »Ein Urbanismus der Ungleichheit ›Neue soziale Stadtpolitik‹ in Hamburg als Strategie der Verbürgerlichung«, in: sub\urban. zeitschrift für kritische stadtforschung 6 (1), S. 9-28. DOI: 10.36900/suburban.v6i1.332

Rolnik, Raquel (2019): Urban warfare. Housing under the empire of finance, London: Verso.

Ronald, Richard/Kadi, Justin/Lennartz, Chris (2015): »Homeownership-Based Welfare in Transition«, in: Critical Housing Analysis 2 (1), S. 52-64. DOI: 10.13060/23362839.2015.2.1.176

Sarnow, Martin (2019): »›Wir kaufen den Kiez zurück‹. Milieuschutz und Vorkaufsrecht als Ansätze einer postneoliberalen Wohnraumversorgung in Berlin Friedrichshain-Kreuzberg?«, in: sub\urban. zeitschrift für kritische stadtforschung 7 (1/2), S. 115-136. DOI: 10.36900/suburban.v7i1/2.464

Scanlon, Kathleen/Whitehead, Christine M. E./Arrigoitia, Melissa Fernández (Hg.) (2014): Social housing in Europe, Hoboken/New Jersey: Wiley. DOI: 10.1002/9781118412367

Scheller, David (2019): Demokratisierung der Postdemokratie. Städtische soziale Bewegungen in Berlin und New York City (= Urban Studies), Bielefeld: transcript. DOI: 10.14361/9783839448632

Schildt, Alex (1998): »Wohnungspolitik«, in: Dieter Vollendorf/Hans Günter Hockerts (Hg.), Drei Wege deutscher Sozialstaatlichkeit, Band 76. NS-Diktatur, Bundesrepublik und DDR im Vergleich (= Schriftenreihe der Vierteljahrshefte für Zeitgeschichte 76), München: De Gruyter, S. 151-190.

Schipper, Sebastian (2018a): »Neoliberale Stadt«, in: Dieter Rink/Annegret Haase (Hg.), Handbuch Stadtkonzepte. Analysen, Diagnosen, Kritiken und Visionen. Stuttgart: utb, S. 259-278.

Schipper, Sebastian (2018b): Wohnraum dem Markt entziehen? Wohnungspolitik und städtische soziale Bewegungen in Frankfurt und Tel Aviv, Wiesbaden: Springer VS. DOI: 10.1007/978-3-658-17993-9

Schipper, Sebastian/Schönig, Barbara (i.E.): »Die ewig neue Wohnungsfrage! Auf den Spuren bundesdeutscher Debatten zur sozialen Wohnraumversorgung«, in: Björn Egner/Stephan Grohs (Hg.), Die Rückkehr der Wohnungsfrage. Ansätze und Herausforderungen lokaler Politik, Wiesbaden: Springer VS.

Schönig, Barbara (2013): »Die neue Wohnungsfrage«, in: Blätter für deutsche und internationale Politik (2), S. 17-20.

Schönig, Barbara (2018): »Ausnahmesegment. Form und Funktion sozialen Wohnungsbaus im transformierten Wohlfahrtsstaat«, in: Prokla. Zeitschrift für kritische Sozialwissenschaft 48 (2), S. 227-245. DOI: 10.32387/prokla.v48i191.82

Schönig, Barbara (2020): »Unter dem Radar. Wohnungsfragen abseits der Wachstumsräume in Thüringer Klein- und Mittelstädten«, in Barbara Schönig/Lisa Vollmer (Hg.), Wohnungsfragen ohne Ende?! Bielefeld: transcript, S. 207-229.

Schönig, Barbara/Rink, Dieter/Gardemin, Daniel/Holm, Andrej (2016): »Paradigmenwechsel in der kommunalen Wohnungspolitik? Variationen kommunalisierter Wohnungspolitik im transformierten Wohlfahrtsstaat«, in: Marlon Barbehön/Sybille Münch (Hg.), Variationen des Städtischen – Variationen lokaler

Politik, Wiesbaden: Springer Fachmedien Wiesbaden (= Stadtforschung aktuell), S. 25-62. DOI: 10.1007/978-3-658-13394-8_2

Schönig, Barbara/Vollmer, Lisa (2020): »Wohnungsfrage(n) ohne Ende und überall?! Sechs Thesen für eine interdisziplinäre Wohnungsforschung«, in: Dies. (Hg.), Wohnungsfragen ohne Ende?! Bielefeld: transcript, S. 7-33.

Smith, Neil (1979): »Toward a Theory of Gentrification. A Back to the City Movement by Capital, not People«, in: Journal of the American Planning Association 45 (4), S. 538-548. DOI: 10.1080/01944367908977002

Smith, Neil (1996): The new urban frontier. Gentrification and the revanchist city, London: Routledge.

Smith, Neil (2002): »New Globalism, New Urbanism: Gentrification as Global Urban Strategy«, in: Antipode 34 (3), S. 427-450. DOI: 10.1111/1467-8330.00249

Steinführer, Annett/Großmann, Katrin/Schenkel, Kerstin (2018): »Wohnen in kleinen Städten. Plädoyer für eine sozialräumliche Perspektive«, in: Informationen zur Raumentwicklung 8/2018, S. 68-79.

sub\urban (2019): Debatte »Für eine Theorie der Gentrifizierung: ›Zurück in die Stadt‹ als Bewegung des Kapitals, nicht der Menschen«, in: sub\urban. zeitschrift für kritische stadtforschung 7 (3), S. 65-124. DOI: 10.36900/suburban.v7i3.546

sub\urban (2020): Debatte »Wohnen in der Klimakrise. Die Wohnungsfrage als ökologische Frage«, in: sub\urban. zeitschrift für kritische stadtforschung 8 (1/2), S. 163-242. DOI: 10.36900/suburban.v8i1/2.552

Swenarton, Mark/Avermaete, Tom/van den Heuvel, Dirk (Hg.) (2015): Architecture and the welfare state, 1. Auflage, London: Routledge. DOI: 10.4324/9781315766928

Tighe, J. Rosie/Mueller, Elizabeth J. (Hg.) (2013): The affordable housing reader, London: Routledge. DOI: 10.4324/9780203722671

Üblacker, Jan (2018): Gentrifizierungsforschung in Deutschland. Eine systematische Forschungssynthese der empirischen Befunde zur Aufwertung von Wohngebieten, Leverkusen: Verlag Barbara Budrich. DOI: 10.2307/j.ctvddzpfr

Unger, Knut (2016): »Financialization of Mass Rental Housing in Germany: Understanding the Transaction Cycles in the Mass Rental Housing Sector 1999-2015«, in: Barbara Schönig/Sebastian Schipper (Hg.), Urban Austerity: Impacts of the Global Financial Crisis on Cities in Europe, Berlin: Theater der Zeit, S. 176-190.

Unger, Knut (2018): »Mieterhöhungsmaschinen. Zur Finanzialisierung und Industrialisierung der unternehmerischen Wohnungswirtschaft«, in: Prokla. Zeitschrift für kritische Sozialwissenschaft 48 (2), S. 205-225. DOI: 10.32387/prokla.v48i191.81

Vogelpohl, Anne/Vollmer, Lisa/Vittu, Elodie/Norma, Brecht (2017): »Die Repolitisierung des Wohnens. Städtische soziale Bewegungen für ein Recht auf Wohnen und auf Stadt in Hamburg, Berlin, Jena und Leipzig«, in: Barbara Schönig/Justin Kadi/Sebastian Schipper (Hg.), Wohnraum für alle?! Perspektiven auf Planung, Politik und Architektur, Bielefeld: transcript, S. 105-130. DOI: 10.14361/9783839437292-009

Vollmer, Lisa (2018): Strategien gegen Gentrifizierung, 1. Auflage, Stuttgart: Schmetterling (= Theorie.org).

Vollmer, Lisa (2019): Mieter_innenbewegungen in Berlin und New York. Die Formierung politischer Kollektivität, Wiesbaden: Springer VS. DOI: 10.1007/978-3-658-24016-5

Vollmer, Lisa/Kadi, Justin (2018): »Wohnungspolitik in der Krise des Neoliberalismus in Berlin und Wien. Postneoliberaler Paradigmenwechsel oder punktuelle staatliche Beruhigungspolitik?«, in: Prokla. Zeitschrift für kritische Sozialwissenschaft 48 (2), S. 247-264. DOI: 10.32387/prokla.v48i191.83

Wendt, Matthias (2018): »Weil es nur zusammen geht«. Commons-basierte Selbstorganisation in der Leipziger Hausprojekteszene, 1. Auflage (= Interdisziplinäre Stadtforschung 23), Frankfurt: Campus.

Weresch, Katharina (2005): Wohnungsbau im Wandel der Wohnzivilisierung und Genderverhältnisse, Hamburg: Dölling und Galitz Verlag.

Polit-ökonomische Zugriffe

Wohnen ins Zentrum der politischen Ökonomie stellen

Manuel B. Aalbers und Brett Christophers

Erschienen 2014 in *Housing, Theory and Society* 31 (4), S. 373-394.

1. Politische Ökonomie und die Wohnungsfrage[1]

Historisch gehörten Land- und Grundbesitz – seine Nutzung, der Wunsch nach Aneignung und die Notwendigkeit, seine Weitergabe zu regulieren – zu den wesentlichen Gründen für die Entwicklung von Staaten. Land- und Grundbesitz waren und sind die Grundlage von Macht und Reichtum. Die mit dem Erwerb und Erhalt von Macht und Reichtum verbundenen Spannungen sind in ein Eigentumssystem eingebettet, an dem eine gesamte Gesellschaftsordnung hängt und in dem Wohnverhältnisse heute eine wichtige Rolle spielen. Für die politische Ökonomie sollte dies unserer Ansicht nach Grund genug sein, das Thema Wohnraum ernst zu nehmen, ebenso wie die Wohnungsforschung die politische Ökonomie ernst nehmen sollte.

Aber was genau meinen wir, wenn wir von »politischer Ökonomie« sprechen? Es gibt viele Denkschulen, die sich selbst als politische Ökonomie bezeichnen. Mitunter steht der Begriff für einen bestimmten Kreis heterodoxer Ökonom*innen oder für besonders an ökonomischen Fragen interessierte Politikwissenschaftler*innen, deren Feld häufig als »internationale politische Ökonomie« oder »vergleichende politische Ökonomie« bezeichnet wird. Außerdem gibt es innerhalb der Soziologie und Geographie noch eine andere (aber verwandte) politische Ökonomie, die stark – wenn auch keineswegs ausschließlich – von marxistischem Denken beeinflusst ist (deutlich zu sehen in den Arbeiten von David Harvey). Was diesen verschiedenen politischen Ökonomien gemein ist und was sie tendenziell vom wirtschaftswissenschaftlichen Mainstream unterscheidet, ist, dass sie »die Wirtschaft in ihrem sozialen und politischen Kontext [analysieren], statt sie als separate Entität anzusehen, die ihren eigenen, auf persönlichem Eigennutz basierenden Regeln unterliegt« (Mackinnon/Cumbers 2007: 14). Mit dem vorliegenden Beitrag

---

[1] Der Text wurde aus dem Englischen übersetzt von Andrea Tönjes (SocioTrans – Social Science Translation & Editing).

wollen wir vor allem dieses interdisziplinäre Feld der politischen Ökonomie außerhalb des Fachgebietes der Wirtschaftswissenschaften ansprechen.[2]

Doch trotz unserer Eingangsfeststellung, dass Wohnraum als zentraler Bestandteil der politischen Ökonomie verstanden werden sollte, war dies nie wirklich der Fall. Wie seine Vorgänger aus der klassischen »bürgerlichen« politischen Ökonomie fasste Marx sich dazu sehr kurz. Und obwohl Engels »Zur Wohnungsfrage« (1872) verfasst und das Thema Wohnraum in »Die Lage der arbeitenden Klasse in England« (1845) ausgiebig diskutiert hat, war sein Blick darauf zutiefst ambivalent: Er erkannte die soziale und politische Tragweite des Themas, sträubte sich aber aus später noch zu diskutierenden Gründen dagegen, es zum Kernanliegen radikaler politökonomischer Theorie zu machen.

Entsprechend und teilweise gerade wegen dieser historischen Randständigkeit wurde dem Thema Wohnraum in der politischen Ökonomie der Nachkriegsära keine große Bedeutung zugemessen. Wohnungspolitik wurde zur Domäne der Sozialpolitikanalyse und des wachsenden Feldes der Wohnungsforschung, die beide relativ wenig Interesse an den Fragen zeigten, mit denen sich die politische Ökonomie typischerweise befasst. Wohnungsmarktforschung wurde ebenso weitgehend isoliert betrieben, in diesem Falle vom wirtschaftswissenschaftlichen Mainstream. Dessen Fixierung auf »freie Märkte« und seine fehlende Analyse der Machtverhältnisse oder des staatlichen Engagements – jenseits der Feststellung, dass letzteres das Funktionieren des Marktes beeinträchtige – stand einer integrierten Analyse des Wohnungswesens als eines wesentlichen Bestandteils der politischen Ökonomie entgegen. Ebenso beschränkte die mittlerweile recht isolierte politische Ökonomie marxistischer Traditionslinie ihr Interesse am Thema Wohnraum (siehe v.a. Berry 1979) tendenziell nicht nur auf eine sehr begrenzte Reihe analytischer Fragen, sondern auch auf eine produktivistische Perspektive. Die maßgeblichen Arbeiten, insbesondere die von Ball (1988) zu »Strukturen der Bereitstellung von Wohnraum«, haben zwar versucht, sich vom Marx'schen Produktivismus zu befreien, jedoch nur mit bescheidenem Erfolg.

Seit einigen Jahren wächst allerdings auf breiter Basis die Erkenntnis, dass das Thema Wohnraum in der politischen Ökonomie entwickelter kapitalistischer Gesellschaften eine zunehmend zentrale Stellung einnimmt, und dies in weit mehr als produktionsbezogener Hinsicht. Diese Erkenntnis zeigt sich am deutlichsten

---

2   Das bedeutet jedoch nicht, dass wir nicht an einem Dialog mit der politischen Ökonomie innerhalb der Wirtschaftswissenschaften interessiert wären (siehe Aalbers 2012; Dymski 2012). Aber wir denken, dass dies eine andere Art der Argumentation erfordern würde, da das Verhältnis zwischen der politischen Ökonomie innerhalb der Wirtschaftswissenschaften und Wohnraum als Forschungsfeld ein ganz anderes ist. Mehr Politökonom*innen aus den Wirtschaftswissenschaften haben das Thema Wohnraum ernst genommen, wenn auch in recht selektiver Weise.

bei Schwartz und Seabrooke (2009), die das Konzept der »Formen des Wohnungs-
kapitalismus« eingeführt und sich dabei sowohl auf die Vielzahl der politökonomischen Arbeiten zum Kapitalismus als auch auf Debatten der Wohnungsforschung
zur Rolle von Wohneigentum in Wohlfahrtsstaaten gestützt haben. Anhand einfacher Variablen – dem Anteil des selbstgenutzten Wohneigentums und dem Hy-
pothekenanteil am Bruttoinlandsprodukt – haben sie vier elaborierte »Idealtypen«
des Wohnens im Kapitalismus entwickelt, von denen jeder für eine ganz bestimmte
Wohnungspolitik steht. Auf diese Weise bieten Schwartz und Seabrooke eine wichtige und aufschlussreiche Sicht auf die Funktion von Wohnraum in verschiedenen
Spielarten des Kapitalismus. Dennoch mangelt es weiterhin an einer schlüssigen
und möglichst umfassenden Konzeptualisierung der Stellung von Wohnraum in
der kapitalistischen politischen Ökonomie der Gegenwart im Allgemeinen.

Ziel dieses Artikels ist, solch eine Konzeptualisierung zu leisten. Er soll einmal
dazu beitragen, die existierenden, aber normalerweise isoliert stehenden Argumente zu verschiedenen Aspekten der politischen Ökonomie des Wohnens zusam-
menzuführen, zum anderen soll er die auf diesem Gebiet stattfindende Forschung
rahmen und miteinander verknüpfen und so zusätzlich unsere These untermauern,
dass die politökonomische Analyse das Thema Wohnraum generell ernst nehmen
muss. Wir argumentieren, dass zwischen Wohnraum und der gegenwärtigen kapitalistischen Ökonomie viele fundamentale, miteinander zusammenhängende und
oft widersprüchliche Verbindungen bestehen. Dabei stützen wir uns auf die Literatur aus der Wohnungsforschung dort, wo sie die aus politökonomischer Sicht
interessanten Fragen behandelt, und verbinden diese oftmals fragmentierten und
isolierten Erkenntnisse mit denen der relativ wenigen Politökonom*innen, die sich
mit dem Thema Wohnraum befasst haben. Und wir legen unsere Argumentation
dar, indem wir gezielt auf die wohl zentrale Kategorie der politischen Ökonomie
zurückgreifen – »Kapital« – und die vielfältigen (und immer materielleren) Funktionen von Wohnraum identifizieren, die sich zeigen, wenn man es aus der Perspektive seiner drei primären, sich gegenseitig bedingenden Erscheinungsformen
betrachtet: Kapital als Zirkulationsprozess, als soziales Verhältnis und als Ideologie.

Die drei Hauptteile des Beitrags untersuchen daher die zentrale Stellung von
Wohnraum für jede dieser »Modalitäten« des Kapitals. Darauf folgt ein kurzes Fa-
zit, in dem wir uns vor allem über die sich ergebenden Prioritäten und Aussichten zukünftiger Forschung Gedanken machen. Bevor wir fortfahren, bedarf es zur
Einordnung allerdings noch zweier kurzer Anmerkungen. Erstens bleibt unsere
Diskussion des Themas Miete aus Platzgründen auf Mieten für Wohnraum beschränkt, d.h. Grundstückspacht wird nicht berücksichtigt. Natürlich ist letztere
ein entscheidender Vektor für die Koordination der Raumökonomie gebauter Umwelt und gestaltet in signifikanter Weise die politische Ökonomie des Wohnens
– und wird umgekehrt durch sie gestaltet –, nicht zuletzt in Bezug auf die Ka-

pitalzirkulation (z.B. Harvey 1982: Kap. 11; Ball 1985; Haila 2015: Kap. 5). Ebenso ist festzuhalten, dass wir, wenn wir von »Hauspreisen« sprechen, in den meisten Fällen eigentlich eine Kombination aus dem Preis für das physische Gebäude und das darunter liegende Grundstück meinen. Immerhin resultieren die Unterschiede bzw. bestimmte Entwicklungen bei den Preisen für Wohnraum in erster Linie aus Preisdifferenzen und -änderungen hinsichtlich des Grundstücks, auf dem das Gebäude steht. Aber eine angemessene Berücksichtigung der Rolle des Grundstücks als einer eigenständigen, von seiner Bebauung getrennten Entität ist hier schlicht nicht machbar. Zweitens und damit zusammenhängend ist es wichtig, zwischen Wohnraum *als solchem* und der (im Englischen) weniger scharf definierten Kategorie *property* zu unterscheiden, die oftmals synonym verwendet wird, aber (genauso oft) auch nicht für Wohnzwecke genutzte Liegenschaften bezeichnen kann. In unserem Beitrag geht es um Wohnraum. Gleichwohl gelten manche der Ausführungen, wie jene zur Kapitalumschichtung (*capital switching*), auch für andere Formen des (z.B. gewerblich genutzten) Immobilieneigentums (obwohl wir sogar hier behaupten würden, dass heutzutage Wohnraum diesbezüglich besonders wichtig ist); viele der Argumente tun dies aber nicht, sondern gelten speziell für das Phänomen Wohnraum.

2.   Wohnraum und die Zirkulation des Kapitals

Die politische Ökonomie im Allgemeinen und Marx im Besonderen verstehen Kapital als einen Zirkulationsprozess. Dieser Prozess wird, auf sein Wesentliches reduziert, typischerweise als aus drei Hauptphasen bestehend beschrieben: Zuerst wird Geld vorgestreckt, um die zur Erzeugung von Gütern und Dienstleistungen erforderlichen Mittel zu beschaffen. Vielfach sind dies Rohmaterialien, Arbeitslohn gehört jedoch *immer* dazu. Zweitens werden diese vereinten Mittel im Produktionsprozess mobilisiert, um die betreffenden Güter oder Dienstleistungen herzustellen. Drittens werden diese Güter oder Dienstleistungen auf dem Markt gegen Geld zum Kauf angeboten (Realisierung) – Geld, das nun, theoretisch, den ursprünglich in die Produktion investierten Betrag *plus* den durch die Produktion erzeugten »Mehrwert« umfasst. Dieses Geld, abzüglich u.a. der Konsumausgaben und Aufwendungen für Dinge wie Zinsen und Miete, wird dann erneut in die Produktion reinvestiert. Und so schließt sich der Kreis und der Prozess beginnt von neuem.

Unser Argument in diesem Abschnitt lautet, dass Wohnraum für diesen Zirkulationsprozess in vielfacher Hinsicht von zentraler Bedeutung ist, und zwar in zunehmendem Maße. Oder, anders gesagt, dass wir uns, erst recht heutzutage, nicht erhoffen können, den Kapitalkreislauf zu verstehen, ohne die vielschichtige Materialität von Wohnraum in diesem Prozess zu begreifen.

Der vielleicht offensichtlichste und logischste Ansatzpunkt, ein solches Verständnis zu entwickeln, ist das zentrale Merkmal von Wohnraum, selbst ein Ergebnis des Produktionsprozesses zu sein, also eine durch Arbeit hervorgebrachte und gewinnbringend veräußerte »Sache« (z.B. Ball 1988). Wohnraum mag natürlich durch jene Arbeitskraft geschaffen werden, die ihn als Endprodukt nutzen möchte (d.h. er kann selbstgebaut sein), aber sowohl in entwickelten als auch in weniger entwickelten kapitalistischen Gesellschaften wird Wohnraum zunehmend seltener von denselben Personen produziert und konsumiert. Seine Erschaffung ist der Ort lohnarbeitsbasierter Produktion. Daher ist Wohnungsbau ein wichtiger Sektor im engeren ökonomischen Sinne, sei es gemessen am durch Lohnarbeit erzeugten Mehrwert und der Anzahl der geschaffenen Arbeitsplätze oder sei es gemessen am Beitrag zum Bruttoinlandsprodukt. Zusätzliche Arbeitsplätze entstehen auch in anderen Branchen, z.B. bei Anbietern von Wohnungsrenovierung und -modernisierung, Möbeln und Einrichtungsgegenständen, Küchen- und Badausstattung und Heimwerkerbedarf (Bourdieu 2005). Dies erklärt zum Teil, warum oft gerade das Wohnungswesen als zu fördernder Wirtschaftszweig gilt, wenn das allgemeine Wachstum angekurbelt werden soll. Am deutlichsten sichtbar war dies in den ersten Jahrzehnten nach dem zweiten Weltkrieg, als keynesianische Wirtschaftspolitik häufig den Wohnungsbausektor zum Hauptnutznießer staatlicher Wachstumsförderung machte (z.B. Florida/Feldman 1988).

Die physische Verkörperung von Wohnraum als Produkt von Arbeit ist dennoch nur ein kleiner Ausschnitt seiner Bedeutung für den Kapitalkreislauf. In der schematischen Darstellung dieses Prozesses haben wir gesehen, dass ein Teil des durch den Verkauf der Güter und Dienstleistungen erzielten Betrags wieder in die Produktion fließt. Aber eben nicht alles. Und selbst der Teil, der zurückfließt, wird nicht unbedingt sofort genutzt. Im Kapitalismus muss Wert auch gespeichert werden. Eine mögliche Speicherform – aber nicht die einzige – ist (bares) Geld. Eine andere Option ist Wohnraum. Und anders als bei den meisten anderen warenförmigen Konsumgütern kann es sich nicht nur lohnen, in die Produktion von Wohnraum zu investieren, sondern auch in seinen Besitz, denn während der Marktpreis eines Autos oder Laptops allein dadurch sinkt, dass man es besitzt (auch ohne es zu benutzen), bleibt der Marktpreis eines Hauses meist stabil oder steigt, egal, ob man es nutzt oder nicht, hauptsächlich, weil das darunter befindliche Grundstück auf lange Sicht nichts an Wert verlieren wird. Diese schlichte Tatsache – die Funktion von Wohnraum plus Grundstück als Wertspeicher – erweist sich als höchst signifikant für das Verständnis der Kapitalzirkulation in der heutigen Welt.

In diesem Zusammenhang ist zunächst einmal der Umstand zu bedenken, dass Wohnraum *selbst zirkuliert*, indem wir ihn kaufen und verkaufen. Bisweilen tun wir dies, weil uns der »Gebrauchswert« des einen Hauses besser zusagt als der eines anderen. Aber das Motiv könnte auch teilweise oder ausschließlich darin bestehen, dass wir uns den »Tauschwert« des Wohnraums zunutze machen wollen, der sich daraus ergibt, dass *in* der Einheit von Wohnraum plus Grundstück Wert gespeichert ist. Anders ausgedrückt ist eine Möglichkeit, vom Besitz eines Hauses zu profitieren, es zu einem höheren Preis zu verkaufen als man selbst dafür bezahlt hat, so wie man es beispielsweise auch mit Aktien oder Kunstwerken macht. Der Besitz eines Produktes zum ausschließlichen Zweck seines Weiterverkaufs zu einem höheren Preis wird in der Ökonomie als »Spekulation« bezeichnet, und die Spekulation mit Wohnraum hat viele Erscheinungsformen. Erstens gibt es Eigentümer*innen, die ihr Eigenheim selbst bewohnen, aber darauf hoffen, es zu einem höheren Preis weiterverkaufen und sich dann etwas Hochwertigeres leisten zu können. Zweitens gibt es reine Spekulant*innen, die Wohnraum kaufen und verkaufen, ohne Selbstnutzung oder Vermietung auch nur in Erwägung zu ziehen. Drittens wären da noch Spekulant*innen, die versuchen, in einem Marktsegment zu kaufen und in einem anderen zu verkaufen, die also von der sozialräumlichen Aufgliederung der Wohnungsmärkte – zu der sie oft selbst mit beitragen – profitieren wollen. Aus den USA kennen wir beispielsweise die Bezeichnung »Blockbuster« für Immobilienmakler*innen, die sich die Angst weißer Hauseigentümer*innen vor einem möglichen Zuzug schwarzer Nachbar*innen und der Auswirkung dessen auf die Immobilienpreise zunutze gemacht haben: Sie überredeten diese Eigentümer*innen, ihre Häuser unter Wert abzustoßen, »so lange es noch geht«, und verkauften sie dann teurer an schwarze Kaufwillige, denen der Hauserwerb in anderen Gegenden häufig verwehrt wurde und die bereit waren, eine Aufpreis zu zahlen (Gotham 2002). Man denke hier auch an private Vermieter*innen im unteren Marktsegment, die heruntergekommenen Wohnraum in vom Niedergang betroffenen Quartieren aufkaufen und damit Geld verdienen, dass sie die Häuser zuerst »melken« – durch minimale Instandhaltung bei maximaler Miete und vielfach Vermietung an Menschen, die auf dem Wohnungsmarkt ansonsten keine Wahl haben (z.B. illegale Migrant*innen) – und sie anschließend teurer weiterverkaufen, entweder an Vermieter*innen oder Projektentwickler, die von Gentrifizierung oder geänderten Flächennutzungsplänen profitieren wollen und auf Entmietung und Sanierung setzen (oder Entmietung, Abriss und Neubau), oder an staatliche Instanzen, die mit Stadterneuerungsprogrammen betraut sind (Aalbers 2006).

Egal, ob Wohnraum wegen seines Gebrauchs- oder Tauschwerts (oder aus beiden Gründen) die Hand wechselt, seine Zirkulation ist von zentraler Bedeutung für die oben im allgemeineren Sinne dargestellte *Kapitalzirkulation*. Zum einen liefert der Handel mit Wohnraum wesentliche Anstöße für den Produktionsprozess, der im Zentrum des Kapitalkreislaufs steht – sowohl hinsichtlich der Schaffung von Wohnraum an sich als auch hinsichtlich der Produktion anderer Güter und Dienstleistungen. Bei ersterem ist der entscheidende Punkt, dass in den meisten Marktkontexten die Zirkulation des bestehenden Wohnraums auch die Neubaupreise bestimmt, wodurch die mit Neubau einhergehende Wertschöpfung und der erzielbare Mehrwert justiert werden.[3] Bei letzterem geht es vor allem darum, dass nicht nur die bereits erwähnten produzierenden Gewerbe eng mit dem Wohnungswesen »verschwistert« sind, sondern auch Branchen, die sich primär mit dem Handel von Wohnraum befassen. Zu nennen wären hier natürlich insbesondere Immobilienmakler*innen und andere Zwischenhändler*innen bzw. intermediäre Instanzen, die alle darauf angewiesen sind, dass Wohnraum zirkuliert (Bourdieu 2005).

Zum anderen trägt der Tausch von Wohnraum oft in entscheidender Weise dazu bei, dass Kapital überhaupt weiterzirkulieren *kann*. Eine der wichtigsten Erkenntnisse von Marx – und einer der Punkte, die sein Werk am deutlichsten von seinen »bürgerlichen« Vorläufern unterscheiden – war, dass der Kreislauf in periodischen Abständen und aus allen möglichen Gründen zusammenbrechen kann. Der Kapitalfluss gestaltet sich selten reibungslos und wird häufig gestört. In der Tat war »Krise« für Marx – und für David Harvey und viele keynesianische Ökonom*innen ist sie es erst recht – zum großen Teil ein Problem blockierter Zirkulation. Eine dieser Blockaden betrifft das, was als »effektive Nachfrage« bezeichnet wird, und genau in diesem Zusammenhang kommt dem Handel mit Wohnraum eine besondere Bedeutung zu. Ein offenkundiges Problem, mit dem der Kapitalismus konfrontiert sein kann, ist, dass die erzeugten oder potenziell erzeugbaren Güter und Dienstleistungen auf dem Markt schlicht nicht ausreichend nachgefragt werden. Wenn Menschen es sich nicht leisten können, Dinge zu kaufen, oder ihre Ersparnisse lieber horten, anstatt sie auszugeben, kommt der Kreislauf zum Stillstand: Wert kann nicht realisiert werden, also wird nicht reinvestiert. Und wenn kein Wert realisiert werden kann, hören Kapitalist*innen schnell auf, ihn zu produzieren. Dies wird als »Krise der effektiven Nachfrage« bezeichnet. Aber wie passt Wohnraum hier ins Bild? Die Antwort ist, dass Wohnraum als handelbarer Wertspeicher Mittel zur Finanzierung der effektiven Nachfrage bereitstellt, wenn andere Quellen versiegen. Wenn auf einem florierenden Wohnungsmarkt die Preise steigen, steigt tendenziell auch die Nachfrage nach kapitalistischen Waren und Dienstleistungen. Einige Menschen *sind* schließlich wohlhabender – nämlich diejenigen, die mit Gewinn verkaufen. Aber auch jene, die den Wertzuwachs ihrer Immobilie nicht durch deren Verkauf realisieren, könnten womöglich dennoch das *Gefühl* haben, über mehr Geld zu verfügen, und es entsprechend ausgeben – mitunter wird dies durch die Realisierung nomineller Gewinne aus Kapitalfreisetzung

---

3   Die Hauspreise bilden selten (wenn überhaupt) schlicht die Arbeits- plus Materialkosten ab. Sie spiegeln auch u.a. die Grundstückskosten, die Wertminderung, die potenziellen Mieteinnahmen und natürlich, wie viel Käufer*innen zu zahlen bereit bzw. in der Lage sind. Folglich spiegelt die Herstellung von Wohnraum durch Arbeit nicht nur die in den Arbeitsprozess eingebetteten sozialen Verhältnisse wider, sondern auch deren Schlüsselrolle bei der Zirkulation von Mehrwert.

gespeist (wenn man durch Aufnahme einer höheren Hypothek Geld »freisetzt«) (Wood et al. 2013).

Crouch (2011) und Watson (2010) diskutieren diese Dynamik in Bezug auf eine gezielte staatliche Politik, die sie als »privatisierten Keynesianismus« bzw. »Hauspreis-Keynesianismus« bezeichnen. Anstelle öffentlicher Schuldenaufnahme werden hier private Haushalte ermutigt, im Namen von »Wohlstandseffekten« Schulden zu machen, um die Wirtschaft anzukurbeln. Privatisierter oder Hauspreis-Keynesianismus gilt demnach als ein Weg, sowohl die Wirtschaft durch Konsumanreize zu fördern als auch die arbeitende Bevölkerung für die jahrzehntelang geringe oder gar negative Entwicklung der Realeinkommen zu »entschädigen«. Das Resultat ist, dass die Hypothekenschulden in vielen Ländern viel schneller gestiegen sind als die Wohneigentumsquote bzw. sogar schneller als die Preise für Wohneigentum (Stephens 2003; Aalbers 2008). Dies hat entscheidende Auswirkungen auf unser Verständnis dessen, was den Kapitalkreislauf antreibt. In Großbritannien beispielsweise entfielen 2009 rund zwei Drittel aller Bankkredite auf private Hypothekendarlehen (Turner 2013). In dem Maße, wie sie Kreditschöpfung zum Schmiermittel der laufenden Zirkulation machten, haben britische Banken angebotsseitige Stimuli (d.h. Unternehmenskredite) zunehmend durch solche ersetzt, die sich an die Nachfrageseite richten – und Hypothekenfinanzierung steht hier an absolut erster Stelle.[4] Zudem hat der Wunsch nach Wohneigentum zuletzt auch vulnerablere Haushalte erfasst, deren Einkommenssituation infolge der ökonomischen und Arbeitsmarktumstrukturierungen unsicherer geworden ist (Ford/Burrows/Nettleton 2001; Doling/Ford 2003; Smith/Searle/Cook 2009). Solche Haushalte profitierten weniger von der Preisinflation und somit auch weniger von den »Wohlstandseffekten«, wodurch ihr Einfluss auf die Steigerung der effektiven Nachfrage deutlich geringer ausfällt – vor allem in Anbetracht dessen, dass es ihnen normalerweise am finanziellen Polster fehlt, um den anschließenden Preisverfall auszusitzen.[5]

---

4   Obwohl nicht unerwähnt bleiben sollte, dass Banken auch auf der Angebotsseite des Wohnungsmarktes Anreize setzen – in Großbritannien floss ein Großteil des einen Drittels nicht für Hypotheken bestimmter Bankkredite in die Neubaufinanzierung, was heißt, dass Kredite (die oftmals von ein und denselben Finanzinstituten vergeben wurden) beide Seiten des Marktes stützten.

5   Man könnte argumentieren, dass es beim »privatisierten Keynesianismus« grundsätzlich eher um Schulden als um Wohnraum geht. Dass, anders gesagt, letzterer nur ein zufälliges Vehikel für die Realisierung ersterer darstellt. Unserer Meinung nach ist dies jedoch nicht der Fall. Die Verschuldung der Haushalte hätte ohne die einzigartige »Sicherheit«, die Wohneigentum nicht-gewerblichen Kreditnehmer*innen nominell bietet, nicht das gegenwärtige Ausmaß erreicht und die effektive Nachfrage nicht in dem Umfang nach oben getrieben. In diesem Zusammenhang sei daran erinnert, dass sich der berühmte Satz »so sicher wie ein Haus« ursprünglich auf die relative Risikolosigkeit der Hypothekenkreditvergabe – und nicht des Hausbesitzes – bezog, d.h. auf die »Sicherheit« aus Sicht des Finanzinstituts und nicht

Tatsächlich sind viele westliche Volkswirtschaften inzwischen derart süchtig nach hohen und steigenden Preisen für Wohnraum, dass es Regierungen und Haushalten gleichermaßen schwerfällt, mit fallenden Preisen umzugehen, da die Auffassung besteht, diese hätten einen negativen Effekt darauf, wie Menschen die wirtschaftliche Lage wahrnehmen, und folglich auf die Wirtschaft insgesamt. Obwohl fallende Preise auch bedeuten könnten, dass Wohnraum erschwinglicher wird, bleibt das Mantra »steigende Immobilienpreise sind gut« ein fest verankerter Glaubenssatz und die eigenheimbesitzende Wählerschaft und Wohnungsmarktlobby untermauern damit ihre Forderung, der Staat möge alles in seiner Macht stehende tun, um das Preisniveau zu schützen. Sogar in Zeiten der Austerität gilt der Wohnungssektor immer noch als das zentrale Vehikel zur Förderung des Wirtschaftswachstums auch über den eigentlichen Wohnungsmarkt hinaus (Forrest/Yip 2011). Die vorherrschende Denkweise scheint mitunter zu sein, dass Menschen, sofern sie nur daran glauben, dass ihr Wohneigentum wieder an Wert gewinnen wird, anfangen würden, mehr Geld auszugeben, und dadurch die Wirtschaft in Schwung brächten. Ob dies wirklich zutrifft, ist nicht einmal so relevant. Die Tatsache, dass staatliche Institutionen auf Grundlage dieser Überzeugung handeln und die Zirkulation von Wohnraum fördern, beispielsweise durch das (temporäre) Absenken der Grunderwerbssteuer, bedeutet, dass ihre Auswirkungen auf den Wohnungssektor und die Wirtschaft insgesamt *real* sind.

Wenn die Zirkulationsvorgänge im Wohnungssektor dazu beitragen können, Probleme der effektiven Nachfrage zu lindern und das Kapital wieder zum Fließen zu bringen, dann ist das Wohnungswesen auch Teil der »Lösung« für andere relevante Probleme des Kapitalkreislaufs. Das wichtigste davon ist das der »Überakkumulation«. Während ein Mangel an effektiver Nachfrage zu einem im Verhältnis zur Nachfrage zu großen Ausstoß an Waren und Dienstleistungen führt, bedeutet Überakkumulation – die mit Nachfrageproblemen verbunden sein kann, aber nicht muss –, dass im Verhältnis zu profitablen Möglichkeiten seiner Reinvestition insgesamt zu viel Wert produziert wird. Sie stellt somit eine weitere Möglichkeit dar, wie der Kreislauf zum Stillstand kommen kann. Wenn Kapitalist*innen den Eindruck haben, dass sie an der Reinvestition ihres Vermögens in die Produktion neuer Güter und Dienstleistungen nichts verdienen können, horten sie es stattdessen und entsprechend gerät das Wirtschaftswachstum in Gefahr – von den Arbeitsplätzen ganz zu schweigen.

Das Wohnungswesen hilft auch hier, Krisentendenzen abzuwehren, allerdings ist in diesem Fall *Wohnungsbau* der Rettungsanker und nicht der Tausch von bestehendem Wohnraum. Wie? Besonders aufschlussreich ist hier die Arbeit von Harvey (1985). Er legt dar, dass Mehrwert nicht nur über die Produktion von Wohnraum

---

auf die der Eigenheimbesitzer*innen, mit denen der Ausspruch nun typischer- und fälschlicherweise assoziiert wird.

generiert wird, sondern auch in anderen Wirtschaftszweigen geschaffener Mehrwert durch einen Prozess, den er als »Kapitalumschichtung« (capital switching) bezeichnet, in den Wohnungssektor gepumpt wird. Das auf keynesianischen Grundlagen basierende Konzept der Kapitalumschichtung ist vor dem Hintergrund von Harveys Gesamtargumentation (1982) zu sehen, wonach Finanzinstitutionen die gebaute Umwelt – einschließlich, aber nicht beschränkt auf Wohnraum – als Anlagegut sehen, in das Geld investiert und desinvestiert werden kann, indem Kapital zugeführt und abgezogen wird, um es höchst- und bestmöglich zu verwerten. Wenn der weiter oben skizzierte generische »Kapitalkreislauf« (rund um die Produktion von Waren und Dienstleistungen) den »primären« Kapitalkreislauf darstellt, dann können wir uns laut Harvey die Produktion und Reproduktion speziell der gebauten Umwelt, einschließlich der von Wohnraum, als einen »sekundären« Kapitalkreislauf vorstellen. Zwar erzeugt solch eine Produktion einen Überschuss *sui generis* insofern, dass Arbeit aufgewendet wird, aber laut Harvey leistet sie noch viel mehr: Sie dient als Überlaufbecken, in das »Überschusskapital« (also überakkumuliertes Kapital) umgeleitet werden und dort quasi geparkt bleiben kann (bis sich die Überakkumulationssituation entspannt hat), wenn Kapitalist*innen aktuell keine Möglichkeit der gewinnbringenden Reinvestition in den primären Kreislauf sehen. Kurz gesagt reagieren Kapitalist*innen auf Anzeichen von Überakkumulation und versuchen, eine Krise im primären Kreislauf abzuwenden, indem sie in den sekundären Kreislauf investieren – obgleich dies im Endeffekt auch zur Überinvestition in die gebaute Umwelt führt (Harvey 1985).

Harveys Konzept der Kapitalumschichtung mag sich unangenehm strukturell und abstrakt anhören, aber sobald man den Blick auf tatsächliche Immobilienkrisen richtet, wird schnell deutlich, wie viele davon durch Überinvestitionen während vorausgegangener Boomjahre verursacht wurden. Die Boom- wie auch die Krisenphasen der Immobilienzyklen entstehen in der Sphäre des allgemeinen politisch-ökonomischen Handelns, nicht nur, weil Überschusskapital aus anderen Wirtschaftszweigen abgezogen wird, sondern auch, weil die Politik dies möglich macht. Das Platzen der Dotcom-Blase und das Aufblühen der Immobilienblase sind empirisch und analytisch miteinander verbunden – hier haben wir es mit einem eindeutigen Beispiel von Kapitalumschichtung in den sekundären Kapitalkreislauf zu tun (Ashton 2009; Gotham 2009; Christophers 2011). Aber die Kapitalumschichtung wurde auch staatlich befördert: Die Ausweitung der verbrieften Hypothekenabsicherung beispielsweise wurde durch die Anpassung der bestehenden gesetzlichen Regelungen zur Finanzierung von Wohnimmobilien an die Bedürfnisse der Kreditinstitute und Investmentbanken ermöglicht, die den existierenden sekundären Hypothekenmarkt erweitern wollten, um Kapital für andere Zwecke frei zu machen – d.h. um die Umschichtung von Kapital in den bzw. aus dem Wohnungssektor zu erleichtern (Aalbers 2008; Gotham 2009). Ähnliches berichten lässt sich über den Verkauf von Subprime- und räuberischen

Krediten in den USA (Wyly et al. 2009), die Demutualisierung der Bausparkassen in Großbritannien (Martin/Turner 2000) und Irland (Murphy 1995) sowie über den Einstieg von Kundenkreditbanken in das Hypothekengeschäft, der in einer ganzen Reihe von Ländern zu beobachten war (Dymski 1999).

3.   Wohnraum und die sozialen Verhältnisse des Kapitals

Für Marx war Kapital gleichermaßen soziales Verhältnis wie Zirkulationsprozess. Dieses soziale Verhältnis war seinem Verständnis nach vor allem dualer und antagonistischer Natur: Kapitalist*innen (die im Besitz der Produktionsmittel sind) auf der einen Seite und Arbeiter*innen auf der anderen. In der heutigen Welt, in der Wohnraum so oft in abstrakter, entpersonalisierter Weise als »Tauschgegenstand« diskutiert wird, hat Marx' Vorstellung der inhärent gesellschaftlichen Natur der politischen Ökonomie nichts an Aktualität eingebüßt, auch wenn seine recht spezielle dualistische Lesart überdacht werden sollte. Kapital wird durch soziale Verhältnisse konstituiert – und Wohnraum, so unser Argument, ist auf vielfältige Weise in die Formen und Dynamiken dieser Verhältnisse eingebunden. Sich Wohnraum lediglich als »Ware« vorzustellen hieße somit, in genau jenen von Marx kritisierten Fetischismus zu verfallen, der Beziehungen zwischen Menschen – den Menschen, die Häuser bauen, besitzen, mieten und *in ihnen leben* – auf den politisch wie auch analytisch armseligen Status von Beziehungen zwischen Dingen reduziert.

Wie nun ließe sich ein über Marx hinausgehendes Verständnis von Wohnraum und Kapital als sozialem Verhältnis systematisch entwickeln? Ein logischer Ausgangspunkt wäre das Festhalten der Tatsache ungleicher sozialer Verhältnisse in Form von Vermögensungleichheiten, die *durch* das Kapital erzeugt werden. Wenn Kapital zirkuliert, wird Wert akkumuliert, verteilt und gespeichert, was wir dann als »Vermögen« bezeichnen. Dieses Vermögen kann viele Erscheinungsformen haben, dazu gehören auch Bargeld und Unternehmensanteile (oft in Form von Anteilen an Pensionsfonds), aber von immenser Bedeutung ist, dass Wohneigentum in vielen kapitalistischen Gesellschaften die größte einzelne Vermögens- bzw. Anlagekategorie darstellt, obwohl gleichzeitig eine große Zahl der Haushalte – in manchen Ländern deren Mehrheit – kein Wohneigentum irgendwelcher Art besitzt. Daher macht Wohnraum die enormen Vermögensungleichheiten kapitalistischer Gesellschaften, von denen heute so viel die Rede ist, oftmals am deutlichsten sichtbar und dinglich erfahrbar.

Die sozialen Verhältnisse und ihre Schieflage zeigen sich mit anderen Worten besonders deutlich in der physischen Wohnraumlandschaft. Nicht zuletzt aufgrund der typischen räumlichen Manifestationen von Ungleichheit in segregierten Städten und Vierteln ist Wohnraum ein sehr plastisches Beispiel dafür, wie

Kapital Besitzende und – streng im Sinne von Vermögensbesitz – Besitzlose hervorbringt (Wilson 1987; Massey/Denton 1993; Van Kempen/Özüekren 1998). Letztere haben viele Gesichter, zu ihnen gehören natürlich Slumbewohner*innen, die meisten (wenn nicht gar alle) Mieter*innen und all jene, deren »Eigentümerschaft« eher nomineller als faktischer Natur ist – weil ihr Wohneigentum entweder von begrenztem Gebrauchs- bzw. Tauschwert ist oder es genau genommen der Bank als Hypothekenkreditgeber gehört. Noch offensichtlicher manifestiert sich die über Wohnraum vermittelte Ungleichheit sozialer Verhältnisse allerdings an zwei weiteren Kategorien. Die eine ist die der Obdachlosen (z.b. Somerville 1992; Fitzpatrick 2005), die andere das Heer der mit im Haushalt lebenden Hausangestellten, das nicht nur in den Städten des globalen Südens stetig wächst, sondern auch in Städten wie London und New York (Jelin 1977; Sassen 1996; Lutz 2002), eine Klasse, deren Wiedererscheinen an das Viktorianische Zeitalter und den Kolonialismus mit ihren scharfen sozialen Gegensätzen erinnert (Hecht 1981; Higgs 1983). Nicht nur, dass sich diese Hausangestellten üblicherweise keinen eigenen Wohnraum leisten können, sie sind auch gezwungen, sich um das Zuhause und die Lebensbedürfnisse derer zu kümmern, die ihn sich leisten können, wobei die Kluft zwischen beiden in den sozialen und physischen Raum des Gebäudes selbst eingeschrieben ist.

Während Wohnraum die Verwerfungen der sozialen Verhältnisse deutlich zutage treten lässt, reproduziert und verstärkt er diese auch in explizit räumlichem Sinne – als Verdrängung. Eine schlechte Wohnlage kann beispielsweise Pendelzeiten verlängern und den Zugang zu guten Schulen, sauberer Luft, Verkehrsmitteln und einer ganzen Reihe weiterer Dienstleistungen, Freizeit- und Einkaufsmöglichkeiten usw. erschweren. Außerdem können die dort lebenden Menschen in höherem Maße Kriminalität, Umweltverschmutzung, Überschwemmungen und vielen anderen Problemen ausgesetzt sein. Studien zu den so genannten »Nachbarschaftseffekten« haben dies ausführlich belegt (z.b. Briggs 1997; Friedrichs/Galster/Musterd 2003; Van Ham et al. 2012), ohne jedoch hinreichend zu berücksichtigen, dass die räumlichen Beziehungen des Wohnens nicht in einem sozial abstrakten Sinne konstitutiv, sondern selbst immer und überall das Resultat machtbesetzter sozialer Prozesse sind (Aalbers 2011; Slater 2013). Und natürlich wirkt sich die Lage nicht allein auf den Gebrauchswert von Wohnraum aus, sondern auch auf seinen Tauschwert, d.h. die geophysische Wohnraumlandschaft beeinflusst und entfaltet ihre Wirkung durch die sozialen Verhältnisse des Kapitals *und* durch den weiter oben diskutierten Prozess der Kapitalzirkulation.

Unterdessen stellen die sozialen Ungleichheiten, die sich in den Besitzverhältnissen an Wohnraum manifestieren, das Kapital potenziell vor große Probleme. Teils aus den bereits angedeuteten Gründen in Zusammenhang mit Problemen in den Bereichen Verwertung und effektive Nachfrage, denn je ungleicher die Besitzverhältnisse, desto stärker wird der »Hauspreis-Keynesianismus« von der Nachfrage einer privilegierten Minderheit abhängig. Problematisch ist zudem, dass der

Zugang zu erschwinglichem Wohnraum eine zwingende Voraussetzung für die Reproduktion des Kapitalismus selbst darstellt. Denn schließlich kommt der Kreislauf des Kapitals ohne die tragfähige Reproduktion der Arbeitskraft zum Erliegen. Wohnraum ist kurzum entscheidend für die Frage der sozialen Reproduktion, und dies nicht allein deshalb, weil ein Großteil der sozialen Reproduktionsarbeit in der häuslichen Sphäre stattfindet. Die buchstäbliche Lebensnotwendigkeit von Wohnraum für die soziale Reproduktion erklärt zu einem guten Teil, warum der Diskurs über das »Recht« auf Wohnraum so anhaltend und mächtig ist, im Gegensatz zu dem, um es zugespitzt zu formulieren, Diskurs über das »Recht«, ihn zu kaufen und zu verkaufen (Lefebvre 1996; Bengtsson 2001; Rolnik 2013; Aalbers/Gibb 2014). Im Übrigen hängt die Frage der sozialen Reproduktion und deren Realisierbarkeit mit Wohnraum auch auf eine Weise zusammen, die einen Aspekt sozialer Beziehungen in den Blickpunkt rückt, der nie fern ist, wenn es um Wohnen im Kapitalismus geht – den des sozialen Konfliktes. Denn letztlich gibt es wohl nur so viel Ungleichheit, unter anderem in Form unterschiedlichen Immobilienvermögens, wie die Besitzlosen der Gesellschaft zu tolerieren bereit sind, während sie weiter zur Zirkulation und Reproduktion des Kapitals beitragen.

All dies hilft, eine weitere zentrale Funktion von Wohnraum zu erklären, nämlich seine Rolle bei der Aushandlung der sozialen Verhältnisse des Kapitals. Angesichts der Bedeutung von Wohnraum für die soziale und (folglich) ökonomische Reproduktion haben interventionistische Staaten die Bereitstellung von Wohnraum häufig zum Bestandteil ihrer Umverteilungspolitik gemacht, sei es in Form der direkten Bauförderung oder durch die Bezuschussung von Wohnkosten. Erklärtes Ziel solcher Programme ist, die sozialen Schieflagen, die durch das Kapital hervorgebracht und intensiviert werden (und logischerweise im ungleichen Zugang zu Wohnraum und -eigentum zum Ausdruck kommen), durch Umverteilung – wenn auch nur in bescheidenem Maße – wieder auszugleichen. Dabei geht es, ebenso mehr oder weniger ausdrücklich, auch um eine reibungslose soziale Reproduktion. Hier zeigen sich gewisse Parallelen zu den Methoden und Zielsetzungen der »Wohlfahrtskapitalisten« des späten 19. Jahrhunderts, die Arbeiter*innen mit Wohnraum versorgten. Auch sie erkannten, dass das Kapital *ohne* diese Umverteilung von Vermögen in Gefahr geriete. Engels äußerte sich verächtlich über derartige Hilfe, da sie Arbeiter*innen, deren Mobilität als ein Moment der Stärkung ihrer Verhandlungsmacht galt, an einen Ort fesselte; aber er erkannte an, dass dies der Produktion dienlich war. Zumindest für das Kapital.

Wenn man Wohnraum lediglich als Vermögensspeicher, Reproduktionsvoraussetzung und Umverteilungsinstrument begreift, verliert man jedoch leicht aus dem Blick, dass er auch *Ort und Mittel* sozialer Ausbeutung ist. In der Literatur finden sich unzählige Beispiele für eine derartige Ausbeutung in und durch Wohnraum:

Die berüchtigte Praxis des »Redlining«[6] durch Hypothekengeber (Harvey/Chat-
terjee 1974; Jackson 1985; Squires 1992; Aalbers 2011), die diskriminierenden Ver-
gabepraktiken öffentlicher Wohnungsgesellschaften und anderer urbaner *Gatekee-
per* (Pahl 1975; Pearce 1979; Henderson/Karn 1984), die räuberischen Kreditprakti-
ken und Zwangsvollstreckungen der Subprime-Krise (Squires 2004; Immergluck
2009; Saegert/Fields/Libman 2009; Wyly et al. 2009), die Rechtlosigkeit oder Unwissenheit legaler und illegaler Migrant*innen, die minderwertigen Wohnraum
zu überteuerten Preisen mieten oder kaufen (Notkäufe) (Tejimant/Schepens 1981;
Karn/Kemeny/Williams 1985; Aalbers 2006), die oben diskutierte Schaffung einer
Hausangestelltenklasse (Hecht 1981; Lutz 2002), die von den Architekt*innen der
Quartiersgentrifizierung eingefädelten Enteignungen (Smith 1979; Marcuse 1985,
Lees/Slater/Wyly 2008) und schließlich die von Privatvermieter*innen verlangten
Monopolrenten (Berry 1981; Harvey 1985; Lopez-Morales 2011; Fields 2015) und von
gleicher Seite erwirkten Zwangsräumungen (Desmond 2012).

Die Tatsache, dass private Wohnraumvermietung aufgrund ihrer häufigen Mo-
nopolstellung ausbeuterisch sein *kann*, erklärt zum Teil, warum der Staat vielfach
versucht, Mietpreise mehr oder weniger stark zu regulieren. Miete ist eine ver-
tragsbasierte soziale Beziehung. Mietenregulierung und -kontrolle, die es in un-
zähligen Varianten gibt, stellen daher ein weiteres, indirektes Umverteilungsinstrument dar, das dort zum Einsatz kommt, wo Wohnverhältnisse in Schieflage geraten sind. Manche Staaten haben zu bestimmten Zeiten den Privatvermietungssektor und insbesondere die Mietpreise so stark reguliert – oft verbunden mit der
Ausweitung des direkten Zugriffs auf den örtlichen Wohnungsbestand –, dass es
für Privatvermieter*innen schwierig wurde, Profite zu erzielen, sie sich folglich aus
dem Vermietungsgeschäft zurückzogen und dies zum Niedergang des Privat-
vermietungsmarktes führte (Harloe 1985). Obwohl der Privatvermietungssektor vor
allem bei fehlendem Mieterschutz für Ausbeutung sehr anfällig sein mag, kann
er auch als wichtiger Teil des Wohnungsangebots gesehen werden. Denn er bietet Mieter*innen potenziell eine größere Flexibilität, wenn ihnen weder der soziale Wohnungsbau noch Wohneigentum zugänglich sind bzw. beides unattraktiv
erscheint – sei es wegen der Wartelisten, der Einkommensgrenzen oder der Anforderungen für die Vergabe eines Hypothekenkredits, sei es aufgrund von Ein-
schränkungen hinsichtlich der Staatsbürgerschaft oder aufgrund des Wunsches,
sich nicht langfristig finanziell zu binden. Der Privatvermietungssektor entzieht
sich einer pauschalen Verallgemeinerung (Allen/McDowell 1989). Beispielsweise ist

---

6   *Anmerkung der Herausgeber*innen:* Redlining bezeichnet die Praxis, bestimmte Quartiere
     nicht mehr mit Leistungen (hier Hypothekenkrediten) zu bedienen. Der Begriff leitet sich
     davon ab, dass das betreffende Areal tatsächlich auf dem Stadtplan rot markiert wird (ana-
     log einer »schwarzen Liste«).

er für gewöhnlich das einzige Marktsegment, zu dem die große Mehrheit der Neulinge auf dem örtlichen Wohnungsmarkt Zugang hat. Dies gilt u.a. für (Binnen-) Migrant*innen, junge Menschen, Haftentlassene usw. Das Beispiel Deutschland hat zudem gezeigt, dass ein privater Vermietungsmarkt – mit angemessener Regulierung der Mieten und anderer Variablen – für Vermieter*innen profitabel sein und auch Mieter*innen vergleichsweise gut vor Ausbeutung schützen kann (Kleinman 1996). Aber nachdem die kapitalistische Welt während der letzten Jahrzehnte von neoliberalen, marktorientierten Reformen überrollt wurde, haben viele Staaten die Mietregulierung schrittweise abgeschafft und den »freien« Märkten zunehmend freie Hand gelassen, wodurch – scheinbar paradoxerweise – Monopolpreise blühen und gedeihen können.

Allerdings ist die Frage durchaus berechtigt, ob »Ausbeutung« in diesem Zusammenhang der richtige Begriff ist. Miet-Rentiers würden die Arbeiter*innen (und Mieter*innen) lediglich »betrügen« wirklich *ausgebeutet* würden sie nur von Fabrikkapitalist*innen, indem diese ihre unbezahlte Arbeitszeit stehlen. Dies war einer der Hauptgründe, warum Engels die Wohnungsfrage lediglich als ein sekundäres »Übel« ansah. Er hielt es für zwecklos, derartige Übel beseitigen zu wollen – wie es Proudhon und seinesgleichen forderten –, während die kapitalistische Produktionsweise als eigentliche Ursache allen Übels weiter beibehalten werde. Die Abschaffung beispielsweise der Hypothekenzinsen würde Engels' Ansicht nach lediglich den Industriekapitalist*innen Vorteile gegenüber den Rentiers verschaffen, nicht aber den Arbeiter*innen gegenüber den Industriekapitalist*innen. Engels wie Marx waren beide der Auffassung, Ausbeutung könne es nur in der Produktion geben, denn nur dort – und nicht im Tausch oder im sekundären Kapitalkreislauf – werde Wert erzeugt.

Mit diesen Fragen rückt in den Vordergrund, was während der 1970er und 80er Jahre Gegenstand einer lebhaft geführten und einflussreichen Debatte wurde: Das Verhältnis zwischen Wohnraum und jener von Marx und Engels besonders betonten Dimension sozialer Differenz, die der Klasse. Auf der einen Seiten fanden sich Marxist*innen, die darauf bestanden, dass die Stellung auf dem Wohnungsmarkt aus der Stellung auf dem Arbeitsmarkt resultiere, d.h. die soziale Klassenzugehörigkeit bestimme, wo und wie man wohnt (Ball 1986; Barlow/Duncan 1988). Weberianer*innen hingegen behaupteten, dass dies eine verkürzte Sichtweise sei, die Wohnraum lediglich als Kristallisationspunkt sozialer Verhältnisse verstehe und dabei übersehen werde, dass er eine diese Verhältnisse aktiv gestaltende Funktion hat. Sie meinten, dass sich die soziale Stellung stattdessen vielleicht aus der Wohnform ableite, d.h. die Stellung auf dem Wohnungsmarkt die soziale Klassenzugehörigkeit bestimme (Rex/Moore 1967; Pahl 1975; Saunders 1984). Pahl (1975) argumentierte beispielsweise, dass Kapitalerträge aus Wohnraum die im Arbeitsmarkt begründeten Ungleichheiten verwische und eine Spaltung zwischen Eigentümer*innen und Mieter*innen bewirke. Am weitesten mit der Weberianischen

Sicht ging Saunders (1984), indem er behauptete, der Wohnungsmarkt bringe eine neue Klasseneinteilung hervor. Mit der Zeit ist ein ausgewogeneres Bild so genannter »Wohnklassen« entstanden: Murie und Forrest (2001) weisen beispielsweise auf eine essenzielle Wechselwirkung hin, wonach die Stellung auf dem Wohnungsmarkt zwar klassenabhängig (also arbeitsmarktabhängig) sei, die Wohnform ihrerseits diese Klassenspaltung aber transformiere.

Ebenso klar und entscheidend ist jedoch, dass sich solchermaßen gespaltene soziale Verhältnisse – und die Funktion von Wohnraum hinsichtlich ihres Zustandekommens und ihrer Reproduktion – nicht allein auf die Dimension Klasse reduzieren lassen. Die bunte Landschaft sozialer Unterschiede und Ungleichheiten, die wir mit kapitalistischen Gesellschaften assoziieren, entsteht erst dadurch, dass sich Klasse spürbar und auf unterschiedliche und komplexe Weise mit Hautfarbe/Ethnizität und Geschlecht überschneidet. Natürlich wurden diese Intersektionalität von den Sozialwissenschaften wesentlich umfassender als nur in Bezug auf Wohnraum erforscht und aufgezeigt. Aber der enge Zusammenhang zwischen Wohnraum und dem, was wir hier *tatsächlich* als Ausbeutungsprozesse bezeichnen wollen, scheint uns besagte Intersektionalität besonders exemplarisch zu verdeutlichen. Dies ist nirgends offenkundiger zutage getreten als während der letzten Finanzkrise. In ihrem Epizentrum, der Subprime-Krise, zeigte sich, dass Hautfarbe/Ethnizität, Geschlecht und Klasse in den systematisch ungleich verteilten Raubzügen der Hypothekenfinanzierenden und Zwangsvollstreckenden auf zentrale Weise miteinander verbunden waren (Squires 2004; Wyly et al. 2009; Aalbers 2012; Ashton 2012; Roberts 2013).

Kurzum, wir wissen, dass Wohnraum eine der Hauptbrutstätten für die Verschärfung der vielfältig verfassten sozialen Ungleichheiten ist. Und die politische Ökonomie muss dies anerkennen. Zum Schluss dieses Abschnittes sollte zweckmäßigerweise noch eine weitere Achse der Ungleichheit Erwähnung finden, die wir bislang nicht berücksichtigt haben: Die Generationenachse. Diese Achse erweist sich als kompliziert, weil sie aus mehr als einer Perspektive untersucht werden muss. Ungleichheit *zwischen* den Generationen ist sicherlich eine davon. In weiten Teilen der kapitalistischen Welt hat die Deregulierung der Immobilien- und Finanzmärkte während der vergangenen Jahrzehnte den Erwerb von selbstgenutztem Wohneigentum beflügelt und zu einer massiven Inflation der realen Hauspreise geführt, wovon die älteren Generationen, in deren Händen sich das Wohnvermögen zwangsläufig konzentriert, unverhältnismäßig profitieren konnten. Wichtig sind aber auch Ungleichheiten *innerhalb* der älteren Generationen, denn sie werden nicht zusammen mit den Menschen zu Grabe getragen, sondern durch diverse Formen der Vererbung vor oder nach dem Tod an die Nachkommen weitergegeben (Allen et al. 2004; Helderman/Mulder 2007) und noch verstärkt, da die Kluft zwischen jenen, die von Wohnvermögen profitieren, und jenen, die keinen Zugang dazu haben, immer größer wird – insbesondere jetzt in den Zeiten nach dem Boom, wo der Zugang zu Hypothekendarlehen schwieriger geworden ist und somit das Angewiesensein auf die intergenerationale Weitergabe von Vermögen zugenommen hat (Forrest/Yip 2011). Ebenso wichtig ist allerdings, dass diese sozialen Spaltungen nicht einfach an irgendeine Generation vererbt werden, sondern an eine, die anscheinend in weitaus höherem Maße von der Wohneigentumsideologie besessen ist als jede Generation vor ihr.

4.   Wohnraum und die Ideologie des Kapitals

Ebenso wie Kapital ein Prozess und eine Konstellation sozialer Verhältnisse darstellt, ist es ganz ohne Frage auch eine ideologische Institution. Seit mehr als zweihundert Jahren sind sich seine Kritiker*innen wie Verteidiger*innen dahingehend einig, dass diese ideologische Institution drei wesentliche Komponenten umfasst. Die erste ist die absolut zentrale Stellung des Privateigentums. Die Monopolmacht darüber ist laut Harvey »sowohl der Ausgangspunkt als auch der Endpunkt allen kapitalistischen Handelns« (2002: 97). Die zweite ist das Primat der Märkte, das sich durch den »freien« Wettbewerb als übergeordneten Mechanismus der Ressourcenallokation kennzeichnet. Und die dritte ist das Gebot der Akkumulation von Reichtum. »Akkumuliert, akkumuliert! Das ist Mose und die Propheten!«, so Marx' berühmte Worte über die kapitalistische Ideologie im ersten Band von »Das Kapital«.

In diesem Abschnitt argumentieren wir, dass Wohnraum für diese Ideologie aus mindestens zwei Gründen von elementarer Bedeutung ist. Erstens, weil die besagte Ideologie wohl nirgends so klar und prononciert zutage tritt wie im Zusammenhang mit Wohnraum, was heißt, dass die Wohnideologie von heute geradezu ein *Sinnbild* der kapitalistischen Ideologie im Allgemeinen darstellt, da sie Privateigentum, marktförmige Allokationsmechanismen und Akkumulationsstreben entschieden begünstigt. Und zweitens, weil das Wohnungswesen die kapitalistische Gesamtideologie nicht nur versinnbildlicht, sondern sie auch *stützt*: Im und durch den Wohnungssektor wird ein großer Teil der politischen Arbeit geleistet, mit der die Ideologie des Kapitals reproduziert und gefestigt wird.

Privateigentum ist eine ideologische Institution, die auch in vielen anderen Gesellschaftsformen vorkommt, im Kapitalismus aber besonders dominant und absolut in Erscheinung tritt. Allerdings ist Privateigentum nicht wirklich »privat«, da es vom Staat geschützt wird und eine überaus öffentliche Macht über Ressourcen und andere Menschen verleiht (Gray 1991: 304). In der Tat setzen private Eigentumsrechte Staatlichkeit voraus, denn obwohl sie als natürlich und normal dargestellt werden, sind sie ziemlich bedeutungslos, solange der Staat sie nicht anerkennt und durchsetzt, sei es durch das Gesetz oder durch sein Gewaltmonopol. In »vormodernen« Gesellschaften stützten sich der Staat und mächtige Grundbesitzer*innen vor allem auf das Gewaltmonopol, aber in entwickelten kapitalistischen Gesellschaften ist das Recht die Institution par excellence, um die Ideologie privater Eigentumsrechte in den gesellschaftlichen Beziehungen insgesamt zu verankern. Wenn sich jedoch herausstellt, dass die Institution des Rechts zur Durchsetzung privater Eigentumsrechte nicht ausreicht, sind Eigentümer*innen oftmals geneigt, das staatliche Gewaltmonopol zu mobilisieren, zum Beispiel zur Räumung von Hausbesetzungen. Bei Privateigentum geht es nicht nur um die Verfügungsgewalt über ein Objekt, sondern im Wesentlichen auch darum, andere von seiner Nutzung ausschließen zu können (Davies 2007).

Auch wenn es uns heute lange her erscheinen mag, dass der Besitz von Grund und Boden zwingende Voraussetzung für formale politische Partizipation war, werden vielenorts auf der Welt Gemeinwesen immer noch – oder wieder – faktisch von Hauseigentümerverbänden regiert oder von anderen Formen der Privatregierung, die auf dem Besitz von Wohnraum basieren (McKenzie 1994; Aktinson/Blandy 2005). Folglich bedeutet Privateigentum nicht nur Verfügungsgewalt über ein Objekt und die Fähigkeit, andere davon auszuschließen, sondern es ist auch ganz unmittelbar mit politischer Teilhabe verbunden. Sogar heutzutage berechtigt der Erwerb von Wohneigentum mitunter zur Inanspruchnahme staatsbürgerlicher Rechte. Vor kurzem geriet Spanien ins Rampenlicht, als das Land versuchte, seinen Immobilienmarkt wiederzubeleben, indem es für den Kauf von Immobilien im Wert von mehr als 160.000 Euro die Zweitstaatsbürgerschaft anbot. Aber auch außerhalb dieses Rampenlichts gibt es in einigen Dutzend so unterschiedlichen Ländern wie Lettland, Tschechien, Österreich, Panama, den Bahamas, St. Kitts und Nevis (z.B. Grabar 2012) und in gewisser Weise auch in den USA (O'Toole 2012) irgendeine Art von Programm oder Politik, die Staatsbürgerschaft gegen Investitionen zu vergeben. Die Idee – und aus Sicht mancher Philosoph*innen und Politiker*innen das Ideal – einer Eigentumsdemokratie (Rawls 1971; Daunton 1987; O'Neill/Williamson 2012) ist also nicht lediglich ein historisches Artefakt, sondern in einigen Ländern auch gängige Praxis.

Als materielles Artefakt und als Ideologie ist Privateigentum gleichermaßen umkämpft und steht im Zentrum ideologischer Auseinandersetzungen innerhalb des Kapitalismus. Dies zeigen soziale Bewegungen, beispielsweise im Zusammenhang mit Hausbesetzungen und dem Recht auf Wohnraum. Zudem zielen die Debatten rund um die Privatisierung, Neoliberalisierung und Finanzialisierung von Wohnraum auf den Kern der Diskussion über kapitalistische Ideologie und Praxis im Allgemeinen Aalbers 2008; Ronald 2008; Saegert/Fields/Libman 2009; Rolnik 2013). Dafür gibt es viele Gründe, aber einer ist, dass Wohnraum direkt und unmittelbar mit *jedem* Individuum, Haushalt und Gemeinwesen verbunden ist, genauso aber auch im Zentrum dessen steht, was Staaten und Märkte tun, bzw. der Debatte darüber, was sie tun sollten. Da die Dichotomien von Staat und Markt, von öffentlich und privat, in Bezug auf das Wohnungswesen schon von Natur aus problematisch sind, ist dieses Feld ein aufgeheizter Ort, um die politische Ökonomie real existierender Kapitalismen zu untersuchen.

Die Fetischisierung der Ideologie nicht nur des Privateigentums, sondern auch der Vermögensakkumulation und des Marktes zeigt sich besonders deutlich im politischen Projekt der Ausweitung von Wohneigentum (Kemeny 1981; Ronald/Elsinga 2012), das kennzeichnend für die große Mehrheit der – alten wie neuen – kapitalistischen Gesellschaften der Nachkriegsära war, vor allem seit den 1980er und (in postkommunistischen Ländern) den 1900er Jahren, von wichtigen Ausnahmen wie Deutschland und der Schweiz einmal abgesehen (Kleinman 1996; Lawson 2009). Zu den häufig angeführten Vorteilen von Wohneigentum gehören – unter anderem, aber nicht nur – so genannte »Wohlstandseffekte« (Case/Quingley/Shiller 2005), Wohneigentum als Alterssicherung, verbunden mit geringeren Kosten im Alter und somit geringeren staatlichen Aufwendungen für ältere Bürger*innen (»asset-based welfare«) (Regan/Paxton 2001) sowie »bessere« Bürger*innen durch mehr Partizipation und Empowerment (Rohe/Van Zandt/McCarthy 2002). Diese Aspekte sind in der Regel weniger die Wesensmerkmale von Wohneigentum als vielmehr die Konsequenzen des politischen Projekts, Wohneigentum auf Kosten anderer Besitzformen zu forcieren. Dabei handelt es sich nicht allein um ein politisches Projekt im weitesten Sinne des Begriffs »politisch«, sondern auch im engeren Sinne dessen, was Politiker*innen und politische Parteien tun. Es war Engels, der vor der Verbürgerlichung der Arbeiterklasse gewarnt hatte, denn dies mache sie abhängig von Einkünften aus Lohnarbeit, wodurch ihre Autonomie minimiert werde und somit auch die Aussicht, dass sie eine Revolution in Gang setzen könnten. Genau aus diesem Grund propagieren Politiker*innen jeglicher Couleur Wohneigentum für die Arbeiterklasse (oft zusammen mit Suburbanisierung): Als Bollwerk gegen Kommunismus und Revolte, indem man die Arbeiterklasse am System teilhaben lässt, sie von Lohnarbeit abhängig macht und sie weiter von den urbanen Zentren oppositioneller Bewegungen entfernt ansiedelt.

Die Ausweitung des Wohneigentums kann, was entscheidend ist, auch die Zustimmung zu verschiedenen Formen der wohlfahrtsstaatlichen Intervention bröckeln lassen. Kemeny (1995) und Castles (1998) haben gezeigt, dass die Zunahme von Wohneigentum in Ländern, die traditionell über einen größeren Mietwohnungsmarkt und ein besser ausgebautes, oftmals öffentlich finanziertes Rentensystem verfügten, mit nachlassender Zustimmung zu wohlfahrtsstaatlichen Interventionen im Allgemeinen und öffentlicher Rentenfinanzierung im Besonderen einherging. Sie bezeichnen dies als den »wirklich großen Zielkonflikt« und behaupten, dass die Einstellung zum Wohlfahrtsstaat entscheidend von der Wohnsituation abhängt und demnach Wohnungspolitik von grundlegender Bedeutung für die politische Ökonomie entwickelter kapitalistischer Staaten ist. In der Tat legt das politische Ideal der »asset-based welfare« (vielmehr des auf Wohneigentum basierenden *Vermögens*) implizit oder explizit nahe, dass der Staat Umverteilung zurückfahren kann, wenn mehr einkommensschwache Haushalte über Wohneigentum verfügen und dessen angebliche Vorteile genießen können (Regan/Paxton 2001; Doling/Ronald 2010).

Die politische Förderung von Wohneigentum geschieht auf vielfältige Weise, aber wohl nirgends so offensichtlich wie bei Initiativen zur Privatisierung von Wohnraum – vom britischen »Right to Buy« Programm über Wohnraumprivatisierung als ökonomischem Puffer in vielen postkommunistischen Ländern bis hin zu Programmen, die überall in der entwickelten kapitalistischen Welt den Abriss von Sozialbauten zugunsten des privatfinanzierten Neubaus fördern (Clapham et al. 1996; Forrest/Murie 1988; Murie et al. 2005). Derartige politische Maßnahmen werden häufig in die Formel gekleidet, Wohnraum solle »wieder dem Markt zugeführt werden«, obwohl die Mehrheit der fraglichen Objekte niemals als Waren, d.h. als markförmige Güter produziert worden waren (mit Ausnahme der Restitution von Privatbesitz in postkommunistischen Ländern, die aber nur einen kleinen Teil der dortigen Privatisierungen ausmachte). All diese Privatisierungsprogramme sind das Ergebnis politischer Prozesse und haben soziale wie auch ökonomische Konsequenzen, nicht nur für jene, die durch Privatisierung verdrängt werden, sondern auch für die neuen Eigenheimbesitzer*innen – die primär aus den unteren und mittleren Einkommensschichten stammen und oftmals nicht so gut situiert sind, als dass sie die Vorteile des Wohneigentums voll ausnutzen oder die entstehenden Unterhaltskosten tragen könnten – sowie für Immobilienmakler*innen, Hypothekenkreditgeber und andere, die von der zunehmenden Zirkulation von Wohnraum profitieren. Dass Privatisierung die Zirkulation antreibt, ist in der Tat ein entscheidender Punkt, denn man kann argumentieren, dass im Zuge der Privatisierung am deutlichsten zutage tritt, dass bzw. wie die drei Modalitäten des Kapitals unauflösbar miteinander verbunden sind und über Wohnraum vermittelt werden: Privatisierung von Wohnraum spiegelt und reproduziert die Ideologien des Kapitals, sie steigert die Kapitalzirkulation, indem sie »totes« öffentliches Kapital in privates flüssiges Kapital umwandelt, und bewirkt dadurch eine eindeutige Neuordnung der sozialen Verhältnisse, einen sozio-ökonomischen »Einhegungsprozess« (*enclosure*), der durch Enteignung öffentlicher Ressourcen eine individualisierte private Kapitalakkumulation ermöglicht (Hodkinson 2012a).

Dies anzuerkennen heißt zu verstehen, warum Wohnraum oft anhand seiner drei Hauptsegmente oder Besitzkategorien diskutiert wird: Selbstgenutztes Wohneigentum, öffentlicher oder sozialer Mietwohnungsbau und privat vermieteter Wohnraum. Da selbstgenutztes Wohneigentum in kapitalistischen Gesellschaften ideologisch wie auch ökonomisch zunehmend privilegiert wurde – beispielsweise durch steuerliche Begünstigung – wurden die anderen beiden Segmente ideologisch und materiell an die Wand gedrängt, sogar in nominell sozialdemokratischen Staaten, in denen die Förderung gleicher Besitzverhältnisse lange Zeit als politische Kernphilosophie galt (Kemeny 1981; Christophers 2013). Im Kapitalismus und seinen verschiedenen Strömungen wie Neoliberalismus, Ordoliberalismus und Wohlfahrtskapitalismus werden »Dinge« generell verstärkt als Waren betrachtet, und auf Wohnraum trifft dies auf jeden Fall zu. Die verschiedenen kommodifizierten Arten von Wohnraum – insbesondere das selbstgenutzte Eigenheim – werden als normal und natürlich dargestellt, während nicht- oder nur teilweise kommodifizierte Formen zum anormalen »Anderen« gemacht werden, obwohl alle Formen des Wohnens Produkt eines spezifischen Kontextes und einer spezifischen Ideologie sind (Kemeny 1981). Die Sozialwohnung ist die »abnormste« Kategorie von allen, aber die ideologische Abwertung hat inzwischen auch den von Privat gemieteten Wohnraum erfasst. Und im Einklang damit, dass marktförmige Allokationsmechanismen immer mehr ins Zentrum (neoliberaler) kapitalistischer Ideologie gerückt sind, war es unausweichlich, dass der Staat in vielen Ländern mit der Zeit die Lust verloren hat, Mietenregulierung dafür zu nutzen, den Marktkräften im Privatvermietungssektor entgegenzuwirken.

Während die oben genannten Segmente oder Besitzkategorien oftmals hilfreich sind, um das Wohnungswesen zu beschreiben und zu analysieren, ist diese Dreiteilung dennoch nicht so einfach wie sie scheint (Barlow/Duncan 1988; Lee/Murie 1999) und ihrerseits ideologiebefrachtet. Das Segment des öffentlichen oder sozialen Wohnungsbaus umfasst ein breites Spektrum gemeinnützig verwalteten Wohnraums, der entweder im Besitz öffentlicher Träger ist oder privatgemeinnützigen bzw. hybriden Gesellschaften gehört, die oftmals staatliche Fördermittel erhalten. Allerdings werden nicht alle so genannten Sozialwohnungen mit staatlicher Unterstützung gebaut und ein beträchtlicher Anteil des Wohnraums, der *nicht* als öffentlicher oder sozialer Wohnungsbau klassifiziert ist, wird mit staatlicher Förderung errichtet oder gemeinnützig verwaltet, wie etwa in den USA Wohnungen im Besitz von Kommunalentwicklungsgesellschaften und Baugenossenschaften. Im Übrigen beziehen nicht nur Sozialmieter*innen staatliche Zuschüsse, sondern auch zahlreiche Mieter*innen von privat vermietetem Wohnraum und etliche Eigenheimbesitzer*innen. Mit Blick auf die USA argumentieren Wyly und DeFilippis (2010) sogar, dass jede Kategorie zum öffentlichen Wohnungsbau zähle, insbesondere das selbstgenutzte Eigenheim, weil es mit öffentlichen Mitteln gefördert werde, vor allem in Form von Steuerabzügen für Hypothekenzinsen, von denen wohlhabende Hausbesitzer*innen am meisten profitieren. Oder denken wir an die staatliche Förderung von steuerlichen und anderen Vergünstigungen für Projektentwickler, die die Dichotomie zwischen öffentlichem und privatem Wohnungsbau noch problematischer machen. Genauso hat Singapur den größten Teil seines Wohnungsbestandes als *sowohl* sozialen Wohnungsbau *als auch* eigentümergenutzt eingestuft (Chua 1997).

Abgesehen von den offensichtlich unscharfen Trennlinien, auf denen sie beruht, muss die herkömmliche Dreiteilung des Wohnungswesens auch in Hinblick darauf problematisiert werden, dass sich innerhalb jedes Segments eine große

Vielfalt zeigt und jedes Segment an unterschiedlichen Orten etwas Unterschiedliches bedeutet (Ruonavaara 1993). Wo beispielsweise nur wenige Prozent des Wohnungsbestandes auf öffentlichen oder sozialen Wohnungsbau entfallen, ist dieser tendenziell stärker marginalisiert, verarmt und stigmatisiert als in Ländern, in denen diese Kategorie 30 oder mehr Prozent des Bestandes umfasst. Es macht einen großen Unterschied, ob öffentlicher bzw. sozialer Wohnungsbau als residuales Auffangbecken für die Ärmsten der Armen gilt oder als Wohnraum für die »breite Masse«, d.h. für Menschen aus allen Gesellschaftsschichten. In einer provokanten These, die sich schwerlich auf Länder außerhalb der USA übertragen ließe, hat Wacquant (2009) Sozialbauten bekanntlich mit Gefängnissen verglichen und argumentiert, beides gehöre zu einem strafenden Staat, wo die Armen unter schlimmstmöglichen Bedingungen hausen und es für Menschen aus Sozialsiedlungen immer wahrscheinlicher wird, irgendwann in ihrem Leben im Gefängnis zu landen, vor allem, wenn sie männlich sind und eine andere ethnische Zugehörigkeit oder Hautfarbe haben als die gesellschaftlich dominanten Gruppen.

Im Segment des selbstgenutzten Wohneigentums ist die Diversität ebenfalls beträchtlich (z.B. Hammond 1999). Am häufigsten wird hier danach unterschieden, ob das Eigenheim abbezahlt oder mit einer Hypothek belastet ist. Wenn wir uns vor Augen halten, wie einfach es für Hypothekengeber oft ist, ein Haus bzw. eine Wohnung in ihren Besitz »zurückzuführen« (*repossession*), wenn die Hypothekenzahlungen im Rückstand sind (als nähmen sie sich, was ihnen von Rechts wegen sowieso schon gehört), ist es absolut nachvollziehbar, dass so viele Eigenheimbesitzer*innen sagen, ihr Heim »gehöre der Bank«. Ebenso beträchtlich sind die Unterschiede natürlich auch innerhalb der Kategorien »abbezahltes Eigenheim« und »de-facto Eigentum der Bank«. Viele Eigenheimbesitzer*innen in postkommunistischen Ländern bekamen ihre einstigen Mietwohnungen entweder zugesprochen oder konnten sie zu einem symbolischen Preis kaufen. Allerdings waren die erworbenen Objekte oft in schlechtem Zustand und die Käufer*innen verfügen nicht über genug Einkommen, um Geld für Instandhaltung beiseite zu legen, oder sind mitunter gar nicht in der Lage, die notwendigen Reparaturen durchzuführen, da ihre Wohnungen in Mittel- und Hochhauskomplexen liegen, deren bauliche Mängel das gesamte Gebäude betreffen (Murie et al. 2005). Und während manche hypothekenbelasteten Eigenheimbesitzer*innen die Hypothekenraten und Instandhaltungskosten gut bewältigen können, wurden anderen Hypothekendarlehen verkauft (z.B. »räuberische Kredite«), die sie nicht bedienen können (Squires 2004; Wyly et al. 2009).

Und nicht zuletzt gibt es noch Wohnformen, die nicht in die drei Hauptsegmente fallen. Ohne Anspruch auf Vollständigkeit (aber häufig mit Überschneidungen) gehören dazu: Freie Unterkunft (oft bei Verwandten); Unterkunft als Bestandteil eines Arbeitsvertrags (einschließlich die bereits erwähnten im Haushalt lebenden Hausangestellten und Kinderbetreuerinnen sowie Personen, die in Werks-

oder Dienstwohnungen leben, aber auch einige aus dem Ausland stammende Beschäftigte), Zweitwohnsitze (die nicht wirklich selbstgenutzt sind und manchmal in Wahrheit Dritt- oder Viertwohnungen usw. sind), besetzte Häuser bzw. Wohnungen (d.h. durch *Nicht*-Eigentümer*innen genutzter Wohnraum), Untervermietung (vermietete Zimmer, häufig für Studierende und andere junge Leute sowie für Arme und Migrant*innen)[7], Wohnwagensiedlungen (in einem Land wie den USA leben über zehn Prozent der Bevölkerung in so genannten *Trailer Parks*), ein breites Spektrum institutionalisierter Wohnformen (nicht nur Gefängnisse, sondern auch Studierendenwohnheime, Pflegeheime für Senior*innen, geistig und körperlich Beeinträchtigte usw.) und natürlich die »Unbehausten«, d.h. Wohnungslose, von denen viele nicht zwangsläufig auf der Straße leben (oder zumindest nicht die ganze Zeit über), sondern oftmals auch in Einrichtungen wohnen. Kurzum, in den allgemein akzeptierten Bezeichnungen für die verschiedenen Wohnsegmente und Gruppen von Bewohner*innen spiegeln sich tiefgreifendere sozial konstruierte Unterscheidungen zwischen Besitzenden und Besitzlosen, zwischen würdigen und unwürdigen Bürger*innen, zwischen denen, die Immobilien besitzen, und denen, die ihnen unterworfen sind, zwischen öffentlich und privat sowie zwischen Staat und Markt. All diese Begriffe sind ideologisch aufgeladen und werden politisch wie ökonomisch reproduziert. Sie spiegeln die Ideologie und politische Ökonomie des Kapitals wider und verankern sie aufs Neue.

5. Fazit: Ein erneuter Blick auf die Wohnungsfrage

Bei allem Bemühen, in diesem Beitrag die Funktion von Wohnraum in der politischen Ökonomie auf verallgemeinerbare Weise zu konzeptualisieren, ist uns nur allzu bewusst, dass wir darin bestimmte Dynamiken hervorheben, während andere vergleichsweise unterbelichtet bleiben. Allerdings scheint uns dies unvermeidbar. Und anstatt solch ein Ungleichgewicht als negativ anzusehen, wollen wir es viel eher in ein positives Licht rücken und als *förderlich* bezeichnen: Als förderlich für die weitere theoretische und empirische Untersuchung von Fragestellungen in Bezug auf den vorläufigen heuristischen Rahmen, den wir hier vorgestellt haben. Es ist auch wichtig zu betonen, dass wir die politische Ökonomie nicht als Methode begreifen, sondern eher als notwendige *Perspektive*, um die gesellschaftliche Funktion von Wohnraum zu rahmen, zu kontextualisieren und letztlich zu verstehen. Eine politökonomische Perspektive lässt sich zusammen mit einem breiten Spektrum

---

7   Auch wenn es sinnvoll erscheinen mag, Untervermietung der Kategorie des privat vermieteten Wohnraums zuzurechnen, finden wir viele Untermieter*innen auch in Wohnraum, der als selbstgenutztes Eigentum klassifiziert ist, oder im öffentlichen bzw. sozialen Wohnungsbau, wodurch die Kategorien noch weiter verwischt werden.

von Methoden und Analyseformen anwenden, mit quantitativ- und qualitativ-empirischen Methoden ebenso wie mit eher hermeneutischen und diskursiven Vorgehensweisen. Ein dezidiert politökonomischer Ansatz bedeutet nicht, bestimmte Methoden zu bevorzugen, aber er zwingt die Forschenden, Empirie und Theorien, Politik und Märkte des Wohnens grundsätzlich in ihren politisch-ökonomischen Kontext einzubetten – und Wohnraum nicht isoliert von seinen gesellschaftlichen Rahmenbedingungen zu untersuchen.

Vertreter*innen der vergleichenden politischen Ökonomie beispielsweise werden wahrscheinlich zu dem Urteil kommen, wir hätten dem Staat und seiner Rolle bei der Gestaltung unterschiedlicher Wohnverhältnisse in unterschiedlichen historischen und geographischen politisch-ökonomischen Zusammenhängen zu wenig Beachtung eingeräumt. Wir haben in der Tat versucht, hinsichtlich jeder der drei »Modalitäten« des Kapitals zu zeigen, dass die Funktion, die Wohnraum in der politischen Ökonomie insgesamt einnimmt, in hohem Maße an die Rolle des Staates gebunden ist. Aber natürlich gibt es große Unterschiede dahingehend, wie Wohnen in die jeweilige nationale (und bis zu einem gewissen Grad die jeweilige lokale) politische Ökonomie eingeht. Wohnraum ist ein zentraler Bestandteil der nationalen und lokalen politisch-ökonomischen Konstellation, was impliziert, dass die Wohnverhältnisse überall andere sind und jeweils unterschiedliche Bedeutungen und Auswirkungen haben. Sogar gängige Begriffe wie »Wohneigentum« oder »sozialer Wohnungsbau« können je nach Kontext ganz Unterschiedliches bedeuten. Hinzu kommt, dass Staaten neue und mitunter unerwartete Verbindungen zwischen den einzelnen Modalitäten schaffen können (z.B. »asset-based welfare«). Unserer Ansicht nach widerspricht dies jedoch nicht der generischen Relevanz der identifizierten Modalitäten, sondern verlangt eher danach, den vorgestellten konzeptionellen Rahmen mit mehr Leben zu füllen, beispielsweise durch vergleichende Studien zur Rolle von Wohnraum in verschiedenen politischen Ökonomien aufbauend auf bereits vorliegenden vergleichenden Arbeiten, die sowohl das Thema Wohnraum als auch eine oder mehrere der besagten Modalitäten des Kapitals ernst nehmen (z.B. Kennedy 1981; Harloe 1985; Allen et al. 2004; Lawson 2006; Ronald 2008; Schwartz/Seabroke 2009; Aalbers 2011).

Vertreter*innen einer politischen Ökonomie, der mehr an der *Veränderung* der Welt als an ihrer Interpretation gelegen ist, werden hingegen zweifellos enttäuscht sein, dass wir Wohnraum nicht mit Blick auf fortschrittliche oder *andere* (auch nicht-kapitalistische) politische Ökonomien diskutiert haben. Was sind die Alternativen zur warenförmigen Bereitstellung von Wohnraum im Kapitalismus? Wie könnten sie vorangebracht werden? Und welcher Umgestaltungen der politischen Ökonomie auf der Makroebene bedürfte dies? Wir sind nicht so naiv zu glauben, dass die »Lösung« der Wohnungsfrage die Probleme des Kapitalismus im Allgemeinen lösen könne – diese sehr proudhonistische Phantasievorstellung, über die Engels sich lustig machte. Aber wir würden dennoch behaupten, dass kein wirklicher und nachhaltiger progressiver sozioökonomischer Wandel möglich ist, *ohne die Wohnungsfrage gezielt anzugehen* (Turner 1976; Ward 2002; Harvey 2012; Hodkinson 2012b).

Mit Blick auf die Gestaltung des politisch-ökonomischen Wandels scheint uns die kritische Auseinandersetzung mit den Widersprüchen des Wohnens im Kapitalismus und den sich dadurch potenziell eröffnenden Räumen für Veränderung eine besonders interessante Perspektive zu bieten (Dymski 2001; Harvey 2014). Unserer Ansicht nach ist es kein Zufall, dass Harvey das Wohnungswesen als einen zentralen Kristallisationspunkt der vielfältigen Widersprüche des Kapitalismus bezeichnet. Dazu gehört natürlich nicht zuletzt der Widerspruch zwischen dem Gebrauchswert von Wohnraum und seinem Tauschwert, einschließlich der Spannungen, die daraus resultieren, dass ein System, von dem erwartet und gefordert wird, es möge sich für ersteres einsetzen, unerbittlich letzterem den Vorrang einräumt (Christophers 2010).

Aber Wohnraum macht auch diverse andere Widersprüche sichtbar – bzw. bringt sie sogar hervor – und wir denken, dass der hier entwickelte konzeptionelle Rahmen helfen kann, diese aufzudecken und einer kritischen Analyse zuzuführen. Denn die verschiedenen, in Bezug auf Wohnraum analysierten Modalitäten des Kapitals sind aufs engste miteinander verknüpft (wie verschiedentlich angemerkt, auch wenn wir sie weitestgehend separat diskutiert haben). Mehr noch, sind sie auch *aufeinander angewiesen*, um sich gegenseitig zu verstärken: Kapital könnte und würde beispielsweise nicht in der bekannten Weise zirkulieren, wären da nicht die spezifischen Ideologien, die es kennzeichnen. Es ist gerade die Vereinigung dieser Modalitäten – und die Einbindung von Wohnraum in diesen Prozess –, die Widersprüche tendenziell zum Vorschein kommen lässt. Einem davon sind wir erklärtermaßen begegnet, nämlich der Tatsache, dass die ungleichen sozialen Verhältnisse, die sich aus dem Kapitalkreislauf ergeben und im Wohnraumvermögen zum Ausdruck kommen, dazu tendieren, genau die soziale Reproduktion zu gefährden, die für die ungestörte weitere Zirkulation erforderlich ist. Aber die Rolle von Wohnraum in unserer gegenwärtigen politischen Ökonomie weist noch viel mehr solcher Widersprüche auf. Sie zu erforschen und zu verstehen ist ein entscheidender Schritt auf dem Weg, eine andere Zukunft (des Wohnens) zu entwerfen.

Das Thema Wohnraum ernst zu nehmen bedeutet auch, es in die zukünftige politische Ökonomie *nicht nur* bei der Erforschung politisch-ökonomischer Institutionen einzubeziehen, sondern auch mit Blick auf die Politik und konkretes politisches Handeln. In diesem Sinne ist unsere Konzeptualisierung des Wohnungswesens als wesentlicher Bestandteil der politischen Ökonomie auch ein Appell, die Bereiche »Wohnen als Politikfeld« und »Wohnen als Markt« wieder zu vereinen. Wohnraum spielt in den real existierenden politischen Ökonomien eine derart entscheidende Rolle, dass es für Politökonom*innen nicht länger zu rechtfertigen ist – falls es das je war –, die Analyse des Wohnungswesens entweder der Ökonomie zu überlassen, die die Bedeutung von Macht, Politik und Staat ignoriert oder herunterspielt, oder dem eigenständigen Feld der Sozialpolitikanalyse, das seinerseits die allgemeine politische Ökonomie unberücksichtigt lässt. Ebenso könnte die Wohnungsforschung größere Anstrengungen unternehmen, ihre Analysen und Argumente mit den Fragen der politischen Ökonomie zu verbinden – nicht, weil politische Ökonomie zwangsläufig der privilegierte Ansatz zur Lösung von Wohnungsfragen ist, sondern weil das Thema Wohnraum ohne die Einbeziehung seiner politischen Ökonomie nicht vernünftig diskutiert werden kann.

Literatur

Aalbers, Manuel B. (2006): »When the Banks Withdraw, Slum Landlords Take Over‹: The Structuration of Neighbourhood Decline through Redlining, Drug Dealing, Speculation and Immigrant Exploitation«, in: Urban Studies 43 (7), S. 1061-1086. DOI: 10.1080/00420980600711365

Aalbers, Manuel B. (2008): »The Financialization of Home and the Mortgage Market Crisis«, in: Competition & Change 12 (2), S. 148-166. DOI: 10.4324/9781315668666-3

Aalbers, Manuel B. (2011): Place, Exclusion, and Mortgage Markets, Oxford: Wiley-Blackwell. DOI: 10.1002/9781444342314

Aalbers, Manuel B. (Hg.) (2012): Subprime Cities: The Political Economy of Mortgage Markets, Oxford: Wiley-Blackwell.

Aalbers, Manuel B./Gibb, Kenneth (2014): »Housing and the Right to the City: Introduction to the Special Issue«, in: International Journal of Housing Policy 14 (3), S. 207-213. DOI: 10.1080/14616718.2014.936179

Allen, Judith/Barlow, James/Leal, Jesús/Maloutas, Thomas/Padovani, Liliana (2004): Housing & Welfare in Southern Europe, Oxford: Blackwell. DOI: 10.1002/9780470757536

Allen, John/McDowell, Linda (1989): Landlords and Property, Cambridge: Cambridge University Press.

Ashton, Philip (2009): »An Appetite for Yield: The Anatomy of the Subprime Mortgage Crisis«, in: Environment & Planning A 41 (6), S. 1420-1441. DOI: 10.1068/a40328

Ashton, Philip (2012): »›Troubled Assets‹: The Financial Emergency and Racialized Risk«, in: International Journal of Urban & Regional Research 36 (4), S. 773-790. DOI: 10.1111/j.1468-2427.2011.01077.x

Atkinson, Rowland/Blandy, Sarah (2005): »Introduction: International Perspectives on the New Enclavism and the Rise of Gated Communities«, in: Housing Studies 20 (2), S. 177-186. DOI: 10.1080/0267303042000331718

Ball, Michael (1985): Land Rent, Housing, and Urban Planning: A European Perspective, London: Croom Helm.

Ball, Michael (1986): »Housing Analysis: Time for a Theoretical Refocus?«, in: Housing Studies 1 (3), S. 147-166. DOI: 10.1080/02673038608720573

Ball, Michael (1988): Rebuilding Construction: Economic Change and the British Construction Industry, London: Routledge.

Barlow, James/Duncan, Simon (1988): »The Use and Abuse of Housing Tenure«, in: Housing Studies 3 (4), S. 219-231. DOI: 10.1080/02673038808720632

Bengtsson, Bo (2001): »Housing as a Social Right: Implications for Welfare State Theory«, in: Scandinavian Political Studies 24 (4), S. 255-275. DOI: 10.1111/1467-9477.00056

Berry, Michael (1979): Marxist Approaches to the Housing Question, Birmingham, AL: University of Birmingham.

Berry, Michael (1981): »Posing the Housing Question in Australia: Elements of a Theoretical Framework for a Marxist Analysis of Housing«, in: Antipode 13 (1), S. 3-14. DOI: 10.1111/j.1467-8330.1981.tb00002.x

Bourdieu, Pierre (2005): The Social Structures of the Economy, Cambridge: Polity.

Briggs, Xavier de Souza (1997): »Moving up versus Moving out: Neighborhood Effects in Housing Mobility Programs«, in: Housing Policy Debate 8 (1), S. 195-234. DOI: 10.1080/10511482.1997.9521252

Case, Karl E./Quigley, John R./Shiller, Robert J. (2005): »Comparing Wealth Effects: The Stock Market versus the Housing Market«, in: Advances in Macroeconomics 5 (1), S. 1534-1601. DOI: 10.3386/w8606

Castles, Francis J. (1998): »The Really-big Trade-off: Home Ownership and the Welfare State in the New World and the Old«, in: Acta Politica 33 (1), S. 5-19.

Christophers, Brett (2010): »On Voodoo Economics: Theorizing Relations of Property, Value, and Contemporary Capitalism«, in: Transactions of the Institute of British Geographers NS 35, S. 94-108. DOI: 10.1111/j.1475-5661.2009.00366.x

Christophers, Brett (2011): »Revisiting the Urbanization of Capital«, in: Annals of the Association of American Geographers 101 (6), S. 1347-1364. DOI: 10.1080/00045608.2011.583569

Christophers, Brett (2013): »A Monstrous Hybrid: The Political Economy of Housing in Early-twenty-first Century Sweden«, in: New Political Economy 18, S. 885-911. DOI: 10.1080/13563467.2012.753521

Chua, Beng-Huat (1997): Political Legitimacy and Housing: Stakeholding in Singapore, London: Routledge.

Clapham, David/Hegedüs, Jozef/Kintrea, Keith/Tosics, Ivan (Hg.) (1996): Housing Privatisation in Eastern Europe, Westport, CT: Greenwood.

Crouch, Colin (2011): The Strange Non-death of Neoliberalism, Cambridge: Polity.

Daunton, Martin J. (1987): A Property Owning Democracy? Housing in Britain, London: Faber and Faver.

Davies, Margaret (2007): Property: Meanings, Histories, Theories, Abingdon: Routledge-Cavendish. DOI: 10.4324/9780203937310

Desmond, Matthew (2012): »Eviction and the Reproduction of Urban Poverty«, in: American Journal of Sociology 118 (1), S. 88-133. DOI: 10.1086/666082

Doling, John/Ford, Janet (Hg.) (2003): Globalisation and Home Ownership: Experiences in Eight Member States of the European Union, Delft: DUP Science.

Doling, John/Ronald, Richard (2010): »Home Ownership and Asset-based Welfare«, in: Journal of Housing and the Built Environment 25 (2), S. 165-173. DOI: 10.1007/s10901-009-9177-6

Dymski, Gary A. (1999) The Bank Merger Wave: The Economic Causes and Social Consequences of Financial Consolidation, Armonk, NY: Sharpe.

Dymski, Gary A. (2001): »U.S. Housing as Capital Accumulation and the Transformation of American Communities«, in: Gary A. Dymski/Dorene Isenberg (Hg.), Seeking Shelter on the Pacific Rim: Financial Globalization, Social Change, and the Housing Market, Armonk, NY: Sharpe, S. 63-96. DOI: 10.4324/9781315499734-4

Dymski, Gary A. (2012): »Subprime Crisis and Urban Problematic«, in Manuel B. Aalbers (Hg.), Subprime Cities: The Political Economy of Mortgage Markets, Oxford: Wiley-Blackwell, S. 293-314. DOI: 10.1002/9781444347456.ch10

Engels, Friedrich (1872 [1976]): Zur Wohnungsfrage, Berlin: Dietz Verlag.

Engels, Friedrich (1845 [1972]): Die Lage der arbeitenden Klasse in England. Nach eigner Anschauung und authentischen Quellen, Berlin: Dietz Verlag.

Fields, Desiree (2015): »Contesting the Financialization of Urban Space: Community Organizations and the Struggle to Preserve Affordable Rental Housing in New York City«, in: Journal of Urban Affairs, S. 144-165. DOI: 10.1111/juaf.12098

Fitzpatrick, Suzanne (2005): »Explaining Homelessness: A Critical Realist Perspective«, in: Housing, Theory and Society 22 (1), S. 1-17. DOI: 10.1080/14036090510034563

Florida, Richard L./Feldman, Marshall M. A. (1988): »Housing in US Fordism«, in: International Journal of Urban and Regional Research 12 (2), S. 187-210. DOI: 10.1111/j.1468-2427.1988.tb00449.x

Ford, Janet/Burrows, Roger/Nettleton, Sarah (2001): Home-ownership in a Risk Society, Bristol: Policy Press.

Forrest, Ray/Murie, Alan (1988): Selling the Welfare State: The Privatisation of Public Housing, London: Routledge.

Forrest, Ray/Yip, Ngai-Ming (Hg.) (2011): Housing Markets and the Global Financial Crisis, Cheltenham: Edward Elgar. DOI: 10.4337/9781849805841

Friedrichs, Jürgen/Galster, George/Musterd, Sako (2003): »Neighbourhood Effects on Social Opportunities: The European and American Research and Policy Context«, in: Housing Studies 18 (6), S. 797-806. DOI: 10.1080/0267303032000156291

Gotham, Kevin F. (2002): »Beyond Invasion and Succession: School Segregation, Real Estate Blockbusting, and the Political Economy of Neighborhood Racial Transition«, in: City and Community 1 (1), S. 83-111. DOI: 10.1111/1540-6040.00009

Gotham, Kevin F. (2009): »Creating Liquidity out of Spatial Fixity: The Secondary Circuit of Capital and the Subprime Mortgage Crisis«, in: International Journal of Urban and Regional Research 33 (2), S. 355-371. DOI: 10.1111/j.1468-2427.2009.00874.x

Grabar, Henry (2012): »Buy a House, Get a Visa: Coming Soon Everywhere?« in: The Atlantic Cities www.theatlanticcities.com/housing/2012/11/buy-house-get-visa-coming-soon-everywhere/3959/(letzter Zugriff am 15.06.2020).

Gray, Kevin (1991): »Property in Thin Air«, in: The Cambridge Law Journal 50 (2), S. 252-307. DOI: 10.1017/s0008197300080508

Haila, Anne (2015): Urban Land Rent: Singapore as a Property State, Oxford: Wiley-Blackwell. DOI: 10.1002/9781118827611

Hamnett, Chris (1999): Winners and Losers. Home Ownership in Modern Britain, London: UCL.

Harloe, Michael (1985): Private Rented Housing in the United States and Europe, New York, NY: St. Martin's.

Harvey, David (1982): The Limits to Capital, Oxford: Blackwell.

Harvey, David (1985): The Urbanization of Capital. Studies in the History and Theory of Capitalist Urbanization, Oxford: Blackwell.

Harvey, David (2002): »The Art of Rent: Globalization, Monopoly and the Commodification of Culture«, in: Socialist Register 38, S. 93-110.

Harvey, David (2012): Rebel Cities: From the Right to the City to the Urban Revolution, London: Verso.

Harvey, David (2014): Seventeen Contradictions and the End of Capitalism, London: Profile Books.

Harvey, David/Chatterjee, Lata (1974): »Absolute Rent and the Structuring of Space by Governmental and Financial Institutions«, in: Antipode 6 (1), S. 22-36. DOI: 10.1111/j.1467-8330.1974.tb00580.x

Hecht, Jean J. (1981): The Domestic Servant Class in Eighteenth-century England, Westport, CT: Hyperion.

Helderman, Amanda/Mulder, Clara (2007): »Intergenerational Transmission of Homeownership: The Roles of Gifts and Continuities in Housing Market Characteristics«, in: Urban Studies 44 (2), S. 231-247. DOI: 10.1080/00420980601075018

Henderson, Jeff/Karn, Valerie (1984): »Race, Class and the Allocation of Public Housing in Britain«, in: Urban Studies 21 (2), S. 115-128. DOI: 10.1080/00420988420080281

Higgs, Edward (1983): »Domestic Servants and Households in Victorian England«, in: Social History 8 (2), S. 201-210. DOI: 10.1080/03071028308567561

Hodkinson, Stuart (2012a): »The New Urban Enclosures«, in: City 16 (5), S. 500-518.

Hodkinson, Stuart (2012b): »The Return of the Housing Question«, in: Ephemera 12 (4), S. 423-444.

Immergluck, Daniel (2009): Foreclosed: High-risk Lending, Deregulation, and the Undermining of America's Mortgage Market, Ithaca, NY: Cornell University Press.

Jackson, Kenneth T. (1985): Crabgrass Frontier. The Suburbanization of the United States, New York: Oxford University Press.

Jelin, Elizabeth (1977): »Migration and Labor Force Participation of Latin American Women: The Domestic Servants in the Cities«, in: Signs: Journal of Women in Culture and Society 3 (1), S. 129-141. DOI: 10.1086/493446

Karn, Valerie/Kemeny, Jim/Williams, Peter (1985): Home Ownership in the Inner City: Salvation or Despair?, Aldershot: Gower.

Kemeny, Jim (1981): The Myth of Home Ownership, London: Routlegde & Kegan Paul.

Kemeny, Jim (1995): »›The Really Big Trade-off‹ between Home Ownership and Welfare: Castles' Evaluation of the 1980 Thesis, and Reformulation 25 Years On«, in: Housing, Theory and Society 22 (2), S. 59-75. DOI: 10.1080/14036090510032727

Kleinman, Mark (1996): Housing, Welfare and the State in Europe: A Comparative Analysis of Britain, France and Germany, Cheltenham: Elgar.

Lawson, Julie (2006): Critical Realism and Housing Studies, London: Routledge. DOI: 10.1558/jocr.v7i1.154

Lawson, Julie (2009): »The Transformation of Social Housing Provision in Switzerland Mediated by Federalism, Direct Democracy and the Urban/Rural Divide«, in: European Journal of Housing Policy 9 (1), S. 45-67. DOI: 10.1080/14616710802693599

Lee, Peter/Murie, Alan (1999): »Spatial and Social Divisions within British Cities: Beyond Residualisation«, in: Housing Studies 14, S. 625-640. DOI: 10.1080/02673039982641

Lees, Loretta/Slater, Tom/Wyly, Elvin (2008): Gentrification, London: Routledge.

Lefebvre, Henri (1996): Writings on Cities, Oxford: Blackwell.

Lopez-Morales, Ernesto (2011): »Gentrification by Ground Rent Dispossession: The Shadows Cast by Large-scale Urban Renewal in Santiago De Chile«, in: International Journal of Urban and Regional Research 35 (2), S. 330-357. DOI: 10.1111/j.1468-2427.2010.00961.x

Lutz, Helma (2002): »At Your Service Madam! The Globalization of Domestic Service«, in: Feminist Review 70, S. 89-104. DOI: 10.1057/palgrave/fr/9400004

Mackinnon, Danny/Cumbers, Andrew (2007): An Introduction to Economic Geography. Globalization, Uneven Development and Place, Harlow: Pearson. DOI: 10.4324/9781315847139

Marcuse, Peter (1985): »Gentrification, Abandonment, and Displacement: Connections, Causes, and Policy Responses in New York City«, in: Journal of Urban & Contemporary Law 28, S. 195-240.

Martin, Ron/Turner, David (2000): »Demutualization and the Remapping of Financial Landscapes«, in: Transactions of the Institute of British Geographers 25 (2), S. 221-241. DOI: 10.1111/j.0020-2754.2000.00221.x

Massey, Douglas S./Denton, Nancy A. (1993): American Apartheid: Segregation and the Making of the Underclass, Cambridge, MA: Harvard University Press.

McKenzie, Evan (1994): Privatopia: Homeowner Associations and the Rise of Residential Private Government, New Haven, CT: Yale University Press.

Murie, Alan/Forrest, Ray (2001): »Whose City Now?: Housing, Competition and Conflict in the Post-privatised City«, Präsentiert im Rahmen der RC21 Konferenz: Social Inequality, Redistributive Justice and the City. International Sociological Association Research Committee on Regional and Urban Development, Amsterdam.

Murie, Alan/Tosics, Iván/Aalbers, Manuel B./Sendi, Richard/Černič Mali, Barbara (2005): »Privatisation and After«, in Karien Dekker/Stephen Hall/Ronald van Kempen/Iván Tosics (Hg.), Restructuring Large Housing Estates in European Cities, Bristol: Policy Press, S. 85-103. DOI: 10.1332/policypress/9781861347756.003.0005

Murphy, Laurence (1995): »Mortgage Finance and Housing Provision in Ireland, 1970-1990«, in: Urban Studies 32, S. 135-154. DOI: 10.1080/00420989550013266

O'Neill, Martin/Williamson, Thad (2012): Property-owning Democracy, Boston, MA: Wiley-Blackwell. DOI: 10.1002/9781444355192

O'Toole, James (2012): »Citizenship for Sale: Foreign Investors Flock to the U.S.«, in: CNN Money vom 11.06.2012 http://money.cnn.com/2012/06/11/news/economy/citizenship-foreign-investment (letzter Zugriff am 23.05.2020).

Pahl, Ray E. (1975): Whose City? And other Essays on Sociology and Planning, London: Longman.

Pearce, Diana M. (1979): »Gatekeepers and Homeseekers: Institutional Patterns in Racial Steering«, in: Social Problems 26 (3), S. 325-342. DOI: 10.2307/800457

Rawls, John (1971): A Theory of Justice, Cambridge: Harvard University Press.

Regan, Sue/Paxton, Will (2001): Asset-based Welfare: International Experiences, London: IPPR. DOI: 10.1111/1468-0041.00198

Rex, John/Moore, Robert (1967): Race, Community, and Conflict, London: Oxford University Press.

Roberts, Adrienne (2013): »Financing Social Reproduction: The Gendered Relations of Debt and Mortgage Finance in Twenty-first-century America«, in: New Political Economy 18 (1), S. 21-42. DOI: 10.1080/13563467.2012.662951

Rohe, William M./Van Zandt, Shannon/McCarthy, George (2002): »Home Ownership and Access to Opportunity«, in: Housing Studies 17 (1), S. 51-61. DOI: 10.1080/02673030120105884

Rolnik, Rachel (2013): »Late Neoliberalism: The Financialization of Homeownership and Housing Rights«, in: International Journal of Urban and Regional Research 37 (3), S. 1058-1066. DOI: 10.1111/1468-2427.12062

Ronald, Richard (2008): The Ideology of Home Ownership, Basingstoke: Palgrave Macmillan. DOI: 10.1057/9780230582286

Ronald, Richard/Elsinga, Marja (Hg.) (2012): Beyond Home Ownership: Housing, Welfare and Society, London: Routledge. DOI: 10.4324/9780203182260

Ruonavaara, Hannu (1993): »Types and Forms of Housing Tenure: Towards Solving the Comparison/Translation Problem«, in: Scandinavian Housing and Planning Research 10 (1), S. 3-20. DOI: 10.1080/02815739308730315

Saegert, Susan/Fields, Desiree/Libman, Kimberly (2009): »Deflating the Dream: Radical Risk and the Neoliberalization of Homeownership«, in: Journal of Urban Affairs 31 (3), S. 297-317. DOI: 10.1111/j.1467-9906.2009.00461.x

Sassen, Saskia (1996): »Service Employment Regimes and the New Inequality«, in: Enzo Mingione (Hg.), Urban Poverty and the Underclass, Oxford: Blackwell, S. 64-82. DOI: 10.1002/9780470712900.ch3

Saunders, Peter (1984): »Beyond Housing Classes: The Sociological Significance of Private Property Rights in the Means of Consumption«, in: International Journal of Urban and Regional Research 8, S. 201-227. DOI: 10.1111/j.1468-2427.1984.tb00608.x

Schwartz, Herman M./Seabrooke, Leonard (Hg.) (2009): The Politics of Housing Booms and Busts, Basingstoke: Palgrave Macmillan. DOI: 10.1057/9780230280441

Slater, Tom (2013): »Your Life Chances Affect Where You Live: A Critique of the ›Cottage Industry‹ of Neighbourhood Effects Research«, in: International Journal of Urban and Regional Research 37 (2), S. 367-387. DOI: 10.1111/j.1468-2427.2013.01215.x

Smith, Neil (1979): »Toward a Theory of Gentrification: A Back to the City Movement by Capital, Not People«, in: Journal of the American Planning Association 45 (4), S. 538-548. DOI: 10.1080/01944367908977002

Smith, Susan J./Searle, Beverley A./Cook, Nicole (2009): »Rethinking the Risks of Home Ownership«, in: Journal of Social Policy 38 (1), S. 83-102. DOI: 10.1017/s0047279408002560

Somerville, Peter (1992):»Homelessness and the Meaning of Home: Rooflessness or Rootlessness?«, in: International Journal of Urban and Regional Research 16 (4), S. 529-539. DOI: 10.1111/j.1468-2427.1992.tb00194.x

Squires, Gregory D. (Hg.) (1992): From Redlining to Reinvestment: Community Responses to Urban Disinvestment, Philadelphia, PA: Temple University Press.

Squires, Gregory D. (Hg.) (2004): Why the Poor Pay More: How to Stop Predatory Lending, Westport, CT: Praeger.

Stephens, Mark (2003):»Globalisation and Housing Finance Systems in Advanced and Transition Economies« in: Urban Studies 40 (5-6), S. 1011-1026. DOI: 10.1080/0042098032000074290

Teijmant, Ineke/Schepens, W. (1981): Noodkopers: een onderzoek onder eigenaarbewoners in twee Amsterdamse stadsvernieuwingswijken, Amsterdam: Sociologisch Instituut.

Turner, John F. (1976): Housing by People: Towards Autonomy in Building Environments, London: Marion Boyars.

Turner, Adair (2013): Credit, Money and Leverage: What Wicksell, Hayek and Fisher Knew and Modern Macroeconomics Forgot. https://cdn.evbuc.com/eventlogos/67785745/turner.pdf (letzter Zugriff am 23.05.2020).

Van Ham, Maarten/Manley, David/Bailey, Nick/Simpson, Ludi/Maclennan, Duncan (Hg.) (2012): Neighbourhood Effects Research: New Perspectives, Dordrecht: Springer. DOI: 10.1007/978-94-007-2309-2

Van Kempen, Ronald/Özüekren, A. Şule (1998):»Ethnic Segregation in Cities: New Forms and Explanations in a Dynamic World«, in: Urban Studies 35, S. 1631-1656. DOI: 10.1080/0042098984088

Wacquant, Loïc (2009): Prisons of Poverty, Minneapolis, MN: University of Minnesota Press.

Ward, Colin (2002): Cotters and Squatters: The Hidden History of Housing, Nottingham: Five Leaves.

Watson, Matthew (2010):»House Price Keynesianism and the Contradictions of the Modern Investor Subject«, in: Housing Studies 25 (3), S. 413-426. DOI: 10.1080/02673031003711550

Wilson, William J. (1987): The Truly Disadvantaged. The Inner City, the Underclass, and Public Policy, Chicago, IL: The University of Chicago Press. DOI: 10.7208/chicago/9780226924656.001.0001

Wood, Gavin/Parkinson, Sharon/Searle, Beverley/Smith, Susan (2013):»Motivations for Equity Borrowing: A Welfare-switching Effect«, in: Urban Studies 50 (12), S. 2588-2607. DOI: 10.1177/0042098013477706

Wyly, Elvin/DeFilippis, James (2010):»Mapping Public Housing: The Case of New York City«, in: City & Community 9 (1), S. 61-86. DOI: 10.1111/j.1540-6040.2009.01306.x

Wyly, Elvin/Moos, Markus/Hammel, Daniel/Kabahizi, Emanuel (2009): »Cartogra-
phies of Race and Class: Mapping the Class-monopoly Rents of American Subprime Mortgage Capital«, in: International Journal of Urban and Regional Research 33 (2), S. 332-354. DOI: 10.1111/j.1468-2427.2009.00870.x

Wohnung als Ware: Zur Ökonomie und Politik der Wohnungsversorgung

Andrej Holm

Erschienen 2011 in *Widersprüche: Zeitschrift für sozialistische Politik im Bildungs-, Gesundheits- und Sozialbereich* 31 (121), S. 9-20.

Steigende Mietpreise in vielen Städten, der Ausverkauf von bisher öffentlichen Wohnungsbeständen, die Verdrängung von ärmeren Einkommensgruppen aus den Innenstädten sowie die damit einhergehenden Segregationsprozesse beschäftigen nicht nur die Stadtforschung, sondern werden aktuell auch von städtischen Protestbewegungen auf die Tagesordnung der Stadtpolitik gesetzt. So hat sich der lange Zeit ausschließlich in den Fachdebatten verhandelte Begriff der Gentrification in die Überschriften der überregionalen Zeitungen emporgearbeitet. Die Vorstellungen von fast schon natürlichen Abfolgen einer kulturellen Aufwertung durch Studierende, Kreative und Subkulturen und die anschließende Inwertsetzung durch die Immobilienwirtschat nehmen einen festen Platz in den aktuellen Stadtdebatten ein. Doch diese Ausweitung der Diskussion geht vielfach zu Lasten der konzeptionellen Klarheit des Modells. Insbesondere polit-ökonomische Erklärungen von Wohnungsnot und Stadtentwicklung drohen im breiten Diskurs um Wohnbedürfnisse der kreativen Klassen, Standortwettbewerbe und Festivalisierungsstrategien der Stadtpolitik unterzugehen.

Doch schon der verbreitete Begriff des Wohnungsmarktes deutet auf eine Organisation der Wohnungsversorgung unter den Bedingungen der kapitalistischen Ökonomie hin. Wie andere Waren unterliegen der Wohnungsbau und die Wohnungsbewirtschatung dabei vor allem makro- und mikroökonomischen Rationalitäten. Daraus können einige grundsätzliche Überlegungen abgeleitet werden, die für die Einschätzung der aktuellen Entwicklungen in den Städten, aber auch für die Formulierung von Alternativen einer sozialen Wohnungsversorgung von zentraler Bedeutung sind.

Wohnungen haben einen Doppelcharakter als Gebrauchs- und Tauschwerte

Der Doppelcharakter von Waren, zugleich Träger von Gebrauchs- und Tauschwerten zu sein, trifft auch für die Wohnungsversorgung zu. Während der Gebrauchswert (die Nützlichkeit eines Dings macht es zum Gebrauchswert) Aspekte wie die Größe, Qualität und Ausstattung einer Wohnung umfasst – drückt sich der Tauschwert in den Verkaufspreisen bzw. den Gewinnspannen der Wohnungsvermietung aus. Damit ist ein zentrales Konfliktfeld in marktförmig organisierten Wohnungsversorgungssystemen benannt.

Steigende Mietkosten ohne Ausstattungsverbesserungen etwa werden von vielen Bewohner/innen als auseinanderklaffende Schere zwischen Gebrauchswert und Tauschwert empfunden. Während Mieter/innen vor allem an einer Verbesserung der Gebrauchsqualitäten ihrer Wohnungen interessiert sind, orientieren sich ökonomisch rational handelnde Eigentümer/innen an der Maximierung der Mieteinnahmen bzw. Verkaufspreise.

Anders als in den Annahmen zur Warenproduktion bestimmt sich der Wert einer Immobilie jedoch nicht nur über den Produktionspreis, also die zu ihrer Erstellung gesellschaftlich notwendigen Arbeit (MEW 23: 53), sondern wesentlich über externe Bewertungsfaktoren wie der Lage, dem Wohnungsmarktsegment oder der Knappheit des Angebots. In der Perspektive der klassischen Politikökonomie wird auch die Wertform der gebauten Umwelt wie beispielsweise von Wohnungen nach ihrer Stellung im Produktionsprozess als fixes Kapital, allgemeine Produktionsbedingungen oder als Teil des gesellschaftlichen Konsumptionsfonds bestimmt (siehe Belina 2010: 10). Das Geschäft des Wohnungshandels und der Wohnungsvermietung wird in dieser Konzeption selbst bei beträchtlichen Gewinnen nicht als Generierung von Mehrwert verstanden, da es mit Ausnahme der Erstellung von Gebäuden außerhalb der Produktionsprozesse steht. »Zirkulation schafft keinen Wert« (MEW 25: 209) und auch keinen Mehrwert. Wohnungen werden daher als spezifische Form des Geldkapitals angesehen:

> »Gewisse Waren können der Natur ihres Gebrauchswertes nach immer nur als fixes Kapital verliehen werden, wie Häuser, Schiffe, Maschinen usw. Aber alles verliehene Kapital, welches immer seine Form und wie die Rückzahlung durch die Natur des Gebrauchswertes modifiziert sein mag, ist immer nur die besondere Form des Geldkapitals. Denn was hier verliehen wird, ist immer eine bestimmte Geldsumme, und auf diese Summe wird dann auch der Zins berechnet« (MEW 25: 356).

Die Profite der Wohnungswirtschat entstammen also nicht unmittelbar der Mehrwertproduktion, sondern aus dessen Abzug im Zins (Belina 2010: 16).

Doch auch ohne eine gegensätzliche Stellung in den Produktionsprozessen muss die Konstellation von Mieter/innen und Eigentümer/innen als grundlegendes Widerspruchsverhältnis interpretiert werden, dass in der ungleichen Verteilung von Eigentumstiteln und der Entkoppelung von Tausch- und Gebrauchswerten von Häusern und Wohnungen begründet liegt. Die Geschichte der Wohnungspolitik lässt sich als dauerhafter Versuch beschreiben, diesen Antagonismus durch eine Reihe von gesetzlichen und administrativen Rahmenbedingungen (Mietrecht, Baurecht, Wohngeld etc.) zu regulieren (Heinelt et al. 2004) – aufgehoben werden kann er nicht. Für die aktuellen Diskussionen zur Stadtentwicklung ist das insofern von Bedeutung, weil sich Wohnungspolitik in dieser Perspektive nicht als moderierbares Politikfeld mit Vorteilsoptionen für alle Seiten verstehen lässt. Mieter/innen werden sich immer auch noch bessere und also gebrauchswertere Wohnungen vorstellen können und Eigentümer/innen werden sich – eine ökonomische Rationalität ihres Handels unterstellt – immer an einer Steigerung der Einnahmen orientieren. Eingriffe in den Wohnungsmarkt sind also immer eine Balance von widersprüchlichen Interessen und damit Ausdruck von Machtverhältnissen in den Städten.

Wohnungen sind zinstragende Kapitalanlage

Aus einer ökonomischen Perspektive stellen sich Immobilien wie beschrieben als zinstragendes Kapital – vergleichbar mit einer Finanzanlage – dar (Brede/Kohaupt/Kujath 1975: 24f.). Wegen der hohen Erstellungskosten von Wohnungen oder auch Bürogebäuden zirkuliert der Wert von Immobilien in »eigentümlicher Weise« (MEW 24: 160). Anders als beim Verkauf eines Autos oder einer Waschmaschine wird der Wert nicht auf einmal und vollständig, sondern allmählich und bruchweise übertragen. Dadurch bleibt das investierte Kapital über lange Zeit in den gebauten Strukturen fixiert – und kann dadurch eben nicht sofort wieder investiert werden. Diese zeitliche Verzögerung des Kapitalumschlags wird durch Zinsen ausgeglichen, die sich letztendlich in der Logik von Mietzahlungen widerspiegeln.

> »Die Verzinsung ist es, die sich der Hauseigentümer von der Wohnungsvermietung erhofft und die ihn deshalb zum Bau oder Kauf des Hauses veranlasst hat. Die Höhe dieses Zinses ist von zwei Faktoren abhängig: von der Größe des vorgeschossenen Kapitals und von dem Zinssatz, der auf dem Wohnungsmarkt erzielt werden kann« (Brede/Kohaupt/Kujath 1975: 25).

Diese Zinsökonomie des Wohnungsmarktes hat enorme Folgen, denn in einem solcherart organisierten Wohnungsbau konkurrieren Investitionen in den Neubau und den Erhalt von Wohnungen immer mit anderen Anlageoptionen (Sparbuch,

Aktien, Schiffscontainer) und erst wenn die durchschnittliche Verzinsung höher als in anderen Bereichen ist, lohnt sich eine Investition in den Wohnungsmarkt. Aber auch innerhalb des Wohnungsmarktes weisen verschiedene Teilmärkte unterschiedliche Gewinnaussichten auf, so dass in der Tendenz v.a. in die profitablen Bereiche der Wohnungsversorgung investiert wird. Preiswerte Mietwohnungsbestände gehören in der Regel nicht dazu. Aus der ökonomischen Struktur der Grundrenten heraus kann erklärt werden, warum es einen systematischen Mangel an preiswerten Wohnungsgelegenheiten gibt.

Die Struktur der Immobilienökonomie als zinstragendes Kapital führt aktuell zu dem (nur) scheinbaren Paradox, dass auf dem Höhepunkt der Finanzkrise verstärkt in den Immobilienmarkt investiert wurde, weil die Anlagen ins sogenannte »Beton Gold« als relativ sicher gelten (Raggamby 2010).

Auch das wohnungswirtschaftliche Geheimnis der Gentrification lässt sich mit dem Zinscharakter der Wohnungswirtschat erklären: Investitionen in Modernisierungsmaßnahmen versprechen eben dort die höchsten Gewinne, wo die Ertragslücken am höchsten sind (Smith 1979). In der Regel sind das Wohngebiete, die aus wohnungswirtschaftlicher Sicht die geringsten Restnutzwerte aufweisen, über die schlechteste Bausubstanz verfügen und die niedrigsten Mieteinnahmen erbringen. Gerade weil die Ertragslücken in solchen heruntergewirtschafteten Nachbarschaften regelmäßig am höchsten ausfallen, ist die Verdrängung kein ungewollter Nebeneffekt der Erneuerung, sondern notwendige Voraussetzung für den Erfolg der Investitionsstrategie (Marcuse 1992).

Finanzialisierung der Immobilienwirtschaft

Unter den Bedingungen der Globalisierung verstärken sich solche Prozesse der ungleichen Raumentwicklung (Smith 2007). Statt der kreditfinanzierten Projekte traditioneller Immobilienentwickler und Wohnungsbauunternehmen werden Wohnungsmärkte zunehmend direkt von Finanzmarktakteure bestimmt, die auf die Wohnungs- und Immobilienmärkte drängen. Banken wie UBS und globale Finanzdienstleister wie Morgan Stanley erwarben 1a-Immobilien wie das Atlantic-Haus oder den Astra-Turm in Hamburg, Investmentgesellschaften wie Cerberus, Blackstone und Fortress kauten deutschlandweit Wohnungen und der Bestand institutioneller Anleger/innen wird mittlerweile auf etwa 850.000 Wohnungen geschätzt (BBR 2006). Insbesondere der Verkauf von Wohnungen aus der öffentlichen Hand und die Privatisierungen ganzer Wohnungsbaugesellschaften haben eine öffentliche Debatte um die Verwertungsstrategien und Investitionsmotive der neuen Eigentümer/innen ausgelöst, die regelmäßig unmittelbar mit dem Finanzmarktsektor verbunden sind. Dieser Übergang zur Finanzialisierung der Immobilienwirtschat lässt sich als Umkehr der bisherigen Funktionsbeziehungen zwischen dem

Finanzmarktbereich und dem Immobiliensektor beschreiben. Finanzmärkte stehen nicht mehr länger im Dienst der Realökonomie sondern zielen direkt auf einen Renditesteigerung von Finanzanlagen (Hufschmidt 2007). Das frühere Mittel zur Umsetzung von Bauprojekten verwandelte sich so in den Selbstzweck des anlagesuchenden Kapitals (Heeg 2011: 181f.).

Kritiker/innen der massiven Privatisierungsprozesse in der letzten Dekade haben die Verkäufe als Teil einer »globalen Enteignungsökonomie« (Zeller 2004) interpretiert und in den Kontext internationaler Kapitalkreisläufe gestellt. Angeregt von Debatten kritischer Geographen (Harvey 2009) und Ökonomen (Chesnais 2004) lassen sich die verstärkten Investitionen in deutsche und internationale Immobilien- und Wohnungsmärkten als Ausdruck eines ›finanzdominierten Akkumulationsregimes‹ verstehen. Dahinter verbirgt sich die Beobachtung der zunehmenden Disparität zwischen der globalen Wertschöpfung und den, um ein vielfaches höheren Umsätzen der Finanzmärkte. Das Volumen der Devisentransaktionen entspricht dem 70fachen des weltweiten Handels mit Gütern und Dienstleistungen, der Handel mit Zinsderivaten ist sogar 100mal höher (Klein 2008: 94). Die nun in die Krise geratene Finanzwirtschat der vergangenen 20 Jahre kann als eine Ökonomie der ungedeckten Schecks bezeichnet werden. Auf der einen Seite wurden immer neue Anlagemodelle in Fonds, Versicherungen und Derivatenhandel aufgelegt, auf der anderen Seite gab es immer weniger gewinnträchtige Produktionssphären, die diesen Handel tatsächlich hätten decken können. Die den Anleger/innen versprochenen Gewinne gerieten so in Gefahr. Als Ausweg solcher Verwertungskrisen wurden in der Geschichte der kapitalistischen Ökonomie regelmäßig Investitionen in den sogenannten »zweiten Kapitalkreislauf«, also in große Bauprojekte, Immobilienmärkte und Infrastrukturen getätigt. David Harvey beschreibt diesen Vorgang als Absorption der Gewinne, um deren Reinvestition in Bereichen der Warenproduktion (»erster Kapitalkreislauf«) einzuschränken. Auch der Einstieg in vormals öffentliche Unternehmen ist Teil einer Strategie, die Verwertungslogik auch auf bisher marktferne Gesellschaftsbereiche auszuweiten. Das überschüssige und damit nicht mehr renditefähige Kapital soll so von den Kapitalmärkten abgezogen werden, um die Verwertungsaussichten in den gewerblichen und produzierenden Sektoren der Wirtschat zu stabilisieren. Doch diese Strategie hat zumindest im Bereich des Immobilienmarktes einen kleinen Haken: auch die kurzfristig in den Immobilienmarkt abgeführten Investitionssummen müssen sich langfristig amortisieren und Gewinne erwirtschaften. Die längeren Umschlagszeiten des Kapitalkreislaufes im Immobilienbereich stellen somit nur eine vorübergehende Entlastung für die Verwertungskrisen dar. So wundert es nicht, dass die aktuelle Krise der Finanzmärkte ihren Ausgangspunkt in den Hauskauf-Krediten der amerikanischen Arbeiterklasse genommen hat (Popelard/Vannier 2010). Die aktuelle Krise ist daher nicht nur die Krise des

Finanzmarktes, sondern vielmehr die Krise der Krisenbewältigungsstrategien des Kapitals.

Wohnungsmärkte sind »unvollkommene Märkte«

Wohnungsmärkte weisen neben den langen Reinvestitionzyklen einige weitere Besonderheiten auf, die zu eingeschränkten Allokationseffekten führen: Insbesondere die Immobilität des Wirtschaftsgutes Wohnung, die beschränkte Reproduzierbarkeit (Wohnung als knappes Gut) und die externen Preisbildungsfaktoren (z.B. werden die Preise weniger von den wohnungsbezogenen Qualitätskriterien, als von Lagemerkmalen bestimmt) weisen den Wohnungsmarkt als unvollkommenen Markt aus. Im Vergleich zu idealtypischen Marktmodellen sind Wohnungsmärkte durch eine Reihe von Besonderheiten gekennzeichnet (Krätke 1995: 194f.): eine mangelnde Transparenz des Marktes, da insbesondere die Aufspaltung in Teilmärkte eine vollständige Marktübersicht erschwert und die Herausbildung von Monopolstellungen begünstigt, eine geringe Anpassungselastizität, da langwierige Produktionsprozesse und eine ökonomisch zu berücksichtigende Restnutzungsdauer die kurzfristige Anpassung an veränderte Nachfragestrukturen verzögert und behindert, das Vorhandensein persönlicher Präferenzen, etwa wenn bei der Vergabe von Wohnungen außerökonomischer Kriterien der Benachteiligung und Bevorzugung eine Entscheidung beeinflussen, die fehlende sachliche Gleichartigkeit der Güter, da Wohnungen sich in Hinsicht ihrer regionalen, sachlichen, mietrechtlichen Situation deutlich voneinander unterscheiden und nicht als einheitlicher Markt angesehen werden können.

Die oft betonten Verteilungsfunktionen des Marktes können sich im Bereich der Wohnungsversorgung nur sehr eingeschränkt entfalten – deshalb die Rede vom unvollkommenen Markt bzw. vom systematischen Marktversagen. Darüber hinaus würden aber auch funktionstüchtige Verteilungsfunktionen des Wohnungsmarktes das Problem der sozialen Blindheit nicht überwinden. Denn auf Märkten zählen nicht Bedürfnisse und Bedarf, sondern die Nachfrage. Obdachlosigkeit wäre dann keine Versorgungslücke im ökonomischen Sinn, weil sie ja keine zahlungskräftige Nachfrage konstituiert.

Die Wohnungsversorgung ist in der Hand von Immobilien-Verwertungs-Koalitionen

Doch der Wohnungsmarkt wirkt nicht einfach aus seiner ökonomischen Logik heraus, sondern wird auch gemacht. Das Wohnungswesen ist ein hochkomplexes System, dass nur im Zusammenspiel verschiedener Akteure funktioniert. So setzt ein städtischer Wohnungsmarkt die Kooperation von Grundeigentümer/innen, finanzierenden Banken, Architekt/innen und Stadtplaner/innen, der Bauwirtschat und in der Regel der Stadtverwaltungen voraus. Politische und administrative Rahmenbedingungen wie etwa die Steuergesetzgebung, das Bau- und Mietrecht, Denkmalschutzbestimmungen und Förderprogramme haben einen wesentlichen Einfluss auf die Investitionsaktivitäten.

All die benannten Akteursgruppen haben ein gemeinsames Interesse an der Bodenverwertung der Stadt und müssen sich auf ein gemeinsam geteiltes Programm des Wohnungsbaus einigen. Die dominierende Orientierung auf die Errichtung von Eigenheimen an den Stadträndern in den 1960er und 1970er Jahren steht ebenso wie die Hinwendung zu Stadterneuerungsprogrammen in den 1980er und 1990er Jahren für die Konstitution solcher Interessenblöcke (siehe Bodenschatz 1987: 10). Aus einer politikwissenschaftlichen Perspektive können wir in Anlehnung an die städtischen Wachstumskoalitionen (Logan/Molotch 1987) von lokalen Immobilien-Verwertungs-Koalitionen sprechen. Während das Interesse von Eigentümer/innen, Banken und der Bauwirtschat v.a. wirtschaftlich begründet werden kann, ist die aktive Rolle von Stadtregierungen vor allem über Strukturen der Klientelpolitik und eine zunehmend unternehmerische Orientierung von Stadtpolitiken (Harvey 1989; Brenner/Theodore 2002) zu erklären. Gerade in Zeiten der internationalen Standortkonkurrenz gibt es wohl keinen schlimmeren Vorwurf an die lokale Politik als ›investitionsfeindlich‹ zu sein. Mit dieser Orientierung ist regelmäßig die Abkehr von sozialen Zielen und ausgleichenden Instrumenten der Stadtpolitik verbunden. Amerikanische Akademiker/innen und Aktivist/innen haben diesen Zusammenhang für die New Yorker Stadtpolitik seit den 1970er Jahren trefflich als »Sieg des Immobilienmarktes über den Wohlfahrtsstaat« beschrieben (Moody 2007; Brash 2011). In der politischen Diskussion dieser Orientierung ist naive Hoffnung auf nach unten durch sickernde Wohlstandeffekte eines Wirtschaftswachstums (Alber 2001: 80f.) [...] bis weit in sozialdemokratische, grüne und linke Politikauffassungen verbreitet.

Im Rückgriff auf den beschriebenen Doppelcharakter der Ware Wohnung kann in den Städten ein Interessengegensatz zwischen der an den Tauschwerten orientierten Immobilien-Verwertungs-Koalition und den an Gebrauchswerten orientierten Bewohner/innen angenommen werden. Ein Beispiel: während Bauherren, Banken und Bauwirtschat von steigenden Bodenpreisen und Wohnkosten profitieren, sind Mietsteigerungen bei der Mehrheit der Bewohner/innen eher unbeliebt. Doch die hier beschriebene Interessenkonstellation ist von einer enormen Ungleichverteilung von Macht geprägt. Während die eine Seite institutionell vernetzt ist und über wesentliche ökonomische, fachliche und politische Ressourcen verfügt, ist die gemeinsame Artikulation von Interessen der Bewohner/innen erheblich schwieriger.

Systematische Benachteiligung auf Wohnungsmärkten

Die Folgen dieser ökonomischen und politischen Rahmenbedingungen der Wohnungsversorgung bewirken eine zunehmende soziale und räumliche Polarisierung in den Städten. Insbesondere der Zugang und die Qualität der Wohnungsversorgung wird einer Abhängigkeit von den ökonomischen Ressourcen der Bewohner/innen unterworfen. So führen freifinanzierte Neubauten und Modernisierungen regelmäßig dazu, dass die besseren (neuen) Wohnungen zu meist höhere Preise angeboten und ärmere Haushalte auf die älteren, preiswerteren und oft schlechteren Wohnungsbestände verwiesen werden. Über die sozialen und emotionalen Kosten einer Verdrängung aus angestammten Nachbarschaften hinaus, führt diese Struktur zu der Herausbildung eines Zweiklassenwohnens: »Die Reichen wohnen, wo sie wollen, die Armen dort, wo sie müssen« (Häußermann 2007: 237).

Der durch den Markt systematisch hervorgerufenen Mangel an preiswerten Mietwohnungen verschärft sich durch die wachsende Konkurrenz in diesem Teilsegment des Wohnungsmarktes. So hat beispielsweise in vielen Städten durch die demografischen Veränderungen (Zunahme der Kleinsthaushalte) die Nachfrage nach kleinen Wohnungen erheblich zugenommen. Effekt dieser erhöhten Nachfrage sind die deutlich steigenden Mieten bei den Neuvermietungen.

Im Zusammenhang mit systematischen Benachteiligungen beim Zugang zur Wohnungsversorgung sind auch diskriminierende Praktiken von Wohnungsverwaltungen und Eigentümer/innen bei der Wohnungsvergabe zu nennen. So zeigen Studien aus verschiedenen Städten, dass nicht-deutsche Wohnungsbewerber/innen in einigen Stadtteilen (unabhängig von ihren Einkommenssituationen) bei der Wohnungsvergabe benachteiligt werden (Planerladen 2005; Kilic 2008). Auch Hartz-IV-Haushalte sind durch die beschränkte Übernahme der Unterkunftskosten und die zeitlichen Verzögerungen bei den Wohnungsbewerbungen durch die Zustimmungsplicht der Jobcenter gegenüber anderen Wohnungsbewerber/innen benachteiligt (BBR 2009: 93f.). Auch im privaten (Unter)Vermietungsgeschäft sind ärmere Haushalte etwa durch das Angebot von teilweise üppigen Vermittlungsprämien einem ungleichen Wettbewerb ausgesetzt.

Sozialorientierte Stadtpolitik heißt Dekommodifizierung und Vergesellschaftung

Welche Schlussfolgerungen sind aus diesen Bedingungen der Wohnungsversorgung zu ziehen? Welche Voraussetzungen hat eine soziale Stadtpolitik? Ganz allgemein lässt sich das Programm einer sozialen orientierten Organisation der Wohnungsversorgung als Dekommodiizierung und Vergesellschaftung beschreiben.

Im Zusammenhang mit den Verdrängungsdynamiken im Zuge von Aufwertungsprozessen haben Neil Smith und Peter Williams bereits Ende der 1980er Jahre formuliert:

> »Langfristig ist die Dekommodifizierung der Wohnungsversorgung die einzige Verteidigung gegen Gentrification [...]. Anständige Wohnungen und Nachbarschaften sollten ein Recht und kein Privileg sein. Natürlich ist dies nicht mit einer Reihe von Reformen zu erreichen; vielmehr wird es politische Umwälzungen brauchen, die tiefgreifender sein werden, als die sozialen und räumlichen Veränderungen, wie wir sie heute kennen« (Williams/Smith 1986: 222).

Die Dekommodifizierung, also das Herauslösen der Wohnungsversorgung aus den Marktlogiken, kann dabei als Ziel und Maßstab für die Bewertung wohnungspolitischer Programme und Regelungen verstanden werden. Ganz grundsätzlich lassen sich drei zentrale Steuerungsmedien für einen staatlichen bzw. kommunalen Eingriff in die Wohnungsversorgung benennen (siehe Holm 2006):

Geld umfasst als Steuerungsinstrument im Bereich der Wohnungsversorgung insbesondere Subjekt- und Objektförderungen sowie finanzielle Förderinstrumente zur Unterstützung bestimmter Wohnungsanbieter. Neben dem Wohngeld zählten in der Vergangenheit insbesondere die Förderprogramme des Sozialen Wohnungsbaus zu den zentralen Instrumenten der Wohnungspolitik. Durch die Übernahme der unrentierlichen Kosten wurden dabei zeitlich begrenzt preiswerte Wohnungen erstellt und durch Belegungsbindungen aus den Vergabeprinzipien der Wohnungsmärkte herausgelöst. Bei aller Kritik an den traditionellen Programmen des Sozialen Wohnungsbaus ist vor dem Hintergrund der Liberalisierung und Mittelkürzungen im Bereich der Wohnungspolitik eine Diskussion über Perspektiven eines Neuen Sozialen Wohnungsbaus überfällig.

Recht bezieht sich als Steuerungsinstrument auf meist zivilrechtliche und hoheitliche Regulationsmechanismen bei denen beispielsweise durch die Ausgestaltung des Mietrechts, des Baurechts und des Städtebaurechts in Form von Festlegungen, Auflagen und Genehmigungsvorbehalten auch soziale Ziele durchgesetzt werden sollen. Die auch stadtpolitischen Auseinandersetzungen um die Ausgestaltung der gesetzlichen Regulationsinstrumente verweisen unmittelbar auf die widersprüchlichen Interessenkonstellationen im Bereich der Wohnungsversorgung.

Eigentum kann in Gestalt des Eigentums an Grundstücken und öffentlicher Wohnungsbestände als Steuerungsinstrument genutzt werden. So kann beispielsweise die privilegierte Vergabe von öffentlichen Grundstücken an ausgewählte Bauträger mit Auflagen zur Erstellung eines preiswerten (Miet-)Wohnungsbaus verbunden werden. Kommunale und andere öffentliche Wohnungsbestände können über entsprechende Vorgaben für die Bewirtschaftungs- und Vergabepraxis zur soziale Wohnungsversorgung benachteiligter Haushalte beitragen. Auch hier weisen die aktuellen Trends der Privatisierung und Ökonomisierung jedoch auf eine Abkehr von einer sozialen Stadtpolitik.

Ein zweiter Aspekt einer sozialorientierten Stadtpolitik kann mit dem Stichwort der Vergesellschaftung umrissen werden. Gemeint sind damit zunächst vor allem die Entmachtung der beschriebenen Immobilien-Verwertungs-Koalitionen und eine Re-Politisierung der Stadtpolitik im Sinne einer gemeinsamen und öffentlichen Debatte und Entscheidung über gemeinsame und öffentliche Belange.

In einer weitergehenden Perspektive kann Vergesellschaftung auch als die Übernahme der Verfügungsgewalt von Wohnungen in eine Bewohnerselbstverwaltung verstanden werden. Modelle für solche Selbstverwaltungsstrukturen gibt es bisher nur in den gesellschaftlichen Nischen von Wohnprojekten (wie z.B. dem Mietshäuser Syndikat) die durch ein hohes Maß an kultureller und sozialer Exklusivität gekennzeichnet sind. Hier gilt es, verallgemeinerbare Perspektiven zu entwickeln. In der Praxis einer sozial orientierten Stadtpolitik werden Dekommodifizierung und Vergesellschaftung nicht auf einen Schlag durchsetzbar sein. Als Maßstab des eigenen Handelns bieten sie jedoch eine sinnvolle Orientierung bei der Formulierung von Forderungen, Vorschlägen und Programmen.

Literatur

Alber, Jens (2001): »Hat sich der Wohlfahrtsstaat als soziale Ordnung bewährt?«, in: Karl Ulrich Mayer (Hg.), Die beste aller Welten? Marktliberalismus versus Wohlfahrtsstaat, Frankfurt a.M.: Campus, S. 59-112.

BBR – Bundesamt für Bauwesen und Raumordnung (2006): Veränderungen der Anbieterstruktur im deutschen Wohnungsmarkt und wohnungspolitische Implikationen«, in: Forschungen, Heft 124, Bonn: BBR.

BBR – Bundesamt für Bauwesen und Raumordnung (2009): »Kosten der Unterkunft und die Wohnungsmärkte, in: Forschungen, Heft 142, Bonn: BBR.

Belina, Bernd (2010): »Krise und gebaute Umwelt. Zum Begriff des ›sekundären Kapitalkreislaufs‹ und zur Zirkulation des fixen Kapitals«, in: Z – Zeitschrift Marxistische Erneuerung, Heft 83, S. 8-19.

Bodenschatz, Harald (1987): Platz frei für das neue Berlin! Geschichte der Stadterneuerung in der »größten Mietskasernenstadt der Welt«, Berlin: Transit.

Brash, Julian (2011): Bloomberg's New York. Class and Governance in the Luxury City, Athen/London: The University of Georgia Press.

Brede, Helmut/Kohaupt, Bernhard/Kujath, Hans-Joachim (1975): Ökonomische und politische Determinanten der Wohnungsversorgung, Frankfurt a.M.: Suhrkamp.

Brenner, Neil/Theodore, Nik (2002): Spaces of Neoliberalism. Urban Restructuring in North America and Western Europe, Oxford: Blackwell. DOI: 10.1002/9781444397499

Chesnais, François (2004): »Das finanzdominierte Akkumulationsregime: theoretische Begründung und Reichweite«, in: Christian Zeller (Hg.), Die globale Enteignungsökonomie, Münster: Westfälisches Dampfboot, S. 217-254.

Floeting, Holger/Henckel, Dietrich/Meier, Josiane (2011): »Schöne bunte Arbeitswelt: Arbeitsmärkte zwischen Globalisierung und Lokalisierung«, in: Bernd Belina et al. (Hg.), Urbane Differenzen. Disparitäten innerhalb und zwischen Städten. Münster: Westfälisches Dampfboot, S. 43-68.

Häußermann, Hartmut (2007): »Effekte der Segregation«, in: Forum Wohneigentum 5, S. 234-240. DOI: 10.30820/9783837974867-201

Harvey, David (1989): »From Managerialism to Entrepreneurialism: The Transformation in Urban Governance in Late Capitalism«, in: Geograiska Annaler B 71, S. 3-17. DOI: 10.1080/04353684.1989.11879583

Heeg, Susanne (2011): »Finanzkrise und städtische Immobilienmärkte. Die räumlichen Auswirkungen in und zwischen Städten«, in: Alex Demirović et al. (Hg.), Vielfach-Krise im finanzmarktdominierten Kapitalismus, Hamburg: VSA, S. 181-198.

Heinelt, Hubert/Egner, Björn/Georgakis, Nikolaos/Bartholomäi,/Reinhart C. (2004): Wohnungspolitik in Deutschland, Darmstadt: Schaderstiftung.

Holm, Andrej (2006): »Der Ausstieg des Staates aus der Wohnungspolitik«, in: Uwe Altrock et al. (Hg.), Planungsrundschau, S. 103-113.

Hufschmid, Jörg (2007): »Internationale Finanzmärkte: Funktionen, Entwicklungen, Akteure«, in: Jörg Hufschmid/Margit Köppen/Wolfgang Rohde (Hg.), Finanzinvestoren: Retter oder Raubritter? Neue Herausforderungen durch die internationalen Kapitalmärkte, Hamburg: VSA, S. 10-50.

Jessop, Bob (1997): »The Entrepreneurial City: Re-Imaging Localities. Redesigning Economic Governance, or Restructuring Capital?«, in: Nick Jewson/Susanne Mac Gregor (Hg.), Transforming Cities. Contested Governance and new Spatial Divisions, London: Routledge, S. 28-41. DOI: 10.4324/9781351169486-4

Kilic, Emsal (2008): Diskriminierung von Migranten bei der Wohnungssuche – Eine Untersuchung in Berlin. Unveröffentlichte Diplomarbeit am Arbeitsbereich Stadt- und Regionalsoziologe der Humboldt-Universität zu Berlin.

Krätke, Stephan (1995): Stadt. Raum. Ökonomie. Einführung in aktuelle Problemfelder der Stadtökonomie und Wirtschaftsgeographie, Basel/Boston/Berlin: Birkhäuser.

Logan, John R./Molotch, Harvey L. (1987): Urban Fortunes: The Political Economy of Place, Berkeley: University of California Press.

Marcuse, Peter (1992): »Gentrification und die wirtschaftliche Umstrukturierung New Yorks«, in: Hans G. Helms (Hg.), Die Stadt als Gabentisch. Beobachtungen zwischen Manhattan und Berlin-Marzahn, Leipzig: Reclam Verlag, S. 80-90.

Marx, Karl/Engels, Friedrich (1969f.): Werke, Berlin: Dietz-Verlag (zitiert als MEW).

Moody, Kim (2007): From Welfare State to Real Estate. Regime Change in New York City, 1974 to the Present, New York: New Press.

Planerladen e.V. (Hg.) (2005): Migranten auf dem Wohnungsmarkt: Befragung von Wohnungsunternehmen zu »Migranten als Mieter, Käufer, Kunden«, Ergebnisbericht, Dortmund: Planerladen.

Popelard, Allan/Vannier, Paul (2010): Detroit, Detroit. Die Autostadt stirbt. In: Le Monde diplomatique (deutsche Ausgabe), Nr. 9089 vom 15.01.2010.

Raggamby, Nikolaus von (2010): »Interesse an Betongold hält an«, in: Capital Online vom 09.08.2010 www.capital.de/nachrichten/investieren-anlegen/:Mehr-Kaeufe-InteresseanBetongold-haelt-an/100032078.html (letzter Zugriff am 06.05.2011).

Smith, Neil (1979): »Toward a Theory of Gentrification: A Back to the City Movement by Capital, not by People«, in: Journal of American Planning Association 45 (4), S. 538-548. DOI: 10.1080/01944367908977002

Smith, Neil (2002): »New globalism, new urbanism: gentrification as global urban strategy«, in: Antipode 34, S. 427-50. DOI: 10.1111/1467-8330.00249

Smith, Neil (2007 [1984]): »Die Produktion des Raumes«, in: Bernd Belina/Boris Michel (Hg.), Raumproduktionen, Münster: Westfälisches Dampfboot, S. 61-76.

Williams, Peter/Smith, Neil (1986): »From ›renaissance‹ to restructuring: the dynamics if contemporary urban development«, in: Dies. (Hg.), Gentrification of the City, Boston: Allen & Unwin, S. 204-224.

Politische Ökonomie des Wohnungsbaus und der Stadtentwicklung

Stefan Krätke

Erschienen 1988 in: Prigge, Walter/Kaib, Wilfried (Hg.): *Sozialer Wohnungsbau im internationalen Vergleich*, S. 25-37.

Thesen zur Entwicklung einer Forschungsrichtung

Im ersten Teil dieses Beitrags wird versucht, thesenhaft einen Gesamtüberblick zur Entwicklung der »politisch-ökonomischen« Stadt- und Wohnungsbauforschung in der Bundesrepublik Deutschland zu geben; der zweite Teil befaßt sich näher mit Fragestellungen und Ergebnissen der Politischen Ökonomie des Wohnungsbaus; im dritten Teil sollen heutige Ansätze für den Neubeginn einer politisch-ökonomischen Stadt- und Wohnungsbauforschung, welche baulich-räumliche Strukturen und Veränderungsprozesse im Gesamtzusammenhang spezifischer historischer Formationen kapitalistischer Gesellschaftsentwicklung zu analysieren sucht, skizziert werden.

Die Blütezeit der Arbeiten zur Politischen Ökonomie von Wohnungsbau und Stadtentwicklung scheint langst vorübergegangen: in der Bundesrepublik Deutschland zumindest haben nur während einer relativ kurzen Phase gesellschaftspolitisch oppositionelle Kräfte, darunter vor allem Sozialwissenschaftler, Planer und engagierte Architekten der »68er Generation«, Analysen und politische Konzepte erarbeitet, die sich inhaltlich und methodisch auf die Politische Ökonomie marxistischer Tradition stützten. Die Arbeiten zur Politischen Ökonomie des Wohnungsbaus und der Stadtentwicklung, die in den 70er Jahren entstanden, beinhalten hauptsächlich eine Analyse von sozial-ökonomischen Determinanten der baulich-räumlichen Entwicklung in kapitalistischen Gesellschaften. Dabei bildeten sich zwei Untersuchungsschwerpunkte heraus: zum einen entstanden Arbeiten zur Politischen Ökonomie der Stadtentwicklung (z.B. Evers/Lehmann 1973; Emenlauer et al. 1974; Evers 1975; Läpple 1978; Brake 1980; Brede 1980), zum anderen Arbeiten zur Politischen Ökonomie des Wohnungsbaus und Bodenmarktes (z.B. Neef 1974; Brede/Kohaupt/Kujath 1975; Brede/Dietrich/Kohaupt

1976; Krätke 1979). Fragen der Grundrententheorie und der Mechanismen städtischer Grundstücksverwaltung wurden vielfach als »Bindeglied« zwischen den beiden thematischen Schwerpunkten verstanden. Insgesamt zeichnete sich diese Forschungsrichtung durch einen hohen theoretischen Anspruch aus, der durch die Anwendung von Kategorien der Marx'schen Politischen Ökonomie auf die besonderen Bereiche der baulich-räumlichen Struktur und Entwicklung kapitalistischer Gesellschaften eingelöst werden sollte. In manchen Fällen ergab sich hierbei eine Verselbständigung von kategorialen Abhandlungen gegenüber drängenden gesellschaftspolitischen Fragen der kapitalistischen Stadtentwicklung, des Wohnungsbaus und Bodenmarktes. Trotz des Anspruchs, daß eine Politische Ökonomie der Stadtentwicklung und des Wohnungsbaus die baulich-räumliche Struktur und Entwicklung kapitalistischer Klassengesellschaften in den Zusammenhang eines übergreifenden gesellschaftstheoretischen Ansatzes stellen, und dadurch u.a. die historisch-spezifischen Charakteristika kapitalistischer Stadtentwicklung und Wohnungsversorgung herausarbeiten sollte – nicht zuletzt mit dem Ziel, städtische oppositionelle Bewegungen gegen Wohnraumvernichtung, Bodenspekulation und Stadtzerstörung wissenschaftlich und politisch zu unterstützen – hat die Verselbständigung kategorialer Analysen meist zur Vernachlässigung einer genaueren historischen Untersuchung der Entwicklung wichtiger »Determinanten«-Komplexe geführt. Ebenso hat eine anfangs verbreitete »antireformistische« Attitüde die Möglichkeiten zur praktisch-politischen Einflußnahme und die mögliche gesellschaftspolitische Ausstrahlungskraft der politisch-ökonomischen Analysen behindert. Man kann dieser Forschungsrichtung zwar eine Reihe von Mängeln und uneingelösten Ansprüchen nachweisen, aber gemessen an der analytischen Oberflächlichkeit, kopflosen Zahlenhuberei und gesellschaftspolitischen Katzbuckelei eines großen Teils der heute vorherrschenden »praxisorientierten« sozial- und planungswissenschaftlichen Auftragsforschung kann der hohe Anspruch der Einbindung von Stadt- und Wohnungsbauforschung in einen übergreifenden gesellschaftstheoretischen Ansatz, der die historisch-spezifischen Strukturen und Entwicklungsphasen kapitalistischer Gesellschaften erfassen will, keineswegs geringgeschätzt werden.

Seit Beginn der 80er Jahre ist die politisch-ökonomische Forschungsrichtung zur Wohnungsversorgung und Stadtentwicklung zum Teil dem steten Wechsel »akademischer Moden« zum Opfer gefallen, zum Teil auch aus anderen Gründen in der Bundesrepublik Deutschland mehr und mehr aufgegeben worden:

1. Erscheinungen eines dogmatischen »Ableitungsmarxismus« deutscher Provenienz, d.h. die Verkürzung der Politischen Ökonomie auf begriffslogische Debatten um die »richtige« Auslegung von Schriften der »Klassiker«, führten zu Ergebnissen, die mehr und mehr unbefriedigend erschienen. Das Fehlen konkret historischer und international vergleichender Analysen machte sich negativ bemerkbar. In anderen Ländern ist die Politische Ökonomie der Wohnungsversor-

gung und Stadtentwicklung in den 70er Jahren mit weniger kategorialer Selbst-
blockade, größerer »Souveränität« im Umgang mit der Marx'schen Theorie, mehr
historischer Analyse und mehr Mut zu praktisch-politischen Aussagen entwickelt
worden (für den Bereich Wohnungsbauforschung siehe z.b.: Conference of Socialist Economists 1975; Lamarche 1976; Pickvance 1976; Harloe 1978 und 1981; Harvey
1978; Berry 1979; Merret 1979; Ball 1983; Liepitz 1974; Topalov 1974; Magri 1977; Pia-
loux/Theret 1979 und 1980. Für den Bereich Stadtentwicklung siehe z.b.: Pickvance 1976; Lojkine 1977; Castells 1977; Harloe 1977; Tabb/Sawers 1978; Mingione 1981;
Lebas 1982; Harvey 1982 und 1985; Smith/Feagin 1987; Krämer/Neef 1985). So ist in
diesen Ländern die politisch-ökonomische Forschungsrichtung lebensfähig geblieben, hat sich ausdifferenziert und bis heute weiterentwickelt. Der anfangs einfluß-
reiche ›politisch-ökonomische‹ Funktionalismus der Stadttheorie von Castells ist
dabei überwunden worden. Zugleich hat sich in dieser internationalen Diskussion
das Interesse an einer gesellschaftstheoretisch fundierten Stadt- und Wohnungsbauforschung gehalten.

2. Praktisch-politische Unwirksamkeit hat die politisch-ökonomische Forschung in der Bundesrepublik zunehmend unattraktiv gemacht. Verantwortlich
war nicht nur eine generelle gesellschaftspolitische Erfolglosigkeit »linker Opposition« in der Bundesrepublik, sondern auch eine selbstverschuldete Abstinenz
der Analytiker von der Erarbeitung konkreter reformpolitischer Konzepte. Diese
Abstinenz war Resultat eines verfestigten ideologischen »Antireformismus«, der
jeden Denkansatz für strukturverändernde ›antikapitalistische‹ Reformkonzeptio-
nen von vornherein als ›sozialdemokratischen Reformismus‹ denunzieren wollte,
aber auch Resultat einer verkürzten kategorialen Analyse, aus der man ableiten zu
können glaubte, daß »im Kapitalismus« ohnehin nichts veränderbar sei. Eine konkrete historische Analyse der Erfahrungen und Resultate von Konzeptionen einer
›antikapitalistischen‹ Reformpolitik, die bei einem international vergleichenden
Herangehen auch den verkürzten Maßstab der speziell deutschen sozialdemokratischen Reformpolitik zu überwinden erlaubt hätte, hielt die Mehrheit der
beteiligten Forscher nicht für nötig. Der resultierende historische Determinismus
war politisch unproduktiv und zeugte von einem oberflächlichen Verständnis der
Aufgaben der Politischen Ökonomie.

3. Die politisch-ökonomische Forschungsrichtung ist auch der zunehmenden
Theoriefeindlichkeit der oppositionellen Kräfte in der Bundesrepublik zum Opfer
gefallen. Statt differenziertere Analysen und bessere reformpolitische Handlungs-
konzeptionen zu entwickeln, wurde seit Beginn der 80er Jahre in der Bundesrepublik zunehmend jede tiefergehende Analyse über Bord geworfen. Das Interesse an gesellschaftlichen Strukturveränderungen wurde aufgegeben für das »im
Kleinen Machbare«, für die Selbstverwirklichung und Selbstversorgung der Beteiligten. Symptomatisch erscheint hier u.a. die sog. ›Alternativökonomie‹. Die Re-
formdiskussion scheint in diesem Bereich von Steuerberatern, Betriebswirten und

Juristen dominiert zu sein, die angesichts einer zunehmend größeren grün-alternativen Klientel beschlossen haben, fortan das Gehabte ›in Grün‹ zu kleiden und ›Praxisorientierung‹ zu nennen. Diebe besteht meist in der unkritischen Anwendung von Rezepten der Betriebswirtschaftslehre auf die besonderen Bedürfnisse von Kleinunternehmen. Das Resultat ist, überspitzt formuliert: Statt z.b. konkrete Reformkonzepte zur Einschränkung der Verwertung des Immobilienkapitals zu entwickeln, werden ›praktische‹ Projekte zur Verwertung von Immobilienkapital in ›kleinen solidarischen Gemeinschaften‹ organisiert. Statt nicht-kapitalistischer Finanzierungsmodelle werden lieber allerlei Steuer-Abschreibungsmodelle (für die bessergestellten Teile der ›alternativen‹ Szene) entwickelt. All dies ist natürlich »machbar«, weil es die gesellschaftlich herrschenden Strukturen unberührt läßt, sich der geläufigen Praxis von vornherein anpaßt. Das Aufkommen einer neuen alternativen Unternehmerkultur war begleitet von der Denunziation ›linker Theorie‹ und dem Verlust weitreichender gesellschaftspolitischer Reformansprüche. Die Forscher haben sich in vielen Fällen schnell an die neue politische Kultur angehängt. Die einen lieferten nun analytisch schmalspurige Werbeschriften für ›Reformprojekte‹ aller Art, seien es mittelständische Selbstversorgungsprojekte oder Neuauflagen eines kleinkapitalistischen Genossenschaftswesens. Soweit die herrschende Politik auf eine flexible Einbindung solcher gesellschaftspolitisch folgenlosen, die neue Unternehmerkultur und das neue flexible Akkumulationsregime sogar stützende Ansätze setzt, bleibt die darauf bezogene Forschung marktfähig. Andere Forscher sind infolge der Zwänge des Wissenschaftsbetriebes längst zur Auftragsforschung für die Regierenden übergegangen und erfüllen vorzugsweise die Aufgabe, die Politik der Aufrechterhaltung überkommener Strukturen in neuen flexibilisierten Formen (z.B. mit Hilfe von Beteiligungsmodellen aller Art) als innovatorische Politik wissenschaftlich zu verbrämen. Nahezu jede Studie dieser Richtung endet mit der »praktischen« Empfehlung, daß im konkreten Fall mehr Forschung, mehr Qualifizierung und mehr Beratung nötig sei. Das ist und bleibt brav, progressiv und allseits konsensfähig.

Die beschriebene Entwicklung scheint spezifisch für die Bundesrepublik Deutschland zu sein. In anderen Ländern, vor allem in den USA, in England und Frankreich, hat die politisch-ökonomische Stadt- und Wohnungsbauforschung dagegen (wie gesagt) Kontinuität bewahrt, anfängliche dogmatische Verkürzungen überwunden, und sich so weiterentwickelt, daß heute von diesen Ländern die Anstöße für eine Renaissance der Politischen Ökonomie der Stadtentwicklung und Wohnungsversorgung ausgehen. Die deutschen Forscher (der ›Linken‹), anfangs geschätzt wegen ihrer analytischen Klarheit, sind im Laufe der Entwicklung ins Abseits geraten. Heute müssen sie sich auf amerikanische, englische und französische Arbeiten beziehen, um für eine politisch-ökonomische Stadt- und Wohnungsbauforschung wieder tragfähige Ansätze zu finden. Glücklicherweise entwickeln sich in der Bundesrepublik zur Zeit tatsächlich Neuansätze zu einer analytisch ernstzunehmenden Politischen Ökonomie der baulich-räumlichen Entwicklung. Vielleicht wurde nach und nach erkannt, daß »Theoriefeindlichkeit« auf Dauer eine forschungs- und gesellschaftspolitisch höchst unfruchtbare Attitude darstellt, vielleicht ist auch eine gewisse Ernüchterung über die praktische Reichweite und gesellschaftspolitische Konformität vieler Projekte der neuen ›alternativen‹ Reformkultur aufgekommen.

Zur Politischen Ökonomie des Wohnungsbaus

Für die politisch-ökonomische Forschungsrichtung gilt die »Wohnungsfrage« seit langem als ein Brennpunkt derjenigen sozialen Auseinandersetzungen und Klassenkonflikte, die von der »Reproduktionssphäre« ausgehen. Die Wohnungsfrage umfaßt zum einen das gesellschaftliche Problem der Wohnungsnot der ›unteren Klassen‹, zum anderen die darauf gerichteten politisch-strategischen Lösungskonzepte und -versuche. Wohnungsnot umfaßt bei historisch sich verändernden Erscheinungsformen drei verschiedene Dimensionen: qualitativ schlechte Wohnverhältnisse (in baufälligen, gesundheitsschädlichen, überbelegten Wohnungen), quantitativer Wohnungsmangel (regional verstärkt in Phasen beschleunigter räumlicher Konzentration der Bevölkerung in städtischen Wachstumszentren und bei räumlichen Schwerpunktverlagerungen des Akkumulationsprozesses), untragbare Mieten, d.h. Mißverhältnis zwischen einer Miethöhe, die die Profitabilität des Wohnungsbaukapitals sichert, und der begrenzten Mietzahlungsfähigkeit der ›unteren Klassen‹ (früher waren hier vor allem die unteren Schichten der städtischen Arbeiterbevölkerung betroffen). Hinter den Erscheinungen von Wohnungsnot steht das sozialökonomische Grundproblem, daß der Verwertungsprozeß des Bau- und Immobilienkapitals im Wohnungssektor immer wieder in Widerspruch zu den Erfordernissen einer ausreichenden Reproduktion der Arbeiterbevölkerung und der ›unteren Klassen‹ gerät. Von der politisch-ökonomischen Forschungsrichtung wurde die Wohnungsfrage auf drei verschiedenen Ebenen untersucht (HirschBorst/Krätke 1981), die allerdings in vielen Fällen nicht miteinander verbunden worden sind: Auf der ökonomischen Ebene wurde die Verwertung von Kapital im Wohnungssektor untersucht, d.h. die besonderen Verwertungsmechanismen des Immobilienkapitals und der verschiedenen an der Wohnungsbauproduktion, -finanzierung und -vermietung beteiligten Kapitalfraktionen; auf der politischen Ebene ging man von der Frage aus, wie sich die Reproduktionserfordernisse der Arbeitskraft gegenüber den Verwertungsansprüchen des Immobilienkapitals gesellschaftlich sichern lassen. Die Absicherung von Reproduktionserfordernissen erfolgt in allen kapitalistischen Ländern durch eine mehr oder weniger weitreichende Staatsintervention. Die konkrete historische Form aber, in der Bedürfnisse nach einer ausreichenden Wohnungsversorgung der ›unteren Klassen‹ gesellschaftlich abgesichert werden, erscheint abhängig vom Stand der Klassenauseinandersetzungen insgesamt (u.a. vom Grad der »Hegemonie« der herrschenden Klassen über den Staat, von den Verflechtungen und Widersprüchen zwischen »Kapitalfraktionen«, von den Schichtungen und Fraktionierungen bzw. politischen Traditionen innerhalb ›der‹ Arbeiterklasse). Struktur und Formen (u.a. Trägerformen) der Wohnungsversorgung in kapitalistischen Ländern und die Formen der Staatsintervention in den Wohnungssektor ändern sich daher mit der politisch-ökonomischen Entwicklung der verschiedenen Länder. Gemeinsam ist allen europäischen kapitalistischen Ländern nur ein mehr oder weniger weitgehender Staatseingriff in den Wohnungssektor seit Anfang des Jahrhunderts. Im historischen Verlauf hat sich aber keineswegs einheitlich in allen Ländern die Tendenz durchgesetzt, die Formen des Staatseingriffs den Kapitalverwertungsbedürfnissen« in diesem Bereich anzupassen. Es blieb abhängig vom Stand der Wohnungsversorgung und den historischen gesellschaftlich-politischen Kräfteverhältnissen, wie weit mittels Staatsintervention zugleich die private Wohnungsverwertung aufrechterhalten bzw. wiederhergestellt werden konnte. Eine dritte Ebene politisch-ökonomischer Wohnungsbauforschung ist für längere Zeit vernachläßigt geblieben: Die Wohnungsfrage kann nicht allein als Problem des ökonomischen Verwertungsprozesses von Immobilienkapital und der Staatsintervention zur Absicherung von Verwertungsmöglichkeiten und ›physischen‹ Reproduktionserfordernissen gefaßt werden. Die Wohnungsversorgung gehört auch zur Problematik der Reproduktion sozialer Beziehungen im ›häuslichen‹ Bereich und in der Familie. Darüber hinaus erhält die historische Form der Wohnungsversorgung großen Einfluß auf die Entwicklung von »Lebensweisen«, prägen die historisch-spezifischen Wohnverhältnisse die unmittelbaren persönlichen Lebensumstände und damit die Sphäre, in der sich die Vorstellungen und Erwartungen der Individuen entfalten und reproduzieren. Die internationale Forschung zur Politischen Ökonomie der Wohnungsversorgung hat zu allen genannten Untersuchungsebnen Beiträge geliefert (siehe Literaturverzeichnis).

Das in den 70er Jahren neuerwachte Interesse an einer theoretisch-analytischen Auseinandersetzung mit der Wohnungsfrage im Kontext der Politischen Ökonomie, das sich besonders in der Bundesrepublik stark auf die ökonomische Ebene konzentriert hat, war u.a. dadurch veranlaßt, daß die analytischen Aussagen von Engels' klassischer Schrift zur Verwertung des Hausbesitzes den eingetretenen Strukturveränderungen der Bau- und Wohnungswirtschaft kapitalistischer Länder längst nicht mehr gerechnet werden können. Treibendes Element kapitalistischer Haus- und Grundstücksverwertung ist nicht mehr das produzierende Baukapital, und Haus- und Grundbesitzer können nicht mehr als besondere gesellschaftliche Klassen abgegrenzt werden (Topalov 1971; Massey/Catalano 1978; Krätke 1979). Vor allem in den Ballungsräumen ist der Grundbesitz zunehmend auf das Finanzkapital übergegangen. Grundeigentum und Immobilienkapital werden heute in engster Verflechtung mit dem Bankkapital verwertet. Der Wohnungsbau hat sich zu einer von der produzierenden Bauwirtschaft verselbständigten Kapitalanlagesphäre entwickelt, deren bedeutendste Träger kapitalistische Wohnungsunternehmen darstellen, die mit dem gesamten Immobilienkapital verflochten sind und ihre Kapitalverwertung mehr und mehr unter Hinzuziehung staatlicher Subventionen realisieren. In der marxistischen Analyse der Verwertung des Wohnungsbaukapitals als einer besonderen Kapitalanlagesphäre haben sich drei unterschiedliche Ansätze herausgebildet (HirschBorst/Krätke 1981): (1.) Die Charakterisierung der »Wohnung als Ware« und der Wohnungsvermietung als einer besonderen Form der ›Realisation‹ der Ware Wohnung (»stückweiser Verkauf« analog zu Engels' Analyse; vgl. Magri 1972; Clarke/Ginsburg 1975; Pickvance 1976; Berry 1979). (2.) Die Charakterisierung der »Wohnung als Leihkapital« und der Wohnungsvermietung als Geschäft der langfristigen Verzinsung eines spezialisierten ›Leihkapitals‹ (Brede/Kohaupt/Kujath 1975; Kainrath/Kohoutek 1976). (3.) Die analytische Charakterisierung der »Wohnung als Bodenkapital« (d.h. als Kapitalanlage, die in Analogie zur landwirtschaftlichen Bodenverbesserung zum festen Bestandteil des Bodens wird), wonach die Wohnungsvermietung hauptsächlich die Aneignung von Grundrente darstellt (Bauer 1976; Behnke/Evers/Möller 1976). Eine differenzierte marxistische Analyse kann die in den verschiedenen Ansätzen enthaltenen Bestimmungsfaktoren miteinander verbinden und darüber hinaus die Besonderheiten der Verwertung von abgeschriebenen, »entwerteten« Altbauten miteinbeziehen, die am Wohnungsmarkt dauerhaft als Rentenquelle weiterverwertet werden können und die bauliche Infrastruktur städtischer Sanierungsgebiete bilden. Obgleich in der Wohnungswirtschaft die Verwertung des »Gebäudekapitals« größeres Gewicht hat als die Verwertung des Bodens, bestimmt die erzielbare Grundrente die Standortverteilung der Wohnquartiere in den Städten (Brede/Dietrich/Kohaupt 1976): sowohl die räumliche Verdrängung von Arbeiter-Wohnquartieren durch expandierende kommerziell-gewerbliche Nutzungsarten, als auch die heute zunehmend wichtigeren Umnutzung und Veränderungsprozesse innerhalb städtischer Wohnquartiere, die »Gentrification« des Stadtraumes auf Kosten der ›unteren Klassen‹ (Krätke 1979; Smith/Williams 1986). Beiträge zur Marxistischen Theorie der städtischen Grundrente haben sich ausführlich mit der Frage beschäftigt, wieweit die von Marx mit Bezug auf den Agrarsektor analysierten Formen der Grundrente auch für die Theorie der städtischen Grundrente fruchtbar zu machen sind (Lipietz 1974; Conference of Socialist Economists 1975; Brede/Dietrich/Kohaupt 1976; Krätke 1979; Dechervois/Theret 1979; Ball et al. 1985). Die Verwertung des Wohnungsbaukapitals wirft weiterhin Fragen auf, die den »Wert der Arbeitskraft« betreffen: Das Geschäft der Wohnungsvermietung hat sich von der Bauproduktion verselbständigt, ist ein ›eigenständiges‹ Verwertungsfeld für langfristige Kapitalanlagen geworden. Der Mietpreis ist nur zu geringem Teil ein (periodisiertes) Äquivalent für den

Wert oder Produktionspreis der Wohnung, der im Produktionsprozeß des Baukapitals geschaffen wird; die Mietpreisbestandteile Kapitalzins und Grundrente
übersteigen den im langfristigen Nutzungs- und Verwertungsprozeß jährlich
anzusetzenden anteiligen ›Wert‹ der Wohnung bei weitem. Insofern unterliegen
die Lohnabhängigen bei ihren Mietzahlungen einer »sekundären Ausbeutung«
(Hirsch-Borst/Krätke 1981), die nicht auf Mehrwertproduktion beruht: Der vom
Immobilienkapital kontinuierlich angeeignete wohnungswirtschaftliche Profit
übersteigt den in der Bauproduktion geschaffenen Mehrwert erheblich; die Verwertung des Wohnungsbaukapitals beinhaltet einen ›Tribut‹ an die Hausbesitzer,
der durch eine fortlaufende Umverteilung von Lohneinkommen aufgebracht wird,
also keinen Beitrag zur gesellschaftlichen Wertschöpfung darstellt. Aus diesem
Grund bedeuten Mietpreisbegrenzungen auch keinerlei ›volkswirtschaftliche
Verluste‹. Die Bestimmung des »Wertes der Arbeitskraft« durch den Wert der
zu ihrer Reproduktion (auf gegebenem historischen und kulturellem Niveau)
erforderlichen Güter wird aber unsicher bzw. deutlich erschwert, wenn die Miet-
wohnung als eines der bedeutendsten Lohngüter nicht zu ihrem ›Wert‹ erhältlich
ist, sondern zu einem von Zins- und Rentenbestandteilen dominierten Preis. Das
Lohnniveau kann zwar den durchschnittlichen Reproduktions-Kosten der Arbeitskraft (einschließlich gegebener Wohnungs-Mietpreise) angepaßt sein; dann stellt
sich im Kontext der Wohnungsfrage aber das Problem, daß der Wohnungsmarkt
in kapitalistischen Ländern ständig ein Mißverhältnis zwischen der Preisstruktur
des Wohnungsangebots und der Einkommensstruktur der Lohnabhängigen hervorbringt. Mangel an ›preiswerten‹ Mietwohnungen zwingt ständig einen mehr
oder weniger großen Teil der Lohnabhängigen, überdurchschnittlich hohe Mieten
zu tragen, so daß für diese Bevölkerungsteile das durchschnittliche Lohnniveau
unter dem »Wert der Arbeitskraft« liegt. Insofern können erst wohnungspolitische Staatseingriffe, die sich um die Sicherung eines ausreichenden Angebots
›preiswerter‹ Mietwohnungen bemühen (mit Hilfe von Subventionen oder auch
durch öffentliche Eigenproduktion), dem »Wert der Arbeitskraft« gesellschaftliche
Anerkennung verschaffen. Zu analysieren bleibt dann im Kontext einer Politischen Ökonomie der Wohnungsversorgung, wieweit die Staatseingriffe in den
Wohnungssektor in ihren historisch konkreten Formen wiederum Verwertungsinteressen des Bau- und Immobilienkapitals bedienen (Hirsch-Borst/Krätke 1981).
So wird der staatlich geförderte »Soziale Wohnungsbau« in vielen kapitalistischen
Ländern durch öffentliche Subventionierung der Profite privater Wohnungs-
bauträger und/oder kapitalistisch-angepaßter »gemeinwirtschaftlicher« Träger
(Krätke 1987) betrieben.

Das in den 70er Jahren neuerwachte Interesse an der »Wohnungsfrage« basierte weithin auch auf der Zuspitzung gesellschaftlicher Konflikte in der »Reproduktionssphäre«. Die ›Klassiker‹ des Marxismus hatten dem politischen Gewicht von Klassenkämpfen im ›Reproduktionsbereich‹ noch wenig Bedeutung zu-

erkannt. Angesichts zunehmender sozialer Konflikte im Reproduktionsbereich, bei denen städtische Lebensbedingungen, Infrastruktur- und Wohnungsversorgung häufig im Mittelpunkt standen, hat die Wohnungsforschung einen größeren politisch-strategischen Stellenwert erhalten. Dabei stellten sich auch ›theoretische‹ Fragen: In einigen kapitalistischen Ländern sind »Häuserkämpfe« (einschließlich Hausbesetzungen) als ›Klassenkämpfe‹ einer engagierten Arbeiterbevölkerung geführt worden (z.B. in Italien, Frankreich, England); in vielen anderen Ländern und örtlichen Konfliktfällen haben dagegen sog. »Neue soziale Bewegungen« dem Bau- und Immobilienkapital und dessen staatlichen ›Verbündeten‹ Widerstand geleistet (Mayer/Roth/Brandes 1978; Castells et al. 1978; Castells 1983; Krämer/Neef 1985). Diese heterogenen Kräfte sind allein mit »klassenanalytischen« Begriffen nur unzureichend analysierbar. Eine Herausforderung für jede politisch-ökonomische Wohnungsbauforschung, die sich noch auf traditionelle klassenanalytische Begriffe stützen will, stellt die Theorie der »Housing Classes« dar (Saunders 1979): In deren Mittelpunkt steht die These, daß sich in der Reproduktionssphäre speziell im Bereich der Wohnungsversorgung unterschiedliche soziale ›Lebenslagen‹ herausgebildet und verfestigt haben (z.B. die der Eigenheimbewohner im Unterschied zu den Miethausbewohnern), die quer zur Klassenstruktur liegen, wie sie von der Stellung im gesellschaftlichen Produktionsprozeß bestimmt ist. So entstünden den im Reproduktionsbereich relativ stabile Interessenkoalitionen entsprechend gleichartigen Wohnverhältnissen, die die Klassenstruktur überformen, eine zunehmende soziale Ausdifferenzierung ›der‹ Arbeiterklasse weiter verfestigen und eine Solidarisierung entlang gemeinsamer, vom Produktionsprozeß bestimmter Klasseninteressen (zusätzlich) erschweren.

Als Mangel der in den 70er Jahren entstandenen deutschen Arbeiten zur Politischen Ökonomie der Wohnungsversorgung wurde bereits deren »Abstinenz« in politisch-strategischen Fragen und deren »antireformistische« Attitude genannt. Weder international vergleichend noch historisch konkret wurde untersucht, ob und wieweit wohnungspolitische Maßnahmen und Staatseingriffe in den Wohnungssektor eine Modifikation der Verwertungsmechanismen erreichen konnten. Jedweder wohnungspolitische Eingriff wurde funktionalistisch interpretiert als Maßnahme zur »Systemstabilisierung«. Das funktionalistische Staatsverständnis der ›Linken‹ lebte u.a. von der Ignoranz gegenüber älteren, wesentlich differenzierteren marxistischen Analysen zur »sozialstaatlichen« Politik in kapitalistischen Gesellschaften (Heimann 1929). In anderen Ländern haben ›linke‹ Wohnungsbauforscher dagegen differenziertere Analysen des »Sozialstaates« aufgegriffen (Gough 1979; Ginsburg 1979). Die in der Bundesrepublik einflußreichen Arbeiten zur Politischen Ökonomie des Wohnungsbaus und des Bodens – Brede/Kohaupt/Kujath 1975 und Brede/Dietrich/Kohaupt 1976 – waren zwar in der Hauptsache bemüht nachzuweisen, daß wohnungspolitische Staatseingriffe stets eine Form annehmen müßten, die den Interessen ›des‹ Kapitals dienlich

seien; doch haben sie abweichend von diesem funktionalistischen ›Vorurteil‹ die
Frage aufgeworfen, ob nicht andere, nichtkapitalistische Formen der Wohnungsversorgung konzipiert und auch im Rahmen der kapitalistischen Gesellschaft
politisch durchgesetzt bzw. zumindest in Teilbereichen nach und nach ausgebaut
werden könnten (Brede/Kohaupt/Kujath 1975). Erst in den 80er Jahren haben
die zunehmenden gesellschaftlichen Konflikte im Bereich der Wohnungsversorgung in der Bundesrepublik auch eine Neuformulierung politisch-strategischer
Konzepte zur Wohnungsfrage hervorgerufen, die von wohnungspolitisch oppositionellen Kräften erarbeitet wurden, sich auf dem Hintergrund der grassierenden
›Theoriefeindlichkeit‹ aber nur zum Teil noch auf politisch-ökonomische Analysen
stützten. Es kam zu einer Renaissance von »Sozialisierungsbestrebungen« im
Wohnungssektor. Neuformulierte Ansätze, die ›reformsozialistische‹ Traditionen wieder aufgreifen, werden bis heute zum Teil kontrovers diskutiert: Die
einen setzen auf dem Hintergrund der neuen »Selbsthilfebewegung« auf Genossenschaften, die ›staatsunabhängig‹ sein und demokratische Selbstverwaltung
ermöglichen sollen (Evers/Selle 1982; Novy 1983). Dieser Ansatz wird u.a. mit der
Kritik konfrontiert, daß genossenschaftliche Selbstfinanzierung im Wohnungssektor (auch bei Hinzuziehung staatlicher Förderungsmittel) zur Ausgrenzung
niedriger Einkommensgruppen tendiert, und daß eine genossenschaftliche ›Alternativökonomie‹ keineswegs bedeutet, daß in ihrem Bereich nichtkapitalistische
Strukturen geschaffen würden (Krätke 1985). Die » neue Genossenschaftsbewegung« hat bislang keine kritische Theorie der politisch-ökonomischen Strukturen
des Genossenschaftssektors (oder der Gemeinwirtschaft insgesamt) und ihrer
historischen Entwicklung für nötig gehalten. Gestützt durch die populäre Theoriefeindlichkeit fühlen sich viele erhaben über die theoretischen Anstrengungen
früherer Arbeiten der politisch-ökonomischen Forschungsrichtung. So kommt es
zur wissenschaftlichen Reproduktion von Genossenschafts-Romantik, als deren
›theoretische‹ Basis allenfalls noch neoliberale Theorien des ›Staatsversagens‹ ent-
schlüsselt werden können. Eine an politisch-ökonomischen Kriterien orientierte
Suche nach neuen Formen der »Gemeinwirtschaft«, die u.a. nichtkapitalistische
Strukturen schaffen sollten, wird ersetzt durch die Frage nach organisatorischen
Gestaltungsmöglichkeiten eines neuen Sektors von Kleingenossenschaften und
privaten Eigentümergemeinschaften. Andere wohnungspolitisch Engagierte,
die sich weiterhin auf politisch-ökonomische Analyesen und die daraus zu ge-
winnenden Kriterien für reformpolitische Projekte stützen wollen, zielen auf die
Durchsetzung eines neuen Kommunalen Wohnungsbaus mit nichtkapitalistischen
Formen der Finanzierung und Wohnungsbewirtschaftung sowie genossenschaftlichen Formen der Wohnungs-Verwaltung (Krätke/Hirsch-Borst/Schmoll 1984;
Krätke 1985). Diesem Ansatz werden u.a. Versatzstücke der neoliberalen Theorien
des ›Staatsversagens‹ und die Kritik der ›Staatsbürokratie‹ entgegengehalten (Novy 1987). Konzeptionen und Diskussionen der wohnungspolitisch oppositionellen

Kräfte in der Bundesrepublik sind in den 80er Jahren insgesamt konkreter, in manchen Fällen »geschichtsbewußter« und damit möglicherweise gesellschaftspolitisch fruchtbarer geworden.

Zur möglichen Renaissance einer »Politischen Ökonomie der Stadtentwicklung und Wohnungsversorgung«

Von vielen Vertretern der Forschungsrichtung »Politische Ökonomie« werden den heute Defizite in der bisherigen Kapitalismusanalyse erkannt: So seien Brüche in der historischen Entwicklung kapitalistischer Gesellschaften nicht befriedigend erfaßt und erklärt worden, und es seien (entgegen den gesellschaftstheoretischen Intentionen der Politischen Ökonomie) die ökonomischen, politischen und ideologischen Prozesse in der Forschungspraxis nicht zu einem umfassenden gesellschaftstheoretischen Ansatz verbunden worden (Hirsch/Roth 1986). Folge war u.a. der häufig beklagte ›Ökonomismus‹ in der Kapitalismusanalyse. Die genannten Defizite seien auch im Bereich der Politischen Ökonomie der baulich-räumlichen Entwicklung nachzuweisen (Esser/Hirsch 1987). Heute gehen engagierte Stadtforscher davon aus, daß wir uns in einer Phase des gesellschaftlichen »Umbruchs« befinden, die u.a. zu ›neuen‹ räumlichen Erscheinungsformen gesellschaftlicher Ungleichheit führt, insbesondere zu einer zunehmenden sozialökonomischen und -räumlichen Polarisierung zwischen den Ballungsräumen und innerhalb der Städte (Häußermann/Siebel 1987). Im Zuge dieser Entwicklungen akzentuiert sich die Kluft zwischen expandierenden und stagnierenden Städten (und überformt den ›alten‹ Stadt-Land-Gegensatz); innerhalb der Städte kommt es zu einer anhaltenden ökonomisch-sozialen Heterogenisierung durch ›neue‹ Marginalisierungs- und Spaltungsprozesse (Esser/Hirsch 1987). Die neueren Beiträge bleiben allerdings unsicher und widersprüchlich in der Frage, wieweit die vorfindlichen Entwicklungstrends qualitativ neue Entwicklungen darstellen, oder eine Akzentuierung bereits längerfristig wirksamer Entwicklungstrends bedeuten. Dieser Frage nachzugehen setzt ein differenzierteres historisches Verständnis des Entwicklungszusammenhangs von Gesellschaft und Raumstruktur voraus. Dafür werden nun die neuen Ansätze für eine »nichtlineare« Theorie der gesellschaftlichen Entwicklung relevant, bei der die Entwicklung kapitalistischer Gesellschaften als Abfolge historisch-spezifischer gesellschaftlicher »Formationen« begriffen wird, die sich jeweils durch den Verbund eines bestimmten »Akkumulationsregimes« mit einer bestimmten politisch-institutionellen »Regulationsweise« charakterisieren lassen (Aglietta 1979; Hirsch/Roth 1986). Von Interesse für die Stadtforschung ist auch die These, daß jede historische Formation der kapitalistischen Gesellschaft zugleich eine ihr eigene Raumstruktur hervorbringe (Esser/Hirsch 1987). Der beschriebene Forschungsansatz ist bemüht, die vergangene Phase kapitalistischer Gesellschaftsentwicklung unter dem Titel »fordistische« Formation näher zu charakterisieren, das historisch-spezifische Akkumulationsregime und Regulationsmodell des »Fordismus« zu analysieren (u.a. die spezifische Verkopplung von standardisierter Massenprodukti-on mit einem gesellschaftlichen Konsummodell, das die fortschreitende Durchka-pitalisierung der Reproduktionssphäre brachte und durch groß-korporatistische Regulierungsformen gelenkt und stabilisiert wurde). Es wird zugleich versucht, die Spezifika der »fordistischen« Stadt (und der regionalen Raumstruktur) zu er-fassen (Stichworte: fortschreitende ›Zonierung‹ des Stadtraumes, Funktionstren-nung, standardisierter Massenwohnungsbau und Suburbanisierung im Kontext der Durchsetzung des »Massenkonsummodells«). Klar ist, daß bisherige Beiträge zu diesem Forschungsansatz einer neuen Politischen Ökonomie der Stadtentwick-lung noch weithin ›heuristischen‹ Charakter haben. Analytisch fruchtbar ist aber bereits die Erkenntnis, daß eine gegenwärtig aufkommende neue historische Pha-se der Stadtentwicklung nur treffend erfaßt werden kann, wenn man in der Lage ist, die ›vergangene‹ Phase der städtischen bzw. baulich-räumlichen Entwicklung ›richtig‹ zu charakterisieren, und in den Zusammenhang eines die ökonomischen, sozialen, politischen und kulturellen Prozesse umfassenden gesellschaftstheoreti-schen Ansatzes einzubinden.

Bisherige Versuche zur näheren Charakterisierung der aufkommenden »post-fordistischen« Phase kapitalistischer Gesellschaftsentwicklung befassen sich u.a. mit der Herausbildung eines neuen, »flexiblen Akkumulationsregimes« im Zu-sammenhang mit der Durchsetzung neuer Technologien und einer zunehmenden Heterogenisierung von Konsummodellen und Sozialstrukturen; ebenso lassen sich neue, flexibilisierte und mehr konkurrenzförmige Regulationsweisen feststellen. Hinzu kommt eine stärkere Berücksichtigung von Restrukturierungsprozessen der internationalen Arbeitsteilung im Kontext einer zunehmend transnationa-len Organisation von Produktion und Kapitalverwertung (Läpple 1985 und 1986; Storper/Scott 1986; Lipietz 1986). Aufgabe einer neuen Politischen Ökonomie der Stadtentwicklung und Wohnungsversorgung wäre u.a. aufzuzeigen, ob und wie die genannten gesellschaftlichen Restrukturierungsprozesse die vermuteten ›neu-en‹ Polarisierungen zwischen und innerhalb von Städten und Regionen prägen. Die skizzierte Forschungsrichtung ermöglicht auch eine bessere gesellschaftstheo-retische Durchdringung und historische Fundierung der Politischen Ökonomie der Wohnungsversorgung, wenn gezeigt werden kann, wie Verwertungsmecha-nismen und Trägerformen, räumliche Verteilung und bauliche Gestaltungen, Raumaneignung und sozial-kulturelle Lebensweisen im Wohnungssektor durch die historisch-spezifische Fonnation kapitalistischer Gesellschaftsentwicklung geprägt werden (Harvey 1987; Krätke/Schmoll 1987). Von größter Bedeutung wäre hierbei eine international vergleichende, genauere historische Erforschung der Ökonomisierung des Wohnens und Rationalisierung des Alltagslebens durch den »fordistischen« Wohnungs- und Städtebau seit den 20er Jahren.

Umstritten wird die These bleiben, daß jede kapitalistische Formation zugleich eine für sie spezifische Raumstruktur hervorbringt. Esser/Hirsch unterschätzen die besondere Starrheit gegebener Raumstrukturen und die formationsübergreifende Anziehungskraft vorhandener räumlicher Zentren, insbesondere großer Städte mit transnationalen ›Kommandofunktionen‹ der Kapitalverwertung (Smith/Feagin 1987). Wenn es dem neuen Forschungsansatz gelänge, qualitative Brüche in der Raunstrukturierung und Stadtentwicklung überzeugend nachzuweisen, wird es möglicherweise auch notwendig, manche geläufige theoretische Erklärungsmuster zu Sonderbereichen der Stadtentwicklung und Wohnungsversorgung zu reformulieren. So kann z.b. die Theorie der städtischen Grundrente nicht unberührt bleiben von einer Tendenz zunehmender räumlicher Entkopplung von realen Produktions- und Kapitalverwertungsprozessen. Neue Regulationsformen der Konkurrenz zwischen Städten und der innerstädtischen Nutzungskonkurrenz erfordern auch die theoretische Auseinandersetzung mit einer städtischen Planungspolitik und Kommunalpolitik, welche die gesellschaftlich übergreifenden Restrukturierungsprozesse aktiv mitträgt, z.b. durch die Unterstützung von Prozessen der »Gentrifizierung« mit Hilfe einer neuen städtischen »Kulturpolitik« und flexiblen Einbindung ›städtischer sozialer Bewegungen‹ (Homuth 1987; Mayer 1987; Krätke/Schmoll 1987; Harvey 1987).

Literatur

Aglietta, Michel (1979): A Theory of Capitalist Regulation, London: NLB.

Ball, Michael (1983): Housing policy and economic power. The political economy of owner occupation. London/New York: Routledge.

Ball, Michael/Edwards, Michael/Bentivegna, Vincenzo/Folin, Marino (Hg.) (1985): Land rent, housing and urban planning. A european perspective, London: Routledge.

Bauer, Otto (1976): »Einführung in die Volkswirtschaftslehre«, in: Otto Bauer Werkausgabe Bd. 4, Wien: Verlag der Wiener Volksbuchhandlung.

Behnke, Hans-Jürgen/Evers, Klaus-Gerd/Möller, Karl F. (1976): Grundrente und Bodenspekulation: Fallstudien zum städtischen Veränderungsprozess in Hamburg 1948-1975, Berlin: VSA.

Berry, Michael (1979): Marxist Approaches to the Housing Questions, Birmingham: University of Birmingham, Joint center for regional, urban and local government studies.

Brake, Klaus (1980): Zum Verhältnis von Stadt und Land: Historie, Ursachen und Veränderungsmöglichkeiten der Siedlungsstruktur der BRD, Köln: Pahl-Rugenstein.

Brede, Helmut (1980): »Einebnung oder Verschärfung des Stadt-Land Gegensatzes«, in: Volkhard Brandes/Joachim Hirsch/Roland Roth (Hg.), Leben in der Bundesrepublik. Die alltägliche Krise, Berlin: Verlag olle & Wolter.

Brede, Helmut/Kohaupt, Bernhard/Kujath, Hans Joachim (1975): Ökonomische und politische Determinanten der Wohnungsversorgung, Frankfurt a.M.: Suhrkamp.

Brede, Helmut/Dietrich, Barbara/Kohaupt, Bernhard (1976): Politische Ökonomie des Bodens und Wohnungsfrage, Frankfurt a.M.: Suhrkamp.

Castells, Manuel (1977): The urban question: A Marxist approach, London: Edward Arnold.

Castells, Manuel et al. (1978). Crise du logement et mouvements sociaux, Sociologie des mouvements sociaux urbains: enquête sur la région parisienne, Paris.

Castells, Manuel (1983): The city and the grassroots: a cross-cultural theory of urban social movements, Berkeley: University of California Press.

Clarke, Simon/Ginsburg, Norman (1975): »The political economy of housing«, in: Conference of Socialist Economists 1975.

Conference of Socialist Economists (Hg.) (1975): Political economy and the housing question, London.

Dechervois, Miguel/Théret, Bruno (1974) : Contribution à l'étude de la rente foncière urbaine, Paris: Mouton.

Emenlauer, Rainer et al. (1974): Die Kommune in der Staatsorganisation, Frankfurt a.M.: Suhrkamp.

Esser, Josef/Hirsch, Joachim (1987): »Stadtsoziologie und Gesellschaftstheorie. Von der Fordismuskrise zur ›postfordistischen‹ Regional- und Stadtstruktur«, in: Walter Prigge (Hg.), Die Materialität des Städtischen. Stadtentwicklung und Urbanität im gesellschaftlichen Umbruch. Basel/Boston; Birkhäuser, S. 31-56.

Evers, Adalbert (1975): »Agglomerationsprozess und Staatsfunktionen«, in: Rolf-Richard Grauhan (Hg.), Lokale Politikforschung, Frankfurt a.M.: Campus.

Evers, Adalbert/Lehmann, Michael (1973): Politisch-ökonomische Determinanten für Planung und Politik in den Kommunen der BRD, Offenbach: Verlag 2000.

Evers, Adalbert/Selle, Klaus (1982): Wohnungsnöte. Anregungen zur Initiative an Ort und Stelle: Neue Wege in der Wohnungspolitik, Frankfurt a.M.

Ginsburg, Norman (1979): Class, capital and social policy, London: Macmillan Press.

Gough, Ian (1979): The political economy of the welfare state, London: Macmillan Press.

Harloe, Michael (1978): Captive Cities: Studies in the Political Economy of Cities and Regions, London: John Wiley.

Harloe, Michael (1981): »The recommodification of housing«, in:, Michael Harlow/Elizabeth Lebas (Hg.), City, Class and Capital, London: Edward Arnold, S. 17-50.

Harvey, David (1978): »Klassenmetropolrente, Finanzkapital und Urbanisierung«, in: Margit Mayer/Roland Roth/Volkhard Brandes (Hg.), Stadtkrise und soziale Bewegungen: Texte zur internationalen Entwicklung, Köln/Frankfurt: Europäische Verlagsanstalt, S. 55-78.

Harvey, David (1982): The Limits to Capital, Oxford: Blackwell.

Harvey, David (1985): The Urbanisation of Capital. Studies in the history and theory of capitalist urbanization, Baltimore: Johns Hopkins University Press.

Harvey, David (1987): »Flexible Akkumulation durch Urbanisierung«, in: Prokla. Zeitschrift für kritische Sozialwissenschaft 17 (69), S. 109-131. DOI: 10.32387/prokla.v17i69.1315

Häußermann, Hartmut/Siebel, Walter (1987), Neue Urbanität, Frankfurt a.M.: Suhrkamp.

Hirsch, Joachim/Roth, Roland (1986): Das neue Gesicht des Kapitalismus. Vom Fordismus zum Post-Fordismus, Hamburg: VSA.

Hirsch-Borst, Renate/Krätke, Stefan (1981): »Verwertung des Wohnungsbaukapitals und Staatseingriffe im Wohnungssektor«, in: Prokla. Zeitschrift für kritische Sozialwissenschaft 11 (45), S. 47-74. DOI: 10.32387/prokla.v11i45.1538

Homuth, Karl (1987): »Identität und soziale Ordnung«, in: Prokla. Zeitschrift für kritische Sozialwissenschaft 17 (68), S. 90-112. DOI: 10.32387/prokla.v17i68.1332

Kohoutek, Rudolf/Kainrath, Wilhelm (1976): Wohnungsmarkt. Ansätze zu einer politökonomischen Theorie der Wohnungswirtschaft, Wien: Institut für Stadtforschung.

Krämer, Jürgen/Neef, Rainer (1985): Krise und Konflikte in der Grossstadt im entwickelten Kapitalismus (= Texte zu einer »New Urban Sociology«. Vol. 9), Basel: Birkhäuser.

Krätke, Stefan (1979): Bodenrente und Stadtstruktur. Standortorientierungen, Nutzungskonkurrenz und Bodenrentenpotentiale im innerstädtischen Flächennutzungsgefüge, Berlin: VAS.

Krätke, Stefan (1985): »Gemeinwirtschaftliche Reformperspektiven im Wohnungsbau«, in: Prokla. Zeitschrift für kritische Sozialwissenschaft 15 (61), S. 95-125. DOI: 10.32387/prokla.v15i61.1395

Krätke, Stefan (1987): »Gemeinwirtschaft: Einsteigen statt aussteigen«, in: Das Argument Heft 162.

Krätke, Stefan/Schmoll, Fritz (1987): »Der lokale Staat – ›Ausführungsorgan‹ oder ›Gegenmacht‹?«, in: Prokla. Zeitschrift für kritische Sozialwissenschaft 17 (68), S. 30-72. DOI: 10.32387/prokla.v17i68.1330

Krätke, Stefan/Hirsch-Borst, Renate/Schmoll, Fritz (1984): Zwischen Selbsthilfe und Staatsbürokratie. Neue Wege für die kommunale Wohnungspolitik, Hamburg: VSA.

Lamarche, Francois (1976): »Property development and the economic foundations of the urban question«, in: Cristopher G. Pickvance (Hg.), Urban sociology: critical essays, New York: St. Martin's, S. 85-118.

Läpple, Dieter (1978): »Gesellschaftlicher Reproduktionsprozeß und Stadtstrukturen«, in: Margit Mayer/Roland Roth/Volkhardt Brandes (Hg.), Stadtkrise und soziale Bewegungen, Köln: Europäische Verlagsanstalt, S. 23-54.

Läpple, Dieter (1985): »Internationalization of capital and the regional problem«, in: John Walton (Ed.), Capital and labour in the urbanized world, London: Sage, S. 43-75.

Läpple, Dieter (1986): »›Süd-Nord-Gefälle‹. Metapher für die räumlichen Folgen einer Transformationsphase. Auf dem Weg zu einem post-tayloristischen Entwicklungsmodell?«, in· Jürgen Friedrichs/Hartmut Häusermann/Walter Siebel (Hg.), Süd-Nord-Gefalle in der Bundesrepublik. Sozialwissenschaftliche Analysen, Opladen: Westdeutscher Verlag, S. 97-116. DOI: 10.1007/978-3-322-87757-4_5

Lebas, Elizabeth (1982): Urban and regional sociology in advanced industrial societies: a decade of Marxist and critical perspectives, London: Sage.

Lipietz, Alain (1974) : Le tribut foncier urbain, Paris : François Maspero.

Lipietz, Alain (1986): »New tendencies in the international division of labor: regimes of accumulation and modes of regulation«, in: Allen John Scott/Michael Storper (Hg.), Production, work, territory: the geographical anatomy of industrial capitalism, London: Allen & Unwin, S. 16-40.

Lojkine, Jean (1977): Le marxisme, l'état et la question urbaine, Paris : FeniXX.

Magri, Susanna (1972): Politique du logement et besoins en main-d'oeuvre: introduction à l'étude de l'intervention de l'Etat, Centre de sociologie urbaine.

Magri, Susanna (1977): Logement et reproduction de l'exploitation: les politiques étatiques du logement en France, 1947-1972, Paris.

Massey, Doreen/Catalano, Alejandrina (1978): Capital and Land: Landownership by Capital in Great Britain, London: Edward Arnold.

Mayer, Margit (1987): »Städtische Bewegungen in USA: Gegenmacht und Inkorporierung«, in: Prokla. Zeitschrift für kritische Sozialwissenschaft 68 (3), S. 73-89. DOI: 10.32387/prokla.v17i68.1331

Merrett, Stephen (1979): State housing in Britain, London: Routledge.

Mingione, Enzo (1981): Social conflict and the city, New York: St. Martin's Press.

Mayer, Margit/Roth, Roland/Brandes, Volkhardt (1978): Stadtkrise und soziale Bewegungen, Köln: Europäische Verlagsanstalt.

Neef, Rainer (1974): Die ökonomische Verwertung städtischen Bodens und ihre Wirkung auf die Stadtentwicklung, Dissertation, Marburg/Lahn.

Novy, Klaus (1983): Genossenschafts-Bewegung: Zur Geschichte und Zukunft der Wohnreform, Berlin: Transit.

Novy, Klaus (1987): »Ende oder Anfang der Gemeinwirtschaft?«, in: Das Argument 29 (162), S. 191-199.

Pickvance, Cristopher G. (1976): Urban sociology: critical essays, New York: St. Martin's.

Pialoux, Michel/Théret, Bruno (1979 und 1980): »Etat, classe ouvrière et logement social«, in: Critiques de l'économie politique, Dezember 1979 Nr. 9, S. 22-71 und März 1980 Nr. 10, S. 53-93.

Saunders, Peter (1979): Urban politics: a sociological interpretation, Harmondsworth: Penguin.

Scott, Allen John/Storper, Michael (1986): Production, work, territory: the geographical anatomy of industrial capitalism, London: Allen & Unwin.

Smith, Michael Peter/Feagin, Joe R. (1987): The capitalist city: Global restructuring and community politics, Oxford: Blackwell.

Tabb, William K./Sawers, Larry (Hg.): Marxism and the metropolis: new perspectives in urban political economy, New York: Oxford University Press.

Topalov, Christian (1974): Les promoteurs immobiliers, Paris: Mouton.

Politische Ökonomie des Bodens und Wohnungsfrage

Helmut Brede, Barbara Dietrich und Bernhard Kohaupt

Textauszug aus: Helmut Brede, Barbara
Dietrich, Bernhard Kohaupt: *Politische Ökonomie des Bodens und der Wohnungsfrage.* S.
26-33, 63-89.
© Suhrkamp Verlag Frankfurt am Main
1976. Alle Rechte bei und vorbehalten
durch Suhrkamp Verlag Berlin.

Kapitel 2: Kritik und Apologetik der kapitalistischen Grundrente

Kapitalistische Gesellschaften kennzeichnet allgemein der Widerspruch zwischen gesellschaftlicher Arbeit und privater Aneignung des durch die gesellschaftliche Arbeit geschaffenen Mehrprodukts. Angeeignet wird dieses Mehrprodukt – läßt man den Staat außer Betracht – vom Kapital und vom Grundeigentum; Unternehmergewinn und Zins sind die Revenuen des Kapitals, die Grundrente ist die Revenue des Grundeigentums. Die aus dem bloßen Grund und Boden gezogene Revenue – die Grundrente – ergibt sich nun aus den gleichen Verwertungsgesetzmäßigkeiten, nach denen auch das Kapital Revenue bezieht. Die Grundrente ist ebenfalls eine Form der Aneignung des gesellschaftlich geschaffenen Mehrwerts. Aber die Tatsache, daß sie allein aus dem Zurverfügungstellen von »nacktem« Grund und Boden bezogen wird und nicht, wie der Profit, aus eingesetztem Kapital, hat dazu geführt, daß immer wieder auf Unterschiede und Gegensätze zwischen dem Einkommen aus Grundrente und anderen »verdienten« Einkommen hingewiesen wird.

Der Gegensatz zwischen Kapital und Grundeigentum ist offensichtlich: Zum einen steht der Anlage von Kapital die über die Zahlung der höchstmöglichen Grundrente erfolgende *Zuteilung* des Grund und Bodens entgegen, zum anderen die *Zahlung* einer Grundrente dafür, daß der Boden genutzt werden darf. Sei es Pacht oder sei es der Bodenpreis als Kaufpreis der Grundrente – immer ist die Grundrente Abzug vom Profit des eine Bodenfläche benötigenden Kapitalisten. Durch die Grundrente, die für die Wohnnutzung des Grund und Bodens entrichtet werden muß, wird darüber hinaus, wie später zu zeigen ist[1], die Mehrwertmasse indirekt verringert, weil der Mietpreis die Kosten für die Reproduktion der Arbeitskraft erhöht. Das Privateigentum am Boden behindert deshalb durch die Art und Weise der Zuteilung des Grund und Bodens den produktiven Einsatz des Kapitals und schmälert den Profit. Weil es für die kapitalistische Produktionsweise überflüssig ist, erweist sich das Grundeigentum als Ärgernis, als ökonomischer Fremdkörper.[2] Diese Erkenntnis fürchtend, stellt die bürgerliche Ökonomie das Grundeigentum so dar, als ob es selbst Wert schaffe, oder aber die bürgerliche Ökonomie leugnet die Existenz der Grundrente als Revenue. Dennoch hat das Privateigentum an Grund und Boden seine Anstößigkeit als Einkommensquelle nie verloren, wird es immer wieder kritisiert und angefochten. In diesem Rahmen kommt der Aktualisierung und Politisierung der Bodenfrage denn auch eine legitimatorische Funktion zu, lenkt doch die Bodenfrage von Verwertungsschwierigkeiten des Kapitals selber ab. Die Auswirkungen der städtischen Grundrente auf die Wohnungsversorgung können daher nicht getrennt vom Kapital und seinen Verwertungsbedingungen gesehen werden.

2.1   Die Grundrente und der Bodenpreis als kapitalisierte Grundrente

Während der historischen Phase des Feudalismus kam die Herkunft der Grundrente aus dem Mehrwert noch sichtbar in der Mehrarbeit zum Ausdruck, und zwar als Arbeitsrente aus der Fronarbeit und als Produktenrente, weil ein Teil der erwirtschafteten Produkte an den Grundherrn abgeführt werden mußte.[3] Mit der Einführung der Geldrente verlor diese Beziehung an Durchsichtigkeit. Der Formwandel von der Produktenrente zur Geldrente zeigt den Übergang zur kapitalistischen Grundrente an:

> »Mit Geldrente verwandele sich notwendig das traditionelle gewohnheitsrechtliche Verhältnis zwischen den, einen Teil des Bodens besitzenden und bearbeitenden, Untersassen und dem Grundeigentümer in ein kontraktliches, nach festen Regeln des positiven Gesetzes bestimmtes, reines Geldverhältnis« (Marx 1893: 806).

In der kapitalistischen Produktionsweise tritt die Grundrente nunmehr als Pachtgeld und, sofern der Boden verkauft und die Grundrente kapitalisiert wird, als Bodenpreis auf. Für die Nutzung sowohl von ländlichem als auch von städtischem Grund und Boden waren dem Grundeigentümer Natural und Geldleistungen, Reallasten genannt, zu zahlen. Diese Reallasten waren der periodisch zu entrichten-

---

1   Siehe die Ausführungen in Brede/Dietrich/Kohaupt 1976: 60ff.

2   Vgl. Karl Marx, Theorien über den Mehrwert, 2. Teil, in: MEW, Band 26.2, S. 39.

3   Zur »Genesis der kapitalistischen Grundrente« siehe Marx 1893: 790ff.

de Preis für die Erlaubnis, den Grund und Boden zu nutzen: »Charakteristisch für diese Reallasten ist, daß sie, auf ewige Zeit begründet, regelmäßig wiederkehren, und daß sie mit einem Grundstück fest verbunden und aus den Erträgen dieses Grundstückes zu leisten sind.« (Kämper 1938: 29) Gegenüber dem Feudalismus unverändert bleiben der Tatbestand eines Monopols am Grund und Boden und die daraus folgenden Bedingungen für die Nutzung des Bodens. Die Grundrente als Entgelt für die Nutzung des Bodens (vgl. Köppe 1906: 4; Marfels 1909a: 13, Albrecht 1930: 314; Möller 1967: 6) »setzt das Monopol gewisser Personen voraus, über bestimmte Portionen des Erdkörpers als ausschließliche Sphären ihres Privatwillens mit Ausschluß aller andern zu verfügen«. (Marx 1893: 628) Aus dieser Verfügungsmacht des Bodeneigentümers folgern viele Autoren, daß es sich bei der Grundrente generell um eine Monopolrente handele, und andere Autoren zählen Marx zu den Vertretern dieser Monopolpreis-Theorie (vgl. Inama-Sternegg 1908: 55; Carell 1948: 8). Doch hat Marx den juristischen Titel nicht für den ökonomischen Sachverhalt selber genommen:

> »Mit der juristischen Macht dieser Personen, Portionen des Erdballs zu brauchen und zu mißbrauchen, ist nichts abgemacht. Der Gebrauch derselben hängt ganz und gar von ökonomischen Bedingungen ab, die von ihrem Willen unabhängig sind. Die juristische Vorstellung selbst heißt weiter nichts, als daß der Grundeigentümer mit dem Boden verfahren kann, wie jeder Warenbesitzer mit seiner Ware.« (Marx 1893: 629)

Das Grundeigentum als juristischer Titel auf private Verfügung über den Grund und Boden – ein Titel, der in der Rezeption des Römischen Rechts die dem Kapitalismus gemäße Gestalt erhielt (Kämper 1938: 32) – ist die Voraussetzung für den Bezug der Grundrente. Die Grundrente selbst aber drückt die *ökonomische* Verwertung des Grundeigentums aus.

Die Grundrente ist der Tauschwert für den monopolisierten Gebrauchswert des Bodens. Der Grundeigentümer kann den Boden gegen Entgelt entweder zeitweilig anderen zur Nutzung überlassen, d.h. ihn verpachten oder vermieten; oder er kann das Nutzungsrecht, also die auf dem Boden erzielbare Grundrente, für immer auf einen anderen übertragen, verkaufen. Der nackte Grund und Boden hat zwar keinen Wert, denn er ist kein Produkt von Arbeit, dennoch hat er einen Preis – eine bestimmte Bodenfläche wird für eine bestimmte Geldsumme gekauft und verkauft. Während die Preise der Waren gewöhnlich den Wert dieser Waren ausdrücken, kann der Bodenpreis nicht einen »Wert« des Bodens wiedergeben, sondern nur etwas anderes. Verkauft der Grundeigentümer seinen Boden, so wird er die bisher z.B. in Form des Pachtgeldes bezogene Grundrente kapitalisieren, d.h. er wird einen Geldbetrag verlangen, der ihm – legt er ihn z.B. in festverzinslichen Wertpapieren an – zum jeweiligen Zinssatz ein jährliches Zinseinkommen einbringt, das in seiner Höhe der Grundrente entspricht, die der Grundeigentümer bisher bezogen hat. Betrug die jährliche Grundrente z.b. 200,- DM und beläuft sich der Zinssatz auf 5 %, so kann diese Grundrente als Zinseinkommen eines imaginären Kapitals von 4000,- DM angesehen werden, d.h. der Grundeigentümer wird den Boden zum Preis von 4000,-DM verkaufen, weil 4000,-DM, zu einem Zinssatz von 5 % in der Bank angelegt, ihm jährlich 200,- DM Zinsen einbringen. Der Bodenpreis ist also kapitalisierte und antizipierte Grundrente, er ist der Kaufpreis nicht für den Boden, sondern für die Grundrente, welche aus der Nutzung, der ökonomischen Verwertung des Bodens gezogen werden kann. Dieser mögliche Kauf und Verkauf des Anrechts auf eine regelmäßige Geldeinnahme, die Grundrente, macht den Grund und Boden zur Ware (Marx 1893: 819f.).

Für den Verkäufer verbirgt sich hinter dem Verkauf des Bodens ein Tausch, in dessen Folge er Zinsen aus der Verfügung über Leihkapital einnimmt, statt Grundrente aus dem Eigentum an Grund und Boden zu beziehen. Der Käufer, der z.b. ein Miethaus auf diesem Boden errichten läßt, erhalte, so könnte man meinen, mit der Grundrente, die er über die Miete realisiert, den Zins für die weggegebene Geldsumme. Dafür spricht, daß der neue Eigentümer die aus der Anlage von Kapital auf dem Grundstück erzielte Grundrente als Zins des Kapitals ansieht, für das er den Boden erworben hatte. Das käme indessen einer Doppelzählung des Kapitals gleich und würde dem Tatbestand des Tausches (Geldsumme gegen Grundstück) widersprechen:

»Dasselbe Kapital existiert nicht zweimal, das eine Mal in der Hand des Verkäufers, das andre Mal in der Hand des Käufers des Bodens. Es geht aus der Hand des Käufers in die des Verkäufers über, und damit ist die Sache zu Ende. Der Käufer hat jetzt kein Kapital, sondern an seiner Stelle ein Grundstück.« (Marx 1893: 817)

Wenn auch in der Kostenrechnung des Haus- und Grundeigentümers die Geldsumme, die er für den Ankauf des Bodens ausgegeben hat und die nichts mit der Produktion der Wohnung bzw. dem in ihr vergegenständlichten Wert zu tun hat, als zinstragendes Kapital figuriert, so bezieht er diesen »Zins« doch nicht aus dem hergegebenen Geldbetrag, sondern aus dem Grundstück, das er nutzen läßt; er bezieht wiederum Grundrente. Zins und Grundrente sind also voneinander grundsätzlich verschieden.

Die Grundrente existiert unabhängig davon, ob der Boden verkauft wird. Die Kapitalisierung der Grundrente (und damit die Ermittlung des Bodenpreises) kann sich zwar nach dem für ein Leihkapital erzielbaren Zins richten,[4] aber die Ent-

---

4   Bekanntlich bestehen Beziehungen zwischen Bodenpreis und Zinssatz, die unabhängig sind von der Bewegung der Grundrente, etwa daß bei gegebener Grundrente der Bodenpreis steigen oder fallen kann, umgekehrt wie der Zinssatz steigt oder fällt. Auf diese, der obigen Darstellung nicht widersprechende Zusammenhänge kann hier nicht eingegangen werden, vgl. Marx 1893: 636f. und 784ff., siehe auch Niehans 1966: 195ff.

stehung der Grundrente und die Entwicklung ihrer Höhe folgen eigenen Gesetzmäßigkeiten. Festzuhalten bleibt vorerst, daß die Geldsumme, die der Verkäufer
des Bodens erhält, nur »potentielles Kapital« ist. Ob es sich in Kapital verwandelt,
hängt von der Verwendung der Geldsumme ab. Dem Käufer des Bodens aber wird
in jedem Fall Kapital entzogen; dieses geht damit anderen Verwendungsmöglichkeiten verloren – Ursache dafür, »daß auf einer gewissen Entwicklungshöhe, selbst
vom Standpunkt der kapitalistischen Produktionsweise aus, es [das Grundeigentum, d. Verf.] als überflüssig und schädlich erscheint«. (Marx 1893: 635f.)

2.2   Die Grundrente als »unverdientes Einkommen«

Die Grundrente kann nur gezahlt werden, wenn der Boden ökonomisch verwertet,
wenn er also genutzt und die Grundrente realisiert wird. Es ist für die Grundrente
charakteristisch, daß ihre Höhe von ökonomischen Prozessen abhängt, die ohne
Zutun des Grundeigentümers ablaufen. Die Stellung des Grundeigentümers im
kapitalistischen Produktions- und Reproduktionsprozeß ist durch Passivität gekennzeichnet, eine Passivität, die durch das bloße Eigentum am Grund und Boden
gerechtfertigt ist. Das Eigentum ist der juristische Ausdruck für das Recht, einen
Teil des gesellschaftlich geschaffenen Mehrwerts zu beziehen, gleichgültig, ob aus
dem Profit des industriellen oder kaufmännischen Kapitals, aus dem individuellen
Konsumtionsfonds der Mieter oder aus dem vom Staat angeeigneten und für Infrastrukturmaßnahmen ausgegebenen Mehrwert: »Der Kapitalist ist noch selbst-
tätiger Funktionär in der Entwicklung dieses Mehrwerts und Mehrprodukts. Der
Grundeigentümer hat nur den so ohne sein Zutun wachsenden Anteil am Mehrprodukt und Mehrwert abzufangen.« (Marx 1893: 651) Der hierin angelegte Interessengegensatz zwischen Grundeigentum und Kapital, insbesondere das Interesse des
Kapitals, sich die Verwendungsmöglichkeiten des Bodens und die Einnahmen aus
der Nutzung des Bodens so wenig wie möglich vom Grundeigentum schmälern zu
lassen, hat in bestimmten historischen Situationen scharfe Formen angenommen
und immer wieder die Forderung hervorgebracht, der Staat möge im Interesse des
Kapitals und gegen die Interessen des Grundeigentums intervenieren. So nimmt
es nicht wunder, daß die Bodenreformbewegung seit jeher das Einkommen der
Grundeigentümer als »unverdient« brandmarkte und daraus ihre Forderung nach
Abschöpfung der Grundrente bzw. deren Steigerungen durch den Staat herleitete.
Die angesichts der gesellschaftlichen Verhältnisse im Kapitalismus außerordentlich befremdend anmutende, moralische Wertung, nach der nur Einkommen, das
auf eine persönliche Anstrengung des Nutznießers zurückgehe, verdient und daher zu rechtfertigen sei, und nach der vor allem die Grundrentensteigerung ein
»unearned increment«, ein »unverdienter Wertzuwachs« sei, war eine Folgerung,
die aus Ricardos Grundrenten-Theorie gezogen worden war (vgl. Rist 1923 [1909]:
613ff.). In die deutsche Diskussion zur Bodenreform ging sie vor allem durch die

Abhandlung »Fortschritt und Armut« des Amerikaners Henry George ein (vgl. George 1966 [1879], siehe auch Brede/Dietrich/Hauff 1976: 164ff.). Die Argumentation hat sich seither kaum geändert. Das Grundeigentum ist »Moloch«, »Parasit«. Die aus der Kapitalverwertung fließenden Revenuen hingegen, Unternehmergewinn und Zins, sind »verdiente« Einkommen. Selbst Auswüchse des Kapitals werden nicht diesem, sondern dem Grundeigentum zugerechnet. Zur Illustration seien einige Äußerungen von Bodenreformern um Adolf Damaschke zitiert.

> Der Bodeneigentümer ist immer »ohne Verdienst daran. Der Wert wächst ihm zu, während er schläft, während er auf Reisen ist; selbst wenn er im Gefängnis sitzt, steigt seine Grundrente und sein Gewinn. Auch wenn er noch im Kindesalter steht oder geisteskrank ist – also in Zuständen, wo weder von Arbeit noch Verdienst die Rede sein kann«. (Köppe 1906: 4)

Oder:

> »Dieser zum Moloch gewordenen Monopolgrundrente fiel der überwiegende Teil aller Einkommensaufbesserungen direkt oder indirekt zum Opfer, die die breite Masse, der ›freie Mann ohne Ar und Halm‹ sich mühsam durch Arbeit errang, – die Mehrleistung des tätigen Arbeiters verflüchtigte sich in die Tasche des untätigen Bodenwucherers.« (Kraft 1912: 11)

Aber:

> »In einem Hauptpunkt sind [...] alle Bodenreformer untereinander [...] einig: Die durch Besitz großer Mengen von Kapital, d.h. im üblichen Sinne des Wortes von ›produzierten Produktionsmitteln‹, hervorgerufenen sozialen Übelstände sind nur ein Reflex, eine sekundäre Folgeerscheinung, jenes Hauptübels, als welches sich die private Grundrente darstellt. Alle Bodenreformer [...] stimmen darin überein, daß die Übelstände, die aus dem in wenig Händen vereinigten Großkapitalbesitz entspringen, nur von geringem Belange sein könnten und wohl schnell ein Ende finden dürften, sobald das große Grundeigentum außerstand gesetzt wäre, arbeitslose Renten aus der Volkswirtschaft zu ziehen.« (Schilder 1912: 147)

Zu der gegenwärtigen Diskussion über die Reform der Bodenordnung ließen sich ebenfalls beliebig viele Äußerungen zitieren, denen zufolge die Grundrente ein absolut risikoloses und unverdientes Einkommen ist (vgl. Lauritzen 1972: 9; Molitor 1972: 98; Müller 1965: 56f.). Die Debatte ist beherrscht von der Vorstellung: Grundrente = unverdientes, Unternehmergewinn, Zins und freilich auch Arbeitslohn = verdientes Einkommen.

> »Die Bodenrenten und Bodenpreise werden damit auch im ganzen von der Gesamtheit geschaffen. Sie fallen dem Eigentümer jedes Grundstücks als unverdiente Nettobodenrenten ohne eigenen Aufwand an Kapital und Arbeit zu. [...] Seit

Begründung der Volkswirtschaftslehre durch Adam Smith erkannten die Wirtschaftswissenschaften diese gesamtwirtschaftliche Entstehung der Bodenrente an und forderten deren bevorzugte Besteuerung, um durch Besteuerung ihrer unverdienten Gewinne verdiente Erträge aus Kapital und Arbeit von der Besteuerung zu entlasten.« (Pfannschmidt 1956: 6)

Die ideologische Funktion der strikten Trennung der »verdienten Erträge aus Kapital« von der ohne Leistung und ohne Verdienst bezogenen Grundrente ist offensichtlich: Das Kapital wird von seinen Apologeten als »produktiv« dargestellt, um Unternehmergewinn und Zins zu rechtfertigen. Diese Einschätzung zielt freilich nur auf die eine Seite der wissenschaftsgeschichtlichen Entwicklung in der Ökonomie. An späterer Stelle wird zu zeigen sein, daß der Angriff auf die Revenue »Grundrente« in der bürgerlichen Wirtschaftswissenschaft auf der anderen Seite dazu führte, in einem waghalsigen Rettungsversuch alle Revenuen als »Renten« zu bestimmen (vgl. Brede/Dietrich/Hauff 1976: 41ff.).

Indessen ist die objektive Grundlage des Interessenkonflikts zwischen Kapital und Bodeneigentum unbestreitbar:

> »Das Kapital pumpt die Mehrarbeit, die sich im Mehrwert und Mehrprodukt darstellt, direkt aus den Arbeitern aus. Es kann also in diesem Sinn als Produzent des Mehrwerts betrachtet werden. Das Grundeigentum hat mit dem wirklichen Produktionsprozeß nichts zu schaffen. Seine Rolle beschränkt sich darauf, einen Teil des produzierten Mehrwerts aus der Tasche des Kapitals in seine eigne hinüberzuführen.« (Marx 1893: 829)

Der Interessenkonflikt zwischen Kapital und Grundeigentum schließt allerdings nicht aus, daß in Bezug auf den Produktionsprozeß beider Interessen gleich lauten. Denn als Privateigentümer an den Arbeitsbedingungen beziehen beide ihre Einkommen gleichermaßen aus dem Mehrprodukt und bemessen sich beider Revenuen nicht an tatiger Arbeit und dem, was man im Kapitalismus an Einkommen bezieht, wenn man nur die Arbeitskraft zu verkaufen hat. Im Gegensatz zu Lohn und Gehalt ist die Masse des angeeigneten Mehrwerts – ob nun in Form von Unternehmergewinn, Zins oder Grundrente – »durchaus nicht durch Dazutun ihres Empfängers bestimmt [...], sondern durch die von seinem Zutun unabhängige Entwicklung der gesellschaftlichen Arbeit« (Marx 1893: 649). Jener Interessenkonflikt bezieht sich daher ausschließlich auf die Verteilung des Mehrwerts zwischen Kapital und Grundeigentum, nicht aber auf alle, die den Mehrwert geschaffen haben. Mit der Hochschätzung der persönlichen Anstrengung des Kapitalisten wird demgegenüber ein Gesichtspunkt eingeführt, der suggeriert, Mehrwert werde vor allem durch den individuellen Einsatz des Unternehmers geschaffen. In »Kollisionsfällen stellt der Kapitalist den Grundeigentümer an den Pranger, wie Marx' bildreiche Sprache verrät: »In Kollisionsfällen betrachtet ihn [den Grundeigentümer, d. Verf.]

der Kapitalist daher als bloße superfetation, ein Sybaritengewächs, Schmarotzer-
pflanze der kapitalistischen Produktion, die Blattlaus, die ihm im Pelz sitzt.«[5]

[...]

Kapitel 4: Zum Stellenwert der städtischen Grundrente für die Wohnungsversorgung

Im Anschluß an die Ausführungen über die ökonomische Bestimmtheit der kapitalistischen Grundrente, insbesondere über die Formen, in denen die städtische
Grundrente realisiert wird, kann nunmehr der Frage nachgegangen werden, welche Auswirkungen die städtische Grundrente auf die Versorgung der Bevölkerung
mit Wohnraum hat. Die Tatbestände, daß die städtische Differentialrente Surplusprofit und die Monopolrente über die Zahlungen der Mieter abgeschöpfter Mehrwert sind, sind grundlegend für die im Folgenden zu behandelnden Probleme. Diese Probleme betreffen die Beziehung zwischen Grundrente und Mietpreis, die Flächenkonkurrenz, den Einfluß der Infrastruktur und der städtebaulichen Planung
auf die Bewegung der Grundrente sowie die Bodenspekulation. Sofern losgelöst
von der Einsicht in die Verwertung des Grund und Bodens unter kapitalistischen
Produktions- und Reproduktionsbedingungen, fördert jedwede Untersuchung des
Zusammenhangs zwischen städtischer Grundrente und Wohnungsversorgung Il-
lusionen, z.B. jene, daß die Wohnungsfrage durch die Eindämmung der Bodenspekulation zu lösen sei oder daß eine vollständige oder auch nur teilweise Abschöpfung von Steigerungen der Grundrente durch den Staat ausreiche, um finanziell
tragbare Mieten für die Bevölkerung zu garantieren. Dabei wird nicht nur davon
abgesehen, welches Kapital auf dem jeweiligen Boden angelegt ist – produktives
Kapital, Handelskapital oder, wie im Falle der Wohnungsvermietung, Leihkapital in
Warenform –, sondern auch von den jeweiligen Verwertungsbedingungen, die jedes dieser Kapitale bezüglich seines Standorts geltend machen muß. Proudhonistische »Lösungen« für die Wohnungsfrage, wie die aufgeführten, sind dann fast un-
vermeidlich (vgl. hierzu Engels 1872: 213ff.). Typisch für Lösungen dieser Art ist die
Reduktion der Wohnungsfrage auf die Bodenfrage – eine fast schon »klassisch« zu
nennende, ideologisch verkürzte Betrachtung dieses gesellschaftspolitischen Problems.

---

5   Karl Marx, Theorien über den Mehrwert, 2. Teil, a.a.O., S. 326. Vgl. auch Rinkleff 1974: 124ff.

4.1   Die Überschätzung der Bodenfrage

An anderer Stelle ist dargestellt worden, daß das Verhältnis von Mietpreisniveau und Zahlungsfähigkeit der Mieter von entscheidender Bedeutung für die Wohnungsversorgung ist und daß deshalb die Faktoren, die auf den Mietpreis Einfluß nehmen, im Vordergrund der Analyse stehen müssen (vgl. Brede/Kohaupt/Kujath 1975). Diese polit-ökonomische Analyse sei hier in kurzer Form wiederholt; auf den Stellenwert staatlicher Interventionen in den Wohnungssektor und deren Bedeutung für die Wohnungsversorgung wird später unter besonderer Berücksichtigung der Bodenfrage gesondert eingegangen.

Auf dem Wohnungsmarkt erscheint der Mietpreis als Einheit. Erkennt man den Wohnungsbau und die Wohnungsvermietung aber als das, was sie ökonomisch sind, nämlich als Prozeß der Kapitalverwertung, so heben sich drei Bereiche, die das Mietpreisniveau im wesentlichen bestimmen, voneinander ab:

- der Produktionsprozeß der Wohnung und damit die Höhe der Baukosten, d.h. die Höhe des vorgeschossenen Kapitals, abhängig vor allem vom technologischen Niveau der Bauindustrie;
- der Zirkulationsprozeß der Wohnung und damit der Zins auf das vorgeschossene Kapital, d.h. das Vermieten der Wohnung als Leihkapital in Warenform;
- der Boden als besondere Produktionsvoraussetzung der Wohnung, also der Bodenpreis als kapitalisierte Grundrente.

Durch die Zerlegung des Mietpreises in seine wesentlichen Bestandteile wird deutlich, daß auf den Mietpreis ökonomische Vorgänge mit je eigenen Gesetzmäßigkeiten einwirken, Gesetzmäßigkeiten mit empirisch unterscheidbaren Auswirkungen auf die Wohnungsversorgung. Die Entwicklung der Baukosten bewirkt das langfristige Steigen des Mietpreisniveaus; die Bewegungen des Zinssatzes führen zu periodischen Verschärfungen der Situation auf dem Wohnungsmarkt; die kapitalistische Bewirtschaftung des Bodens, der objektive Zwang, die höchstmögliche Grundrente zu realisieren, wirkt sich auf die Miethöhe aus, vor allem aber auf den Standort und die Bauform neuer Wohnsiedlungen sowie auf die wohnungswirtschaftlichen Grundlagen von innerstädtischen Altbaugebieten (vgl. ebd.: 24ff.). Seit dem Abbau der sogenannten Wohnungszwangswirtschaft im Jahre 1960,[6] als die staatliche Wohnraumbewirtschaftung sowie die Mietpreisbindung nach und nach aufgehoben und somit der Mieterschutz zugunsten des Marktes zurückgenommen worden war, tritt die Abhängigkeit des Wohnraumangebots von der zahlungsfähigen Nachfrage wieder deutlich hervor: Die Wohnungsfrage ist auch eine Einkom-

---

6   Vgl. Gesetz über den Abbau der Wohnungszwangswirtschaft und über ein soziales Miet- und Wohnrecht vom 23.06.1960 (BGBl I S. 389).

mensfrage. Aber die Ursachen der Wohnungsfrage sind in objektiven ökonomischen Gesetzmäßigkeiten zu suchen, denen die Wohnung als Ware und als sich verwertendes Kapital unterliegt: Von der Beeinflußbarkeit dieser Gesetzmäßigkeiten hängen die Chancen jeglicher Reform ab. Die Wohnungsfrage ist somit eine Einkommensfrage, und das schließt ein, daß sie eine Baukostenfrage, eine Frage der Kapitalverzinsung und eine Bodenfrage ist.

Der Zusammenhang zwischen Wohnungsfrage und kapitalistischer Produktionsweise war vor über hundert Jahren von Friedrich Engels dargestellt worden. Engels hatte damals vor einer reduktionistischen Sicht der Wohnungsfrage und vor utopistischen Lösungsversuchen gewarnt (vgl. Engels 1872: 226f.). Lösungsversuche dieser Art propagierte auch die Bodenreformbewegung, die ihre Sache radikal, aber auch einseitig vertrat. Den Kapitalismus grundsätzlich bejahend, konnten sich ihre Vertreter definieren als die, »die wir politisch und religiös neutral sind, die wir uns bewußt auf eine Frage beschränken, auf eine, die wir für die nächste Entwicklung der Kultur als entscheidend betrachten«,[7] nämlich auf die Bodenfrage. Die Bodenreformer meinten, das Privateigentum am städtischen Grund und Boden, die monopolistische Stellung des Bodeneigentümers und besonders der Bodenspekulant verursachten die hohen Bodenpreise in den Städten. Mit der Veränderung der Bodenordnung würde somit nicht nur die Wohnungsnot behoben, sondern schlechthin der Weg zur Lösung der sozialen Frage beschritten. So lautete die Argumentation zu Beginn dieses Jahrhunderts, und so wird sie noch heute – zwar weniger einseitig, aber immer noch in dem gleichen Tenor – in die Diskussion zur Reform der Bodenordnung eingebracht. Auffällig ist zunächst nicht nur die Reduzierung der Wohnungsfrage auf die Bodenfrage, sondern vor allem, daß die Bodenfrage mit der sozialen Frage insgesamt in eins gesetzt wird: »Wenn es nicht gelingt, der Gesamtheit einen Anteil an der Grundrente in irgendwelcher Form zu sichern, kann die soziale Frage niemals gelöst werden. Die Bodenfrage ist und bleibt die Kernfrage des sozialen Problems.« (Feeser 1910: 5) Daß die Produktion und Verwertung der Ware Wohnung und mit ihr die Verwertung des Bodens Gesetzmäßigkeiten unterliegen, die durch die kapitalistische Produktionsweise bestimmt sind, wird nicht erkannt. Dies erklärt, warum die Bodenreformer das Kapital selber bedingungslos verteidigen:

>»Alle diejenigen, die für Reformen eintreten wollen, müssen sich daher gegen den wahren Feind wenden. Daß die Arbeiter diesen Feind noch nicht erkannt haben, habe ich bereits erwähnt. Sie bekämpfen immer noch das böse Kapital, wozu ja beitragen mag, daß sie Grund und Boden mit Kapital verwechseln.« (Marfels 1909b: 11)

---

7   »Zu den Landprogrammen der deutschen und österreichischen Sozialdemokratie«, in: Jahrbuch der Bodenreform, 23. Band/1927, S. 13.

Eingriffe des Staates in den Wohnungsmarkt, die über eine teilweise Abschöpfung von Grundrenten-Steigerungen hinausreichen und mit der Inanspruchnahme des Grundeigentums zusammenfallen würden, lehnen die Bodenreformer seit der Jahrhundertwende folgerichtig strikt ab. Einzig und allein für den Bodenmarkt sollte das Prinzip des »laissez faire« außer Kraft gesetzt werden:

> »Nur die *Privattätigkeit* kann auf die Dauer das wachsende Wohnbedürfnis befriedigen; und wenn sie das bei ausnahmslos allen Bedarfsartikeln der Menschen in vorzüglicher Weise tut, so ist gar kein Grund vorhanden, weshalb sie es nicht auch bei der Herstellung von Wohnungen tun sollte. Das Einzige, was sie daran hindert, sind die Bodenpreise.« (Pohlmann-Hohenaspe 1909: 238)

Daß an der Stilisierung der Bodenfrage zur entscheidenden gesellschaftspolitischen Frage immer noch festgehalten wird, zeigt eine Äußerung von Herbert K. R. Müller, einem der engagiertesten Bodenreformer der Gegenwart:

> »Wahrscheinlich hätte die Weltgeschichte in den letzten 50 Jahren einen anderen Verlauf genommen, wenn in diesen Ländern nicht das private Bodeneigentum bestanden hätte. Rußland, China und Kuba wären heute sicher nicht in den Händen der Bolschewisten.« (Müller 1965: 54)

Die monokausale Erklärung der Wohnungsfrage (vgl. Lechner 1972: 710ff.), die Vereinfachung, die darin lag, die Wohnungs- auf die Bodenfrage zu reduzieren, mag dazu beigetragen haben, daß die Bodenreformbewegung propagandistisch effektvoll war und eine breite Wirkung entfalten konnte (siehe Brede/Dietrich/Kohaupt 1976: 163ff.) Die Argumentationskette war einfach und plakativ; die Höhe der Baukosten, die benötigt werden, um ein Gebäude zu erstellen, blieb für die Bodenreformer ein unantastbares Faktum: Weil die Baukosten räumlich kaum variieren, seien sie auch durch staatliche Vorschriften nicht zu beeinflussen (vgl. Baumeister 1917: 239f.) Die Höhe der städtischen Grundrente dagegen variiere je nach der Lage des Grundstücks erheblich. Daraus wurde der Schluß gezogen:

> »Die Baukosten für Herstellung bestimmter Haustypen schwanken dank der freien Concurrenz in engen Grenzen, die Beschaffungskosten des Bodens dank seinem Monopolwert nach Ort und Zeit um viele Tausend Procent! Der Preis des Bodens muß also von einschneidendem Einfluß auf die Höhe der Miete sein.« (Kraft 1912: 9)

Also wurden die hohen Mietpreise in den Städten auf hohe Bodenpreise zurückgeführt; »wäre der Boden nicht teuer, hätten wir auch keine Wohnungsnot (Pohlmann-Hohenaspe 1909: 238) – eine Rechnung, die in der Diskussion zur Reform der Bodenordnung auch heute noch vielfach aufgemacht wird. So erklärte Heinz Hammer auf dem Wohnungs- und Städtebaukongreß der SPD im Jahre 1969: »Die hohen Grundstückspreise, die Bodenspekulation bedingen natürlich auch, daß wir eine sehr hohe Miete erzielen, auch im sozialen Wohnungsbau (Vorstand der SPD o.J.: 217). Entsprechend heißt es in den *Perspektiven der SPD im Übergang zu den siebziger Jahren*: »Die künftige Gesetzgebung muß die soziale Bindung des Eigentums an Grund und Boden funktionsfähig machen, um organischen Städtebau zu ermöglichen und die Bodenpreise und damit die Mieten zu stabilisieren« (zitiert in Conradi/Dietrich/Hauff 1972: 60). Die gleiche Ansicht vertritt Werner Hofmann: »Das Steigen der Bodenpreise setzt sich unmittelbar um in Steigerung der Mieten; vollends seit Freigabe des Wohnungsmarktes in fast allen Stadt- und Landkreisen der Bundesrepublik (Hofmann 1969: 21) Ähnlich schreibt die DKP in ihren *Grundsätzen zu einer sozialen und demokratischen Miet- und Wohnungspolitik*: »Schon heute werden aufgrund der Bodenpreissteigerungen die Mieten im sozialen Wohnungsbau pro Quadratmeter Wohnfläche mit DM 5,00 und mehr kalkuliert. Und gleich darauf: »Die Spekulationsgewinne gehen immer auf Kosten der Bürger. Im Wohnungsbau werden die Bodenpreise auf die Mieten abgewälzt« (Parteivorstand der DKP o.J.: 6). So geht die Annahme einer ursächlichen Bedeutung der Bodenpreise und der Grundstücksspekulation für das Steigen der Mietpreise als mehr oder weniger ausgesprochene Voraussetzung in viele Reformvorschläge ein (vgl. Parteivorstand der DKP 1970: 4f., 7; Referat Bundes-, Landes- und Kommunalpolitik der DKP 1970: 7).

Die Reduzierung der Wohnungsfrage auf die Bodenfrage ist nicht unwidersprochen geblieben; Versuche nationalökonomischer Theoretiker, diese Vereinfachung zu vermeiden, werden im Rahmen der Erörterungen über die Bodenspekulation referiert. Zunächst ist auf das Argument einzugehen, daß hohe Bodenpreise hohe Mietpreise bewirkten bzw. das Niveau der Mietpreise durch das Niveau der Bodenpreise bestimmt sei, ein Argument, das – wie gesagt – vor allem von Anhängern der Bodenreformbewegung vorgetragen wurde. Eine Theorie der städtischen Grundrente hatten die Bodenreformer nicht entwickelt; vom Engagement für ihre Sache resorbiert, mußte ihnen Theorie eher hinderlich erscheinen. Auf Angriffe reagierten sie mit dem Hinweis auf empirisch nachweisbare, künstliche« Steigerungen der Grundrente, ablesbar an dem Bodenpreisanstieg in den Städten, oder sie gestanden gar zu, daß »uns der theoretische Unterschied zwischen Monopolrente, Differential- und absoluter Differentialrente von geringer praktischer Bedeutung zu sein scheint. Rente ist Rente und scheint uns unter allen Umständen ein besseres Steuerobjekt als Arbeit und arbeitendes Kapital« (Pohlmann-Hohenaspe 1909: 239). Alle reformbestrebten Autoren und Organisationen, die in dieser Weise argumentieren, verkehren den Zusammenhang von Boden- und Mietpreis. Nicht der Bodenpreis bestimmt die Rente, sondern die Rente bestimmt den Bodenpreis (vgl. Marx 1893: 636). Die Höhe der Grundrente, also der Anteil des Mietpreises, der vom Mieter für die Nutzung des Bodens gezahlt wird, ist bestimmend für die Höhe des Bodenpreises, den der Käufer des Bodens bzw. der Grundrente zahlt. Für den Grundeigentümer ist daher entscheidend, wie hoch die auf dem Boden realisierbare Grundrente ist; er wird nur den Bodenpreis bezahlen, den er später in der Form der Grundrente über die Mietzahlungen realisieren kann. Ausdruck der Verkehrung dieser ökonomischen Zusammenhänge ist im übrigen auch der von der DKP vorgeschlagene Bodenpreisstopp (vgl. Referat Bundes-, Landes- und Kommunalpolitik der DKP o.J.: 4). Eine solche Maßnahme würde ohne Einfluß auf die Entstehung und Höhe der Grundrente bleiben und – da der Bodenpreis nichts anderes als Reflex der Grundrente ist – auch die tatsächliche Bewegung der Bodenpreise unberührt lassen (vgl. IWU 1975: 47). Insgesamt begnügt man sich damit, ein überproportionales Ansteigen der Bodenpreise und der Mieten zu konstatieren, und zieht den – falschen – Schluß, das letztere ergebe sich aus dem ersteren (vgl. Referat Bundes-, Landes- und Kommunalpolitik der DKP 1970: 7; Bessen 1972: 40ff.; Neef 1972: 37).[8] Allenfalls forschen einige Autoren noch nach Gründen für das Ansteigen der Bodenpreise und finden sie in der Unvermehrbarkeit, der Knappheit oder der Monopolisierbarkeit des Bodens (Bessen 1972: 84; Referat Bundes-, Landes- und Kommunalpolitik der DKP o.J.: 8; Lauritzen in Conradi/Dietrich/Hauff 1972: 7; Hofmann 1969: 19; Parteivorstand der DKP o.J.: 6). Aussagen über die Gesetzmäßigkeiten, welche die Entstehung und Höhe der Bodenpreise bestimmen, fehlen dagegen weitgehend.

4.2   Die Konkurrenz um die profitabelste Bodennutzung

Je nach den Vorteilen, welche die Lage von Grundstücken bietet, bildet sich die städtische Grundrente in unterschiedlicher Höhe heraus. Sowohl bei der Produktion als auch bei der Zirkulation von Waren und Kapital lassen sich je nach der Lage unterschiedlich hohe Differentialrenten erzielen. Auch bei der Wohnungsvermietung ist die Grundrente von der Lagequalität des Bodens abhängig und geht dementsprechend in den Mietpreis ein: Je mehr Lagevorteile ein Grundstück, gemessen an seiner Nutzung zu Wohnzwecken, hat, desto höher ist die Grundrente, die der Mieter zahlen muß. Aufgrund der Gesetzmäßigkeiten, nach denen die Höhe der Grundrente variiert, bilden sich in den Städten Gebiete heraus, die vergleichbar günstige Bedingungen für die Kapitalverwertung aufweisen und innerhalb derer deshalb etwa gleich hohe Bodenpreise bezahlt werden. Die Flächennutzung solcher Gebiete ist zumeist einheitlich: Entweder herrschen in ihnen Handelsbetriebe und Banken etc. oder Industriebetriebe vor oder Wohnungen; bei den letzteren überwiegen wiederum entweder Eigenheime oder Mietwohnungen. Daß sich in bestimmten Gebieten eine relativ gleichförmige Art der Flächennutzung durchzu-

---

8   In den meisten Fällen wird das Steigen der Bodenpreise nicht einmal ausdrücklich als Grund für die steigenden Mieten genannt, sondern durch Vergleich der Preisentwicklungen einfach vorausgesetzt.

setzen vermag, hat seinen Grund darin, daß mit *dieser* Nutzung im Vergleich zu anderen Nutzungen die höchstmögliche Grundrente erwirtschaftet wird.

Häufig wird ein Modell zu Hilfe genommen, um die ökonomischen Gesetzmäßigkeiten, die zu den jeweiligen Bodennutzungen führen, zu verdeutlichen. Man stellt sich vor, die Städte bestünden aus konzentrischen Kreisen, innerhalb derer die Bodennutzung aufgrund vergleichbarer Lage relativ homogen ist, so daß etwa gleich hohe Grundrenten realisiert werden können. Im innersten Kreis, dem Stadtzentrum, sind die erzielbaren Grundrenten am höchsten; zu den äußeren Zonen hin fallen sie immer weiter ab (Freiherr von Wieser 1909: 134f.; Möller 1967: 27f.; Lütge 1949: 284).[9] Der Grund dafür, daß sich in den städtischen Gebieten, die einem Kreis angehören, gleiche Nutzungen durchsetzen, ist in dem Streben des Kapitals nach dem höchstmöglichen Profit bzw. Mietpreis zu sehen, d.h. in dem ökonomischen Zwang, die Verwertungsbedingungen auf dem jeweiligen Grundstück voll auszuschöpfen. Dieser Zwang schlägt sich in der Kalkulation des Bodeneigentümers nieder. Für den Bodeneigentümer ist der Bodenpreis ein Kapital, das er, wie jedes andere, beim Kauf des Bodens vorschießen und für das er zumindest einen durchschnittlichen Zins realisieren muß (vgl. Marx 1893: 784). Da der Bodenpreis die kapitalisierte, zum Zeitpunkt des Kaufs höchste Grundrente ist, die er erzielen kann, ist der Käufer, will er keinen Verlust hinnehmen, gezwungen, diese Grundrente auch tatsächlich zu erwirtschaften.

Die Höhe der städtischen Grundrente wird sowohl von der Art der Flächennutzung als auch von der Dichte der Bebauung bestimmt (siehe Brede/Dietrich/Kohaupt 1976: 141ff.). So läßt sich auf stadtnahen Flächen die höchstmögliche Grundrente oftmals nur durch eine Wohnbebauung erzielen. Ein Kaufhaus würde in dieser ungünstigen Lage nicht den Durchschnittsprofit, geschweige denn Differentialrente abwerfen. Die verschiedenen Kapitale sind also auf jeweils andere, jedenfalls aber optimale Lagebedingungen angewiesen: Ein Kaufhaus, das in einer Nebenstraße der City errichtet ist, würde den Durchschnittsprofit eventuell nicht mehr abwerfen; steht es hingegen in einer Hauptgeschäftsstraße des Stadtzentrums oder eines Nebenzentrums, so erweist es sich als rentabel, d.h., in dieser Lage läßt sich eine Grundrente erwirtschaften, die weit höher ist, als wenn derselbe Boden zu Wohnzwecken genutzt würde (Eberstadt 1917: 150). In vergleichsweise abgelegenen Gebieten wird wiederum eine höhere Grundrente erzielt, wenn dort Wohngebäude errichtet werden, als wenn die Flächen landwirtschaftlicher Nutzung zugeführt würden.

---

9   Das Modell der konzentrischen Kreise der städtischen Bodennutzung und die daraus gezogene Hypothese über den räumlichen Aufbau der städtischen Bevölkerungsstruktur und -verteilung ist vor allem durch die Chicagoer Schule der Sozialökologie bekannt geworden, vgl. Kehnen 1975: 80ff.

Die verschiedenen Kapitale treten also, wenn es um die Nutzung vor allem städtischen Bodens geht, miteinander in Konkurrenz; es setzt sich dasjenige Kapital durch, welches die höchste Grundrente zu realisieren imstande ist:

>»Die Unternehmer, aus der seltenen Gunst einer Lage Gewinn erhoffend, überbieten einander bis an die Grenze ihrer Existenzmöglichkeit, und der Grundeigentümer vermag – theoretisch gesehen – seine Forderungen so hoch zu schrauben, daß nur die qualifiziertesten Unternehmer günstiger Erwerbszweige bestehen können, wenigstens in den allerersten Lagen. Diese natürliche, d.h. der modernen Wirtschaft innewohnende Tendenz, führt zu einer Verdrängung der Wohnräume aus den Hauptverkehrslagen, insbesondere den Stadtzentren, zur sogenannten City-Bildung, der Entstehung reiner Geschäftsviertel.« (Wagner 1926: 44)[10]

Sieht man in den »qualifiziertesten Unternehmern« diejenigen, die, um ihr Kapital verwerten zu können, auf einen lagegünstigen Standort angewiesen sind, so beschreibt der Autor exakt die Gesetzmäßigkeiten, nach denen sich in den Innenstadt-Bereichen die profitabelste Nutzung durchsetzt. Aufgrund dieser Gesetzmäßigkeiten bilden sich Areale mit einer einheitlichen Flächennutzung heraus, wird die Wohnbevölkerung aus diesen Gebieten verdrängt. Die Konkurrenz um die am günstigsten gelegenen Böden findet aber nicht nur zwischen gewerblicher und Wohn-Nutzung statt. Der Wettbewerb setzt sich vielmehr innerhalb der einzelnen Nutzungsarten fort; denn

>»die Teilmärkte des gesamten städtischen Wohnmarktes sind gegeneinander ebenso ausdehnbar, wie es der Wohnungsmarkt im ganzen gegen das Ackerland hin ist; sie sind nicht nur in ihrem Seile, sondern auch in ihrem Umfang der bauliche Ausdruck der jeweiligen Schichtung der städtischen Gesellschaft nach dem Maße ihrer Einkommensverteilung« (Freiherr von Wieser 1909: 137; vgl. Albrecht 1930: 314)

Sichtbar wird die Konkurrenz innerhalb ein und derselben Nutzung daran, daß günstige Wohnlagen dem Luxuswohnungsbau vorbehalten sind; nur die Eigentümer oder Mieter solcher Wohnungen sind in der Lage, eine hohe Grundrente für die Nutzung des Bodens zu zahlen. Der Soziale Wohnungsbau hingegen ist meist auf Böden relativ ungünstiger Lage verwiesen.

Die städtische Grundrente läßt sich durch eine hohe Kapitalinvestition und – damit verbunden – durch eine dichte Überbauung des Grundstücks steigern. Mit einem mehrgeschossigen Miethaus kann in der Regel eine höhere Grundrente erzielt werden als mit einem Einfamilienhaus. Denn in einem Miethaus verteilt sich

---

10   Karl Knies beschreibt diesen Vorgang der City-Bildung bereits für die Mitte des vorigen Jahrhunderts, vgl. Knies 1859: 91.

die Grundrente auf mehrere Mietparteien, so daß auf die Miete der einzelnen Wohnungen weniger Grundrente entfällt als auf die Miete für ein Einfamilienhaus. In Gebieten, die abseits der Städte liegen, läßt sich die höchstmögliche Grundrente nur erzielen, indem Eigenheime gebaut werden. Der Bodenpreis ist in diesen Gebieten relativ niedrig; der Bau eines Eigenheims ist meist durch andernfalls in der Stadt zu zahlende hohe Mietpreise bestimmt. In besonders bevorzugten städtischen Lagen ist demgegenüber nur mit Luxusvillen und Luxuswohnungen eine hohe Grundrente realisierbar. Die Art der Nutzung entscheidet also zunächst über die Höhe der Grundrente; die Flächennutzung kann überdies durch eine höhere Kapitalinvestition intensiviert und dadurch die Grundrente gesteigert werden. Die Konkurrenz um standortgünstige Flächen tritt selbstverständlich nicht nur im Falle der Nutzung für Wohnzwecke, sondern ebenso innerhalb der gewerblichen Nutzung auf. Dabei setzt sich in der Regel die nutzungsintensivere Kapitalanlage durch. So werden in den Innenstädten Kleinbetriebe insbesondere des Einzelhandels von Konzernen verdrängt, vor allem durch Kaufhäuser, Bürohäuser und Banken. Die Tatsache, daß in den Kerngebieten von Klein- und Mittelstädten heute noch 50 % der Betriebe, in den Großstädten aber nur noch 20 bis 30 % der Betriebe Einzelhandelsgeschäfte sind, ist Ausdruck dieser Entwicklung.[11] In Übergangsbereichen, meist an das Kerngebiet der Städte anschließend, treten die verschiedenen Nutzungen auf den Grundstücken noch gemischt auf. Oft sind in diesen Arealen im Erdgeschoß Läden, im ersten Stockwerk Büros und Praxen und in den höheren Stockwerken Mietwohnungen untergebracht, weil eben diese Anordnung die höchstmögliche Grundrente abwirft. Diese Regelmäßigkeit ist Ausdruck der gleichen Gesetzmäßigkeit von abnehmender Nutzungsintensität und also Grundrentenhöhe.

Durch die Konkurrenz der Flächennutzungen bestimmt

»die Grundrente [...] heute schlechthin die Physiognomie unserer Städte. [...] Unsere Cities bieten schon baulich das Bild einer planlosen Verdrängungskonkurrenz, bei der das Geschäftshaus über das Wohnhaus triumphiert und die Gebäude der Warenhauskonzerne, der Versicherungen und Banken über das kleinere Gewerbe. Die Ungleichheit der Renditen und daher die Akkumulationskraft der Gewerbe, ein Ausdruck ungleicher Verteilung der Marktmacht, setzt sich hier unmittelbar sinnfällig um in das Bild unserer Innenstädte. Und es sind heute durchweg die der Produktion, der eigentlichen volkswirtschaftlichen Wertschöpfung *fernen* Gewerbszweige, die am besten reüssieren und daher auch die selektive Wirkung der Grundrente in der City am ehesten bestehen können. In der Entblößung der Innenstädte von produktiven Funktionen zeigt sich ein Grundzug unseres ökonomi-

---

11   Vgl. Städtebaubericht 1975 der Bundesregierung, Deutscher Bundestag, Drucksache 7/3583, S. 24.

schen Systems: das überhandnehmen nicht mehr wertschaffender Gewerbe. Die City hat parasitären Charakter erhalten.« (Hofmann 1969: 21f.)

v. Wieser zieht, um diese ökonomische Gesetzmäßigkeit anschaulich zu machen, das Bild von einem übergreifenden Gewölbe heran:

»Gleichwohl sind die Geschäftszinse immer höher gespannt als die Wohnungszinse und in den begehrtesten Lagen stehen sie um sehr vieles höher; dies gilt auch für den zentralen Markt des Großverkehrs. Über dem Gewölbe der auf gestaffelten Wohnungszinse, das vom Rande her zur Mitte der Stadt aufsteigt, heben sich dort, wo das Zentrum und die Radialstraßen liegen, einem zentralen Turmaufsatze und den Rippen des Gewölbes vergleichbar, noch die erhöhten Geschäftszinse nach aufwärts.« (Freiherr von Wieser 1909: 140)

Bei der Konkurrenz um die Durchsetzung der profitabelsten Flächennutzung spielt es – so dürfte inzwischen deutlich geworden sein – keine Rolle, welche *Form* der Grundrente auf dem jeweiligen Grundstück realisiert wird. Für den Bodeneigentümer ist es gleichgültig, ob der von ihm als Grundrente abgefangene Mehrwert auf dem betreffenden Grundstück produziert oder über die Mietzahlung indirekt angeeignet wird. Darüber, welche Art der Nutzung und also welche Form der Grundrente sich auf einer bestimmten Bodenfläche realisieren läßt, entscheidet allein die *Höhe* der Grundrente, die erwirtschaftet werden kann.

Für die Wohnungsversorgung hat die Konkurrenz der Flächennutzungen zur Folge, daß der Neubau mietpreisgünstiger Wohnungen nur noch an den Rändern der Städte und bezogen auf die Versorgung mit Wohnfolgeeinrichtungen- in relativ ungünstigen Lagen stattfinden kann – ein Effekt, auf den später im Zusammenhang mit Problemen des Sozialen Wohnungsbaus ausführlicher eingegangen wird. Gleichzeitig werden Wohngebiete in innerstädtischen Lagen immer mehr durch gewerbliche Flächennutzungen verdrängt – ein Prozeß, der bereits im 19. Jahrhundert Beachtung fand (vgl. Engels 1872: 214; Eisgraber 1913: 16). In solchen Wohngebieten hat nämlich die Grundrente eine Höhe erreicht, die über die Mietzahlungen der Bewohner nicht mehr realisiert werden kann. Die – in der Regel alte – Bausubstanz wird ökonomisch wertlos und behindert die bestmögliche Verwertung des Grundstücks (Lütge 1949: 382f.). Die Folge ist, daß die Wohngebiete verwahrlosen und die Gebäude, oft sogar ganze Altbaugebiete, schließlich abgerissen werden; die ansässige Bevölkerung wird an den Rand der Städte verdrängt. Beispielhaft für diesen Prozeß ist das Frankfurter Westend. Bis zum Anfang der sechziger Jahre noch von alten Vorstadtvillen geprägt, beherrschen heute Bürohochhäuser das Bild des Stadtteils. Statistisch drückt sich das in einem enormen Anstieg der Beschäftigtenzahl und einer rapiden Abnahme der Wohnbevölkerung aus (vgl. Appel 1974; Kade/Vorlaufer 1974: 29ff.) Veranlaßt war dieser Zerstörungs- und Verdrängungsprozeß durch die citynahe Lage dieses Stadtteils und die zentrale Verkehrserschließung des gesamten Frankfurter Raumes. Diese führte nicht zuletzt zu einer Konzentration von Banken, Versicherungen und sonstigen Verwaltungen, da sich Frankfurt a.M. nach dem Zweiten Weltkrieg zum Zentrum des westdeutschen Finanzkapitals entwickelte. Mit dieser Entwicklung ging in den letzten zwanzig Jahren eine Steigerung der Bodenpreise um durchschnittlich 6000 % in Frankfurt-Westend einher (Volaufer 1975: 117f.).

Liberale Theoretiker verleihen diesem Prozeß der Zerstörung und Verdrängung alter Wohngebiete einen höheren Sinn. Für sie ist es der Markt, das freie Spiel der Kräfte, aufgrund dessen sich die volkswirtschaftlich optimale Verwendung der verschiedenen Flächennutzungen durchsetzt:

»Der höhere Preis hat die Funktion, den jeweiligen Eigentümer zu ähnlich hoher Nutzung des Grundstücks oder zu seiner Aufgabe zu veranlassen. Preiserhöhungen spiegeln also die jeweilige Nutzungsfähigkeit des Bodens wider, die in der Regel nur über veränderte private Gebäudestrukturen ausgeschöpft werden kann. Der höhere Wert des Grundstücks fördert den Strukturwandel. Nicht der höhere Preis ist hier ein gesellschaftliches Problem, sondern die Tatsache, daß er in vielen Fällen nicht ausreicht, um das Grundstück aus der alten Verwendung herauszulösen. Er müßte dann über den neuen Nutzungswert hinaus steigen. Dies wäre im rein privaten Bereich (Villenviertel) unerheblich, bei City- und Industrieflächen aber von gesellschaftlichem Nachteil, dessen Auswirkungen aber steuerlich begrenzt werden können.« (Jürgensen 1972: 107)

Nach dieser Anschauung gilt folglich der Bodenpreis »als notwendiges Steuerungselement für die wirtschaftlich jeweils angemessene Kombination der Produktionsfaktoren Boden, Arbeit und Kapital« (ebd.: 107; vgl. auch Möller 1967: 18). Wo der Bodenpreis als Steuerungsinstrument noch nicht ausreicht, greift der Staat dem Kapital gleichsam unter die Arme, wenn es darum geht, eine profitable Veränderung der Flächennutzung durchzusetzen. So hat er mit dem Städtebauförderungsgesetz ein Instrument geschaffen, das zum einen die Zusammenlegung des oft zersplitterten Grundeigentums in solchen Gebieten erleichtert; zum anderen ermöglicht es eine direkte Subventionierung der städtebaulichen Maßnahmen insbesondere für den Aufkauf und Abriß der alten Gebäude. So liegt denn der Hauptanwendungsbereich dieses Gesetzes auch in der Umstrukturierung der City und der citynahen Gebiete (vgl. Von Einem 1972; Wollmann 1974: 199ff.).

Fortschrittliche Vertreter des Kapitals warnen allerdings bereits vor den Konsequenzen des freien Bodenmarktes; denn die dadurch entstehende Monostruktur in einzelnen Stadtteilen gefährdet schließlich auch die Kapitalverwertung, insbesondere in den »verödeten« Innenstädten und Bankvierteln:

»Folge hiervon ist ferner eine Kommerzialisierung des Städtebaues, da städtebauliche Planungen dadurch unterlaufen werden, daß durch kapitalkräftige Käufer

Grund und Boden, der bisher stadtentwicklungsfreundlich, aber weniger ertragreich verwandt wurde, in stadtentwicklungsfeindliche, monotone Geschäfts- und Bürohäuser umgewidmet wird, die jedoch lukrativer sind. Diese einseitige Art der Bebauung führt zu einer weitgehenden Verödung der Innenstädte, die soziologisch ungünstig und bedenklich ist. Zugleich wird dadurch der Prozeß der städtebaulich unerwünschten Verlagerung der Wohngebiete in die Randzonen gefördert, was Infrastruktur- und Verkehrsprobleme nach sich zieht.« (Deutsche Bau- und Bodenbank AG 1975: 45)

4.3 Infrastruktur, städtebauliche Planung und Bewegung der Grundrente

Das Niveau und die Bewegung der städtischen Grundrente werden durch ökonomische Prozesse der räumlichen Konzentration des Kapitals in den Städten und der mit dieser Konzentration einhergehenden Verdichtung der Bevölkerung bestimmt. Das dem Boden einverleibte sowie das dem Boden aufgesetzte fixe Kapital und die Nachfrage nach Boden für Wohnungszwecke nehmen daher permanent zu und steigern die städtische Grundrente (vgl. marx 1893: 782). Darüber hinaus haben die staatliche Bereitstellung von infrastrukturellen Einrichtungen und die städtebauliche Planung der Kommunen maßgeblichen Einfluß auf die Bewegung der städtischen Grundrente. Während Infrastruktureinrichtungen die städtische Grundrente steigern, indem sie es ermöglichen, die Grundstücke anders und intensiver als zuvor zu nutzen, nimmt die städtebauliche Planung der Gemeinden Einfluß auf die Art der Verwertung der Grundstücke, d.h. auf die Höhe der jeweils realisierbaren Grundrente.

Unter infrastrukturellen Maßnahmen wird im Folgenden nicht nur die für die geplante Nutzung von Flächen notwendige Erschließung von Grundstücken durch Straßen, Parkmöglichkeiten, Grünanlagen sowie durch Versorgungsleitungen (Wasser, Elektrizität, Gas etc.) verstanden, sondern es sind auch die für die Reproduktion der Arbeitskraft erforderlichen Folgeeinrichtungen, Schulen, Krankenhäuser, Kindergärten etc., eingeschlossen (Brede/Dietrich/Kohaupt 1976: 265ff.). Die Erstellung dieser Infrastruktur-Einrichtungen durch die öffentliche Hand ist nicht nur dann geboten, wenn neue Baugebiete erschlossen werden, also bei der Umwandlung von Ackerland in Bauland,[12] sondern vor allem auch bei der Verbesserung der Nutzbarkeit bestehender Baugebiete: Die staatliche Tätigkeit reicht von Maßnahmen der lokalen Infrastruktur, z.B. dem U-Bahnbau, bis hin zu großräumigen Infrastrukturmaßnahmen des Bundes und der Länder wie dem Autobahnbau. Entscheidend für unseren Zusammenhang ist, daß die öffentlichen

---

12   Von den Erschließungsbeiträgen der Grundstückseigentümer kann abgesehen werden, weil diese Beiträge nur einen geringen Teil des gesamten Erschließungskapitals ausmachen, vgl. Möller 1967: 36ff.; Stemmler 1974: 124.

Infrastrukturinvestitionen insbesondere in den Städten und Verdichtungsgebieten die Lage- und damit Verwertungsbedingungen der Böden verbessern und zur Steigerung der Grundrente beitragen. Zwar hat einerseits der Fortschritt der Transportverhältnisse und Kommunikationsformen, vor allem die Ausstattung der Volkswirtschaft mit Verkehrswegen, die Umschlagsgeschwindigkeit des Kapitals erhöht und so die Bedeutung der räumlichen Lage als Standortbedingung für das Kapital verringert; andererseits aber haben die spezifisch großstädtischen Produktions- und Zirkulationsbedingungen – räumlich konzentrierte Arbeitsteilung, Quantität und Qualifikation der Arbeitskräfte etc. – die Lagevorteile der Verdichtungsräume gesteigert. Deshalb war generell der Ausbau der Infrastruktur in diesen Räumen erforderlich, er hat die Attraktivität dieser Räume für das Kapital erhöht:

>Endlich ist klar, daß der Fortschritt der sozialen Produktion überhaupt einerseits nivellierend wirkt auf die Lage als Grund der Differentialrente, indem er lokale Märkte schafft und durch Herstellung der Kommunikations- und Transportmittel Lage schafft; andrerseits die Unterschiede der lokalen Lagen der Ländereien steigert, durch die Trennung der Agrikultur von der Manufaktur und durch Bildung großer Zentren der Produktion nach der einen, wie durch relative Vereinsamung des Landes nach andrer Seite hin.« (Marx 1893: 664; vgl. auch Voigt 1901a: 249f.)

Die räumlich und arbeitsteilig voranschreitende gesellschaftliche Produktion sowie die vom Staat bereitgestellten materiellen Voraussetzungen für die Produktion und Zirkulation von Waren, also die Infrastruktureinrichtungen, sind es also, welche die *Entwicklung* der Höhe der städtischen Grundrente und damit der Bodenpreise letztlich bestimmen (Marx 1893: 650). Diese nicht durch die Tätigkeit der Bodeneigentümer, sondern durch den Fortschritt der gesellschaftlichen Arbeit bestimmte Steigerung der Grundrente ist seit je ein zentrales Argument für die Forderung nach Abschöpfung gerade der durch Infrastrukturmaßnahmen bewirkten »unverdienten« Einkommen aus Bodenwert-Zuwächsen. Für die Auffassung der Bodenreformer um die Jahrhundertwende mag das folgende Zitat stehen:

>Kurz, es ist die *gemeinsame Kulturarbeit* der auf diesem Gebiete räumlich und arbeitsteilig verbundenen Gesellschaft, welche diese Wertsteigerung bewirkt. Die Gemeinde aber als die gesetzliche Repräsentantin dieser Gemeinschaft muß die Mittel für die Deckung des gemeinsamen kommunalen Bedarfes beschaffen. Was ist logischer, was natürlicher, was gerechter, als daß sie dabei an diejenigen Vermögenswerte vorzugsweise sich hält, die aus der Gemeinschaftsarbeit dieser Bevölkerung selbst hervorgegangen, aus ihr und durch sie geschaffen sind? Und dabei muß sie natürlich an diejenigen Personen sich halten, denen auf Grund der bestehenden Rechtsordnung diese Gewinne zufließen: die Bodeneigentümer, de-

nen sie kraft des privaten Eigentumsrechts am Boden ohne weiteres zuwachsen.«
(Köppe 1906: 8f.; Feeser 1910: 8)

Auch gegenwärtig ist die Abschöpfung der durch kommunale Planungsmaßnahmen gestiegenen Grundrente wieder ein zentraler Punkt in der Diskussion über
die Reform der Bodenordnung. Das zeigen die Einführung des Ausgleichsbetrages
nach § 41 Städtebauförderungsgesetz und die geplante, umstrittene Einführung des Planungswertausgleichs – beides Instrumente zur Abschöpfung der
durch kommunale Planungsmaßnahmen bedingten Bodenwertzuwächse (siehe
Brede/Dietrich/Kohaupt 1976: 153f.).

Mit dem Ausbau der Infrastruktur steigt allerdings nicht nur regelmäßig die
Grundrente der dadurch aufgewerteten Böden. Entscheidend für unsere Fragestellung ist, daß die Infrastruktur nicht gleichmäßig über die Siedlungsflächen,
sondern massiert in den Verdichtungsräumen – und hier vor allem in den Innenstädten bzw. auf die Innenstädte hin orientiert – ausgebaut wird. Eine solche Bün-
delung der Infrastruktur fördert die räumliche Konzentration des Kapitals; sowohl
die Verdichtungsräume als auch deren Zentren dehnen sich aus. Gegenläufig zu der
– unter dem Gesichtspunkt der infrastrukturellen Ausstattung betrachtet – qualitativen Verbesserung der Wohnungsversorgung in der City und den citynahen
Altbauwohngebieten ist der Prozeß, in dem gleichzeitig die wohnungswirtschaftlichen Existenzbedingungen dieser Viertel ausgehöhlt werden. Denn die Verbesserung der Infrastruktur trägt auch zur Erhöhung der langfristig realisierbaren
Grundrente bei: Alte Bebauungen werden, wie vorher dargelegt, unrentabel und
schließlich »wegsaniert«. Die Konkurrenz der Flächennutzungen sorgt dafür, daß
gerade in den Gebieten mit der besten oder aufwendigsten Infrastruktur Massenwohnungsbau unmöglich wird; er findet außerhalb der Städte statt, in Neu-
bauwohngebieten, die mit infrastrukturellen Einrichtungen relativ und meist über
Jahre hinweg schlecht versorgt sind.

Die Bauleitplanung, d.h. die städtebauliche Planung, setzt bei den ökonomischen Determinanten der Grundrentenhöhe, nämlich der Flächenkonkurrenz an.
Nach dem Bundesbaugesetz obliegt es den Gemeinden, mit Hilfe bauplanungs-
rechtlicher Instrumente »die städtebauliche Entwicklung in Stadt und Land zu
ordnen« (§ 1, Abs. 1 BBauG). Im Rahmen der Bauleitplanung können die Kommunen verbindliche Festlegungen treffen über die Art der Flächennutzung und die
Bebauungsdichte und haben somit die Möglichkeit, auf die Höhe der realisierbaren Grundrente und damit auf die Bodenpreise Einfluß zu nehmen (Freiherr von
Wieser 1909: 144; Albrecht 1930: 316; Heuer 1972: 182; Spiethoff: 1934: 112ff.). Da die
städtebauliche Planung bei den Bestimmungsfaktoren für die Höhe der Grundrente ansetzt, bestimmt sie auch über die Form der auf den Böden jeweils realisierbaren Grundrente –Differential- oder Monopolrente – und über das Maß der
Ausnutzung der Flächen. An sich würde das planungsrechtliche Instrumentarium

also der Gemeinde erlauben, die Aufwärtsbewegung der Grundrente gewähren zu lassen oder sie in gewissen Grenzen abzuschwächen. Deswegen ist zu prüfen, ob sich diese Planung als ein effektiver Eingriff des Staates zur Begrenzung es Boden-preisniveaus erweist, und ob sie sich auf die Allokation von Wohnungen vorteilhaft auswirkt.

Die städtebauliche Planung findet in zwei Stufen statt. Zuerst wird ein Flä-chennutzungsplan erstellt, dann der Bebauungsplan – sieht man von der einzel-nen Baugenehmigung ab:»Letztere kann dann noch Möglichkeiten zur planeri-schen Einflußnahme enthalten, wenn keine städtebaulichen Festsetzungen vorlie-gen oder wenn Dispense gewährt werden.« (Paul 1968: 58) Der Flächennutzungs-plan ist die Grundlage der städtebaulichen Planung; er gibt die von einer Gemein-de beabsichtigte Art der Bodennutzung wieder (vgl. § 5, Abs. 1 BBauG. und hat insoweit bereits Einfluß auf die Form der städtischen Grundrente, die auf den ein-zelnen Böden realisiert werden kann. Vor allem aber wird im Flächennutzungsplan der Gesamtbaubereich vom Außenbereich abgegrenzt (vgl. § 35 BBauG.); durch die-se Kategorisierung in Bauland und Nichtbauland hat die Kommune maßgeblichen Einfluß auf die realisierbare Grundrente in den Gemeinden:

> »Flächen des Außenbereichs, die durch Änderung des Flächennutzungsplanes in den künftigen Baubereich zu liegen kommen, erhalten damit den Status von Bau-erwartungsland. Das bedeutet in der Regel eine Wertsteigerung von mehreren hundert Prozent. [...] Diese Wertsteigerung ist prozentual gesehen die größte, die als Folge der Stadtplanung für eine größere Anzahl von Grundstücken pauschal auftritt.« (Paul 1968: 59)

Die rechtsverbindlichen Festsetzungen enthält erst der Bebauungsplan, der sowohl für Stadterweiterungsgebiete als auch zur Neuordnung von Innen- und Altstadt-bereichen aufgestellt wird. In ihm werden die Art der baulichen Nutzung (reines Wohngebiet, Mischgebiet, Kerngebiet etc.), das Maß der baulichen Nutzung (Zahl der Geschosse, Dichte der Bebauung, d.h. Fläche aller Geschosse im Verhältnis zur Grundstücksfläche – Geschoßflächenzahl – etc.) und die Gestalt sowie Anord-nung des Baukörpers auf dem Grundstück endgültig festgelegt.[13] Die konkreten Bestimmungen des Bebauungsplans beinhalten einerseits die Möglichkeit, auf die städtische Grundrente Einfluß zu nehmen, andererseits reduzieren sie »die Un-sicherheit wettbewerbswirtschaftlicher Flächennutzung« (Harvey 1974: 28), indem die verschiedenen Flächennutzungen innerhalb der Gemeinde festgelegt werden und so die auf den jeweiligen Grundstücken realisierbare Grundrente und Grund-rentenhöhe absehbar werden.

---

13   Vgl. § 9 BBauG und §§ 16-23 Verordnung über die bauliche Nutzung der Grundstücke (Bau-nutzungsverordnung –BauNVO) in der Fassung der Bekanntmachung vom 26.11.1968 (BGB!. I S. 1238, ber. 1969 S. 11).

Für die räumliche Allokation der Wohnungen ist die Festsetzung von Art und Maß der baulichen Nutzung im Bebauungsplan von ausschlaggebender Bedeutung. In der Baunutzungsverordnung, die die Vorschriften des Bundesbaugesetzes ergänzt, sind insgesamt zehn Typen von Baugebieten angegeben.[14] Unter ihnen sind für unsere Fragestellung das »Kerngebiet« als der auf den Innenstadtbereich zugeschnittene Baugebietstyp und die »Wohngebiete« von besonderem Interesse. »Kerngebiete dienen vorwiegend der Unterbringung von Handelsbetrieben sowie der zentralen Einrichtungen der Wirtschaft und der Verwaltung.« (§ 7, Abs. 1 BauNVO) Zu dieser den Verwertungsbedingungen des auf den Innenstadtbereich angewiesenen Kapitals voll Rechnung tragenden Vorschrift der Baunutzungsverordnung resümiert Wollmann:

> »Welche dieser nach § 7, II BauNVO im ›Kerngebiet‹ allgemein zulässigen Nutzungsarten der private Eigentümer und Investor verwirklicht, liegt in seiner privaten Bau- und Investitionsentscheidung. Unter dem Gesichtspunkt der möglichen ›Steuerungskapazität‹ des Städtebaurechts sind somit die bauplanungsrechtlichen ›Steuerungsmittel‹ um so ungriffiger, je zahlreicher die Nutzungsarten sind, die bauplanungsrechtlich allgemein zugelassen sind. Dies bedeutet, daß gerade in ›Kerngebieten‹, also just dort, wo die ›Verdrängungskonkurrenz‹ der verschiedenen Nutzungen am ausgeprägtesten und die Durchsetzungschance der ökonomisch profitabelsten Nutzung am größten ist, die bauplanungsrechtlichen ›Steuerungsmittel‹ am ungriffigsten sind.« (Wollmann 1976: 212)

Das geltende Bauplanungsrecht ist als »Steuerungsmittel« der Gemeinde für die Kerngebiete nicht nur »ungriffig«, sondern sanktioniert und sichert die Konkurrenz um die profitabelste Bodennutzung in den Innenstadtbereichen auch ab.

Die Vorschriften der Baunutzungsverordnung geben der Konkurrenz um die profitabelste Flächennutzung in gewissem Umfange auch dadurch nach, daß sie »Räume für die Berufsausübung freiberuflich Tätiger und solcher Gewerbetreibenden, die ihren Beruf in ähnlicher Weise ausüben (§ 13 BauNVO), in allen Baugebieten, also auch in den Wohngebieten, zulassen. Deshalb kommt Wollmann auch hier zu dem Ergebnis: »Damit ist eine bauplanungsrechtliche ›Steuerungsmöglichkeit‹ gegenüber ›freiberuflichen‹ und ähnlichen Nutzungen praktisch entfallen, gegenüber deren Gewinnträchtigkeit die Wohnnutzung normalerweise rettungslos ins Hintertreffen gerät.« (Wollmann 1976: 213) Auf die bauplanungs- und bauordnungsrechtlichen Vorschriften, mit denen die Kommunen dem Gebäudeabriß und der Nutzungsänderung von Wohngebieten Widerstand entgegensetzen könnten, kann hier nicht eingegangen werden. Daß die Gemeinden gegenüber dem ökonomischen Verwertungsinteresse aber praktisch machtlos sind, beweisen die folgenreichen Umstrukturierungsprozesse in den Cities und citynahen Baugebieten,

---

14   Zu den folgenden Ausführungen vgl. vor allem Wollmann 1976: 210ff.

die vor allem die Wohnbevölkerung treffen. Insgesamt zieht daher Wollmann den Schluß,

> »daß die bauplanungsrechtliche ›Steuerungskapazität‹ des geltenden Städtebaurechts vor allem dort gering ist, wo die Nutzungskonflikte um den städtischen Boden am ausgeprägtesten und das sich über die Verdrängungskonkurrenz durchsetzende ›Gesetz des ökonomisch Stärkeren‹ am wirksamsten ist: in den Innenstadtbereichen.« (Wollmann 1976: 218)

Nicht nur die Nutzungskonkurrenz führt zur Verdrängung der Wohnbevölkerung aus den Innenstadtbereichen. Ist der ökonomische Druck auf Innenstadtbereiche groß und zugleich die Kommune auf Gewerbeansiedlungen angewiesen,[15] tragen auch ökonomische und politische Korruption ihr Scherflein bei (vgl. z.B. Roth 1975: 99ff.) so kann geltendes städtebauliches Recht, den räumlichen Verwertungsinteressen des Kapitals folgend, gegen die Interessen der Wohnbevölkerung angewendet werden. Gemäß § 3 r Absatz 2 Bundesbaugesetz z.B. kann die Baugenehmigungsbehörde im Einvernehmen mit der Gemeinde Befreiungen von den Bauvorschriften aussprechen und eine höhere Geschoßzahl oder gewerbliche statt Wohn-Nutzung zulassen.

> »Wird auf einem Grundstück, für das bisher eine höchstens fünfgeschossige Bebauung zugelassen war, die Errichtung eines zehn- bis zwanziggeschossigen Hochhauses gestattet, so bedeutet dies zweifellos eine wesentliche Wertsteigerung der Bodenfläche und die Aussicht, auf ähnlich gelegenem Grundstücke gleichfalls ›Wolkenkratzer‹ errichten zu können, wird sich in einer entsprechenden Steigerung des Bodenwertes solcher Grundstücke auswirken.« (Fuchs 1930: 152)

Dieser Sachverhalt ist also, wie das Zitat zeigt, lange erkannt; zumindest symptomatisch ist er für das Bild der Cities und der citynahen Gebiete der Städte heute. In einer überaus aufschlußreichen Dokumentation der Stadt Frankfurt a.M. zu diesem Komplex, zu dem Zwang nämlich, dem ökonomischen Verwertungsinteresse des Kapitals folgen, die Aushöhlung citynaher Baugebiete als Wohnbezirke zulassen und Wolkenkratzer in Kauf nehmen zu müssen, heißt es:

> »Folgerichtig waren alle Entscheidungen von Magistrat und Stadtverordneten ab 1964 (das Westend betreffend) darauf gerichtet, hier *Verdichtungszonen für tertiäres Gewerbe* auszuweisen. Diese Entscheidungen sind allerdings *nicht als Ergebnis von einsamen Überlegungen* der Verantwortlichen zu sehen. Sie entsprachen vielmehr genau den Anforderungen der Wirtschaft (Investitionen in zentraler Lage), der Steuergesetzgebung (Abhängigkeit der Gemeinden von der Gewerbesteuer)

---

15   Siehe die Ausführungen in Brede/Dietrich/Kohaupt 1976: 258ff.

und den Bedürfnissen der Bevölkerung (Sicherung qualifizierter Arbeitsplätze).«
(Magistrat der Stadt Frankfurt a.M. 1975: 38)

Theoretisch besteht mithin die Möglichkeit, durch die Flächennutzungs- und Bebauungsplanung die Höhe der Grundrente und die Auswirkungen der Grundrente auf die Allokation von Wohnungen zu beeinflussen. Durch die Planung können bestimmte Grundstücke der Nutzungskonkurrenz entzogen werden und ist auch die Dichte der Bebauung begrenzbar, so daß der Anstieg der Grundrente – zumindest für das eine oder andere Stadtgebiet – gehemmt werden könnte. Insgesamt wird die Ansiedlung der auf diese Weise ausgeschlossenen Nutzungen jedoch nicht verhindert; die Nutzungen werden lediglich auf andere Flächen verlagert. Die Infrastruktur, vor allem die Verkehrserschließung, wird diesen neuen Bedingungen dann in aller Regel angepaßt, der Anstieg der Bodenpreise also insgesamt nicht verhindert; er wird lediglich räumlich anders verteilt. Daß die Flächennutzung der Städte den Verwertungsbedingungen des Kapitals und den Verwertungsinteressen des Grundeigentums folgt, ist auch in die Begründung der Bundesregierung zur Novellierung des Bundesbaugesetzes eingegangen:

> »Allgemein ist festzustellen, daß das planungs-, boden- und enteignungsrechtliche Instrumentarium für eine städtebauliche Aufgabenstellung konzipiert ist, die sich inzwischen weitgehend als überholt herausgestellt hat. Die Ausgestaltung dieses Instrumentariums spiegelt eine Auffassung wider, nach der die städtebauliche Entwicklung weitgehend dem freien Spiel der Kräfte überlassen werden kann. Die Gemeinde soll sich hiernach im wesentlichen darauf beschränken, die im Interesse des Gemeinwohls erforderlichen Korrekturen autonomer Entwicklungen durch eine lenkende, rahmensetzende Bauleitplanung zu sichern; auch hat sie die öffentlichen Einrichtungen der städtebaulichen Infrastruktur bereitzustellen.« (Deutscher Bundestag, Drucksache 7/2496 vom 22. 8. 1974: 28)

4.4 Die ökonomische Grundlage der Bodenspekulation

Die Höhe der Grundrente und damit des Bodenpreises resultiert aus dem realisierbaren Surplusprofit bzw. dem realisierbaren Mietpreis, wobei auf Bodenflächen unterschiedlicher Lagequalität sich diejenige Nutzung durchsetzt, welche die höchstmögliche Grundrente abzuwerfen verspricht. Die ökonomische Verwertung und Verwertungsmöglichkeit des städtischen Bodens sind mithin die objektiven Kriterien, nach denen sich die Bodenpreise und das Bodenpreisniveau in den Städten bilden. Trotz dieser Erkenntnis wird vielfach behauptet, die Bodenspekulanten seien es, die die Bodenpreise aufgrund ihres Monopols am Grund und Boden künstlich in die Höhe trieben; sie seien die eigentlichen Verursacher der »Wohnungsfrage« sowie der meisten Mißstände in der Stadtentwicklung.

Die Bedeutung der Bodenspekulation für die Wohnungsfrage war nicht nur um die Jahrhundertwende der zentrale Streitpunkt zwischen den Anhängern der Bodenreformbewegung und ihren Kritikern, sondern gehört auch in den letzten Jahren wieder zu den aktuellen Problemen in Theorie und Politik der Bodenordnung (Lauritzen 1972: 9ff.). Deshalb soll die damals geführte Kontroverse, die für die Einschätzung der heute bestehenden bodenpolitischen Probleme nichts von ihrem Gewicht verloren hat, kurz nachgezeichnet werden, um die eigene Position explizieren zu können.[16]

Zwei Gruppen standen sich Anfang des Jahrhunderts bei der Beurteilung der Bodenspekulation gegenüber. Auf der einen Seite gab es den Bund Deutscher Bodenreformer mit seinem Vorsitzenden Adolf Damaschke, der in seinen politischen Zielen wissenschaftlich unterstützt wurde durch Nationalökonomen wie Adolph Wagner, Lujo Brentano und insbesondere Rudolf Eberstadt (vgl. Wagner 1901: 3ff.; Brentano 1904, Eberstadt 1907; 1917). Auf der anderen Seite waren es vor allem Adolf Weber, Andreas Voigt und Johann Victor Bredt, die sich gegen die Auffassung wandten, hauptsächlich die Bodenspekulation habe die Wohnungsnot verursacht (vgl. Weber 1904; 1908; Voigt/Geldner 1905; Bredth 1908). Verglichen mit der gegenwärtigen Diskussion wurde die Kontroverse damals äußerst heftig geführt; sie reichte von persönlichen Beleidigungen bis zu dem Vorwurf: »Unwissenheit, Unehrlichkeit und unlautere politische Ziele.« (Voigt/Geldner 1905: VII)[17]

Namentlich in ihren populär gehaltenen Abhandlungen wiesen die Bodenreformer nicht nur auf den unverdienten Wertzuwachs der Bodeneigentümer hin, der aus der kolossalen Steigerung der städtischen Grundrente resultiere und den der Staat deshalb abschöpfen solle; sie versuchten auch zu beweisen, daß das Steigen der Grundrente in den Städten vor allem durch die Bodenspekulanten verursacht werde. Die Bodenspekulanten hätten die Macht, die Boden reise »Künstlich« in die Höhe zu treiben. Sie könnten dies wegen ihres Monopols am Grund und Boden bewirken; daher ist für die Bodenreformer die städtische Grundrente auch grundsätzlich eine »Monopolrente« (vgl. Wagner 1901: 14; Damaschke 1907: 167; Oppenheimer 1911: 324[18]; Kraft 1912: 10f.). Nach Eberstadt nutzen die Bodenspekulanten ihr Monopol in der Weise aus,

---

16   Eine eingehende Darstellung der Kontroverse siehe auch bei Lechner 1972: 719ff.; Fassbinder 1973: 14ff.).

17   Eberstadt nennt denn auch das Buch von Voigt und Geldner einen »zuverlässigen Katechismus des Spekulantentums« (Eberstadt 1907: 6).

18   Auf derselben Seite gibt Oppenheimer auch seine »Theorie der Bodensperre« zusammengefaßt wieder. Danach ist die Grundrente vor allem Monopolrente, »Rente eines Rechtsmonopols«. Darüber hinaus könnten die Bodeneigentümer, die gegenüber Siedlungswilligen den Grund und Boden »gesperrt« haben, für günstig gelegene Böden noch eine »Überrente, die Differentialrente« beziehen.

- daß sie Bauland aufkaufen und bis zum Eintritt der erwarteten Bodenpreissteigerung von der Bebauung aussperren;
- daß sie insbesondere Land rund um die Städte erwerben; sie strichen aber nicht nur die »natürliche«, bei der Umwandlung von Ackerland in Bauland entstehende Wertsteigerung des Bodens ein, sondern erhöhten den Bodenpreis dadurch künstlich«,
- daß sie mehrgeschossige Mietkasernen bauten und so eine »Kasernierungsrente« realisierten (vgl. Eberstadt 1917: 94ff.).

Allgemein ist nach Eberstadt die Bodenspekulation im Gegensatz zu anderen Spekulationsformen risikolos und einseitig auf Preis*steigerung* gerichtet. Sie beschränke sich nicht auf einzelne Grundstücke oder Bezirke, sondern hebe das gesamte Bodenpreis-Niveau der Städte:

> »Die spekulative Umklammerung wirkt nun wieder auf den Bodenwert der Innenstadt und ganz allgemein auf die bebauten Bezirke zurück, und zwar findet hier eine fortwährende Wechselwirkung statt wobei ein Keil den anderen treibt. Die preisermäßigende Wirkung des Baulandes der Außenbezirke ist aufgehoben. Hierdurch werden die Bodenwerte der Innenstadt hochgetrieben, die dann ihrerseits wieder eine weitere Steigerung und Hochhaltung der Außenböden ermöglichen.« (ebd.: 113)

Auch Eberstadt reduziert die Wohnungsfrage auf die Bodenfrage; aber in seiner Vorstellung geht die alle Mißstände – vom künstlichen Hochtreiben der Bodenpreise über die Wohnungsnot und den Bauschwindel bis hin zur spekulativen Überschuldung der Bauten – allein verursachende Kraft nicht vom Bodeneigentum im allgemeinen aus, sondern speziell von der Bodenspekulation:

> »Von der Bereitstellung und Aufteilung des Baulandes bis zum Besitz der fertigen Wohnung ist die Gestaltung des Städtebaus und der Verkehr in Bodenwerten der Spekulation übertragen. Die Bodenparzellierung ist Sache der Spekulation. Die Bauweise, die Hausform und die Wohnungsproduktion werden durch die Spekulation bestimmt. In ihrer Hand stehen Grundeigentum und Hausbesitz; sie verfügt über den Realkredit und das Grundbuchwesen.« (Eberstadt 1907: 1)

Die Angriffsfläche, welche die Bodenreformer und insbesondere Eberstadt dadurch boten, daß sie den Hauseigentümern bzw. den Bodenspekulanten die Macht zuschrieben, den Mietpreis bzw. den Bodenpreis künstlich in die Höhe treiben, also autonom bestimmen zu können, ist denn auch von den Gegnern der Spekulationstheorie in ihrer Argumentation weidlich ausgenutzt worden. Die Ansicht der Bodenreformer wurde als von der Ökonomie losgelöste, bloße » Willenstheorie« (Voigt/Geldner 1905: 139) zurückgewiesen. Vor allem Andreas Voigt hielt bereits im Jahre 1901 den Anhängern der Bodenreformbewegung vor, sie gäben allein den

Bodenpreisen die Schuld an den hohen Mieten, vergäßen aber die wichtigste Ursache der Mietpreissteigerung, nämlich den Anstieg der Baukosten (Voigt 1901b: 338ff.). Aus seiner Untersuchung zog Voigt dementsprechend den Schluß: »Die Wohnungsfrage ist eine Baukostenfrage.« (ebd.: 364) Den Bodenreformern mußte diese Auffassung geradezu als Ketzerei erscheinen. Ausgehend von der Überlegung, daß die Bodenspekulation wie jede andere Spekulation auch einen ökonomischen Hintergrund habe, löst sich Voigt später in *Kleinhaus und Mietkaserne* von dieser Baukostentheorie und schließt sich der Position von Adolf Weber an (Weber 1904: 57ff.). Danach bemißt sich der Bodenpreis an dem auf einem Grundstück – gegenwärtig und zukünftig – realisierbaren Ertrag, der wiederum durch die Nachfrage bestimmt werde; somit entscheide »die Höhe der Mieten [...] in letzter Linie auch für den Spekulationspreis«. (Voigt/Geldner 1905: 133) Wie Adolf Weber überträgt auch Andreas Voigt die Grundrententheorie von Ricardo, der »als einzige Form der Rente die *Differentialrente* anerkannt [hat], d.h. den Surplusprofit, den der bessere Boden gegenüber dem schlechtesten abwirft« (Von Einem et al. 1973: 47), auf den städtischen Boden. Beide sehen also in der städtischen Grundrente grundsätzlich Differentialrente – ohne sie freilich aus der Produktion von Mehrwert abzuleiten – und setzen sich so von den Monopol- und Spekulationstheorien der Bodenreformer ab: »Die Bodenrententheorie, die ja im Grunde in nichts weiter besteht, als in der Behauptung, daß der Bodenpreis vom Ertrag abhängt, bewährt sich also auch hier gegen die Monopoltheorie.« (Voigt/Geldner 1905: 175, vgl. auch Weber 1904: 49ff.). Zwar geben auch die Gegner der Bodenreformer zu, daß es zu bekämpfende Auswüchse der Bodenspekulation gebe; grundsätzlich aber erfülle die Bodenspekulation eine notwendige und nützliche Funktion:

> »1. Sie verhindert, daß [...] die mangelnde geschäftliche Erfahrung der städtischen Bauern die Entwicklung der Stadt [...] hemmt; 2. sie nimmt einen großen Teil des Risikos der zukünftigen Entwicklung auf sich; 3. [sie] [...] befördert [...] die Initiative zur Aufschließung und Bebauung neuen Baulandes.« (Weber 1908: 47)

Wenn Adolf Weber im Jahre 1928 rückblickend feststellt, der wissenschaftliche Streit endete mit einer völligen Niederlage der Anhänger der Bodenspekulationstheorie« (Weber 1928: 236), so muß ihm in vielerlei Hinsicht recht gegeben werden. Die Reduzierung der Wohnungsfrage auf die Bodenfrage, vor allem die Behauptung der Bodenreformer, allein das Monopol an Grund und Boden befähige den Eigentümer, die Höhe des Bodenpreises und der Miete autonom zu bestimmen, widersprachen gesicherten ökonomischen Erkenntnissen und Erfahrungen, die sich in der bürgerlichen Ökonomie bereits durchgesetzt hatten. Es fiel daher auch den Gegnern der Spekulationstheorie nicht schwer, Hilfskonstruktionen der Bodenreformer zu widerlegen, z.B. daß die Bodenspekulation nur *à la hausse* stattfinde und schon auf diese Weise einen stetigen Bodenpreisanstieg bewirke, daß der städtische Boden unvermehrbar und unersetzbar sei oder daß die Mietkaserne

die Grundlage für die durch die Bodenspekulanten künstlich hochgetriebenen
Bodenpreise bilde. Der entscheidende Mangel in der Beweisführung der Bodenreformer war allerdings, daß sie letztlich von der kapitalisierten Grundrente, dem
Bodenpreis, ausgingen und nicht weiter nach den ökonomischen Bedingungen
fragten, welche die Grundrente und ihre Höhe bestimmen. Die Erkenntnis: »Der
Bodenpreis ist nichts als die kapitalisierte und daher antizipierte Rente« (Marx
1893: 816), besagt nichts anderes, als daß der auf dem jeweiligen städtischen Boden
erzielbare Surplusprofit oder Mietpreis antizipiert wird. Der erzielbare Surplusprofit im Falle der städtischen Differentialrente und der erzielbare Mietpreis
im Falle der städtischen Monopolrente sind also einerseits über eine bestimmte
Zeitspanne hinweg einschätzbar, andererseits über einen längeren Zeitraum hinweg – situativ und historisch bedingt – unsicher, so daß aus dem prospektiven
Charakter des Bodenpreises zwei Folgen erwachsen: *Einerseits* erzwingt er eine der
antizipierten Grundrentenhöhe entsprechende Nutzung von Grund und Boden;
er bringt den Zwang zur Realisierung der Grundrente entsprechend ihrer im
Bodenpreis antizipierten Höhe hervor, einen Zwang, der damals wie heute an den
Umstrukturierungsprozessen der innerstädtischen Gebiete ablesbar ist. Das gilt
aber auch für landwirtschaftliche Böden im Umkreis der Städte. Denn je näher
Grund und Boden an Siedlungen und Siedlungsschwerpunkten liegen, also in
ein Erschließungsgebiet einbezogen sind, oder je eher zu erwarten ist, daß sie
Erschließungsgebiet werden, desto mehr wachsen die Bodenpreise auf diesen
Flächen an. Ihr Preis ist letztlich bestimmt durch die Höhe der Grundrente auf
bereits erschlossenen und bebauten Flächen vergleichbarer Qualität und Lage:

> »Der Preis ist derselbe – nach Abzug der hinzukommenden Kosten der Urbarma-
> chung –, obgleich dieser Boden keine Rente trägt. Der Preis des Bodens ist zwar
> nichts als die kapitalisierte Rente. Aber auch bei den bebauten Ländereien wer-
> den im Preise nur künftige Renten bezahlt.[...] Sobald Boden verkauft wird, wird
> er als Rente tragender verkauft, und der prospektive Charakter der Rente [...] un-
> terscheidet den unbebauten Boden nicht vom bebauten. Der Preis der unbebau-
> ten Ländereien, wie ihre Rente, deren zusammengezogene Formel er darstellt, ist
> rein illusorisch, solange die Ländereien nicht wirklich verwendet werden. Aber er
> ist so a priori bestimmt und wird realisiert, sobald sich Käufer finden. [...] der Preis
> des nicht bebauten Bodenteils [ist] bestimmt durch den Preis des bebauten und
> ist daher nur ein Reflex der Kapitalanlage und ihrer Resultate in den bebauten
> Ländereien. Da mit Ausnahme des schlechtesten Bodens alle Bodenarten Ren-
> te tragen (und diese Rente, wie wir [...] sehn werden, mit der Masse des Kapitals
> und der ihr entsprechenden Intensität der Kultur steigt), bildet sich so der nomi-
> nelle Preis für die nicht bebauten Bodenteile, und werden sie so zu einer Ware,
> einer Quelle des Reichtums für ihre Besitzer. Es erklärt dies zugleich, warum der
> Bodenpreis des gesamten Gebiets, auch des nicht bebauten wächst. [...] Die Land-

spekulation, z.B. in den Vereinigten Staaten, beruht nur auf diesem Reflex, den das Kapital und die Arbeit auf den unbebauten Boden werfen.« (Ebd.: 681)

Andererseits können die ökonomischen Tatbestände, welche die Höhe der Grundrente bestimmen, sowohl zu einer Unter als auch zu einer Überschätzung der realisierbaren Grundrente führen. Das spekulative Moment ist der kapitalistischen Grundrente daher durchaus inhärent (vgl. auch Heuer 1972: 181). Bei Bemühungen, den Begriff der Bodenspekulation auf den gewerbsmäßigen Grundstückshandel zu reduzieren und von der gelegentlichen Spekulation zu trennen (Voigt/Geldner 1905: 131; Mangoldt 1930: 169; Sieber 1957: 74), wird zudem verkannt, daß die Spekulation dem Kapitalismus inhärent und nicht auf den Grund und Boden beschränkt ist. Ob jemand gelegentlich damit konfrontiert wird oder ob er sie gewerbsmäßig betreibt – in jedem Fall ist die Spekulation ohne objektiv-ökonomische Grundlage nicht denkbar. Schließlich wird auch an der Börse nicht auf Luftschlösser spekuliert, sondern auf profitträchtige Objekte. Bereits Engels mokierte sich hierüber: »Abscheuliche Spekulation – das große Kapital spekuliert natürlich nie!« (Engels 1872: 237). Die Bodenspekulation auf einen »Gewinn aus außerordentlichem Preiswechsel« bzw. auf ein »arbeitsloses Einkommen des Spekulanten« zurückführen, »das aus purem Preiswechsel in der Zirkulationssphäre stammt« (Fassbinder 1973: 29), heißt eine weitere Besonderheit der städtischen Grundrente beschwören. Denn Grundrentensteigerungen entstehen sicher nicht in der Zirkulationssphäre, sondern aus Veränderungen der realisierbaren Grundrente, d.h. aus veränderten Produktions- oder Zirkulationsbedingungen des jeweiligen Kapitals.

Daß im Zuge der ökonomischen Entwicklung, insbesondere der zunehmenden Konzentration des Kapitals in den Großstädten und der damit einhergehenden räumlichen Verdichtung der Bevölkerung die intensive und extensive Nutzung des städtischen Bodens stark zunahm und ein starkes Ansteigen der städtischen Grundrente bewirkte (Marx 1893: 782), ist dagegen von den Bodenreformern mit äußerster Akribie und politischem Engagement registriert worden – auch im Interesse der zur Miete lebenden Bevölkerung. Die Bodenreformer trugen letztlich aber einen Kampf aus, der dem Don Quichottes nicht unähnlich ist: Einerseits bejahten sie die kapitalistische Produktionsweise uneingeschränkt, andererseits suchten sie und griffen sie auf einen »Sündenbock« zurück (Voigt/Geldner 1905: 160), der längst der Verwertung des Kapitals untergeordnet war und dessen Gesetzmäßigkeiten folgte, nämlich das private Eigentum an Grund und Boden. Die Gegner der Bodenreform hatten diese Don Quichotterie nur »aufzudecken«; sie brauchten die kapitalistische Unlogik der Bodenreformer nur offenzulegen, um deren »völlige Niederlage« konstatieren zu können.

Daß die Bodenreformer sehr wohl wesentliche Merkmale der städtischen Grundrente erkannt und nachteilige Folgen ihrer Bewegung gebrandmarkt hatten, soll dabei nicht bestritten werden: die vollständige Passivität der Bodeneigentümer und die Aneignung eines erheblichen Teils des gesellschaftlich geschaffenen Reichtums durch das Grundeigentum, die Belastung des Reproduktionsfonds der zur Miete lebenden Bevölkerung und die Eignung der städtischen Grundrente als vorzügliches Objekt der Spekulation. Wie die Bodenreformer die gesamte städtische Grundrente aufgrund des Rechtstitels »Privateigentum« als Monopolrente ansahen, so behaupteten ihre Gegner, gestützt auf die Beobachtung, daß die Lage und Intensität der Bebauung auch bei Wohnungsbau und Wohnungsvermietung eine zentrale Rolle spielen, in Anlehnung an Ricardo, die städtische Grundrente sei generell eine Differentialrente (Brede/Dietrich/Kohaupt 1976: 54ff.).

Literatur

Albrecht, Gerhard (1930): »Grundrente des städtischen Bodens«, in: Handwörterbuch des Wohnungswesens, Jena, S. 314.

Appel, Rudolf H. (1974): Heißer Boden. Stadtentwicklung und Wohnungsprobleme in Frankfurt a.M., Frankfurt: Presse- und Informationsamt der Stadt Frankfurt.

Baumeister, R. (1917): »Die Herstellungskosten von Kleinwohnungen«, in Jahrbuch der Bodenreform, 13. Band.

Bessen, Elisabeth (1972): Mieten und Wohnbau in der BRD, Frankfurt a.M.: Institut für Marxistische Studien und Forschungen.

Brede, Helmut/Dietrich, Barbara/Kohaupt, Bernhard (1976): Politische Ökonomie des Bodens und Wohnungsfrage, Franfurt/Main: Suhrkamp.

Brede, Helmut/Kohaupt, Bernhard/Kujath, Hans-Joachim (1975): Ökonomische und politische Determinanten der Wohnungsversorgung, Frankfurt a.M.

Bredt, Johann Victor (1908): Nationalökonomie des Bodens, Berlin.

Brentano, Lujo (1904): Wohnungs-Zustände u. Wohnungs-Reform in München, München.

Carell, Erich (1948): Bodenknappheit und Grundrentenbildung, Berlin/Reutlingen.

Conradi, Peter/Dietrich, Hartmut/Hauff, Volker (1972): Für ein soziales Bodenrecht, Frankfurt a.M.

Damaschke, Adolf (1907): »Kommunale Bodenpolitik«, in: Jahrbuch der Bodenreform, 3. Band.

Deutsche Bau- und Bodenbank AG (1975): Überblick über Wohnungsbau – Städtebau –Wohnungswirtschaft 1974, Frankfurt a.M.

Deutscher Bundestag, Drucksache 7/2496 vom 22. 8. 1974: Entwurf eines Gesetzes zur Änderung des Bundesbaugesetzes, Gesetzentwurf der Bundesregierung.

Eberstadt, Rudolf (1907): Die Spekulation im neuzeitlichen Städtebau. Eine Untersuchung der Grundlagen des städtischen Wohnungswesens. Zugleich eine

Abwehr der gegen die systematische Wohnungsreform gerichteten Angriffe, Jena.

Eberstadt, Rudolf (1917): Handbuch des Wohnungswesens und der Wohnungsfrage, Jena: G. Fischer.

Engels, Friedrich (1872): Zur Wohnungsfrage, MEW 18.

Ensgraber, Wilhelm (1913): Die Entwicklung der Bodenpreise Darmstadts in den letzten 40 Jahren, Dissertation, Würzburg.

Fassbinder, Helga (1973): »Preisbildung, Monopol und Spekulation beim städtischen Boden. Ein Beitrag zur Diskussion um die Bodenrechtsreform«, in: Probleme des Klassenkampfs Heft 10 (3/4), S. 2ff.

Feeser, Schultheiß (1910): »Gemeindepolitik und Bodenreform«, in: Soziale Zeitfragen Heft XLIII.

Freiherr von Wieser, Friedrich (1909): »Die Theorie der städtischen Grundrente«, in: Willibald Mildschuh (Hg.), Mietzinse und Bodenwerte in Prag in den Jahren 1869 – 1902, Wien/Leipzig, wieder abgedruckt in Freiherr von Wieser, Friedrich (1929): Gesammelte Abhandlungen, hg. von Friedrich A. v. Hayek, Tübingen.

Fuchs, Martin E. (1930): »Boden – als Grundlage des Wohnungsbaues«, in: Handwörterbuch des Wohnungswesens, Jena.

George, Henry (1966 [1879]): Fortschritt und Armut, Wiederabdruck, Düsseldorf/Wien.

Harvey, David (1974): »Klassenmonopolrente, Finanzkapital und Urbanisierung«, in: Stadtbauwelt Heft 41.

Heuer, H. B. (1972): »Die Bodenfrage im Widerstreit von Wirtschafts- und Gesellschaftsordnung«, in: Deutsche Wohnungswirtschaft 24 (7), S. 181ff.

Hofmann, Werner (1969): »Bodeneigentum und Gesellschaft – Theorie und Wirklichkeit«, in: Folker Schreiber (Hg.), Bodenordnung? Vorschläge zur Verbesserung der Sozialfunktion des Bodeneigentums, Einkommenstheorie, Stuttgart.

Inama-Sternegg, Karl Theodor von (1908): »Theorie des Grundbesitzes und der Grundrente in der deutschen Literatur des 19. Jahrhunderts«, in: Die Entwicklung der deutschen Volkswirtschaftslehre im neunzehnten Jahrhundert, 1. Teil, Leipzig.

IWU – Institut Wohnen und Umwelt Darmstadt (1975): »Ökonomische und politische Determinanten der Wohnungsversorgung – Grundrente, Zins und Mietwohnungbau«, in: ARCH+ 7 (26), S. 47.

Jürgensen, Harald (1972): »Bodenpreise – ein gesellschaftliches Ärgernis«, in: Franz Henrich/Walter Kerber (Hg.), Eigentum und Bodenrecht. Materialien und Stellungnahmen, München, S. 103-110.

Kade, Gunnar/Vorlaufer, Karl (1974): »Grundstücksmobilität und Bauaktivität im Prozeß des Strukturwandels citynaher Wohngebiete, Beispiel Frankfurt a.M.-Westend«, in: Frankfurter Wirtschafts- und Sozialgeographische Schriften Heft 16, Frankfurt a.M.

Kämper, Otto (1938): Wohnungswirtschaft und Grundkredit mit besonderer Betrachtung des nachstelligen Grundkredits im In- und Auslande, Berlin.

Kehnen, Peter (1975): »Stadtwachstum aus der Sicht der ökologischen Theorie«, in: Zeitschrift für Stadtgeschichte, Stadtsoziologie und Denkmalpflege Heft 2.

Knies, Karl (1859): »Über den Wohnungsnothstand unterer Volksschichten und die Bedingungen des Miethpreises«, in: Zeitschrift für die gesamte Staatswissenschaft 15. Band.

Köppe, H. (1906): »Die Zuwachssteuer«, in: Jahrbuch der Bodenreform, 2. Band.

Kraft, Heinrich (1912): »Volksgesundheit und Bodenreform«, in Soziale Zeitfragen Heft 52.

Lauritzen, Laurit (1972): »Die Vorschläge der SPD zur Reform der Bodenordnung«, in: Die Neue Gesellschaft 19, S. 654-658.

Lechner, Hans H. (1972): »Wohnungsfrage, städtische Grundrente und Bodenspekulation. Eine theoriengeschichtlicher Abriß«, in: Zeitschrift für Wirtschafts- und Sozialwissenschaft Jg. 92, Heft 6.

Lütge, Friedrich (1949): Wohnungswirtschaft: eine systematische Darstellung unter besonderer Berücksichtigung der deutschen Wohnungswirtschaft, Stuttgart.

Magistrat der Stadt Frankfurt a.m. (1975): Dokumentation zur Bodenspekulation und zur Zweckentfremdung von Wohnraum in Frankfurt a.m., Frankfurt a.M.

Mangoldt, Karl von (1930): »Bodenspekulation«, in: Handwörterbuch des Wohnungswesens, Jena.

Marfels, Carl (1909a): »Ist eine Steuer auf die Grundrente auf Pächter oder Mieter abwälzbar?«, in: Soziale Zeitfragen. Beiträge zu den Kämpfen der Gegenwart, Heft XI.

Marfels, Carl (1909b): »Die Ursachen der Handels- und Industriekrisen«, in: Soziale Zeitfragen, Heft XI.

Marx, Karl (1893): »Das Kapital, 3. Band«, in: MEW, Band 25.

Molitor, Bruno (1972): »Wohnbaupolitik und Bodeneigentum in der Marktwirtschaft«, in: Franz Henrich/Walter Kerber (Hg.), Eigentum und Bodenrecht. Materialien und Stellungnahmen, München.

Möller, Hand (1967): Der Boden in der politischen Ökonomie, Wiesbaden.

Müller, Herbert K. R. (1965): »Bodeneigentum – Bodenrechtsreform – Das Bodeneigentum in der modernen Rechtsprechung«, in: mensch, technik, gesellschaft Heft 2.

Neef, Rainer (1972): »Die Bedeutung des Grundbesitzes in den Städten«, in: Kursbuch 27, s. 45.

Niehans, Jürg (1966): »Eine vernachlässigte Beziehung zwischen Bodenpreis, Wirtschaftswachstum und Kapitalzins«, in: Schweizerische Zeitschrift für Volkswirtschaft und Statistik 102 (2).

Oppenheimer, Franz (1911): »Rezension von Otto Conrad, lohn und Rente, Leipzig und Wien 1909«, in: Jahrbuch der Bodenreform, 7. Band.

Paul, Günter (1968): »Der Einfluß der städtebaulichen Planung auf die Bodenwerte«, in: Zur Ermittlung von Grundstückswerten 1967, Sammlung Wichmann, Heft 7, Karlsruhe.

Pohlmann-Hohenaspe, A. (1909): »Neuere Streitfragen der Bodenreform. Eine Entgegnung«, in: Jahrbuch der Bodenreform, 5. Band.

Parteivorstand der DKP (o.J.): Miet- und Bodenrecht, Düsseldorf.

Parteivorstand der DKP (1970): Grundsätze der DKP zu einer sozialen und demokratischen Mieten- und Wohnungspolitik, Düsseldorf.

Pfannschmidt, Martin (1956): »Bodenpreisbildung und öffentliche Bodenbewertung in anderen Ländern«, in: Zeitschrift für Vermessungswesen 81 (5/6).

Referat Bundes-, Landes- und Kommunalpolitik der DKP (o.J.): Vorschlag für einen Gesetzentwurf zur Neuordnung des Bodenmarkte, Düsseldorf: DKP-Parteivorstand.

Referat Bundes-, Landes- und Kommunalpolitik der DKP (1970): Wohnungsbau und Mieten, Düsseldorf: DKP-Parteivorstand.

Rinkleff, Frank (1974): Theorien über die Grundrente. Grundeigentum und Grundrente im System der bürgerlichen Produktion, Berlin.

Rist, Charles (1923 [1909]): »Die Theorie der Bodenrente und ihre Anwendungen«, in: Charles Gide/Charles Rist (Hg.), Geschichte der volkswirtschaftlichen Lehrmeinungen, 3. Auflage, Jena.

Roth, Jürgen (1975): Frankfurt: Die Zerstörung einer Stadt, München.

Schilder, S. (1912): »Eine bodenreformerische Kapitaltheorie?, Rezension von Franz Oppenheimer, Theorie der reinen und politischen Ökonomie, Berlin 1910«, in: Jahrbuch der Bodenreform, 8. Band.

Sieber, Hugo (1957): »Die Bodenspekulation und ihre Bekämpfungsmöglichkeiten«, in: Wirtschaft und Recht, 9. Jg., S. 73ff.

Spiethoff, Arthur (1934): Boden und Wohnung in der Marktwirtschaft, insbesondere im Rheinland, Jena.

Stemmler, Heinz (1973): »Planungswertausgleich und/oder Wertzuwachssteuer? Ein Diskussionsbeitrag aus der Sicht gemeindlicher Bodenwirtschaft«, in: Der Städtetag, Heft 3.

Voigt, Andreas (1901a): »Die Bodenbesitzverhältnisse, das Bau- und Wohnungswesen in Berlin und seinen Vororten«, in: Neue Untersuchungen über die Wohnungsfrage in Deutschland und im Ausland, Band 3: Deutschland und Österreich (= Schriften des Vereins für Socialpolitik, Band 94), Leipzig.

Voigt, Andreas (1901b): »Die Bedeutung der Baukosten für die Wohnungspreise«, in: Neue Untersuchungen über die Wohnungsfrage in Deutschland und im Ausland, Band 3: Deutschland und Österreich (= Schriften des Vereins für Socialpolitik, Band 94), Leipzig.

Voigt, Andreas/Geldner, Paul (1905): Kleinhaus und Mietkaserne. Eine Untersuchung der Intensität der Bebauung vom wirtschaftlichen und hygienischen Standpunkte, Berlin.

Von Einem, Eberhard (1972): »Zur Entstehung und Funktion des Städtebauförderungsgesetzes«, in: ARCH+ 4 (16), S. 7ff.

Von Einem, Eberhard/Faßbinder, Helga/Lang, Georg/Rinkleff, Frank (1973): »Grundeigentum und Grundrente in der Theorie der politischen Ökonomie«, in: ARCH+ 17.

Vorlaufer, Karl (1975): »Bodeneigentumsverhältnisse und Bodeneigentümergruppen im Cityerweiterungsgebiet Frankfurt a.M.-Westend«, in: Frankfurter Wirtschafts- und Sozialgeographische Schriften Heft 18, S. 117ff.

Vorstand der SPD (o.J.): Wohnungs- und Städtebaukongreß der SPD 1969 in München. Dokumentation, Bonn.

Wagner, Adolf (Adolph) (1901): »Wohnungsnot und städtische Bodenfrage«, in: Soziale Streitfragen Heft XI, S. 3ff.

Wagner, Adolf (1926): Grundrente und Preishöhe, Dissertation, Marburg.

Weber, Adolf (1904): Über Bodenrente und Bodenspekulation in der modernen Stadt, Leipzig.

Weber, Adolf (1908): Boden und Wohnung. Acht Leitsätze zum Streite um die städtische Boden- und Wohnungsfrage, Leipzig.

Weber, Adolf (1928): »Die städtische Grundrente«, in: Wirtschaftstheorie der Gegenwart III, Wien.

Wollmann, Hellmut (1974): »Das Städtebauförderungsgesetz als Instrument staatlicher Intervention – wo und für wen?«, in: Leviathan 2, S. 199ff.

Wollmann, Hellmut (1976): »Städtebaurecht und privates Grundeigentum. Zur politischen Ökonomie der Gemeinde«, in: Hans-Georg Wehling (Hg.), Kommunalpolitik, Hamburg, S. 210ff.

Jenseits von schwäbischen Spätzlemanufakturen und kiezigen Kneipen – polit-ökonomische Perspektiven auf Gentrifizierung

Inga Jensen und Sebastian Schipper

Erschienen 2018 in *Prokla. Zeitschrift für Kritische Sozialwissenschaft*, 48(191), 317-324.

Seit einigen Jahren erleben viele deutsche Großstädte eine neue Phase der Gentrifizierung und Verdrängung. Im medialen Diskurs hält sich dabei bemerkenswert hartnäckig die Vorstellung, wonach die individuellen Entscheidungen von Studierenden, Künstler/inne/n sowie von Menschen mit alternativen, subkulturellen Lebensstilen, sich an bestimmten Wohnstandorten niederzulassen, letztlich ursächlich für Aufwertungsprozesse und Mietpreissteigerungen seien. Demnach träfe die »kreative Klasse« (Florida 2004) die zentrale Schuld an der Verdrängung einkommensschwächerer Gruppen, weil sie bisher günstige Stadtteile entdecke und für höhere Einkommensgruppen attraktiv mache. Kolportiert wird dieses Bild von diversen Akteuren – in vielen Gesprächen auf der Straße, in Kneipen oder bei Stadtspaziergängen taucht ein solches Deutungsmuster immer wieder auf. Zum Teil findet sich dieses Narrativ sogar bei linken Gentrifizierungsgegner/inne/n, wenn sich deren Protest etwa gegen den Zuzug und die Attribute von Hipstern und anderen vermeintlichen Pionier/inn/en der Aufwertung richtet.

Zurückzuführen sind derartige soziokulturalistische Erklärungsansätze von Verdrängung auf das Modell des Doppelten Invasions-Sukzessions-Zyklus. Dieses wurde Anfang der 1990er Jahre von den Stadtsoziologen Jens Dangschat, Jürgen Friedrich und Jörg Blasius im deutschen Kontext prominent zur Erklärung von Gentrifizierung eingeführt (Blasius/Dangschat 1990; Blasius 2004) und weiterentwickelt (Friedrichs/Blasius 2016). Demnach vollziehe sich der Wandel eines einkommensschwachen Stadtteils mit ursprünglich niedrigen Mieten zunächst durch den Zuzug von sogenannten Pionier/inn/en, zu denen laut Typologisierung hauptsächlich junge Studierende und Künstler/innen ohne Kinder mit einem geringen Haushaltseinkommen zählen. Durch die Errichtung milieuspezifischer (kultureller) Infrastrukturen und einen Imagewandel trügen sie entscheidend zur

Aufwertung eines Stadtteils bei, wodurch letzterer auch für Bevölkerungsgruppen mit einem höheren Haushaltseinkommen zunehmend attraktiv würde. Die in einer zweiten Phase zuziehenden *Gentrifier* verdrängten infolge ihrer höheren Zahlungsfähigkeit zuerst die alteingesessene Bevölkerung und im Verlauf auch die Pioniere, bis ein nahezu vollständiger Bevölkerungsaustausch und damit die Gentrifizierung stattgefunden habe.

Der medial-diskursive Erfolg einer solchen sozio-kulturalistischen Perspektive auf städtische Restrukturierungsprozesse und ihr Bekanntheitsgrad weit über akademische Kreise hinaus ist umso bemerkenswerter, da die Theorie nur einen sehr begrenzten Erklärungsgehalt besitzt und bislang empirisch kaum bestätigt werden konnte (Blasius 2004: 26; Friedrichs/Blasius 2016). Bereits Mitte der 1990er Jahre kam etwa der Gentrifizierungsforscher Jürgen Friedrichs zu dem Schluss, dass »das Modell des doppelten Invasions-Sukzessions-Zyklus nicht geeignet ist, den Prozeß der Gentrification angemessen zu modellieren« (Friedrichs 1996: 17). Von den fehlenden empirischen Belegen abgesehen, gelingt es diesem Ansatz zudem nicht, die aktuellen Entwicklungen am Wohnungsmarkt bzw. die wiederkehrenden Wohnungskrisen begrifflich zu fassen. Mietpreissteigerungen und Verdrängungsprozesse, die außerhalb kulturell aufgewerteter Szeneviertel stattfinden und mittlerweile häufig weite Teile des gesamten Stadtraums betreffen, können von dem Modell schlicht nicht in den Blick genommen werden.

Die mediale Popularität einer sozio-kulturalistischen Perspektive auf Gentrifizierung lässt sich also nicht aus ihrer empirisch fundierten Überzeugungskraft erklären. Zentraler für ein Verständnis ihres diskursiven Erfolges scheint uns vielmehr die doppelte ideologische Leistung zu sein, die mit dem Modell einhergeht. Demnach ist eine sozio-kulturalistische Perspektive für viele Akteure und insbesondere die Profiteure der Gentrifizierung attraktiv, weil es mit ihr erstens gelingt, über die vermeintlichen Ursachen von Gentrifizierung zu reden, ohne auf Eigentumsverhältnisse und soziale Ungleichheit, die Verwertungsinteressen von Immobilienbesitzer/inne/n oder neoliberale wohnungspolitische Transformationsprozesse eingehen zu müssen. Der Ansatz blendet vielmehr systematisch den zentralen Einfluss von politischen und ökonomischen Entscheidungsträger/inne/n auf räumliche Restrukturierungsprozesse sowie die dahinterliegenden Machtverhältnisse aus. Die Metaphern von Invasion und Sukzession aus dem Bereich der Ökologie suggerieren zudem einen quasi natürlichen Wandlungsprozess. Zweitens führt die Fokussierung auf die Wohnpräferenzen der Pionier/inn/en und Gentrifier dazu, dass Gentrifizierungsprozesse als Ausdruck individueller Entscheidungen verstanden werden, wodurch die Entwicklung politischer Handlungsmöglichkeiten und kollektiver Widerstandsstrategien erschwert wird. Dies gilt etwa, wenn Studierende oder Künstler/innen mit schlechtem Gewissen ihre Rolle in Aufwertungs- und Verdrängungsprozessen reflektieren – sind sie als Pioniere doch vermeintlich schuld daran, die alteingesessene Bevölkerung verdrängt und die Stadtteile überhaupt erst attraktiv für den Zuzug von Gentrifiern gemacht zu haben. Auf diese Analyse und der gegenseitigen Versicherung, sich seiner kritischen Rolle als vermeintliche Vorhut der Gentrifizierung bewusst zu sein, folgt oft der Zustand passivierender Selbstgeißelung – denn welche Handlungsmöglichkeiten bleiben den vermeintlichen Pionieren im Rahmen dieser Perspektive, außer Selbstkritik zu üben und wegzuziehen? Die lähmende Selbstbezichtigung macht handlungsunfähig, da sie Gentrifizierung als einen Prozess begreift, der auf subjektiver Ebene verhandelt wird und individuell gelöst werden muss. Eine politische Antwort bleibt aus.

Im Kontrast dazu bietet die politökonomische Stadtforschung eine Reihe von (bislang leider weniger prominenten) Ansätzen zur Erklärung von Gentrifizierungsprozessen, die a) der Empirie und insbesondere den aktuellen Entwicklungen am Wohnungsmarkt standhalten, b) gesellschaftliche Macht- und Klassenverhältnisse benennen sowie c) politische Handlungsmöglichkeiten gegen Verdrängung eröffnen. Da selbige im deutschsprachigen Raum jenseits der Stadt- und Gentrifizierungsforschung allerdings weniger bekannt sind, wollen wir sie im Folgenden knapp vorstellen und auf ihre umfassendere Erklärungskraft verweisen. Wo kommt es zu Gentrifizierung?

Die *rent gap*-Theorie von Neil Smith

Die Ursachen von Verdrängungsprozessen auf kleinräumiger Ebene politökonomisch erklären zu wollen, ist Anspruch der *rent-gap*-Theorie. Sie wurde ab Ende der 1970er Jahre von Neil Smith und anderen Stadtforscher/inne/n entwickelt und fokussiert die Strukturen kapitalistischer Bodenmärkte sowie die Investitionsstrategien von Akteuren am Immobilienmarkt (Smith 1996). Dementsprechend begreift die Ertragslückentheorie Gentrifizierung als ein »back to the city movement by capital, not people«[1] (Smith 1979: 538), bei der die Bedürfnisse der Bewohner/innen mit den Profitinteressen von Investoren in Konflikt geraten:

>»The rent gap is fundamentally about class struggle, about the structural violence visited upon so many working class people in contexts these days that are usually described as ›regenerating‹ or ›revitalizing‹. Contrary to contemporary journalistic portraits of latte-drinking white ›hipsters‹ versus working class people of colour, the class struggle in gentrification is between those at risk of displacement and

---

1   Dementsprechend begreift die Ertragslückentheorie Gentrifizierung als »Bewegung des Kapitals, nicht der Menschen, zurück in die Städte« (Smith 1979: 538).

the agents of capital (the financiers, the real estate brokers, policy elites, developers) who produce and exploit rent gaps« (Slater 2017: 19).[2]

Konzeptionell knüpft die *rent-gap*-Theorie der Gentrifizierung am marxschen Begriff der Grundrente an, womit in Tradition der Kritik der politischen Ökonomie die Geldsumme benannt wird, »die der Grundeigentümer jährlich aus der Verpachtung [oder Vermietung] eines Stücks des Erdballs bezieht« (Marx 1988 [1893], MEW 25: 636). Marx ging dabei davon aus, dass sich in der Konkurrenz verschiedener Kapitalien um die Nutzung des Bodens in der Regel das Kapital durchsetzen wird, welches in der Lage ist, die höchste Grundrente in Form von Miete oder Pacht zu zahlen. Die innovative Leistung von Neil Smith besteht nun darin, zur Erklärung von Gentrifizierungsprozessen zwischen der gegenwärtigen und der potenziellen Grundrente zu unterscheiden. Während sich die gegenwärtige Grundrente – ganz im Sinne des Grundrentenbegriffs bei Marx – aus den gegenwärtig tatsächlich geleisteten Mietzahlungen speist, ist die potenzielle Grundrente bestimmt durch die antizipierte profitabelste Verwertung eines Grundstückes, die sich ergäbe, wenn sich zukünftig die gewinnträchtigste Nutzung durchsetzen würde – wenn sich also beispielsweise günstige Miet- in gehobene Eigentumswohnungen umwandeln ließen.

Die potenzielle Grundrente beruht somit auf den spekulativen Ertragserwartungen von Investoren. Letztere wandeln sich, je nachdem wie stark die Stadt ökonomisch wächst oder wie sich das kleinräumige Lagepotenzial und die Infrastrukturausstattung eines Stadtteiles verändern. Gemäß der *rent-gap*-Theorie wird ein Stadtviertel für Immobilieninvestoren nun insbesondere dann für Aufwertungsstrategien interessant, wenn die Differenz zwischen gegenwärtiger und maximal möglicher Verwertung steigt. Nur wenn die Ertragslücke groß genug geworden ist, lohnt sich ökonomisch das durchaus riskante, weil letztlich spekulative Geschäft, Wohnungsbestände aufzukaufen, gegebenenfalls zu modernisieren und letztendlich teurer weiterzuvermarkten:

---

2   »Zentraler Gegenstand der Ertragslückentheorie ist der Klassenkampf, also die strukturelle Gewalt, die der Arbeiterklasse angetan wird und die gemeinhin als Regenerierung und Wiederbelebung [von Stadtteilen] beschrieben wird. Entgegen der populären, journalistischen Darstellung von Gentrifizierung als Konflikt zwischen Latte-macchiato trinkenden, weißen Hipstern und lohnabhängigen, farbigen Arbeiterhaushalten ist Gentrifizierung tatsächlich als Klassenkampf zu begreifen zwischen jenen, die Gefahr laufen verdrängt zu werden, und den Agenten des Kapitals (die Kapitalgeber, Immobilienmakler, politischen Eliten, Projektentwickler), die Ertragslücken hervorbringen und ausbeuten« (Slater 2017: 19).

»Only when this gap emerges can gentrification be expected since if the present use succeeded in capitalizing all or most of the ground rent, little economic benefit could be derived from redevelopment« (Smith 1979: 545).[3]

Die abstrakten Kategorien der *rent-gap*-Theorie empirisch zu operationalisieren, ist jedoch mit gewissen Herausforderungen verbunden, da beispielsweise Mietzahlungen sowohl die Verzinsung des investierten Baukapitals als auch die Grundrente für die Verwertung des Bodens umfassen (Schipper 2013). Allerdings verweisen eine ansteigende Differenz zwischen Bestands- und Angebotsmieten (Holm/Schulz 2016) sowie überproportional steigende Bodenpreise (Mösgen/Schipper 2017) empirisch auf eine wachsende Ertragslücke und damit auf einen zunehmenden Verdrängungsdruck.

Wann kommt es zu Gentrifizierung?
David Harvey und die urbane politische Ökonomie

Ob und wann derartige Ertragslücken auf kleinräumiger Ebene für Investoren attraktiv werden, hängt allerdings auch wesentlich von grundlegenden Dynamiken und Krisen der globalen Kapitalakkumulation ab. Investitionen in die gebaute Umwelt, die potenziell Gentrifizierungsprozesse antreiben, unterliegen zyklischen Schwankungen, da ihr Umfang stark von den Entwicklungen der Profitraten in anderen Wirtschaftsbereichen, sei es im produktiven Sektor oder auf den Finanzmärkten, abhängig ist. Solange etwa Profite produktiven Kapitals oder Renditen aus Aktien, Anleihen und anderen Finanzprodukten höher sind als potenzielle Erträge aus Wohnimmobilien, fließt vergleichsweise wenig Kapital in den Immobiliensektor. Folglich wäre zu einem solchen Zeitpunkt der Gentrifizierungsdruck selbst in Vierteln mit großen Ertragslücken relativ gering. Umgekehrt gilt, dass Investitionen in Wohnraum immer dann besonders attraktiv werden, wenn die Verzinsung des in Wohnimmobilien investierten Kapitals im Vergleich zu anderen Anlagesphären mit ähnlicher Risikostruktur plötzlich deutlich höher ausfällt. Dass etwa Gentrifizierungsprozesse in vielen Städten in Deutschland insbesondere seit 2010 deutlich an Intensität gewonnen haben, liegt demnach nicht primär daran, dass seitdem besonders viele Künstler/innen, Hipster oder Studierende in Stadtzentren gezogen wären. Ein wesentlicher Grund für den Beginn dieser neuen Phase der Gentrifizierung ist vielmehr darin zu suchen, dass seit der globalen Wirtschafts- und Finanzkrise von 2008 und der anschließend

---

3   »Nur wenn sich diese Ertragslücke auftut, können Gentrifizierungsprozesse erwartet werden, denn wenn die gegenwärtige Nutzung bereits der maximal möglichen Grundrente mehr oder weniger entspricht, können aus Sanierung und Umnutzung kaum Extraprofite abgeleitet werden« (Smith 1979: 545).

verfolgten Niedrigzinspolitik der EZB vermehrt anlagesuchendes Kapital in den vermeintlich sicheren Immobiliensektor fließt, da dort nun höhere Renditen erzielt werden können als mit alternativen Investmentstrategien, wie etwa dem Kauf von Staatsanleihen oder klassischen Anlageformen wie Sparkonten oder Aktienfonds.

Aus einer marxistischen Perspektive hat sich mit derartigen Phänomenen insbesondere der Geograph David Harvey befasst. Anspruch seiner urbanen politischen Ökonomie ist dabei, die Rolle von Urbanisierungsprozessen aus den Bewegungsgesetzen der kapitalistischen Produktionsweise zu erklären (Harvey 1982 [2006]). Den theoretischen Ausgangspunkt bildet die Grundannahme, dass es im primären Kapitalkreislauf der Warenproduktion aufgrund kapitalismusimmanenter Widersprüche regelmäßig zu einer Überakkumulation von Kapital im Verhältnis zu profitablen Anlagemöglichkeiten kommt. Harveys innovativer Beitrag zu bestehenden Ansätzen marxistischer Krisentheorien besteht in der These, dass sich eine krisenhafte Entwertung des überakkumulierten Kapitals zumindest temporär verhindern lässt, indem Kapital zeitlich und räumlich in den sekundären Kapitalkreislauf der gebauten Umwelt verschoben wird. Dieses sogenannte *capital switching* erfolgt – wie oben bereits angedeutet –, wenn die Profitraten im Immobiliensektor im Verhältnis zur Rentabilität produktiven Kapitals an Attraktivität gewinnen. Zentral ist bei diesem Prozess, dass Investitionen in räumlich fixierte Immobilien und Infrastrukturen im sekundären Kapitalkreislauf zu einer temporären Stabilisierung der kapitalistischen Produktionsweise beitragen, da auf diese Weise große Mengen an Kapital absorbiert werden können und das so investierte Kapital sich aufgrund der langen Umschlagszeit nur langsam amortisiert. Anders formuliert, dient die gebaute Umwelt als »overflow tank into which ›surplus‹ (i.e. overaccumulated) capital can be switched«[4] (Aalbers 2016: 21). Dass Krisentendenzen der Überakkumulation zwar durch eine Verschiebung von Kapital in den Immobiliensektor zeitlich verzögert, aber nicht dauerhaft verhindert werden können, äußert sich dahin gehend, dass kapitalistische Wachstumszyklen häufig mit einem Immobilienboom und dem Platzen einer Immobilienblase enden. Die jüngste Wirtschafts- und Finanzkrise – ausgelöst an US-amerikanischen, irischen und spanischen Immobilien- und Hypothekenmärkten – ist hierfür ein aktuelles und anschauliches Beispiel.

Der wesentliche Beitrag von David Harveys urbaner politischer Ökonomie zur Erklärung von Gentrifizierungsprozessen besteht darin, dass sich mit ihr verstehen lässt, wie stadtteilbezogene Verdrängungsprozesse zeitlich mit makroökonomischen Entwicklungen der Überakkumulation und zyklischen Dynamiken der Kapitalzirkulation zwischen Boom und Krise zusammenhängen. Außerdem wird

---

4   Anders formuliert, dient die gebaute Umwelt als »Überlaufbecken, in welches das ›überschüssige‹ (d.h. überakkumulierte) Kapital umgeleitet werden kann« (Aalbers 2016: 21).

so deutlich, wie eng der Immobiliensektor und die Grundstücksverwertung mit Kredit- und Finanzmärkten verwoben sind, was letztlich immer wieder zu spekulativen Eigendynamiken, kreditfinanzierten Immobilienblasen und verschärften Krisentendenzen führt.

Wieso kommt es zu Gentrifizierung? Die Neoliberalisierung des Städtischen

Ob sich jedoch ein immobilienwirtschaftlicher Verwertungsdruck auch tatsächlich in reale Verdrängungsprozesse übersetzt, ist keineswegs automatisch gegeben, sondern hängt von zahlreichen regulativen Kontextbedingungen ab. Wachsende Ertragslücken zwischen gegenwärtigen und potenziellen Grundrenten führen auch in Zeiten eines Immobilienbooms nur dann zu Verdrängung, wenn die profitabelste Bewirtschaftung von Wohnimmobilien nicht durch staatliche Regularien beschränkt wird und eine kapitalistisch orientierte Eigentumsstruktur vorherrscht. Mietrechtliche Vorgaben, stadtplanerische Entscheidungen sowie die Regulation von Finanzmärkten bestimmen somit maßgeblich darüber, in welchem Ausmaß es zu Verdrängungsprozessen kommen kann. Gentrifizierung ist daher kein Naturgesetz, sondern eine sozialräumliche Restrukturierung der urbanen Klassenstruktur, bei der politische Akteure über erhebliche Handlungsspielräume und Einflussmöglichkeiten verfügen.

Insbesondere nach dem Zweiten Weltkrieg konnten sich in vielen westlichen Industrieländern wohnungspolitische Regime etablieren, die auf einen Klassenkompromiss zwischen Mieter/inne/n und Eigentümer/inne/n ausgerichtet waren. Immobilieneigentum wurde demnach zwar nicht vergesellschaftet und auch die Profitabilität privater Bauträger nur selten grundlegend eingeschränkt. Allerdings ermöglichte die schrittweise Einführung von Mieterschutzrechten, die Bereitstellung von umfangreichen finanziellen Ressourcen zur sozialen Wohnbauförderung, die Stärkung öffentlicher Wohnungsunternehmen und der Ausbau eines gemeinnützigen Wohnungssektors, dass in vielen Ländern ein marktfernes Segment der Wohnraumversorgung in nennenswertem Umfang entstehen konnte (Harloe 1995). In Zahlen ausgedrückt bedeutet dies etwa für die Bundesrepublik, dass von den zwischen 1949 bis 1989 errichteten ca. 19 Millionen Wohnungen knapp 4,8 Millionen von gemeinnützigen Wohnungsunternehmen fertiggestellt wurden (Holm et al. 2015: 7). Deren Mieten waren gesetzlich auf die Kostenmiete begrenzt und durften folglich nicht ans Marktniveau angepasst werden. Gemeinnützige Unternehmen kontrollierten in westdeutschen Städten mit über 100.000 Einwohner/inne/n im Durchschnitt knapp über 30 Prozent des Gesamtbestandes, wodurch jede dritte Wohneinheit preisgebunden war (Kuhnert/Leps 2017: 54). Zudem gab es in Deutschland (Stand 1987) ca. 4 Millionen belegungsgebundene Sozialwohnungen. In Hinblick auf Fragen der Gentrifizierung kann man daraus schlussfolgern, dass unter damaligen Bedingungen Verdrängungsprozesse zwar nicht vollständig verhindert werden konnten, allerdings existierte ein umfangreiches marktfernes Segment an Wohnungen, welches zusammengenommen in Großstädten ca. 40 Prozent des Gesamtangebots umfasste. Dadurch waren einkommensschwächere Haushalte auch in potenziellen Gentrifizierungsgebieten zumindest partiell vor Verdrängung geschützt.

Angesichts einer tiefgreifenden Neoliberalisierung der Wohnungspolitik auf allen staatlichen Ebenen ist das nicht marktförmig organisierte Segment der Wohnraumversorgung jedoch in den letzten drei Jahrzehnten drastisch auf deutlich unter 10 Prozent geschrumpft. Beispielsweise hat die Abschaffung der Wohnungsgemeinnützigkeit durch die CDU/FDP Regierung 1989 mit einem Schlag zu einem Verlust von Millionen preisgebundener Mietwohnungen geführt. Durch den schleichenden Rückzug aus der Wohnbauförderung und dem Wegfall von Sozialbindungen seit Ende der 1980er Jahre ist der Bestand an Sozialwohnungen mittlerweile auf nur noch 1,3 Millionen (2017) gesunken. Darüber hinaus haben Kommunen unter dem Druck von Austeritätspolitiken, aber auch aus marktliberaler Überzeugung heraus, ihre Wohnungsbestände und Liegenschaften in großem Umfang privatisiert oder gewinnorientiert restrukturiert. Ferner hat die Liberalisierung der Finanzmärkte ab den 1990er Jahren dazu geführt, dass börsennotierte Wohnungsunternehmen entstehen konnten, die seitdem systematisch ihre Bestände und damit ihre Marktmacht ausgeweitet haben (Unger 2016). Aus dem gleichen Grund ist es ebenso für andere Finanzmarktakteure mittlerweile möglich, Kapital von institutionellen Anlegern und Kleinsparer/innen einzusammeln und in den Immobilienmarkt zu lenken (Heeg 2018).

Forschungsarbeiten, die ihren Blick auf derartige Prozesse der Neoliberalisierung richten, können also aufzeigen, wie politische Entscheidungen zu einer grundlegenden Transformation der Eigentümerstrukturen am Wohnungsmarkt geführt und dadurch Gentrifizierungsprozesse erst ermöglicht haben. Heutzutage wird die städtische Wohnraumversorgung immer stärker von den Anlagestrategien institutioneller Investoren und von den Geschäftspraktiken gewinnmaximierend ausgerichteter Wohnungsunternehmen bestimmt. Erst die politisch vorangetriebene Neoliberalisierung hat somit dazu geführt, dass Kapital gemäß der urbanen politischen Ökonomie von David Harvey ungehindert in den Wohnimmobiliensektor fließen und dort gemäß der rent-gap-Theorie von Neil Smith Ertragslücken zur Aufwertung und Verdrängung ausnutzen kann. Zum Verständnis von Gentrifizierungsprozessen und zur Verhinderung derartiger Verdrängung ist dies viel entscheidender und wesentlicher als eine Kritik, die auf neue Hipster-Cafés, schwäbische Spätzlemanufakturen, alternative Kulturorte und den Zuzug von vermeintlichen Pionieren abzielt.

Fazit

Mithilfe der hier skizzierten, polit-ökonomischen Theorien der Gentrifizierung gelingt es, aktuelle Prozesse auf dem Wohnungs- und Immobilienmarkt zu erklären. In Abgrenzung zu den vorgestellten soziokulturalistischen Perspektiven halten sie der Empirie stand und bieten angesichts der zyklischen und krisenhaften Entwicklungen am Immobilienmarkt schlüssige Erklärungsansätze. Zudem benennen sie gesellschaftliche hervorgebrachte Strukturen, Machtverhältnisse sowie zentrale Akteure wie Investoren, politische Entscheidungsträger/innen und Interessenskoalitionen zwischen beiden, was selbige angreifbar macht. Dadurch wird es möglich, politische Handlungsspielräume auszuloten und Handlungsstrategien jenseits der individualisierten und passivierenden Selbstgeißelung aufzuzeigen, denn Gentrifizierung und Verdrängungsprozesse sind kein deterministisches Naturgesetz, sondern durch politische, juristische und stadtplanerische Instrumente regulier- und verhinderbar. Potenzielle Ansatzpunkte hierfür wären eine sozial gerechte Stadtplanung, eine Regulierung von Finanz- und Immobilienmärkten, eine Stärkung nicht-profitorientierter Wohnungsunternehmen und des sozialen Wohnungsbaus, eine grundlegende Reform des Mietrechts und die Etablierung einer effektiven Verwertungsbremse, eine aktive kommunale Boden- und Liegenschaftspolitik sowie die Wiedereinführung der (neuen) Wohnungsgemeinnützigkeit (Schipper 2018).

Literatur

Aalbers, Manuel (2016): The Financialization of Housing. A Political Economy Approach, London: Routledge. DOI: 10.4324/9781315668666

Blasius, Jörg (2004): »Gentrification und die Verdrängung der Wohnbevölkerung«, in: Robert Kecskes/Michael Wagner/Christof Wolf (Hg.), Angewandte Soziologie, Wiesbaden: Springer VS, S. 21-44. DOI: 10.1007/978-3-322-91384-5_2

Blasius, Jörg/Dangschat, Jens (Hg.) (1990): Gentrification. Die Aufwertung innenstadtnaher Wohnviertel, Frankfurt a.M.: Campus.

Florida, Richard (2004): The Rise of the Creative Class. And How It's Transforming Work, Leisure, Community and Everyday Life, New York: Basic Books.

Friedrichs, Jürgen (1996): »Gentrification: Forschungsstand und methodologische Probleme«, in: Jürgen Friedrichs/Robert Kecskes (Hg.), Gentrification. Theorie und Forschungsergebnisse, Wiesbaden: Springer VS, S. 13-40. DOI: 10.1007/978-3-322-97354-2_2

Friedrichs, Jürgen/Blasius, Jörg (2016): »Die Kölner Gentrification-Studien. In: Jürgen Friedrichs/Jörg Blasius (Hg.), Gentrifizierung in Köln. Soziale, ökonomische, funktionale und symbolische Aufwertungen, Leverkusen-Opladen: Verlag Barbara Budrich, S. 7-28. DOI: 10.2307/j.ctvddzpkp.3

Harloe, Michael (1995): The People's Home? Social Rented Housing in Europe & America, Oxford/Cambridge: Wiley-Blackwell.

Harvey, David (1982 [2006]): The Limits to Capital, London: Verso.

Heeg, Susanne (2018): »Die gebaute Umwelt als Finanzanlage. Institutionelle Investoren als Stadtgestalter«, in: Bernhard Emunds/Claudia Czingon/Michael Wolff (Hg.), Stadtluft macht reich/arm. Stadtentwicklung, soziale Ungleichheit und Raumgerechtigkeit. Die Wirtschaft der Gesellschaft. Weimar: Metropolis, S. 105-124.

Holm, Andrej/Horlitz, Sabine/Jensen, Inga (2015): Neue Gemeinnützigkeit. Gemeinwohlorientierung in der Wohnungsversorgung, Arbeitsstudie im Auftrag der Fraktion DIE LINKE. im deutschen Bundestag https://www.rosalux.de/fileadmin/rls_uploads/pdfs/Studien/Studien_5-17_Neue_Wohnungsgemeinnuetzigkeit.pdf (letzter Zugriff am 09.03.2018).

Holm, Andrej/Schulz, Guido (2016): »Gentri-Map: Ein Messmodell für Gentrification und Verdrängung«, in: Ilse Helbrecht (Hg.), Gentrifizierung in Berlin. Verdrängungsprozesse und Bleibestrategien, Bielefeld: transcript, S. 287-318. DOI: 10.14361/9783839436462-011

Kuhnert, Jan/Leps, Olof (2017): Neue Wohnungsgemeinnützigkeit: Wege zu langfristig preiswertem und zukunftsgerechtem Wohnraum, Wiesbaden: Springer VS. DOI: 10.1007/978-3-658-17570-2

Marx, Karl (1988 [1893]): Das Kapital. Kritik der politischen Ökonomie, Band 3. Der Gesamtprozeß der kapitalistischen Produktion, MEW 25, Berlin.

Mösgen, Andrea/Schipper, Sebastian (2017): »Gentrifizierungsprozesse im Frankfurter Ostend. Stadtpolitische Aufwertungsstrategien und Zuzug der Europäischen Zentralbank«, in: Raumforschung und Raumordnung 75 (2), S. 125-141. DOI: 10.1007/s13147-016-0437-0

Schipper, Sebastian (2013): »Global-City-Formierung, Gentrifizierung und Grundrentenbildung in Frankfurt a.M.«, in: Zeitschrift für Wirtschaftsgeographie 57 (4), S. 185-200. DOI: 10.1515/zfw.2013.0014

Schipper, Sebastian (2018): »Zur politischen Ökonomie der Gentrifizierung: Warum kommt es zu Verdrängungsprozessen und wie lassen sich diese verhindern?«, in: Bernhard Emunds/Claudia Czingon/Michael Wolff (Hg.), Stadtluft macht reich/arm. Stadtentwicklung, soziale Ungleichheit und Raumgerechtigkeit. Die Wirtschaft der Gesellschaft, Weimar: Metropolis, S. 33-57.

Slater, Tom (2017): »Planetary Rent Gaps«, in: Antipode 49 (1), S. 114-137. DOI: 10.1111/anti.12185

Smith, Neil (1979): »Toward a Theory of Gentrification. A Back to the City Movement by Capital, not People«, in: Journal of the American Planning Association 45 (4), S. 538-548. DOI: 10.1080/01944367908977002

Smith, Neil (1996): The New Urban Frontier. Gentrification and the Revanchist City, London: Routledge.

Unger, Knut (2016): »Financialization of Mass Rental Housing in Germany: Understanding the Transaction Cycles in the Mass Rental Housing Sector 1999-2015«, in: Barbara Schönig/Sebastian Schipper (Hg.), Urban Austerity: Impacts of the Global Financial Crisis on Cities in Europe, Berlin: Theater der Zeit, S. 176-190.

Housing: the Wobbly Pillar under the Welfare State

Ulf Torgersen

Erschienen 1987 in *Scandinavian Housing and Planning Research* 4, S. 116-126.

Introduction: The purpose of the paper

Let me at once state the main theme of the lecture. I believe that some of the characteristics of housing policy and its variations are best described in terms of the
uneasy relationship between welfare state purposes and housing policy, and the
way in which other purposes are introduced and mixed with the welfare state designs. I believe that housing always will occupy a special and awkward position in
welfare thinking due to the special nature of the commodity in question. I also believe that this problem does not necessarily have determinate consequences; rather
it is a predicament which gives the policy-makers a certain menu of troubles, from
which they may choose, and from which they have to choose. For this reason I shall
start by setting out *the institutional peculiarity of housing as part of the welfare state*. I
shall move on by way of emphasizing that housing policy, unlike the other fields of
welfare state endeavour, will contain much that is rather different from this perspective, and that *the isolation of the welfare aspect is bound to present problems*. In this
connection I shall argue that the more the welfare state concerns are tied to and
involved in other egalitarian or redistributory purposes, the more we will see the
welfare concerns in trouble; *welfare concerns will suffer from multi-purpose kindness*. I
shall illustrate this assumption by showing how well three different welfare-ori-
ented housing policies seem to fare, with particular reference to *the role housing
tenures play in the schemes of things in England, Norway and Sweden*. I do not intend
to go beyond this brief presentation but I believe that it will be sufficient for the
substantiation of the assumption that the autonomy of the welfare state aspects of
housing constitutes a very important variable when one wants to describe housing
policy.

The institutional peculiarity of housing as a welfare state component

When we talk of the relationship of »housing« to the »welfare state«, we are mentioning two entities of a somewhat problematic nature. »Housing« certainly is no unified field of policy; but more of these fissionary tendencies later. The »welfare state« is no simple term either, and some of the vagueness is related to housing.

On the general and programmatic level, there is no problem. The welfare state is concerned with the provision of goods, of services and/or resources necessary to a life without glaring wants, and with the mobilization of public effort to that end. From this definition housing certainly cannot *a priori* be excluded and obviously deserves a place in the list of relevant domains. Still, housing is often excluded from otherwise rather catholic surveys of the welfare state and its various aspects. Quite frequently it is included in the normal lists of social services, but for instance Michael Walzer's interesting review of equality in different spheres of life in his »Spheres of Justice« does not mention housing along with the many other objects of concern. The vagueness is pinpointed by the British sociologist Thomas Marshall, who in his highly respected book »Social Policy« (possibly the best textbook of its kind in the UK) admits housing within the province of the welfare state. However, he quickly adds: »But these responsibilities are not precisely defined in terms which would give the citizen a legally enforceable right to be housed«. The care with which Marshall sets off housing from the rest of the social services is clear and we can do no better than to elaborate on his dictum. Let us see what we can make of it.

The three other domains, pensions, schooling, and health, have a number of common characteristics. In all these areas fairly clear *standards* have been extracted from vaguer notions of need, and these standards define when the institutions in charge are responsible and which course of action they must take. The standards may be embodied in statutes, found in administrative routines or derived from canons of medical science, but regardless of sources they are reasonably clear and the pressure of legalization and bureaucratization – important qualities of the welfare state – represents a further impulse in that direction. Lack of conformity to such standards is increasingly subject to *legal action* from the prospective recipient. The action of the agencies of the welfare state in these three areas is supposed to be *immediate and without delay*, whether it is the provision of schooling for children of the appropriate age, medical care in case of sickness or infirmity, or pensions where old age is reached or other conditions are present. When queues occur, they are considered a serious flaw in the system. Those responsible are *trained bodies of professionals*, often subdivided into proliferating specialities; these occupational categories have been growing alongside the welfare state. What they dispense is *continuous delivery of service, cash or temporary access to equipment*. Such provisions normally cannot be, and where they can, *may not be forwarded for money or other remunerations*. In many cases, though not exclusively, such provisions are supplied only by the welfare state agencies. Each of these three domains are thus not just a type of human concern, but a *fairly unified institutional complex*, with well-defined borders, *esprit de corps* and a national director.

In all these respects the domain of housing sticks out like a sore thumb. Standards of housing exist, and represent guidelines for construction and to some extent for demolition, but the minimum standards that require the public authorities to take action are quite a distance below what is considered a reasonable standard. No such double standard-level can be found in other areas of the welfare state, though pensions have some similarities. There is, except for such critical cases, no immediate action in the provision of help. This area also has less of a body of professionals. What they provide is not so much running supply of cash or service, but a single operation, whether it is a municipal apartment, a long term loan or the like. Housing subsidies and similar kinds of temporary support are also there but the »once-and-for-all«-kind of help looms large. The result of such help may result in ownership of, or long term disposition of a house, with considerable market value. These efforts to help people get an acceptable dwelling are of course likely to be assembled administratively, but the multiplicity of measures may often result in their separation between different governmental departments: the presence of a department of housing is not a fact of all European governments, and- as we shall comment upon later – need not be confined to the welfare state aspect of housing.

The causes of this is fairly simple; housing as commodity or good is very different from other goods, and we do not accept that housing once acquired, and the terms at which it is acquired, is subject to withdrawal or change of terms. Notions of rights in present conditions evolve and solidify: a municipal dwelling provided because of pressing need will not be withdrawn no matter how prosperous the recipient might become, and the increase of rent or its equivalents will be much less easily accepted than the increase of prices on other goods or services. These and other conditions serve to make housing an odd man out in the welfare company. In order to emphasize the difference one may possibly indulge in a minor piece of social science fiction; if one had organized housing in the form of a massive and large national house, with adjustable walls, a house in which dwelling was inexpensive or free, and where the exit of a relative or the birth of a new baby (to mention a few of the standard operating procedures) would lead to wall-adjustment by carpenters following application and administrative decision – then one would have a reasonable approximation to the normal welfare state thinking. I take it that its absence from anything practiced in societies with welfare states brings home the general point.

The crudeness of welfare indicators

Let us now inspect in somewhat more detail the problems one faces in the choice of welfare routines. If one attempts to find indicators that are supposed to single out individuals or households falling below some standard of housing, and also try to establish some form of economic support aimed at making that piece of housing available if the resources are not available, which often they are not, one will be faced with a number of recurring problems. They can best be classified under the following headlines:

a) The indicators of need will have to be reasonably crude measures, as all indicators are. In the UK the municipal housing projects were restricted to the »working class« or »artisans« and it was just after the Second World War that members of the middle class were formally eligible for housing in such housing estates. This obviously created some problems since the question of need did not necessarily respect class boundaries.

b) Indicators will necessarily change with respect to crudeness over time. An example from the Oslo Co-operative Housing Association may serve as the prototype. In the first years after the Second World War, the people who enlisted as members of that organization and consequently as applicants for housing in one of their estates were on the whole people in need of housing. But exactly because this Association enjoyed the support of the authorities, new groups applied for membership, and those who are now eligible because of seniority on the list of members are mainly people who are homeowners.

c) Positions on such waiting lists, the right to continue to possess such housing facilities, and the right to continue to benefit from loans given on reasonable terms will be difficult to dismantle as they pass on to heirs, or as the conditions for this type of benefits otherwise disappear. Such rights cannot easily be established and dismantled without incurring considerable animosity and distress, since such benefits, once conferred, will tend to be taken for granted.

d) The actual benefit derived from such grants or favours may change in value, since their value will depend upon conditions external to the welfare- oriented agency. The value of some type of loan may undergo serious changes as the economy is subject to changes. Certain loans may become more of a boon because of inflation, and consequently represent more of a benefit than the public authorities had intended. Other benefits may experience a contrary development. Since a particular dwelling may change in attractiveness and market value for a number of reasons this is a recurring aspect of systems of housing welfare.

e) A certain degree of distortion of indicators will occur because the agencies may want to confer not just a piece of housing of quality to the needy ones, but also an environment of quality. For this reason they will like to include categories of households where the need is less pronounced and in this way create more balanced social milieus. A dwelling does not have value just as a physical structure fit to keep the rain out and protect from outsiders looking in, but also as access to collective goods, among which one may class the environment, and maybe particularly the social environment.

I think that in most systems where one has tried with some seriousness to incorporate some welfare state considerations in housing policy one will have encountered one or more of these problems, and possibly more, since I do not claim to have covered the entire repertoire of slightly wayward measures. In themselves they will mean that the purpose of the various measures will in a fairly consistent way be somewhat off the mark. This does not mean that they should be written off as completely ineffective or that they are at completely cross purposes with welfare concerns. But the deviation from a strict welfare priority will be sufficiently noticeable to attract attention. Indeed, such attention may also be considered desirable, since a more inclusive category of beneficiaries may be a way of ensuring the continued life and popularity of the measures. We shall for this reason take a closer look at the measures within housing politics including categories that are so wide that the conception of »welfare« cannot circumscribe the purpose, and where other goals are pursued in conjunction with or in conflict with those of welfare provision.

Housing policy and multi-purpose kindness

The extension of housing policy beyond the welfare conception can appear in many forms. In many cases it is hardly correct to conceive of it as an extension, since the measures may have been shaped by an altogether different kind of thinking. Let us try to enumerate some of the various ways in which humane purposes may appear as supplements to or substitutes for welfare state thinking.

In some cases the two purposes live uneasily side by side. I think the prime example is the British municipal housing system. It was originally conceived of as a kind of cheap housing for people who did not have good housing and who were not well equipped with economic resources. But the Labour government, e.g. the Minister of Housing, Aneurin Bevan, did not see the public housing sector as a boon for the needy but a way of housing the nation, and expressed this vision in rather eloquent language. While the municipal apartments have primarily been reserved for the ones in need of housing, and cheap housing as well, this concern has not been the only one. A number of criteria and purposes has been added, and coexisted with the concern for other social goals. A survey of attitudes to the selling of British council houses was carried out by my colleague Lars Gulbrandsen and myself in 1980. It revealed a considerable split in the opinion; some would reserve the housing for the needy, some would extend it further, and some considered it to be something that ought to be available to everybody. Moreover, those who had the latter opinion also wanted to sell these houses off to the tenants; the combination of opinions in the population consequently differed from the one among the elite in British politics. Such comparatively confused combinations of welfare state purposes and somewhat different ones must be regarded as good examples of mixed intentions.

In some cases an idea which to some degree is related to welfare state thinking is applied across the board, and not trimmed to the more limited task. The welfare state may properly be seen as a repudiation of the free operation of the market, since it conceives of needs independent of the products of the market, and designs measures to supplement the market. But the hostility to the market is often given broad support in a fairly general way. This propensity may have rather unexpected consequences, since measures to counteract the market can benefit the most varied social categories, and the redistributive aspects of such measures, let alone welfare state-aspects, may be rather absent. To this should be added that there is nothing that keeps individuals from claiming the evil of the market forces when this will improve their position with regard to the acquisition of cheap housing, but at the same time keeps them from claiming their right to sell the cheaply acquired piece of real estate at the current free market value. Attempts to keep such tendencies in check by insisting on the control of such sales to keep the possessor from reaping a profit from the public subsidies are normally very complicated to design, hard to enforce, and resisted by recourse to a number of comparisons to other categories of more fortunate beneficiaries of public support.

In some cases purposes outside the province of housing are invoked in order to trim some public measure that might at least be a part of more purposeful organization of housing benefits. It is generally assumed among Norwegian economists that the housing taxes in Norway are rather low. This has been pointed out with envy by the Danish tax evader and former politician, Mogens Glistrup, and with reproach by the professional staff of the OECD. But any improvement in this has been warded off by reference to the consequences this allegedly would have for the pensioners. An increase in the housing taxation would, it was claimed, have the undersirable effect of increasing the taxes of the men and women of old age, and this again might mean that they could not afford to stay in the house where they had lived most of their adult life. Viewed in another way, this is essentially a question of the adequacy of the *pensions*. There probably would not be too many difficulties in allowing that kind of taxes to accumulate, only to be paid the municipality at the moment this piece of property was inherited. It could of course also be handled by some simple rule of tax exemption for the aged. The very same low taxation, in conjunction with the rule that allows a taxpayer to deduct interests without any upper magnitude limit from one's income, has also led to the rapid accumulation of housing property on the part of the people with high incomes. This serves as a housing subsidy and is tolerated as a *substitute for less progressive taxation*, but is of course defended with recourse to such principles as the importance of housing and the sanctity of homes. In the demand for more »flat« mortgages – mortgages where the sum of the principal and the interest stays very low during the first years (and, one surmises, hopefully disappears because of inflation later) is included a wish to *increase the child allowance*, since it is the family expenditures that most frequently are cited as the trouble for which this type of mortgage is supposed to be a suitable remedy. These three measures are all measures that have some impact on the distribution of housing and its cost to the household, but they have other targets as the essential ones, and thus mix the purposes.

I have not discussed the logic of public opinion in the propagation and maintenance of such measures. Quite frequently they conform to the following pattern. Some kind of measure is introduced for reasons that we may not go into. It is shown to have some strange effects, but it is maintained by pointing to some special subgroup, to whom the reform of the measure would be highly problematic. Rather than to remove it and replace it with some more narrow-gauged one, normally a subsidy of some kind, or a tax deduction geared to the specific problem at hand, the measure is allowed to stay on the statute books. It is not my intention to state that such measures run counter to the purpose proclaimed. Rather I would claim that to some extent, it does its job, but also has a number of confusing side effects, the general consequence being that it requires quite some effort to unravel who gets what in which way. Possibly the middle class gets away with some benefits, but a very strong additional random element is to be suspected.

Tenure bias as a context of purpose mixture

We have so far just mentioned some examples of political measures in the two preceding sections. I shall now proceed to sketch the context in which many of the wayward measures occur, and this I believe to be what I shall call the *tenure bias*. Different systems of housing policy are in some way organized around ideas of the relative value or importance of the different tenure forms. As tenure forms I count *homeownership, co-operative housing, municipal housing and private renting*. The tenure bias would be expressed in notions about what is really the »best« or the

»most worthly« kind of tenure, and notions about what kind of tenure represents the purposes and ideals of the welfare state and related principles.

If we look at Norway, Sweden and the UK, we find rather clear differences with regard to tenure bias. Norway considers, briefly expressed, renting, be it private or public, to be a low form of human housing, historically uncommon except for the rise of this variety of tenure as a consequence of urbanization. It is due to be replaced by other forms of ownership, with no clear preference for the co-operative or non-co-operative variety. Both the latter are considered agents of the welfare state. *Britain* is more complex: it has never bothered about co-operative housing, and the value of private renting is low. Labour had no clear preference for anyone tenure, while the present Tory government, probably with considerable support, thinks that homeownership is the thing to be encouraged as congenial to be independent life man should aspire to. As the tool of the welfare state, however, the council sector would collect most of the votes. *Sweden* differs from both these systems since it is without any particularly pronounced tenure preference. It certainly is in line with the Social Democratic temper that there is a large co-operative sector, and a considerable municipal sector as well. Still it would neither be correct to say that homeownership is just tolerated, nor that it is considered the wave of the future. Sweden is, at least compared to the other two countries, fairly tenure-neutral. Now let us see how these rather different systems influence the ability to disentangle the purposes and the policy measures from each other.

In *Norway* the post-war purpose was to organize the exodus from the Egypt of private tenancy, and at the same time build more houses, but not too big or too well-equipped ones. Public renting was practically absent, and reduced still more. Both the private homes and the co-operative estates were financed by the Norwegian State Housing Bank, which granted very reasonable loans; the interest as well as the principal was very small. Control of private renting was introduced, and price control of both private homes financed by the Housing Bank and the co-operative homes was part of the scheme. These measures worked for some time, but around the end of the 1960's they became unstuck. The alternative was a tighter coordination of the measures – which would have required more controls than previously and in a less control-oriented climate. The Housing Bank experienced that the old houses were practically mortgage-free, and cost very little, and one tried to transfer some of the money to the new dwellings. Large sections of the population were hostile to the housing taxation, which disappeared as the tax assessments did not follow the inflationary price increase. The price control was effective only to some extent, and hardly in the homeownership sector. To work out a comprehensive new policy to replace the many attempts that had tried to help different groups in different ways would have required superhuman political strength. Instead the different measures were replaced by a relaxation of controls in many areas and a very marked trimming of redistributive ambitions.

In *Sweden* the purpose was not conceived as a crusade to abolish renting, nor to establish one variety of housing as the prime tool of the welfare state. Swedish housing policy was not designed to bring ever larger groups into the Canaan of homeownership, whether of a Tory or Social Democratic-populist variety. The ambition of the Social Democratic policy, a policy with considerable support beyond that camp, was to promote the building of new dwellings of a wide variety of tenures and the consistent manipulation of the market in order to establish a comparatively similar expenditure level for tenants in different forms of tenure. One worked *through* the market rather than against it. While this type of policy has had its problems, it has on the whole created fewer problems than the Norwegian brand. Through the importance of the municipal renting sector and some auxiliary devices this fairly simple end has been accomplished rather well, and there have been no concerted efforts to change this combination of absence of tenure bias and dominance of public and semi-public tenure.

Moreover other measures with more explicit aims at helping subcategories have been added, but they have not seriously interfered with this main design, which does not preclude considerable subsidies to the sector as a whole.

In the *UK* changes in the main concept of the housing supply have occurred, and the present government has been involved in a consistent effort to reduce the public sector, which by European standards is fairly large and consists only of municipal housing. This bias towards the private homeowning sector, a bias which also has a component of dislike of expenditures to the public sector, and on the whole towards favorable treatment of the homeowners, has left the British housing policy with neither the many faceted, through ill-coordinated populist zeal of the Norwegian case, nor the bias-free system coordination of the market of the Swedish variety. There is not in any of the two other countries the same strong feeling that there is one acceptable tenure form which is also extremely strongly correlated with social status. In none of the other countries is class and voting behaviour that strongly linked to modes of tenure. To the extent that welfare measures are included in the differential treatment of tenures they are, however, operative through the public sector mainly.

The three systems thus exhibit very different combinations of qualities and very different combinations of purposes. It appears to me that the Swedish system allows for the simplest device for combining a fairly clean and well-functioning market and fairly specific welfare measures. The Norwegian system used many devices that aimed at many things simultaneously and for that reason both commanded broad support and were very difficult to change or adjust to other measures. The British system seems to be stuck in a combination of a wish to reduce the public sector through favours given to the private, and the need to give considerable support to the latter exactly because the split along tenure lines emphasizes social inequality rather than softens the class distinctions.

Welfare aspirations and homeowner dominance

Let us conclude with a few remarks on the welfare problems in a society with a pre-dominance of private tenure. The UK aspires to become such a society and Norway is well on the way towards becoming one, particularly since the later rescinding of the market controls have left the co-operative sector in much the same position as the homeowners. It is a fairly widespread notion among politicians with a conservative bent that the free property market has also taken care of the often different levels of running housing expenditures deriving from highly different anti-market measures, some of which are notoriously ineffective. If this was so, the need for intervention would be fairly marginal, though certainly important.

I believe this to be wrong. The elimination of price restrictions on the property market and the elimination of special, protected markets, can make the property market function better. But it can not ensure a degree of equality of housing expenditures among dwellings of the same general size and quality because it cannot ensure the same degree of mortgage load on the different dwellings. Add to this the highly different amounts of inherited housing property owned by the different households. The spectacular growth of the stock of private housing property after the World War II in Norway has only just begun to pass on to the next generation, but in the unsystematic way which is the wont of such undirected processes. Cheap loans with limited expenditures at the outset cannot really solve this problem, since these loans will have to be paid back some time. It seems as if the choice really is between the acceptance of fairly comprehensive dwelling subsidies, or the acceptance of considerable social inequalities, possibly charged on the social expenditure account. The unwillingness to offset great differences in running expenditures linked to great variations in inherited housing property may be considerable, but so may be the reluctance to accept such equalities. It is possible that rather than to work out a systematic way to tackle these issues, the choice will be a series of stop-gap operations. We may thus have both a free property market and more hectic patch-work activity than ever.

Quo vadis, comparative housing research?

Walter Matznetter

Der Beitrag basiert auf dem gleichnamigen Vortrag, den der Autor im Juli 2006 auf der Konferenz des *European Network of Housing Research* in Ljubljana gehalten hat.

Introduction

My academic journey into housing research started from an interest in the management and organization of new housing construction. As an urban geographer, my case study was on a large continental city, my native Vienna, in its last decade of mass social housing, the 1970s and early 1980s. In these years, over 90 % was multi-dwelling, high density housing, 87 % was built with public subsidies, two thirds of it for renting, one third of it for condominium ownership. A local corporatist machine, with non-profit developers and housing politics at its core, was running urban development.

From the outset, my research on Vienna was intended to be comparative, comparative with the findings of British urban sociology of the time, such as Harloe et al.'s study of housing organizations in London (1974). Reading through these texts on urban housing in Britain, many parallels could be drawn with local welfare regimes on the continent, even council housing was no surprise to me. Other features of British housing were strikingly different, such as the ways of housing finance.

I was well on my way through my Vienna case study, always commenting upon convergence and divergence with urban housing in Britain, when I stumbled across a comparative analysis of urban housing in Britain and Sweden, explicitly set within the larger framework of two national housing policies (Dickens et al. 1985). Comparisons at the national level were new to me, but made sense in a country like Sweden with a more centralized housing policy. Again, post-war Swedish housing appeared very Austrian to me, with the important difference that Austrian housing policy was being decentralized, down to the regional level of the Länder, each developing a politics of housing of its own.

At the national level, comparative housing policy was dominated by convergence approaches in these years. They came under different names, be it recommodification (Harloe 1981), decollectivization (Harloe/Paris 1984) or privatization (Adams 1987), the message remained the same. Housing subsidies were being reduced, direct and building subsidies in particular, public loans disappeared, and rented housing was superseded by owner-occupation. Confronted with these findings, basically from Anglo-Saxon countries, I came up with a more nuanced evaluation of Austrian housing, acknowledging partial convergence and partial divergence (Matznetter 1990). The instruments of housing finance were moving towards the market, but housing developers and their products were not following suit.

Soon after completing my Vienna case study, the forces of convergence appeared to become even stronger, with the completion of the Single Market and the prospect of European Monetary Union. To reflect the changes, the ENHR Working Group on »Comparative Housing Policy« was renamed »European Integration and National Housing Policies« in 1991, we held a conference in 1995, and published a book in 1998 (Kleinman et al.). From my point of view, this kind of supra-national housing research merits treatment as an approach of its own, but others may want to look at it as a variant of the convergence approach.

My third encounter with comparative housing policy was in the late 1990s, when Esping-Andersen's »Worlds of Welfare« were finally debated in German political science (eg. Lessenich/Ostner 1998). In a number of contributions, Austria was classified as the prototype of a conservative and corporatist welfare state. It was hard to believe that housing provision and housing policy had evolved within such an environment without being affected, without displaying some traits of the larger welfare regime. Within Austrian housing, I found major reverberations of the conservative welfare regime (Matznetter 2002). These findings put me more explicitly on the path of divergence.

Within the typology of comparative housing research put forward by Jim Kemeny and Stuart Lowe (1998), my own journey had touched upon all levels of analysis: convergence, divergence, and – I forgot to say – juxtapositional. Yes, I have also contributed to the lowest, disreputed level of comparative analysis, finding the appropriate national data and hypothesizing about any correlations between them (Matznetter 1993).

What I am missing in this three-fold typology is any distinction between the spatial/territorial/administrative scales of comparative housing research. It goes without saying that we are talking about nation-states, not the European supranation, nor any sub-national/regional units of analysis. Maybe it is the disciplinary bias of geographers to look for variation at very different levels, and to compare variation between levels.

Over the last few years, I have begun to re-engage with the regional/urban level where I had started comparative housing research many years ago. Why is there so little comparative housing and housing policy research at the local to regional levels? Long ago, Dickens et al. (1985) and Barlow et al. (1992) have set the scene, but very few others have followed over the years.

As a level for comparative analysis, the regional level should have gained, not lost interest over time. With European integration, national levels of income have converged, but regional levels have drifted apart, particularly in the new member states. Housing markets do operate at the regional level, housing policies are forged or at least executed at the regional level, why should not regional comparisons bring forward new and relevant insights?

There are other aspects that make the comparison of housing (market and policy) regions a promising avenue of research. The size of regions brings the analysis nearer to the actors of the housing, de-anonymizes the players, and allows for investigations into the life-world of individuals, of both the powerful and the powerless. At the regional level, the emergence and the withdrawal of housing policies and investment can be better approached and easier understood.

My arguments will follow the sequence of my personal journey into comparative housing research. Along that path, I have used and contributed to a number of paradigmatic approaches within the field. In the literature, there are several typologies of such clusters of theories, methods, disciplines and timing in comparative housing, but I will use one of the most popular here, the three »levels of generalization« proposed by Jim Kemeny and Stuart Lowe at the 1996 ENHR conference. Hence, the following sections will take us from juxtapositional analysis to universalist convergence perspectives to divergence perspectives, commenting upon more recent contributions to these approaches. In a fourth section, an innovative group of comparative studies, partly completed, partly ongoing, partly theoretical, will be presented, that cannot be easily accommodated within the threefold typology. In the final section, conclusions will we drawn for the future development of European comparative housing (policy) research.

Juxtapositional analysis: housing indicators

For many reviewers, the history of comparative housing policy research started with the pioneering work of the United Nations Economic Commission for Europe, published as »Annual Bulletin of Housing and Building Statistics for Europe« from 1957. It started with 14 basic data on the number of households, the housing stock, on housing construction, construction labour and housing costs – and even for these the data boxes remained empty for a number of the 22 countries involved. This was almost all material that was available to the early comparativist. The data were exploited by both adherents of the convergence as well as the divergence approaches.

Over the years, the coverage of the UN-ECE Housing Statistics was improved and expanded, and from 2002 data can be retrieved on the Internet (and printed publication was ended). Driven by European integration, many more international agencies have entered the field and there is a substantial database for the comparison of housing related indicators on the national level by now. At the ENHR Cambridge 2004 conference, Martti Lujanen has presented a useful overview of organizations involved and countries covered in the business of international housing statistics.

There is definitely »much less need for description in Western Europe now«, as Michael Oxley stated at a comparative methodology workshop (published 2001: 91). The times have gone, when it was hard to find any national housing experts at all, who would then be commissioned to write a chapter on their respective country's situation, interesting per se, but in a widely diverging format (e.g. Kroes et al. 1988).

Concerning the »New Europe« of the transition economies, the collection and documentation of housing data remains a valuable and rewarding enterprise. Building upon the framework of his earlier study (published 2000) of all 15 EU member states of the old, Christian Donner has completed yet another book (2006) on the 5 new member states in Central Eastern Europe. It follows an elaborate structure of topics across all these countries, which is meticulously filled with the most recent and reliable information available.

This has to be considered the most advanced product of European housing indicator research, but is doubtful whether this kind of research can be advanced any further. Once there is such a comprehensive study of group of national housing systems, all further questions to be asked lead us outside the housing sector per se, to the many relations that connect it with other parts of the economy, that relate housing policy to other sectoral policies, to the many ties that exist between the life-worlds of individuals and households and the housing system.

There is one further caveat to be added to that oldest research tradition within comparative housing: almost all housing indicators are collected and documented at the national level only. Given the large variance of size amongst European countries national housing means do mean something different in small countries with a single regional housing market than in large countries with a substantial number of regional housing markets that may develop in opposite directions.

The only exception I am aware of is the World Bank- HABITAT's Housing Indicators Program, to which I contributed as a local expert on Vienna. In total, there were 53 cities in 53 countries for each of which around 100 indicators have been collected and analyzed. The project started in 1990, included a number a seminars world-wide (one with ENHR participation), was completed with a series of documents with restricted circulation, and is best accessible in a book published by one of the project leaders, Shlomo Angel in 2000. Unfortunately his partner, Steve Mayo, had passed away the year before.

Convergence and European integration perspectives

David Donnison was amongst the first social scientists to analyse the new housing data assembled by UN-ECE. In his »Government of Housing« of 1967, he came to the conclusion that economic growth will lead to better housing, independent of political system, and that housing policy can only speed up or slow down developments. With data for the after war period, he showed that housing conditions had improved on both sides of the Iron Curtain, in both market economies and command economies.

Amongst the capitalist countries of the time, he distinguished three types of housing policies: a housing policy of first intentions, a social housing policy, and a type of comprehensive policy. The first group, where housing policy was in its infancy, was made up of Southern European countries, from Greece to Spain, with their poor economic standing of the 1960s. Not economic performance, but their after-war history distinguishes the more selective housing policies of the second from the more comprehensive policies of the third group. Donnison found Switzerland, the UK, Ireland and Belgium to be in the second, and Sweden, France, Holland, West Germany, Austria, Denmark and Finland to be in the comprehensive policies group. In the latter group of countries, some kind of perceived housing crisis had led to comprehensive interventions in the past. Due to these reservations, Donnison should not be seen as a hard-core proponent of policy convergence, not least because he has further modified his position in the revised edition of 1982 (together with Claire Ungerson).

From the early 1980s till the mid 1990s, sociologist Michael Harloe, together with economist Michael Ball, has been working on an even longer comparative history of housing policy, starting with the housing reforms of the late 19th century. In his latest book out of a series of publications, on social rented housing in five European countries, the Netherlands, Denmark, Britain, France and Germany (1995), Harloe elaborates several stages of social housing, which may be shorter and longer in different countries, but which are experienced in sequence.

After a period of timid housing reforms, in the final years of liberal capitalism, the revolutionary or reformist spirit after both World Wars made possible the project of social housing for all, of social housing as a mass model. The experiment was short-lived in the 1920s, but remained the dominant model from 1945 well into the 1970s. In both cases, the mass model of social housing had to withdraw, giving way to a residual model where social housing is provided for an increasingly circumscribed group of households who are unable to afford market rents and prices.

The basic message is that of cyclical convergence, not only of social housing, but of housing in general, across regulationist social formations. The general trend of the post-Fordist era has been appropriately summarized by Harloe himself as »the recommodification of housing« (1981).

In a similar vein, Peter Boelhouwer and Harry van der Heijden (1992) explored stages of housing policy in seven European countries: from a focus on quantitative output after WWII towards greater emphasis on quality, followed by state withdrawal and better targeting, to the reappearance of housing shortages in a number of countries. This sequence is followed through in Germany, France, England, and Denmark, but not simultaneously, whilst Sweden, Belgium and the Netherlands had not experienced the last stage yet at the time of the project.

Fuelled by the completion of the Single Market and the progress made towards Economic and Monetary Union, research on the impact of European integration has been booming in the 1990s. Amongst these studies, more arguments for convergence in housing have been put forward. Economist Laurent Guekière (1991, 1992) was the first to screen EU legislation systematically for direct and indirect effects upon national housing policies. Due to monetarist economic policies, housing policy budgets have been cut down severely in many countries, subsidies have become increasingly targeted, and housing finance is being unified (»banalization«). Thus he summarizes his findings as the »convergence model« of housing politics.

For the mid-1990s, the debate on the effects of European integration upon housing is summarized in the conference proceedings of an ENHR seminar (Kleinman et al. 1998). Many of its contributors adhere to the view that it is mainly the Union's general economic policy that impinges upon national housing and housing policies, in mainly indirect ways, and to a limited extent. Another recurrent finding was that it was difficult to distinguish the effects of market globalization from the effects of European deregulation and competition. The overall picture is one of convergence, but not of housing policies, rather of outcomes of an increasingly market-led provision of housing. Housing policy in the sense of comprehensive post-war housing policy has collapsed, Mark Kleinman contends, but divergent institutional arrangements continue to restrain current developments in housing (1998: 250f.).

Divergence perspectives: Welfare regimes and housing regimes

Institutions and ideologies enter centre-stage in studies of European welfare regimes that try to shed light onto the bewildering array of arrangements between the state, the market, and the family that have developed over the last 100 years. Comparative public policy had worked on this topic for quite a while without paying attention to housing policy, the »wobbly pillar of the welfare state«, as the widely quoted comment by Ulf Torgensen (1987) goes. Comparative housing policy, on the other hand, developed in isolation from mainstream comparative welfare research, a »Cinderella amongst the comparative social sciences«, as we have once called it (Matznetter/Stephens 1998: 6).

It was in the early 1990s when the two strands of comparative research were brought together by a few pioneers. In 1992 Jim Kemeny published his book on »Housing and Social Theory«, where he developed a strong case to apply a divergence thesis in comparative housing – apart from more and better social theory in general. In 1994 James Barlow and Simon Duncan expanded their earlier report on four European growth regions (1992) with an outlook on the type of welfare state these regions are embedded in: a liberal welfare state, Britain, is the setting for the London housing case study; France is the representative of a corporatist welfare state, with Paris and Toulouse as case studies; the socialdemocratic welfare state is present with Sweden and Stockholm as the case study; attention is paid to a fourth type of rudimentary welfare state in Southern Europe. In both of these publications, and in many other comparative housing studies since, reference is made to Gøsta Esping-Andersen's seminal book on »The Three Worlds of Welfare Capitalism« of 1990.

At first the linkages between welfare regimes and housing typologies were tentative and speculative, but over the years contributors to the debate have become more confident about the relationship between welfare and housing. When Jim Kemeny wrote his following book, on comparative rental systems, he suggested that »each system tends to be associated with a particular kind of welfare state« (1995: 5), but he added the warning that »such work is, [...], still in its infancy and extremely crude« (ibid: 172). The coincidence of corporatist political systems (both conservative and social-democratic welfare regimes) having unitary rental housing systems, and of liberal welfare regimes showing dualist rental systems, is striking indeed, and should be the starting point for investigations into the missing links between these outcomes. In similar ways, this is true for the correlations found between types of housing development and welfare regimes (Barlow/Duncan 1994: 36).

In the late 1990s, both the critique and the understanding of Esping-Andersen's work have deepened. The variables on which his typology was based have been debated, his data have been re-analyzed, and put into a longer-term perspective. Depending on the data included, the time period analysed, and the cluster algorithm used, three or more worlds of welfare will be detected, and their groupings will change over time. Nevertheless, there is a good deal of institutional inertia involved, allowing for path changes only at critical junctures in history. According to Borchert (1998: 169), the broad variety of welfare regimes that was typical for the 1960s and 1970s has been substantially reduced, channeled into a smaller typology, converging, if you like. Only a few countries have remained loyal to their course throughout the 20th century, most from the conservative group, but also from the Labour-Liberal group.

Within comparative housing policy research, such a longer-term perspective is not unknown, and offers a fruitful avenue out of the impasse of having to decide between a divergence or a convergence approach. In Jim Kemeny's view (with Stuart Lower 1998: 167) Michael Harloe's comparative histories of private rented (1985) and social rented housing (1995) span the divide, but with a primary interest in convergence, and a secondary element of divergence. For a single country, Austria, I have tried to compile evidence on the repercussions of its welfare regime within housing. Classified as an ideal type (or paradigm case) of a conservative and corporatist welfare state by some, characteristic features of such a system are shown to be present within Austrian housing as well: a tendency towards fragmentation and devolution of policy, corporatist forms of interest intermediation, a familialist bias in housing provision, an inherent resistence to change (Matznetter 2002: 275). Future research should be directed at the policy networks within which these policies have been decided.

Since the beginnings of comparative housing research, the widely divergent levels of home-ownership (and renting) have attracted politicians and researchers alike. At times, the obsession with tenure-related questions and analysis had to be tamed by critical contributions, trying to put tenure in its place (Barlow/Duncan 1988). Concerning welfare regimes, one of the early observations was that generous public welfare for the old (such as in Sweden) tended to go with low levels of ownership, whilst the reverse was true in countries with poor public pensions and services for the retired (Kemeny 1981). A few years ago, Frank Castles, one of the leading comparative policy researchers, has taken up the question again, re-analysed the data, and published the results as »the really big trade-off« between home-ownership and welfare (1998). With reference to concepts of risk management in individualized societies, Behring and Helbrecht (2002: 183ff), in another comparative study on home-ownership study, are coming to very similar conclusions: where public pensions are poor, home-ownership is used as buffer of wealth that can be tapped and released after retirement.

In recent years, Joris Hoekstra has been working on projects, where housing data are systematically tested against welfare regime and housing regime typologies. At first, housing tenure and housing quality have been analyzed across 12 EU countries, clearly pointing towards the specificity of the fourth, the Mediterranean welfare regime (2005a, b). More recently, he has empirically tested Kemeny's distinction between dualist and unitary rental markets, the first being typical for liberal welfare regimes, the other originating in the concept of the social market that remained popular in corporatist welfare regimes of the continent, both in their conservative and their social-democratic variant. All hypotheses derived from Kemeny's concept can be proved, apart from the fact that unitary rental markets have seen an increase in residualisation recently, connected with an ongoing growth of owner-occupation, at the expense of both the social and the private rental sectors.

In the long run, not only the variance of welfare regimes seems to be reduced by convergence, but also the divisions between housing regimes which are becoming less clear-cut over time.

Micro-scale comparative studies

Up until here, the typology of approaches to comparative housing has been follow-ing earlier and well-established categorizations. It was shown that progress has been made over the last decade or so within each of Kemeny and Lowe's schools of comparative housing research. As a metatheoretic and didactic device, the three-fold classification is very useful. New data have been added to the collections of the empiricist (or: juxtapositional) camp. New topics, such as the effects of European integration, or »the really big trade-off« can be integrated, within convergence ap-proaches the first, within divergence approaches the second. But the boundaries between these approaches should not be excessively policed. Innovative research often combines new data collections, converging and diverging characteristics and developments. In short: the three approaches to comparative housing research should not be reified.

If such a view of overlapping approaches is accepted, there is at least common ground between them that is shared by all these approaches. It is the macro-level of nation-states and their societies that seems to be the dominant, often exclusive focus for comparison. Comparative housing policy research at the sub-national, regional or local levels has remained a minority programme, despite of its early and promising beginnings (e.g. Dickens et al. 1985; Barlow/Duncan 1992). It shares this level of analysis with comparative social policy, and other comparative research.

It is possibly another example for the Anglo-Saxon dominance in housing research that a strong, centralized, uniform organization of the welfare state is deemed to be the norm across all European countries. In continental welfare states, not even the main, uncontested pillars of welfare, such as health or schooling, are uniformly organized on the national level. This is even truer for housing, the »wobbly pillar of the welfare state«, which has been taken over not by the market, but by many regional housing markets and their players. What remains of housing policy – after it has collapsed at the national level – has been devolved down to the provinces and (urban) regions (Guékiere 1992).

The argument that more regional comparative housing research is needed may be readily accepted by many, and its difficulties and costs will be quoted as an excuse for not having done so in the past. But there are more implications of mov-ing comparative housing research to the regional and local levels. As people and buildings in Google Earth, individuals and organizations appear when housing is researched at these territorial levels, with all their values and beliefs, engaged in discourses and collaborations.

These are the lacunae of comparative housing research that have to be filled, and that some have started to fill. Interest comes from different corners, and in different guises. Political scientists want to know more about the micro-politics of housing, where most of the game is in local arenas. At the HSA 2004 conference, Daly et al. have presented a comparative study of two city councils trying to privatise their housing stock, Birmingham and Glasgow.[1] More of such studies are needed, comparing regional housing politics both within nations and across.

In the omnibus volume on »social constructionism in housing research« (2004), Haworth, Manzi and Kemeny have written an admittedly speculative article on the consequences of such an approach for comparative housing research. As in single case studies, the focus will be on public discourses on housing matters, on the construction of housing problems, on power struggles over ideas – but in a number of places compared. The translation of housing discourse, the transferability of policies, and policy transfer itself are proposed as avenues for comparative constructionist research. Any empirical research of that sort will have to grapple with the fact that housing issues are debated at the regional level today, where specific problems are perceived and constructed, which will rarely become salient issues at the national level.

At the ENHR 2005 conference, Quilgars et al. have presented one of the rare methodological contributions on qualitative comparative housing research. In eight countries of the EU, 30 depth interviews are being conducted on the perception of housing as a repository of wealth. Again, empirical research had to be restricted to one average local housing market in each country. In contrast to the quantitative part of their study[2], by virtue of its representativeness delivering a »full ›nation‹ picture«, the qualitative part will offer a comparison of regions, often neglected by quantitative analysis (2005: 10).

In her PhD thesis on two urban housing markets, in Leipzig (DE) and Brno (CZ) respectively, Annett Steinführer (2005) has delivered the most explicit example of comparative case studies across two (post-communist) countries. At multiple levels of analysis, with a variety of methods, in two languages, the author traces the effects of economic and social transformation in two divergent settings. Once again, the fieldwork had to be restricted, to inner-city neighbourhoods, two in each city.

---

1   I want to thank Henryk Adamczuk for drawing my attention to that article.
2   Based on the European Community Household Panel (ECHP), as Hoekstra (2005a, b, c) and Czasny (2004).

From various angles, these four studies are contributing to an emerging approach within comparative housing research. They cannot be easily accommodated within the three cross-national schools of comparative housing research introduced by Jim Kemeny and Stuart Lowe (1998).

Their common ground is the micro-level, both in a territorial sense, as city or region, as well as in the understanding of social science, as individual, household, or organisation. Their epistemology is often constructivist, their methodology often qualitative, allowing for case studies to be accepted within comparative research. Most probably, there are many more studies available that follow the hidden agenda of devoting »more attention to micro-scale comparative studies« (Oxley 2001: 104). I would be delighted to hear from similar comparative housing research, and the contributors of these studies would benefit a great deal from the transfer of methodology and findings themselves.

Conclusions

From time to time, it is helpful for communities of research to lean back from ongoing work, however successful, requested or pressing such work may be, and gain a wider, more general view of the bits and pieces of daily research. This is true for comparative housing research as it is for any kind of academic research. Unfortunately, ours is only a small community of researchers, affiliated to various disciplines across Europe, embedded into their national (or language-area) discourses, coming together at annual occasions, on average. This is why there is little continuity in the theoretical and methodological debate on comparative housing research. Once the group of experts has met for a specialized seminar, and the papers have been published, the feeling amongst the participants and their audience and readers is that everything has been said and that many other projects and tasks are waiting.

From its beginnings in 1988, the European Network for Housing Research has had a Working Group on »Comparative Housing Policy«, renamed the »European Integration and National Housing Policies« WG in 1991 to attract and integrate Europeanist research. A seminar was held in 1995 and its proceedings were published (Kleinman/Matznette/Stephens 1998). Several ENHR conferences have alluded to these topics in their mottos over the years. At the 1996 Helsingør conference, Jim Kemeny and Stuart Lowe presented their typology of comparative research, to be published as an article in 1998. In 1999, AME, the Amsterdam Study Centre for the Metropolitan Environment, organized a seminar on methodological issues of cross-national comparison. From 2000, the number of papers offered at the specialized workshops on European and comparative topics fell off, and so did their audience. Due to this lack of demand, Mark Stephens and I decided to close down the specialized ENHR Working Group in 2001.

Meanwhile, comparative (and Europeanist) research on housing has continued, in ways I have tried to summarize in this paper. Many findings and much ongoing research can be accommodated within the three schools of comparative housing research, juxtapositional, convergence and divergence approaches, presented at one of our conferences 10 years ago.

All these approaches are united by their focus on nation-states as units of analysis.

In recent years, comparative research at the regional and local levels has gained momentum, focusing on case studies, looking into local discourses, at housing-related attitudes of individuals, making use of qualitative methods. There is a tradition of such kind of comparative housing studies, but they have always been subsumed amongst the dominant approaches at the national level. Of course, this can be done, and divergence and convergence, and empiricist research, will be detected in comparisons at the regional and local level. But my argument is, that these studies have things in common that bring new insight and understanding into comparative housing research, so far dominated by a focus on the macro-level of nation-states and societies. Any fully-fledged social science has to develop concepts at, methods for, and do empirical research at the microlevel, populated with knowledgeable agents. This holds true for comparative housing research as well.

PS: Mark Stephens (University of York) and Michelle Norris (University College Dublin) have proposed to establish a new Comparative Housing Policy Working Group within the ENHR and to hold a first conference in April 2007. This could well be the place where researchers interested in micro-scale comparative studies, currently scattered across specialist communities, will meet.

References

Adams, Carolyn T. (1987): »The Politics of Privatization«, in: Scandinavian Housing and Planning Research, Supplement no.1, pp. 127-155. DOI: 10.1080/02815737.1987.10801429

Angel, Shlomo (2000): Housing Policy Matters. A Global Analysis, New York: Oxford University Press.

Barlow, James/Duncan, Simon (1988): »The Use and Abuse of Housing Tenure«, in: Housing Studies 3 (4), pp. 219-231. DOI: 10.1080/02673038808720632

Barlow, James/Duncan, Simon (1992): Markets, States and Housing Provision: Four European Growth Regions Compared (=Progress in Planning, vol. 38, Part 2), Oxford: Pergamon Press.

Barlow, James/Duncan, Simon (1994): Success and Failure in housing Provision. European systems compared, Oxford: Elsevier Science.

Behring, Karin/Helbrecht, Ilse (2002): Wohneigentum in Europa. Ursachen und Rahmenbedingungen unterschiedlicher Wohneigentümerquoten in Europa, Ludwigsburg: Wüstenrot Stiftung.

Boelhouwer, Peter/van der Heijden, Harry (1992): Housing Systems in Europe: Part I: A Comparative Study of Housing Policy, Delft: Delft University Press.

Borchert, Jens (1998): »Zur Statik und Dynamik wohlfahrtsstaatlicher Regime«, in: Stephan Lessenich/Ilona Ostner (eds.), Welten des Wohlfahrtskapitalismus. Der Sozialstaat in vergleichender Perspektive, Frankfurt a.M.: Campus, pp. 137-176.

Castles, Frank (1998): »The really big trade-off: Home ownership and the welfare state in the New World and the Old«, in: Acta Politica, 33 (1), pp. 5-19.

Daly, Guy/Mooney, Gerry/Davis, Howard/Poole, Lynne (2005): »Housing Stock Transfer in Birmingham and Glasgow: The Contrasting Experiences of Two UK Cities«, in: European Journal of Housing Policy 5 (3), pp. 327-341. DOI: 10.1080/14616710500342234

Dickens, Peter/Duncan, Simon/Goodwin, Mark/Gray, Fred (1985): Housing, States and Localities, London: Methuen.

Donner, Christian (2000): Housing Policies in the European Union, Vienna: Author's edition.

Donner, Christian (2006): Housing Policies in Central Eastern Europe. Czech Republic/Hungary/Poland/Slovenia/Slovakia, Vienna: Author's edition:

Donnison, David (1967): The Government of Housing, Harmondsworth: Penguin Books.

Donnison, David/Ungerson, Clare (1982): Housing Policy, Harmondsworth: Penguin Books.

Esping-Andersen, Gøsta (1990): The Three Worlds of Welfare Capitalism, Cambridge: Polity Press.

Guékiere, Laurent 1991): Marchés et politiques de logement dans la CEE. La documentation française, Paris.

Guékiere, Laurent (1992): Les politiques du logement dans l'Europe de demain. La documentation française, Paris.

Harloe, Michael (1981): »The recommodification of housing« in: Michael Harloe/Elizabeth Lebas (eds.), City, Class and Capital, London: Edward Arnold, pp. 17-50.

Harloe, Michael (1985): Private Rented Housing in the United States and Europe, London: Croom Helm.

Harloe, Michael (1995): The People's Home? Social Rented Housing in Europe and America, Oxford: Blackwell.

Harloe, Michael Isacharoff, Ruth/Minns, Richard (1974): The Organization of Housing. Public and Private Enterprise in London, London: Heinemann.

Harloe, Michael/Paris, Chris (1984): »The Decollectivization of Consumption: Housing and Local Government Finance in England and Wales, 1979-1981«, in: Szelenyi, Ivan (ed.): Cities in Recession, London: Sage, pp. 70-98.

Haworth, Anna/Manzi, Toni/Kemeny, Jim (2004): »Social Constructionism and International Comparative Housing Research«, in: Keith Jacobs/Jim Kemeny/Toni Manzi (eds.), Social Constructionism in Housing Research, Aldershot: Ashgate, pp. 159-185.

Hoekstra, Joris (2005a): »Connecting Welfare State Regimes, Tenure Categories and dwelling Types«, in: D.U. Vestbro/J. Wilkinson/Y. Hürol (eds.), Methodologies in Housing Research, North Shields: Urban International Press, pp. 224-241.

Hoekstra, Joris (2005b): »Is there a Connection between Welfare State Regime and dwelling Type? An Exploratory Statistical Analysis«, in: Housing Studies 20 (3), pp. 475-495. DOI: 10.1080/02673030500062509

Hoekstra, Joris (2005c): »Rental systems in the European Union. An empirical test of Kemeny's rental system typology«, Paper presented at the ENHR conference in Reykjavik, Iceland.

Kemeny, Jim (1981): The Myth of Homeownership. Private versus public choices in housing tenure, London: Routledge & Kegan Paul.

Kemeny, Jim (1992): Housing and Social Theory, London: Routledge.

Kemeny, Jim (1995): From Public Housing to the Social Market. Rental policy strategies in comparative perspective, London: Routledge.

Kemeny, Jim/Lowe, Stuart (1998): »Schools of Comparative Housing Research. From Convergence to Divergence«, Housing Studies 13 (2), pp. 161-176. DOI: 10.1080/02673039883380

Kleinman, Mark (1998): »Western European housing policies: convergence or collapse?«, in: Mark Kleinman et al. (eds.), European Integration and Housing Policy, London: Routledge, pp. 242-255.

Kleinman, Mark/Matznetter, Walter/Stephens, Mark (eds.) (1998): European Integration and Housing Policy, London: Routledge.

Kroes, Hans/Ymkers, Fritz/Mulder, André (1988): Between Owner-occupation and rented sector. Housing in ten European countries. The Netherlands Christian Institute for Social Housing NCIV: De Bilt.

Lessenich, Stephan/Ostner, Ilona (eds.) (1998): Welten des Wohlfahrtskapitalismus. Der Sozialstaat in vergleichender Perspektive, Frankfurt a.M.: Campus.

Lujanen, Martti (2004): »Current International Housing Statistics and Suggestions for Improvements«, paper presented at the ENHR conference in Cambridge, 2-6 July 2004.

Matznetter, Walter (1990): »What kind of privatization? The case of Social Housing in Vienna, Austria«, in: The Netherlands Journal of Housing and Environmental Research 5 (2), pp. 181-197. DOI: 10.1007/bf02506088

Matznetter, Walter (1993): »Internationaler Vergleich von Wohneigentumsquoten«, in: Expertenkommission Wohnungspolitik (Hg.): Wohnungspolitik auf dem Prüfstand, Bonn: BMBau.

Matznetter, Walter (2002): »Social Housing Policy in a Conservative welfare State: Austria as an Example«, in: Urban Studies 2, pp. 265-282. DOI: 10.1080/00420980120102966

Matznetter, Walter/Stephens, Mark (1998): »Introduction: From comparative housing research to European housing research«, in: Mark Kleinman et al. (eds.), European Integration and Housing Policy, London: Routledge, pp. 1-16.

Oxley, Michael (1991): »Meaning, science, context and confusion in comparative housing research«, in: Journal of Housing and the Built Environment 16, pp. 89-106. DOI: 10.1080/02815739108730261

Quilgars, Deborah/Jones, Anwen/Elsinga, Marja/Toussaint, Janneke (2005): »Qualitative, comparative housing research: Some reflections on methodology«, Paper presented at the ENHR conference in Reykjavik, Iceland.

Steinführer, Annett (2005): »Comparative Case Studies in Cross-national Housing research«, in: D.U. Vestbro/J. Wilkinson/Y. Hürol (eds.), Methodologies in Housing Research, North Shields: Urban International Press, pp. 91-107.

Historische Zugriffe

Wohnungsnot gestern und heute

Barbara Schönig und Lisa Vollmer

Erschienen 2018 in *Informationen zur Raumentwicklung* Heft 4, S. 8-21.

Wohnen ist ein Grundbedürfnis. Doch Wohnraum wird zugleich als Ware gehandelt. Wiederkehrende Wohnungsnöte sind in diesem widersprüchlichen Verhältnis angelegt. Ihre konkreten Auslöser und Merkmale aber wandelten sich im historischen Verlauf ebenso wie die Strategien, mit denen der Staat in Deutschland diese Dysfunktionalität des Wohnungsmarkts einhegen wollte. Der Beitrag zeichnet diese Entwicklung in Deutschland seit dem späten 19. Jahrhundert bis heute nach.

> »Die ›neue Wohnungsnot‹ ist zunächst einmal die alte. Die Grundproblematik ist immer noch dieselbe, dass nämlich der Wohnungsmarkt eine gute Wohnungsversorgung nur zu Preisen bereitstellt, die die Zahlungsfähigkeit eines großen Teils der Haushalte übersteigt.« (Siebel 1987: 10)

Was Walter Siebel 1987 schrieb, lässt sich auch heute wieder konstatieren: Eine allgemeine Wohnungsnot für die ganze Bevölkerung lässt sich in der Bundesrepublik nicht feststellen. Aber sie zeigt sich räumlich und sozial polarisiert. Insbesondere in den Ballungszentren und den umliegenden Agglomerationsräumen, aber auch in Universitätsstädten fehlt es an Wohnraum (Waltersbacher/Schürt 2018: 40), und zwar für untere und mittlere Einkommensgruppen. Für sie wird es zunehmend schwieriger, Wohnraum zu finden, dessen Kosten noch einen auskömmlichen Anteil des Haushaltseinkommens zum Lebensunterhalt übrig lassen, der für sie also in diesem Sinne »bezahlbar« ist. Deutlich zeigt sich dies im Armuts- und Reichtumsbericht der Bundesregierung 2017: Die Wohnkostenbelastung spreizt sich immer weiter und liegt bei den unteren Einkommensgruppen derzeit weit über den als »bezahlbar« erachteten 30 Prozent (BMAS 2017: 361ff.). Die Wohnungsfrage als soziale Frage ist also auch heute keineswegs gelöst.

Das ist wenig überraschend: Die Ungleichverteilung von Wohnraum und Wohnkosten lässt sich als eine historische Konstante beschreiben, wenngleich sich Ausmaß und Ausprägung dieser Wohnungsnöte und die jeweils spezifischen Auslöser akuter Wohnungskrisen wandeln. Es scheint auf der Hand zu liegen, dass dies etwas mit der Struktur des Wohnens und des Wohnungsmarkts zu tun hat. In welcher Weise die Wohnungsfrage thematisiert wurde und wie dieser strukturellen Problematik gesellschaftlich begegnet wurde, wandelte sich jedoch im Lauf der Zeit. Ein Blick auf diesen Wandel erlaubt, die notwendigen Stellschrauben für eine »Lösung der Wohnungsfrage« klarer zu identifizieren.

Wohnen als Grundbedürfnis und die Wohnungsfrage als historisches Problem

Wohnen als besonderer Bedarf

Das Wohnen ist – wie die Luft zum Atmen und das Wasser zum Trinken – ein Grundbedürfnis des Menschen, auf das man nicht verzichten kann. Jeder muss wohnen. Dabei geht es um weit mehr als ein Dach über dem Kopf: Die Wohnung als Zuhause erfüllt wesentliche soziale Funktionen, sie ist Ort des privaten Rückzugs, der Selbstvergewisserung und der sozialen Reproduktion (vgl. Häußermann/Siebel 2000: 14f.). Der Wohnstandort strukturiert darüber hinaus die Zugehörigkeit zu Nachbarschaften und sozialen Beziehungen und entscheidet über die Zugänglichkeit von sozialen Infrastrukturen und Arbeitsplätzen. Die Lage der Wohnung ist damit auch entscheidend für Prozesse gesellschaftlicher Teilhabe und Chancengerechtigkeit (Friedrichs/Triemer 2008: 8). Die Wohnungsfrage als soziale Frage stellt sich also nicht nur im Hinblick auf die Kosten des Wohnens, sondern auch auf die mit dem Wohnen und dem Wohnstandort verbundenen Qualitäten und Integrationspotenziale des Wohnumfelds.

Über die individuellen Aspekte hinaus ist eine hinreichende Wohnraumversorgung auch bedeutsam für die Funktionalität städtischer Ökonomien, die auf qualitätsvollen bezahlbaren und erreichbaren Wohnraum ebenso angewiesen sind wie auf soziale Infrastrukturen (z.B. Schulen und Kindertagesstätten) (RegioKontext 2016: 4). Und nicht zuletzt prägt das Wohnen als Hauptnutzung städtischen Bodens wie keine andere Funktion die Stadt. Ihre morphologische Gestalt, aber auch ihre sozialräumliche Struktur werden durch die Logiken seiner Gestaltung und Verteilung geprägt. (vgl. Harlander/Kuhn 2012: 422ff.). Wohnraumversorgung und -entwicklung stellen daher sowohl aus Perspektive der Wohlfahrtsstaats- wie der Stadtforschung wesentliche Faktoren der gesellschaftlichen Integration dar.

Wohnen als besonderes Gut

Wohnen ist auch ökonomisch betrachtet ein Gut mit besonderen Merkmalen: Boden und damit auch der auf dem Boden errichtete Wohnraum werden als privates Eigentum wie jedes andere Gut behandelt, das gehandelt und dazu genutzt werden kann, Erträge zu schaffen. Allerdings unterscheidet sich Wohnraum von anderen Gütern insoweit, als der Wohnungsmarkt von strukturellen Dysfunktionalitäten geprägt ist, die sich aus der Beschaffenheit des Guts einerseits und seiner Funktion zur Befriedigung von Grundbedürfnissen andererseits ergeben (Holm 2011: 10). Wohnraum, dessen Produktion auf die natürlich begrenzte Ressource Boden angewiesen ist, ist ein grundsätzlich immobiles und endliches Gut, das zwangsläufig gerade dort besonders knapp ist, wo es am meisten nachgefragt wird. Im Gegensatz zu anderen Gütern lässt sich ein Mehrbedarf nicht durch eine kurzfristige Ausweitung des Angebots gleichwertiger Güter (z.b. mit gleicher Lagequalität) ausgleichen, sondern ist nur mit großer Zeitverzögerung, hohem Kapitalaufwand und an anderer Stelle möglich (Krätke 1995: 198ff.). Ein Ungleichgewicht des Markts zwischen Angebot und Nachfrage führt daher zu einer dysfunktionalen Preissteigerung. Die durch die Ware Wohnraum erzielbaren Renditen steigen, während eine adäquate Versorgung der Bevölkerung mit Wohnraum nicht mehr gewährleistet ist, solange die Einkommen nicht vergleichbar steigen. Preis und Gebrauchswert der Ware Wohnung entkoppeln sich also zwangsläufig in einem Maße voneinander, dass der Markt das Grundbedürfnis des Wohnens nicht mehr hinreichend sichert.

Versorgungspolitisch führt dies zu einem Mangel an Wohnraum in den besonders gefragten räumlichen und/oder preislichen Teilsegmenten des Wohnungsmarkts (Holm 2011: 14ff.). Die auf Wohnraum angewiesenen Haushalte können die mit diesem quantitativen Wohnungsmangel verbundenen, steigenden Wohnkosten nur begrenzt ausgleichen, da sie die sonstigen Lebenshaltungskosten noch decken müssen. Alternativ können sie auf Wohnqualität verzichten und damit in ein günstigeres Teilsegment aus-weichen: in Wohnraum mit geringerer Fläche oder Ausstattung oder an Standorte mit weniger Lage- und Umfeldqualitäten (vgl. Häußermann/Siebel 2000: 291f.). In der Folge wird sozialräumliche Segregation wohnungsmarktinduziert verstärkt. Sie intensiviert wie oben ausgeführt die Effekte sozialer Benachteiligung (Kronauer 2017: 162ff.).

Die Wohnungsfrage: ein historisches Problem!?

Dieses widersprüchliche Verhältnis zwischen Wohnen als sozialem Grundbedürfnis und Wohnraum als Ware, das sich aus der kapitalistischen Organisation von Boden- und Wohnungsmärkten ergibt, beschrieb Friedrich Engels 1873 als »die Wohnungsfrage«. Bereits im 19. Jahrhundert wurde diese im Hinblick auf die Bezahlbarkeit von Wohnraum aus Sicht der unteren Einkommensgruppen diskutiert. Was für wen als bezahlbar gilt, war dabei immer Gegenstand von Aushandlungsprozessen (Praum 2016). Schon damals etablierte sich die Idee eines abstrakten Schwellenwerts, der jenen Anteil des Haushaltseinkommens angab, der über alle Einkommensgruppen hinweg für Wohnkosten ausgegeben werden könnte und insofern die »Bezahlbarkeit« der Wohnung indizieren sollte. Dieser Prozentsatz wurde wiederholt angehoben, heute beträgt er 30 Prozent. Werden die Kosten für Energie mitgerechnet, liegt der Wert bei 40 Prozent (vgl. Pittini 2012: 2; Eurostat 2017).

Seit Jahrzehnten wird allerdings kritisiert, dass dieser »Ratio-Ansatz« nicht berücksichtigt, inwieweit das nach Abzug der Wohnkosten verbleibende Einkommen für die Lebenshaltungskosten auskömmlich ist. Dies hängt nämlich sowohl von der Höhe des Einkommens als auch von der Struktur des Haushalts ab. Für einen Haushalt mit geringem Einkommen kann es eine zu hohe Belastung darstellen, 30 Prozent seines Einkommens für die Miete aufzuwenden, während reichere Haushalte einen höheren Prozentsatz zahlen könnten.

Tatsächlich aber ist es umgekehrt: Arme Haushalte geben tendenziell einen überproportional hohen Anteil des Haushaltseinkommens für ihre Wohnkosten aus (vgl. Praum 2016; Lebuhn et al. 2017: 70f.). Unabhängig von den wohnstandortbedingten Aspekten sind daher steigende Wohnkosten ein Faktor, der Armutseffekte verstärkt und die Chancen zur Teilhabe am gesellschaftlichen Leben für arme Bevölkerungsschichten verringert.

Die Wohnungsfrage als Aufgabe des Wohlfahrtsstaats

Mit großer Regelmäßigkeit gerät die Wohnungsfrage aus diesen Gründen als Frage nach bezahlbarem Wohnraum gerade für die unteren und auch mittleren Einkommensgruppen in das Zentrum gesellschaftlicher Debatten in Deutschland – und das seit mehr als 150 Jahren. Dabei wandeln sich die gesellschaftlichen Rahmenbedingungen, die die Bewirtschaftung und Produktion von Wohnraum strukturieren ebenso wie die Anforderungen, die an das Wohnen aus sozialer, ökologischer oder ökonomischer Sicht gestellt werden. Der Grundkonflikt zwischen Grundbedürfnis und Warenförmigkeit der Wohnung aber blieb stets ungelöst.

Angesichts dieses grundsätzlichen Widerspruchs etablierten sich im Übergang vom 19. zum 20. Jahrhundert in zahlreichen industrialisierten Ländern, so auch in Deutschland, Wohnraumversorgung und Wohnungspolitik als öffentliche Aufgaben (vgl. Harloe 1995). Sie sollten die Grundversorgung mit Wohnraum sichern und damit die durch mangelhafte Wohnungsversorgung bedingten sozialen Konflikte und ökonomischen sowie stadtentwicklungspolitischen Dysfunktionalitäten auflösen oder zumindest abmildern. Ansätze entstanden dabei nicht nur auf nationaler, sondern gerade auch auf kommunaler Ebene. Sie erwuchsen als unmittelbare Wohnungs-, aber auch als Städtebau- und Stadtentwicklungspolitik. Anders aber als etwa die durchgreifenden bismarckschen Sozialreformen regulierten nationale staatliche Politiken das Wohnen von Anfang an nur teilweise. Es wurde nie in vergleichbarem Umfang wie zum Beispiel die Sozial- oder Krankenversorgung dem Markt entzogen – stets blieb das Wohnen »wobbly pillar of the welfare state« (Malpass 2008).

Allerdings veränderte sich die Art und Weise, wie Wohnraumversorgung reguliert wurde. Analog zur Bildung unterschiedlicher, national geprägter Wohlfahrtsregime lassen sich jeweils Regime der Wohnungsversorgung identifizieren. Wie diese sind sie als Ergebnis historisch und kulturell geprägter Arrangements von Institutionen, industriellen Beziehungen und wohlfahrtsstaatlichen Zielen zu interpretieren, mit denen die gesellschaftlichen Konflikte zwischen Arbeit und Kapital beantwortet wurden und werden (Brede 1988: 23f.; Castles et al. 2012: 4ff.).

Wohnungsfrage(n) in Deutschland

Betrachten wir rückblickend die Wohnungsfrage in Deutschland seit der Industrialisierung, so lassen sich verschiedene wohnungspolitische Regime identifizieren, die jedoch stets auf unterschiedliche (anknüpfende oder abgrenzende) Weise aufeinander bezogen waren. Dabei zeigen sich sowohl Kontinuitäten als auch Unterschiede in der Weise, wie der Wohnungsfrage begegnet wurde.

Wohnungskampf im 19. Jahrhundert

Im 19. Jahrhundert führten Industrialisierung und expansiver Welthandel zu massiven Urbanisierungsprozessen, die Bevölkerungszahlen in zahlreichen Metropolen stiegen in kürzester Zeit signifikant an. Die neue urbane Arbeiterschicht benötigte Wohnraum. Mietskasernen entstanden und entwickelten sich zu lukrativen Investitionsmöglichkeiten. Weitgehend ohne staatliche Kontrolle wurden sie von privaten Bauträgern realisiert – freilich nicht ohne die staatliche Unterstützung der infrastrukturellen Erschließung und der Umwandlung von Acker- in Bauland. Die fehlende Regulierung führte zu grassierendem Wohnungselend: unhygienische Wohnbedingungen, Überbelegung und Zwangsräumungen bei gleichzeitig immer weiter steigenden Mieten waren an der Tagesordnung (Niethammer/Bruggemeier 1976). Das führte schon früh zu Protesten und Selbstorganisation der Mieter (Nitsche 1981: 42ff.). Wie bereits erwähnt, fanden in der Folge bereits Ende des 19. Jahrhunderts die ersten systematischen Auseinandersetzungen mit der Wohnung als Ware und dem strukturellen Problem der Bezahlbarkeit des Wohnens statt.

Die Proteste von Mietern gemeinsam mit der bürgerlichen Wohnungsreformbewegung und der Bodenreformbewegung, die Angst vor Revolten in den Arbeitervierteln und vor Seuchen führten zu ersten staatlichen Eingriffen in den Wohnungsmarkt (Berger-Thimme 1976). Das erste Bürgerliche Gesetzbuch von 1900 schrieb basale Mieterrechte fest. Öffentlicher Wohnungsbau blieb allerdings rar, Wohnungspolitik wurde – im Gegensatz zu anderen Politikfeldern – nicht als Bereich staatlicher Intervention angesehen. Dies mag nicht zuletzt daran gelegen haben, dass das preußische Dreiklassenwahlrecht Hauseigentümern eine Zweidrittelmehrheit garantierte. Mieter setzten auf Selbsthilfe und gründeten zahlreiche Genossenschaften und Bauvereine, die die organisatorischen Grundlagen für das gemeinnützige Wohnungswesen nach dem Ersten Weltkrieg bildeten (Zimmermann 1991: 228f.).

Wohnungspolitik in der Weimarer Republik

Die Wohnungsnot verschärfte sich mit dem Ersten Weltkrieg durch den jahrelangen Ausfall der Wohnraumproduktion und den Zuzug von Kriegsflüchtlingen. Sie dehnte sich in immer weitere Schichten der Gesellschaft aus. Gleichzeitig legitimierte die Krisensituation staatliche Eingriffe in den Wohnungsmarkt (Haerendel 1999: 844). In der unmittelbaren Nachkriegszeit begrenzten kommunale Notstandsgesetze das Mietniveau; neu entstehende Wohnungsämter verwalteten zum Beispiel Belegungen. Das Preußische Wohnungsbaugesetz von 1918 etablierte bauliche Vorgaben für den Wohnungsbau, wie zum Beispiel die Trennung von Wohn- und Gewerberaum. In der Weimarer Verfassung wurden die Grundsteine der sozialen Wohnraumversorgung gelegt: Artikel 155 garantierte ein Recht auf angemessenen Wohnraum und integrierte den Bereich Wohnen damit in den sich etablierenden Wohlfahrtsstaat. Demgegenüber setzte sich die durchaus starke Bodenreformbewegung mit ihren Forderungen nach einer vollständigen Sozialisierung des Bodens nicht durch. Artikel 155 sah allerdings immerhin vor, dass Bodenwertsteigerungen von privaten Grundstücken »für die Gesamtheit nutzbar zu machen« seien. Die Wohnungsbauförderung nahm erst mit der Einführung der Hauszinssteuer Mitte der 1920er-Jahre an Fahrt auf, mit der sich Eigentümer von Immobilien am öffentlich geförderten Wohnungsbau beteiligen mussten. Die Hauszinssteuer schuf durch die Umlage der Steuer auf Mietverträge auch auf Kosten der Bestandsmieter Mittel für kommunale Wohnungsbauprogramme, die zunehmend an Bedeutung gewannen, allerdings keinen bezahlbaren Wohnraum für die untersten Einkommensschichten bereitstellten (Ruck 1987: 99). Diese mussten sich weiterhin auf dem freien Mietmarkt versorgen und litten unter schlechten Lebensverhältnissen und Mietsteigerungen. So blieb auch die Zeit der Weimarer Republik eine Hochphase des Mieterprotests. Die Protestierenden, organisiert in Mieterräten und Mietervereinen, forderten die vollständige Entkopplung der Wohnraumversorgung von der kapitalistischen Logik. Alternative Organisationsansätze bildeten sich in der Genossenschaftsbewegung und einer entstehenden gemeinnützigen Wohnungswirtschaft aus (Drupp 1987).

Wohnungspolitik im Nationalsozialismus

Die Folgen der Weltwirtschaftskrise nutzten die Nationalsozialisten, um ab 1933 die öffentliche Förderung des Wohnungsbaus zu beschränken: Die Wohnraumversorgung sollte stärker durch den Wohnungsmarkt abgedeckt werden, niedrige Zinsen sollten den Kapitalmarkt und damit die Produktion von Wohnraum fördern. Indirekte Subventionen gab die Regierung nun über Reichsbürgschaften aus. Mitte der 1930er-Jahre wurden so jährlich noch ähnlich viele Wohneinheiten gebaut wie zu Hochzeiten der Hauszinsära. Schon ab 1938 brachen die Zahlen angesichts der anziehenden Aufrüstungspolitik aber ein (Haerendel 1999: 851).

Die nationalsozialistische Wohnungspolitik zielte darauf, die räumliche Ordnung zu dezentralisieren und die Bevölkerung jenseits der Großstädte anzusiedeln – ein Ziel das angesichts fortschreitender Industrialisierungs- und Urbanisierungstrends allerdings nicht erreicht wurde. So bildeten das hierfür wesentliche Kleinsiedlungsprogramm für »deutsche Siedler« und die Förderung von Eigentum samt eigenen Grundstücks zur Selbstversorgung zwar den ideologischen Kern der bevölkerungs- und rassenpolitischen Ausrichtung nationalsozialistischer Wohnungspolitik. Die Zahl realisierter Siedlungen aber blieb marginal. Durch Eigenheimförderung und Selbstversorgung auf der »eigenen Scholle« versprach man sich soziale Befriedung und die Unterstützung loyaler, deutscher »Volksgenossen« (Haerendel 1999: 852f.).

Im Jahr 1940 wurde mit dem »Erlaß zur Vorbereitung des sozialen Wohnungsbaus nach dem Kriege« und der Ernennung Robert Leys zum »Reichskommissar für den sozialen Wohnungsbau« der zukünftig prognostizierte Massenwohnungsbau rationalisiert und zum ersten Mal institutionell als »sozialer Wohnungsbau« bezeichnet (Harlander/Fehl 1986: 107). Die Zahl der in diesem Programm erbauten Wohneinheiten blieb aber sehr gering.

Selbstorganisationen von Mietern (z.B. in Mietervereinen) wurden gleichgeschaltet oder zerschlagen. Auch den gemeinnützigen Wohnungssektor aus kommunalen Trägern, Genossenschaften und Bauvereinen schalteten die Nationalsozialisten gleich. Institutionelle Möglichkeiten zur Eigeninitiative, Selbstbestimmung und Selbstverwaltung in den Wohnungsorganisationen beseitigten sie mit verschiedenen Gesetzen (Haerendel 1999: 860ff.). Das Wohnungsgemeinnützigkeitsgesetz 1940, das die Gemeinnützigkeitsverordnung von 1930 ersetzte, schwor die gemeinnützigen Wohnungsunternehmen auf die zentralisierte Wohnungspolitik des NS-Staates ein. Diese wirkten auch kräftig mit bei der »Wohnraumarisierung«, die sich ab 1938 verschärfte. Mitgliedschaften jüdischer Menschen in Genossenschaften wurden verboten. Juden wurden schließlich aus ihren Wohnungen vertrieben und in Zwangsarbeitslager oder Konzentrationslager abtransportiert. Der Entzug der Wohnberechtigung stand »am Ende des Entrechtungs- und am Anfang des planmäßigen Vernichtungsprozesses« (Haerendel 1999: 869).

Die Wohnungsfrage nach 1945

Die großflächige Zerstörung von Wohnraum in allen Besatzungszonen ebenso wie die große Zahl von Flüchtlingen in den Städten nach 1945 war eine große wohnungs- aber auch stadtentwicklungspolitische Herausforderung. Im Westen waren 21 Prozent (2,3 Millionen) aller Wohneinheiten, im Osten 10 Prozent (0,5 Millionen) zerstört und noch mehr schwer beschädigt (Heinz/Kiehle 1995: 654). Dem dramatischen quantitativen und qualitativen Mangel an Wohnraum begegnete man in den Nachkriegsjahren in der sowjetischen ebenso wie in der amerikanischen, britischen und französischen Zone mit weitreichender Regulierung zur Verteilung vorhandenen Wohnraums und mit umfassenden Maßnahmen zur Steuerung von Neu- und Wiederaufbau. Ab 1949 war die Lösung der »Wohnungsfrage« in beiden deutschen Staaten eine wirtschafts- und sozialpolitisch, aber auch symbolisch bedeutsame Aufgabe. Wie kaum ein anderes Feld machte sie den Wiederaufbau des Landes räumlich und individuell erfahrbar. Wohnungspolitik hatte daher in beiden jungen deutschen Staaten eine herausragende Bedeutung. Sie entstand allerdings unter differierenden und konkurrierenden gesellschaftspolitischen Bedingungen, wenngleich die städtebaulichen und architektonischen Konzepte in vielerlei Hinsicht Parallelen aufweisen (vgl. Urban 2012: 60f.).

Wohnungspolitik in der DDR

In der DDR folgten Bodenbewirtschaftung, Entwicklung und Verteilung von Wohnraum weitgehend den Vorgaben staatlicher Direktiven und der Planwirtschaft. Politisches Ziel war es, den Warencharakter des Wohnens aufzuheben. Bodenpreise wurden eingefroren, der Kündigungsschutz massiv ausgeweitet und Mietpreise auf dem Niveau von 1936 festgesetzt (Heinz/Kiehle 1995: 654). Der Neubau von Wohnungen wurde staatlich subventioniert und erfolgte überwiegend als staatlicher und »volkseigener«, teilweise auch als genossenschaftlicher Wohnungsbau. Ab 1958 wurden kommunale Wohnungsverwaltungen mit der lokalen Wohnraumbewirtschaftung betraut. Der Neubau wurde aus dem zentralen Haushalt des Staats finanziert, allerdings zugunsten des industriellen Produktionsinvestitionsprogramm bis in die 1970er-Jahre vernachlässigt (Schildt 1998: 181).

So gelang es bis in die 1970er-Jahre nicht, die quantitative Wohnungsnot zu beheben. Auch die Wohnqualität litt. Zwischen Mitte der 1950er- und der 1960er-Jahre sank die durchschnittliche Wohnungsgröße sogar (Schildt 1998: 185). Erst das 1973 verabschiedete Wohnungsbauprogramm unter Erich Honecker wertete die Wohnungsversorgung politisch auf. Neubauzahlen und allgemein Wohnqualität stiegen in den Folgejahren beträchtlich.

Bezahlbarkeit war für die überwiegende Mehrheit der Bevölkerung keine Herausforderung, da die Mieten in Alt- und Neubau staatlich festgesetzt wurden und im Durchschnitt lediglich drei Prozent des Monatseinkommens betrugen (Schildt 1998:180). In den neu entstehenden Siedlungen galt dies auch für die Wohnqualität: Sie waren mit Heizungen und sanitären Anlagen ausgestattet, wiesen meist eine gute Verkehrsanbindung und Versorgung mit sozialer Infrastruktur auf. Die Instandhaltung und Sanierung der innerstädtischen Altbaubestände allerdings wurde aus politischen, insbesondere ab den 1980ern auch aus finanziellen Gründen vernachlässigt. Sie waren mehr und mehr dem baulichen Verfall preisgegeben und blieben hinsichtlich sanitärer und Heizungsstandards weit hinter dem neu errichteten Wohnraum zurück. Die Wohnungsfrage in der DDR stellte sich daher eher mit Blick auf die Verteilung von Wohnqualität. Diese wurde staatlich gemäß demografischer und ökonomischer, aber auch politischer Vorgaben gesteuert. Nichtprivilegierte und politisch nicht-opportune Bevölkerungsgruppen waren aus den Neubauquartieren infolgedessen oft ausgegrenzt (Schildt 1998: 172).

Die »Soziale Wohnungsmarktwirtschaft« in der BRD

Im konservativ-korporatistischen Wohlfahrtstaatsregime der BRD lenkte der Staat die Wohnraumversorgung dagegen nur während eines kurzen Zeitraums in vergleichbarem Umfang. Die in der Nachkriegszeit gültige »Wohnungszwangswirtschaft« beinhaltete eine zentrale Bewirtschaftung und Zuweisung von privatem Wohnraum und die Verpflichtung, Wohnraum zu teilen. In den besonders von Wohnraum-mangel betroffenen Kreisen und Städten wurden die Mieten auf Vorkriegsniveau eingefroren und schufen so ein bezahlbares Wohnungssegment vor allem im Altbaubestand (vgl. Beyme 1999: 93f.). Ab 1960 wurde die »Wohnungszwangswirtschaft« sukzessive wieder abgebaut. Mietkappungen auf Vorkriegsniveau wurden in manchen Städten mit weiterhin hohem quantitativem Wohnungsmangel noch deutlich langer beibehalten (Beyme 1999: 110).

Gleichzeitig wurde der Wohnungsneubau in großem Umfang staatlich gefördert. Neben der von Anfang an forcierten Eigentumsförderung sollte vor allem die Förderung des sozialen Mietwohnungsbaus die quantitative Wohnungsnot beheben (vgl. Beyme 1999: 97, 123). Insgesamt entstanden zwischen 1950 und 1990 knapp acht Millionen geförderte Wohnungen für verschiedene Einkommensgruppen (vgl. Beyme 1999: 128). Die darlehensbasiert geförderten Wohnungen wurden temporär mit einer Sozialbindung versehen. Nach Ablauf dieser vertraglich vereinbarten »sozialen Zwischennutzung« (Donner 2000: 200) konnten sie als privates Immobilieneigentum am Wohnungsmarkt frei gehandelt werden (vgl. Hanauske 1995: 42f.). Träger des sozialen Wohnungsbaus waren ebenso profitorientierte wie (private oder öffentliche) gemeinnützige Wohnungsunternehmen. Letztere hielten Ende der 1980er-Jahre etwa 50 Prozent aller Sozialwohnungen und 26,4 Prozent der Mietwohnungen in Westdeutschland (Kühne-Büning et al. 1999: 182f.).

Sozialer Wohnungsbau in der BRD adressierte angesichts der alle betreffenden Wohnungsnot die Versorgung der »breiten Schichten des Volkes«, also auch und gerade die wachsende Mittelschicht. Die Mieten des sozialen Wohnungsbaus lagen zwar oft über jenen im (regulierten) Bestand, blieben aber für die Mittelschichten bezahlbar dank steigender Löhne (Häußermann/Siebel 1996: 154f.). Dabei bot der Neubau deutlich höhere Wohnqualität und setzte in diesem Sinne Standards des Wohnens. Ab 1974 galt die quantitative Wohnungsnot im gesamten Gebiet der Bundesrepublik als gelöst (Kockelkorn 2017: 121). In den 1970er-Jahren stellte sich die Wohnungsfrage für die Mittelschicht daher weniger hinsichtlich der Verfügbarkeit von Wohnraum oder der Bezahlbarkeit. Flächenverbrauch und Wohnstandards waren in der BRD seit Kriegsende kontinuierlich gestiegen.

Gleichwohl aber wurden Wohnungsfragen ab den späten 1960ern und insbesondere in den 1970ern gesellschaftlich breit diskutiert. Die Fragen unterschieden sich allerdings teilmarktbezogen und für unterschiedliche gesellschaftliche Gruppen (vgl. Evers/Harlander 1983: insb. 149ff.). So entfachten die durch Stadterneuerungsprogramme geförderten (Kahlschlag-)Sanierungen innerstädtischer Altbaugebiete, die Mietsteigerungen für die dort konzentrierten Armen, Alten, Arbeitslosen, Ausländer und Auszubildenden (bzw. Studierenden) vorantrieben, einen Kampf um den Erhalt innerstädtischer Bausubstanz und subkultureller Räume. Dieser brachte sowohl die stadträumlichen Qualitäten als auch die Bedeutung dieser Bestände als bezahlbaren Wohnraum in Anschlag (Bodenschatz/Heise/Korfmacher 1983). Gleichzeitig prangerten städtische Bewegungen mangelnde Wohnumfeldqualitäten, Preissteigerungen und Missmanagement im sozialen Wohnungsneubau an (Becker 2018). Welche Relevanz diesen Themen zukam, zeigte sich bereits Ende der 1970er in einer allgemein attestierten und diskutierten »neuen Wohnungsnot« in den Ballungszentren (vgl. Evers/Harlander 1983).

Tatsächlich war zu diesem Zeitpunkt allerdings das »goldene Zeitalter des sozialen Wohnungsbaus« (Häußermann/Siebel 1994: 23) und damit die kurze Phase weitreichender direkter Eingriffe des Bundes in den Wohnungsmarkt bereits beendet: Das 2. WoBauGesetz stärkte bereits 1956 die Eigentumsförderung und 1963 wurde das Wohngeld als wesentliches wohnungspolitisches Instrument beschlossen, mit dem einkommensabhängig Mietzahlungen im freien Wohnungsmarkt subventioniert wurden. Die Zahl neu geförderter Sozialwohnungen sank bereits ab den 1960ern stetig (vgl. Egner 2014: 15).

Schon Anfang der 1980er sahen sich die Kommunen angesichts schwindender Bundesförderung und auslaufender Sozialbindungen dazu verpflichtet, den wachsenden Mangel an bezahlbarem Wohnraum auszugleichen und drängten auf stärkeres Engagement des Bundes (vgl. Wollmann 1983: 40). Nichtsdestotrotz beschritt der Bund in den 1980ern im Zuge der konservativ liberalen Wende wohlfahrtsstaatlicher Politik mit der Regierung Helmut Kohls konsequent den Rückzug aus der Wohnungspolitik: Wesentlicher Bestandteil war dabei neben der zurückgefahrenen Förderung im sozialen Wohnungsbau die Abschaffung der Wohnungsgemeinnützigkeit 1990. Sie veränderte die Anbieterstruktur im bundesdeutschen Wohnungsmarkt nachhaltig und löste nicht profitorientierte Akteure als relevante Einflussgrößen ab. Gleichzeitig verloren die Kommunen zunehmend Sozialwohnungen durch das Auslaufen zahlreicher Nachkriegsbestände aus der Sozialbindung. Schon 1988 konstatierte der Stadtbaurat von Offenbach angesichts dieser Lage resigniert, dass die Kommunen angesichts fiskalischer Krisen und zunehmender Armut das Wohnungsproblem kaum hinreichend würden lösen können (Kaib 1998: 61ff.).

Dieser Rückzug aus der nationalen Wohnungspolitik lässt sich zweifelsohne als Teil der umfassenden Restrukturierung des Wohlfahrtsstaats in der Bundesrepublik insgesamt verstehen (vgl. Lessenich 2008). Gleichwohl erweist sich dies nicht als Bruch bundesrepublikanischer Wohnungspolitik, die gerade angesichts der Systemkonkurrenz mit der DDR von Anbeginn nicht als dauerhafte Intervention in einen strukturell dysfunktionalen Boden- und Wohnungsmarkt und dauerhafte staatlich organisierte Wohnraumversorgung konzipiert war. Als »soziale Wohnungsmarktwirtschaft« (Hanauske 1995: 61) sollte der Staat analog zur sozialen Marktwirtschaft lediglich in den Markt eingreifen, wenn eine hinreichende Versorgung der Bevölkerung mit Wohnraum dies erforderte. Zyklisch wiederkehrende Krisen, die verstärkte Interventionen erfordern, waren in diesem System angelegt und galten gleichwohl als auffangbar.

Wohnungsfrage(n) heute

Bereits kurz nach dem Beschluss zur Abschaffung der Wohnungsgemeinnützigkeit zeichnete sich ab 1989 eine erneute Wohnungskrise in den Ballungszentren ab, die sich nur vordergründig durch die Zuwanderung aus osteuropäischen Staaten erklären ließ (Häußermann/Siebel 1996: 296f.). Abermals erhöhte der Bund die Fördermittel für den sozialen Wohnungsbau kurzzeitig (vgl. Schönig 2018: 230).

Der langfristigen Abnahme preiswerten Wohnraums wirkte dies jedoch nicht entgegen: Immer größere Teile der geförderten Nachkriegsbestände verloren die temporären Sozialbindungen und innerstädtische Aufwertungen forcierten steigende Mietpreise. Infolge der abgeschafften Gemeinnützigkeit wurden preiswerte Wohnungen aus dem Portfolio der ehemals gemeinnützigen gerade auch kommunalen Wohnungsunternehmen in den alten Bundesländern privatisiert. Auch die ehemals volkseigenen Wohnungsbestände der neuen Bundesländer wurden vielfach privatisiert.

Mit dem Altschuldenhilfegesetz wurde die Schuldenlast der ehemals volkseigenen Wohnungsunternehmen zusammen mit den Wohnungsbeständen an die Kommunen übergeben, die sich in der Folge vielfach zu Verkäufen genötigt sahen. Austeritätspolitiken ließen den Verkauf kommunaler Wohnungsbestände in West wie Ost als attraktive Lösung für die kurzfristige Entlastung angespannter Haushalte erscheinen. Zusätzlich wirkten sich die großen *En-Bloc*-Privatisierungen ab den 1990er-Jahren verheerend aus: Sie ermöglichten den Einstieg finanzialisierter, am kurzfristigen Profit interessierter Akteure in den Wohnungsmarkt (Unger 2016: 91; Claßen/Zander 2018). Die (internationalen) Finanz marktakteure intensivierten die Dynamik städtischer Boden- und Mietpreise mit ihren finanzmarktbasierten Renditeinteressen. Insbesondere seit der Finanzkrise ab 2008 nutzen sie aufgrund der Niedrigzinspolitik und fehlender Investitionsmöglichkeiten im produzierenden Wirtschaftssektor städtische Wohnungsmärkte als attraktive Anlagemöglichkeiten.

Insgesamt reorganisierten diese wohnungs- und stadtentwicklungspolitischen Trends die städtischen Wohnungsmärkte seit den 1990er-Jahren räumlich und strukturell. Allerdings erfolgte dies in west- und ostdeutschen Bundesländern vor dem Hintergrund verschiedener räumlicher und stadtentwicklungspolitischer Ausgangsbedingungen nicht im gleichen Ablauf und Tempo. Zum Ende des zweiten Jahrzehnts des 21. Jahrhunderts ist das unterste Segment des Wohnungsmarkts im gesamten Bundesgebiet zu schmal geworden, um die steigende Zahl bedürftiger Haushalte zu versorgen. Dabei verringern sich die Unterschiede zwischen Ost- und Westdeutschland, vertiefen sich aber zwischen wachsenden und schrumpfenden Regionen.

Wohnungspolitik des Bundes (aber auch der Kommunen) hatte dieser zunehmend rasanter werdenden Entwicklung kaum noch etwas entgegen zu setzen: 2001 beschloss die rot-grüne Bundesregierung das Wohnraumförderungsgesetz, das den sozialen Wohnungsbau neben anderen Strategien in den Hintergrund rückte und dessen Zielgruppe auf Notfälle oder Gruppen mit besonderem Unterstützungsbedarf einschränkte. Mit dem Föderalismusgesetz 2006 verabschiedete sich der Bund aus dem sozialen Wohnungsbau. Er überantwortete ihn mit (zunächst) befristeten Kompensationszahlungen den Ländern, wobei angesichts des gegenwärtigen Mangels bezahlbaren Wohnraums die Zahlungen weitergeführt wurden und die Entscheidung politisch überdacht wird (Bundesregierung 2018).

Während die Zahl neugeförderter Sozialwohnungen drastisch sank und beispielsweise im Jahr 2014 bei knapp 9.900 Wohnungen bundesweit lag (Spars 2017: 86), wuchs die Belastung der öffentlichen Haushalte durch die steigenden Zahlungen für Wohngeld und seit 2006 auch für die Kosten der Unterkunft kontinuierlich. Zwischen 2006 und 2016 stiegen die Ausgaben für Wohngeld und Kosten der Unterkunft gemäß SGB II und SGB XII trotz sinkender Zahl an Empfängerhaushalten und Bedarfsgemeinschaften von 16,8 auf 18,7 Milliarden Euro (Deutscher Bundestag 2017: 120ff.).

Über die Jahre hinweg blieb die Förderung des Wohneigentums als eine der teuersten Subventionen der Bundesrepublik durch steuerliche Abzüge und zwischen 1996 und 2006 als mittelschichtsorientierte Förderung von Wohneigentum (Eigenheimpauschale) ein bedeutendes wohnungspolitisches Instrument. Es fügte sich im Sinne einer »Responsibilisierung der Bürger« auch in die neue wohlfahrtsstaatliche Politik privatisierter Altersvorsorge ein (vgl. Egner 2014: 17; Heeg 2013).

Fazit

Die dramatischen Folgen dieser politischen und gesellschaftlichen Entwicklungen werden im zweiten Jahrzehnt dieses Jahrhunderts sichtbar – ebenso wie die Zahnlosigkeit der verbliebenen Rudimente staatlicher Wohnungspolitik. Es sind vor allem die lokalen wohnungspolitischen Bewegungen, die die Wohnungsfrage in den letzten Jahren wieder auf die politische Agenda gesetzt haben (Vogelpohl et al. 2017). Nur mühsam hat sich in den letzten Jahren eine bundesweite Diskussion über Wohnungspolitik etabliert, die sowohl mieten- als auch wohnungspolitische Instrumente in Betracht zieht.

Grundsätzlich aber bewegt sie sich in den etablierten Mustern: Zum Beispiel wurde weder eine umfassende Stärkung nicht profitorientierter Akteure durch den Wiederaufbau einer starken gemeinnützigen Wohnungswirtschaft (Kuhnert/Leps 2017; Holm/Horlitz/Jensen 2017) noch eine Abkehr von der temporären Sozialbindung geförderten Wohnraums ernsthaft politisch in Erwägung gezogen. Beides ist zentral ursächlich für den ab den 1990er-Jahren absehbaren Mangel an bezahlbarem Wohnraum. Auch die Diskussionen des mit einflussreichen Interessenvertretern politik- und akteursfeldübergreifend besetzten »Bündnis für Wohnen« brachte keine Impulse, die einen Paradigmenwechsel in der Wohnungspolitik befördern und zu einer Abkehr von einer »Wohnungspolitik als Krisenintervention« beitragen. Die heutige bundesrepublikanische Wohnungspolitik setzt stattdessen die »Soziale Wohnungsmarktwirtschaft« und die Förderung von Wohneigentum ungebrochen fort – der seit den 1970ern sichtbaren, strukturell angelegten zyklischen Krisen und der langfristig geringen Nachhaltigkeit kurzfristiger, marktorientierter Interventionen zum Trotz.

Wohnungspolitik in Deutschland knüpft damit an eine ältere Tradition an, in der laut Klaus Beyme bereits seit dem späten 19. Jahrhundert stets marktwirtschaftliche Strategien als Mittel der Wahl zur Sicherung der Wohnraumversorgung dominierten. So sei die

»Deregulierung der Wohnungspolitik in den achtziger Jahren [...] kein wirklicher Bruch mit der traditionellen Wohnungsbaupolitik [in Deutschland] gewesen, sondern eine Rückkehr zu einer deutschen Tradition. [Denn] Staatsinterventionen im Wohnungsbau wurden – mit Ausnahme der SPD-Politik am Anfang der Weimarer Republik – immer nur als Eingriff in Notsituationen verstanden [, d]ie temporären Eingriffe nach dem Krieg [...] denn auch selbst in Gesetzen als ›Wohnungszwangswirtschaft‹ abgewertet« (Beyme 1999: 133).

In diesem Sinne lässt sich die heutige Wohnungspolitik insofern als das Produkt einer konservativen wohlfahrtsstaatlichen Verfasstheit der Gesellschaft verstehen. Um stabile gesellschaftliche Schichtungen zu erhalten, werden wohnungspolitische Interventionen jenseits des Markts lediglich dann als notwendig erachtet, wenn absolute oder teilmarktbezogene Wohnungsnot ein Maß erreicht haben, das eben jene gesellschaftliche Stabilität gefährdet und gesellschaftliche Bewegungen und Auseinandersetzungen politische Kompromisse erzwingen (vgl. Niethammer 1988: 304f.) – so wie dies just in der Legislaturperiode 2013 bis 2017 wieder geschah. Eine dauerhafte Lösung der Wohnungsfrage würde es erfordern, dieses grundlegende Verständnis von Wohnungspolitik zu überdenken.

Einstweilen geschieht dies vor allem auf kommunaler Ebene – dort, wo die sozialen Versorgungsengpässe unmittelbar sichtbar werden und soziale Bewegungen seit Jahren auf die Sicherung des Rechts auf Wohnen pochen. Trotz staatlich verordneter Austeritätspolitiken suchen zahlreiche Kommunen Wege, durch Planungsrecht, Rekommunalisierung von Wohnraum oder Wohnungsunternehmen oder durch den Ankauf kommunaler Grundstücke wohnungspolitische Handlungsfähigkeit wieder herzustellen und diese in die Stadtentwicklungspolitik zu integrieren (Vollmer/Kadi 2018: 247). Dass dies angesichts kommunaler Defizite ohne bundes- und landespolitische Unterstützung in hinreichendem Maß gelingt, darf bezweifelt werden. Gleichwohl ist es ein wesentlicher Baustein zur Lösung der Wohnungsfrage.

Literatur

Becker, Heide de (2018): »Unbedingt modern – Glücksversprechen Großwohnsiedlung«, in: Forum Stadt 45 (1): 1968. Stadt – Wohnen – Politik, S. 71-78.

Berger-Thimme, Dorothea (1976): Wohnungsfrage und Sozialstaat. Untersuchungen zu den Anfängen staatlicher Wohnungspolitik in Deutschland (1873-1918), Frankfurt a.M.

Beyme, Klaus von (1999): »Wohnen und Politik«, in: Ingeborg Flagge/Michael Andritzky (Hg.), Geschichte des Wohnens, Bd. 5, 1945 bis heute. Aufbau, Neubau, Umbau. Stuttgart: DVA, S. 83-154.

Bodenschatz, Harald/Heise, Volker/Korfmacher, Jochen (1983): Schluss mit der Zerstörung? Stadterneuerung und städtische Opposition in Amsterdam, London und West-Berlin, Gießen: Anabas Verlag.

BMAS – Bundesministerium für Arbeit und Soziales (Hg.) (2017): Lebenslagen in Deutschland. 5. Armuts- und Reichtumsbericht der Bundesregierung, Berlin.

Brede, Helmut (1988): »Thesen zum Verhältnis von wohnungspolitischen und gesellschaftlichen Tendenzen«, in: Walter Prigge/Wilfried Kaib (Hg.), Sozialer Wohnungsbau im internationalen Vergleich, Frankfurt a.M.: Vervuert, S. 20-24.

Bundesregierung (2018): Entwurf eines Gesetzes zur Änderung des Grundgesetzes (Artikel 104c, 104d, 125c, 143e), Berlin.

Castles, Francis/Leibfried, Stephan (2012): The Oxford handbook of the welfare state, Oxford: Oxford University Press.

Claßen, Gudrun/Zander, Christoph (2018): »Börsennotierte Wohnungsunternehmen und kommunale Wohnungsunternehmen als Wohnungsmarktakteure«, in: BBSR (Hg.), Forschung im Blick 2017/2018: S. 35-38.

Egner, Björn (2014): »Wohnungspolitik seit 1945«, in: Aus Politik und Zeitgeschichte 64 (20/21): S. 13-19.

Engels, Friedrich (1976 [1873]): Zur Wohnungsfrage, MEW Bd. 18, Berlin: Dietz Verlag.

Eurostat (2017): Housing conditions. http://ec.europa.eu/eurostat/statistics-explained/index.php/Housing_conditions-#Further_Eurostat_information (letzter Zugriff am 04.07.2018).

Evers, Albert/Harlander, Tilman (1983): »Kommunale Wohnungspolitiken zwischen Wachstumszwängen und Wohnungsnöten – diskutiert am Beispiel dreier Großstädte« in: Albert Evers/Hans-Georg, Lange/Hellmut Wollmann (Hg.), Kommunale Wohnungspolitik, Basel: Birkhäuser, S. 129-158.

Friedrichs, Jürgen/Triemer, Sascha (2008): Gespaltene Städte? Soziale und ethnische Segregation in deutschen Großstädten, Wiesbaden: Springer VS. DOI: 10.1007/978-3-531-91675-0

Deutscher Bundestag (2017): Dritter Bericht der Bundesregierung über die Wohnungs- und Immobilienwirtschaft in Deutschland und Wohngeld- und Mietenbericht 2016, Berlin http://dip21.bundestag.de/dip21/btd/18/131/1813120. pdf (letzter Zugriff am 11.07.2018).

Donner, Christian (2000): Wohnungspolitiken in der Europäischen Union: Theorie und Praxis, Wien: Selbstverlag.

Drupp, Michael (1987): »Gemeinnützige Bauvereine im Wohnungswesen der Weimarer Republik« in: Werner Abelshauser (Hg.), Die Weimarer Republik als Wohlfahrtsstaat. Zum Verhältnis von Wirtschafts- und Sozialpolitik in der Industriegesellschaft. Stuttgart: Steiner, S. 124-146.

Haerendel, Ulrike (1999): »Wohnungspolitik im Nationalsozialismus«, in: Zeitschrift für Sozialreform Heft 10 (45), S. 843-879.

Hanauske, Dieter (1995): Bauen, bauen, bauen...! Die Wohnungspolitik in Berlin (West) 1945-1961, Berlin: Akademie Verlag.

Harlander, Tilman (1995): Zwischen Heimstätte und Wohnmaschine. Wohnungsbau und Wohnungspolitik in der Zeit des Nationalsozialismus, Basel/Berlin/Boston: Birkhäuser.

Harlander, Tilman/Fehl, Gerhardt (1986): Hitlers sozialer Wohnungsbau 1940-1945. Wohnungspolitik, Baugestaltung und Siedlungsplanung, Hamburg: Christians Verlag.

Harloe, Michael (1995): The People's Home? Social Rented Housing in Europe and America, Cambridge: Blackwell.

Häußermann, Hartmut/Siebel, Walter (1994): »Das Ende des sozialen Wohnungsbaus«, in: Peter Conradi/Christoph Zöpel (Hg.), Wohnen in Deutschland. Not im Luxus, Hamburg: Hoffmann+ Campe Verlag, S. 9-31.

Häußermann, Hartmut/Siebel, Walter (2000): Soziologie des Wohnens, 2. Auflage, Weinheim: Beltz Juventa.

Heeg, Susanne (2013): »Wohnungen als Finanzanlage. Auswirkungen von Responsibilisierung und Finanzialisierung im Bereich des Wohnens«, in: sub\urban. zeitschrift für kritische stadtforschung 1 (1), S. 75-99. DOI: 10.36900/suburban.v1i1.71

Heinz, Ulrike/Kiehle, Wolfgang (1995): »Wohnungspolitik«, in: Uwe Andersen/Wichard Woyke (Hg.), Handwörterbuch des politischen Systems der Bundesrepublik Deutschland, Wiesbaden: Springer VS, S. 654-659.

Holm, Andrej (2011): »Wohnung als Ware. Zur Ökonomie und Politik der Wohnungsversorgung«, in: Widersprüche 31 (121), S. 9-22.

Holm, Andrej/Horlitz, Sabine/Jensen, Inga (2017): Neue Wohnungsgemeinnützigkeit. Voraussetzungen, Modelle und erwartete Effekte. Studie der Rosa-Luxemburg-Stiftung.

Kaib, Wilfried (1988): »Neue Wohnungsnot«, in: Walter Prigge/Wilfried Kaib (Hg.), Sozialer Wohnungsbau im internationalen Vergleich, Frankfurt a.M.: Vervuert, S. 56-64.

Kockelkorn, Anne (2017): »Wohnungsfrage Deutschland: Zurück in die Gegenwart. Von der Finanzialisierung der Nullerjahre über den Niedergang der Neuen Heimat zum Ordoliberalismus der 1950er Jahre«, in: Jesko Fezer/Nikolaus Hirsch/Wilfried Kuehn/Hila, Peleg (Hg.), Wohnungsfrage, Berlin: Matthes & Seitz, S. 106-142.

Krätke, Stefan (1995): Stadt Raum Ökonomie. Einführung in die aktuellen Problemfelder der Stadtökonomie und Wirtschaftsgeographie, Basel: Birkhäuser, S. 94-210.

Kühne-Büning, Lidwina/Plumpe, Werner/Hesse, Jan-Otmar (1999): Zwischen Angebot und Nachfrage, zwischen Regulierung und Konjunktur (= Geschichte des Wohnens. Vol. 5), Stuttgart: DVA.

Harlander, Tilman/Kuhn, Gerd (2012): »Aktive Mischung – Zur Zukunft der Städte. Ein Resümee«, in: Tilman Harlander/Gerd Kuhn/Wüstenrot-Stiftung (Hg.), Soziale Mischung in der Stadt, Stuttgart: Wüstenrot-Stiftung, S. 420-429.

Kronauer, Martin (2017): »Soziale Polarisierung der Städte. Ursachen, Hintergründe und Gegenstrategien«, in: Heinrich-Böll-Stiftung (Hg.), Geteilte Räume. Strategien für mehr sozialen und räumlichen Zusammenhalt, Berlin, S. 156-171.

Kuhnert, Jan/Lebs, Olaf (2017): Neue Wohnungsgemeinnützigkeit. Wege zu langfristig preiswertem und zukunftsgerechtem Wohnraum, Wiesbaden: Springer VS.

Lebuhn, Henrik/Holm, Andrej/Junker, Stephan/Neitzel, Kevin (2017): Wohnverhältnisse in Deutschland – eine Analyse der sozialen Lage in 77 Großstädten, Studie der Hans-Böckler-Stiftung, Düsseldorf.

Lessenich, Stephan (2008): Die Neuerfindung des Sozialen. Der Sozialstaat im flexiblen Kapitalismus, Bielefeld: transcript.

Malpass, Peter (2008): »Housing and the New Welfare State: Wobbly Pillar or Cornerstone?«, in: Housing Studies 23 (1), S. 1-19. DOI: 10.1080/02673030701731100

Niethammer, Lutz/Brüggemann, Franz (1976): »Wie wohnten Arbeiter im Kaiserreich?«, in: Archiv für Sozialgeschichte 16, S. 61-134.

Nitsche, Rainer (1981): Häuserkämpfe 1872, 1920, 1945, 1982, Berlin: Transit.

Pittini, Alice (2018): »Housing affordability in the EU. Current situation and recent trends«, in: CECODHAS Housing Europe's Observatory Research Briefing, Year 5/Number 1, January 2012, 2.

Praum, Carsten (2016): »Der Mythos der Bezahlbarkeit. Zur wohnungspolitischen Relevanz von Faustregeln«, in: dérive 65, S. 37-41.

RegioKontext (2016): »Wirtschaft macht Wohnen«. Mitarbeiterwohnen: Aktuelle Herangehensweisen und modellhafte Lösungen, Berlin.

Ruck, Michael (1987): »Der Wohnungsbau – Schnittpunkt von Sozial- und Wirtschaftspolitik. Probleme der öffentlichen Wohnungspolitik in der Hauszinssteuerära (1924/25-1930/31)«, in: Werner Abelshauser (Hg.), Die Weimarer Republik als Wohlfahrtsstaat. Zum Verhältnis von Wirtschafts- und Sozialpolitik in der Industriegesellschaft, Stuttgart: Steiner, S. 91-123.

Schildt, Alex (1998): »Wohnungspolitik«, in: Hans Günter Hockerts (Hg.), Drei Wege deutscher Sozialstaatlichkeit. NS-Diktatur, Bundesrepublik und DDR im Vergleich, München: Oldenbourg, S. 151-190.

Schönig, Barbara (2018): »Ausnahmesegment. Form und Funktion sozialen Wohnungsbaus im transformierten Wohlfahrtsstaat«, in: Prokla. Zeitschrift für kritische Sozialwissenschaft 48 (191), S. 227-245. DOI: 10.32387/prokla.v48i191.82

Siebel, Walter (1987):« Einleitung«, in: Heike Afheldt/Walter Siebel/Thomas Sieverts (Hg.), Wohnungsversorgung und Wohnungspolitik in der Großstadtregion. Gerlingen: Bleicher, S. 10-16.

Spars, Guido (2017): »Bodenpreise und Immobilienmärkte als Verstärker sozialräumlicher Polarisierung«, in: Heinrich-Böll- Stiftung (Hg.), Geteilte Räume. Strategien für mehr sozialen und räumlichen Zusammenhalt, Berlin, S. 79-95.

Unger, Knut (2016):»Anlageprodukt Wohnung. Die Finanzindustrialisierung der deutschen Wohnungswirtschaft«, in: Widerspruch. Beiträge zur sozialistischen Politik 68, S. 91-103.

Urban, Florian (2012): Tower and slab. Histories of global mass housing, London: Routledge. DOI: 10.4324/9780203804131

Vogelpohl, Anne/Vollmer, Lisa/Vittu, Elodie/Brecht, Norma (2017): »Die Repolitisierung des Wohnens. Städtische soziale Bewegungen für ein Recht auf Wohnen und die Stadt in Hamburg, Berlin, Jena und Leipzig«, in: Barbara Schönig/Justin Kadi/Sebastian Schipper (Hg.), Wohnraum für Alle?! Perspektiven auf Planung, Politik und Architektur, Bielefeld: transcript, S. 105-130. DOI: 10.14361/9783839437292-009

Vollmer, Lisa/Kadi, Justin (2018):»Wohnungspolitik in der Krise des Neoliberalismus in Berlin und Wien. Postneoliberaler Paradigmenwechsel oder punktuelle staatliche Beruhigungspolitik?«, in: Prokla. Zeitschrift für kritische Sozialwissenschaft 48 (191), S. 247-264. DOI: 10.32387/prokla.v48i191.83

Waltersbacher, Matthias/Schürt, Alexander (2018): »Wohnungsmärkte unter Druck«, in: BBSR (Hg.), Forschung im Blick 2017/2018, S. 39-42.

Zimmermann, Clemens (1991): Von der Wohnungsfrage zur Wohnungspolitik. Die Reformbewegungen in Deutschland 1845-1914, Göttingen: Vandenhoeck und Ruprecht.

Wollmann, Helmut (1983):»Wohnungspolitik in der Krise – Reformansätze durch kommunale Politik?«, in: Adalbert Evers/Hans-Georg Lange/Hellmut Wollmann (Hg.), Kommunale Wohnungspolitik, Basel: Birkhäuser, S. 40-72.

Zur Wohnungsfrage

Friedrich Engels

Geschrieben in der Zeit von Juni 1872 bis Februar 1873. Erstmalig veröffentlicht in *Der Volksstaat*, Leipzig 1872, Nr. 51-53, 103 und 104, sowie 1873, Nr. 2, 3, 12, 13, 15, 16. Auszüge MEW 18, S. 211-215, 233-246, 260-263

Erster Abschnitt: Wie Proudhon die Wohnungsfrage löst

In Nr. 10 und folgenden des »Volksstaat« findet sich eine Reihe von sechs Artikeln über die Wohnungsfrage, die aus dem einen Grunde Beachtung verdienen, weil sie – abgesehn von einigen längst verschollenen Belletristereien der vierziger Jahre – der erste Versuch sind, die Schule Proudhons nach Deutschland zu verpflanzen. Es liegt hierin ein so ungeheurer Rückschritt gegen den ganzen Entwicklungsgang des deutschen Sozialismus, der grade den Proudhonschen Vorstellungen schon vor 25 Jahren den entscheidenden Stoß gab,[1] daß es der Mühe wert ist, diesem Versuch sofort entgegenzutreten.

Die sogenannte Wohnungsnot, die heutzutage in der Presse eine so große Rolle spielt, besteht nicht darin, daß die Arbeiterklasse überhaupt in schlechten, überfüllten, ungesunden Wohnungen lebt. *Diese* Wohnungsnot ist nicht etwas der Gegenwart Eigentümliches; sie ist nicht einmal eins der Leiden, die dem modernen Proletariat, gegenüber allen frühern unterdrückten Klassen, eigentümlich sind; im Gegenteil, sie hat alle unterdrückten Klassen aller Zeiten ziemlich gleichmäßig betroffen. Um *dieser* Wohnungsnot ein Ende zu machen, gibt es nur *ein* Mittel: die Ausbeutung und Unterdrückung der arbeitenden Klasse durch die herrschende Klasse überhaupt zu beseitigen. – Was man heute unter Wohnungsnot versteht, ist die eigentümliche Verschärfung, die die schlechten Wohnungsverhältnisse der Arbeiter durch den plötzlichen Andrang der Bevölkerung nach den großen Städten

---

1 In Marx, »Misére de la Philosophie etc.« 10, Bruxelles et Paris, 1847.

erlitten haben; eine kolossale Steigerung der Mietspreise; eine noch verstärkte Zusammendrängung der Bewohner in den einzelnen Häusern, für einige die Unmöglichkeit, überhaupt ein Unterkommen zu finden. Und *diese* Wohnungsnot macht nur soviel von sich reden, weil sie sich nicht auf die Arbeiterklasse beschränkt, sondern auch das Kleinbürgertum mit betroffen hat.

Die Wohnungsnot der Arbeiter und eines Teils der Kleinbürger unserer modernen großen Städte ist einer der zahllosen kleineren, sekundären Übelstände, die aus der heutigen kapitalistischen Produktionsweise hervorgehen. Sie ist durchaus nicht eine direkte Folge der Ausbeutung des Arbeiters, als Arbeiter, durch den Kapitalisten. Diese Ausbeutung ist das Grundübel, das die soziale Revolution abschaffen will, indem sie die kapitalistische Produktionsweise abschafft. Der Eckstein der kapitalistischen Produktionsweise aber ist die Tatsache: daß unsere jetzige Gesellschaftsordnung den Kapitalisten in den Stand setzt, die Arbeitskraft des Arbeiters zu ihrem Wert zu kaufen, aber weit mehr als ihren Wert aus ihr herauszuschlagen, indem er den Arbeiter länger arbeiten läßt, als zur Wiedererzeugung des für die Arbeitskraft gezahlten Preises nötig ist. Der auf diese Weise erzeugte Mehrwert wird verteilt unter die Gesamtklasse der Kapitalisten und Grundeigentümer, nebst ihren bezahlten Dienern, vom Papst und Kaiser bis zum Nachtwächter und darunter. Wie diese Verteilung sich macht, geht uns hier nichts an; soviel ist sicher, daß alle, die nicht arbeiten, eben nur leben können von Abfällen dieses Mehrwerts, die ihnen auf die eine oder andere Art zufließen. (Vergleiche Marx, »Das Kapital«, wo dies zuerst entwickelt.

Die Verteilung des durch die Arbeiterklasse erzeugten und ihr ohne Bezahlung abgenommenen Mehrwerts unter die nicht arbeitenden Klassen wickelt sich ab unter höchst erbaulichen Zänkereien und gegenseitiger Beschwindelung; soweit diese Verteilung auf dem Wege des Kaufs und Verkaufs vor sich geht, ist einer ihrer Haupthebel die Prellerei des Käufers durch den Verkäufer, und diese ist im Kleinhandel, namentlich in den großen Städten, jetzt eine vollständige Lebensbedingung für den Verkäufer geworden. Wenn aber der Arbeiter von seinem Krämer oder Bäcker am Preis oder an der Qualität der Ware betrogen wird, so geschieht ihm das nicht in seiner spezifischen Eigenschaft als Arbeiter. Im Gegenteil, sowie ein gewisses Durchschnittsmaß von Prellerei die gesellschaftliche Regel an irgendeinem Orte wird, muß sie auf die Dauer ihre Ausgleichung finden in einer entsprechenden Lohnerhöhung. Der Arbeiter tritt dem Krämer gegenüber als Käufer auf, d.h. als Besitzer von Geld oder Kredit, und daher keineswegs in seiner Eigenschaft als Arbeiter, d.h. als Verkäufer von Arbeitskraft. Die Prellerei mag ihn, wie überhaupt die ärmere Klasse, härter treffen als die reicheren Gesellschaftsklassen, aber sie ist nicht ein Übel, das ihn ausschließlich trifft, das seiner Klasse eigentümlich ist.

Geradeso ist es mit der Wohnungsnot. Die Ausdehnung der modernen großen Städte gibt in gewissen, besonders in den zentral gelegenen Strichen derselben dem Grund und Boden einen künstlichen, oft kolossal steigenden Wert; die darauf errichteten Gebäude, statt diesen Wert zu erhöhn, drücken ihn vielmehr herab, weil sie den veränderten Verhältnissen nicht mehr entsprechen; man reißt sie nieder und ersetzt sie durch andre. Dies geschieht vor allem mit zentral gelegenen Arbeiterwohnungen, deren Miete, selbst bei der größten Überfüllung, nie oder doch nur äußerst langsam über ein gewisses Maximum hinausgehn kann. Man reißt sie nieder und baut Läden, Warenlager, öffentliche Gebäude an ihrer Stelle. Der Bonapartismus hat durch seinen Haussmann in Paris[2] diese Tendenz aufs kolossalste zu Schwindel und Privatbereicherung ausgebeutet; aber auch durch London, Manchester, Liverpool ist der Geist Haussmanns geschritten, und in Berlin und Wien scheint er sich ebenso heimisch zu fühlen. Das Resultat ist, daß die Arbeiter vom Mittelpunkt der Städte an den Umkreis gedrängt, daß Arbeiter- und überhaupt kleinere Wohnungen selten und teuer werden und oft gar nicht zu haben sind, denn unter diesen Verhältnissen wird die Bauindustrie, der teurere Wohnungen ein weit besseres Spekulationsfeld bieten, immer nur ausnahmsweise Arbeiterwohnungen bauen.

Diese Mietnot trifft den Arbeiter also sicher härter als jede wohlhabendere Klasse; aber sie bildet, ebensowenig wie die Prellerei des Krämers, einen ausschließlich auf die Arbeiterklasse drückenden Übelstand und muß, soweit sie die Arbeiterklasse betrifft, bei gewissem Höhegrad und gewisser Dauer, ebenfalls eine gewisse[3] ökonomische Ausgleichung finden.

Es sind vorzugsweise diese der Arbeiterklasse mit andern Klassen, namentlich dem Kleinbürgertum, gemeinsamen Leiden, mit denen sich der kleinbürgerliche Sozialismus, zu dem auch Proudhon gehört, mit Vorliebe beschäftigt. Und so ist es durchaus nicht zufällig, daß unser deutscher Proudhonist sich vor allem der Wohnungsfrage, die, wie wir gesehn haben, keineswegs eine ausschließliche Arbeiterfrage ist, bemächtigt und daß er sie, im Gegenteil, für eine wahre, ausschließliche Arbeiterfrage erklärt. »Was der *Lohnarbeiter* gegenüber dem *Kapitalisten*, das ist der *Mieter* gegenüber *Hausbesitzer*.« Dies ist total falsch.

[...]

Zweiter Abschnitt: Wie die Bourgeoisie die Wohnungsfrage löst

I

In dem Abschnitt über die *proudhonistische* Lösung der Wohnungsfrage wurde gezeigt, wie sehr das Kleinbürgertum bei dieser Frage direkt interessiert ist. Aber auch das Großbürgertum hat ein sehr bedeutendes, wenn auch indirektes Interesse daran. Die moderne Naturwissenschaft hat nachgewiesen, daß die sogenannten »schlechten Viertel«, in denen die Arbeiter zusammengedrängt sind, die Brutstätten aller jener Seuchen bilden, die von Zeit zu Zeit unsre Städte heimsuchen. Cholera, Typhus und typhoide Fieber, Blattern und andre verheerende Krankheiten verbreiten in der verpesteten Luft und dem vergifteten Wasser dieser Arbeiterviertel ihre Keime; sie sterben dort fast nie aus, entwickeln sich, sobald die Umstände es gestatten, zu epidemischen Seuchen, und dringen dann auch über ihre Brutstätten hinaus in die luftigeren und gesunderen, von den Herren Kapitalisten bewohnten Stadtteile. Die Kapitalistenherrschaft kann nicht ungestraft sich das Vergnügen erlauben, epidemische Krankheiten unter der Arbeiterklasse zu erzeugen; die Folgen fallen auf sie selbst zurück, und der Würgengel wütet unter den Kapitalisten ebenso rücksichtslos wie unter den Arbeitern.

Sobald dies einmal wissenschaftlich festgestellt war, entbrannten die menschenfreundlichen Bourgeois in edlem Wetteifer für die Gesundheit ihrer Arbeiter. Gesellschaften wurden gestiftet, Bücher geschrieben, Vorschläge entworfen, Gesetze debattiert und dekretiert, um die Quellen der immer wiederkehrenden Seuchen zu verstopfen. Die Wohnungsverhältnisse der Arbeiter wurden untersucht und Versuche gemacht, den schreiendsten Übelständen abzuhelfen. Namentlich in England, wo die meisten großen Städte bestanden und daher das Feuer den Großbürgern am heftigsten auf die Nägel brannte, wurde eine große Tätigkeit entwickelt; Regierungskommissionen wurden ernannt, um die Gesundheitsverhältnisse der arbeitenden Klasse zu untersuchen; ihre Berichte, durch Genauigkeit, Vollständigkeit und Unparteilichkeit vor allen kontinentalen Quellen sich rühmlich auszeichnend, lieferten die Grundlagen zu neuen, mehr oder weniger scharf eingreifenden Gesetzen. So unvollkommen diese Gesetze auch sind, so übertreffen sie doch unendlich alles, was bisher auf dem Kontinent in dieser Richtung geschehn. Und trotzdem erzeugt die kapitalistische Gesellschaftsordnung die Mißstände, um deren Kur es sich handelt, immer wieder mit solcher Notwendigkeit, daß selbst in England die Kur kaum einen einzigen Schritt vorgerückt ist.

Deutschland brauchte, wie gewöhnlich, eine weit längere Zeit, bis die auch hier chronisch bestehenden Seuchenquellen zu derjenigen akuten Höhe sich entwickelten, die notwendig war, um das schläfrige Großbürgertum aufzurütteln. Indes, wer langsam geht, geht sicher, und so entstand auch bei uns schließlich eine bürgerliche Literatur der öffentlichen Gesundheit und der Wohnungsfrage, ein wässeriger Auszug ihrer ausländischen, namentlich englischen, Vorgänger, dem man durch volltönende, weihevolle Phrasen den Schein höherer Auffassung anschwindelt. Zu dieser Literatur gehört: Dr. Emil Sax, »Die Wohnungszustände der arbeitenden Classen und ihre Reform«, Wien 1869.

Ich greife, um die bürgerliche Behandlung der Wohnungsfrage darzulegen, dies Buch nur deswegen heraus, weil es den Versuch macht, die bürgerliche Literatur über den Gegenstand möglichst zusammenzufassen. Und eine schöne Literatur ist es, die unsrem Verfasser als »Quelle« dient! Von den englischen Parlamentsberichten, den wirklichen Hauptquellen, werden nur drei der allerältesten mit Namen genannt; das ganze Buch beweist, daß der Verfasser nie auch nur einen davon angesehn hat; dagegen wird uns eine ganze Reihe von gemeinplätzlich bürgerlichen, wohlmeinend spießbürgerlichen und heuchlerisch philanthropischen Schriften vorgeführt: Ducpétiaux, Roberts, Hole, Huber, die Verhandlungen der englischen Sozialwissenschafts- (oder vielmehr Kohl-)Kongresse, die Zeitschrift des Vereins für das Wohl der arbeitenden Klassen in Preußen, der östreichische amtliche Bericht über die Pariser Weltausstellung, die amtlichen bonapartistischen Berichte über dieselbe, die »Illustrierte Londoner Zeitung«, »Über Land und Meer« und endlich »eine anerkannte Autorität«, ein Mann von »scharfsinniger, praktischer Auffassung«, von »überzeugender Eindringlichkeit der Rede«, nämlich – Julius Faucher! Es fehlt in dieser Quellenliste nur noch die »Gartenlaube«, der »Kladderadatsch« und der Füsilier Kutschke.

Damit über den Standpunkt des Herrn Sax kein Mißverständnis aufkommen könne, erklärt er Seite 22:

>»Wir bezeichnen mit Sozialökonomie die Volkswirtschaftslehre in ihrer Anwendung auf die sozialen Fragen, genauer ausgedrückt, den Inbegriff der Mittel und Wege, welche uns diese Wissenschaft bietet, auf Grund ihrer ›ehernen‹ Gesetze innerhalb des Rahmens der gegenwärtig herrschenden Gesellschaftsordnung, die sogenannten (!) besitzlosen Klassen auf das Niveau der Besitzenden emporzuheben.«

Wir gehen nicht ein auf die konfuse Vorstellung, daß die »Volkswirtschaftslehre« oder politische Ökonomie sich überhaupt mit andern als »sozialen« Fragen beschäftige. Wir gehn gleich auf den Hauptpunkt los. Dr. Sax verlangt, die »ehernen Gesetze« der bürgerlichen Ökonomie, der »Rahmen der gegenwärtig herrschenden Gesellschaftsordnung«, mit andern Worten, die kapitalistische Produktionsweise soll unverändert bestehn bleiben, und doch sollen die »sogenannten besitzlosen Klassen auf das Niveau der Besitzenden« emporgehoben werden. Nun ist es aber eine unumgängliche Voraussetzung der kapitalistischen Produktionsweise, daß eine nicht sogenannte, sondern wirkliche besitzlose Klasse vorhanden ist, die eben nichts zu verkaufen hat als ihre Arbeitskraft, und die daher auch gezwungen ist, den industriellen Kapitalisten diese Arbeitskraft zu verkaufen. Die Aufgabe der von Herrn Sax erfundenen neuen Wissenschaft der Sozialökonomie besteht also darin: die Mittel und Wege zu finden, wie innerhalb eines Gesellschaftszustands, der begründet ist auf dem Gegensatz von Kapitalisten, Inhabern aller Rohmaterialien, Produktionsinstrumente und Lebensmittel einerseits, und von besitzlosen Lohnarbeitern, die nur ihre Arbeitskraft und weiter nichts ihr eigen nennen, andrerseits, wie innerhalb dieses Gesellschaftszustands alle Lohnarbeiter in Kapitalisten verwandelt werden können, ohne aufzuhören, Lohnarbeiter zu sein. Herr Sax meint diese Frage gelöst zu haben. Vielleicht wird er so gut sein, uns zu zeigen, wie man alle Soldaten der französischen Armee, von denen ja seit dem alten Napoleon jeder seinen Marschallstab im Tornister trägt, in Feldmarschälle verwandeln kann, ohne daß sie aufhören, gemeine Soldaten zu sein. Oder wie man es fertig bringt, alle 40 Millionen Untertanen des Deutschen Reichs zu deutschen Kaisern zu machen.

Es ist das Wesen des bürgerlichen Sozialismus, die Grundlage aller Übel der heutigen Gesellschaft aufrechterhalten und gleichzeitig diese Übel abschaffen zu wollen. Die bürgerlichen Sozialisten wollen, wie schon das »Kommunistische Manifest« sagt, »den sozialen Mißständen abhelfen, um den Bestand der bürgerlichen Gesellschaft zu sichern«, sie wollen »*die Bourgeoisie ohne das Proletariat*«. Wir haben gesehn, daß Herr Sax die Frage genau ebenso stellt. Ihre Lösung findet er in der Lösung der Wohnungsfrage; er ist der Ansicht, daß

> »durch Verbesserung der Wohnungen der arbeitenden Klassen dem geschilderten leiblichen und geistigen Elend mit Erfolg abzuhelfen und dadurch – durch umfassende Besserung der Wohnungszustände *allein* – der überwiegende Teil dieser Klassen aus dem Sumpf ihrer oft kaum menschenwürdigen Existenz zu den reinen Höhen materiellen und geistigen Wohlbefindens emporzuheben wäre« (Seite 14).

Nebenbei bemerkt, liegt es im Interesse der Bourgeoisie, die Existenz eines durch die bürgerlichen Produktionsverhältnisse geschaffenen und deren Fortbestand bedingenden Proletariats zu vertuschen. Daher erzählt uns Herr Sax, Seite 21, daß unter arbeitenden Klassen alle »unbemittelten Gesellschaftsklassen«, »kleine Leute überhaupt, als Handwerker, Witwen, Pensionisten (!), subalterne Beamte usw.« neben den eigentlichen Arbeitern zu verstehn sind. Der Bourgeoissozialismus reicht dem kleinbürgerlichen die Hand.

Woher kommt nun die Wohnungsnot? Wie entstand sie? Herr Sax darf als guter Bourgeois nicht wissen, daß sie ein notwendiges Erzeugnis der bürgerlichen Gesellschaftsform ist; daß eine Gesellschaft nicht ohne Wohnungsnot bestehen kann, in der die große arbeitende Masse auf Arbeitslohn, also auf die zu ihrer Existenz und Fortpflanzung notwendige Summe von Lebensmitteln, ausschließlich angewiesen ist; in der fortwährend neue Verbesserungen der Maschinerie usw. Massen von Arbeitern außer Arbeit setzen; in der heftige, regelmäßig wiederkehrende industrielle Schwankungen einerseits das Vorhandensein einer zahlreichen Reservearmee von unbeschäftigten Arbeitern bedingen, andrerseits zeitweilig die große Masse der Arbeiter arbeitslos auf die Straße treiben; in der Arbeiter massenhaft in den großen Städten zusammengedrängt werden, und zwar rascher, als unter den bestehenden Verhältnissen Wohnungen für sie entstehn, in der also für die infamsten Schweineställe sich immer Mieter finden müssen; in der endlich der Hausbesitzer, in seiner Eigenschaft als Kapitalist, nicht nur das Recht, sondern, vermöge der Konkurrenz, auch gewissermaßen die Pflicht hat, aus seinem Hauseigentum rücksichtslos die höchsten Mietpreise herauszuschlagen. In einer solchen Gesellschaft ist die Wohnungsnot kein Zufall, sie ist eine notwendige Institution, sie kann mitsamt ihren Rückwirkungen auf die Gesundheit usw. nur beseitigt werden, wenn die ganze Gesellschaftsordnung, der sie entspringt, von Grund aus umgewälzt wird. Das aber darf der Bourgeoissozialismus nicht wissen. Er *darf* sich die Wohnungsnot nicht aus den Verhältnissen erklären. Es bleibt ihm also kein anderes Mittel übrig, als sie mit moralischen Phrasen aus der Schlechtigkeit der Menschen zu erklären, sozusagen aus der Erbsünde.

»Und da ist nicht zu verkennen – und folglich nicht zu leugnen« (kühner Schluß!) –, »daß die Schuld [...] einesteils *an den Arbeitern selbst* liegt, den Wohnungsbegehrenden, andern und zwar weit größeren Teils aber an denjenigen, welche die Befriedigung des Bedürfnisses übernehmen, oder, obwohl sie über die erforderlichen Mittel gebieten, auch nicht übernehmen, *an den besitzenden, höheren Gesellschaftsklassen.* Die Schuld auf seiten der letzteren [...] besteht darin, daß sie es sich nicht angelegen sein lassen, für ausreichendes Angebot guter Wohnungen zu sorgen.«

Wie Proudhon uns aus der Ökonomie in die Juristerei, so versetzt uns hier unser Bourgeoissozialist aus der Ökonomie in die Moral. Und nichts ist natürlicher. Wer die kapitalistische Produktionsweise, die »ehernen Gesetze« der heutigen bürgerlichen Gesellschaft, für unantastbar erklärt und doch ihre mißliebigen, aber notwendigen Folgen abschaffen will, dem bleibt nichts übrig, als den Kapitalisten Moralpredigten zu halten, Moralpredigten, deren Rühreffekt sofort wieder durch das Privatinteresse und nötigenfalls durch die Konkurrenz in Dunst aufgelöst wird. Diese Moralpredigten gleichen genau denen der Henne am Rande des Teichs, auf dem ihre ausgebrüteten Entchen lustig herumschwimmen. Die Entchen gehn aufs Wasser, obwohl es keine Balken, und die Kapitalisten stürzen sich auf den Profit, obwohl er kein Gemüt hat. »In Geldsachen hört die Gemütlichkeit auf«, sagte schon der alte Hansemann, der das besser kannte als Herr Sax.

»Die guten Wohnungen stehn so hoch im Preise, daß es dem größten Teil der Arbeiter *ganz und gar unmöglich ist,* davon Gebrauch zu machen. Das große Kapital [...] hält sich von den Wohnungen für die arbeitenden Klassen scheu zurück [...] So fallen denn diese Klassen mit ihrem Wohnungsbedürfnisse zum größten Teil der Spekulation anheim.«

Abscheuliche Spekulation – das große Kapital spekuliert natürlich nie! Aber es ist nicht der böse Wille, es ist nur die Unwissenheit, die das große Kapital verhindert, in Arbeiterhäusern zu spekulieren:

> »Die Hausbesitzer *wissen* gar nicht, welch große und wichtige Rolle eine normale Befriedigung des Wohnungsbedürfnisses [...] spielt, *sie wissen nicht, was sie den Leuten tun*, wenn sie ihnen, wie die Regel, so unverantwortlich schlechte, schädliche Wohnungen anbieten, und sie *wissen* endlich nicht, wie sie sich selbst damit schaden.« (Seite 27)

Die Unwissenheit der Kapitalisten bedarf aber der Unwissenheit der Arbeiter, um mit ihr die Wohnungsnot zu erzeugen. Nachdem Herr Sax zugegeben, daß die »alleruntersten Schichten« der Arbeiter, »um nicht ganz obdachlos zu bleiben, wo und wie immer ein Nachtlager zu suchen bemüßigt (!) und in dieser Beziehung völlig wehr- und hülflos sind«, erzählt er uns:

> »Denn es ist eine altbekannte Tatsache, wie viele unter ihnen« (den Arbeitern) aus Leichtsinn, vorwiegend aber aus Unwissenheit, ihrem Körper die Bedingungen naturgemäßer Entwickelung und gesunder Existenz, fast möchte man sagen, mit Virtuosität, entziehn, indem sie von einer rationellen Gesundheitspflege, insbesondere aber davon, welch enorme Bedeutung der Wohnung in dieser zukommt, *nicht den mindesten Begriff haben.*« (Seite 27)

Nun aber kommt das bürgerliche Eselsohr heraus. Während bei den Kapitalisten die »Schuld« sich in Unwissenheit verflüchtigte, ist bei den Arbeitern die Unwissenheit nur der Anlaß zur Schuld. Man höre:

> »So kommt es« (nämlich durch die Unwissenheit), »daß sie sich, wenn sie nur etwas an der Miete ersparen, in dunkle, feuchte, unzureichende, kurz allen Anforderungen der Hygiene Hohn sprechende Wohnungen ziehn [...] daß oft mehrere Familien in eine einzige Wohnung, ja, ein einziges Zimmer sich zusammen mieten – alles, um möglichst wenig für die Wohnung auszugeben, während sie daneben auf *Trunk und allerlei eitle Vergnügungen ihr Einkommen in wahrhaft sündhafter Weise verschleudern.*«

Das Geld, das die Arbeiter »auf Branntwein und Tabak verschwenden« (Seite 28), das »Wirtshausleben mit all seinen beklagenswerten Folgen, das wie ein Bleigewicht den Arbeiterstand immer wieder in den Schlamm hinabzieht«, liegt Herrn Sax in der Tat wie ein Bleigewicht im Magen. Daß unter den gegebenen Verhältnissen die Trunksucht unter den Arbeitern ein notwendiges Produkt ihrer Lebenslage ist, ebenso notwendig wie Typhus, Verbrechen, Ungeziefer, Gerichtsvollzieher und

andere gesellschaftliche Krankheiten, so notwendig, daß man die Durchschnitts-
zahl der der Trunksucht Verfallenden vorher berechnen kann, das darf Herr Sax
wieder nicht wissen. Übrigens sagte schon mein alter Elementarlehrer: »Die Ge-
meinen gehen in das Fuselhaus, und die Vornehmen gehn in den Klub«, und da ich
in beiden gewesen bin, kann ich die Richtigkeit bezeugen.

Das ganze Gerede von der »Unwissenheit« beider Teile läuft hinaus auf die alten Redensarten von der Harmonie der Interessen von Kapital und Arbeit. Wenn
die Kapitalisten ihr wahres Interesse kennten, würden sie den Arbeitern gute Wohnungen liefern und sie überhaupt besserstellen; und wenn die Arbeiter ihr wahres
Interesse verständen, würden sie nicht striken, nicht Sozialdemokratie treiben,
nicht politisieren, sondern hübsch ihren Vorgesetzten, den Kapitalisten, folgen.
Leider finden beide Teile ihre Interessen ganz woanders als in den Predigten des
Herrn Sax und seiner zahllosen Vorgänger. Das Evangelium von der Harmonie zwischen Kapital und Arbeit ist nun schon an die fünfzig Jahre gepredigt worden; die
bürgerliche Philanthropie hat es sich schweres Geld kosten lassen, diese Harmonie
durch Musteranstalten zu beweisen, und wie wir später sehen werden, sind wir
heute grade so weit wie vor fünfzig Jahren.

Unser Verfasser geht nun an die praktische Lösung der Frage. Wie wenig revolutionär der Vorschlag Proudhons war, die Arbeiter zu Eigentümern ihrer Wohnungen zu machen, geht schon daraus hervor, daß der bürgerliche Sozialismus
diesen Vorschlag schon vor ihm praktisch auszufahren versucht hatte und noch
versucht. Auch Herr Sax erklärt, daß die Wohnungsfrage vollständig nur durch
Übertragung des Eigentums der Wohnung an die Arbeiter zu lösen sei (S. 58 und
59). Mehr noch, er verfällt in dichterische Verzückung bei diesem Gedanken und
bricht in folgenden Begeisterungsschwung aus:

»Es ist etwas Eigentümliches um die im Menschen liegende Sehnsucht nach
Grundbesitz, einen Trieb, den selbst das *fieberhaft pulsierende Güterleben* der Gegenwart nicht abzuschwächen vermochte. Es ist dies das unbewußte Gefühl von
der Bedeutung der wirtschaftlichen Errungenschaft, die der Grundbesitz darstellt. Mit ihm bekommt der Mensch einen sicheren Halt, er wurzelt gleichsam
fest in dem Boden, und jede Wirtschaft (!) hat in demselben die dauerhaftes-
te Basis. Doch weit über diese materiellen Vorteile reicht die Segenskraft des
Grundbesitzes hinaus. Wer so glücklich ist, einen solchen sein zu nennen, hat
die *denkbar höchste Stufe wirtschaftlicher Unabhängigkeit erreicht*; er hat ein Gebiet, worauf er *souverän* schalten und walten kann, er ist *sein eigner Herr*, er hat
eine gewisse Macht und einen *sichern Rückhalt* für die Zeit der Not; es wächst
sein Selbstbewußtsein und mit diesem seine moralische Kraft. Daher die tiefe
Bedeutung des Eigentums in der vorliegenden Frage [...] Der Arbeiter, hülflos
heute den Wechselfällen der Konjunktur ausgesetzt, in steter Abhängigkeit von
dem Arbeitgeber, würde dadurch bis zu einem gewissen Grad dieser prekären

Lage entrückt, *er würde Kapitalist* und gegen die Gefahren der Arbeitslosigkeit oder Arbeitsunfähigkeit durch den Realkredit, der ihm infolgedessen offenstände, gesichert. *Er würde dadurch aus der besitzlosen in die Klasse der Besitzenden emporgehoben.*« (S. 63)

Herr Sax scheint vorauszusetzen, daß der Mensch wesentlich Bauer ist, sonst würde er nicht den Arbeitern unserer großen Städte eine Sehnsucht nach Grundbesitz andichten, die sonst niemand bei ihnen entdeckt hat. Für unsre großstädtischen Arbeiter ist Freiheit der Bewegung erste Lebensbedingung, und Grundbesitz kann ihnen nur eine Fessel sein. Verschafft ihnen eigne Häuser, kettet sie wieder an die Scholle, und ihr brecht ihre Widerstandskraft gegen die Lohnherabdrückung der Fabrikanten. Der einzelne Arbeiter mag sein Häuschen gelegentlich verkaufen können, bei einem ernstlichen Strike oder einer allgemeinen Industriekrise[4] aber würden sämtliche den betreffenden Arbeitern gehörenden Häuser zum Verkauf auf den Markt kommen müssen, also gar keine Käufer finden oder weit unter Kostpreis losgeschlagen werden. Und wenn sie alle Käufer fänden, so wäre ja die ganze große Wohnungsreform des Herrn Sax wieder in nichts aufgelöst, und er könnte wieder von vorn anfangen. Indes, Dichter leben in einer Welt der Einbildung, und so auch Herr Sax, der sich einbildet, der Grundbesitzer habe »die höchste Stufe wirtschaftlicher Unabhängigkeit erreicht«, er habe »einen sichern Rückhalt«, »er *würde Kapitalist* und gegen die Gefahren der Arbeitslosigkeit und Arbeitsunfähigkeit durch den Realkredit, der ihm infolgedessen offenstände, gesichert« usw. Herr Sax sehe sich doch die französischen und unsre rheinischen kleinen Bauern an; ihre Häuser und Felder sind mit Hypotheken über und über beschwert, ihre Ernte gehört ihren Gläubigern, ehe sie geschnitten ist, und auf ihrem »Gebiet« schalten und walten nicht sie souverän, sondern der Wucherer, der Advokat und der Gerichtsvollzieher. Das ist allerdings die denkbar höchste Stufe der wirtschaftlichen Unabhängigkeit – für den Wucherer! Und damit die Arbeiter so rasch wie möglich ihr Häuschen unter dieselbe Souveränität des Wucherers bringen, weist sie der wohlwollende Herr Sax vorsorglich auf den ihnen offenstehenden *Realkredit* hin, den sie in Arbeitslosigkeit und Arbeitsunfähigkeit benutzen können, statt der Armenpflege zur Last zu fallen.

Jedenfalls hat nun Herr Sax die anfangs gestellte Frage gelöst: der Arbeiter »*wird Kapitalist*« durch Erwerb eines eignen Häuschens.

Kapital ist Kommando über die unbezahlte Arbeit andrer. Das Häuschen des Arbeiters wird also nur Kapital, sobald er es einem Dritten vermietet und in der Gestalt der Miete sich einen Teil des Arbeitsprodukts dieses Dritten aneignet. Dadurch, daß er es selbst bewohnt, wird das Haus gerade daran verhindert, Kapital zu werden, ebenso wie der Rock in demselben Augenblick aufhört, Kapital zu sein,

---

4   Im »Volksstaat« fehlt: oder einer allgemeine Industriekrise

wo ich ihn vom Schneider kaufe und anziehe. Der Arbeiter, der ein Häuschen im Wert von tausend Talern besitzt, ist allerdings kein Proletarier mehr, aber man muß Herr Sax sein, um ihn einen Kapitalisten zu nennen.

Das Kapitalistentum unsres Arbeiters hat aber noch eine andre Seite. Nehmen wir an, in einer gegebenen Industriegegend sei es die Regel geworden, daß jeder Arbeiter sein eignes Häuschen besitzt. In diesem Fall *wohnt die Arbeiterklasse jener Gegend frei*; Unkosten für Wohnung gehn nicht mehr ein in den Wert ihrer Arbeitskraft. Jede Verringerung der Erzeugungskosten der Arbeitskraft, d.h. jede dauernde Preiserniedrigung der Lebensbedürfnisse des Arbeiters kommt aber »auf Grund der ehernen Gesetze der Volkswirtschaftslehre« einer Herabdrückung des Werts der Arbeitskraft gleich und hat daher schließlich einen entsprechenden Fall im Arbeitslohn zur Folge. Der Arbeitslohn würde also durchschnittlich um den ersparten Durchschnittsmietbetrag fallen, d.h., der Arbeiter würde die Miete für sein eignes Haus zahlen, aber nicht, wie früher, in Geld an den Hausbesitzer, sondern in unbezahlter Arbeit an den Fabrikanten, für den er arbeitet. Auf diese Weise würden die im Häuschen angelegten Ersparnisse des Arbeiters allerdings gewissermaßen zu Kapital, aber Kapital nicht für ihn, sondern für den ihn beschäftigenden Kapitalisten.

Herr Sax bringt es also nicht einmal auf dem Papier fertig, seinen Arbeiter in einen Kapitalisten zu verwandeln.

»Beiläufig bemerkt, gilt das oben Gesagte von allen sogenannten sozialen Reformen, die auf Sparen oder auf Verwohlteilung der Lebensmittel des Arbeiters hinauslaufen. Entweder werden sie allgemein, und dann folgt ihnen eine entsprechende Lohnherabsetzung, oder aber sie bleiben ganz vereinzelte Experimente, und dann beweist ihr bloßes Dasein als einzelne Ausnahme, daß ihre Durchführung im großen mit der bestehenden kapitalistischen Produktionsweise unvereinbar ist. Nehmen wir an, in einer Gegend gelinge es, durch allgemeine Einführung von Konsumvereinen die Lebensmittel der Arbeiter um 20 Prozent wohlfeiler zu machen; so müßte der Arbeitslohn auf die Dauer dort um annähernd 20 Prozent fallen, d.h. in demselben Verhältnis, in dem die betreffenden Lebensmittel in den Lebensunterhalt der Arbeiter eingehn. Verwendet der Arbeiter z.B. durchschnittlich drei Viertel seines Wochenlohns auf diese Lebensmittel, so fällt der Arbeitslohn schließlich um $1/4 \times 20 = 15$ Prozent. Kurzum: sobald eine derartige Sparreform allgemein geworden, erhält der Arbeiter in demselben Verhältnis weniger Lohn, als ihm seine Ersparnisse erlauben, wohlfeiler zu leben. Gebt *jedem* Arbeiter ein erspartes, unabhängiges Einkommen von 52 Taler, und sein Wochenlohn muß schließlich um einen Taler sinken. Also: je mehr er spart, desto weniger Lohn erhält er. Er spart also nicht in seinem eignen Interesse, sondern in dem des Kapitalisten. Was bedarf es mehr, in ihm »die erste wirtschaftliche Tugend, den Sparsinn [...] auf das mächtigste anzuregen«? (S. 64)

Übrigens sagt uns Herr Sax auch gleich darauf, daß die Arbeiter Hausbesitzer werden sollen nicht sowohl in ihrem eignen Interesse als in dem der Kapitalisten:

> »Doch nicht der Arbeiterstand, auch die Gesellschaft im ganzen hat das höchste Interesse daran, möglichst viele ihrer Glieder mit dem Boden verknüpft (!) zu sehen« (ich möchte Herrn Sax wohl einmal in dieser Positur sehn) [...][5] »Alle die geheimen Kräfte, die den Vulkan, die soziale Frage genannt, der unter unsern Füßen glüht, entflammen, die proletarische Verbitterung, der Haß [...] die gefährlichen Begriffsverwirrungen [...] sie müssen zerstäuben wie die Nebel vor der Morgensonne, wenn [...] die Arbeiter selbst auf jenem Wege in die Klasse der Besitzenden übergehen.« (S. 65)

In andern Worten: Herr Sax hofft, daß die Arbeiter durch eine Verschiebung ihrer proletarischen Stellung, wie sie der Hauserwerb herbeiführen müßte, auch ihren proletarischen Charakter verlieren und wieder gehorsame Duckmäuser werden gleich ihren ebenfalls hausbesitzenden Vorfahren. Die Proudhonisten mögen sich das zu Gemüte führen.

Hiermit glaubt Herr Sax die soziale Frage gelöst zu haben:

> »*Die gerechtere Verteilung der Güter*, das Sphinxrätsel, an dessen Lösung sich schon viele vergeblich versuchten, liegt sie nicht so als greifbares Faktum vor uns, ist sie nicht damit den Regionen der Ideale entrückt und in den Bereich der Wirklichkeit getreten? Und wenn realisiert, ist damit nicht eins der höchsten Ziele erreicht, das selbst die *Sozialisten der extremsten Richtung als den Gipfelpunkt ihrer Theorien hinstellen*«? (S. 66.)

Es ist ein wahres Glück, daß wir uns bis hierher durchgearbeitet haben. Dieser Jubelruf bildet nämlich den »Gipfelpunkt« des Saxschen Buchs, und von jetzt an geht es wieder sachte bergunter, aus »den Regionen der Ideale« auf die platte Wirklichkeit, und wenn wir unten ankommen, werden wir finden, daß sich nichts, aber auch gar nichts in unsrer Abwesenheit geändert hat.

Den ersten Schritt bergab läßt uns unser Führer tun, indem er uns belehrt, daß es zwei Systeme von Arbeiterwohnungen gibt: das Cottagesystem, wo jede Arbeiterfamilie ihr eignes Häuschen und womöglich Gärtchen hat, wie in England, und das Kasernensystem der großen, viele Arbeiterwohnungen enthaltenden Gebäude, wie in Paris, Wien usw. Zwischen beiden stehe das in Norddeutschland übliche System. Nun sei zwar das Cottagesystem das einzig richtige, und das einzige, wobei der Arbeiter das Eigentum an seinem Hause erwerben könne; auch habe das Kasernensystem sehr große Nachteile für Gesundheit, Moralität und häuslichen Frieden – aber leider, leider sei das Cottagesystem grade in den Mittelpunkten der

---

5   Im »Volksstaat« eingefügt: der Grundbesitz [...] vermindert die Zahl derjenigen, die gegen die Herrschaft der besitzenden Klasse ankämpfen [...]

Wohnungsnot, in den großen Städten, wegen der Bodenteurung unausführbar, und man könne noch froh sein, wenn man dort, statt großer Kasernen, Häuser zu 4 bis 6 Wohnungen errichte oder den Hauptmängeln des Kasernensystems durch allerhand bauliche Künsteleien abhelfe. (S. 71-92)

Nicht wahr, wir sind schon ein gutes Stück heruntergekommen? Die Verwandlung der Arbeiter in Kapitalisten, die Lösung der sozialen Frage, das jedem Arbeiter eigentümlich gehörende Haus – das alles ist oben in »den Regionen der Ideale« geblieben; wir haben uns nur noch damit zu beschäftigen, das Cottagesystem auf dem Lande einzuführen und in den Städten die Arbeiterkasernen so erträglich wie möglich einzurichten.

Die bürgerliche Lösung der Wohnungsfrage ist also eingestandenermaßen gescheitert – gescheitert an dem Gegensatz von Stadt und Land. Und hier sind wir an dem Kernpunkt der Frage angelangt. Die Wohnungsfrage ist erst dann zu lösen, wenn die Gesellschaft weit genug umgewälzt ist, um die Aufhebung des von der jetzigen kapitalistischen Gesellschaft auf die Spitze getriebenen Gegensatzes von Stadt und Land in Angriff zu nehmen. Die kapitalistische Gesellschaft, weit entfernt, diesen Gegensatz aufheben zu können, muß ihn im Gegenteil täglich mehr verschärfen. Dagegen haben schon die ersten modernen utopistischen Sozialisten, Owen und Fourier, dies richtig erkannt. In ihren Mustergebäuden existiert der Gegensatz von Stadt und Land nicht mehr. Es findet also das Gegenteil statt von dem, was Herr Sax behauptet: nicht die Lösung der Wohnungsfrage löst zugleich die soziale Frage, sondern erst durch die Lösung der sozialen Frage, d.h. durch die Abschaffung der kapitalistischen Produktionsweise, wird zugleich die Lösung der Wohnungsfrage möglich gemacht. Die Wohnungsfrage lösen wollen und die modernen großen Städte forterhalten wollen, ist ein Widersinn. Die modernen großen Städte werden aber beseitigt erst durch die Abschaffung der kapitalistischen Produktionsweise, und wenn diese erst in Gang gebracht, wird es sich um ganz andere Dinge handeln, als jedem Arbeiter ein ihm zu eigen gehörendes Häuschen zu verschaffen.

Zunächst wird aber jede soziale Revolution die Dinge nehmen müssen, wie sie sie findet, und den schreiendsten Übeln mit den vorhandenen Mitteln abhelfen müssen. Und da haben wir schon gesehn, daß der Wohnungsnot sofort abgeholfen werden kann durch Expropriation eines Teils der den besitzenden Klassen gehörenden Luxuswohnungen und durch Bequartierung des übrigen Teils.

Wenn nun Herr Sax im Verfolg wieder aus den großen Städten herausgeht und ein langes und breites redet über Arbeiterkolonien, die *neben* den Städten angelegt werden sollen, wenn er alle die Schönheiten solcher Kolonien schildert, mit ihrer gemeinsamen »Wasserleitung, Gasbeleuchtung, Luft- oder Warmwasserheizung, Waschküchen, Trockenstuben, Badekammern u.dgl.«, mit »Kleinkinderbewahranstalt, Schule, Betsaal (!), Lesezimmer, Bibliothek [...] Wein und Bierstube, Tanz- und Musiksaal in allen Ehren«, mit Dampfkraft, die in alle Häuser geleitet werden und so »die Produktion in gewissem Umfang aus den Fabriken in die häusliche Werkstätte zurückverlegen« kann – so ändert das an der Sache nichts. Die Kolonie, wie er sie schildert, ist von Herrn Huber den Sozialisten Owen und Fourier direkt abgeborgt und bloß durch Abstreifung alles Sozialistischen total verbürgert. Dadurch aber wird sie erst recht utopistisch. Kein Kapitalist hat ein Interesse daran, solche Kolonien anzulegen, wie denn auch nirgendwo in der Welt eine solche besteht, außer in Guise in Frankreich; und diese ist gebaut von einem Fourieristen, nicht als rentable Spekulation, sondern als sozialistisches Experiment.[6] Ebensogut hätte Herr Sax die im Anfang der vierziger Jahre von Owen in Hampshire gegründete und längst untergegangene kommunistische Kolonie Harmony Hall zugunsten seiner bürgerlichen Projektenmacherei anführen können.

Indes ist all dies Gerede von Kolonisation nur ein lahmer Versuch, wieder in die »Regionen der Ideale« emporzufliegen, der auch sofort wieder fallengelassen wird. Wir gehn nun wieder flott bergab. Die einfachste Lösung ist nun die,

> »daß die Arbeitgeber, die Fabrikherren, den Arbeitern zu entsprechenden Wohnungen verhelfen, sei es, daß sie diese selbst herstellen, sei es, daß sie die Arbeiter zu eigner Bautätigkeit aufmuntern und unterstützen, indem sie ihnen Grund und Boden zur Verfügung stellen, das Baukapital vorschießen usw.« (S. 106)

Hiermit sind wir wieder aus den großen Städten heraus, wo von alledem keine Rede sein kann, und aufs Land zurückversetzt. Herr Sax beweist nun, daß es hier im Interesse der Fabrikanten selbst liegt, ihren Arbeitern zu erträglichen Wohnungen zu verhelfen, einerseits als gute Kapitalanlage, andrerseits, weil die daraus unfehlbar

> »resultierende Hebung der Arbeiter [...] eine Steigerung ihrer körperlichen und geistigen Arbeitskraft nach sich ziehen muß, was natürlich [...] nicht minder [...] dem Arbeitgeber zugute kommt. Damit ist aber auch der rechte Gesichtspunkt für die Beteiligung der letztern an der Wohnungsfrage gegeben: Sie erscheint als Ausfluß der *latenten Assoziation*, der meist unter dem Gewande humanitärer Bestrebungen verborgenen Sorge der Arbeitgeber für das leibliche und wirtschaftliche, geistige und sittliche Wohl ihrer Arbeiter, welche sich durch ihre Erfolge, Heranziehung und Sicherung einer tüchtigen, geschickten, willigen, zufriedenen und *ergebenen* Arbeiterschaft von selbst pekuniär entlohnt.« (S. 108)

Die Phrase der »latenten Assoziation«, womit Huber dem bürgerlich-philanthropischen Gefasel einen »höheren Sinn« unterzuschieben versuchte, ändert an der Sache nichts. Auch ohne diese Phrase haben die großen ländlichen Fabrikanten,

---

6   Und auch diese ist schließlich eine bloße Heimat der Arbeiter-Ausbeutung geworden. Siehe den Pariser »Socialiste«, Jahrgang 1886. [Anmerkung von Engels zur Ausgabe von 1887.]

namentlich in England, längst eingesehn, daß die Anlage von Arbeiterwohnungen nicht nur eine Notwendigkeit, ein Stück der Fabrikanlage selbst ist, sondern sich auch sehr gut rentiert. In England sind auf diese Weise ganze Dörfer entstanden, von denen manche sich später zu Städten entwickelt haben. Die Arbeiter aber, statt den menschenfreundlichen Kapitalisten dankbar zu sein, haben von jeher sehr bedeutende Einwendungen gegen dies »Cottagesystem« gemacht. Nicht nur, daß sie Monopolpreise für die Häuser zahlen müssen, weil der Fabrikant keine Konkurrenten hat; sie sind bei jedem Strike sofort obdachlos, da der Fabrikant sie ohne weiteres an die Luft setzt und dadurch jeden Widerstand sehr erschwert. Das Nähere kann man in meiner »Lage der arbeitenden Klasse in England« S. 224 und 228 nachlesen. Aber Herr Sax meint, dergleichen »verdiene doch kaum eine Widerlegung«. (S. 111) Und will er nicht dem Arbeiter das Eigentum an seinem Häuschen verschaffen? Allerdings, aber da

> »die Arbeitgeber in der Lage sein müßten, über die Wohnung stets zu verfügen, um, wenn sie einen Arbeiter entlassen, für den Ersatzmann Raum zu haben«, so – nun ja, so müßte »*durch Verabredung der Widerruflichkeit des Eigentums* für jene Fälle vorgesehen werden«! (S. 113)[7]

Diesmal sind wir unerwartet rasch heruntergekommen. Erst hieß es: Eigentum des Arbeiters an seinem Häuschen; dann erfahren wir, daß das in den Städten unmöglich und nur auf dem Lande durchführbar ist; jetzt wird uns erklärt, daß dies Eigentum auch auf dem Lande nur ein »durch Verabredung *widerrufliches*« sein soll! Mit dieser von Herrn Sax neu entdeckten Sorte von Eigentum für die Arbeiter, mit dieser ihrer Verwandlung in »durch Verabredung widerrufliche« Kapitalisten, sind wir glücklich wieder auf ebener Erde angekommen und haben hier zu untersuchen, was die Kapitalisten und sonstigen Philanthropen zur Lösung der Wohnungsfrage *wirklich* getan haben.

---

7   Auch hierin haben die englischen Kapitalisten längst alle Herzenswünsche des Herrn Sax nicht nur erfüllt, sondern weit übertroffen. Montag, den 14. Oktober 1872, hatte in Morpeth der Gerichtshof zur Feststellung der Parlaments-Wählerlisten über den Antrag von 2.000 Bergarbeitern auf Eintragung ihrer Namen in die Liste zu entscheiden. Es stellte sich heraus, daß der größte Teil dieser Leute nach dem Reglement der Grube, wo sie arbeiteten, nicht als Mieter der von ihnen bewohnten Häuschen, sondern nur als darin geduldet anzusehn seien und ohne jede Kündigung jederzeit an die Luft gesetzt werden konnten. (Grubenbesitzer und Hauseigentümer waren natürlich eine und dieselbe Person.) Der Richter entschied, daß diese Leute keine Mieter, sondern Knechte seien und als solche zur Eintragung nicht berechtigt. (»Daily News«, 15. Oktober 1872.)

II

[...]

III

In Wirklichkeit hat die Bourgeoisie nur eine Methode, die Wohnungsfrage in ihrer Art zu lösen – das heißt, sie so zu lösen, daß die Lösung die Frage immer wieder von neuem erzeugt. Diese Methode heißt: »*Haussmann*«.

Ich verstehe hier unter »Haussmann« nicht bloß die spezifisch-bonapartistische Manier des Pariser Haussmann, lange, gerade und breite Straßen mitten durch die enggebauten Arbeiterviertel zu brechen und sie mit großen Luxusgebauden an beiden Seiten einzufassen, wobei neben dem strategischen Zweck der Erschwerung des Barrikadenkampfes noch die Heranbildung eines von der Regierung abhängigen, spezifisch-bonapartistischen Bauproletariats und die Verwandlung der Stadt in eine reine Luxusstadt beabsichtigt war. Ich verstehe unter »Haussmann« die allgemein gewordene Praxis des Breschelegens in die Arbeiterbezirke, besonders die zentral gelegenen unserer großen Städte, ob diese nun durch Rücksichten der öffentlichen Gesundheit und der Verschönerung oder durch Nachfrage nach großen zentral gelegenen Geschäftslokalen oder durch Verkehrsbedürfnisse, wie Eisenbahnanlagen, Straßen usw., veranlaßt worden. Das Resultat ist überall dasselbe, mag der Anlaß noch so verschieden sein: die skandalösesten Gassen und Gäßchen verschwinden unter großer Selbstverherrlichung der Bourgeoisie von wegen dieses ungeheuren Erfolges, aber – sie erstehn anderswo sofort wieder und oft in der unmittelbaren Nachbarschaft.

In der »Lage der arbeitenden Klasse in England« gab ich eine Schilderung von Manchester, wie es 1843 und 1844 aussah. Seitdem sind durch Eisenbahnen, die mitten durch die Stadt gehn, durch Anlegung neuer Straßen, durch Errichtung von großen öffentlichen und Privatgebäuden manche der schlimmsten, dort beschriebenen Distrikte durchbrochen, bloßgelegt und verbessert worden, andre ganz beseitigt; obwohl noch viele – abgesehn von der seither schärfer gewordenen gesundheitspolizeilichen Aufsicht – in demselben oder gar in schlimmerem baulichen Zustand sich befinden als damals. Dafür aber sind, dank der enormen Ausdehnung der Stadt, deren Bevölkerung seitdem um mehr als die Hälfte gewachsen, Bezirke, die damals noch luftig und reinlich waren, jetzt ebenso verbaut, ebenso schmutzig und überfüllt mit Menschen wie damals die verrufensten Stadtteile. Hier nur ein Beispiel: In meinem Buch schilderte ich Seite 80 und folgende eine in der Talsohle des Flusses Medlock gelegene Häusergruppe, die unter dem Namen Klein-Irland (Little Ireland) schon seit Jahren den Schandfleck von Manchester gebildet hatte. Klein-Irland ist lange verschwunden; an seiner Stelle erhebt sich jetzt, auf hohem Unterbau ein Bahnhof; die Bourgeoisie wies prunkend auf die glückliche, endgültige Beseitigung von Klein-Irland hin wie auf einen großen Triumph. Nun erfolgt im verflossenen Sommer eine gewaltige Überschwemmung, wie denn überhaupt die eingedämmten Flüsse in unsern großen Städten aus leicht erklärlichen Ursachen von Jahr zu Jahr größere Überschwemmungen veranlassen. Da findet sich denn, daß Klein-Irland keineswegs beseitigt, sondern bloß von der Südseite von Oxford Road nach der Nordseite verlegt ist und noch immer floriert. Hören wir die »Manchester Weekly Times« vom 20. Juli 1872, das Organ der radikalen Bourgeois von Manchester:

»Das Unglück, das die Bewohner der Talniederung des Medlock am vorigen Samstag überfiel, wird hoffentlich eine gute Folge haben: daß die öffentliche Aufmerksamkeit gelenkt wird auf die handgreifliche Verspottung aller Gesetze der Gesundheitspflege, die nun schon so lange vor der Nase der städtischen Beamten und des städtischen Gesundheits-Ausschusses dort geduldet worden. Ein derber Artikel in unserer gestrigen täglichen Ausgabe hat, nur noch zu schwach, den schmählichen Zustand einiger der Kellerwohnungen bei Charles Street und Brook Street enthüllt, die von der Überschwemmung erreicht wurden. Eine genaue Untersuchung eines der in jenem Artikel genannten Höfe befähigt uns, alle dort gemachten Angaben zu bestätigen und zu erklären, daß die Kellerwohnungen in diesem Hof längst hätten geschlossen werden sollen: richtiger, man hätte sie nie als menschliche Wohnungen dulden sollen. Squire's Court wird von sieben oder acht Wohnhäusern an der Ecke von Charles Street und Brook Street gebildet, über die der Wanderer, selbst an der niedrigsten Stelle von Brook Street, unter dem Eisenbahnbogen, Tag für Tag hinweggehen kann, ohne zu ahnen, daß menschliche Wesen in der Tiefe unter ihm in Höhlen wohnen. Der Hof ist dem öffentlichen Blick verborgen, nur zugänglich denen, die das Elend zwingt, in seiner grabähnlichen Abgeschlossenheit ein Unterkommen zu suchen. Selbst wenn die meist stockenden, zwischen Wehren eingedämmten Gewässer des Medlock ihren gewöhnlichen Stand nicht überschreiten, kann der Fußboden dieser Wohnungen nur einige Zoll über ihrem Spiegel sein: jeder tüchtige Regenschauer ist imstande, ekelhaft fauliges Wasser aus den Versenklöchern oder Abzugsröhren in die Höhe zu treiben und die Wohnungen mit den Pestgasen zu vergiften, welche jedes Überschwemmungswasser zum Andenken hinterläßt [...] Squire's Court liegt noch tiefer als die unbewohnten Keller der an Brook Street stehenden Häuser [...] zwanzig Fuß niedriger als die Straße, und das verpestete Wasser, das aus den Versenklöchern am Samstag emporgetrieben wurde, reichte bis an die Dächer. Wir wußten dies und erwarteten daher, den Hof unbewohnt oder nur von den Beamten des Gesundheits-Ausschusses besetzt zu finden, um die stinkenden Wände abzuwaschen und zu desinfizieren. Statt dessen sahen wir einen Mann, beschäftigt in der Kellerwohnung eines Barbiers [...] einen Haufen faulenden Unrats, der in einer Ecke lag, auf eine Schubkarre zu schaufeln. Der Barbier, dessen Keller schon ziemlich ausgefegt war, schickte uns noch tiefer hinab zu einer Reihe von Wohnungen, von denen er sagte: wenn er schreiben könnte, würde er an die Presse schreiben und auf ihrer Schließung bestehn. So kamen wir endlich nach Squire's Court, wo wir eine hübsche, gesund aussehende Irländerin fanden, die alle Hände voll mit der Wäsche zu tun hatte. Sie und ihr Mann, ein Privat-Nachtwächter, hatten seit 6 Jahren in dem Hof gewohnt, sie hatten eine zahlreiche Familie [...] In dem Hause, das sie eben verlassen hatten, war die Flut bis dicht ans Dach gestiegen, die Fenster waren zerbrochen, die Möbel ein Trümmerhaufen. Der Bewohner, sagte er, habe das Haus nur dadurch in erträglichem Geruchszustand halten können, daß er es alle zwei Monate mit Kalk weißte [...] Im inneren Hof, wohin unser Berichterstatter jetzt erst vordrang, fand er drei Häuser, mit der Rückmauer an die eben beschriebenen angebaut, wovon zwei bewohnt waren. Der Gestank war dort so abscheulich, daß der gesundeste Mensch nach ein paar Minuten seekrank werden mußte [...] Dies widerwärtige Loch war bewohnt von einer Familie von sieben Personen, die am Donnerstagabend (dem Tag der ersten Überschwemmung) alle im Hause geschlafen hatten. Oder vielmehr, wie die Frau sich verbesserte, nicht geschlafen, denn sie und ihr Mann hatten von dem Gestank den größten Teil der Nacht durch sich erbrochen. Am Samstag mußten sie, bis an die Brust durchs Wasser watend, ihre Kinder hinaustragen. Sie war auch der Ansicht, das Loch sei für ein Schwein zu schlecht, aber wegen der wohlfeilen Miete – 1 1/2 Schilling (15 Groschen) die Woche – hätte sie es genommen, da ihr Mann wegen Krankheit die letzte Zeit oft verdienstlos gewesen. Der Eindruck, den dieser Hof und die in ihm wie in ein verfrühtes Grab eingepferchten Bewohner machen, ist der der äußersten Hülflosigkeit. Wir müssen übrigens sagen, daß nach gemachten Beobachtungen Squire's Court nur ein Abbild – vielleicht ein übertriebenes – mancher andrer Lokalitäten jener Gegend ist, deren Existenz unser Gesundheits-Ausschuß nicht verantworten kann. Und wenn man gestattet, daß diese Lokalitäten fernerhin bewohnt werden, so ladet der Ausschuß eine Verantwortlichkeit und die Nachbarschaft eine Gefahr ansteckender Epidemien auf sich, deren Gewicht wir nicht weiter untersuchen wollen.«

Dies ist ein schlagendes Exempel, wie die Bourgeoisie die Wohnungsfrage in der Praxis löst. Die Brutstätten der Seuchen, die infamsten Höhlen und Löcher, worin die kapitalistische Produktionsweise unsre Arbeiter Nacht für Nacht einsperrt, sie werden nicht beseitigt, sie werden nur – *verlegt!* Dieselbe ökonomische Notwendigkeit, die sie am ersten Ort erzeugte, erzeugt sie auch am zweiten. Und solange die kapitalistische Produktionsweise besteht, solange ist es Torheit, die Wohnungsfrage oder irgendeine andre das Geschick der Arbeiter betreffende gesellschaftliche Frage einzeln lösen zu wollen. Die Lösung liegt aber in der Abschaffung der kapitalistischen Produktionsweise, in der Aneignung aller Lebens- und Arbeitsmittel durch die Arbeiterklasse selbst.

Rückblick auf den sozialen Wohnungsbau

Lutz Niethammer

Erschienen 1988 in: Walter Prigge und
Wilfried Kaib (Hg.): *Sozialer Wohnungsbau
im internationalen Vergleich.* Frankfurt am
Main: Vervuert, S. 277-310.

I.

Als die deutschen Gewerkschaften während des letzten Bundestagswahlkampfs
das größte europäische Unternehmen der Wohnungswirtschaft für eine Mark einem mittelständischen Backwarenhersteller verkauften und ihm hinterher noch
ein paar Millionen zustecken mußten, weil er ihnen diese Belastung wenigstens
zeitweise abgenommen hatte, wurde symbolisch auch die Idee der Gemeinwirtschaft buffo zu Grabe getragen. Wenig später folgte der Verkauf der Mehrheits-
anteile der Bank für Gemeinwirtschaft, der größten Bank der Arbeiterbewegung
in der westlichen Welt, an eine private Versicherungsgesellschaft, und auch die
gewerkschaftliche Versicherungsgesellschaft, ihr Bücherclub, der Konsum gehen
vollends in den Kapitalismus ein oder überhaupt ein. Zwar gibt es noch staatliche
und kommunale Unternehmen und einen relativ schrumpfenden genossenschaftlichen Sektor in der Bundesrepublik, die ihre Wirtschaft zu einer mixed economy
machen. Aber das Herzstück der Gemeinwirtschaft, ihr autonomes, von der Arbeiterbewegung getragenes und von politischen Wahlentscheidungen unabhängiges
Zentrum, ist mit der Neuen Heimat auf absurde Weise untergegangen.

Ihr Ende markiert ein Epochendatum: die lange Welle einer säkularen sozialdemokratischen Perspektive ist verebbt. Wie die ältere Sozialdemokratie vor dem Ersten Weltkrieg ihr Zukunftsvertrauen aus der Gewißheit ableitete, daß die kapitalistische Gesellschaft in einem Kladderadatsch zusammenfallen und ihr in den Schoß
sinken werde, so hatte die jüngere das ihre auf gradualistische Konzepte zur Annäherung an den Sozialismus gegründet, die ihr eine erhebliche Flexibilität in der
praktischen Politik eröffneten. Diese Theorien vom Sozialstaat, vom Organisierten Kapitalismus, von der Wirtschaftsdemokratie und von der Gemeinwirtschaft
versöhnten revolutionäre Ziele mit der Absage an revolutionäre Mittel. In diesem

Theoriesystem gibt es eine subjektive Seite – nämlich die Sicherung und Umsetzung erzielter Fortschritte durch vermehrte Partizipation des Volkes (bzw. einer erweiterten Arbeiterklasse) mit den Instrumentarien des Parlamentarismus und der wirtschaftlichen Mitbestimmung – und eine objektive, die Strukturzwänge in der modernen Gesellschaft zur Ausweitung des Staatssektors, des Korporatismus und zur Ablösung von Herrschaft durch Leistung annimmt. Max Webers bürgerliche Drohbilder vom ehernen Gehäuse der Rationalisierungszwänge des Marktes und der Bürokratie erschienen in der sozialdemokratischen Perspektive gleichsam vereint, aber umgewertet als konkrete Utopie wachsender Produktivität in sozialer Partnerschaft, die durch die Entscheidung der Massen und einen wachsenden öffentlichen Sektor einen gleitenden Übergang vom Kapitalismus zum Sozialismus – verstanden als zunehmende soziale Sicherheit und Wohlfahrt dieser Massen – ermöglicht.

Die Gemeinwirtschaft stand im Schnittpunkt der subjektiven und der objektiven Komponente des Programms: halb von einer vergesellschafteter Produktions- und Reproduktionsformen in der Gestalt von gemeinnützigen Gesellschaften und Genossenschaften »mit Staatshülfe«, halb Ausdruck angenommener Strukturzwänge der Modernisierung zur Verstaatlichung oder Kommunalisierung infrastruktureller Daseinsvorsorge, dann der Grundstoffindustrien, der Banken, wichtiger Dienstleistungen etc. Die Weiterungen sind in Westdeutschland nicht eingetreten und wo es – wie z.T. in England – zu ihnen gekommen war, haben sie sich weder ökonomisch noch politisch gehalten. Im Gegenteil, allenthalben wird über die Privatisierung der lukrativen Teile öffentlicher Dienstleistungen und Vorsorgeunternehmen nachgedacht. Während Selbsthilfe, personale Genossenschaft und dezentrale Vernetzung neuerdings zu Stichworten einer alternativen Szene geworden sind, hatten sich die alten Genossenschaften überwiegend zu anonymen Konzernen ohne Bodenhaftung entwickelt, die sich im Markt bewähren müssen. Vor allem im Bereich des Sozialen Wohnungsbaus hatten sie nach dem Zweiten Weltkrieg in der Phase des Wiederaufbaus und der Modernisierung gewaltig expandiert. Als ihnen nach deren Ende die Staatshilfe entzogen wurde, begannen sie aus Mangel an Wachstum zu kränkeln und ihre Substanz zu versilbern. Die Gewerkschaften mußten sich beeilen, ihre Streikkassen aus diesem abschmelzenden Sozialkapital zu bergen und kapitalistischer Führung zur Sicherung und Mehrung anzuvertrauen.

Der Eklat, mit dem das Kernstück der gemeinwirtschaftlichen Perspektive in der Bundesrepublik zusammenbrach, war ebenso singulär wie die Größe dieses zugleich alternativen und integrierenden Bestandteils des Organisierten Kapitalismus in Deutschland. Die Tendenzen, die ihn herbeiführten, aber lassen sich in den meisten entwickelten Industriegesellschaften Euratlanticas beobachten: Rückzug der öffentlichen Hand aus unmittelbar versogungswirksamen Interventionen in den Markt, Reorientierung gesellschaftspolitisch gestaltender Sozial- und Wohnungspolitik auf die Armenhilfe, Abschmelzen der über ein Jahrhundert angesammelten Sozialkapitale durch stückweise Privatisierung und Verbrauch der Erlöse als Betriebsmittel einschlägiger Verwaltungsapparate. In mehreren Ländern geht dies Hand in Hand mit der Schwächung der Gewerkschaften durch politische Repräsentanten des Kapitals und durch einen unterschwelligen Prozent in ihrer Mitgliedschaft und ihren Bezugsgruppen, der intern als »Entsolidarisierung« diskutiert wird. Darunter versteht man die zunehmende Binnendifferenzierung der Arbeitnehmerschaft nach Schichten, Branchen, Regionen, nach Qualifikation, Arbeitsplatzsicherheit, Geschlecht, Generation, Herkunftskultur und Lebensstil. Dieser Differenzierungsprozess hemmt den Zusammenschluss für Interessen am Arbeitsplatz und die Vereinheitlichung von Lohnzuwachsen, die von der Mechanik der Prozente auseinandergetrieben werden. Am ersten macht er sich aber im Sektor der abgespaltenen Reproduktion bemerkbar, in der sich die familiale Komplexität des Privaten im Raum ausdrückt und versteinert und jedem Jahrhundertprojekt der Vereinheitlichung der Bedürfnisse und Lebenspraxen widerstreitet, in dem sich bürgerliche Wohnungsreform, staatliche Wohnungspolitik, der Aufstieg der Arbeiterarmut zu Luft und Licht einer Drei-Zimmer-Wohnung in Zeilenbauweise und die Wiederaufbauperspektive einer durch Krisen und Krieg durchrüttelten Klassengesellschaft getroffen hatten.

Nachdem dieses Projekt, das ein soziales Erfahrungssubstrat der real existierenden Moderne lieferte, offenbar nicht mehr modellbildend wirkt, scheint es mir an der Zeit, im Rückblick nach der historischen Signatur des Sozialen Wohnungsbaus, der den Massenalltag in mehreren europäischen Ländern über Jahrzehnte prägte, zu fragen. War es denn ein sozialdemokratisches Projekt? Oder ein deutsches? Welche Faktoren haben sich in seiner Genese und in seinen Massenkonjunkturen verschmolzen? Wie kann man seine Elemente entzwirnen, um in einer Situation, in der sich der synthetische Charakter soziokultureller Selbstverständlichkeiten zersetzt, unterscheiden zu können, was sich zu bewahren lohnt, was nicht und wo Ideen gefragt sind? Das ist beim Sozialen Wohnungsbau mindestens aus zwei Gründen eine ganz praktische »postmoderne« Frage. Denn es gibt einen großen Bestand an Gehäusen, die aus diesem Projekt entstanden sind: sollen sie abgerissen, privatisiert oder in neue Formen kollektiver Selbstversorgung überführt werden? Darüber hinaus gibt es in der Gesellschaftskrise der Gegenwart eine neue Wohnungsnot entmieteter Marginalität sowie von Newcomern an einem durch Standortfaktoren entregelten Markt. Brauchen sie einen neuen sozialen Wohnungsbau?

Zur Nutzung des Begriffs sei noch vorausgeschickt, daß ich – aus Gründen des Vergleichs und gegen den vielfach differenzierten Sprachgebrauch der Quellen – Sozialen Wohnungsbau als Oberbegriff für eine Reihe von Formen öffentlicher Subventionen des Baus von Kleinwohnungen benutze, die von Krediterleichterungen für private und gemeinnützige Bauherren bis zur direkten Bautätigkeit und

Wohnungsverwaltung öffentlicher Hände (public housing) reichen. Die wesentliche gemeinsame Signatur aller dieser Formen ist, daß die Errichtung und Verwaltung von Gebäuden mit öffentlichen Mitteln oder Begünstigungen im Interesse eines nicht marktfähigen Bedarfs erleichtert wird. Diese sog. Objektförderung, durch die zugleich die Morphologie europäischer Städte im 20. Jahrhundert z.T. erheblich beeinflußt und neue Wohnungsstandards durchgesetzt wurden, ließ einen Baubestand außerhalb oder am Rande des Bau- und Wohnungsmarktes entstehen, der ein gemeinwirtschaftliches Potential darstellte. Dem steht in der neueren Wohnungspolitik die sog. Subjekt- bzw. Eigentumsförderung gegenüber. Sie läßt keine Sozialkapitale entstehen, sondem subventioniert den Markt, ein einerseits durch Armenbeihilfe (Wohngeld, Allowances) für unerschwingliche Mieten, die an den Vermieter weitergegeben werden, andererseits und hauptsächlich durch Steuerverzichte zugunsten der Eigentumsbildung mittlerer und höherer Schichten.[1]

II.

Während der Verstädterung und Urbanisierung, die in Mittel- und Westeuropa etwa vom zweiten Drittel des 19. Jahrhunderts bis zum Ersten Weltkrieg reicht, wurde quer durch Europa die Wohnungsfrage gestellt, und zwar zunächst für die städtische Armut, dann für die Arbeiterschaft und schließlich für das Kleinwohnungswesen. Mit der Transformation dieser Adressatentypen geht auch eine Verwandlung der Frage selbst und der diskutierten (in wesentlich geringerem Umfang auch der praktizierten) Abhilfeinstrumente einher. Für diese Vorbereitungsphase ist ein starker Zwiespalt zwischen einer breiten, vor allem in den Metropolen geführten Diskussion über Marktkorrekturen und eine punktuelle, quantitativ wenig erhebliche Reformpraxis festzustellen, ganz im Gegensatz zur praktischen Phase des Sozialen Wohnungsbaus im 20. Jahrhundert, als sich gesellschaftliche Organisationen und staatliche Interventionsinstrumente unauffällig zu dynamischen Strukturen ineinanderschoben. Diese Strukturen hatten sich überwiegend auf indirekte und experimentelle Weise in der dritten Unterperiode der Vorphase vorbereitet und zwar charakteristischer-weise durch den Eintritt mittlerer Schichten in den Kreis der Subventionsbedürftigen. Die Zunahme der traditionellen Stadtarmut und die Armut der frühen Industriearbeiterschaft konnten das liberale Credo des Bau- und Wohnungsmarktes allein nicht erschüttern, zumal sie in der Wohnungsfrage nur sehr selten als Subjekte praktischer Politik auftraten.

---

1   Um eine Größenordnung zu geben: 1978 machte die Objektförderung im Mietwohnungsbau der Bundesrepublik noch 12 % der öffentlichen Aufwendungen aus und das Wohngeld 10 %; 74 % hingegen gingen in die Eigentumsförderung. Nur 43 % der Subventionsarten betrafen einkommensbeschränkte Empfänger, d.h. die Bezieher unterer und mittlerer Einkommen.

In der ersten Periode wird die Wohnungsfrage von der Wahrnehmung »sozialer Brennpunkte« in der Verstädterung stimuliert: Meist sind es Zusammenballungen traditioneller und immigrierender Armut inmitten des städtischen Wachstums, die als Herde der Krankheit, der Kriminalität und kultureller Andersartigkeit ausgemacht werden. Da die marktfähigen, am Wachstum teilnehmenden Schichten die Verstädterung überwiegend räumlich nach außen trugen, ballte sich die Armut im alten Zentrum und dort wiederum »unten«, »oben« und »hinten«. Die Zentralität und Fremdheit des Elends machte es auffällig und erfüllte die Begegnung mit dieser anderen, von der bürgerlichen immer stärker abstechenden Kultur mit Angst und Abwehr. Charakteristisch dafür ist die Verwandlung der Herausforderung zunehmend sichtbarer Armut von Menschen in eine räumliche Frage. Die drei Antworten auf diese Wahrnehmung bestanden in der Regulierung des Stadtwachstums vor allem durch Bebauungspläne und -vorschriften, um die Ausbreitung dieser Kultur in die neuen Teile der Stadt zu verhindern oder kontrollierbar zu machen, in der Sanierung der Altstädte, um sie dort zum Verschwinden zu bringen, und durch die Ansiedlung zentraler Dienstleistungen zu ersetzen und in der (teils philanthropischen, teils polizeilichen) Erziehung der Armen zu neuen Verhaltensstandards, nämlich Arbeitsdisziplin und Anhebung der Konsumbedürfnisse. Denn die Botschafter des Bürgertums in diesen fremden Territorien der Slums – anfänglich meist Armenärzte und Stadthygieniker – hatten entdeckt, daß die Armen zwar unter ihrer Armut litten, aber keine Strategien der Selbstdisziplinierung und kaum eine bevorrechtigte Nachfrage nach besseren Wohnungen – mit ihrer längerfristigen Bindung unsicheren Einkommens – entwickelten. Da es dafür oft objektive Gründe gab, waren die ersten beiden Antworten der Regulierung und Sanierung erfolgreicher. Sie verkürzten aber das billigste und schlechteste Wohnangebot und verteilten die nicht-nachfragefähige Unterschicht (bei zunächst oft zusätzlicher Komprimierung) auf das nächstschlechteste in den Neubaugebieten.

Überlappend mit diesem Prozeß der Verdrängung der alten Armutsquartiere aus den wachsenden Städten des 19. Jahrhunderts wurde in der Folge in einer breiten Diskussion quer durch Europa die sog. Arbeiterwohnungsfrage gestellt. Bei ihr ging es im Kern um zwei Probleme: die industrielle Arbeiterschaft von der älteren Armut zu trennen und sie an die bürgerliche Kultur auf kostengünstige Weise heranzuführen. Aus der Diskussion dieser Probleme entwickelten sich die grundlegenden Konzepte einer Zonierung des städtischen Raumes (theoretisch nach Funktionen[2], innerhalb des Wohnbereichs aber noch einmal nach Schichtung)

---

2 Die funktionale Differenzierung nach Produktion, Reproduktion und Öffentlichkeit (Dienstleistungen, Kultur, Herrschaft) übertrug ältere Binnendifferenzierungen von Haus und Hof auf den Stadtraum, in dem es durch die räumliche Besonderung von Herrschaft, Kultus und Markt von alters her Anknüpfungspunkte dazu gab. Die Ablösung der Funktionen Arbeiten und Wohnen im Zuge der städtischen Industrialisierung erzwang jedoch ein doppeltes räumliches Wachstum der Städte, das durch die Zwischenschaltung infrastruktureller Räume (vor

und einer Ersetzung der entstandenen Standes- und Klassenkulturen durch eine die Klassen relativierende familiale Zellstruktur in der ganzen Gesellschaft. Das Instrument dafür sollte erstens die räumliche Abschließung eines ›Familienkosmos‹ gegenüber Außenstehenden zur Ausbildung eines privaten Innenraumes, zur Ausbildung eines Eigentumsgefühls, zur Verinnerlichung der Selbstdisziplin, zur Hebung der Bedürfnisse und nachfragevorbereitender Askese und nach Möglichkeit zur Hinführung an die Natur zur Erholung, Selbstversorgung und Selbstbeschäftigung in der Freizeit werfen. Dafür war aber zweitens vor allem eine Verbilligung des Angebots an entsprechend abgesonderten Kleinwohnungen in zumutbarer (oder durch Massenverkehrsmittel zu verkürzender) Entfernung von den sich konzentrierenden Industrieanlagen notwendig, und dies war angesichts der Dynamik des kapitalistischen Boden-, Bau- und Wohnungsmarkts vor allem in den Großstädten ohne öffentliche Subventionen nicht leistbar. Zwar konnten durch Mäzenaten Modelle entsprechender Problemlösungen errichtet werden; zwar wurden in abgelegenen, standortgebundenen Industrien die Unternehmer zur Errichtung von (meist weniger modellhaften) Werkswohnungen gezwungen, wie überhaupt in der anfänglich ja zu einem beträchtlichen Teil ländlichen Industrialisierung die geringeren Bodenkosten und die Möglichkeiten des Selbstbaus auch Arbeitern zu Eigenheimen verhalfen; zwar differenzierten sich die Wohnbedingungen auch in der städtischen Arbeiterklasse nach Qualifikation und Stabilität der Beschäftigungsverhältnisse zugunsten einer oberen Schicht, die individuell oder im Wege genossenschaftlichen Zusammenschlusses Im Markt ein annehmbares

---

allem für Verkehr) noch vermarktet wurde. Insofern wird man einet Geschichte des städtischen Wohnens, mit dem Blick auf das Wachstum der Einwohnerzahlen und die soziale Differenzierung der Größe des Wohnraums allein nicht gerecht. Vielmehr gehört die räumliche Zerreißung der Lebenszusammenhänge wesentlich zu den Faktoren der Ausbreitung und Verdichtung der Stadträume (und ihres finanziellen und zeitlichen Verkehrsaufwands), die in der Folge durch die räumliche Zwischenschaltung von simulierter Natur, Freizeiteinrichtungen und Dienstleistungen zusätzlich gesteigert wurden. Erst dieser Differenzierungsprozeß, der den gesellschaftlichen Bauaufwand pro Kopf der großstädtischen Bevölkerung in über ein Jahrhundert sich erstreckenden Folgewirkungen weit über die durchschnittlich erfahrbare Wohnraumvergrößerung vervielfacht hat, erklärt die kumulative Expansion der Städte (selbst bei stagnierenden Bevölkerungszahlen) und neuerdings das korrespondierende Wachstum von Freizeitstädten, welche die Unzugänglichkeit und Vernutzung der Natur mit einer zivilisationsgeschichtlich neuen und wachsenden Sehnsucht nach Ihr verkettet. Bei Berücksichtigung dieser Umfeldproblematik erscheint gerade angesichts der Vergrößerung des für den Einzelnen durchschnittlich verfügbaren Wohnraums ein Frustrationszirkel der industrie-städtischen Lebensweise, der durch die verschiedenen Wogen der Stadtreform (z.B. garden-suburbs) nicht durchbrochen werden konnte, sondern nur Im Einzelnen (und meist für gehobene Schichten) gelindert, Im Ganzen aber um weitere Spiraldrehungen verschärft wurde.

Unterkommen finden konnte.[3] Aber für die Masse der städtischen Arbeiter konnte die Disparität zwischen Löhnen (und ihrer Kontinuierlichkeit) und Mieten nicht so vermindert werden, daß für sie eine Teilnahme am Akkulturationsprojekt des Reformbürgertums nach Wohndichte und -struktur infrage gekommen wäre, da das Besitzbürgertum am Wohnungsmarkt verdienen und nicht ihn subventionieren wollte. Die sozialistische Arbeiterbewegung sah denn auch in der bürgerlich gestellten Arbeiterwohnungsfrage eine Augenwischerei, während die liberale und die christliche mit Baugenossenschaft und die anarchistische mit Häuserkämpfen und Mietstreiks experimentierten; beides blieb jedoch im 19. Jahrhundert ohne durchschlagenden Erfolg.

In der dritten Phase (ca. seit 1980) bereitete sich eine politische Lösung des Problems vor, ohne bereits In der Breite zu greifen. Der Hebel bestand darin, daß im Zuge des Stadtwachstums die Wohnungsnot (insbesondere in der Form baulicher Verdichtung und Vermischung) mittlere Schichten ergriff, jedenfalls im Verhältnis zu dem, was diese an Licht, Luft, Grün, Absonderung der Familien von den gefährlichen Massen und der Einzelnen in der Familie, kurzum on Besserstellung und bürgerlicher Ausprägung ihrer Umwelt beanspruchen zu können meinten. Die Tatsache, daß diese wachsenden Zwischenschichten, vom Werkmeister über die kleinen und mittleren Angestellten und Beamten bis zu vielen Intellektuellen, Handwerkern und Einzelhandelskaufleuten, keine standesgemäße Wohnung fanden oder bezahlen konnten, öffnete ihre Reihen für eine merkwürdige Verbindung von Eigentumshoffnungen und Kapitalismuskritik, denn ihr Traum vom Eigenheim schien durch die Anhebung der städtischen Bodenwerte zunehmend unerreichbar. Durch diesen Widerspruch zwischen zwei Eigentumsformen, einer erwünschten und einer abgelehnten, wurden als gerade im explosiven Stadtwachstum Mitteleuropas einem materialen Liberalismus entfremdet und für bodenreformerische, alldeutsche und antisemitische Agitation ansprechbar.

Sie brachten drei neue Faktoren ins Vorfeld der Wohnungspolitik: erstens im Verhältnis zu den Arbeitern bessere Einkommen, die den Abstand zwischen tatsächlichem und erwünschtem Wohnen verkürzten. Zweitens waren sie bereits auf dem Disziplinierungsstandard, den das papierene Projekt der Wohnreform für die

---

3   Diese Aussage mußte nach Ländern insofern qualifiziert werden, als ein geringer Anteil von Großstädten, eine durch die Wetterumstände traditionell billige Bauweise, ein System der Grundstücksverpachtung (als im Gegensatz rum Verkauf mit seinen hohen Ansparfristen und Kapitalzinsen} und eine längere Vorphase der Industrialisierung mit einem größeren Anteil an bereits stabilisierter Arbeiterschaft die Kluft zwischen Löhnen und Mieten erheblich vermindern konnten – in England waren alle vier Faktoren gegeben. Das Gegenbild stellen alte Großstädte mit hohen Temperaturschwankungen und entsprechend massiver Bauweise, durch lange bürokratische Regelungstradition zusätzlich gesteigerten Bodenwerten, geringer oder junger Industrialisierung und hoher Immigration ländlicher Armut: besonders die Städte Ostmitteleuropas.

Massen erst eschließen wollte, und äußerten deshalb reformkonforme Wünsche. Drittens drängten sie selbst durch eine Vielzahl von Vereinigungen (zur Bodenreform, zur Wohnungsreform, zum Mieterschutz, durch Genossenschaften und Gartenstadtgesellschaften, politisch durch Fraktionen der nationalistischen, liberalen, christlichen und antisemitischen Parteien) in der Öffentlichkeit darauf, daß Städte und Staaten zugunsten ihrer Bedürfnisse in den Markt intervenierten.

Dieser Druck erweichte auf osmotische Weise die Bollwerke des Wirtschaftsliberalismus zumindest in der Bürokratie, die allenthalben begann, indirekte und reversible Marktinterventionen zu ersinnen und dadurch sozusagen nebenbei auch die Blockierungen in der Arbeiterwohnungsfrage zu überwinden. Ein halbes Jahrhundert unpraktizierter Phantasie versorgte sie mit einem großen Vorrat an instrumentellen Möglichkeiten. Das konnte von der kommunalen Bodenbevorratung und Hergabe von Grundstücken in Erbpacht über die Anerkennung der Gemeinnützigkeit von Baugesellschaften und -genossenschaften (also deren Subventionierung durch Steuerverzichte), die Absicherung der risikoreichen und deshalb teuren Spitzenfinanzierung, den Einsatz öffentlicher Gelder für die Wohnungsversorgung des öffentlichen Dienstes (und damit eine Reduktion der Konkurrenz am Wohnungsmarkt), die Bereitstellung eines Sozialkapitals wie der angesparten, aber noch nicht abgerufenen Mittel der neuen Rentenversicherungen bis hin zur Ermächtigung von Kommunen sozusagen als Sozialträger zum direkten Wohnungsbau reichen. Charakteristischerweise kam das letztere, weitestgehende Instrument in größerem Umfang wiederum nur in England zum Einsatz, wo die wirtschaftliche Entwicklung am weitesten fortgeschritten und die sich im Reproduktionsbereich selbst organisierenden Interessen durch reformistische Flügel der Arbeiterbewegung in ihrem Druckvermögen erheblich verstärkt worden waren. Mit anderen Worten wurden alle Instrumente der Staatsintervention ausgefahren, die unterhalb der symbolischen Schwelle einer direkten Subvention des Massenwohnungsbaus aus dem Staatshaushalt möglich waren.

In dieser experimentellen Phase einer Staatsintervention *malgré lui* schürzte sich der Knoten des Sozialen Wohnungsbaus, der dann in der offenen Staatsintervention seit dem Ersten Weltkrieg bedeutsam werden sollte. Vier Elemente scheinen mir das Gesetz, nach dem er angetreten ist, bestimmt zu haben: die ·Etablierung eines räumlichen und familialen Modells sich selbst reproduzierender Sozialkontrolle, das gegen Armut und Arbeiterschaft entworfen worden war, das aber als Projekt entdichteter und rationalisierter Kleinwohnungen von den unteren Mittelschichten der Großstädte, die diesem Modell bereits nachstrebten, es aber um geringer ökonomischer Differentiale wegen verfehlten, interessenpolitisch zur Geltung gebracht werden konnte. Zweitens die indirekte Zuschleusung von Mitteln in eine modellkonforme Bauproduktion, die nicht eine Opposition gegen den Markt, sondern vielmehr seine verschwiegene Ergänzung begründete. Drittens eine Umdrehung des Adressatenbezugs: nun stand nicht mehr die direkte Erziehung und

Behausung der ärmsten Schichten im Vordergrund des Interesses, sondern dieser (ökonomisch wie kulturell nicht unmittelbar ansprechbare) Rand der Gesellschaft sollte durch eine Stabilisierung von der Mitte aus indirekt, über zivilisatorische Sicker- und Vorbildeffekte aus der Elendskultur herausgezogen werden. Schließlich erprobte die Politik marktergänzende, kostengünstige und jederzeit reversible Instrumente zur Erweiterung und Verbesserung des städtischen Wohnungsangebots durch die Begünstigung halböffentlicher Träger von standardisierten Massenwohnungsanlagen. Dieses indirekte und reversible Instrumentarium ermöglichte es dem Staat, den Wohnungsmarkt politisch mitzugestalten, ohne einerseits ihn abzuschaffen und die Grund- und Hauseigentümer direkt zu provozieren oder andererseits eine Anspruchberechtigung der Einwohner im Bereich der Wohnungsbedürfnisse zu begründen.

In mehr oder minder ausdifferenzierter Form lag dieses Instrumentarium einer öffentlich begünstigten, gemeinnützigen Wohnungsreform in den meisten europäischen Ländern am Vorabend des Ersten Weltkrieges zur Hand. Wie stark es genutzt wurde, hing vor allem von den Engpässen des Wohnungsmarktes in der Urbanisierungsdynamik und von der Verfügbarkeit sozialer Brückenköpfe in den unteren Mittelschichten ab, die mit der Hilfe zu einer kollektivierten Selbsthilfe etwas anfangen konnten. Beide Faktoren waren in England und Deutschland besonders stark entwickelt. Als Brückenköpfe« dienten Organisationszellen eines entwickelten Vereinswesens, vor allem aber zwei Traditionen gesellschaftlicher Selbsthilfe, nämlich in England durch die lokalen Korporationen (quasi als gemeinwirtschaftliche Vermittler zwischen dem Staatlichen und dem Privaten) und in Deutschland durch die Institutionen der Arbeiterbewegung sowie der Angestellten- und Beamtenschaft. Beides wurde damals im revisionistischen Flügel der deutschen Sozialdemokratie unter dem Stichwort »Kommunalsozialismus« zusammengefaßt, was den wesentlichen Kompromißcharakter der Reform verbarg. Das war für die damalige Perspektive auch verständlich, entstanden doch in englischen und deutschen Städten bereits vor dem Ersten Weltkrieg kommunale bzw. mit dem Genossenschaftswesen der Arbeiterbewegung verbundene Wohnungsbestände, die trotz ihrer beschrankten Größenordnung als Einstieg in den Ausstieg aus dem privaten Boden-, Bau- und Wohnungsmarkt interpretiert werden konnten.

Im Rückblick freilich bleibt auffällig, daß in den meisten europäischen Ländern diese Instrumentarien nicht in einem nennenswerten Umfang genutzt wurden, daß auch in England und Deutschland der öffentlich geförderte und dadurch regulierte Anteil am Massenwohnungsbau beschränkt blieb, daß überall eine direkte Staatsintervention in dieser Phase unterblieb und daß das kulturelle Modell, das durch die gemeinwirtschaftliche Wohnungsreform reproduziert wurde, in seiner genetischen Signatur antisozialistisch war, wenn es auch dem Geschmack etlicher sozialistischer Funktionäre gefiel.

III.

Nach dem Ersten Weltkrieg ist dieses Instrumentarium in mehreren Ländern auf einer wesentlich breiteren Basis angewandt und fast in jedem Land durch unmittelbare Staatseingriffe ergänzt worden. Dadurch ist auch ein Teil der ursprünglichen, auf Bürgerlichkeit im Kleinen und Grünen ausgerichteten Reformziele zurückgetreten und durch Siedlungen und Massenwohnungsanlagen ersetzt worden, am ausgeprägtesten im sog. Gemeindewohnungsbau des »roten Wien«. Ja, man kann sagen, daß in vielen Fällen, in denen sozialistische Kommunalpolitiker die Ausweitung des Sozialen Wohnungsbaus unter den Maßgaben verbesserter Finanzierung aus der Staatskasse umsetzen konnten, modernistische Großprojekte realisiert wurden, die aus dem Erbe der bürgerlichen Wohnungsreform nur das Kernstück – nämlich die Miniaturisierung des abgeschlossenen bürgerlichen Familienkosmos – aufnahmen, seine ökologischen Elemente aber durch den Bau von Großsiedlungen am Stadtrand ins Kollektive übersetzten und seine besitzindividualistischen Ziele und die ästhetische Überhöhung der Funktionsdifferenzierung der Lebensbereiche abwiesen. Diese Transformation zugunsten umstrittener Großprojekte der »Moderne«, die große Stockzahlen eng bemessener, aber mit technischem Komfort ausgestatteter Kleinwohnungen in rationalisierten Großbauten mit gewissen infrastrukturellen Gemeinschaftsanlagen verbanden, hat dem Sozialen Wohnungsbau seit der Phase seiner quantitativen Expansion einen sozialistischen Ruf gegeben. Aber dieser Ruf verdeckt mehr, als er erhellt.

Morphologisch ist zwar richtig, daß es spektakuläre Projekte des wesentlich aus öffentlichen Mitteln errichteten Massenwohnungsbaus vor allem in Mitteleuropa gegeben hat, die wie in Wien, Berlin, Frankfurt, Magdeburg oder Dessau von linken Stadtverwaltungen und/oder Architekten errichtet wurden. Sie dürften aber keineswegs die Mehrheit der insgesamt realisierten Projekte dargestellt und sich oft eher in der Symbolik als in der Struktur der Anlage von den von bürgerlichen Koalitionen errichteten Siedlungen unterschieden haben. Ihre Struktur war in keinem Fall indem Sinne eine sozialistische Alternative, wie sie in experimentellen Bauten in der Sowjet-Union in den 2oer Jahren erprobt und dann auch dort wieder aufgegeben war, nämlich als Kollektivhäuser, in denen für alle Lebensfunktionen außer dem Schlafen überfamiliäre Gemeinschaftseinrichtungen vorgesehen waren. Wohl aber hat es in der Frühzeit des öffentlich subventionierten Wohnungsbaus relativ häufig kleinere genossenschaftliche Projekte gegeben, die von Pioniergeist, Selbstorganisation und einer personalen Gemeinschaftsbildung getragen waren und gelegentlich Ansätze zu einer nachbarschaftlich geöffneten und mit den Vereinen und Konsumgenossenschaften der Arbeiterbewegung verflochtenen sozialistischen Lebensweise erprobten. Andererseits konnten sich aber auch diese Projekte städtebaulich und wohnungsmorphologisch, d.h. in ihren überdauernden Strukturen, meist nur marginal von den Modellen der bürgerlichen Wohnungsreform abheben.

Insgesamt bleibt im Überblick auffällig, daß sich eher symbolische Ausgestaltungen als die Grundstruktur dieser Wohnungsbauprogramme – die rationale Errichtung von abgeschlossenen Kleinwohnungen in einer Kombination von vorstädtisch isolierten Wohnblöcken und planmäßigen Reihen- und Einzelhaussiedlungen mit kleinen Gärten – im Längsschnitt durch die Systeme verändert haben. Im Vergleich bleibt es die Besonderheit des auch in seiner Größenordnung und öffentlichen Totalfinanzierung für den Kontinent herausragenden Wiener Modells, daß dort die Mehrzahl (allerdings nicht die größten und bekanntesten) der Wohnhöfe nicht in fernen Außenbezirken, sondern als eine innerstädtische Lückenbebauung konzipiert wurden. Der soziale Wohnungsbau hat sich seit dem Ersten Weltkrieg bis auf die Höhe der Modernisierungsexpansion in den 60er und 70er Jahren trotz vielerlei Gestaltungsvarianten in seinen Grundstrukturen in einer bemerkenswerten Kontinuität entwickelt. Diese Grundstrukturen erschließen sich, wenn man fragt, wo und wie die große Mehrheit seiner Nutzer wohnten: in kleinen, abgeschlossenen, hochstandardisierten Kleinfamilienzellen in sozial und funktional entmischten Stadtregionen. Fast unabhängig von den politischen Fraktionen, die ihn realisierten, scheint sich in einer *longue durée* von einem halben Jahrhundert und auch quer durch die europäischen Länder ein Vereinheitlichungsmodell staatlich über Subventionen gesteuerten Wohnens durchgesetzt zu haben, das – sich von der Mitte der Gesellschaft nach unten ausbreitend – die Lebenspraxis der Mehrheit der Lohnabhängigen in den Städten mitgeformt hat.

Dieser Befund ist merkwürdig; denn in dem Konzept der sich selbst in einer *longue durée* kaum modifizierenden Strukturen des Alltagslebens, das an Befunden der frühen Neuzeit entwickelt wurde, ist der Alltag ja als eine relativ immobile Voraussetzung von Gesellschaft gedacht, während er im 20. Jahrhundert – und gerade in der Frage des Wohnens – eine Resultante gesellschaftlicher und politischer Veranstaltungen ist. Der Soziale Wohnungsbau ist wesentlich ein Produkt finanzieller, planerischer und normierender staatlicher Intervention in einen als solchen weiterbestehenden privaten Boden-, Bau- und Wohnungsmarkt. Mit anderen Worten: Daß die Resultante ganz unterschiedlicher politischer Konstellationen in der Produktion *grosso modo* identischer Alltagsstrukturen für die untere Hälfte der Gesellschaft besteht, verweist auf die Mitwirkung von Faktoren, die politisch sind und doch der politischen Fraktionierung nach Ländern und Parteien offenbar vorausliegen.

Dieses Problem unbewußter politischer Gestaltungsmacht wird meistens deshalb nicht gesehen, weil es mit dem Begriff der Modernisierung verdeckt wird. Es scheint, als triebe, gleichsam unabhängig von aller Gestaltung, die Industrialisierung einen nur zeitweise aufhaltbaren, aber eigentlich unsteuerbaren, weil sich selbst steuernden teleologischen Prozeß zu immer mehr räumlicher Vereinheitlichung und funktionaler Differenzierung aus sich hervor. Realisiert man jedoch, daß diese Prozesse politikvermittelt sind, daß kein sozialer Wohnungsbau gebaut wird, wo nicht verschiedene politische Gremien Standards beschließen, Standorte festlegen, Bezugsberechtigte definieren und Haushaltsmittel – in der Zwischenkriegszeit oft durch eine besondere Besteuerung der Hausbesitzer – bereitstellen und sich damit auch gegen jeweils mögliche, manchmal auch wirkliche Alternativen entscheiden, wird man auf den mythisierenden Charakter des Modernisierungsbegriffs aufmerksam, ein Vehikel gesellschaftlicher Unbewußtmachung ständig vollzogener Optionen.

Dem könnte man nun entgegenhalten, daß es vielleicht deshalb gar keine Optionen seien, weil es keine Alternativen gebe oder – mit anderen Worten – weil die Optionen konsensual getragen seien. Das ist aber sehr unwahrscheinlich: Wie wir gesehen haben, hat der Wohnungsbedarf der ärmeren Schichten im 19. Jahrhundert eben nicht zum sozialen Wohnungsbau geführt. Die »sozialistischen« Großsiedlungsanlagen der 20er Jahre waren ein Gegenstand heftigen politischen Streits. Die Trabantenstädte der Nachkriegszeit haben bei ihren Bewohnern meist weder städtische noch heimatliche Gefühle erweckt etc. Obendrein hat sich dieser Prozeß auch keineswegs kontinuierlich durchgesetzt: Als Massenphänomen hat der soziale Wohnungsbau einen Anfang (die Zeit des Ersten Weltkriegs) und ein Ende (grob die 70er Jahre), und in dieser Spanne hat er von Land zu Land unterschiedliche, z.T. abrupte Konjunkturen durchgemacht und unterschiedlich große Marktsegmente ausgefüllt. Wenn wir also nicht von einem kontinuierlichen Konsens über das Bedürfnis nach Sozialem Wohnungsbau und die Formen und Strukturen, die er annehmen sollte, ausgehen dürfen, so können uns vielleicht doch diese Grenzen, Räume und Rhythmen seiner Erscheinung bei der Archäologie der ihn tragenden Politik helfen.

IV.

In den ersten Jahrzehnten dieses Jahrhunderts hatte in allen europäischen Ländern eine international eng miteinander kommunizierende Gemeinschaft von Wohnungsreformern (meist in bürokratischen und vereinsmäßig organisierten Positionen) ein administrativ-organisatorisches Instrumentarium für den Sozialen Wohnungsbau geschaffen. Mit ihm konnten von halböffentlichen, aber nichtstaatlichen Trägern als Subjekten des Baumarkts Siedlungen standardisierter Kleinwohnungen am Rand von größeren Städten kostengünstig erstellt werden, wenn größere indirekte oder direkte öffentliche Subventionen zur Verfügung gestellt wurden und wenn eine Klientel bereitstand, die für eine kleine Familienwohnung außerhalb des städtischen Mischbereichs spürbare Disziplinen regelmäßiger Zahlung, der Hausordnung, der Absonderung und erheblicher Wege zur Arbeit auf sich zu nehmen bereit war. An der Umsetzung dieser Politik fällt zunächst einmal auf, daß die letzteren Konditionen in den einzelnen Ländern in ganz unterschiedlichem Umfang und zu unterschiedlichen Zeiten erfüllt wurden. Einige, vor allem südeuropäische Länder, haben dieses Instrumentarium zwar ebenfalls ausgebildet, aber kaum benutzt – in Italien z.B. ist der auf diesem Wege erstellte Wohnungsbestand immer eine kleine Elastikfuge zwischen einem ungewöhnlich großen Bestand an eigengenutztem Haus- und Wohnungseigentum auf der einen Seite und einem fast ebenso großen städtischen Mietwohnungsbestand auf privater Basis auf der anderen geblieben. Auf der Grundlage einer alten und auch im 20. Jahrhundert nur in wenigen Zentren explosiv wachsenden Stadtstruktur und einer breiten ländlichen Selbstversorgung genügten dem Faschismus – neben einigen symbolischen, die Phantasie bannenden Projekten futuristischer Stadtgründung und destruktiver Sanierung – offenbar Formen fiskalischer Eigentumsbegünstigung, um die chronische Wohnungsunterversorgung in den Wachstumszentren nicht zu einem landesweiten politischen Problem werden zu lassen.

In Frankreich, das seit der Mitte des 19. Jahrhunderts über die ältesten gesetzlichen Maßregeln für einen sozialen Wohnungsbau verfügte, die seit den 1890er Jahren erheblich ausgebaut worden waren, wurde die Blockade staatlicher Subventionen vor dem Hintergrund stagnierender Bevölkerungszahlen erst 1928 gebrochen und das Instrumentarium in einem quantitativ bedeutsamen Umfang erst beim Wiederaufbau der Zerstörung des Zweiten Weltkrieges eingesetzt. Der eigentliche Boom des sozialen Wohnungsbaus – mit staatlicher Finanzierung, die aber über anonyme Baugesellschaften geleitet wurde und mit einer besonders rigiden Standardisierung verbunden war –, kam aber erst, als die Urbanisierungswelle der Modernisierung mit der Rückkehr von Franzosen aus den Kolonien, vor allem aus Algerien, zusammentraf und einen nationalistisch aufgeladenen, demographischen Imperativ schuf. Er gipfelte in einem nur leicht verschleierten direkten staatlichen Bau von suburbanen Massenquartieren in den 60er und frühen 70er Jahren (»grands ensembles«). Zentralstaatliche Fernplanung, kommunistische Vorortverwaltungen und private Baukonsortien vermählten hier ihre Modernisierungsperspektive in der Schaffung der sozialen Brennpunkte der Folgejahrzehnte. 1968 brach sich u.a. auch die Kritik an diesem nutzerfeindlichen Korporatismus Bahn. Er ist seither einer konservativ eingeleiteten Förderung des suburbanen Eigenheimbaus in hochreglementierten Erweiterungszonen, die von Baugesellschaften erschlossen und in standardisierten Varianten bebaut werden, gewichen.

In Großbritannien und in Mitteleuropa, die den öffentlich geförderten Massenwohnungsbau quantitativ am frühesten und bedeutendsten entwickelt haben, hat zunächst der Erste Weltkrieg den Durchbruch zu umfangreichen staatlichen Subventionen des institutionell bereits vorher über Genossenschaften und Kommunen erprobten Sozialen Wohnungsbaus bewirkt. Der Krieg hatte in diesen höchstindustrialisierten Gebieten Europas die Bauproduktion praktisch zum Erliegen gebracht, nachdem in der Vorkriegszeit die Lösung der Wohnungsfrage zu einem wichtigen politischen Thema geworden war, nicht zuletzt durch das Engagement reformistischer Teile einer rum politisch mitbestimmenden Faktor gewordenen Arbeiterbewegung. Nun erwirkte ein analytisch schwer zu entwirrendes Gemisch aus unmittelbar nationalistischen Fürsorgemaßnahmen »Homes for Heroes«, »Kriegerheimstätten«) und antisozialistischen Vorsorgemaßnahmen noch während des Krieges den Durchbruch zur staatlichen Subventionierung einer Wohnungsbauproduktion, deren Form- und Klientelbestimmung in der Nachkriegszeit in erheblichem Umfang von Kräften der Arbeiterbewegung über deren Baugenossenschaften oder über von ihnen dominierten Gemeindeverwaltungen bestimmt wurde.

In Deutschland – und in Österreich nur in Wien – wurden in der Folgezeit die staatlichen Mittel für den Wohnungsbau überwiegend durch eine Sondersteuer auf den vorhandenen städtischen Grundbesitz mobilisiert: Neben dem Achtstundentag und dem Frauenwahlrecht das sichtbarste sozialstaatliche Signal der Weimarer Republik. Ohne das neue Gewicht der Linken im politischen System wäre diese Überwindung der Blockade einer direkten Staatsintervention am Wohnungsmarkt und ihre erhebliche Ausdehnung in den 20er Jahren nicht vorstellbar gewesen. Aber es bleibt charakteristisch, daß die Sozialdemokratie auch dort, wo sie baupolitisch bestimmen konnte, diese Mittel zwar quantitativ und häufig mit architektonisch -modernistischen Akzenten für den Bau von Großsiedlungen einsetzte, die aber städtebaulich und familienpolitisch die Kontinuität zu der gegen sie entworfenen bürgerlichen Wohnungsreform nicht verleugnen können. Insofern überrascht es auch nicht, daß diese Programme zwar in der Weltwirtschaftskrise stagnierten, aber im Dritten Reich – nach einer anfänglichen Umakzentuierung auf Einfamilienhaussiedlungen und Eigentumsförderung – durch die Übernahme und regionale Zusammenschließung der gemeinnützigen Bauträger in modifizierter Weise fortgesetzt werden sollten. Die Modifikation bezog sich auf eine agrarisierende statt modernistische Ästhetik und auf eine politisch kontrollierende statt opponierende Nachbarschaftlichkeit. Aber nicht nur Zelle und Zone, sondern auch die sich von der personalen und lokalen Genossenschaft immer mehr ablösenden Strukturen anonymer Träger des »Sozialen Wohnungsbaus« (dies übrigens ein Kernbegriff des NS), also marktimmanenter, gesellschaftlich drapierter Subventionsempfänger des Staates, blieben der Kern der Perspektive der Massenwohnungsversorgung in den Städten über den Krieg hinaus.

Die im Anfang des Krieges verordnete Transformation der Baugenossenschaften in anonyme regionale Subventionsverwaltungsagenturen einer »Neuen Heimat« wurde danach von den Gewerkschaften, die unter veränderten Bedingungen in ihre Eigentumsrechte eintraten und sich als Anwalt des Allgemeinen verstanden, übernommen. Dadurch wiederholte sich in extremisierter, nämlich von den Möglichkeiten einer Alternativkultur abgehobene Weise die Konstellation der

Wohnungspolitik nach dem Ersten Weltkrieg. Freilich geschah dies nun aber in Westdeutschland durch die weitgehenden Kriegszerstörungen gerade im städtischen Wohnungsbestand, den Zustrom von Flüchtlingen und Vertriebenen im Umfang von über einem Viertel der Stammbevölkerung, die Anonymisierung der gewerkschaftlichen Genossenschaften und die Ausweitung der Wiederaufbau- und Marshallplanhilfe im Wohnungsbau auf zahlreiche individuelle und gesellschaftliche Bauträger unter konservativer Regierungsführung in einer extremen und über mehr als zwei Jahrzehnte anhaltenden Variante. In ihr wurden die genossenschaftlichen Wurzeln, der bürgerlich-sozialistische Programmkompromiß der Staatsintervention und die faschistische Transformation der gemeinnützigen Bauträger und der Nachbarschaft als gesamtgesellschaftlicher Sachzwang verdeckt und eine modernistische Ästhetik erst spät und gleichsam als Sachgesetzlichkeit und nicht mehr als Ausdruck einer Hoffnungsperspektive aufgenommen. Ein weiteres Element anonymisierter Kontinuität war es, daß dem Massenwohnungsbau der Notzeit schon in den 50er Jahren eine Eigentumsförderung an die Seite gestellt wurde, die an die in den 20er Jahren begründete und durch das Dritte Reich bestärkte Tradition der deutschen Bausparkassen anknüpfen konnte.

In der DDR mit einer sich langfristig auf dem Stand des Vorkriegsumfangs einpendelnden Bevölkerung mußte der zwischenzeitlich erheblich vor allem durch Vertriebene anwachsende Bevölkerungsumfang im Wesentlichen durch Zusammenrücken untergebracht werden, was zu einer außerordentlichen Verdichtung in überalterten und ökonomisch kaum generationsfähigen Altbaubeständen führte. Hier hat in einem quantitativ durchschlagenden Umfang erst der suburbane Massenwohnungsbau seit den 70er Jahren zu einer Entspannung geführt, der sich am unteren Rand der Standards des Sozialen Wohnungsbaus in den anderen europäischen Ländern in der Modernisierungsphase hält und durch extreme Mietsubventionen (im gesamten Baubestand) den Staatshaushalt in einer Rekordhöhe belastet.

Auch in Österreich, das nur im Wien der Zwischenkriegszeit einen spektakulären kommunalen Wohnungsbau gekannt hatte und dessen anhaltende Wohnungsnot die Nazis durch die Deportation der Juden lindern wollten, wurde nach dem Zweiten Weltkrieg an die politisch anonymisierte Tradition der Zwischenkriegszeit angeknüpft, allerdings durch die geringeren Kriegszerstörungen in einem geringeren und weniger landesweit verbreiteten Ausmaß als in Deutschland.

In England schließlich, das traditionell als das Land mit der weitestgehenden Tradition des public housing gilt, beginnt eine quantitativ nachhaltige Staatsintervention ebenfalls erst nach dem Ersten Weltkrieg, und zwar zur Ankurbelung des Wohnungsbaus nach dem de-facto-Baustopp während des Krieges. Dies geschah hauptsächlich durch staatliche Ermächtigung der Gemeinden zum Wohnungsbau und deren Unterstützung durch Zinszuschüsse aus dem Staatshaushalt. Ähnlich wie in Deutschland wurde dadurch die private Wohnungspolitik in der Zwischen-

kriegszeit auf unter 60 % heruntergedrückt, und diese Linie hielt bis vor den Zweiten Weltkrieg an, während in Deutschland nach 1933 der Akzent auf die staatliche
Förderung des Eigenheimbaus gelegt wurde. Der zweite Boom der staatlichen Intervention kam in Großbritannien unmittelbar nach dem Zweiten Weltkrieg, war
aber nicht primär von Wiederaufbaubedürfnissen motiviert, sondern vom lag des
Wohnungsbaus während des Krieges und von einer gesellschaftspolitischen Strategie zum Stopp des Wachstums der alten, durch die englische Flachbauweise über-
dehnten Stadtregionen durch die Gründung von Neustädten. Diese New Towns
und die Großkomplexe des Council Housing der Nachkriegszeit sind die englische
Variante des objektgeförderten Sozialen Wohnungsbaus Mitteleuropas. Sie gingen
jedoch weiter als dieser, sowohl im direkten Engagement der öffentlichen Hand
durch die Gemeinden als auch in einer Raumordnungskonzeption, welche die weitere infrastrukturelle Überdehnung der alten Industriestädte durch Schlafstädte
und deren negative Folgen für die politische Kultur durch neue kleine Industriestädte in der Tradition des Gartenstadtprogramms vermeiden wollte. Durch dieses
weitergehende direkte öffentliche Engagement wurden Wohnungs- und Städtebau aber auch unmittelbarer und schneller Gegenstand politischer Auseinandersetzung, und England bewahrte seine Führungsposition auch darin, daß diese sozialräumliche Reformpolitik bereits in den 60er Jahren in die Krise geriet. Seither
wurden auch widerstrebende Gemeinden von der Zentralregierung zur Anhebung
der Sozialmieten gezwungen und die Subventionen in der Form von Armenunter-
stützung (»allowance«) und von Eigentumsförderung individualisiert.

Mit diesem Umkippen des Projekts des Sozialen Wohnungsbaus in seiner politisch bewußtesten Form wurde sein Ende auch in den meisten anderen europäischen Ländern eingeläutet, obwohl es dort durch indirekte Instrumentarien und
die Zwischenschiebung gesellschaftlicher Träger langer als gleichsam natürlicher
Teil der Modernisierung im Bereich des gesellschaftlich Unbewußten geblieben
war. Im Rückblick wurde es nun mit überstandardisierten Schlafstädten und einer
teuren und bürokratisch-anonymen Wohnungsproduktion identifiziert und seine
Reversibilität mit Erleichterung wiederentdeckt. Demographische Stagnation und
eigentumsfähige Zwischenschichten schienen nun eine Rückkehr zum Markt auch
jenen zu erlauben, die in den Übergangsphasen der Verstädterung und der Nachkriegskrisen einen sozialdisziplinierenden Kompromiß mit dem »Kollektivismus«
eingegangen waren. Die anonymisierte Gemeinwirtschaft konnte dieser Rückkehr
zum individuell subventionierten Markt keine kulturelle Perspektive mehr entgegensetzen und deshalb auch keine politischen Mehrheiten mehr dagegen mobilisieren. Aus einem sozialen Zukunftsprojekt ist ein ökonomischer Problembestand
geworden.

V.

Was lehrt ein solcher – grober und lückenhafter – Überblick über die extrem differenzierte und diskontinuierliche Realisierung eines Massenwohnungsprojektes, das in seinen Grundstrukturen über ein halbes Jahrhundert die Norm blieb? Ausweislich der Ausschläge der Massenkonjunktur des Sozialen Wohnungsbaus in den für diese Frage wichtigsten europäischen Ländern läßt er als die beiden Hauptimperative konstruktiver Staatsintervention Demographie (nämlich natürliches und migrationsbedingtes Bevölkerungswachstum, beschleunigte Verstädterung) und Krieg (nämlich Unterbrechung der Bauproduktion, sozial unspezifische Eigentumszerstörung, Kompensation von Heimkehrfrustrationen und Nachkriegskrisen) erkennen. Beide lassen sich unter dem Titel von Wachstumsstockungen und -ungleichgewichten abstrahieren, so daß der Staat als Aushilfsagent eines sich selbst tragenden Grundprozesses kapitalistischer Modernisierung erscheint; eine solche Betrachtung legitimiert zugleich den Rückzug des Staates nach Überwindung systemgefährdender Ungleichgewichte zugunsten einer Unterstützung des Marktes und die Privatisierung der durch sein Eingreifen entstandenen Bestände. Dies meint eine deutliche Absage an die sozialdemokratische Perspektive der Gemeinwirtschaft, denn die Staatsintervention produziert nicht vergesellschaftete Bestände, die sich gleichsam naturwüchsig in den Sozialismus hinein akkumulierten, sondern diese bleiben politisch disponibel.

Das verlagert die Frage auf die Akzeptanz und Ausstrahlungskraft des Sozialen Wohnungsbaus, also auf die Frage, ob er ein Medium zur sozio-kulturellen und politischen Identität seiner Bewohnung wurde. Darauf ist keine eindeutige Antwort möglich, da aus den älteren projektbezogenen Genossenschaften z.T. Siedlungen mit überdauerndem Wohn- und Gemeinschaftswert verblieben sind, die auch nach dem Auslaufen der Subventionen ihre finanzielle Attraktivität behalten haben. Für die Masse des seit dem Zweiten Weltkrieg von anonymen Großagenturen errichteten Sozialen Wohnungshaus gibt es diese Argumente nur selten: meist repräsentiert er den kleinsten gemeinsamen Nenner der Wohnungsreform: Zelle, Zone, Rationalisierung und Subvention. Verfällt in Phasen relativer Marktsättigung das Argument der Verfügbarkeit und Billigkeit, da die großen Bauträger bei verminderten Subventionen neue Bauten aus den alten finanzieren und diese zu Marktpreisen modernisieren müssen, so bleiben nur die Reste der Sozialdisziplinierung, der man sich in Mangelsituationen fügte, die aber keine kollektive Identität trägt. Insofern nimmt es nicht Wunder, daß die meisten Auseinandersetzungen um den sozialen Wohnungsbau in der Gegenwart nicht Kämpfe um Quartiere, sondern um Mieten sind, und die sind unter Marktbedingungen langfristig aussichtslos. Zwar hat sich beim Zusammenbruch der Neuen Heimat gezeigt, daß mehrere Länder angesichts der Größe der Bestände dem Protest der Mieter gegen eine sofortige Anhebung der Wohnungskosten auf Marktniveau durch regionale Auffangstrukturen begegneten. Es ist jedoch zweifelhaft, ob sich solche unmittelbar politische Klientelsubventionierungen längerfristig halten; wahrscheinlicher werden sie sich als eine Harmonisierung des Übergangs erweisen, die den Prozeß der Marktanpassung zwar stufenweise verzögert, zugleich aber die Opposition dagegen aufspaltet.

Im Rückblick kann man deshalb hinsichtlich der großen quantitativen Leistungen des Sozialen Wohnungsbaus in Europa seit dem Ersten, vor allem aber seit dem Zweiten Weltkrieg sagen: Die Staatsintervention am Wohnungsmarkt war nicht primär sozial im Sinne einer Unterstützung strukturell benachteiligter Klassen motiviert, sondern gesellschaftspolitisch in dem Sinne, daß sie immer dann die Tabus des Marktes überschritt, wenn die »normalen« Benachteiligungsstrukturen der Gesellschaft verallgemeinert werden. Erst die nationale, klassenüberschreitende Ausbreitung der Not (oder ihrer Erwartung) führte auch zur Linderung der Not der strukturell Benachteiligten. In den Formen, die diese Hilfe annahm, verallgemeinerte sich freilich zugleich die ursprünglich im Blick auf die Armen ersonnene Sozialkontrolle auch auf die nächstbetroffenen Schichten. Hinzu kommt eine ökonomisch-institutioneller Mechanismus der Konsensbildung in den Konjunkturschüben des Sozialen Wohnungsbaus. Die Subventionen flossen gewöhnlich erst, wenn der Baumarkt nicht etwa nur nach Versorgungskriterien versagte, sondern wenn die Bauwirtschaft selbst in der Krise steckte. Dabei wurden die konjunkturfördernden Staatsmittel zunehmend über Bauträger geleitet, die sorgsam zwischen die Stühle des Staates (und damit der Gefahr eines marktzerstörenden Wohnanrechts) und der unmittelbaren Nutzerkollektive (und damit den Gefahren der Immobilisierung der Arbeitskraft) in den Markt eingefügt wurden. Im Zusammenhang einer umstrittenen Gesellschaftsordnung stellte dies freilich nicht nur bei hoffnungsvollen Sozialisten die Zukunft der Eigentumsordnung in Frage, sondern mehr noch bei ihren Gegnern, namentlich bei den Haus- und Grundeigentümern als der breitesten Interessengruppe der Rechten. Sie konnte bewirken, daß von der Reversibilität dieser Art der Staatsintervention Gebrauch gemacht wurde, sobald die krisenhaft-nationalen wieder auf die sozialstrukturellen Benachteiligungsphänomene zurückgegangen waren. Dann mußte sich sogar die Bauwirtschaft auf das durch Eigentumsförderung erschließbare Nachfragevolumen gesundschrumpfen. Nicht der soziale Konsens, sondern die soziale Krise haben dem Sozialen Wohnungsbau jene Dimensionen verliehen, die er nach den beiden Weltkriegen in den höchstindustrialisierten und deshalb am stärksten von äußeren Zerstörungen und inneren Konsenskrisen betroffenen Gesellschaften angenommen hatte.

Vor diesem Hintergrund der Interessenverflechtung erscheint es unwahrscheinlich, daß es für heutige Formen des Wohnungsmangels zu einer Neuauflage des Sozialen Wohnungsbaus kommt. Er findet sich vor allem bei Immigranten ohne politisches Gewicht im Repräsenetivsystem[4], bei EinPersonen-Haushalten mit weit differenzierten Bedürfnissen und bei Sanierungsverdrängten. Ihren Bedürfnissen fehlt der »nationale«, krisenhafte und auf einen vereinheitlichten Lebensstil zielende Kontext. Im Gegenteil: häufig drängen diese Gruppen gerade aus der vereinheitlichenden Sozialdisziplinierung in eine multikulturelle Existenzform hinaus. Sie überschreiten die Tradition des Sozialen Wohnungsbaus, ihre Notlagen könnten aber Ansatzpunkte für neue Strategien des Zusammenlebens abgeben. Dasselbe gilt für die Auflockerung der funktionalen Differenzierung des Stadtraums und der städtischen Lebensweise überhaupt, die sich aus postindustriellen Tendenzen in der Industriegesellschaft wie der Verbreitung individualisierter Kommunikationsmittel, dem Wachstum des Dienstleistungsbereichs und dem Dezentralisierungspotential der EDV ergibt.

Mit einer solchen Diagnose ist freilich noch nichts über das Schicksal der aus der Epoche des Sozialen Wohnungsbaus herrührenden Wohnungsbestände gesagt. Denn dieses wird sich nach den Erfahrungen und Widersprüchen, die in ihnen inkorporiert sind, entscheiden. Einer der wichtigsten dieser Widersprüche besteht darin, daß sie nunmehr oft über mehrere Generationen in breiten Schichten der Bevölkerung ein Gewohnheitsanrecht auf subventioniertes Wohnen begründet haben; wer dieses durch Privatisierung abbauen will, wird mit dem Widerstand einer moral economy rechnen müssen. Solcher Widerstand greift zwar ökonomisch nicht, aber er hat gute politische Argumente, weil die Subventionen, denen diese Gebäude ihre Entstehung verdanken, zwar buchmäßig abgeschrieben sein mögen, aber es ist nicht vergessen worden, daß sie einst von Steuer- und von Sozialversicherungszahlern und teilweise auch von frühen Beziehern einstmals billiger Bauten, die durch Mieterhöhungen die Mieten in späteren, teureren Bauten ausgleichen halfen, bezahlt worden sind. Wohnungsbestände sind langlebig und verbinden sich mit ihren Bewohnern; sie bilden ein Stück steinernes Gedächtnis. In der mittleren und älteren Generation vor allem der Arbeiterschaft und des öffentlichen Dienstes wird noch mehrere Jahrzehnte mit seinen Erinnerungen zu rechnen sein.

Der zweite wesentliche Widerspruch besteht darin, daß gerade unter den älteren Wohnungsbeständen des Sozialen Wohnungsbaus aus der Zwischenkriegszeit – als Lebensreformer, Sozialisten und Genossenschaftler die verfügbar gewordenen Subventionen an sich zogen und die öffentlichen Vorgaben erweiterten oder verkehrten – Modelle ökologischen oder nachbarschaftlich geöffneten Wohnens,

---

4   Eine Ausnahme könnte hier in Deutschland die zunehmende Gruppe der sogenannten Aussiedler aus sozialistischen Ländern bilden, da es sich hier um eine besonders symbolische »nationale« und anpassungswillige, aber auch durch die Aufnahmebedingungen frustrationsgefährdete Gruppe handelt. Bei wachsender Arbeitslosigkeit in den Herkunftsländern könnte ihre Zahl kurz- und mittelfristig noch anwachsen; auf der anderen Seite ist sie eigentlich für eine breitgestreute Integration vorgesehen – insofern sind Eigentumsbeihilfen wahrscheinlicher.

genossenschaftlicher Selbstverwaltung und zum Teil auch architektonische Monumente entstanden sind, an deren Potential sich neue Generationen auf der Suche nach Alternativen oft mehr engagieren als die lebenslangen Einwohner. Dadurch werden die genetischen Widersprüche in der Phase des Niedergangs wieder produktiv.

Deshalb steckt in den Gehäusen, die aus dem Projekt einer Assimilation der Massen in die bürgerliche Kultur und aus den praktischen Bedürfnissen zur Überwindung gesellschaftlicher Krisen entstanden sind, jetzt in der postmodernen Krise ein Potential von Widersprüchen, die aus der Moderne ererbt sind und über sie hinaustreiben. Aber die Gemeinwirtschaft, die sich aus den Widersprüchen dieses Projektes als eine umfassende Alternative zu entwickeln und es zu überlagern schien, hat durch die Abtrennung von Kultur und Ökonomie ihre ökonomischen und politischen Grundlagen zerrüttet und hat sich dadurch geschichtlich überlebt. Ihr Erbe besteht nicht in einer Perspektive, sondern in zuweilen beispielhaften, häufiger jedoch problematischen Gehäusen und Wohnanrechten. Von ihnen kann nicht absehen, wer heute über bessere Formen des Zusammenlebens nachdenkt; aber das Nachdenken muß aber sie und ihre programmatischen Grundlagen in der Zerteilung und Zuweisung des gesellschaftlichen Raumes *en gros* hinaus, gehen und die Wünsche und Widersprüche *en detail* ernstnehmen. Große Lösungen sind derzeit weder möglich noch gefragt: das ist eine Chance.

Urban History Matters: Explaining the German-American Homeownership Gap

Sebastian Kohl

Sebastian Kohl (2016) Urban History Matters: Explaining the German-American Homeownership Gap, *Housing Studies*, 31:6, 694-713, DOI: 10.1080/02673037.2015.1121213. Reprinted by permission of the publisher Taylor & Francis Ltd.

1. Introduction

The pronounced differences in international homeownership rates have been a question for housing researchers ever since Jim Kemeny observed that some countries with relatively high GDP-per-capita values displayed surprisingly low homeownership rates (Doling 1997: 95f.; Kemeny 1980, 1981). More particularly, he opposed countries roughly affiliated with German culture to Anglo-Saxon countries, between which one observes a homeownership gap of about 20 percentage points. Throughout most of the twentieth century, homeownership was dominant in English-speaking countries, while their German-speaking counterparts remained countries of tenants. Other scholars have followed this classification of central continental, corporatist lower homeownership countries and English-speaking high-homeownership countries (Doling 1997: 82ff.; Hoekstra 2005; Schwartz/Seabrooke 2008).

This article addresses the original opposition of these country groups, but takes a refined look at the differences between the English-speaking settler countries (Veracini 2011) – with the United States as exemplary case – and the more settled continental countries, taking Germany as country case. The homeownership trajectory of these settler countries and their cities differs from the British motherland in that they all started from higher historical levels of homeownership, particularly in young cities, and that therefore their twentieth-century rise was not as steep as in the United Kingdom. The article thus takes a path-dependence approach to explaining homeownership differences.

Existing explanations of these pronounced international homeownership differences have relied on cultural, socio-economic, demographic and institutional factors, using variables from recent decades. I review these explanations in the first section of this article to highlight two major limitations: on the one hand, they cannot account for the persistent level-differences between Anglo-Saxon and German homeownership rates that existed even prior to the large-scale post-Second World War government interventions. On the other hand, by comparing nations, national housing policy and general economic trends, existing explanations tend to neglect characteristic differences in urban form as a crucial explanatory level.

This article goes beyond the limitations of existing approaches by arguing that it was the historical form of cities and their main building types, established in large part during the big urbanization waves starting in the nineteenth century, that accounts for today's level-differences in homeownership rates. In short, urban history matters. I argue more particularly that the creation of suburbanized cities of single-family houses facilitated the development of more homeownership, while the development of compact multi-unit-building cities favoured permanent rental housing.

The article thus provides empirical evidence for a type of path-dependence explanation in housing studies, namely the idea that events and developments that originated over a century ago and require historical analysis are causally important for hard-to-reverse developments at a later time (Bengtsson/Ruonavaara 2010). While the long-lasting quality of housing units has long been noted, this is, to my knowledge, the first such analysis of long-term dependencies in urban housing markets and building structures. In contrast, some work on long-term patterns of urban systems (Arthur 1988), settlement densities (Martí-Henneberg 2005) and housing policies (Malpass 2011) already exists.

The second section thus sheds light on the different historical starting conditions. Using the United States and Germany as paradigmatic comparative cases, I show how specific urban-policy and housing-finance factors created the sprawling cities in the United States that facilitated homeownership, and the compact cities of multi-storey buildings in Germany, which did not. That section also makes fertile use of the urban history literature to show ist relevance for explanations of national housing differences in recent periods. Historical building substance and urban form, however, are only a necessary and not a sufficient condition for later high homeownership because southern or eastern European countries moved to high homeownership despite a multi-unit-building tradition. The third section therefore explains why there is a long-term impact of the historical building structure in Germany and what mechanism kept Germany on its path. The conclusion highlights the importance and limits of the finding and suggests further research along the lines of this study.

2. Existing Explanations

Data on national developments of homeownership for most countries are available only for the twentieth century. The existing, dispersed information on pre-1900 homeownership rates suggests a declining tendency (Collins/Margo 2011; Petrowsky 1993). On the one hand, with the bourgeois revolution, rural ownership tended to rise thanks to land distribution, the end of feudalism or simply due to the eviction of non-owners to cities. On the other hand, urban homeownership rates tended to fall as traditional craftsmen's ownership gave way to cities of small capitalist landlords and tenants (Harloe 1985: 2). In the course of growing urbanization and industrialization evermore low-income groups concentrated in urban areas where renting became the most frequent form of tenure. Between roughly 1920 and 1950, the modern tendency of rising homeownership rates set in invirtually all Western countries, only temporarily set back by recessions. Despite these common developments, however, countries such as Germany or Switzerland reached homeownership rates of only 30-40 per cent, while countries such as the United States, Canada or Australia reached levels of 50-70 per cent.

A *first* and rather popular – though not much academically defended – explanation for the Anglo-German homeownership gap cites long-lasting cultural preferences. But even in the academic literature, one finds explanations such as: »The culture of home ownership is integral to the North American way of life« (Choko/Harris 1990: 74). Existing literature finds that the parental housing environment people grow up in determines their later housing preferences (Lersch/Luijk 2014; Marcus 2006). One problem with cultural explanations, however, is that they often do not account for regional variance within countries or for inter-temporal changes in preferences. Moreover, there is no internationally comparative study about homeownership preferences, though there is an abundance of national surveys undertaken from national statistical bureaus, popular magazines or private research institutes often working for agents of the homebuilding and finance industry.[1] The percentages found for those desiring homeownership differ in terms of the extent to which survey questions inquire about mere desires or realizable plans. It is nonetheless surprising that most surveys, including German ones, find over 70 per cent of people desiring homeownership across countries. A *second* group of important existing explanations relies on socio-demographic and economic factors to explain homeownership variation across nations, regions or individuals. There is a large number of quantitative studies of homeownership variation on the international, interregional and individual level of mostly the post-1980 period (Angel 2000; Fisher/Jaffe 2003; Lerbs/Oberst 2012; Schmidt 1989). Most of these stud-

---

1   See for a list of these surveys in Germany (Biedenkopf/Miegel 1978: 18ff.) and in the United States (Megbolugbe/Linneman 1993: 660).

ies, also for reasons of data availability, account for homeownership differences in terms of socio-economic, demographic and population density variables, and result in quite acceptable levels of explained variance. There are, however, crucial limits to these studies. There is a missing-data problem for all internationally comparative studies, as crucial housing variables such as housing and rent prices are still lacking. Beyond data availability problems, these studies mostly consider only the most recent decades despite the fact that the differences in homeownership levels between various countries range back much further. Moreover, only small percentages of homeowners in a given year are new homeowners who could still potentially be affected by variation in socio-economic variables. Thus, while these studies are good at explaining year-to-year variation in homeownership on various levels, they offer a less convincing account of why the level-differences came about in the first place.

A *third* group of explanations focuses on different government policies. Kemeny himself offered a first such account: countries such as Sweden or Germany had developed a cost-renting sector of social housing provision, offered comprehensively to a wide range of citizens (Donnison 1967). The government subsidized construction of such building units and their cheap rents after the mortgage-amortization period tamed the overall rent market and this unitary rental market offered an attractive and accessible alternative to homeownership (Kemeny et al. 2005). A second account, recently offered in this journal, rather highlights the unique German policies in favour of a functioning private rental market, offering a similarly attractive alternative to homeownership (Kemp 2015; Voigtländer 2009). A *fourth* group of studies explains the higher homeownership rates through institutional arrangements favouring household indebtedness as a social policy alternative (Castles 1998) or even privatized Keynesian demand stimulus (Crouch 2009). Indeed, a correlation of countries' welfare state expenditures and homeownership (Schmidt 1989: 94) or private debt rates (Conley/Gifford 2006: 71) can be found for the post-1980 period. The conservative parties in most countries tended to cut back housing and other subsidies (Pierson 1989), while enabling an international financial market to provide easier access to mortgages (Schwartz 2009). The limitation of this type of explanation is twofold: on one hand, they cannot explain why the homeownership gap had existed even prior to the first government housing policies. Though housing policies controlling most of the mortgage financing in the post-war eras certainly had a large impact, they did not reverse the initial differences. On the other hand, it remains puzzling why in almost all countries both welfare states and homeownership rates grew in parallel from the 1950s onwards.

The limits of these existing explanations thus seem to call for an explanation relying on more historical factors, especially ones concerning urban space and form, which can nevertheless be shown to have explanatory relevance today. The most natural candidate for such an explanation is offered by the path-dependence approach which, in its most basic form, posits that »history matters« (Sewell in Pierson 2000: 252). In one more refined form (Mahoney 2000), the approach includes a random initial event of major causal importance which is claimed to be reinforced by different kinds of mechanisms.[2] In housing studies, path-dependency explanations have been spelled out by three conditions: the critical juncture event A, the decision-making process B reacting to A and the mechanism leading from A to B (Bengtsson/Ruonavaara 2010: 196). I deviate from the existing path-dependency definitions to better fit the case under study. First, I do not start the explanation from a random, single event in the nineteenth century. Whether cities turned into single- or multi-family house cities was part of a longer city-building process for which I cite a number of systematic, non-random conditions, which help us to understand the initial divergence. Second, the overall urban and regional building development often was beyond the control of single political-decision-making, which is why this is not a path-dependency of housing policies, but of housing structures.[3] The application of path dependence to housing structures should seem intuitive: housing structure is the most durable consumer good, it depends on even more durable patterns of land structures or amenity investments and is linked to other durable structures, such as families, neighbourhoods and enduring housing institutions (Kemp 2015).

3.   Historical Creation of Suburbanized or Compact Cities

In my explanation, I will take seriously Kemeny's (1992, pp. 123ff.) suggestion to consider city structures as an explanatory factor and I will take into account the most frequently found limitation of existing explanations: the historical dimension of cities. Consider the percentages of single-family houses and homeownership rates of the major German and American cities prior to First World War, at a time when the first urbanization waves had been absorbed by the massively expanding urban fabric.

One can observe two things: first, the historical data reproduce the very same homeownership gap found for later periods at a much earlier point in time, and second, these systematic differences can be reproduced at the urban level and seem to be related to a building-structure variable; that is, the cities of single-family houses seem much more accessible to homeownership than the cities of multi-

---

2   A second, more elaborate form consists of citing specific sequences of events, where the order of events makes a difference to the outcome.

3   Epistemologically, the approach followed here is in the critical realist tradition (Bhaskar 2005).

Figure 1: Urban homeownership and single-family house rates around 1900

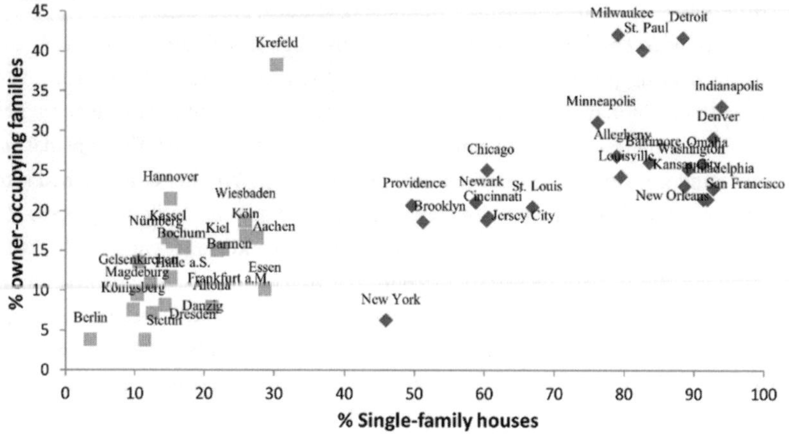

Source: Baron 1911; RWZ 1918; Tygiel 1979

storey buildings. This relationship also holds intra-nationally, as the west/east clus-
tering of US cities in Figure 1 suggests. The international difference is further confirmed by the earliest systematic, comparative study of 30 German and American
cities, undertaken by the British Board of Trade at the beginning of the twentieth
century. It distinguishes between two broad types of cities according to their physical structure and layout. At one extreme one finds the British and American case,
or also the Belgian case on the Continent, »that is to say, the small house occu-
pied by one or two families is the predominant type, whilst tenement houses play
only a very small part, and even where they exist, are rarely of large size« (Board-of-
Trade 1908a: viii). At the other extreme, the report finds that »[t]he German working
classes are housed almost exclusively in large tenement buildings, frequently constructed round a central courtyard, each building containing a number of separate
dwellings« (Board-of-Trade 1908b: xl).

The question to be answered in this section is therefore: what prior causes created these different city types in Germany and the United States? In what follows,
I cite four major factors in turn: the absence or presence of feudal shackles, the
different urban policy regimes, socio-economic factors and differences in urban
housing institutions.

3.1   Absence of Feudal Shackles

Nineteenth-century European and particularly German cities inherited three types of institutional and physical features which privileged a tradition of apartment-living in multi- storey buildings, setting them apart from American ones: strict city limits, an absolutist city-planning style and an apartment-living middle-class of state employees.

Continental cities and German ones in particular kept physical and institutional growth restrictions much longer than did their American counterparts (Jerram 2007: 394). It is not an accident that Max Weber defined cities as »closed settlements« with dense populations and lines of directly attached houses (1980 [1921/2]: 727). Due to Germany's late nation-building, city walls as a sign of city autonomy and protection played a much more important role in Germany than they did, for instance, in France (Wolfe 2009). Whereas the Napoleonic wars meant a huge wave of defortifications of German towns, many walls still persisted throughout the nineteenth century, whether for reasons of national security or as defence against suburbanites, city pride or tax collection (Mintzker 2012: 212). This meant that much of the urban population growth accelerating from 1700 onwards had to be absorbed in the existing area by building up and compressing the urban structure sometimes to 90-100 per cent of the built-up area (Spiethoff 1934). Cities used their walls and remaining restrictions against liberal settlement practices to deny suburbanites political rights of social and police protection and settlement in the city. Prior to 1760, German cities seem to have managed the slow population growth and kept overall urban density below 240 inhabitants per hectare, with some poorer, higher density areas (Weber 1995). Around 1901, however, German inner cities counted among the most densely settled areas compared with other European or American cities: the number of persons per building ranged from 18.0 in the lower rise Rhenish cities to Berlin's 75.9, averaging at 28.9 for 18 major German cities, while the corresponding American numbers ranged from Philadelphia's 5.4 to Manhattan's 20.4, with an average below 10 (Eberstadt 1920: 6, 574).

While these factors explain why the existing urban fabric of German cities differed, perhaps unsurprisingly, from that of the newly founded American cities, they do not explain, of course, why the city growth did not occur in the mode of sprawling single-family houses. They also leave unexplained the cases of German cities newly founded in the nineteenth century, such as Oberhausen, whose 14 per cent stock of single-family houses in 1918 (RWZ) was even below the German urban average. More explanatory factors, such as the absolutist city-planning idea of a presentable city, are thus necessary. Attached multi-storey stone constructions, already existing as a building type in the form of insulae in Roman times (Liedtke 1999), had re-emerged in the twelfth century with the urban renaissance, though they became crucial as an architectural ideal in the Italian republics and in the absolutist town-planning that originated in France after 1648. In this tradition, feudal authorities developed certain building types that private builders, when seeking feudal building favour, had to adopt, the overall goal being to create uniform and symmetrical patterns along the axes linking the monument-bearing squares. This tradition was applied in the few feudal city renovations or extensions such as Berlin's Friedrichstadt or in newly planned towns of feudal residence (Fehl 2012: 61ff.). Their multi-storey buildings were meant for wealthy families, having at least four rooms that could eventually be subdivided to accommodate various low-income families and boarders (Fehl 1988). But, especially the more expensive front apartments were inhabited by wealthy bourgeois who showed renting to be a status-compatible form of living.

This points to a final feudal inheritance that was lacking in the United States, namely an apartment-renting urban middle class consisting of the state apparatus of civil servants and soldiers. These respected social strata were tied to city living, while their general mobility made renting the primary choice. In fortified, garrison and particularly Prussian cities – above all in Berlin – soldiers and their families represented a strong segment of the demand for rentals. They made up to one-third of the population. Not only were they billeted as typical tenants in bourgeois quarters, but the first urban garrison constructions of the eighteenth century are said to have produced a spillover of rental-barrack living into civilian life (Hegemann 1930: 167). Renting soldiers and well-respected officers, enmeshed in civilian life, were a common sight in many towns (Sicken 1988). »Certainly, once the middle classes become confirmed apartment-dwellers in any town, there is very little chance of escaping from the ›apartment-trap‹ thus created, even if external restrictions on growth [fortifications] are removed« (Sutcliffe 1974: 9).

3.2   Urban Policy Regimes

The aforementioned factors merely tell a story until the second half of the nineteenth century, when huge urbanization movements changed the face of German and American cities. Between 1871 and 1910 the number of big cities of more than 100,000 inhabitants grew from 8 to 48, while the share of the population living in these cities rose from 4.9 to 21.3 per cent (Schott 1912: 1). Between 1870 and 1910, the number of American cities with more than 100,000 inhabitants grew from 13 to 50 (US-Census 1902, 1922). The third major factor in explaining the different city shapes has to do with the different urban policy regimes in American and German cities. Sam B. Warner famously described the nineteenth century American city as a »private city«, by which he meant that cities were instruments subservient to private business interests and the particularistic political machines mobilizing segregated city districts where equal chances of accessing land or business existed (Warner 1987 [1968]: 156, 202). In contrast, and simplifying a bit, I will refer to the

German city type as the »public city«, in which an aristocratic, entrepreneur-like and real estate owning elite lived. It was supported by a professionalizing municipal administration and developed general city-planning and forms of overall welfare, sometimes referred to as municipal socialism (Krabbe 1985). These different types of political organization of the city acted on the form of the city and its building stock in the following ways.

German municipalities, looking back on a rich history of local autonomy, could already count on a developed local administration, the civic pride of local residents and a managerial city government of the local elite in the nineteenth century. Property-based electoral rules, established in most German cities until 1918, guaranteed a continuous identification of the middle classes with their city and problems of the urban masses were dealt with collectively through the development of building codes rather than through flight from the city into suburbs. City-extension planning and rigid building norms usually prevented the growth of cities through »wild settlements« which would have facilitated the move to (low-income) homeownership (Fisch 1989). Even in new industrial cities in Germany, built from scratch such as Oberhausen, orderly city development in multi-storey buildings was common (Reif 1993: 117). Extension-planning, an envied particularity of German city governments of the late nineteenth century, meant an orderly development along established thoroughfares, where abutters had to carry the cost for street construction and the (municipally provided) sewage and water infrastructure (Wischermann 1997: 412). Where in the United States suburban houses and infrastructure could grow as capital was built up, contemporary reformers criticized cities for imposing on future owners considerable front-load costs, only realizable through higher rise buildings (Eberstadt 1920: 229f). As cities organized the various local network industries – German cities had among the highest number of municipalized enterprises (Pinol/Walter 2003: 189ff.) – overall city-extension planning remained rather conservative in order to use existing networks at higher capacities.

Especially with regard to local transport, this led to fewer new suburbs and reduced the supply of accessible suburban land. In American cities, meanwhile, land developers instrumentalized private transport to create more clientele for the offered suburban land (and suburban houses). This capitalist mode of city-extension, fuelled by competition between private transport companies, led to stronger centrifugal forces in American cities (Yago 1984). Thus, as a 1890 US census comparative study reveals, US cities spread over many more acres per inhabitant. Much of that acreage remained unbuilt (US-Census 1895). This corporately organized suburbanization (Doucet/Weaver 1991) was mostly targeted at the city centre-fleeing middle classes who, due to universal suffrage, were politically losing the city to ward-based, segmented interests and political machines buying immigrant votes. Exodus from cities was further pushed by (violent) crime rates in American cities that exceeded German ones by several times, while Germany had by far the highest number of policemen per inhabitant (Johnson 1995: 230). Suburbs in the United States after 1900 also developed as politically autonomous units, while German cities continued to incorporate them (Nolte 1988). Thus, the idea of planning the city as a whole was less established in American cities, except for ostentatious City Beautiful construc tions of city centres or romantic curvilinear suburbs (Reps 1965). Less municipal control of urban development also meant that new constructions and spontaneous suburban development were much less controlled, so that self-constructed suburbs in wooden frame-constructions – in German cities non-flammable, less accessible material was the norm – meant an accessible opportunity for homeownership-seeking lower income classes or immigrants (Harris 1996; Tyirin Kirk/Kirk 1981).

3.3   Socio-economic Factors

Major economic differences certainly explain part of the strong homeownership variation at the time. As the aforementioned study of the British Board of Trade revealed, Americans had both higher wages, lower costs of living and better housing quality than their European peers (Board-of-Trade 1911). Writing in 1906, Werner Sombart noted cheaper housing costs as one of the factors impeding the rise of socialism in the United States (1906: 96ff.). At the same time, private horse and street-car companies pushed suburbanization and made available sufficient urban land for construction (Warner 1962). Finally, the growing use of prefabrication methods for balloon-frame wooden houses, abundant and easily transportable wood as building material and weak enforcement of building regulations facilitated the construction of homes, often by their owners themselves.

In Germany, on the contrary, real wages were much lower, already due to the protection premium on many food items (Board-of-Trade 1908b). At the same time, most cities were dominated by an elite bourgeois class of property owners for whom the business of rental housing was economically quite attractive and politically almost the only way to absorb the high number of frequently pauperized migrating poor. As apartment ownership remained legally impossible until 1951 (see below), the building structure on offer itself channeled workers into a class of renters in German cities. As homeownership among workers in industrializing Europe did exist – Belgium and some French cities are good examples – the material conditions could not have been the sole cause.

3.4   Urban Housing Institutions

A final, little-noted difference between German and American cities is the composition of the organized urban mortgage markets of the later nineteenth century. While building and loan associations (BLAs) and other deposit-based (specialized) banking institutions became dominant in urban real estate finance in the United

States, construction in German cities was increasingly funded by large capital-market-financed mortgage banks (Kohl 2015). Instead of savings clubs of the BLA type, in which collective savings are employed for individual construction, non-profit organizations emerged in Germany that constructed housing units on their own account to lease to their tenants. BLA-like institutions were not established in Germany prior to the 1920s and only grew to considerable size after Second World War. These differences in real estate institutions were reflected in differences of building types and tenure. The member-based local savings club-like deposit insti-tution BLAs were more likely to finance smaller housing units, often for owner-oc-cupation, and moreover had a strong ideological commitment to homeownership from the 1890s onwards (Bodfish 1931). Bond-market-financed German mortgage banks, on the other hand, had an organizational preference for larger investments, with less individual administrative costs and constant revenue flows from rents. Weak regulation of the private mortgage banks without state support in the United States led to recurrent defaults and crises of overlending, which meant that bond-financed mortgages were not established prior to the 1930s (Lea 1996: 158; Snow-den 1995: 262). The German non-profits, in turn, building for a lower class clien-tele in urban areas, were thus often forced into building more economic rental buildings of multiple units. As a result, mortgage banks became a driving force for more city-building through multi storey rental units (which were much criticized by contemporary reformers (Eberstadt 1920: 402)), while the non-profits served the remaining lower tenant strata with reformed tenement buildings (Kantzow 1980: 141, cf. Jenkis 1973: 166). The BLAs, in turn, became associated with the creation of cities of small, often suburbanized houses, giving easy credit to people outside the commercial banking circuits. Much as land and building regulations, governed by property elites, made access to housing difficult, the mortgage market did not provide equal access to credit financing in Germany to the same extent as it did in the United States, reflecting the generally broader political and economic equality there in the nineteenth century.

Many of the above causes not only explain the systematic differences between German and American cities, but equally those between lower rise western and denser north-eastern cities within the United States, also found in Figure 1. Frost (1991) made the interesting observation that these younger western cities within former Anglo-Saxon colonies in general came to share many common characteris-tics during the »settlement revolution« (Belich 2009) that distinguished them from their eastern and European counterparts. One of these characteristics was the pre-ponderance of detached single-family housing units compared with multi-fam-ily units and apartment-houses, which are more often found in eastern and mid-western cities, such as New York, Cincinnati or Providence. Western cities offered more available land, which was also less encumbered by prior ownership rights or by pre-existing municipalities. Cheap prefabricated wooden house constructions, easy land-division using the gridiron and a higher number of BLAs also set them apart from the east, where an abundance of banks catered to the financing needs of generally richer second-generation immigrants. The later city extensions in the west could also rely on modern transport, which allowed immigrants to found new »settler colonies« (Veracini 2012) in the suburbs, once the frontier had reached the Pacific coast.

Figure 2a: Single-family house shares and homeownership rate correlation in German cities

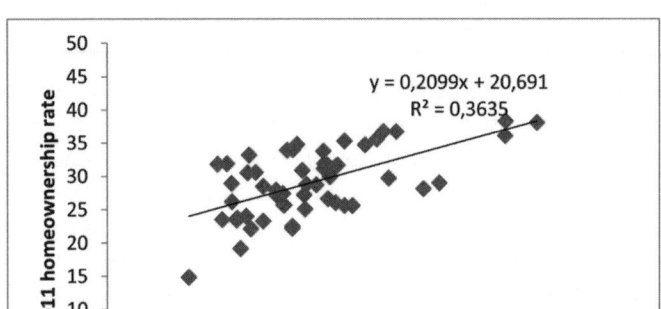

4.   Relevance of Different Historical Paths Today

From the previous discussion it should be clear that ways of living in fin-de-siècle American and German cities were entirely different. In the United States, better real wages, lower building costs, more accessible land, fewer building norm obstructions and easier BLA loans allowed more construction of single-family houses, often owner-occupied, but still quite often rented. By contrast, in Imperial Germany lower income citizens were accustomed to an apartment-living tradition, had less income and less easy access to land and mortgages to get small housing units, while landlord-dominated cities had an interest in developing presentable, rent-income generating cities. The question asked in this section is, To what extent are the resulting differences in building type – single-family houses or multi-storey buildings – and city shape (compact or suburbanized) still relevant for today's homeownership differences?

Figure 2b: Single-family house shares and homeownership rate correlation and American cities

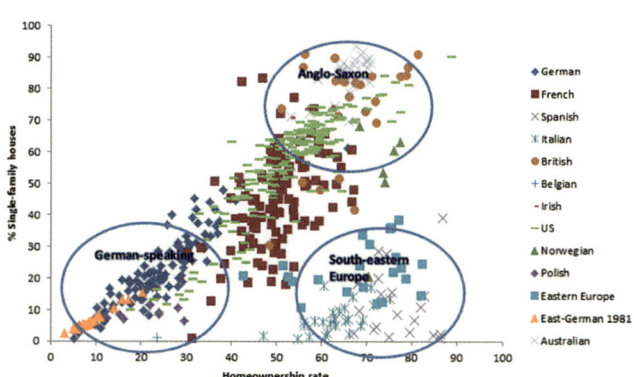

Source: City Data Book 2007; RWZ 1918; Tygiel 1979; Zensus 2011.

To answer this question, I collected data of the pre-First World War building structure and homeownership rates of the 55 American and 56 German largest cities and correlated them with the equivalent contemporary data.[4] The use of such correlations between two variables bridging quite some historical distance has been used in previous path-dependence studies to establish long-term effects over time (Mahoney 2003; Martí-Henneberg 2005). As it turns out, correlations between the single-family house rates or homeownership rates of the pre-First World War era and today's homeownership or single-family house rates attain values of between 0.51 and 0.84 (significant at the 0.01 level), which can be considered very high in a social-science context.[5] As most important correlation, Figure 2 displays the strong positive relationship between the historical share of single-family houses and to-day's homeownership rates in German and American cities.

The preliminary conclusion from these data is that if cities tended to the owner-occupied single-family house direction of urban design and housing tenure more than a century ago, then this still increases their single-family house shares and homeownership rates today. Two reinforcing mechanisms help to explain this surprising influence over a century, one economic, one political.

---

4   The sources for the United States are the Censuses of 1900, 1920 and the City Data Book 2007.
5   In two OLS-regressions for the cities of each country I further controlled for population size, household structure and economic city variables and the effect of the century-lagged variables on today's homeownership rates remained significant. The different variable definitions do not allow for a harmonization of the two countries' city datasets.

4.1   Economic Mechanism

The existing housing stock and the encompassing housing experiences prefigure the new supply of and demand for new housing units. Housing preferences might not be the trigger for the initial offer, certainly not in times of rapid urbanization, but once created they can be transmitted in families over generations. The existing offer also becomes the yardstick against which the new offer is evaluated. This is often expressed in terms of building codes or building trade traditions. Through the density of the existing offer, the land prices for further city extensions are already determined. The existing offer itself is also difficult to reverse because urban property, due to high urban property prices and the traditions of small landlordism, is split up in many different lots which are difficult to coordinate. Material land divisions are backed by the vested interest of their owners in maintaining the status quo. Moreover, the economies of scale of local network industries – street-layout, public transport, water, sewage and electric networks – work in favour of constructing cities along established lines, disallowing major revisions.

One particularly crucial time period, during which the influence of this mechanism can be studied, is the post-Second World War era in Germany, in which air raids had destroyed more than 40 per cent of all housing units in larger German cities (von Beyme 1987: 38ff.). Contrary to the hopes of garden city-inspired planners, the reconstruction showed remarkable patterns of continuity in ownership and building structures. Though some land consolidation and street-layout change took place, leading in some instances to more street area and less dense buildings, compulsory action against property owners was rare overall and plans reconfiguring urban areas as suburbanized garden cities were conspicuous by their absence (Rabeler 1997: 66f).

The economies of scale behind the urban fabric, once constructed, were among the strongest driving forces in favour of continuity:

> »First of all, the course of city streets could not simply be changed. Second, although the combination of high explosive and fire bombs used during the war had razed many buildings to their foundations it was usually less expensive to rebuild the ruins than to build anew« (Schildt 2002: 145).

Instead of using new materials, 25 of 39 surveyed cities organized local rubble-recycling organizations to use the existing (brick) stones for new construction (von Beyme 1987: 106). Reconstructions in the literal sense, such as in Freudenstadt, were rare and traditional, but assimilative construction was the most widespread form (ibid. 178). Architects usually took the old eave height of a building as a starting point, often including an additional floor for economic reasons (Hafner 1993: 64). Third, and most importantly, the almost untouched underground infrastructure determined many of the lines along which cities were reconstructed:

»Munich reported damage to its electrical system at 6.58 per cent, its gas system at 15.71 per cent, its water system at 4.21 per cent, its sewer system at 4 per cent and its telephone lines at 40-50 per cent. In Berlin, about 95 per cent of the underground capital survived, including the subway system, underground parking, and underground storage facilities« (Diefendorf 1993: 19).

Thus, the connection of housing to the even more durable settlement, land division and public works infrastructure acted as a strongly preserving material force.

4.2   Political Mechanism

Political reinforcement mechanisms concerning both homeownership and the rental sector were at work in maintaining countries on their respective paths. The critical juncture had left the United States with savings and loan associations, which became an important part of the lobby groups that directed US housing policies in the direction of private homeowner support during the New Deal (Mason, 2004). Both Democrats and Republicans supported homeownership ideas, while the union and Democrat support for public housing in the United States constituted only an intermezzo. In Germany, on the other hand, the cooperative rental sector was organized as a strong local, but also national lobby in favour of more support for rental social housing. The Social Democratic Party (SPD) became their prime political partner: more social rented housing was supported in German states (Länder) with SPD governments (Jaedicke/Wollmann 1983) and large social housing estates, mostly held by non-profit companies – which, moreover, were obliged to use all funds for further construction – loomed large in cities with SPD majorities on the city council (Schöller 2005: 189).

With regard to the private rental sector, the political support for landlords and the legal development of tenancy law and apartment ownership were crucial in connecting historical building structure and today's homeownership rates: all countries with, historically, a single-family house stock turned into high-homeownership countries, while only those countries with multi-unit building stock remained tenant countries, in which national tenancy law protected both tenants and landlord interests and where legal apartment ownership was restricted.

The historical single-family houses, which were still predominantly rented in the United States before the 1940s[67] (Fisher 1951: 94), provided a physical shape that

6   In large US cities of more than 100 000 inhabitants in 1900, there was an average singlefamily house rate of 65.7 per cent, while the homeownership rate was only 21.7 per cent (US-Census 1902).

7   German data refer to house-owners generally, not only owner-occupiers and are therefore even overestimated. Due to low construction in the war years I am able to combine the German 1918 building structure with the 1907 ownership data.

allowed easier legal transfer of the rented unit to the sitting or other tenants, once tenant income allowed for an attractive offer and, more importantly, once federal rent controls pushed landlords into alternative investments, such as industrial or war bonds. In the 1940s alone, an estimated three million units were converted (Fetter 2013: 7). Between 1940 and 1950, the homeownership rate jumped from 43.6 to 55 per cent despite the further urbanization that went along with armament production (US Census). The Bureau of Labor Statistics reported an increase of the homeownership rate from 41 to 47 per cent between 1940 and 1944 alone, for which the declining new construction could hardly have been responsible (BLS 1946: 560). To my knowledge, similar conversion trends for the First World War-period are not reported, but the Second World War-experience seems to suggest that much of the postwar homeownership increase in the United States, supposedly pushed by suburbanization, has a strong competing cause in the conversion of already built single-family houses into properties owned by the tenants.

A similar conversion of multi-storey units in Germany has not taken place for legal and institutional-economic reasons. Legally, in contrast to Scotland or southern European countries, where owner-occupied multi-storey buildings are common, there was no apartment-ownership institution between 1900 and 1951 and even before and after this period, the institution was legally not privileged. Only from the late 1970s onwards did singly owned apartments begin to spread. The main concern with regard to this legal institution was apparently the idea that separate ownership of apartments would not guarantee proper management of the building and would generate too many legal disputes (Thun 1997: 136ff.). The legal conversion of a singly owned building into various apartments for sale, on the other hand, has been less attractive to landlords due to extended rent restrictions and rights-to-stay for sitting tenants (Thomas 1992: 187). Thus, both private and public rental stock in western Germany was less often converted than in Great Britain (Kemp 2015), while the east German state or cooperative rental stock was hardly sold to sitting tenants to the same extent as in other post-communist countries. On one hand, the sale of state or cooperative property was not motivated by a social policy in favour of the spread of individual housing ownership. On the other hand, given the attractions of tenancy, tenants did not see the need to pay extra money for owner-occupation of units they could inhabit at good rents anyhow.

The institutional-economic reason has partially been put forward already by Voigtländer in this journal (2009). Part of the reason why German landlords did not sell off individual units had to do with the generous housing investment policies and the moderate interventions in rent control, while nevertheless developing tenant-protecting legislation. On one hand, the tendency to decree national rental ceilings, as witnessed in countries with higher inflation rates such as France, has been unknown in Germany and its return to free market rents was the earliest in Europe, accompanied by tenant subsidies, which continuously grew to cover around 3.4 million households in 1991 (BRBS 1998; Voldman 2013: 146). Compared with the United States, where rent legislation failed to become nationally regulated (Malpezzi 2011: 86), on the other hand, German tenants have been better protected from arbitrary evictions and excessive rent increases. This intermediate position is also reflected in Malpezzi's international rent control index of about 1990 in which countries tend to fall either into highly regulated or highly unregulated regimes, while Germany ranks in the middle (Malpezzi/Ball: 1993). To the extent that rents develop more or less in line with prices for sales of individual units, landlords have no particular incentive to get rid of their investment in entire buildings. When compared with French or southern European cities, therefore, German cities still have a much higher degree of buildings owned by single landlords.

Figure 3: Varieties of urban form and tenure

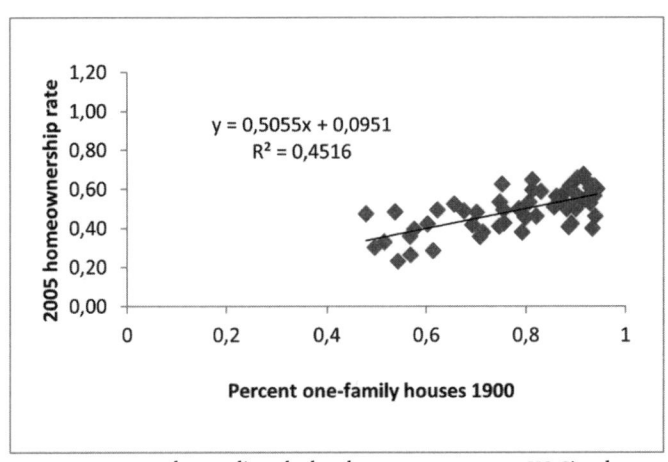

Source: Eurostat urban audit, calculated averages 1989-2012; US City-data book 1994; GDR (Destatis 1994); Australian Population Census 2000.

4.3 Varieties of Urban Form and Tenure

The building structure alone, therefore, does not distinguish and explain the particular German development, if tenure type is not taken into account. Combining thus single-family house and homeowner percentages in various cities of the period 1990-2000, the roughly three filled quadrants in Figure 3 summarize the outcome of the historical mechanisms mentioned.

Wherever single-family houses dominate the building structure, cities became high-homeownership. This holds not only for English-speaking countries, but also Belgium and even Scandinavian countries, reflecting a historical building-structure frontier across north-western Europe, which runs counter to the usual regime classifications of these countries (cf. Hoekstra 2005). Wherever multi-unit buildings prevailed, apartment ownership remained less developed and a political tenant landlord compromise was found – as in German-speaking and some neighbouring countries – low-homeownership cities remained as they were. Note the extreme point that the historical GDR cities occupy as examples of Soviet urban housing. Moreover, south-eastern European cities, where private or public rental stock has been sold to tenants, turned into high-rise, high-homeownership cities. This could give further weight to considering southern Europe as distinct housing regime (Allen et al. 2004). Finally, almost all French cities and a number of American ones fall in the centre of the plot and cannot be clearly attributed to one of the more extreme types.

5. Conclusion

In an attempt to answer the question of the German-American homeownership gap, this article mainly makes two contributions: First, the »methodological nationalism« (Wimmer/Glick Schiller 2002) underlying many studies, in two-case or quantitative comparisons, should at least be broken down into smaller units of analysis, if it does not start from them. I opted for considering urban homeownership differences, both because of their salience and their importance in terms of population. Secondly, the focus on very recent explanatory factors should at least be supplemented by more historical ones. If I am right, then the long-term influence of land-parcel, city and building structures could equally be looked for in cases of other explananda in the housing literature.

The findings support path-dependence approaches as applied to housing phenomena. The above explanation shares the feature with path-dependence explanations that it reveals the importance of historically distant occurrences for today's outcomes. It differs, however, in that no single event-like, contingent critical juncture can be easily identified. City-building and re-building is too much of a continuous process. The other difference is that I do not claim that the initial differences were due to some chance events, but that one can clearly indicate explanatory factors that created either the suburbanized or compact city type. The economic and political mechanisms detailed above also show that the initial differences do not suffice to understand the varieties of twentieth-century city developments. Otherwise, the case of east and south European cities would be difficult to understand. The article thus addresses the need to also explain changes in path-dependence processes (Ebbinghaus 2005; Malpass 2011): the urban layering involved in suburbanization and the conversion of existing stock into different uses best describe the institutional processes of change involved (Streeck/Thelen: 2005).

The explanation given here complements rather than replaces the existing ones. It sheds more light onto causes that historically precede those usually cited. Cultural and policy explanations point to powerful mechanisms that reinforce different historical patterns. Regarding the policy explanations, there are good indications that the historical conditions mentioned above helped to shape the very institutions that national housing policies were later to set up (Kohl 2015). For future explanations of today's homeownership-rate variations, the use of lagged variables measuring the historical building structure should become a common procedure.

The story about urban historical differences and their long-term influences has the potential to be extended to other countries and cities, particularly other Anglo-Saxon settlement societies and Austria and Switzerland. A comparison between Spanish and Anglo-Saxon settler societies or the explanations of European outliers such as Belgium or England/Wales could be fruitful next steps. Quantitative comparisons of historical cities especially open up avenues to new findings that could shed even more light on today's housing environments. It was beyond the scope of this article to follow more closely the precise mechanisms through which urban homeownership rates were kept stable over time. More research into the inheritance of urban real estate, the social structure of landlordism and urban land reform politics would be required to answer these more intricate questions. Finally, a comparison of the Scottish or southern European with the German case could reveal what conditions furthered the sale of apartments to sitting or other tenants in those countries and whether this might be related to housing policy as an alternative to pension policy. This could help to explain the surprisingly homogeneous national clusters in the urban varieties of housing form and tenure.

References

Allen, Judith/Barlow, James/Leal, Jesús/Maloutas, Thomas/Padovani, Liliana (2004): Housing and Welfare in Southern Europe, Oxford: Blackwell. DOI: 10.1002/9780470757536

Angel, Shlomo (2000):Housing policy matters: A global analysis, Oxford: Oxford University Press.

Arthur, W. Brian (1988): Urban systems and historical path-dependence, Stanford Institute for Population and Resource Studies, Working paper series 12.

Baron, Alfred (1911): Der Haus- und Grundbesitzer in Preußens Städten einst und jetzt [Private landlords in Prussian cities Now and Then], Jena: Fischer.

Belich, James (2009): Replenishing the Earth, Oxford: Oxford University Press. DOI: 10.1093/acprof:oso/9780199297276.001.0001

Bengtsson, Bo/Ruonavaara, Hannu (2010): »Introduction to the special issue: Path dependence in housing«, in: Housing, Theory & Society 27(3), pp. 193-203. DOI: 10.1080/14036090903326411

von Beyme, Klaus (1987). Der Wiederaufbau. Architektur und Städtebaupolitik in beiden deutschen Staaten [The Reconstruction. Architecture and Urban Construction Policy in Both German States], München: Piper.

Bhaskar, Roy (2005): The Possibility of Naturalism. A Philosophical Critique of the Contemporary Human Sciences, 3rd ed., London: Routledge.

Biedenkopf, Kurt/Miegel, Meinhard (1978): Wohnungsbau am Wendepunkt: Wohnungspolitik in der sozialen Marktwirtschaft [Housing Construction's Turning Point: Housing Policy in the Social Market Economy], Stuttgart: Verlag Bonn Aktuell.

BLS (1946): Effect of Wartime Housing Shortage on Home Ownership, Washington: Bureau of Labor Statistics, Monthly, U.S. Department of Labor.

Board-of-Trade (1908a): Cost of Living in Belgian Towns, London: Darling & Son.

Board-of-Trade (1908b): Cost of Living in German Towns, London: Darling & Son.

Board-of-Trade (1911): Cost of Living in American Towns, London: Darling & Son.

Bodfish, Henry M. (1931): History of Building and Loan in the United States, Chicago, IL: United States Building and Loan League.

BRBS – Bundesministerium für Raumordnung, Bauwesen und Städtebau (ed.) (1998): Wohngeld- und Mietenbericht 1997 [Report on Housing Allowances and Rent Prices 1997], Bonn.

Castles, Francis G. (1998): »The really big trade-off: Home ownership and the welfare state in the new world and the old«, in: Acta Politica 33(1), pp. 5-19.

Choko, Marc/Harris, Richard (1990): »The local culture of property: A comparative history of housing tenure in Montreal and Toronto«, in: Annals of the Association of American Geographers 80(1), pp. 73-95. DOI: 10.1111/j.1467-8306.1990.tb00004.x

Collins, William J./Margo, Robert A. (2011): Race and home ownership from the civil war to the present, NBER working paper no. 16665. DOI: 10.3386/w16665

Conley, Dalton/Gifford, Brian (2006): »Home ownership, social insurance, and the welfare state«, in: Sociological Forum 21(1), pp. 55-82. DOI: 10.1007/s11206-006-9003-9

Crouch, Colin (2009): »Privatised keynesianism: An unacknowledged policy regime«, in: The British Journal of Politics & International Relations 11(3), pp. 382-399. DOI: 10.1111/j.1467-856X.2009.00377.x

Destatis (1994): Sonderreihe mit Beiträgen für das Gebiet der ehemaligen DDR, Heft 15. Ausgewählte Zahlen der Volks- und Berufszählungen und Gebäude- und Wohnungszählungen 1950 bis 1981 [Special Issue for the Former GDR. Selected Statistics of the Population and Housing Census, 1950-1981], Wiesbaden: Statistisches Bundesamt.

Diefendorf, Jeffry M. (1993): »America and the rebuilding of urban Germany«, in: Jeffry M. Diefendorf/Axel Frohn/Hermann J. Rupieper (eds.), American Policy and the Reconstruction of West Germany, 1945-1955, Cambridge: Cambridge University Press, pp. 331-352. DOI: 10.1017/CBO9781139052559.016

Doling, John F. (1997): Comparative Housing Policy. Government and Housing in Advanced Industrialized Countries, Basingstoke: Macmillan. DOI: 10.1007/978-1-349-25878-9

Donnison, David (1967): The Government of Housing, Harmondsworth: Penguin.

Doucet, Michael/John C. Weaver (1991): Housing the North American City, Montreal: McGill-Queen's University Press.

Ebbinghaus, Bernhard (2005): Can path dependence explain institutional change? Two approaches applied to welfare state reform, MPIfG discussion paper 2.

Eberstadt, Rudolf (1920 [1909]): Handbuch des Wohnungswesens und der Wohnungsfrage [Handbook of Housing and the Housing Question], Jena: Fischer).

Fehl, Gerhard (1988): »Der Kleinwohnungsbau, die Grundlage des Städtebaus‹? Von ›offenen Kleinwohnungen‹ in Berlin und vom unbeirrt seit 1847 verfolgten Reformprojekt der ›abgeschlossenen Kleinwohung‹ [The Construction of Small Houses as Foundation of City Construction?], in: Juan Rodriguez-Lores/Gerhard Fehl/Renate Banik-Schweitzer (eds), Die Kleinwohnungsfrage: zu den Ursprüngen des sozialen Wohnungsbaus in Europa,Hamburg: Christians, pp. 95-134.

Fehl, Gerhard (2012): »Landschaft in der Stadt: Berlin und London um 1800: eine vergleichende Skizze zweier Planungskulturen [Landscape in the City: Berlin and London around 1800: a Comparison of Two Planning Cultures]«, in: Forum Stadt 39(1), pp. 58-82.

Fetter, Daniel K. (2013): The home front: Rent control and the rapid wartime increase in home ownership, NBER working paper 19604. DOI: 10.3386/w19604

Fisch, Stefan (1989): »Administratives Fachwissen und private Bauinteressen in der deutschen und französischen Stadtplanung bis 1918 [Administrative Knowledge and Private Real Estate Interests in the German and French Administration until 1918]«, in: Erk Volkmar Heyen (ed), Formation und Transformation des Verwaltungswissens in Frankreich und Deutschland (18./19. Jh.), Baden-Baden: Nomos Verlagsgesellschaft, pp. 221-262.

Fisher, Ernest M. (1951): Urban Real Estate Markets. Characteristics and Financing, New York, NY: NBER.

Fisher, Lynn M./Jaffe, Austin J. (2003): »Determinants of international home ownership rates«, in: Housing Finance International, pp. 34-42.

Frost, Lionel (1991): The New Urban Frontier. Urbanisation and City-building in Australasia and the American West, Kensington: New South Wales University Press.

Hafner, Thomas (1993): Vom Montagehaus zur Wohnscheibe. Entwicklungslinien im deutschen Wohnungsbau 1945-1970 [Developments in German Housing Construction 1945-1970], Basel: Birkhäuser.

Harloe, Michael (1985): Private Rented Housing in the United States and Europe, Beckenham: Croom Helm.

Harris, Richard (1996): Unplanned Suburbs. Toronto's American Tragedy, 1900 to 1950, Baltimore, MD: Johns Hopkins University Press).

Hegemann, Werner (1930): Das steinerne Berlin [The Berlin of Stones], Berlin: Kiepenheuer. DOI: 10.1007/978-3-322-87821-2

Hoekstra, Joris (2005): »Is there a connection between welfare state regime and dwelling type? An exploratory statistical analysis«, in: Housing Studies 20(3), pp. 475-495. DOI: 10.1080/02673030500062509

Jaedicke, Wolfgang/Wollmann, Hellmut (1983): »Wohnungsbauförderung im Bundesländervergleich. Macht Landespolitik einen Unterschied? [Housing Subsidies in Comparative Länder Perspective: Does Regional Housing Policy Make a Difference?]«, in: Stadtbauwelt 77, pp. 47-53.

Jenkis, Helmut W. (1973): Ursprung und Entwicklung der gemeinnützigen Wohnungswirtschaft. Eine wirtschaftliche und sozialgeschichtliche Darstellung [The Origin and Development of the Nonprofit Housing Associations], Bonn: Domus.

Jerram, Leif (2007): »Bureaucratic passions and the colonies of modernity: An urban elite, city frontiers and the rural other in Germany, 1890-1920«, in: Urban History 34(3), pp. 390-406. DOI: 10.1017/S0963926807004919

Johnson, Eric A. (1995): Urbanization and Crime, Cambridge: Cambridge University Press.

Kantzow, Wolfgang T. (1980): Sozialgeschichte der deutschen Städte und ihres Boden- und Baurechts bis 1918 [A Social History of German Cities and Their Land and Construction Laws Until 1918], Frankfurt a.M.: Campus.

Kemeny, Jim (1980): »Home ownership and privatization«, in: International Journal of Urban and Regional Research 4(3), pp. 372-388. DOI: 10.1111/j.1468-2427.1980.tb00812.x

Kemeny, Jim (1981): The Myth of Home Ownership. Private versus Public Choices in Housing Tenure, London: Routledge.

Kemeny, Jim (1992): Housing and Social Theory, London: Routledge.

Kemeny, Jim, Kersloot, Jan/Thalmann, Phillippe (2005): »Non-profit housing influencing, leading and dominating the unitary rental market: Three case studies«, in: Housing Studies 20(6), pp. 855-872. DOI: 10.1080/02673030500290985

Kemp, Peter A. (2015): »Private renting after the global financial crisis«, in: Housing Studies 30(4), pp. 1-20. DOI: 10.1080/02673037.2015.1027671

Kohl, Sebastian (2015): »The power of institutional legacies: How nineteenth century housing associations shaped twentieth century housing regime differences between Germany and the United States«, in: European Journal of Sociology 56(2), pp. 271-306. DOI: 10.1017/S0003975615000132

Krabbe, Wolfgang R. (1985): Kommunalpolitik und Industrialisierung. Die Entfaltung der städtischen Leistungsverwaltung im 19. und frühen 20. Jahrhundert. Fallstudien zu Dortmund und Münster [Municipal Policy and Industrialization. The Development of German Municipal Administration in the 19th and Early 20th Century in Dortmund and Münster], Stuttgart: Kohlhammer.

Lea, Michael (1996): »Innovation and the cost of mortgage credit: A historical perspective«, in: Housing Policy Debate 7(1), pp. 147-174. DOI: 10.1080/10511482.1996.9521216

Lerbs, Oliver/Oberst, Christian (2012): Explaining the spatial variation in homeownership rates: Results for German regions, CESifo working paper. DOI: 10.1080/00343404.2012.685464

Lersch, Philipp M./Luijk, Ruud (2014): The effect of socialisation on later-life homeownership in Europe, HOWCOME working paper series 5.

Liedtke, Claudia (1999): »Rom und Ostia [Rom and Ostia]«, in: Wolfram Hoepfner (ed.), Geschichte des Wohnens. Band 1. 5000 v. Chr. – 500 n. Chr. Vorgeschichte. Frühgeschichte. Antike [History of Housing. Volume 1. 5000 BC Until 500 AC], Stuttgart: DVA, pp. 679-736.

Mahoney, James (2000): »Path dependence in historical sociology«, in: Theory and Society 29(4), pp. 507-548. DOI: 10.1023/A:1007113830879

Mahoney, James (2003): »Long-run development and the legacy of colonialism in Spanish America«, in: American Journal of Sociology 109(1), pp. 50-106. DOI: 10.1086/378454

Malpass, Peter (2011): »Path dependence and the measurement of change in housing policy«, in: Housing, Theory & Society 28(4), pp. 305-319. DOI: 10.1080/14036096.2011.554852

Malpezzi, Stephen (2011): »Private rented housing in the United States«, in: Kathleen Scanlon/Ben Kochan (eds.), Towards a Sustainable Private Rented Sector. The Lessons From Other Countries, London: LSE, pp. 77-96.

Malpezzi, Stephen/Ball, Gwendolyn (1993): »Measuring the urban policy environment«, in: Habitat International 17, pp. 39-52. DOI: 10.1016/0197-3975(93)90003-U

Marcus, Clare Cooper (2006): House As a Mirror of Self: Exploring the Deeper Meaning of Home, Berkeley, CA: Nicholas-Hays.

Martí-Henneberg, Jordi (2005): »Empirical evidence of regional population concentration in Europe, 1870-2000«, in: Population, Space and Place 11(4), pp. 269-281. DOI: 10.1002/psp.373

Mason, David L. (2004): From Buildings and Loans to Bail-outs, Cambridge: Cambridge University Press. DOI: 10.1017/CBO9780511511714

Megbolugbe, Isaac F./Linneman, Peter D. (1993): »Home ownership«, in: Urban Studies 30(4-5), pp. 659-682. DOI: 10.1080/00420989320081861

Mintzker, Yair (2012): The Defortification of the German City, 1689-1866, Cambridge: Cambridge University Press. DOI: 10.1017/CBO9781139162166

Nolte, Paul (1988): Eingemeindungen und kommunale Neugliederung in Deutschland und den USA bis 1930 [Incorporations and Municipal Restructuring in Germany and the US Until 1930], Archiv für Kommunalwissenschaften I, pp. 14-42.

Petrowsky, Werner (1993): Arbeiterhaushalte mit Hauseigentum. Die Bedeutung des Erbes bei der Eigentumsbildung [Worker Households and Homeownership. The Significance of Inheritance for Ownership Formation], Bremen: Dissertation.

Pierson, Paul (1989): Cutting against the grain: Reagan, thatcher and the politics of the welfare state retrechment, ProQuest dissertations and thesis, UMI Dissertation Publishing.

Pierson, Paul (2000): »Increasing returns, path dependence, and the study of politics«, in: The American Political Science Review 94(2), pp. 251-267. DOI: 10.2307/2586011

Pinol, Jean-Luc/Walter, Francois (2003) : »La ville contemporaine jusqu'à la Seconde Guerre mondiale [The Contemporary City Until the Second World War]«, in: Jean-Luc Pinol (ed.), Histoire de l'Europe Urbaine. II. De l'Ancien Régime à nos jours. Expansion et limite d'un modèle, Paris: Éd. du Seuil, p. 9ff.

Rabeler, Gerhard (1997): Wiederaufbau und Expansion westdeutscher Städte 1945-1960 im Spannungsfeld von Reformideen und Wirklichkeit. Ein Überblick aus städtebaulicher Sicht [Reconstruction and Expansion of West-German Cities 1945-1960. Tensions of Reformer Ideals and Reality. An Overview from a City-building Perspective], Bonn: Deutsches Nationalkomitee für Denkmalschutz.

Reif, Heinz (1993): Die verspätete Stadt. Industrialisierung, städtischer Raum und Politik in Oberhausen 1846-1929 [The Belated City. Industrialization, Urban Space and Policy in Oberhausen, 1846-1929], Köln: Rheinland-Verlag.

Reps, John William (1965): The Making of Urban America. A History of City Planning in the United States, Princeton, NJ: Princeton University Press.

RWZ – Reichswohnungszählung (1918): Reichswohnungszählung [Imperial Housing Census]. Edited by Statistisches Reichsamt, Berlin: Höbbing.

Schildt, Axel (2002): »Urban reconstruction and urban development in Germany after 1945«, in: Friedrich Lenger (ed.), Towards an Urban Nation. Germany Since 1780, Oxford: Berg, pp. 141-161.

Schmidt, Stephan (1989): »Convergence theory, labour movements, and corporatism: The case of housing«, in: Scandinavian Housing & Planning Research, 6, pp. 83-101. DOI: 10.1080/02815738908730187

Schöller, Oliver (2005): Die Blockstruktur. Eine qualitative Untersuchung zur politischen Ökonomie des westdeutschen Großsiedlungsbaus [Block Structure. A Qualitative Investigation Concerning the Political Economy of West-German Housing Estate Construction], Berlin: Verlag Hans Schiler.

Schott, Sigmund (1912): Agglomerationen des Deutschen Reichs 1871-1910, Schriften des Verbandes deutscher Städtestatistiker [Agglomerations in Imperial Germany 1871-1910], Breslau: Verlag von Wilh. Gottl. Korn.

Schwartz, Herman M. (2009): Subprime Nation. American Power, Global Capital, and the Housing Bubble, Ithaca, NY: Cornell University Press.

Schwartz, Herman M./Seabrooke, Leonard (2008): »Varieties of residential capitalism in the international political economy: Old welfare states and the new politics of housing, Comparative European Politics«, pp. 237-261. DOI: 10.1057/cep.2008.10

Sicken, Bernhard (1988): »Landstreitkräfte in Deutschland 1815-1914. Beobachtungen zur Struktur und zu den militärisch-zivilen Beziehungen [Territorial Armies in Germany 1815-1914]«, in: Dies. (ed.), Stadt und Militär 1815-1914. Wirtschaftliche Impulse, infrastrukturelle Beziehungen, sicherheitspolitische Aspekte, Paderborn: Ferdinand Schöningh, pp. 105-151.

Snowden, Kenneth A. (1995): »Mortgage securitization in the United States: Twentieth century developments in historical perspective«, in: Michael D. Bordo (ed.), Anglo-American Financial Systems, Burr Ridge, IL: Irwin, pp. 261-298.

Sombart, Werner (1906): Warum gibt es in den Vereinigten Staaten keinen Sozialismus? [Why is There No Socialism in the United States?], Tübingen: Verlag von J.C.B. Mohr.

Spiethoff, Arthur (1934): Boden und Wohnung in der Marktwirtschaft, insbesondere im Rheinland [Land and Housing in Market Economies], Jena: G. Fischer.

Streeck, Wolfgang/Thelen, Kathleen A. (2005): »Introduction: Institutional change in advanced political economies«, in: Dies. (eds.), Beyond Continuity: Institutional Change in Advanced Political Economies, Oxford: Oxford University Press, pp. 1-39.

Sutcliffe, Anthony (1974): Introduction, in: Dies. (ed.), Multi-storey Living. The British Working-Class Experience, New York, NY: Barnes & Noble Books, pp. 1-19.

Thomas, Mechthild M. (1992): Umwandlung von Miet- in Eigentumswohnungen in Düsseldorf. Ablauf und Auswirkungen eines jüngeren innerstädtischen Wandlungsprozesses auf dem Wohnungsmarkt [The Transformation of Rental into Owner-occupied apartments in Düsseldorf], Düsseldorf: Zenon.

Thun, Nils (1997): Die rechtsgeschichtliche Entwicklung des Stockwerkseigentums. Ein Beitrag zur deutschen Privatrechtsgeschichte [A Law-history of Apartment Ownership], Hamburg: Lit.

Tygiel, Jules (1979): »Housing in late nineteenth-century. American cities: Suggestions for research«, Historical Methods 12(2), pp. 84-97.

Tyirin Kirk, Carolyn/Kirk, Gordon W. (1981): »The impact of the city on home ownership: A comparison of immigrants and native whites at the turn of the century«, in: Journal of Urban History 7(4), pp. 471-498. DOI: 10.1177/009614428100700403

US-Census (1895): Report of the Social Statistics of Cities in the United States at the Eleventh Census 1890, Washington, DC: Government Printing Office.

US-Census (1902): Twelfth Census of the United States taken in the year 1900, Vol. Population Part – 2 Census Reports Volume 2, Washington, DC: United States Census Office.

US-Census (1922): Fourteenth Census of the United States Taken in the Year 1920 Population, Washington: US Bureau of the Census

US Department of Commerce, Bureau of the Census (2007): County and City Data Book [United States], Washington, DC: US Department of Commerce, Bureau of the Census.

Veracini, Lorenzo (2011): »Introducing«, in: Settler Colonial Studies 1(1), pp. 1-12. DOI: 10.1080/2201473X.2011.10648799

Veracini, Lorenzo (2012): »Suburbia, settler colonialism and the world turned inside out«, in: Housing, Theory & Society, 29(4), pp. 339-357. DOI: 10.1080/14036096.2011.638316

Voigtländer, Michael (2009): »Why is the German homeownership rate so low?«, in: Housing Studies 24(3), pp. 355-372. DOI: 10.1080/02673030902875011

Voldman, Danièle (2013): :« L'encadrement des loyers depuis 1900, une question européenne [Rent Control Since 1900, a European Question]«, in: Le Mouvement Social 245, pp. 137-147. DOI : 10.3917/lms.245.0137

Warner, Sam Bass (1962): Streetcar Suburbs. The Process of Growth in Boston, 1870-1900, Cambridge, MA: Harvard University Press.

Warner, Sam Bass (1987 [1968]): The Private City. Philadelphia in Three Periods of its Growth, Philadelphia, PA: University of Pennsylvania Press.

Weber, Max (1980 [1921/2]): »Wirtschaft und Gesellschaft. Grundriß der verstehenden Soziologie. 5., revidierte Auflage [Economy and Society]«, in: Johannes Winckelmann (eb.), Grundriss der Sozialökonomik, III Abteilung, Tübingen: Verlag von J.C.B. Mohr.

Weber, Karl-Klaus (1995): »Stadt und Befestigung: Zur Frage der räumlichen Wachstumsbeschränkung durch bastionäre Befestigungen im 17. und 18. Jahrhundert [City and Fortification]«, in: Die alte Stadt 4, pp. 301-321.

Wimmer, Andreas/Glick Schiller, Ninna (2002): »Methodological nationalism and beyond: Nation-state building, migration and the social sciences«, Global Networks 2(4), pp. 301-334. DOI: 10.1111/1471-0374.00043

Wischermann, Clemens (1997): »Mythen, Macht und Mängel: Der deutsche Wohnungsmarkt im Urbanisierungsprozeß [Myths, Power and Shortages: The German Housing Market During Urbanization]«, in: Jürgen Reulecke (ed.), Geschichte des Wohnens. Band 3. 1800-1918. Das Bürgerliche Zeitalter, Stuttgart: DVA, pp. 333-502.

Wolfe, Michael (2009): Walled Towns and the Shaping of France. From the Medieval to the Early Modern Era, New York, NY: Palgrave Macmillan.

Yago, Glenn (1984): The Decline of Mass Transit, Cambridge: Cambridge University Press.

Zensus (2011): https://ergebnisse.zensus2011.de (letzter Zugriff am 25.05.2020).

Soziologische Zugriffe

Soziologie des Wohnens. Eine Einführung in Wandel und Ausdifferenzierung des Wohnens

Hartmut Häußermann und Walter Siebel

Aus: Häußermann/Siebel, *Soziologie des Wohnens*; © 1996 Beltz Juventa in der Verlagsgruppe Beltz (Weinheim/Basel).

Wandel des Wohnens – die Herausbildung des Idealtypus des modernen Wohnens

1. Die soziologische Fragestellung

Beschäftigt man sich mit ›Wohnen‹, drängt sich die Verknüpf und zu dessen physischer Grundlage, dem Haus, unmittelbar auf. An der Veränderung von Wohnungsgrundrissen läßt sich der Wandel des Wohnens ablesen. Die Geschichte des Wohnens wird daher meist als Geschichte seines physischen Gehäuses und dessen Einrichtung geschrieben. Bevor sich die Sozialgeschichte in den letzten beiden Jahrzehnten verstärkt mit den Wohnbedingungen und Lebensweisen in den Großstädten während der Urbanisierung beschäftigt hat, wurde das Wohnen vor allem in Architektur- und Stilgeschichten behandelt, in denen nach dem Wandel der technischen Mittel und der ästhetischen Formen, der Grundrißorganisation und Möblierung gefragt wird. Dabei dominiert die Perspektive der Architektur- und Kunsthistoriker, in der das, was in diesen Gehäusen geschieht, wer die Bewohner sind, was sie tun, wenn sie wohnen, wie sie es tun und welchen Sinn sie dem beimessen, eher am Rande interessiert als Anlaß des Bauens. Eben diese soziale Wirklichkeit des Wohnens steht im Mittelpunkt des soziologischen Interesses.

Beim Vergleich von Wigwam und Hochhaus stellt der Architekt das Zeltgestänge der konstruktiven Statik des Hochhauses gegenüber, diskutiert die ästhetischen Potentiale vorgehängter Außenhäute und analysiert die Organisation des Rauchabzugs bei offenem Lagerfeuer bzw. Zentralheizung. Der Soziologe wird beim Wig-

wam auf die nomadisierende Lebensweise von Jägern und Hirtenvölkern zu sprechen kommen und angesichts des Wohnhochhauses über die komplexe Infrastruktur der Stadt nachdenken, die es dem ebenfalls mobilen Single ermöglicht, in seiner Wohnwabe ohne das soziale Netz der Stammesgesellschaft zu überleben, ohne
Büffel zu erlegen, Wasser am Fluß zu schöpfen und Holz für das Lagerfeuer zu
sammeln. Kurz: ein Architekt interessiert sich vorrangig für das physische Substrat
des Wohnens, die Wohnbauten, ein Soziologe hingegen für das soziale Substrat des
Wohnens, die Lebensweise.

Beide Perspektiven beleuchten zwei verschiedene Seiten desselben Gegenstands und müssen deshalb bei einer Analyse des Wohnens als Wohnweise zusam-
mengedacht werden. Norbert Elias hat in diesem Sinne Wohnweisen als räumlich
organisierte Lebensweisen systematisch analysiert. Die Wohnweise bietet – so
Elias – einen höchst anschaulichen Zugang zum Verständnis gesellschaftlicher
Beziehungen:

> »Nicht alle sozialen Einheiten oder Integrationsformen der Menschen sind zu-
> gleich Wohn- oder Behausungseinheiten. Aber sie alle sind durch bestimmte
> Typen der Raumgestaltung charakterisierbar. Sie sind ja immer Einheiten aufein-
> ander bezogener, ineinander verflochtener Menschen; und wenn auch Art oder
> Typus dieser Beziehungen gewiß niemals bis ins Letzte und Wesentliche durch
> räumliche Kategorien ausdrückbar sind, so sind sie doch immer auch durch räum-
> liche Kategorien ausdrückbar. Denn jede Art eines ›Beisammen‹ von Menschen
> entspricht einer bestimmten Ausgestaltung des Raumes, wo die zugehörigen
> Menschen, wenn nicht insgesamt, dann wenigstens in Teileinheiten tatsächlich
> beisammen sind oder sein können. Und so ist also der Niederschlag einer sozialen
> Einheit im Raume, der Typus ihrer Raumgestaltung eine handgreifliche, eine –
> im wörtlichen Sinne – sichtbare Repräsentation ihrer Eigenart« (Elias 1983: 70f.).

Der Wandel der Wohnung und des architektonischen Gehäuses verweisen auf gesellschaftliche Veränderungen, auf den Wandel von Ehe und Familie, von gesellschaftlicher Arbeitsteilung und Herrschaftsorganisation, von Geschlechterverhältnis und Charakterstrukturen – in Elias' Begrifflichkeit: Wandel gesellschaftlicher
Figurationen. Allzu schnell wird heute Wohnen mit Familie gleichgesetzt. Der heutige Begriff ›Familie‹ verstellt aber den Zugang zu früheren Wohnweisen. Das Wort
Familie findet erst im 18. Jahrhundert Eingang in die deutsche Umgangssprache.
Vorher wurde von Haus gesprochen (vgl. Brunner 1956), ein Hinweis darauf, daß
auch die sozialen Tatsachen sich geändert hatten. Familie in ihrer heutigen Form
ist keine menschliche Grundkonstante, die außerhalb der Geschichte steht. Sie
ist nicht die historische Keimzelle der Gesellschaft, quasi ihr Naturzustand, sondern selbst Produkt gesellschaftlicher Entwicklung. Das ganze Mittelalter hindurch
überlagern und durchdringen die sachlichen Arbeitsbeziehungen des Haushalts
als Betriebsstätte die emotionalen Beziehungen zwischen den Haushaltsmitglie-

dern. Erst im 16. und 17. Jahrhundert begann sich ein ›Familiensinn‹ als Bewußtsein einer besonderen affektiven Beziehung zwischen Eltern und ihren Kindern zu entwickeln, doch blieb er zunächst auf wenige Familien einer Schicht adliger und bürgerlicher Notablen beschränkt (Ariès 1988: 547). In kleinbäuerlichen Haushalten gibt es bis ins 19. Jahrhundert hinein noch keinen vom Gesinde, teilweise auch nicht vom Vieh getrennten Rückzugsort für familiale Privatheit (Kanacher 1987: 51).

Bei der Analyse des Wohnens von ahistorischen Befindlichkeiten auszugehen (›wie wohnt der Mensch?‹), erweist sich als Unsinn. Abstrahiert man von den epochen-, kultur- und schichtspezifischen Ausformungen des Wohnens, so bleibt als einzige Gemeinsamkeit nur die physische Schutzfunktion der Wohnung. Die aber unterscheidet menschliche Behausungen gerade nicht vom Fuchsbau oder der Bienenwabe. Was den Menschen vor dem Tier auszeichnet – das hat Karl Marx überzeugend dargelegt –, ist seine Fähigkeit, sich seine Welt selbst zu entwerfen. Aufgabe der Soziologie ist es, dem nachzugehen, zu fragen, warum in bestimmten Epochen in bestimmten Gesellschaften sich die Wohnweisen von denen zu anderen Zeiten und anderen sozialen Zuständen unterscheiden. Menschen mußten sich z.B. mit ihren Behausungen nicht nur gegen die Unbilden der Natur schützen, gegen Witterung und wilde Tiere, sondern auch gegen ihre Mitmenschen. Mauern, Wassergräben oder Alarmanlagen kennzeichnen diese soziale Schutzfunktion des Wohnens, besonders plastisch in den Türmen von San Gimignano, wo innerhalb ein und derselben Stadt die adligen Geschlechter ihre Burgen und Wachttürme errichtet haben, um sich gegeneinander zu verteidigen – aber ist es so anders in New York, in dessen modernen Bürohochhäusern Videokameras selbst noch die Toiletten überwachen? In den Vororten des mittleren Westens dagegen gibt es keine Zäune, und die Haustüren stehen offen. Offenbar sind diese lokalen Gesellschaften nach innen befriedet und nach außen gut genug abgesichert. Auch die Zelte der Nomaden boten keinerlei Schutz gegen Gewalt. Hier war es die Gruppe der Krieger, die diesen Schutz gewährleistete. San Gimignano oder unsere heutige Alarmanlagenkultur sind also nicht Insignien universeller Funktionen, die immer an der Wohnung haften, sondern sehr gesellschaftsspezifische.

Soziologischer Gegenstand ist, was an den verschiedenen Ausformungen des Wohnens jeweils gesellschaftlich verursacht ist und was sich mit unterschiedlichen gesellschaftlichen Formationen verändert, was also historisch wandelbar ist. Nicht nur wie man sich schützt, sondern erst recht wer und was als schutzbedürftig gilt, ist sozial definiert. Die Ehre des Herrn war im Mittelalter schützenswert, nicht die des Gesindes, die Häuser der Stadtbürger standen unter Schutz, nicht die Hütten der Metöken außerhalb der Stadtmauern, und erst mit der Zentralisierung der Staatsgewalt und der Steuerhoheit wurde aus dem Wegezoll, den der adlige Burgherr durchreisenden Kaufleuten abverlangte, Beschaffungskriminalität.

Jede gesellschaftliche Epoche schafft sich ihre besondere Wohnweise als wechselseitigen Zusammenhang von Lebensweise und Gehäuse. Um in diesem breiten

Strom des Wandels einen Halt zu finden, von dem aus oder auf den hin die Veränderungen beschrieben werden können, benötigt man einen bestimmten Begriff des Gegenstands. Kontrastierend zum idealtypischen Konstrukt des ganzen Hauses als der vormodernen Wohnweise konstruieren wir einen Idealtypus des modernen Wohnens, der das Besondere der Wohnweise hervorhebt, die sich in der Bundesrepublik in den 50er und 60er Jahren dieses Jahrhunderts durchgesetzt hat. Wir beschreiben im Folgenden den Wandel des Wohnens als einen historischen Prozeß, der diesen Typus hervorgebracht hat.

2.   Der Idealtypus des modernen Wohnens

Mit Idealtypus ist hier im Sinne von Max Weber ein methodisches Konstrukt gemeint, nicht der statistische Durchschnitt aller empirisch vorgefundenen Wohnweisen, und auch nicht der im normativen Sinne ideale, einzig richtige Typus. Idealtypus meint das für eine bestimmte Epoche Typische, das diese Epoche Kennzeichnende eines sozialen Phänomens. Idealtypus ist also weder normatives noch statistisches Konstrukt, sondern eine abstrahierende Verdichtung, die das Besondere einer Epoche im Unterschied zu anderen herausarbeitet.

Was ist das Besondere der modernen Wohnweise? Natürlich, daß Mitteleuropäer sich nur noch selten in Zelten aufhalten, schon gar nicht in Pueblos, sondern vorwiegend in Steinhäusern, vom Flachdachbungalow bis zum postmodernen Hochhaus. Wohnen ist heute weitgehend Wohnen in verstädterten Gebieten nur noch selten im Dorf oder einsamen Gehöft. Schließlich wäre auf technische Ausstattung und Infrastrukturen hinzuweisen wie Zentralheizung, Kanalisation und U-Bahn-Netze. Man könnte auch die durchschnittlich 39 Quadratmeter Wohnfläche pro Kopf erwähnen, die den enormen Wohlstand der Westdeutschen signalisieren. Aber weshalb wird dieser Wohlstand als private Wohnfläche realisiert und nicht in Gemeinschaftseinrichtungen, und weshalb verwenden die Konsumenten ihre wachsenden Einkommen immer noch dazu, ihre Wohnfläche auszuweiten? Eigentümlicherweise wachsen die Wohnfläche und der Wert ihrer Ausstattung sprunghaft, während das, was in der Wohnung notwendigerweise noch erledigt werden muß, rapide zu schrumpfen scheint. Die Berufstätigkeit der Frau, die Auslagerung der Alten und Kranken in Altenheime und Sanatorien, die Unterbringung von Kindern in Kinderkrippen, Kindertagesstätten und (Ganztags-)Schulen oder der Verzicht auf Kinder überhaupt, die Entwicklung der technischen und der sozialen Infrastruktur, der personenbezogenen Dienstleistungen, die steigende Mobilität in der Freizeit, die Entwicklung des Hotel- und Gaststättenwesens und der Freizeiteinrichtungen, generell die zunehmende markt- respektive staatsförmige Organisation immer weiterer Lebensbereiche, all das hat dazu geführt, daß niemand mehr unumgänglich auf eine eigene Wohnung angewiesen ist. Im Prinzip könnte man sein ganzes Leben ohne Wohnung verbringen in Hotels und Eisenbahnabteilen, Konferenzräumen, Autos, Büros, Cafés usw. Alles, was man für alle denkbaren Lebensvollzüge benötigt, ist käuflich (vgl. Häußermann/Siebel 1995). Man braucht einen Briefkasten, bei dem man polizeilich gemeldet ist, ein Mobiltelefon und vor allem Geld. Aber braucht man eine Wohnung? Eigentlich nicht. Und dennoch gibt es einen kontinuierlichen Trend der Ausweitung der Wohnfläche und ihrer immer kostspieligeren Ausstattung mit Möbeln und technischen Geräten. Am Ende eines langen Prozesses, in dessen Verlauf Funktionen an spezialisierte Orte ausgelagert wurden und alle übrigen Personen ausgezogen sind, ist nur noch der Single in der Wohnung geblieben mit einem Haufen von Sachen. Warum hält er an der eigenen Wohnung fest? Anscheinend hat die Wohnung jenseits ihrer Funktionen als austauschbare Servicestation und als Schlafstelle, als Basislager für Kleider und Freizeitgerät und als Relaisstation für Telekommunikation an Bedeutung gewonnen: durch die Trennung von Privatheit und Öffentlichkeit und die damit einhergehende Emotionalisierung des Wohnens durch die Betonung der symbolischen Funktion der Wohnung zur Repräsentation des sozialen Status, durch die Stilisierung der Wohnung als Gegenort zur Arbeitswelt im Zuge der Trennung von Wohnen und Arbeiten, durch die Individualisierung, die eine eigenständige Haushaltsführung für immer jüngere Menschen zur Selbstverständlichkeit werden läßt, und durch die wachsende Privatisierung der Bedürfnisbefriedigung.

Die Wohnung ist der Ort des außerberuflichen Lebens. Ihr Grundriß, ihre Ausstattung und ihre Lage im sozialräumlichen Gefüge der Siedlung organisieren mehr oder weniger direkt dieses Leben. Schließlich ist die Wohnung auch symbolische Gestaltung von Vorstellungen über die richtige Art zu leben. Diese Vorstellungen fallen allerdings erst im 20. Jahrhundert mit dem Leitbild ›Familiengerechtes Wohnen‹ zusammen. Einem balkanischen Großbauern des 17. Jahrhunderts, einem französischen Aristokraten des 18. Jahrhunderts oder einem preußischen Proletarier des 19. Jahrhunderts war diese Wohnweise fremd. Das Besondere an der Wohnweise des 20. Jahrhunderts erschließt sich aus vier Fragen:

1. Was tut man, wenn man wohnt? Das ist die Frage nach der funktionalen Bedeutung des Wohnens. Wohnen beinhaltet ein von beruflicher Arbeit gereinigtes Leben der verpflichtungsfreien Zeit, der Erholung und des Konsums. Funktional ist die Wohnung Ort der Nicht-Arbeit, das Gegenüber zur betrieblich organisierten Erwerbsarbeit.

2. Wer wohnt mit wem zusammen? Das ist die Frage nach der sozialen Einheit des Wohnens. Die soziale Einheit des Wohnens, der Haushalt, ist die durch rechtliche Bindung (Ehe) und Blutsverwandtschaft gefestigte Gruppe von Mann, Frau und ihren Kindern. Sozial ist die Wohnung Ort der Familie.

3. Wie wird Wohnen erlebt? Das ist die Frage nach der sozialpsychologische Bedeutung des Wohnens. Wohnen umfaßt Aktivitäten, die mit Scham- und Peinlichkeitsempfindungen verknüpft sind. In der vor dem Blick der Öffentlichkeit

schützenden Abgeschlossenheit separater Räume können sich Emotionalität und Körperlichkeit entfalten. Sozialpsychologisch ist die Wohnung Ort der Privatheit und Intimität.

4. Wie kommt zur Wohnung? Das ist die Frage nach der rechtlichen und ökonomischen Verfügung. Die Wohnung wird unter staatlicher Regulierung von einer professionellen Elite entworfen, von einer Industrie produziert, vom einzelnen Haushalt durch Kauf oder Miete auf einem Markt erworben oder in besonderen Fällen nach politisch definierten Kriterien vom Staat zugeteilt. Die Nutzung der Wohnung regeln Hausordnungen, Miet-, Eigentums- und Nachbarschaftsrecht.

Diese vier Merkmale finden sich auch in früheren Epochen. Schon in der Phase der Protoindustrialisierung des ausgehenden 17. und des 18. Jahrhunderts entstanden kleinfamiliale Lebensformen bei Heimarbeitern auf dem Land. Schon in der Antike gab es Mietwohnungen, und die Fuggerei in Augsburg könnte als mittelalterliche Form des Mietwohnungsbaus bezeichnet werden. Was dennoch dazu berechtigt, von einem Idealtypus des modernen Wohnens zu sprechen, ist das Zusammentreffen aller vier Merkmale im heutigen Massenwohnungsbau. Im Schlußkapitel dieses Buches wird gezeigt, daß die Realität sich diesem Bild nur vorübergehend und unvollkommen fügte. Aber diese vier Merkmale prägen dennoch die Wohnwirklichkeit wie die Wohnwünsche zumindest bis in die 70er Jahre – und sie bildeten die Leitlinie für den Massenwohnungsbau im 20. Jahrhundert. Im ›Idealtypus‹ sind die charakteristischen Merkmale modellhaft zusammengefaßt.

Sie materialisieren sich in Drei-Zimmer-Küche-Bad-WC-Zentralheizung, deren Grundriß und Ausstattung in DIN-Normen detailliert festgeschrieben sind: Der nach Ausstattung, Größe und Lage beste Raum ist das Wohnzimmer, Zentrum der Familie, gelegentlich auch gute Stube für Geselligkeit und Repräsentation, vor allem ein Raum der Freizeit. Es sollte »auch in den kleinsten Wohnungen als Hauptaufenthaltsraum der Familie wenigstens ein Wohnzimmer von behaglicher Weiträumigkeit ermöglicht werden, das während der Ruhestunden die heutige Enge vergessen läßt« (Klein 1930, zit.n. Kanacher 1987: 176). Alles, was an Arbeit erinnern könnte, was Geruch, Lärm oder Schmutz verursacht, wird draußen gehalten. Das Wohnzimmer signalisiert die Hierarchie der Personen und der Nutzungen in der modernen Wohnung:

»Es fällt auf, daß [...] der prozentuale Anteil des Kinderzimmers an der Gesamtwohnfläche immer kleiner wird, je größer die Grundfläche des Hauses ist [...] Wenn die Gesamtwohnfläche steigt, profitieren hiervon nur die Erwachsenen [...] Die üblichen Proportionen der Raumverteilung werden beibehalten, ja eher noch in Richtung einer noch stärkeren Betonung des Wohnzimmers verschoben« (Tränkle 1972: 66f.).

Das Wohnzimmer ist der einzige Raum, für den die DIN 18011 ›Stellflächen, Abstände und Bewegungsflächen im Wohnungsbau‹ nur eine Mindestgröße vorschreibt: In Wohnungen für vier Personen sollen 20 Quadratmeter – 18 Quadratmeter, wenn ein gesonderter Eßplatz vorgesehen ist – nicht unterschritten werden.

Gegenüber dem Wohnzimmer sind die übrigen Räume (Schlafzimmer, Küche Kinderzimmer, Bad, WC) nach Größe, Ausstattung und Lage in der Wohnung so gestaltet, daß sie nur monofunktional benutzt werden können. DIN 18011 schreibt jeweils Mindestmaße für Möbelstellflächen, Abstände und Bewegung vor. Die Küche ist danach reiner Arbeitsraum, dessen Grundriß und Einrichtung durchrationalisiert sind, um die Hausarbeit zu erleichtern. Der Anteil der Küche an der gesamten Wohnfläche ist mit der Entwicklung zum Konsumentenhaushalt, in dem Lebensmittel nur noch ›endverarbeitet‹ werden, auf ein Minimum reduziert worden.

Das Elternschlafzimmer ist ähnlich normiert: zwei Betten, zwei Nachtschränke ein Kleider-Wäscheschrank, ein zusätzliches Möbelstück (z.B. Frisierkommode oder Nähmaschine). Wenn kein Kinderzimmer vorhanden ist, »so ist zusätzlich die Stellfläche für das Bett eines Kleinkindes (55 cm x 110 cm) erforderlich« (DIN 180112.4.2).

Das Kinderzimmer ist der einzige einer Person zugeordnete Individualraum. Der Beirat des Bundesminsteriums für Familie, Jugend und Gesundheit hat gefordert, daß es ein kindliches ›Eigenterritoriorum‹, »das vor dem Zugriff anderer gesichert und von den Eltern respektiert werden sollte« geben müsse (zitiert nach Kanacher 1987: 236). Aber in der Wirklichkeit ist es meist der kleinste Raum oft für zwei Kinder. Private Bauherren senken sogar den Anteil der Kinderzimmer an der Wohnfläche noch weiter (vgl. oben). Auch die DIN-Norm 18011 schreibt Spielflächen in Kinderzimmern nicht zwingend vor:

> »In jedem Kinderzimmer ist eine zur Spielfläche erweitert Bewegungsfläche von 120 cm x 180 cm erforderlich [...] Die Spielfläche kann auch mit dem Eßplatz zu einem Raum oder Raumteil zusmmengefaßt werden, wenn dieser durch Fenster belichtet und belüftet und durch eine Tür gegen die Küche abtrennbar ist« (DIN 18011 4.3).

Geräusche und Gerüche aus Küche, Bad und vor allem aus dem WC werden zunehmend als störend empfunden. Daher die Tür zur Küche, erst recht aber die Absonderung der Entleerung und Körperreinigung in ausschließlich darauf spezialisierte Räume. Als einzige andere Funktion für das Bad sieht die DIN 18022 im Bad Stellflächen für ›Wäschepflegegeräte‹ vor. »In Wohnungen für mehrere Personen ist die Anordnung eines vom Bad getrennten WCs zweckmäßig« (DIN 18022 4.1).

Haushaltsformen jenseits der Kernfamilie, Wohnfunktionen jenseits von Hausarbeit, Erholung und Konsum, Aneignungsformen jenseits individuellen Eigentums oder Miete und Bauformen jenseits von Einfamilienhaus oder Geschoßwohnung kommen in den Wohnwunschbefragungen der 60er und 70er Jahre allenfalls am Rand vor. Die Wohnwünsche scheinen im Wesentlichen nur in Details der Grundrißorganisation und der symbolischen Selbstpräsentation sowie hinsichtlich Standort und Verfügungsform zu differieren – aber auch da nur in geringem Maß: Bis zu 80 % der Befragten wünschen sich das Eigenheim am Stadtrand.

Der Idealtypus des modernen, kleinfamilialen Wohnens ist nicht nur in DIN-Normen und den subjektiven Wohnwünschen präsent. Er ist auch institutionalisiert in Gesetzen, Förderrichtlinien, Finanzierungsbestimmungen und in den Kategorien der amtlichen Statistik. Diese definiert eine Wohnung wie folgt:

> »Eine Wohnung ist die Summe aller Räume, die die Führung eines Haushaltes ermöglichen, darunter ist stets eine Küche oder ein Raum mit Kochgelegenheit. Eine Wohnung hat grundsätzlich einen eigenen abschließbaren Zugang unmittelbar vom Freien, einem Treppenhaus oder einem Vorraum, ferner Wasserversorgung, Ausguß und Toilette, die auch außerhalb des Wohnungsabschlusses liegen können« (Statistisches Bundesamt 1995b: 5).

Eine Wohnung muß also die Abgeschlossenheit der Privatsphäre garantieren, eine selbständige Haushaltsführung, die mit Essenszubereitung gleichgesetzt wird, und die körperliche Entleerung.

Die soziale Einheit des Wohnens, der Haushalt als Gruppe der zusammen wirtschaftenden und zusammen wohnenden Personen, wird mit der Familie gleichgesetzt: Mehrpersonenhaushalte gelten als Familienhaushalte. Friedrich Burgdörfer schreibt 1917: »Die sozialökonomische Familienstatistik hat […] die statistische Buchführung über die tatsächlichen Formen des menschlichen Zusammenlebens, die Familie im sozialökonomischen Sinne und deren Wirtschaftsführung, kurz über die Haushaltungen und das Haushalten zum Gegenstand« (zit.n. Schubnell 1959: 127). »Haushalt und Familie wurden begrifflich nicht getrennt. Man bezeichnete bei allen Zählungen bis einschließlich 1939 die Mehrpersonenhaushalte – außer den Anstaltshaushalten – rundweg als ›Familienhaushalte‹, auch wenn sie noch seitenverwandte oder blutsfremde Personen umfaßten. Begründet wurde diese Vermischung von Haushalt und Familie noch 1939 damit, daß die biologische Familie in den meisten Fällen den einzigen Inhalt der Haushalte bilde« (Schubnell 1959: 125).

Erst neuerdings wird berücksichtigt, daß »ledige Personen ohne Kinder, die nicht zu den Familien zählen, einen Haushalt bilden können« (Statistisches Bundesamt 1994: 12). Aber auch heute noch zählen verwitwete, geschiedene oder verheiratete, aber getrennt lebende Personen mit und ohne ledige Kinder sowie ledige Personen mit ledigen Kindern als unvollständige Familien, also als nicht zustandegekommene oder gescheiterte Familien, nicht als eigenständige Haushaltsformen, und in der jüngsten Veröffentlichung des Statistischen Bundesamtes heißt es: »Unter einem Privathaushalt werden alle Menschen verstanden, die zusammen wohnen und wirtschaften, ohne Rücksicht auf ihre verwandtschaftlichen Beziehungen. In unserer Gesellschaft sind Haushalte und Kernfamilie – das sind Eltern mit ihren Kindern – weitgehend identisch« (Statistisches Bundesamt 1995a: 6) – obwohl in derselben Publikation darauf hingewiesen wird, daß in Deutschland 42 Prozent der Bevölkerung nicht in Familien leben (vgl. ebd.: III).

Richtlinien und Belegungspolitik im sozialen Wohnungsbau zielen auf die eheliche Kernfamilie. Wohnungen für Alleinstehende gelten dagegen als Sonderwohnformen ähnlich denen für Behinderte oder alte Menschen. Die Abgeschlossenheit der Wohnung nach außen, die Trennung von Wohnen und beruflicher Arbeit, die Erfüllung der Vitalfunktionen (Schlafzimmer, Bad, Toilette), die Führung eines selbständigen Haushalts (Küche) sind in den Normen des Wohnungsbaus ebenso verankert wie ein Mindestmaß an Separierung von Funktionen und Personen innerhalb der einzelnen Wohnung: Gemäß der für den Wohnungsbau gültigen DIN-Normen (283, 18 011, 18 022) gehören zu einer Wohnung: Küche, Schlafzimmer, Wohnräume, Wasserversorgung, Ausguß und Abort sowie Nebenräume (Treppen, Flure, Abstellkammern). Räume für berufliche Arbeit dürfen bei der Berechnung der Wohnfläche nicht mitgezählt werden (Zweite Berechnungsverordnung, Teil IV § 42.4). Hausarbeit ist nachrangig: Ein Hausarbeitsraum wird nur empfohlen, wenn dadurch die Größe der übrigen Räume nicht unangemessen eingeschränkt wird. Und im Gutachten »Familie und Wohnen« des wissenschaftlichen Beirats für Familienfragen beim BMJFG heißt es: »Küche, Bad, Wohnzimmer und Elternschlafzimmer dürften für die nächsten Jahrzehnte zu den kaum veränderbaren Standards des Wohnens gehören« (Bundesministerium für Jugend, Familie und Gesundheit 1975: 28). Die Wohnungsgrundrisse schreiben diese Nutzungen durch Größe, Lage, Zuschnitt und technische Ausstattung der Räume weitgehend fest. Zwei Drittel des heutigen Wohnungsbestandes sind seit 1949 und überwiegend entsprechend diesen Richtlinien errichtet worden. Die familiengerechte Wohnform ist gebaute Realität. Damit ist – vermittelt über DIN-Normen, statistische Kategorien, Förderbestimmungen und subjektive Präferenzen – eine Wohnweise allgemein geworden, die noch vor 100 Jahren die Wohnweise einer Schicht war, nämlich des Bürgertums.

Die vier Merkmale des Idealtypus modernen Wohnens – die Zweigenerationenfamilie als soziale Einheit, die Trennung von Wohnen und beruflicher Arbeit, die Polarität von Privatheit und Öffentlichkeit und die individuelle Aneignung durch Kauf oder Miete – haben sich allmählich herausgebildet und in einem Prozeß der Nivellierung von Differenzen zwischen sozialen Gruppen, regionalen Kulturen und zwischen Stadt und Land weitgehend durchgesetzt.

Für die Proletarier des 19. Jahrhunderts war der heute erreichte Wohnstandard ein unerreichbarer Luxus. 1893 wohnten z.b. 28 % der Bergarbeiter – und die Bergarbeiter waren im allgemeinen im Wohnungsbereich sogar besser versorgt als die übrigen Arbeiter – im nördlichen Ruhrgebiet als Untermieter oder hatten als sogenannte Schlafgänger nur ein Bett gemietet, das sie sich umschichtig mit anderen teilen mußten. Kurz vor dem Ersten Weltkrieg verfügten 58 % der Mitglieder von Arbeiterhaushalten in Wien nicht über ein Bett für sich alleine. Hinzu kam eine heute beinahe unvorstellbare Mobilität: Die Hälfte aller Arbeiter war 1897 im Durchschnitt nicht länger als 11 Tage auf einem Arbeitsplatz beschäftigt. In den Häfen gab es eine Regelung, wonach ein Arbeitsvertrag wenigstens einen halben Tag dauern sollte. Diese extreme Unsicherheit des Arbeitsplatzes hatte zwangsläufig extrem häufige Wohnungswechsel zur Folge. Es ist unmittelbar einsichtig, daß unter solchen Bedingungen sich Intimität, Emotionalität und Familienleben kaum entfalten konnten (Ehmer 1979; Langewiesche 1979).

Dennoch wäre die Erklärung nur halbwahr, die heutige Wohnweise habe sich früher nicht durchsetzen können allein aufgrund ungesicherter Existenz, materieller Not und Rechtlosigkeit. Die Lebensweise des französischen Hochadels im 18. Jahrhundert ist in einer ganz anderen Art und Weise, aber doch ähnlich weit entfernt von dem, was wir als bürgerlich-familiäre Privatsphäre kennen. Die Ehepartner wohnten üblicherweise in getrennten Wohnungen, und jeder hatte sein eigenes Personal. Die Grundrißorganisation kannte kein getrennte Erschließungssystem, also keine Flure und Dielen, so daß jedes Zimmer zugleich Durchgangszimmer war, was kaum zuließ, geschützte Sphären der Privatheit aufzubauen (Elias 1983). Ähnliches zeigen die römischen Villen. Sie repräsentieren einen Luxus, den das großbürgerliche Wohnen erst im 19. Jahrhundert wieder erreicht hat. Aber das römische Wohnen folgte gänzlich anderen Prinzipien: Noch schärfer als im französischen Hochadel waren in der griechischen und römischen Antike Männerwelt und Frauenwelt räumlich geschieden (Meier-Oberist 1956: 24f.). Teilweise wies das Wohnen in der Antik eher Ähnlichkeit zu bäuerlichen und proletarischen als zu bürgerlichen Wohnweisen auf. Die Wohnküche der Arbeiter war ohne Schleusen wie Vorflur oder Windfang direkt von draußen zugänglich. Privates stieß also ohne Puffer an das Öffentliche. Nach Maßstäben bürgerlicher Intimität war dies in der Antike noch weit krasser: Man betrat das römische Haus durch das Bad, auch geschlafen wurde nahe dem Eingang, die Gesellschafts- und Eßräume lagen dagegen im hinteren Teil des Hauses. Auch im griechischen Megaron wurde vorne geschlafen, der Herdraum lag hinten.

Für die Mitglieder bäuerischer Haushalte schließlich ist die Einheit von Wohnen und Arbeiten bis in das zwanzigste Jahrhundert objektiv notwendig und selbstverständlich. In ländlichen Gegenden Frankreichs hat sich das Wohnen aller Haushaltsmitglieder in einem Raum, teilweise noch mit dem Vieh, bis ins 20. Jahrhundert erhalten (Perrot 1992: 360), Reflex sowohl der extremen Armut wie der bäuerlichen Lebensweise. Wohnvorgänge räumlich und zeitlich von der Arbeit in Haus und Hof abzutrennen, hätte der Logik der landwirtschaftlichen Produktion widersprochen.

Wir beschreiben im Folgenden, wie sich die moderne Wohnweise allmählich herausgebildet hat. Es ist ein Prozeß, in dessen Verlauf Personen und Funktionen aus dem Haus ausgegliedert, andere wiederum verhäuslicht werden, und der auch innerhalb der Wohnungsgrundrisse seine Spuren hinterlassen hat als räumliche Zuordnung wie als Separierung von Personen und Verrichtungen.

3. Wohnen und wohnungsbezogene Infrastruktur

Wenn man die Geschichte des Wohnens als Geschichte der Ausgrenzung und der Eingrenzung von Funktionen und Personen begreift, so ist sie ohne ihr Pendant, die Entwicklung der Organisation der Stadt als ganzer, nicht darzustellen. Wo und wie fand das früher statt, was in der Wohnung verhäuslicht wurde, und wo und wie werden jene Funktionen organisiert, die mit der Auflösung des Ganzen Hauses aus der Wohnung und dem Haushalt ausgegliedert wurden? Die Verhäuslichung der Vitalfunktionen, z.B. die Verlagerung der körperlichen Entleerung in die Toiletten innerhalb der privaten Wohnung, wäre ohne die Entwicklung der technischen Infrastruktur, der Wasserversorgung und der Schwemmkanalisation, gar nicht organisierbar gewesen. Die räumliche Verortung des Schlafens in der privaten Wohnung und seine zeitliche Fixierung in der Freizeit wären ohne die räumliche Konzentration der beruflich organisierten Arbeit im Betrieb und die zeitliche Strukturierung des Tageslaufs durch die Betriebszeiten von Fabriken, Schulen, Behörden und Geschäften gar nicht zu begreifen. Kurz: Die Herausbildung des ›Vergabe‹- oder Konsumentenhaushaltes bedingt – und ist zugleich bedingt durch – die Entwicklung von marktförmig und politisch-administrativ organisierter Versorgung und Entsorgung. Beides, die Herausbildung des städtischen Vergabehaushaltes einerseits und der betrieblich organisierten Berufsarbeit, des Geflechts der öffentlichen Infrastruktur und der marktförmigen Versorgung mit Gütern und Dienstleistungen andererseits sind die zwei Seiten der Urbanisierung.

Die Existenz eines städtischen Haushalt ist auf Dauer nur dann möglich, wenn komplementäre Institutionen der sozialen Sicherung und der technischen Infrastruktur vorhanden sind. Der Verlust der Autarkie der Einzelhaushalte im Zuge der Urbanisierung wurde in der juristischen Staatstheorie als Notwendigkeit beschrieben, eine öffentliche »Daseinsvorsorge« zu gewährleisten. Durch den Verlust an »beherrschtem Lebensraum« entstehe eine »Versorgungsnotwendigkeit und Abhängigkeit des Einzelnen von überindividuellen Leistungssystemen« (Forsthoff zitiert nach Göschel 1983: 4). Dies gilt hinsichtlich der Bewältigung sozialer wie technischer Probleme.

Haushaltsergänzende und -unterstützende Infrastruktur wurde seit Mitte des 19. Jahrhundert aufgebaut. Die Sozialverwaltungen entwickelten sich dabei aus der schon seit Jahrhunderten praktizierten Armenhilfe (vgl. Scarpa 1995). Diese wandelte sich von einer genossenschaftlich-solidarischen, christlich motivierten Fürsorge zu einem professionellen sozialen Dienst, der immer stärker erzieherischen Charakter annahm, denn allein die quantitative Zunahme der Hilfsbedürftigen wurde zu einer finanziellen Belastung, die die Stadtverwaltungen nicht auf Dauer übernehmen wollten oder konnten. Wichtigste Orientierung von Armenpflege, Fürsorge und Sozialhilfe wurde die Integration in das Erwerbssystem (Krabbe 1989: 100ff.).

Die starke Bevölkerungszunahme in den Städten insbesondere nach den ›Gründerjahren‹ am Ende des 19. Jahrhunderts schaffte dann ein ganz neuartiges Problem, zu dessen Bewältigung eine verzweigte Sozialbürokratie entstand: Die Zuwanderer mußten eine zeitliche und soziale Disziplin der Lebensführung erlernen, also ihre ländliche Lebensweise abstreifen. Dieser Lernprozeß wäre unter den bestehenden Wohnverhältnissen kaum möglich gewesen. Ländliche Lebensgewohnheiten und städtische Dichte zusammen schafften hygienische Probleme, die die Erhaltung der Arbeitskraft gefährdeten, und sie schafften Bedingungen für das Aufwachsen der nächsten Generationen, die deren Sozialisation und Qualifikation für die Erwerbsarbeit verhinderten. Gegen Ende des 19. Jahrhunderts wurden daher Institutionen der Kinder- und Jugendpflege sowie der Gesundheitsfürsorge eingerichtet, die zugleich die Kinder vor den Folgen ungesunder und ungeordneter Wohnbedingungen schützen wie die Eltern zu einer systematischen Fürsorge und Elternschaft anleiten sollten. 1883/87 wurden die ersten schulärztlichen Dienste eingerichtet, da in der Schule die Kinder leichter erreichbar waren. Von hier aus konnten dann die als ursächlich erkannten Wohnbedingungen und Erziehungspraktiken gezielt angegangen werden.

1905 wurden die ersten Gesundheitsämter und kommunalen Krankenhäuser eingerichtet, die die Verlagerung von Pflegediensten aus den Wohnungen heraus besonders anschaulich machen. Krankheit und Tod waren bis dahin – mit Ausnahme der Altenstifte –private Angelegenheiten; in den Wohnungen der Arbeiter war eine Krankenpflege aber weder räumlich noch zeitlich möglich, so daß neue Orte für diese Funktion geschaffen werden mußten. Unterstützt wurde diese Auslagerung von der technischen und wissenschaftlichen Entwicklung der Medizin, deren Apparateausstattung und Professionalisierung nach einer Zentralisierung der medizinischen Dienste verlangten, damit sie rationell genutzt werden konnten.

Unter den Bedingungen der städtischen Verdichtung, der Ausdehnung und funktionalen Entmischung der Quartiere konnten zahlreiche Leistungen nicht mehr auf der Ebene des Einzelhaushalts erbracht werden, nämlich die »Versorgung mit frischem Wasser, Lebensmitteln, Koch-, Heiz-, Leucht- und Antriebsenergie, Entsorgung von Abwässern, Exkrementen und Abfällen sowie Beförderung mit Transportmitteln« (Krabbe 1989: 110). Alle diese Versorgungsleistungen, die eine Haushaltsführung unter städtischen Bedingungen überhaupt erst möglich machten, wurden als spezialisierte Angebote von neu entstehenden Betrieben bereitgestellt – zunächst ausschließlich in privater, kommerzieller Form. Allerdings hatten die Haushalte nicht die Wahl, ob sie sich auf diesem Markt bedienen wollten oder nicht, vielmehr handelte es sich um einen Zwangskonsum, der im weiteren Verlauf auch immer stärker durch eine ausgefeilte Normgebung reglementiert wurde. Gasanstalten, Wasserwerke, Elektrizitätswerke, Nahverkehrsbetriebe, Schlachthöfe, Straßenbeleuchtung und Kanalisation, Badeanstalten, Theater und andere Freizeiteinrichtungen wurden ab dem Ende des 19. Jahrhunderts als komplementäre Infrastruktur zu den kleinzelligen Wohnungen eingerichtet.

4. Ausdifferenzierung und Eingrenzung: Die Entstehung des modernen Wohnens

Wer in einem Museumsdorf ein Bauernhaus betritt, findet oft nur einen einzigen Raum, das Flett, in dem um den zentralen Herd Essen, Arbeit und Schlafen, Kinder, Gesinde, Bauer und Bäuerin versammelt sind. Justus Möser hat das beschrieben:

>»Der Heerd ist fast in der Mitte des Hauses und so angelegt, daß die Frau, welche bey demselben sitzt, zu gleicher Zeit alles übersehen kann. Ein so großer und bequemer Gesichtspunkt ist in keiner anderen Art von Gebäuden. Ohne von ihrem Stuhle aufzustehen, übersieht die Wirthin zu gleicher Zeit drey Thüren, dankt denen die hereinkommen, heißt solche bey sich niedersetzen, behält Kinder und Gesinde, ihre Pferde und Kühe im Auge, hütet Keller und Boden und Kammer, spinnet immerfort und kocht dabei. Ihre Schlafstelle ist hinter diesem Feuer, und sie behält aus derselben eben diese große Aussicht, sieht ihr Gesinde zur Arbeit aufstehen und sich niederlegen, das Feuer ausbrennen und verlöschen, und alle Thüren auf- und zugehen, häret ihr Vieh fressen, die Weberin schlagen und beobachtet wiederum Keller, Boden und Kammer. Wenn sie im Kindbette liegt, kann sie noch einen Theil dieser häuslichen Pflichten aus dieser ihrer Schlafstelle wahrnehmen.« (zit.n. Kaiser 1988: 14f.)

Otto Brunner hat diese Lebensweise unter dem Begriff ›Ganzes Haus‹ als Selbstversorgungseinheit beschrieben, in der der Haushalt noch alle Lebensvollzüge in sich einschließt. Das Ganze Haus vereinigte unter einem Dach häufig in denselben Räumen Arbeit, Erholung, Schlafen, Essen und Beten, Gesinde, Kinder, Mann und Frau. Die materiellen und symbolischen Arrangements des modernen Wohnens separieren dagegen Funktionen und Personen in spezialisierten Räumen für Essenszubereitung, Essen, Sich-Lieben, Schlafen, SichWaschen, Sich-Entleeren, miteinander Sprechen; Eltern und Kinder, Sohn und Tochter, Mann und Frau.

Die einfache Gegenüberstellung des Ganzen Hauses mit der heutigen Wohnform abstrahiert aber von vielfältigen und relevanten sozialen Bestimmungsfaktoren. Beide Wohnformen überlappen sich zeitlich und sind in sich sehr differenziert. Ansätze des modernen Wohnens zeigen sich bei bürgerlichen Städtern bereits im 16. Jahrhundert. In bäuerlichen Haushalten hat sich die Lebensform des Ganzen Hauses dagegen sehr viel länger gehalten. Neben Unterschieden zwischen Stadt und Land, vorindustrieller und industrie-kapitalistischer Produktionsweise prägen Schicht- und Klassenzugehörigkeit die Wohnweisen. So erscheint das moderne Wohnen keineswegs gegenüber allen vorindustriellen Wohnformen als Ergebnis einer Ausdifferenzierung von Personen und Funktionen. Verglichen mit dem fast völlig voneinander separierten Leben von Herr und Dame im Hôtel des höfischen Adels im Frankreich des 18. Jahrhunderts hat sich der Idealtypus des modernen Wohnens auch durch Entdifferenzierung und Mischung herausgebildet.

Die Geschichte des Wohnens ist ambivalent und widersprüchlich. Sie beinhaltet sowohl Prozesse der räumlichen Eingrenzung wie solche der Ausgrenzung: Die Zweigenerationen-Kernfamilie löst sich aus räumlich, sozial und ökonomisch engen Verflechtungen mit weiteren Verwandten und Nichtverwandten, Gesellen, Dienstboten, Knechten und Mägden. Die berufliche Arbeit wird außerhäuslich in Geschäft, Betrieb und Verwaltung organisiert. Bestimmte Ereignisse wie Geburt und Tod, schwere Krankheit und große Feste sind fast gänzlich in spezialisierte Orte und Einrichtungen ausgelagert worden. Umgekehrt werden bestimmte Verhaltensweisen in die Wohnung zurückgedrängt. Der Straßenverkehr zum Beispiel läßt Spielen, müßigen Aufenthalt, Verweilen und miteinander Reden im öffentlichen Raum der Städte kaum noch zu. In einem Prozeß der »Verhäuslichung der Vitalfunktionen« (Gleichmann 1976) und der Intimisierung wurden Scham- und Peinlichkeitsschwellen errichtet, die Körperlichkeit und Emotionalität aus der Öffentlichkeit weitgehend ausgesondert haben ins Private der Wohnung. Schließlich treten die Rollen von Bauherr, Architekt, Produzent und Nutzer auseinander. Ihre Vermittlung wird zunehmend gesellschaftlich organisiert über Wohnungsmarkt und Wohnungspolitik.

Jede Darstellung eines historischen Wandels muß stilisieren. Das bedeutet Entdifferenzierungen und zeitliche Strukturierung in ein Vorher und ein Nachher. Aber gerade die Wohnweisen differieren erheblich nach Schicht, Region, Stadt und Land, und die Konstruktion eines Wandels über Zeit übersieht nur allzu leicht die Gleichzeitigkeit des Ungleichzeitigen, die gerade in den Alltäglichkeiten der Wohnweise beobachtbar ist. Betrachtet man die umfangreichen Leistungen der informellen Ökonomie privater Haushalte, die heute auf bis zu einem Drittel des Bruttosozialprodukts geschätzt werden, so erscheint die Vorstellung von der Wohnung als Ort der Nichtarbeit und des Haushalts als einer Konsumeinheit, die vollständig in die Netze von Markt und Staat eingebunden sei, als abwegig. Ebenso war das Ganze Haus schon seit dem später Mittelalter in Wahrheit nicht unabhängig von

Märkten. Hans-Ulrich Wehler spricht deshalb von einer ›Legende vom ökonomisch autarken Ganzen Haus‹ und resümiert mit Max Weber,

»daß die quasi-autarke Hauswirtschaft in Wirklichkeit nur ›eine Erscheinung der späteren Antike darstellt‹. [...] Kapitalistische Marktbeziehungen hatten, wenn auch manchmal noch dünn gesponnen, bis zum Ende des 18. Jahrhunderts an vielen Stellen die Agrarwirtschaft längst in ihr Netz einbezogen und das – sentimental verklärte – ›Ganze Haus‹ als wirtschaftliche Einheit weithin aufgelöst.« (Wehler zitiert nach Opitz 1994: 90)

In den Städten waren geschlossene Kreisläufe der Selbstversorgung erst recht unmöglich. Max Weber hat seine Definition des Städters explizit an der Marktversorgung der Haushalte festgemacht. Aber auch dies ist eine Idealtypisierung, die das Besondere der städtischen Lebensweise gegenüber der ländlichen herausarbeiten soll. In der Realität waren die Städter des Mittelalters noch vielfältig in landwirtschaftliche Selbstversorgungsaktivitäten eingebunden:

»Die mißlichen Zustände der Straßen waren zum großen Teil durch die landwirtschaftliche Atmosphäre hervorgerufen, die über der mittelalterlichen Stadt lagerte. Der Bürger des Mittelalters, auch der Handwerker und Kaufmann, legten Wert darauf, etwas Ackerbau oder wenigstens Viehzucht zu treiben. Zahlreiche Bürger besaßen Ackerhöfe in der städtischen Feldmark, oder in den umliegenden Landgemeinden. [...] Fast alle, auch die kleinen Bürger, hatten eine Kuh oder wenigstens eine Ziege und mästeten ein oder mehrere Schweine« (Below zitiert nach Egner 1976: 275).

Brunners ›Ganzes Haus‹ und das ›Moderne Wohnen‹, wie wir es beschrieben haben, sind idealtypische Konstrukte, also heuristische Instrumente, die uns dazu dienen, Grundlinien des Wandels der Wohnweisen herauszuarbeiten. Diese Grundlinien sind einmal die Trennung von Wohnen und Arbeiten, zum Zweiten die Ausgrenzung von Personen, zum Dritten die Polarisierung von Öffentlichkeit und Privatheit und schließlich viertens die Entstehung des Wohnungsmarkts.

Trennung von Arbeiten und Wohnen: Wohnen als Ort der ›Nichtarbeit‹.

Das Ganze Haus war eine Arbeits- und Wohngemeinschaft. Die Entwicklung außerhäuslicher Lohnarbeit – beginnend schon im Mittelalter – zerreißt diesen Lebenszusammenhang. Bestimmte Arbeiten werden herausgelöst und am besonderen Arbeitsort organisiert. Die mit nicht unmittelbar produktiven Verrichtungen ausgefüllten Zeiten werden aus dem Arbeitsprozeß herausgepreßt und am Ende des Arbeitstages konzentriert. So entsteht die ›Freizeit‹. In diesem Prozeß der räumlichen und zeitlichen Abspaltung von Teilen der produktiven Arbeit entsteht auch erst Wohnen im heutigen Sinn als räumliches, zeitliches und inhaltliches Gegenüber zur im Betrieb organisierten beruflichen Arbeit. Der Haushalt steht nicht mehr im Mittelpunkt der Wirtschaft. Markt und Erwerbswirtschaft drängen Selbstversorgung und ›Unterhaltswirtschaft‹ (Egner) an den Rand.

> »Was war nicht früher alles dem Hause an produktiven Aufgaben vorbehalten, von der Beschaffung der Kleidungsstücke, dem Spinnen und Weben, dem Schneidern über das Seifekochen und Kerzenziehen, das Einschlachten mit dem Pökeln und Räuchern, das Bereiten des Haustrankes als des Bieres oder des Mostes und Weins bis zu der umfassenden Vorratswirtschaft in Truhe und Spind, im Keller und auf dem Boden?« (Egner 1976: 311f.)

Den Grad der Selbstversorgung erläutert Egner am Beispiel der Grundherrschaft Oldendorf der Herren von Münchhausen:

> »Es zeigt sich, daß 1560/61 die Einnahmen zu knapp 80 Prozent auf pflanzliche Produkte, zu knapp 14 Prozent auf tierische Erzeugnisse und der Rest auf monetäre Einnahmen (meist Pachten und Renten) zurückgingen. Von der Getreideerzeugung wurde etwa die Hälfte auf dem Markt abgesetzt.« Die Marktquote schwankte zwischen 1560 und 1650 zwischen 41 und 54 Prozent. Der Rest ging in den Eigenverbrauch Die Ausgabenverteilung der Grundherrschaft zeigte für die Jahre von 1651 bis 1661 folgende Mittelwerte: Ernährung 64,5 %, Bekleidung 12,6 %, Wohnung 4,4 %, Dienstleistungen 3,6 %, Bildung 3 %, Unterhaltung 0,4 %, Verkehr und Nachrichtenübermittlung 4,5 %« (Richarz zitiert nach Egner 1976: 281).

Heute hat der ›Vergabehaushalt‹ fast alle seine wirtschaftlichen Funktionen an spezialisierte Betriebe und Infrastruktureinrichtungen abgegeben. Das Fernheizwerk, die Mensa, die Wäscherei, Schule und Krankenhaus, die Textil- und die Nahrungsmittelindustrie erledigen all das professioneller und billiger. Dabei sind im Vergleich zu früher nicht nur die produktiven, sondern teilweise auch die konsumtiven Funktionen des Haushalts geschrumpft. Mit dem Gang in die Betriebskantine werden nicht nur Kochen und Abwaschen, sondern auch Essen und Trinken nach draußen verlagert.

Die Veränderungen in der Vorratshaltung sind ein Beispiel für das Zusammenspiel von Haushalt, Erwerbswirtschaft und technischen Entwicklungen, in dessen Verlauf produktive Funktionen ausgelagert und auch Teile der Konsumtätigkeit in den Markt integriert werden. Später können diese aber auch wieder in den Haushalt zurückkehren. Der großbürgerliche Haushalt betrieb im 18. Jahrhundert noch umfangreiche Vorratswirtschaft. Diese Vorratswirtschaft beruhte, anders als im Mittelalter, nicht mehr auf Eigenproduktion, sondern auf dem städtischen Markt.

> »Endweder man kaufte im großen Stil konsumfertige Güter wie Feuerholz, Kerzen, Essig, Öl, Zucker, Wein ein, oder man unterzog die eingekauften Güter noch einer Aufbereitung im Hause. Das geschah beim Einschlachten, beim Konservieren auf mancherlei Weise von Fleisch, Obst, Gemüse, Eiern, bei der häuslichen

Verarbeitung von Leinen oder Tuchen. Diese Aufbereitung erfolgte zum großen Teil mit haushaltseigenen Arbeitskräften, zum andern Teil, wie beim Schlachten oder Schneidern, durch Heranziehung von Handwerkern, die zum Hause in ständiger Verbindung zu stehen pflegten« (Egner 1976: 288).

Im 19. Jahrhundert beginnt die Entwicklung einer Nahrungsmittelindustrie, die nun auch diese Vorratswirtschaft an sich zieht. 1810 erfand Durand in England die Konservendose, 1845 entstanden in Deutschland die ersten Betriebe zur Haltbarmachung von Lebensmitteln. 1963 umfaßte die Lebensmittelindustrie in Westdeutschland 14.000 Betriebe mit einem Umsatz von 11,7 Mrd. DM (Poser und Groß-Naedlitz 1967). Mit der Entwicklung der Gefriertechnik setzte dann eine Gegenbewegung ein. Innerhalb von sieben Jahren – von 1956 bis 1963 – nahm die produzierte Menge von Gefrierkost in der BRD von 8.000 Tonnen pro Jahr, das sind 0,15 Kilogramm pro Kopf und Jahr, auf 165.000 Tonnen pro Jahr zu, das entspricht 2,7 Kilogramm pro Kopf und Jahr. Insbesondere der Verbrauch tiefgefrorener Fertiggerichte nahm rasant zu, wodurch dem Haushalt nicht nur die Vorratshaltung, sondern auch die Endverarbeitung weitgehend abgenommen wurden. Sie fanden zunächst in Großstädten Absatz. Die Wohnungen sind dort kleiner, oft ohne Räume für Vorratshaltung, und die berufstätigen Frauen haben weniger Zeit für die Arbeit im Haushalt. Die technische Entwicklung hat nun aber dazu geführ, daß die Vorratshaltung teilweise wieder in die Haushalte zurückgewandert ist, zusammen mit den Anschaffungs- und Betriebskosten der entsprechenden Geräte. Dabei spielten Infrastrukturangebote eine Vorreiter- und Marktöffnungsrolle, über die die neue Technik bekannt und akzeptabel gemacht wurde. 1950 gab es in der BRD erst zwei Gemeinschaftsgefrieranlagen, 1960 9.300, mit 350.000 Lagerfächern. 1964 verfügten erst 5 % aller Haushalte über Gefriertruhen, vorwiegend auf dem Land (Poser und Groß-Naedlitz 1967: 150f.), 1991 waren es 77 % (Garhammer 1993: 183).

Der Wandel von weitgehender Selbstversorgung zum Vergabehaushalt ist selbst in den israelischen Kibbuzim zu beobachten, die doch als alternative Lebens- und Arbeitsform bewußt auf Selbstversorgung des Kollektivs gesetzt hatten. Auch diese Großhaushalte werden mehr und mehr in den nationalen und internationalen Markt integriert, was dazu führt, daß selbstproduzierte Hühner, Obst und Milch verkauft und tiefgefrorene Hühnerschenkel, aber auch Kleidung, Möbel etc. eingekauft werden (Neubauer/Melzer 1983: 51, vgl. ausführlicher zu Kibbuz Kapitel 4).

Die Entwicklung vom Ganzen Haus als autarker Selbstversorgungseinheit von Produktion und Konsum hin zum städtischen Konsumentenhaushalt (vgl. Egner 1976), der unlösbar abhängig geworden ist von der Ver- und Entsorgung durch öffentliche Infrastruktureinrichtungen und marktförmig bereitgestellte Güter und Dienstleistungen, hat sich sehr allmählich vollzogen. Sie verläuft unterschiedlich in Stadt und Land, in der Ober- und in der Unterschicht, unter agrarischen Bedingungen anders als unter denen handwerklicher Produktion, des Handels oder der Industrie.

Terlinden (1990: 19ff.) hat drei Grundtypen des ›Ganzen Hauses‹ definiert: Sie unterscheiden sich nach der Art der Produktion (Landwirtschaft, Handwerk, Industrie) sowie nach dem Verhältnis von Produktion für den Eigengebrauch und Produktion für einen Markt. Im ersten, dem feudal-ländlichen Typus des frühen Mittelalters, dominiert die landwirtschaftliche Produktion für den eigenen Gebrauch. Im zweiten, dem ständisch-städtischen Typus (13.-19. Jahrhundert), befinden sich Tauschwirtschaft und Gebrauchswirtschaft in einem relativen Gleichgewicht. Handwerkliche Arbeit und Handel bestimmen die Art der Produktion. Der dritte Typus entwickelt sich von der verlagsförmig organisierten Heimarbeit im Mittelalter zur ›hausindustriellen Ökonomie des Ganzen Hauses‹ (Terlinden), die sich in der Phase der ›Protoindustrialisierung‹ im 18. und 19. Jahrhundert vor allem auf dem Land ausgebreitet hat. Hier dominiert zeitlich und räumlich die Arbeit gegen Lohn über die Arbeit für den Eigengebrauch.

In Egners (1976: 284ff.) Darstellung des Heimarbeiterhaushalts wird die ›Modernität‹ der Lebensweise dieser ersten lohnabhängig Beschäftigten deutlich. Sie ähnelt in manchem der moderner Arbeiter- und Angestelltenhaushalte. Die Möglichkeit, ohne Grund und Boden zu besitzen, unabhängig von den örtlichen Bauern ein eigenes Einkommen durch Spinnen oder Weben zu erzielen, schuf Freiheiten, die es beispielsweise jungen Leuten erlaubte, unabhängig vom Willen der Eltern aus Liebe zu heiraten. Sie gründeten kleinfamiliale Haushalte, in denen nur die Eltern mit ihren leiblichen Kindern wohnten und arbeiteten. Der Versorgungsstil änderte sich: Da man über Geld verfügte, die Zeit aller Familienmitglieder aber durch die Heimarbeit beansprucht war – Zeit war wirklich Geld – wurden Lebensmittel gekauft, die leicht und schnell zu bearbeiten waren. Das Lohneinkommen – sofern es über das Existenzminimum hinausreichte – machte auch ein breiteres Warenangebot verfügbar. Man betrieb größeren Kleideraufwand und Genußmittelkonsum:

> »Dabei bevorzugten sie besonders das, was dem Bauern kaum erreichbar war, nämlich Genußmittel wie Kaffee, Kakao, Tee, Zucker, aber auch Frischfleisch und Weißbrot. Wahrscheinlich hing die Neigung zu einem solchen den Gaumen anreizenden Konsum damit zusammen, daß die körperliche Belastung durch die Arbeit, die der Bauer zu tragen hatte, hier so gut wie ganz verschwunden war, während zugleich die Intensität der psychischen Konzentration bei der Akkordarbeit nach einem körperlichen Anreiz rief und so die Lust am ›Naschwerk‹ auslöste« (Egner 1976: 286).

Im Gegenzug wurden der ›Fabrikbevölkerung‹, wie sie genannt wurde,

»mangelnde haushälterische Gesinnung und Verschwendungssucht vor (geworfen). Man sagte, sie lebe ›von der Hand ins Maul‹. Solche Vorwürfe fand man besonders dadurch gerechtfertigt, daß bei den Arbeitern auch der Sinn für das Sparen entschwand. In der Tat konnte man beobachten, daß diese Menschen, deren Einkommen im Gegensatz zu früheren Haushalten völlig monetarisiert war, nur kurzfristig, nämlich von einer Lohnzahlungsperiode zur anderen disponierten, während die Bauern natürlich die langfristige Vorsorge und Vorratshaltung gewohnt waren« (Egner 1976: 287).

Die gegen Lohn erbrachten Arbeitsleistungen werden allmählich räumlich und zeitlich vom Wohnen getrennt und betrieblich in der Manufaktur organisiert. Um diese herum entstehen Arbeiterdörfer, in denen zum ersten Mal die moderne, von beruflich organisierter Arbeit getrennte Wohnform sichtbar wird. Technische Bindungen der Betriebsstandorte an die Vorkommen von natürlichen Rohstoffen (Holz, Eisen) und an Energiequellen (Wasser) lockern sich im Zuge der Entwicklung des Transportsystems und neuer Kraftquellen. Mit den SteinHardenbergschen Reformen entfallen auch die rechtlichen Restriktionen (Zunftordnung), die bislang, neben dem Widerstand des die Städte beherrschenden Handelskapitals, die Ansiedlung von Industriebetrieben in den Städten verhindert hatten. Ab Mitte des 19. Jahrhunderts konzentrieren sich die Arbeitsplätze der expandierenden Industrie und die Wohnplätze des wachsenden Industrieproletariats in den großen Städten (Häußermann/Siebel 1987: 91ff.). Erst dann beginnt sich der Typus des Konsumentenhaushalts massenhaft durchzusetzen. In ihm ist die innerhalb der Wohnung verbleibende Arbeit für den eigenen Gebrauch reduziert auf die Bearbeitung von Rohstoffen und Halbfertig-Produkten, die der Haushalt über den Markt bezieht. Nahrungsmittel, Kleidung und andere Gebrauchsgüter werden innerhalb des privaten Haushaltes mehr und mehr nur noch konsumiert bzw. instandgehalten und repariert. Die Selbstversorgungsökonomie des Ganzen Hauses reduziert sich zur ›Hausarbeit‹ (Terlinden 1990: 105ff.). Sie ist ohne die Ver- und Entsorgung durch die technische Infrastruktur, die vielfältigen Dienstleistungen von Schule, Sozialamt, Friseur und Wäscherei, die Güterverteilsysteme von den Kiosken bis zu den Kaufhäusern und ohne die mannigfachen Angebote der Hausgeräteindustrie gar nicht mehr zu denken. Auch die Freizeit der Haushalte wird außerhäuslich organisiert: Es entwickelt sich in den Städten ein breites Angebot an Konsum-, Unterhaltungs- und Freizeitmöglichkeiten: Zeitungen, Theater, Kneipen, Cafés, Tanzpaläste, Rummelplatz und Kino, Radrennen und Boxveranstaltungen, neue Formen von Volksfesten (Kaschuba 1990: 115f.).

Der Prozeß der Urbanisierung ist ein Prozeß der Entlastung der Haushalte von vielfältigen Arbeiten und Verpflichtungen. Man muß das Wasser nicht mehr am Brunnen holen, die Kartoffeln gibt es täglich auf dem Markt und die Alten, die Kranken und Kinder können in den entsprechenden Einrichtungen der sozialen Infrastruktur untergebracht werden. Während die Erwerbsarbeit aus der Wohnung verschwindet, kann sich das Wohnen als eigenständiger Verhaltensbereich entfalten, ästhetisch stilisieren und mit Bedeutung aufladen. Die großflächige Trennung von Wohngebieten und solchen für Arbeit in der Stadt schützt das Wohnen vor Immissionen ebenso wie vor der Verdrängungskonkurrenz durch Gewerbe und Büros. Zugleich aber ist der Prozeß der Urbanisierung auch ein Prozeß der Enteignung. Dem Haushalt werden die räumlichen (Garten, Werkstatt), technischen (Anschlußzwang an die städtische Kanalisation) und rechtlichen (Mietrecht, Bau- und Hausordnung) Voraussetzungen für Eigenarbeit, Selbsthilfe und Selbstversorgung genommen. Er wird hinsichtlich der Erledigung seiner alltäglichsten Verrichtungen eingebunden in ein Geflecht von privat und öffentlich organisierten Versorgungs- und Entsorgungsapparaturen, die meist nur über Geldzahlungen zugänglich sind, was wiederum die Integration des Haushalts in das System der Berufsarbeit und des Sozialstaats voraussetzt.

Aber auch hier, bei der Trennung von (beruflicher) Arbeit und Wohnen, ist wie beim Gegenpol, dem Ganzen Haus, nach Schicht, Geschlecht, Stadt und Land zu differenzieren. Bis zum Ende des Ersten Weltkrieges wurde die eigene Wohnung für die Mittel- und Oberschicht Wirklichkeit. Für die Masse des urbanisierten Proletariats war sie unerreichbarer Luxus. Vor allem für die Frauen ist das Bild der Wohnung als kompensatorischer Gegenwelt zur Arbeit auch heute noch ein sehr zwiespältiger Wunschtraum des berufstätigen Mannes.

Große Teile der Reproduktionsarbeit verblieben als ›Hausarbeit‹ in der Wohnung und wurden Sache der Hausfrau. Der Ausbau der öffentlichen und privaten wohnungsbezogenen Infrastruktur, des Schulsystems, der sonstigen haushaltsbezogenen Dienstleistungen und die Integration vieler Bereiche von Hausarbeit in den Markt (von Waschsalons über Kantinen bis zum fast-food) haben wenig daran geändert, daß die Wohnung Ort, Gegenstand und Ziel vielfältiger, nicht beruflich organisierter Arbeit geblieben ist. Das gilt – vor allem unter ländlichen Lebensbedingungen – auch in erheblichem Umfang für den Mann: Selbsthilfe beim Bau, bei der Modernisierung und Instandhaltung des Eigenheims, Gartenarbeit, Reparatur und Pflege von technischen Haushaltsgeräten machen den Kern der ›männlichen Hausarbeit‹ aus (Jessen et al. 1987). Die Auslagerung von Arbeit aus der Wohnung ist also trotz Marktintegration und Infrastrukturausbau unvollständig geblieben. Die Vorstellung vom Wohnen als Sphäre jenseits von Arbeit ist sowohl Ergebnis realer gesellschaftlicher Prozesse wie der Inszenierung einer gewünschten Wohnwelt gegen die fortdauernde Wirklichkeit von Arbeit in der Wohnung. Ort solcher Inszenierung ist vor allem das Wohnzimmer. Aus ihm sind alle Spuren nützlicher Arbeit sorgfältig getilgt, um die Feierabendatmosphäre nicht zu stören.

Die Verdrängung geht zu Lasten der Hausarbeit und der (Haus-)Frau. Die verbliebene notwendige Arbeit wird in spezialisierte Räume abgedrängt, die flächenmäßig so klein wie möglich gehalten und in den unattraktivsten Grundrißpositionen (nach Norden oder innen liegende Küche und Sanitärräume) angesiedelt sind. Hauswirtschaftsräume verschwinden später ganz aus der Wohnung. Keller und Boden schrumpfen zu kleinen Verschlägen, in denen oft nicht einmal Steckdosen vorgesehen sind, an die Maschinen und Haushaltsgeräte angeschlossen werden könnten. Die demgegenüber üppige Größe und Ausstattung des Wohnzimmers verweisen auf die Dringlichkeit des Wunsches nach einer Gegenwelt zur belastenden beruflichen Arbeit, nach Zurschaustellung von Ordentlichkeit und erreichtem Lebensstandard ebenso wie nach einem Ort des verpflichtungsfreien, entspannten Beisammenseins in der Intimgemeinschaft der Familie.

Ausgrenzung von Personen: Wohnen als Ort der Kleinfamilie

Ein ländlicher, aber auch mancher städtische Großhaushalt umfaßte im Mittelalter 48 bis 50 Menschen, ein mittlerer 20 bis 25, ein kleiner nur 8 bis 10 Personen (Egner 1976: 281), Verwandte und Nichtverwandte, Eigentümer und abhängige Arbeitskräfte. Bis ins 18. Jahrhundert zählten die weiteren Verwandten und die Dienerschaft zur Familie. Zum Haushalt eines städtischen Handwerkers zählten Meister, Meisterin und ihre Kinder, Großeltern, alleinstehende Frauen und familienfremde Beschäftigte. Ein typischer Bäckerhaushalt in London 1619 umfaßte das Meisterehepaar, drei bis vier Kinder, zwei Lehrlinge, zwei Dienstmädchen und weitere vier »journeymen«, die im Haushalt arbeiteten und verpflegt wurden, dort aber nicht wohnten (Egner 1976: 275).

Mit dem allmählichen Auszug der Arbeit aus dem Haushalt werden auch die damit befaßten nicht verwandten Haushaltsmitglieder ausgegrenzt: die oft leibeigenen Knechte, Mägde, Gehilfen, Gesellen, Tagelöhner im Zuge der Auslagerung formeller, beruflich-organisierter Arbeit; das Gesinde, die Köche, Diener und Zofen im Zuge der außerhäuslichen Organisation personenbezogener Dienstleistungen. Deren Auszug geht einher mit wachsenden Abhängigkeiten des Haushaltes von Markt und staatlich organisierter Infrastruktur. Das ›Dienstmädchenproblem‹, also die Knappheit billiger Arbeitskräfte, zwang später auch bessergestellte Haushalte dazu, die Hausarbeit zu technisieren und Teile der ›Konsumarbeit‹ sowie der Versorgung mit Dienstleistungen marktförmig zu regeln. Schließlich und parallel zur Emotionalisierung und Intimisierung der Familie werden entferntere Verwandte aus der Wohnung ausgegrenzt. Zurück bleiben als die soziale Einheit des modernen Wohnens Eltern mit ihren Kindern.

Die Auflösung des Ganzen Hauses setzte Gesinde und andere Abhängige frei, ihrerseits kleinfamiliale Lebensformen einzugehen, doch wurde dies für die Ärmeren lange Zeit durch rechtliche Beschränkungen der Eheschließung, durch Armut und schließlich durch den Wohnungsmarkt verhindert. Es blieb ihnen häufig nur »Wohnen ohne eigene Wohnung« (Ehmer 1979). Erst mit wachsendem Einkommen und besserer Wohnungsversorgung ging die im 19. Jahrhundert rapide angestiegene Zahl der Schlafburschen und Aftermieter zurück.

Allerdings ist auch hier wieder zu differenzieren. Die vorindustrielle Drei-Generationen-Großfamilie unter einem Dach ist weitgehend ein ›Mythos‹ (Mitterauer 1978). Ähnlich schief ist das Bild von der isoliert lebenden und autark wirtschaftenden Kleinfamilie. Die moderne städtische Kleinfamilie wohnt zwar allein in der eigenen, abgeschlossenen Wohnung, insofern räumlich getrennt von weiteren Verwandten, aber häufig doch in enger Fühlung mit ihnen. Nur bleibt das in der amtlichen Statistik unsichtbar. Eltern, die gegen Miete bei ihren Kindern wohnen, gelten statistisch als selbständige Untermieter. Kinder, die die Einliegerwohnung im Haus der Eltern bezogen haben, zählen als eigenständiger Haushalt. Young/Willmott (1957) haben die Organisation vielfältiger Haushaltsfunktionen über die verschiedenen Wohnungen verwandter Familien innerhalb eines Londoner Arbeitermilieus noch für die 50er Jahre beschrieben. Neuere Studien zur informellen Arbeit betonen die zentrale Bedeutung der auf Verwandtschaft beruhenden sozialen Netze für Eigenarbeit und Selbsthilfeleistungen der privaten Haushalte (Jessen et al. 1987; Pahl 1984).

Mit der Auslagerung beruflich organisierter Arbeit und dem Auszug der nicht zur Kernfamilie gehörenden Personen verändern sich die Funktionen der Familie und die Rollen der Familienangehörigen. Noch im 19. Jahrhundert war die Familie das organisierende Zentrum des gesamten Lebens (Hareven 1982). Die äußeren Lebensumstände waren vom Einzelnen kaum kontrollier- und steuerbar; selten gab es eine Kontinuität in der Erwerbstätigkeit; das Alter stellte einen unüberschaubaren Lebensabschnitt dar, die Lebensdauer war erheblich kürzer als heute. Geburtenkontrolle war schwierig und oft unmöglich. Das Erwerbseinkommen reichte gerade aus, um die nötigsten Lebensmittel zu kaufen – und oft nicht einmal dazu. Man war also auf zusätzliche Formen der Existenzsicherung angewiesen. In der Koordinierung von Überlebensstrategien spielte das familiäre Netz eine herausragende Rolle.

Innerhalb der Familien waren die Rollen weniger ausgeprägt und separiert: die Rollen von Vater, Mutter, Kind, Erwerbstätigen, Hausfrau, Rentner usw. waren weit weniger klar voneinander zu unterscheiden als heute. Auch die zeitlichen Abgrenzungen der Phasen von Kindheit, Jugend, Erwachsensein und Alter, zwischen Erwerbstätigkeit und Freizeit waren weit weniger deutlich. Die große Leistung der Familienverbände bestand darin, die wechselnden Anforderungen der Umwelt zu verarbeiten und die Lebenspläne der Einzelnen innerhalb einer familiären Überlebensstrategie zu organisieren.

Extension und Kontraktion der Familienzusammenhänge wechselten je nach sozialer und ökonomischer Situation ab. Vorherrschend war eine Nutzenorientierung in den Verwandtschaftsbeziehungen, der sich die Einzelnen zu unterwerfen hatten, weil sie alleine nicht vor Krisen gesichert waren, ja alleine oft nicht überleben konnten. Aus diesen Aufgaben ergab sich eine komplexe Struktur von Rollen und Biographie, die von Hareven als ›family timing‹ bezeichnet wird.

Im Zuge der Industrialisierung änderte sich die gesellschaftliche Umwelt und damit die Funktionsweise der Familien: allgemeine Schulpflicht, gesetzliche Regelung der Arbeitszeiten, Einführung einer Arbeitslosen- und Rentenversicherung lösten nach und nach das ›family timing‹ in seiner Bedeutung durch ein gesellschaftlich geformtes ›soziales Zeitregime‹ ab. Die Rollen von Kindern, Jugendlichen, Erwerbstätigen, Müttern und Rentnern differenzierten sich aus. Gleichzeitig wurden mehr und mehr Funktionen auf gesellschaftliche Institutionen übertragen, die den Einzelnen unabhängiger vom Management der Familie machten.

Mit dem Auszug der Gesellen, Dienstboten und alleinstehenden Verwandten aus dem Großhaushalt wurden insbesondere in den Städten Alltag und Freizeit individualisiert. Es entstand eine eigene Infrastruktur an öffentlichen Freizeitangeboten:»Gaststätten, Gärten, Kegelbahnen und Verkaufsbuden als Orte des ›kleinen Genusses‹ im Spiel, im Gespräch, beim Tanz – auch im Sinne einer Kultur des Konsums, des Kaffeetrinkens und Rauchens, des Flanierens und Schauens« (Kaschuba 1990: 22).

Der Anteil der individuell getroffenen Entscheidungen an der Lebensplanung nahm zu, ebenso die Mittel für ein eigenständiges ›timing‹ durch das Verschieben von oder Wechseln zwischen bestimmten Rollen bzw. das gleichzeitige Ausfüllen mehrerer Rollen. Die industrielle Gesellschaft, die diesen Zuwachs an Entscheidungsfreiheit des Einzelnen gegenüber dem Familienverband ermöglicht hatte, erlegte ihm durch die »Institutionalisierung des Lebenslaufs« (Kohli 1985) gleichzeitig eine strengere Systematik und relativ starre Uniformität der biographischen Abläufe auf. Ein Beispiel dafür ist die Herausbildung der ›Kernfamilie‹ als Norm für eine Normalbiographie, in der Kindheit, Erwerbstätigkeit sowie Alter klar gegliederte Lebensabschnitte darstellen.

Auseinandertreten von Öffentlichkeit und Privatheit: Wohnen als Ort der Intimität

Die Auslagerung produktiver Funktionen aus dem Haushalt in Markt, Staat und das System betrieblich organisierter Lohnarbeit sowie der Auszug von nicht oder nur entfernt verwandten Personen aus dem Haushalt schaffen im wirklichen und übertragenen Sinne erst Raum für die Kultivierung von Intimität. Es entfaltet sich die bürgerliche Privatsphäre, die räumlich als Wohnung, rechtlich als privater Verfügungsraum und sozial-psychologisch als Intimität gegenüber anderen abgegrenzt wird.

»Die Historiker haben uns bereits seit langem darüber aufgeklärt, daß der König niemals allein blieb. In Wirklichkeit war es jedoch bis zum Ende des 17. Jahrhunderts so, daß überhaupt niemand allein war. Die Intensität des sozialen Lebens verbot die Isolierug, und man pries es als seltene Leistung, wenn es irgend jemandem gelungen war, sich für einige Zeit ›hinter dem Ofen‹ oder ›hinter seinen Studien‹ zu verkriechen« (Ariès 1988: 547).

Nicht, daß es im Gewusel des Ganzen Hauses keine Liebe gegeben hätte, aber sie war öffentlicher, weniger intim. Wer überhaupt den Wunsch verspürte, für sich zu sein oder allein mit seiner Geliebten, der ging gerade nicht ins Haus, sondern hinaus in Wald und Flur.

Der soziale Ort, an dem die Privatsphäre als die Basisinstitution der bürgerlichen Gesellschaft entsteht, ist die Stadt. Bahrdt hat den Begriff der Stadt selbst an die Dialektik von Öffentlichkeit und Privatheit gebunden:»Eine Stadt ist eine Ansiedlung, in der das gesamte, also auch das alltägliche Leben die Tendenz zeigt, sich zu polarisieren, d.h. entweder im sozialen Aggregatzustand der Öffentlichkeit oder in dem der Privatheit stattzufinden« (Bahrdt 1969: 60). Im Verlauf dieser Polarisierung entsteht erst allmählich jener Kodex von Verhaltensweisen, den der bürgerliche Städter vor dem Blick des Herrn Jedermann verbergen zu müssen glaubt: fast alles, was körperlich ist: Ausscheidungen, Hygiene, Sexualität, aber auch Äußerungen von Emotionen, von Trauer, Liebe und Haß.

Die Stadt als Ort von Markt und Frühform der Demokratie ist aber nicht nur der Ort, wo die Polarität von Privatheit und Öffentlichkeit zuerst sichtbar wird. Verstädterung, also die räumliche Konzentration wachsender Menschenmassen in Städten, treibt diesen Prozeß auch selbst voran. Neben die Rechenhaftigkeit des berufsbürgerlichen Lebens und die industrielle Arbeitsdisziplin treten die sozialen, technischen und hygienischen Probleme dichten Zusammenlebens von immer mehr Menschen als weitere Faktoren, die zur Verinnerlichung von Zwängen und vermehrter Selbstkontrolle führen. In den Städten werden bestimmte Verrichtungen immer präziser raumzeitlich verortet, was für jenen Kodex der privaten Verhaltensweisen zumeist ihre »Verhäuslichung« (Gleichmann 1976) bedeutet.

> »Die vollständige Einhausung der vordem selten, gelegentlich oder gar nicht verborgenen Verrichtungen, ihre Verlagerung in ›Aborte‹, das Ausstatten sämtlicher städtischer Häuser mit Aborten und schließlich das Verbergen der Entleerungen auch auf Straßen und Plätzen, diese Prozesse, die die Städter zu einem sozial genaueren Ordnen der körperlichen Selbstkontrollen zwingen, vollziehen sich in wenigen Generationen« (Gleichmann 1979a: 47).

Privater Raum als Raum der Entfaltung von Intimität und Individualität wie als vor fremden Blicken geschützter Raum verlangt eine zusätzliche Binnendifferenzierung des Wohnens. Der zentrale Herdraum im niederdeutschen Hallenhaus diente dem mittelalterlichen Bauernhaushalt als Arbeits- und Lebensraum für alle Mitglieder des Haushalts:

»Auch Familienleben und Wohnen vollziehen sich in ähnlichen Formen und in ähnlicher Enge. Geschlafen wird meist dort, wo tagsüber gearbeitet und gekocht und wo nicht selten auch noch Kleinvieh aufgezogen wird. In der Regel dient die Stube zugleich als Küche; der Herd wird zum Kochen wie zum Heizen und überdies oft noch als Schlafplatz benutzt, da sich die räumliche Ausgliederung des Kochens großenteils erst im 19. Jahrhunderts vollzieht. Angesichts solch räumlicher Enge wird verständlich, weshalb hier im Unterschied zum bürgerlichen Milieu keine Vorstellungen und Formen von Privatheit, von sozialer und räumlicher Intimsphäre entstehen können. Arbeit und Kommunikation, Kindererziehung und Sexualität müssen in einem räumlichen und situativen Nebeneinander stattfinden« (Kaschuba 1990: 9f.).

In der vorbürgerlichen Grundrißorganisation der Zimmerfluchten und gefangenen Räume war jeder Raum Durchgangszimmer.

»Noch im 17. Jahrhundert findet man in den größeren adligen oder bürgerlichen Häusern Zimmer ohne genaue Zweckbestimmungen, die ineinander übergehen. Man schläft hier, ißt dort, ein Kommen und Gehen. ›Nachts schlafen die Dienstboten in der Nähe ihrer Herren, manchmal im selben Zimmer, bereit, ihrem Ruf Folge zu leisten‹ [...]« (Gleichmann 1980: 14).

Dienstboten waren Unpersonen, ihre physische Nähe war ohne Relevanz. Erst mit der Entwicklung einer bürgerlichen Gesellschaft, in der soziale Distanzen ihre gottgegebene Unüberbrückbarkeit verloren haben, werden physische Arrangements notwendig, um soziale Distanzen zu sichern. Die Zofe verschwindet aus den Gemächern ihrer Herrin und kommt nur, wenn ihr geläutet wird. Es werden Mägdekammern, Dienstbotenaufgänge und Klingelanlagen installiert, um die Dienerschaft verfügbar und zugleich auf Distanz zu halten. Dies Bedürfnis nach Distanz und geregeltem Umgang mit anderen ergreift auch die Beziehungen zu Gleichgestellten. Im 18. Jahrhundert wird es üblich, sich zu Besuchen vorher anzumelden. Man schreibt sich Briefe, die Post tritt an die Stelle der Visite, und die Visitenkarte wird erfunden.

»Der Überbringer der Visitenkarte legt dieselbe nieder, ›nichts ist angenehmer, niemand ist zu sehen, jeder hat den Anstand, seine Türe zu schließen‹. Diese neuen Verkehrsformen zielen darauf ab, daß, was einst die selbstverständlichste Beschäftigung, ein Mittel zur Beförderung des Geschäftsverkehrs, zur Sicherung der gesellschaftlichen Stellung und zur Pflege von Freundschaften war, von sich fernzuhalten« (Ariès 1988: 549).

Das Telefon hat eine Weile lang zumindest die Stimmen anderer wieder unvermittelt ins Haus dringen lassen. Heute erlaubt die Speicherung auf dem Anrufbeantworter, auch diese Kontakte zu sortieren.

Der größeren Distanz und zunehmenden Verregelung des gesellschaftlichen Verkehrs entspricht eine Intimisierung des Familienlebens. Man duzt sich, redet sich mit Kosenamen an und berichtet ausführlich über Befindlichkeiten und alltägliche Abläufe. »Die Familie hat aufgehört, ›schweigsam zu sein‹; sie ist vielmehr sehr gesprächig geworden« (Ariès 1988: 550).

Dieser Wandel in den Beziehungsgefügen hat notwendig einen Wandel der räumlichen Organisation zur Folge, wie er diese auch voraussetzt. Es entsteht daher ein gesondertes Erschließungssystem innerhalb von Haus und Wohnung – Treppenhäuser, Flure, Dielen und Korridore –, das es zum ersten Mal überhaupt technisch-räumlich zuläßt, ein Zimmer ungestört und ausschließlich für eine bestimmte Funktion oder Person zu reservieren.

> »Der relativ klare Aufbau des innerhäuslichen Machtgefüges bewirkt auch das Vergrößern der Abstände zwischen den Menschen. Es drückt sich aus im Dazwischenfügen von Vorräumen, Korridoren, Wänden sowie von menschlichen Interdependenzketten, von Bediensteten verschiedener Ränge. Der Schlaf wird immer weiter hinter diese ›Kulissen des gesellschaftlichen Lebens‹ (Elias) zurückgedrängt« (Gleichmann 1980: 16).

Je schärfer z.B. körperliche Vitalfunktionen mit Scham- und Peinlichkeitsreaktionen besetzt werden, desto mehr werden sie auch vor vertrauten Menschen verborgen. Das verlangt, sie selbst innerhalb des Hauses noch einmal und präziser in Schlafzimmern und Bädern zu verorten. Die Grundrisse werden spezialisiert und hierarchisiert. Zur am schärfsten bewachten Bastion wird der Abort, gleichsam der Bergfried der Intimität, in dem Körperliches abgeschlossen und von Wassern verschlungen wird.

Die Grundrißorganisation der Häuser jener Schichten, die sich solches leisten konnten, wird zunehmend differenzierter. Meier-Oberist (1956: 171) zeigt dasselbe Kieler Adelshaus in einem Abstand von 200 Jahren. Die Grundrisse weisen drei charakteristische Veränderungen auf (vgl. Abb. 1).

1. Der jüngere Grundriß ist sehr viel differenzierter. Es zeigt sich eine enorme Spezialisierung der Räume nach Funktionen und Personen. Der ältere Grundriß um 1569 kennt nur fünf verschiedene Raumtypen: Diele, Wohnzimmer, Schlafzimmer, Räume für das Personal, Festsaal. Das neuere Haus 1769 kennt dagegen dreizehn verschiedene Funktionen: Speisezimmer, Gesellschaftszimmer, Arbeitszimmer, Kabinett, Schlafzimmer, Empfangszimmer, Vorzimmer, Diele, Fremdenzimmer, Eheschlafzimmer, Kabinett- und Billardzimmer. Die Räume werden also spezialisiert nach Funktionen und Personen.

2. Das modernere Haus hat eine gesonderte Erschließung. Das ältere kennt nur die zentrale Diele und das Treppenhaus. Das neuere hat im Obergeschoß Trep-

Abbildung 1: ein Kieler Adelshaus im Zustande von 1569 (links) und 1769 (rechts). Älteres Haus a) Diele und Nebendiele, b) Wohnzimmer, c) Schlafzimmer, d) Räume für das Personal, e) Festsaal. – Neueres Haus: a) Speisezimmer, b) Gesellschaftszimmer, c) Arbeitszimmer, d) Kabinett, e) Schlafzimmer, f) Empfangszimmer, g) Vorzimmer, h) Diele, i) Fremdenzimmer, k) Eheschlafzimmer, l) Kabinett, m) Billardzimmer.

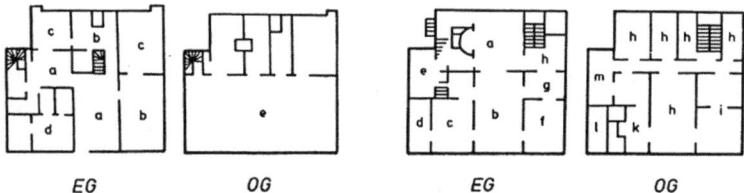

Quelle: Meier-Oberist 1956:171.

penhaus, Diele und Flure, im Erdgeschoß eine ganze Folge von Filterräumen: Diele, Vorraum, Empfangszimmer, dann erst Gesellschaftszimmer und ganz weit entfernt an der äußersten Ecke gegenüber dem Treppenhaus Kabinett und Arbeitszimmer. Öffentlichkeit und Privatraum sind in der Horizontalen durch eine Fülle von Schleusen und räumliche Distanz geschieden.

3. Diese Distanz zwischen Privatsphäre und Öffentlichkeit wird noch unterstrichen dadurch, daß im neueren Haus die Gesellschaftsräume nach unten in das leichter zugängliche Parterre gerückt sind, während die Privaträume ins Obergeschoß verlegt wurden, gerade dorthin, wo sich früher der Festsaal befand.

»Die Linie zwischen Privatsphäre und Öffentlichkeit geht mitten durchs Haus. Die Privatleute treten aus der Intimität ihres Wohnzimmers in die Öffentlichkeit des Salons hinaus [...] Nur noch der Name des Salons erinnert an den Ursprung des geselligen Diskutierens und des öffentlichen Räsonnements aus der Sphäre der adeligen Gesellschaft. Von dieser hat sich der Salon als Ort des Verkehrs der bürgerlichen Familienväter und ihrer Frauen inzwischen gelöst. Die Privatleute, die sich hier zum Publikum formieren, gehen nicht ›in der Gesellschaft‹ auf; sie treten jeweils erst aus einem privaten Leben sozusagen hervor, das im Binnenraum der patriarchalischen Kleinfamilie institutionelle Gestalt gewonnen hat« (Habermas 1976: 63).

Der Aufwand, der für die Separierung von Gesellschafts- und Privaträumen und die Differenzierung von Beschäftigungen der Herrschaft getrieben wird, korrespondiert mit einer beginnenden Verdrängung der Arbeit und der Körperlichkeit. Die diesen Funktionen vorbehaltenen Räumlichkeiten werden verkleinert und an abgelegene Stellen verlegt. Gesellschaftszimmer, zu denen häufig noch ein Billard-zimmer, Raucherzimmer, eine Bibliothek, eine Blumenhalle oder ein Wintergar-ten, die Zimmer für die Dame und für den Herrn sowie ein Speisesaal gehörten, beanspruchten oft fünf bis sechsmal soviel Grundfläche wie die Wirtschaftsräu-me, d.h. Küche und Speisekammer.»Den übertrieben großen Besuchsräumen für die ›Monstregastmähler‹ stehen dunkle Korridore und verkrüppelte Wirtschafts-räume gegenüber« (Meier-Oberist 1956: 281).

Besonders deutlich wird die allmähliche Errichtung von Scham- und Peinlich-keitsschwellen an den Wandlungen des Schlafens und der Körperreinigung. In der »unablässigen Promiskuität« (Ariès 1988: 547) der mittelalterlichen Verhältnis-se war es üblich, daß im selben »Bett sich Eltern, Onkel, Tanten, Vettern, Basen, Kinder, Sklaven und Diener drängen, und in dem, sehr zum Mißfallen der Kirche, häufig mehr als zehn Personen splitternackt und kunterbunt durcheinanderschlie-fen« (Dibie 1989: 69). Das Durcheinander bei Nacht war ebenso wenig tabuisiert, wie seine gesellschaftlichen Pflichten vom Bett aus zu erledigen:

> »Die Gewohnheit, Besuche im Bett liegend zu empfangen, ist so verbreitet, daß
> sich am Tag nach der Hochzeitsnacht, ›wegen des gebotenen Anstands‹ (und aus
> Neugier) ein ganzes Aufgebot von Freunden um das Bett versammelt, um zu hö-
> ren, wie es denn wohl zugegangen sei bei der ›Prüfung‹. Ein weiteres Beispiel für
> diese Gewohnheit berichtet Saint-Simon: Madame du Maine ließ während ihrer
> Schwangerschaft in ihrem Schlafgemach Maskenbälle veranstalten, die sie vom
> Bett aus dirigierte, so daß man schon fürchtete, sagt der Herzog, daß sie von ei-
> nem Kind in einer Karnevalsmaske entbunden würde« (Dibie 1989: 125).

Franz der Erste von Frankreich erwies seinem Admiral die höchste Ehre, indem er mit ihm das Bett teilte, und noch um 1600 ehrte Henry IV den Philosophen Montai-gne auf gleiche Weise. Ludwig der Vierzehnte hat dann die Beteiligung an seinen alltäglichen Verrichtungen und an der Pflege seines Körpers zu einem hochkompli-zierten Instrument der Machtbewahrung ausgebaut. Posten wie die des Großbrot-abschneiders, Halsbindenbewahrers oder Nachtstuhlaufsehers wurden laut Meier-Oberist (1956: 142) für 100.000 Franken an Adlige verkauft.

Mit dem königlichen Lever werden das Zu-Bett-Gehen wie die Morgentoilette des Königs zu einem zentralen Bestandteil des höfischen Rituals, das der symbo-lischen Bestätigung der Machtstruktur am Hofe dient:

> »Die peinlich genaue Einhaltung dieses Rituals ist Teil einer ganz eigentümlichen
> Organisationsform, bei der jede Geste, ja jeder Blick, Prestige gewährend oder
> Ungnade verheißend, das symbolisiert, was man im Rahmen unserer heutigen
> politischen und sozialen Strukturen als Machtverteilung bezeichnen würde. Ge-
> wiß, der König mußte sein Nachthemd aus- und sein Taghemd anziehen aber
> von der Notwendigkeit einer solchen Verrichtung bis zu der Tatsache daraus eine

symbolträchtige gesellschaftliche Handlung zu machen besteht ein weiter Spielraum, über den man sich im klaren sein muß, wenn man den Symbolcharakter des Schlafzimmers des Königs und der darum kreisenden höfischen Gesellschaft erfassen will. Der König nutzte seine Gesten und seine intimsten Verrichtungen, um Rangunterschiede zu bezeichnen, um Auszeichnungen und Gunstbeweise zu erteilen, oder auch, um Mißfallen zu bekunden. Am Leben des Königs teilhaben zu dürfen, war ein Privileg, mit dem der König die beteiligten Adligen auszeichnete. Nach dem Reglement durfte der Großkämmerer sein Vorrecht nur einem Prinzen abtreten, denn das königliche Hemd von einem Rangniedrigeren als ihm bereithalten zu lassen, hätte bedeutet, daß man Gefahr lief, den gesamten Hof zu erniedrigen. Die Reihenfolge der Teilnahme an den entrées, überhaupt die Erlaubnis, an diesen teilzunehmen, dienten als Indikator für die Position des einzelnen in der Machtbalance des Hofes, der alle Höflinge unterworfen waren, einer äußerst labilen Machtbalance, die der König nach seinem Gutdünken steuerte. Der unmittelbare Nutzen, Zutritt zum Schlafgemach des Königs zu haben, war völlig zweitrangig im Verhältnis zu seiner schwerwiegenden Bedeutung, zur Geltung, zum Rang und zur Würde, die dieser Zutritt den Beteiligten jeden Morgen aufs neue bestätigte. Der Fetisch des Prestiges war so mächtig, daß niemand am Hof sich diesem Ritus entziehen konnte, wollte er nicht seiner Existenz ein Ende bereiten. Die Etikette war kein bloßer Formalismus, sondern ein für den Adel wichtiger Wettstreit, der es ermöglichte, Privilegien und Einflußmöglichkeiten zu bewahren. Mit Recht weist Norbert Elias darauf hin, daß die Etikette sich in derselben autonomen Weise von selbst fortsetzte, wie ein von seinem Versorgungszweck losgelöstes Wirtschaftssystem« (Dibie 1989: 139f.).

Zimmer, die ausschließlich dem Schlafen als körperliche Erholung dienen, entstehen erst ab Mitte des 18. Jahrhunderts. Auch hier wie beim Wort Familie das um diese Zeit in Mode kommt, zeigt die Sprache den Wandel der sozialen Realität an. In Frankreich und Italien waren Chambre und Salle resp. Camara und Sala bis dahin nahezu Synonyme. Jetzt empfängt man Besuch im Salle und legt sich im Chambre zu Bett. In England beginnt man zur selben Zeit, dem Room ein spezifizierendes Präfix beizugeben: Dining-Room bzw. Bed-Room (Ariès 1988: 548).

Wie der Schlaf, so wird alles, was mit Körperlichkeit zu tun hat, allmählich für die Blicke der anderen tabu. Alles, was riecht, gilt als unfein und weckt unangenehme Empfindungen. Heute lassen die strikte Trennung von Bad, WC, Essen, Kochen und Wohnen, unterstützt durch aufwendige Absaugvorrichtungen, keine Spur mehr übrig von jenem allgegenwärtigen Kot- und Uringestank, der Städte und Fürstenzimmer durchzog:

»Um aber auf Versailles zurückzukommen, so mußten in Wahrheit, trotz aller Nachtstühle und Nachttöpfe, häufig auch Kamine, Treppen, Vorzimmer und Flure, die teilweise mit Stroh ausgelegt waren, das bei großen Festen entfernt wurde, als Aborte herhalten« (Dibie 1989: 136).

Heinrich Mann beschreibt im Henry IV das Aufeinandertreffen solcher höfischen Manieren mit bereits weiter fortentwickelten Peinlichkeits- und Ekelreaktionen: Während einer Audienz mit dem venezianischen Gesandten läßt die Königin von Frankreich unter ihrem weiten Rock einem heftigen Durchfall freien Lauf, woraufhin der aus einer schon zivilisierteren Stadt-Republik stammende Venezianer sich übergeben muß. Öffentliches Urinieren und Defäzieren rühren noch im 19. Jahrhundert nicht unmittelbar an die ›Gefahrenzone‹ (Elias) des einzelnen. Noch im Jahre 1886 war es für die »Masse der Stadtbewohner [...] möglich, sich jederzeit und allerorten seiner Notdurft zu entledigen« (Gleichmann 1979a; 47). Hausbesitzer wehrten sich gegen die Einführung der Schwemmkanalisation, weil sie am Verkauf der Exkremente an die Bauern interessiert waren. Gleichmann (1979a) hat im Anschluß an Elias die ›Einhausung‹ von Körperfunktionen, ihre Verortung in spezialisierten Örtlichkeiten innerhalb der Wohnung und ihre kapitalintensive Beseitigung durch Sanitäreinrichtungen und Kanalisation beschrieben.

Aus dem Straßengraben und dem Treppenflur wandert ›das Geschäft‹ in den ›Ab-Ort‹, erst im Hof, dann über den Treppenabsatz in jede Wohnung. Auch hier muß weiter abgeschottet und verborgen werden: Gemeinschaftsbadehäuser, wie sie das ›Rote Wien‹ nach 1918 gebaut hat, wurden nicht angenommen, wohl deshalb, weil auch die Arbeiter damals bereits davor zurückscheuten, ein Bad mit anderen Hausgenossen gemeinsam zu benutzen.

> »Das gemeinsame Benutzen der Sanitäreinrichtungen durch mehrere Personen, selbst wenn sie zur Familie gehören, wird als unangenehm empfunden; die ›Affektmauer‹ (Elias), die sich im Zuge des Zivilisationsprozesses kontinuierlich zwischen die Menschen geschoben hat, geht mitten durch die Familie und ihre Wohnungen hindurch« (Kanacher 1987: 234).

Mittlerweile gibt es kaum noch Hotelzimmer ohne eigenes Bad und WC, Krankenhäuser werden entsprechend umgebaut und die Bundesbahn hat die ersten Schlafwagen mit separaten Naßzellen pro Abteil in Dienst gestellt. Mit der Isolierung des Körperlichen korrespondiert die ›Entleiblichung‹ und ›Entsinnlichung‹ anderer Räume:

> »Der Lokalisierung der Nacktheit sowie der Zentrierung des gesamten Sexualgeschehens auf den Intimbereich auf der einen Seite entspricht die Schaffung von ›körperlosen, quasi neutralen, von jeglichen Körpergerüchen und -geräuschen‹ bereinigten Räumen auf der andern Seite« (Kanacher 1987: 254).

Gute Stube, Wohnzimmer, Straße, Platz und Arbeitsplatz sind zu Orten geworden, wo sich bekleidete, geruchsfreie und geräuschlos agierende Körper bewegen und aufhalten. Aber nicht nur bestimmte Tätigkeiten werden verhäuslicht, auch ganze soziale Gruppen: die Hausfrauen schon seit langem, nun verschwinden – vertrieben aus dem öffentlichen Raum durch Verkehr und die wachsende ›Unwirtlichkeit der Städte‹ – auch die Alten und die Kinder. Das Spielen der Kinder verlagert sich aus dem Straßenraum in die geschlossenen Räume der Wohnungen, teilweise auch in die besonderen Orte von Kindertagesstätten, Hallenbädern und Sporthallen (Behnken/Zinnecker 1987: 92).

Ganzes Haus und Allzweckraum, solche Begriffe wecken – ähnlich wie Großfamilie – positive Assoziationen von ganzheitlichem Tun und Geborgenheit. Vom Idealtypus des Ganzen Hauses her gesehen, erscheinen die Prozesse der gesellschaftlichen Ausdifferenzierung und räumlichen Spezialisierung nur allzu leicht als Verlust von Funktionen und Personen. Aus der Sicht des Individuums dagegen bedeuten sie auch Gewinn an Freiheit von Kontrollen und Arbeitsmühen. Aber die Ausdifferenzierung von Privatheit und Öffentlichkeit kam zunächst nur wenigen zugute, nämlich jenen, die sich eine abgeschlossene Wohnung leisten konnten. In der proletarischen Gegenwelt, bei einem 12-Stunden-Tag für jedes lohnarbeitsfähige Haushaltsmitglied, teilweise langen (Fuß-)Wegen zur Arbeit, äußerster Unsicherheit des Arbeitsplatzes, die zu heute unvorstellbarer Mobilität auch im Wohnen zwang, miserablen Wohnverhältnissen und niedriger Entlohnung

> »fehlt hier auch alles, was sich das Bürgertum als Voraussetzungen seiner Kultur geschaffen hat: die Trennung der Lebensbereiche, der Familie von Arbeit und der Öffentlichkeit, die Aufteilung der körperlichen und der kulturellen Funktionen auf zweckmäßig bestimmte und eingerichtete Räume, die Vergegenständlichung von Bildung und Besitz in repräsentativem und sinnlichem Eigentum, Stabilität und Identifikation eines Rückzugs- und Distanzbereichs, lange müßige Verweildauer in einer arbeitsfreien Sphäre […] In der anderen Welt gab es überall Arbeit, überall Körper, kaum Eigenes, Mobilität in Fremdem, Kochtopf und Nachttopf, Sexualität und Kinderaufzucht in einem Raum – und vor allem Dichte, Familie und Fremde durcheinander, ein Reproduktionszentrum fürs oft umschichtige Schlafen, Essen, Ausbessern, dessen Enge das Wirtshaus zum Salon machte« (Niethammer 1979: 8).

Auch für Frauen, für die die Ausgrenzung einer Privatsphäre Realität geworden ist, stellt sich diese Dimension des modernen Wohnens anders dar als aus der Perspektive von Männern. Einmal, weil sie weniger bzw. nur in Form doppelter Belastung teilhaben am Gegenpol, dem öffentlichen, politischen und beruflichen Leben; sie erfahren die Privatsphäre auch als Schranke. Mit der Intimisierung und Entöffentlichung der Wohnung gerät die Frau in die soziale Isolation. Parallel dazu verliert sie innerhalb der Wohnung an räumlicher Eigenständigkeit Im Adelspalais war das Appartement der Dame noch spiegelbildlicher Gegenpart zu dem des Herrn, in der großbürgerlichen Wohnung gab es immer ein Zimmer für den Herrn, aber keineswegs immer auch eines für die Dame. In modernen Wohnungen schließlich wird der Platz für Wohnzimmer, Hobbies und die Kinder gebraucht. Auch wenn genügend Raum zur Verfügung steht, ist die Frau im Grundriß der Wohnung nicht wiederzufinden.

Zweitens kann die Abschirmung gegen den Blick der Öffentlichkeit auch bedrohliche Aspekte gewinnen, weil eine gegenüber sozialen Kontrollen weitgehend abgeschirmte Privatsphäre die Schwächeren den Stärkeren ausliefert. Die Wohnung ist auch Ort unkontrollierter Gewalt gegen Frauen und Kinder. Die Ausgrenzung der privaten Sphäre ist daher ein ambivalenter Prozeß. Sie schafft nicht nur geschützte Räume für Liebe und Intimität, sondern auch für Aggressionen und Gewalt (vgl. Kapitel 16).

Die Ambivalenz reicht noch tiefer. Die private Sphäre ist in der Tat rechtlich und physisch vor anderen geschützter Raum. Aber diese Befreiung von direkter sozialer Kontrolle durch Nachbarn und Staat wird erkauft durch die Verinnerlichung von Zwängen. Die Menschen benötigen den fremden Blick gar nicht mehr, um sich etwas zu verbieten. An die Stelle fremder, äußerer Kontrollen treten immer feinere Selbstkontrollen. Die Auslagerung von Tätigkeiten und Personen im Zuge der Vergesellschaftung der Funktionen des Ganzen Hauses, also ihrer marktförmigen und staatlichen, arbeitsteiligen und technisch vermittelten Organisation außerhalb des privaten Haushalts, geht einher mit einem Prozeß der Verhäuslichung und immer exakteren Verortung von Tätigkeiten, mit einer immer rigideren Separierung von Personen und Funktionen innerhalb der Stadt, des Quartiers und innerhalb jeder einzelnen Wohnung.

Adalbert Stifter hat diesen Vorgang der Disziplinierung in seinem »Nachsommer« beschrieben:

> »Die gemischten Zimmer, wie er sich ausdrückte, die mehreres zugleich sein können, Schlafzimmer, Spielzimmer und dergleichen, konnte er nicht leiden. Jedes Ding und jeder Mensch, pflegte er zu sagen, könne nur eines sein, dieses aber muß er ganz sein. Dieser Zug strenger Genauigkeit prägte sich bei uns ein, und ließ uns auf die Befehle der Eltern achten, wenn wir sie auch nicht verstanden« (Stifter 1954: 7).

Das spezifische Setting der kleinfamilialen Wohnung arrangiert Räume, Aktivitäten und Personen derart, daß der einzelne sich in abgeschirmter Intimität für den Auftritt in der Öffentlichkeit herrichten kann. Aber diese Abschirmung – darauf hat Swaan hingewiesen – ist in spezifischer Weise prekär. Im Setting der aristokratischen Familie waren Eltern und Kinder wirkungsvoll getrennt, im Setting der proletarischen fast überhaupt nicht. In beiden ist daher die traumatisierende Wirkung des schockartigen Erlebens der ›Urszene‹ durch das Kind, das plötzlich in die elterliche Intimität eingebrochen ist, nicht vorstellbar. Die von Freud beobachtete neurotisierende Wirkung der Urszene wird erst angesichts der »Gefährdetheit des Gleichgewichts der Intimbeziehungen innerhalb des bürgerlichen Haushalts« (Swaan 1988: 324) verständlich. Das spezifische Arrangement der ›bürgerlichen Häuslichkeit‹ ist materielle Basis und symbolischer Ausdruck der elterlichen Intimität. Aber es sichert diese nur unvollkommen. Sie muß daher durch Verbote zusätzlich gesichert werden. Stifter schreibt in seinem »Nachsommer«, daß das elterliche Schafzimmer von den Kindern nicht betreten werden durfte, auch nicht von den Dienstboten. Die Mutter machte dort selbst sauber. Erst durch solches Prekärwerden der Intimität wird das Arrangement der kleinfamilialen Wohnung zu einem Faktor im risikoträchtigen Sozialisationsprozeß des bürgerlichen Individuums. Die moderne Wohnung mit ihren Fluren, Türen und Wänden ist materielle Voraussetzung dafür, daß der ›homo clausus‹ (Elias) aus seiner Selbstpanzerung heraustreten kann in eine intime Offenheit. Dieses Arrangement der Wohnung setzt selbst wiederum die Fähigkeit voraus, zwischen öffentlichem und privatem Verhalten zu unterscheiden, also jene »kontrollierte Handhabung des Affektes, die das Herzstück des Zivilisationsprozesses ausmacht« (Swaan 1988: 331). Zugleich formt die moderne Wohnung diese Fähigkeiten des Selbstzwangs mit.

Die bürgerliche Privatsphäre entsteht somit in einem vielschichtigen Prozeß der Auslagerung und Eingrenzung: Das Ganze Haus verliert an Bedeutung als Ort stofflich produktiver Arbeit, die private Wohnung gewinnt an Bedeutung als Ort emotional-psychischer und physischer Erholung und Selbstdisziplinierung. Damit wandelt sich auch die Rolle der Hausfrau: von der selbständigen Produzentin von Gütern für den täglichen Gebrauch zur Spezialistin für personenbezogene Dienstleistungen. Die Aufgaben der Frau werden in dem Maße emotionalisiert und intimisiert, in dem ihr Wirkungskreis auf eine privatisierte Wohnung beschränkt bleibt, während der Mann aus dem Haus heraustritt in die Welt der politischen Öffentlichkeit und der Ökonomie und damit in die Welt zweckrationalen Handelns.

Die Herausbildung der modernen Wohnform ist ein langer und widersprüchlicher Prozeß. In ihm verflechten sich Ausgrenzung und Einhausung, Fortschritte in der produktiven Organisation der vergesellschafteten Arbeit und Enteignung von Produktionsmitteln der Eigenarbeit, Befreiung von Fremdzwang und Verinnerlichung von Selbstzwang, die Polarisierung der Rollen von Mann und Frau und die räumliche Distanzierung ihrer Lebenswelten, die Intimisierung der Beziehung zwischen den Geschlechtern und die Verhärtung patriarchaler Strukturen. Dementsprechend komplex sind auch die Erklärungen: Der ›Prozeß der Zivilisation‹ (Elias 1976), in dessen Verlauf die immer länger werdenden Interdependenzketten durch die fortschreitende gesellschaftliche Arbeitsteilung und durch die Zentralisierung von Macht in den Institutionen von Staat und Wirtschaft den Individuen immer flexiblere und genauere Anpassung an die Funktionsanforderungen beruflicher Arbeit und staatlicher Verwaltungen abverlangen; das Interesse des Bürgertums am sozialen Frieden, d.h. an der Sicherung seiner Herrschaft; das Interesse des Kapitals an einer disziplinierten und qualifizierten Arbeiterschaft; aber auch das Interesse der Männer an der Festigung des Patriarchats.

Die Urbanisierung schafft die Privatsphäre zusammen mit der Öffentlichkeit, den Konsumentenhaushalt zusammen mit dem Markt, die Innentoilette zusammen mit der städtischen Kanalisation und der Scham, auf öffentlichen Plätzen seine Notdurft zu verrichten. Dahinter aber und dadurch vollzieht sich der Prozeß der Zivilisation, sichert das Bürgertum seine Herrschaft, wird das Patriarchat restauriert, wird Hygiene betrieben, wird aber auch – höchst natürlich – der unvorstellbare Gestank aus der Welt geschafft, mit dem die Öffentlichkeit der Exkremente immer größerer Menschenmassen in den engen Städten die zunehmend empfindlicheren Nasen der zivilisierten Bürger belästigte.

Entstehung des Wohnungsmarkts: Wohnung als Ware

Im Mittelalter gab es beinahe ebenso viele Hauseigentümer wie Hausgemeinschaften. Aber ein Haushalt umfaßte nicht nur eine Familie. Egner (1976: 277) rechnet damit, daß etwa die Hälfte aller Familien in Städten ein Haus besaß. Vereinzelt gab es auch Eigentumswohnungen. In den meisten Fällen kam man zu seiner Wohnung durch Erbe, Dienstverhältnis oder indem man selbst baute. Mietwohnungen waren Ausnahmen. Sie dienten fast ausschließlich der Unterbringung der Ärmsten, also jener, die nicht Mitglied eines Haushalts waren. Ab dem 18. Jahrhundert entwickelte sich in Handels- und Gewerbestädten ein Wohnungsmarkt (Niethammer/Brüggemeier 1976: 105). Aber erst im 19. Jahr hundert mit der rapiden Zunahme der Bevölkerung und ihrer massiven Verstädterung wird der Wohnungsmarkt, auf dem der einzelne Haushalt den Wohnraum als Ware durch Kauf oder Miete erwirbt, zum dominierenden Mechanismus der Wohnungsversorgung. Die Rolle des Hausvaters differenziert sich in die des Staats-, des Haus- und des Fabrikherren (Gleichmann 1979b). Nutzer, Bauherr, Architekt und Bauunternehmer werden zu verschiedenen Akteuren, deren Zusammenwirken durch Mechanismen des Marktes und – im Falle staatlicher Eingriffe – politischer Willensbildung vermittelt ist.

Erst damit werden Fragen des angemessenen Wohnens zu gesellschaftlichen Fragen. Wohnen wird zum Gegenstand umfassender rechtlicher und bürokratischer Regulierung (Mietergesetzgebung, Hausordnungen und Hausverwaltung, Wohnungsämter ...), politischer Steuerung (Wohnungspolitik, Eigentumsförderung) und schließlich auch der Sozialwissenschaft. In dem Maße, in dem die Vermittlung zwischen Nachfrage und Angebot, Wohnwünschen und Wohnungspolitik prekär wird, gewinnen wissenschaftliche Informationen über Wohnbedürfnisse und Wohnverhalten in der Marktforschung und Politikberatung an Relevanz (vgl. Kapitel 11).

Auch heute spielen neben Kauf bzw. Miete durch den einzelnen privaten Haushalt insbesondere bei unteren und mittleren Einkommensgruppen auch Erbe und

Selbsthilfe eine erhebliche Rolle für die Wohnungsversorgung. Ein knappes Fünf-tel aller Haushalte (Mieter und Eigentümer) wohnte 1983 in einem ererbten Haus. Bei Eigentümerhaushalten mit niedrigem Einkommen liegt dieser Anteil bei gut einem Drittel, während nur knapp ein Viertel aller Eigentümerhaushalte mit hö-herem Einkommen ihre Häuser ererbt haben (vgl. hierzu ausführlich Kapitel 13.4). Andere Verfügungsformen wie genossenschaftliches Eigentum oder die staatliche Bereitstellung von Wohnraum spielten in der (früheren) Bundesrepublik Deutsch-land quantitativ gesehen keine bedeutende Rolle.

Die Möglichkeiten zur aktiven Aneignung der materiellen und sozialen Wohn-bedingungen über den Akt der Auswahl aus dem für den Haushalt erreichbaren Angebot auf dem Wohnungsmarkt hinaus sind minimal. Fast immer ist es ein An-gebot ›von der Stange‹. Einflußmöglichkeiten auf die Planung existieren selbst bei Eigentümern nur für die wenigen, die sich Architekt und individuellen (Neu-)Bau leisten können. Die Mitbestimmungsmöglichkeiten von Mietern bei der Verwal-tung wie bei der Modernisierung von Wohnraum sind eng begrenzt.

5.   Zusammenfassung

Wir haben den Wandel vom Idealtypus des Ganzen Hauses zu dem des modernen Wohnens als einen Prozeß beschrieben, der sich, differenziert nach Schicht und Region, Stadt und Land, gleichsam in verschiedenen Schüben der Ungleichzeitig-keit, letztlich doch generell durchgesetzt hat. Elias' These vom Prozeß der Zivilisa-tion, der in der Oberschicht beginnend langsam nach unten durchfiltert, nun auch dort allmählich jene Selbstzwänge und Verhaltensdisziplinierung in Gang setzend, die die zunehmen komplizierteren arbeitsteiligen Verflechtungen zur Vorausset-zung haben, legt nahe, die Verbreitung der bürgerlichen Wohnform als eine Seite dieses von oben nach unten verlaufenden Prozesses der Zivilisierung des Individu-ums zu interpretieren. Aber dieser Prozeß verläuft nicht ohne Brüche und Sprünge. Und er wird vor allem beim Arbeiterwohnen gefördert durch eine Erziehung von oben. Nirgends sonst als beim Wohnen der Arbeiter gibt es so viel und fast nur Material aus der Sicht von oben, eine Fülle normativer Vorstellungen der Bürger und einer professionellen Avantgarde von Wohnungsreformern und Architekten darüber, wie die Arbeiter wohnen sollten, und nirgends sonst gibt es so wenig Ma-terial, wie sie wohnen wollten. Weder wurden sie gefragt, noch ließen ihre mate-riellen Verhältnisse Variationsmöglichkeiten des Wohnverhaltens zu, in denen die ihre Vorstellungen hätten zum Ausdruck bringen können. Dennoch waren solche Differenzen zu beobachten. Beispielsweise ist die Wohnküche des proletarischen Haushalts nicht nur blinder Reflex von erzwungener Enge. Sie kann auch in der Tradition des bäuerischen Fletts gesehen werden und ist typisch für die halboffe-ne Struktur der proletarischen Familie, auf deren integrative Funktion für die in die großen Städte Hineinströmenden Niethammer/Brüggemeier (1976) hingewiesen haben.

Die Verallgemeinerung der bürgerlichen Wohnweise zum Idealtypus des modernen Wohnens ist in Deutschland nicht unabhängig von einem obrigkeitlichem Programm der Modernisierung und Disziplinierung zu verstehen.

»In einer Mischung aus Aufklärung und Zwang wird versucht, neue Erwerbs- und Leistungsmotive in der Arbeitssphäre durchzusetzen, traditionelle Geselligkeitsformen und Feiertage zu begrenzen und zu vereinheitlichen, feste Ordnungs- und Hygienevorstellungen im öffentlichen wie im Wohnbereich einzuführen. Arbeitsordnungen, Polizeistunden, Kehrwoche, Medizinalordnungen, allgemeine Wehrpflicht, diese und viele andere Modelle einer ›Volkserziehung‹ datieren aus dieser Zeit« (Kaschuba 1990: 13).

Die Durchsetzung des modernen Wohnens ist ohne die vielfältigen Erziehungsanstrengungen von Wohnungsreformern, Architekten und Werkswohnungsherren nicht zu begreifen. Wie gehen darauf in Kapitel 6 ausführlich ein.

Literatur

Ariès, Philippe (1988): Geschichte der Kindheit, München: dtv.

Bahrdt, Hans Paul (1969): Die moderne Großstadt. Soziologische Überlegungen zum Städtebau, Hamburg: Wegner.

Behnken, Imbke/Zinnecker, Jürgen (1987): »Vom Straßenkind zum verhäuslichten Kind. Zur Modernisierung städtischer Kindheit 1900-1980«, in: Sozialwissenschaftliche Informationen SOWI 16(2), S. 87-96.

Brunner, Otto (1956): »Das ›ganze Haus‹ und die alteuropäische Ökonomik«, in: Dies. (Hg.), Neue Wege der Verfassungs- und Sozialgeschichte, Göttingen: Vandenhoeck & Ruprecht.

Bundesministerium für Jugend, Familie und Gesundheit (Hg.) (1975): Familie und Wohnen. Gutachten des wissenschaftlichen Beirats für Familienfragen beim BMJFG, Stuttgart/Berlin/Köln/Mainz (= Schriftenreihe 20).

Dibie, Pascal (1989): Wie man sich bettet. Die Kulturgeschichte des Schlafzimmers, Stuttgart: Klett-Cotta.

Ehmer, J. (1979): »Wohnen ohne eigene Wohnung«, in: Lutz Niethammer (Hg.), Wohnen im Wandel, Wuppertal: Peter Hammer, S. 132-150.

Elias, Norbert (1976): Über den Prozeß der Zivilisation, 2 Bände, Frankfurt a.M.: Suhrkamp.

Elias, Norbert (1983): Die höfische Gesellschaft, Frankfurt a.M.: Suhrkamp.

Garhammer, Manfred (1993): Mehr Zeitsouveränität im Alltag durch Techniken?«, in: S. Meyer/E. Schulze (Hg.), Technisiertes Familienleben, Berlin: Sigma Bohn, S. 177-201.

Gleichmann, Peter R. (1976): »Wandel der Wohnverhältnisse, Verhäuslichung der Vitalfunktionen, Verstädterung und siedlungsräumliche Gestaltungsmacht«, in: Zeitschrift für Soziologie 5, S. 319-329.

Gleichmann, Peter R. (1979a): »Die Verhäuslichung von Harn- und Kotentleerungen«, in: Medizin, Mensch, Gesellschaft 4(1), S. 46-52.

Gleichmann, Peter R. (1979b): »Wandlungen im Verwalten von Wohnhäusern«, in: Lutz Niethammer (Hg.), Wohnen im Wandel, Wuppertal: Peter Hammer, S. 65-88.

Gleichmann, Peter R. (1980): »Schlafen und Schlafräume«, in: Journal für Geschichte 2(1), S. 14-19.

Göschel, Albrecht (1983): Allokationsstrukturen öffentlicher Einrichtungen. Historische Determinanten von Infrastrukturstandorten in Großstädten. Weinheim und Basel: Beltz.

Habermas, Jürgen (1976): Strukturwandel der Öffentlichkeit, 8. Auflage, Neuwied: Luchterhand.

Hareven, Tamara K. (1982): »Family Time and Historical Time«, in: Michael Mitterauer/Reinhard Sieder (Hg.), Historische Familienforschung, Frankfurt a.M.: Suhrkamp, S. 64-87.

Häußermann, Hartmut/Siebel, Walter (1987): Neue Urbanität, Frankfurt a.M.: Suhrkamp.

Häußermann, Hartmut/Siebel, Walter (1995): Dienstleistungsgesellschaften, Frankfurt a.M.: Suhrkamp.

Jessen, Johann/Siebel, Walter/Siebel-Rebell, Christa/Walther, Uwe-Jens/Weyrather, Irmgard (1988): Arbeit nach der Arbeit Schattenwirtschaft. Wertewandel und Industriearbeit, Opladen: Westdeutscher Verlag. DOI: 10.1007/978-3-322-83822-3

Kanacher, Ursula (1987): Wohnstrukturen als Anzeiger gesellschaftlicher Strukturen: eine Untersuchung zum Wandel der Wohnungsgrundrisse als Ausdruck gesellschaftlichen Wandels von 1850-1975 aus der Sicht der Elias'schen Zivilisationstheorie, Frankfurt a.M.: Fischer.

Kaschuba, Wolfgang (1990): Lebenswelt und Kultur der unterbürgerlichen Schichten im 19. und 20. Jahrhundert, München: Oldenbourg (=Enzyklopädie deutscher Geschichte 5). DOI: 10.1524/9783486701784

Kohli, Martin (1985): »Die Institutionalisierung des Lebenslaufs«, in: Kölner Zeitschrift für Soziologie und Sozialpsychologie 37(1), S. 9-25.

Langewiesche, Dieter (1979): »Mobilität in deutschen Mittel- und Großstädten«, in: Werner Conze/Ulrich Engelhardt (Hg.), Arbeiter im Industrialisierungsprozess: Herkunft, Lage und Verhalten, Stuttgart: Klett-Cotta, S. 70-93.

Meier-Oberist, Edmund (1956): Kulturgeschichte des Wohnens im abendländischen Raum, Hamburg: Holzmann.

Mitterauer, Michael (1978): »Der Mythos von der vorindustriellen Großfamilie«, in: Heidi Rosenbaum (Hg.), Seminar: Familie und Gesellschaftsstruktur, Frankfurt a.M.: Suhrkamp, S. 128-151.

Neubauer, Georg/Melzer, Wolfgang (1983): »Ist der Kibbuz über'n Jordan?«, in: päd. Extra Heft 7/8, S. 49-59.

Niethammer, Lutz (1979): Wohnen im Wandel, Wuppertal: Peter Hammer.

Niethammer, Lutz/Brüggemeier, Franz (1976): »Wie wohnten Arbeiter im Kaiserreich?«, in: Archiv für Sozialgeschichte Band XVI, S. 61-134.

Opitz, Claudia (1994): »Neue Wege der Sozialgeschichte? Ein kritischer Blick auf Otto Brunners Konzept des ›Ganzen Hauses‹«, in: Geschichte und Gesellschaft 20(1), S. 88-98.

Perrot, Michelle (1992): Von der Revolution zum Großen Krieg, Frankfurt a.M.: Fischer (=Geschichte des privaten Lebens, Band 4).

Poser und Groß-Naedlitz, Ingeborg von (1967): Wandlungen in der Vorratswirtschaft der Familienhaushalte«, in: Erich Egner (Hg.), Aspekte des hauswirtschaftlichen Strukturwandels, Berlin: Duncker & Humblot, S. 137-163.

Scarpa, Ludovica (1995): Gemeinwohl und Macht. Honoratioren und Armenwesen in der Berliner Luisenstadt im 19. Jahrhundert, München: Saur. DOI: 10.1515/9783111334158

Schubnell, Hermann (1959): »Haushalt und Familie I.«, in: Allgemeines Statistisches Archiv (Sonderdruck) 2, S. 121-133.

Statistisches Bundesamt (Hg.) (1994): Bevölkerung und Erwerbstätigkeit. Haushalte und Familien 1992, Fachserie 1, Reihe 3, Wiesbaden: Metzler/Poeschl.

Statistisches Bundesamt (Hg.) (1995a): Im Blickpunkt: Familien heute. Stuttgart: Metzler/Poeschl.

Statistisches Bundesamt (Hg.) (1995b): Bautätigkeit und Wohnungen, Fachserie 5, Reihe 3: Bestand an Wohnungen 31. Dezember 1994, Wiesbaden: Metzler/Poeschl.

Stifter, Adalbert (1954): Der Nachsommer, herausgegeben von Max Stefl, Basel: Schwalbe.

Swaan, Abraham de (1988): »Die Inszeneurng der Intimität. Städtischer Wohnverhältnisse und die Intimisierung des Familienlebens«, in: Journal für Sozialforschung 28(3), S. 323-333.

Terlinden, Ulla (1990): Gebrauchswert und Raumstruktur, Tübingen: Silberburg (=Silberburg Wiss. Frauen-Forschung 279).

Tränkle, Margret (1972): Wohnkultur und Wohnweisen, Tübingen: Tübinger Vereinigung für Volkskunde e.V.

Young, Michael/Willmott, Peter (1957): Family and Kinship in East London, London: Glencoe.

Innere Suburbanisierung als Coping-Strategie: Die »neuen Mittelschichten« in der Stadt

Susanne Frank

Erschienen 2014 in: Berger, Peter A./Keller, Carsten/Klärner, Andreas/Neef, Rainer (Hg.): *Urbane Ungleichheiten*, Wiesbaden: Springer VS, S. 157-172.

Mit der »Renaissance der Stadt« als Wohn- und Arbeitsort wird am Beginn des 21. Jahrhunderts eine tiefgreifende Trendwende in der Stadtentwicklung ausgemacht. Im 20. Jahrhundert und insbesondere in den Nachkriegsdekaden haben die westlichen Industriestädte mehr und mehr Einwohner und auch immer mehr Arbeitsplätze an ihr Umland abgegeben. Suburbanisierung wird deshalb allgemein als bedeutendster Zug der fordistischen Stadtentwicklung betrachtet. Herfert und Osterhage (2012: 86) erinnern daran, dass angesichts massiver Suburbanisierungswellen noch Mitte der 1990er Jahre von »Stadtflucht, einer Auflösung oder sogar einem Verschwinden der Städte« gesprochen wurde.

Verlierer dieses Trends waren die Innenstädte, denn ins Umland wanderten »überproportional die jüngeren, besser gestellten, und aktiveren Familienhaushalte sowie die dynamischeren, expandierenden Betriebe« (Siebel 2005: 138). Im Gegenzug erschienen die Kernstädte immer mehr als »Sammelbecken für ungelöste soziale Probleme« (Hannemann/Läpple 2004: o. S.) – als Orte, an denen sich vor allem diejenigen konzentrierten, die auf dem Wohnungs- und Arbeitsmarkt wenig Chancen hatten (und haben): Arbeiter, Arbeitslose, Arme, Alte, Alleinerziehende und Ausländerinnen.

Im Zuge von Reurbanisierungsprozessen werden diese Gruppen heute nun vielerorts zu Nachbarn jener urban gesinnten »neuen Mittelschichten«, deren »Wiederentdeckung der Innenstädte« national und international seit einigen Jahren wachsende Aufmerksamkeit erfährt. Um diese »Rückkehr« der Mittelschichten in die inneren Städte zu unterstützen, unternehmen die Kommunen erhebliche Anstrengungen. In vielen Städten entstehen neue, von den sie umgebenden statusniedrigeren Wohngebieten meist deutlich abgegrenzte Inseln des Mittelschichtwohnens.

In diesem Aufsatz interessiere ich mich zunächst für die Dynamiken von Nachfrage und Angebot, die diese Entwicklung befördern. Vor allem untersuche ich am Beispiel der allerorten sich verbreitenden innerstädtischen Familienenklaven, warum es junge, explizit urban orientierte Stadteltern so häufig in (relativ) homogene, abgeschirmte Mittelschichtquartiere zieht. Dabei treten eine Reihe überraschender Gemeinsamkeiten zwischen den »alten« vorstädtischen und den neuen innerstädtischen Familiensiedlungen zu Tage, die zu deuten ein zentrales Anliegen des Beitrags ist.

1.   Reurbanisierung quantitativ und qualitativ

Mit der Globalisierung und dem Wandel von der Industrie- zu einer wissens- und kulturbasierten Dienstleistungsökonomie geht eine Transformation der wirtschaftlichen Basis der Städte einher, die diese als Standort für Arbeit und Wohnen wieder attraktiv macht – und zwar aus der Sicht sowohl der Unternehmen als auch der Beschäftigten (vgl. Läpple 2008). In vielen westeuropäischen Städten werden Bevölkerungszuwächse und eine Abschwächung, wenn nicht sogar Umkehr des Suburbanisierungstrends konstatiert. Über einen längeren Zeitraum hinweg wurden solche Entwicklungen für Ausnahme- oder Spezialfälle gehalten; die Behauptung einer umfassenden Tendenz der Reurbanisierung galt als empirisch nicht eindeutig belegbar. Inzwischen aber wird ihre statistische Evidenz kaum noch bestritten. Auf der Basis umfassender quantitativer Analysen konstatieren Herfert und Osterhage (2012) für Deutschland gar einen über alle stadtregionalen Unterschiede hinweg anzutreffenden »neuen Leittrend« der Reurbanisierung, der die Suburbanisierung »als dominantes Raummuster« ablöse. Und auch Siedentop (2008, 2012) spricht von einem eindeutigen »Trendbruch« hin zu demografischen und ökonomischen Rekonzentrationsprozessen.[1]

Der quantitative Zugriff auf Reurbanisierung wird flankiert von qualitativen Sichtweisen, die mit dem Begriff vor allem eine gesteigerte, realiter meist auf bestimmte städtische Teilräume bezogene Wertschätzung urbaner Wohn- und Lebensweisen verbinden, die sich nicht unbedingt auch statistisch in Form gesamtstädtischer Einwohner- und/oder Arbeitsplatzzuwächse niederschlagen muss (dies aber, wie gesehen, inzwischen erkennbar tut). Eine rasant wachsende, längst ins Unübersichtliche tendierende Zahl von wissenschaftlichen, vor allem aber auch

---

[1]   Dies muss und wird keinesfalls das Ende von Sub- oder gar Desurbanisierungsprozessen bedeuten. So werden die überaus engen städtischen Wohnungsmärkte der meisten Wachstumsregionen Haushalte auch zukünftig ins Umland ausweichen lassen. In vielen metropolitanen Regionen wirken zentripetale und zentrifugale Kräfte gleichzeitig, allerdings mit unterschiedlicher Intensität. Im Ergebnis werden sich polyzentrale Raummuster noch deutlicher ausbilden.

journalistischen Publikationen begleitet, ja feiert der Mittelschichten erkennbare »neue Lust auf Stadt«. Tatsächlich stimmen international sämtliche Studien zum neuen Stadtwohnen in einem Punkt überein: Sie alle heben die strikte Ablehnung der traditionellen suburbanen Lebensweise und ein emphatisches Bekenntnis zur Stadt als Lebensort als gemeinsame Orientierung der »neuen Urbaniten« hervor. Letztere schwärmen vom quirligen städtischen Leben, von der Internationalität und der Buntheit der Lebensstile, von der breiten Palette an Läden, Restaurants und Cafés, von der Vielfalt des kulturellen Angebots. Viele haben in der Stadt studiert, fast alle haben Freundes- und Bekanntenkreise aufgebaut, die sie durch eine Randwanderung keinesfalls gefährden wollen. Kurze Wege und die dichte Infrastruktur- und Versorgungsangebote gehören zu den viel gerühmten Vorzügen des innerstädtischen Wohnens, zumal es gerade in Paarhaushalten und Familien meist keine traditionelle geschlechtsspezifische Arbeitsteilung gibt, sondern beide Partnerinnen berufstätig sein wollen. »Daily activity patterns, social networks and urban identities lie at the heart of an urban orientation«, fasst Lia Karsten zusammen (2007: 84).

2.   Reurbanisierung stadtpolitisch-strategisch

Mit dieser »Wiederentdeckung der Städte« durch relevante Teile der neuen Mittelschichten ist die normativ-strategische Perspektive eng verbunden: Im stadt(entwicklungs)politischen Diskurs firmiert Reurbanisierung als erklärtes Ziel absichtsvollen planerischen Handelns zur Stärkung, gerne auch »Revitalisierung« der Innenstädte bzw. innenstadtnaher Quartiere. Dabei lässt vor allem der Umstand, dass es gerade die gut gebildeten und besser verdienenden Teile der Gesellschaft wieder verstärkt in die Zentren zieht, Politiker, Planer und Investoren frohlocken (Bodenschatz 2007; Wüstenrot Stiftung 2009: 7; Wefing 2009). Die Städte bemühen sich nach Kräften, die neue Stadtlust in »messbare Zuwanderungsgewinne« umzusetzen (Beckord 2009: 159). Im Fokus der kommunalen Strategien zur Profilierung der Innenstädte als Wohn- und Arbeitsorte stehen dabei vor allem die so genannten jungen Kreativen und die schon etablierte gehobene Dienstleistungsklasse -jene so genannten neuen »städtischen Leitmilieus«, denen »von Seiten der öffentlichen Akteure eine wichtige strategische Rolle für die ökonomische Zukunft der Städte zugeschrieben wird« (Schmitt 2008: 251). Das Bestreben, die Städte und Quartiere den (hohen) Ansprüchen der »neuen Mittelschichten« entsprechend (um) zu gestalten, ist allerorten zu beobachten. Im Rahmen der städtischen Reurbanisierungsstrategien werden vor allem zwei Angebotstypen für das innerstädtische Wohnen entwickelt (Schmitt 2008: 251): Zum einen das »Lifestyle-Wohnen« für die »weltläufigen Stadtbewohner«, die Wert auf »außergewöhnliche, großzügige Wohnungen in urbaner Umgebung mit hohem Freizeit-Wert« legen. Zum anderen boomt der urbane Eigenheimbau für Fa milien. Fieberhaft bemühen sieb die Kommunen, die Einfamilienbaus-Nachfrage innerhalb der Stadt anzuregen und zu befriedigen, um die umworbenen Mittelschicht-Familien in der Stadt zu halten (siehe z.B. Paus 2008). Dabei wird ihnen nahegelegt, nicht nur die einzelne Wohnung, sondern das gesamte Wohnumfeld auf die Bedürfnisse von Mittelschichteltern und Kindern auszurichten und deshalb ganze Quartiere zu entwickeln, die »den Familien alle Vorteile des Lebens im Einfamilienbaugebiet in der Peripherie [...] geben und ihnen zusätzlich die Vorteile der urbanen Lage schmackhaft [...] machen« (Porsch 2004). In der Folge schießen neue Familiensiedlungen vor allem auf innenstadtnahen Brachen wie Pilze aus dem Boden. Auf großen Konversionsflächen werden nicht selten auch ganze Stadtteile neu gebaut; Freiburg-Vauban oder Berlin-Rummelsburger Bucht sind hier bekannte Beispiele. Diese Angebote zielen klar auf aktive, mobile und gut verdienende Mittelschichthaushalte vor allem des bürgerlich-liberalen und des grün-alternativen Milieus. Was das Wohnen im Bestand angeht, so richtet sich das Interesse der urban orientierten Mittelschichten vor allem auf attraktive Altbau-, meist Gründerzeitviertel mit besonderen sozialen und physischen Qualitäten; gerade von Familien besonders nachgefragt sind Stadtteile wie Berlin-Prenzlauer Berg (Bernien 2005; Ehrenbrusthoff 2005), das Münchner Glockenbachviertel (Kleiner-Weidhaas 2006) oder der Amsterdamer Port District (Karsten 2003).

3.   Enklavenbildung: Selbsteinschließung und Abgrenzung

Insgesamt stellen die neuen Mittelschichten besondere Ansprüche an ihr (gewachsenes oder neu gebautes) städtisches Wohnumfeld. Aufgrund ihres meist hohen ökonomischen, sozialen und/oder kulturellen Kapitals sind sie in der Lage, die Wohnviertel ihren Wünschen und Bedürfnissen entsprechend (um) zu gestalten. Die zuletzt genannten Quartiere sind bekannte Beispiele dafür, wie ganze Stadtviertel den Anforderungen und Präferenzen der Mittelschichtfamilien entsprechend überformt und aufgewertet werden. Sehr häufig geht dies mit der (unbeabsichtigten oder gezielten) Verdrängung bisheriger Bewohner- oder Nutzergruppen einher. Mit gutem Grund werden Reurbanisierungsprozesse deshalb auch häufig im Zusammenhang mit *Gentrifizierung* diskutiert; im Falle der Familien spricht man von *family gentrification*.[2] Dabei weisen Gentrifizierungsprozesse,

---

2   Diesen Begriff hat Peter Marcuse (1986) in die Debatte eingeführt. Er hat damit »die abschließende Phase der Auf- und Umwertung eines Wohnviertels« gekennzeichnet, in der Personen zuziehen, »die älter als 30 Jahre sind und kleine Kinder haben« (Alisch 1993: 126). Heute tritt vor allem das bewusste Verbleiben junger Eltern in gehobenen innerstädtischen Wohnvierteln hervor.

die von neu errichteten (Familien-)Siedlungen ausgehen (können), deutliche Unterschiede
zu jenen »klassischen« Entwicklungen auf. wie sie erstmals von Ruth Glass (1964) als
»Gentrifizierung« im Bestand beschrieben wurden.[3]

Die Erwartungen der Kommunen an eine mittelschichtenorientierte Stadtpolitik sind hoch: Sie erhoffen sich u.a. Impulse für die Immobilienwirtschaft, eine Erhöhung der Eigentumsquote und steigende Steuereinnahmen. Darüber hinaus soll mit dem verstärkten Zuzug bzw. dem Verbleib der urban gesinnten Mittelschichten auch eine veränderte kulturelle Prägung der Innenstädte einhergehen. Gerade von den gebildeten, weltläufigen Stadtbewohnern wird erwartet, dass sie Träger und Multiplikatoren jener Eigenschaften sind, die spätestens seit Richard Florida (2002, 2005) als entscheidende Standortfaktoren im Wettbewerb um kreative Köpfe gelten: Toleranz gegenüber dem und den fremden und Offenheit gegenüber sozialer, ethnischer und kultureller Vielfalt. »People in technology businesses«, schreiben Florida und Gates (2003), »are drawn to places known for diversity of thought and openmindedness.« Deshalb wird die mittelschichtorientierte Aufwertung innerstädtischer Wohngebiete häufig auch als probates Mittel zur Förderung stärkerer sozialer Mischung bzw. zur Verringerung sozialer und räumlicher Polarisierung und Segregation betrachtet.[4]

Bislang deuten die Anzeichen allerdings kaum darauf hin, dass sich die letzteren Erwartungen erfüllen werden. Statt einer Verringerung ist eher die Zunahme und Vertiefung kleinräumiger Polarisierungs- und sozialer Segregationstendenzen zu beobachten. Inzwischen haben zahlreiche Autorinnen darauf hingewiesen, dass das neue Interesse der Mittelschichten am Stadtwohnen ein selektives ist. Es richtet sich nicht auf die inneren Städte als solche, sondern gezielt auf ausgewählte Stadtteile. Bei der Entscheidung für einen innerstädtischen Wohnstandort ist ein attraktives Wohnraumangebot eine notwendige, aber keine hinreichende Bedingung. Allen Lobpreisungen der urbanen Vielfalt zum Trotz zieht es relevante Teile der urban orientierten Mittelschichten nicht primär in sozial gemischte Stadtteile – höchstens in solche, von denen sie annehmen, dass sie sie zukünftig aneignen und prägen können (ein gutes aktuelles Beispiel hierfür wäre Berlin-Kreuzberg). Vielmehr präferieren sie Quartiere, die es ihnen ermöglichen, im Alltagsleben (und hier vor allem in Feldern wie Bildung oder Freizeitgestaltung) weitgehend unter sich zu bleiben. Dies setzt eine relativ homogene soziale Zusam-

---

3   Zur *new built gentrification* vgl. Davidson/Lees (2005, 2010).

4   Um hierfür nur ein Beispiel anzuführen: Im Dortmunder Stadtteil Hörde entsteht auf den Flächen des ehemaligen Hochofen- und Stahlwerkgeländes von Hoesch bzw. Thyssen Krupp ein für Dortmunder Verhältnisse äußerst gehobenes Wohnquartier am künstlich angelegten Phoenix-See (vgl. Frank/Greiwe 2012). Im Bebauungsplan heißt es unter der Überschrift »Planungsziele« ausdrücklich, es gehe darum, »neue stabile Bevölkerungsgruppen« in das vom Strukturwandel arg gebeutelte ehemalige Arbeiterquartier Hörde zu locken (Stadt Dortmund 2007: 3).

mensetzung bzw. zumindest die (künftig zu erwartende) soziokulturelle Hegemonie der eigenen Gruppe in diesen Vierteln voraus. Und dort, wo statushöhere und -niedrigere Gruppen (noch) eng beieinander wohnen, kommt es meist kaum zu Kontakten über Klassen- und Milieugrenzen hinweg (Butler/Robson 2003; Slater 2004; Walks/Maaranen 2008; Davidson 2010; van Eijk 2010).[5] Allerorten ist die Entstehung (unterschiedlicher Arten) von Mittelschichtinseln und hier vor allem auch von Familienenklaven in den Städten zu beobachten. Die oben skizzierte Ausrichtung der lokalen Wohnungspolitik trägt erheblich dazu bei.

4. Warum zieht es junge Eltern in die neuen Familienenklaven?

So stellt sich die Frage nach den Gründen für die Selbsteinschließung der Mittelschichten in den westeuropäischen Städten. Und vor allem: Wie ist es zu erklären, dass es große Teile der urbanophilen Mittelschichtfraktionen in Stadtviertel zieht, in denen sie eher unter sich bleiben?

Diese Frage soll im Folgenden am Beispiel neuer Familienenklaven untersucht werden, deren Entstehung in zahlreichen deutschen und europäischen Städten zu beobachten ist. Als »neue Familienenklaven« bezeichne ich neu errichtete Siedlungen, die sich in Anlage und Gestaltung deutlich von ihrer gewachsenen Umgebung abgrenzen und speziell auf die Interessen und Bedürfnisse von Mittelschicht-Familien ausgerichtet sind. Die nachfolgenden Ausführungen beruhen auf einer nunmehr über zweijährigen theoretischen und empirischen Beschäftigung mit solchen Familienenklaven.

Wie verschiedene Studien und auch meine eigenen Beobachtungen zeigen, speist sich das riesige Interesse der jungen Stadteltern an den innenstadtnahen Familienquartieren aus sehr unterschiedlichen Quellen. Sehr pragmatische Erwägungen verbinden sich mit ökonomischen, sozialen, sozialpsychologischen

---

5 Hier sind deutlich Unterschiede zu den frühen Phasen der Gentrifizierung zu beobachten. In den Texten von Allen (1984) oder Smith/Williamson (1986) wie auch in den klassischen Studien von Caulfield (1994) und Ley (1996) wird deutlich, in welchem Maße die Vorreiter der Gentrification von progressiven sozialen Idealen angetrieben waren und sich gerade auch von der sozialen und kulturellen Vielfalt ihrer neuen Quartieren angezogen fühlten. So galt die donige »diversity« diesen Mittelschichtelten als »childrearing advantage over »homogeneuos suburbs«« (Allen 1984: 31; Caulfield 1994: 137ff.). Diese Haltung ist bei den innenstadtorientierten Mittelschichtfamilien heute kaum noch anzutreffen. Auch Davidson/Lees (2008: 399) stellen fest: »The process of gentrification is rarely enacted these days by a pro-social mixing gentrifier, the pioneer gentrifier of old, and indeed hasn't been for some time.« Wie immer bestätigen Ausnahmen die Regel: So berichtet etwa Simon (2000: 112f.), dass sich die neuen Mittelschicht-Bewohner von Belleville, Paris, organisieren, um mit vereinten Kräften gegen die weitere Aufwenung und damit für den Erhalt der soziokulturellen Diversität des Viertels vorzugehen.

und kulturellen Motiven zu einer komplexen und durchaus widersprüchlichen Gemengelage.

Zunächst einmal gehören *kurze Wege sowie differenzierte Infrastruktur- und Versorgungsangebote* zu den viel gerühmten Vorzügen des innerstädtischen Wohnens, auf die nicht nur, aber besonders diejenigen angewiesen sind, die in den flexiblen, entgrenzten Arbeitswelten der neuen Kreativ-, Wissens- oder Dienstleistungsökonomien tätig sind. Dies gilt in besonderem Maße für Eltern, die vor der Herkulesaufgabe stehen, Beruf und Familie unter einen Hut zu bringen. Zudem gibt es gerade in städtischen Familienhaushalten oft keine traditionelle geschlechtsspezifische Arbeitsteilung, sondern beide Partnerinnen sind berufstätig. Die alltäglichen Pflichten, Interessen und Wege von zwei, drei, vier oder noch mehr Personen unter einen Hut zu bringen, gelingt nur an spezifisch leistungsfähigen Orten, die eine Vielfalt von Möglichkeiten in guter Erreichbarkeit bieten. Klaus Brake spricht von Innenstädten deshalb als von »komplexen ›Optionsräumen‹« (2012: 24).

Darüber hinaus gehören funktionierende *soziale Netzwerke* in räumlicher Nähe zu den Ressourcen, auf die berufstätige Eltern bei der Alltagsbewältigung existenziell angewiesen sind. Dabei geht es vor allem um (spontane) gegenseitige Unterstützung bei der Kinderbetreuung, aber auch um sonstige Hilfestellungen. Nachbarschaftsbeziehungen spielen hier eine zentrale Rolle. Mittelschichteltern ist es sehr wichtig, unter »Ihresgleichen« zu wohnen – auch deshalb, weil sie wissen, dass unkomplizierte, verlässliche und deshalb alltagstaugliche Netzwerke auf der Basis sozialer und kultureller Homogenität gedeihen. Daher rührt der Wunsch nach Nachbarn, die derselben sozialen Schicht und Altersgruppe angehören und sich zudem in derselben Familienphase befinden. In Neubaugebieten, die zeitgleich bezogen werden, lässt sich dieses Anliegen sehr gut und ungleich viel besser realisieren als in Bestandsquartieren.

Dass *Sozialstruktur* zum entscheidenden Kriterium der Wohnstandortwahl avanciert (Frank 2012), hat auch eine weitere, härtere Seite. In den sozial zunehmend polarisierten Großstädten sorgen sich Mittelschicht-Eltern in erheblichem Maße um die Sozialisation ihrer Kinder sowie vor allem um die Qualität der frühkindlichen, schulischen und sonstigen *Bildung*. Multikulturelle Stadtteile bzw. solche mit einer hohen Zahl von sozial schwachen bzw. bildungsfernen Familien werden diesbezüglich als sehr ungünstig betrachtet. Erst kürzlich hat mir die Mitarbeiterin eines Investors, der eine Townhousesiedlung am alten Schlachthof in Berlin Friedrichshain entwickelt hat, berichtet, dass die größte und beinahe einzige Sorge der zukünftigen Bewohner (übrigens ausschließlich Ärzte und Rechtsanwälte) der sozialen Situation an den lokalen Schulen galt. »Education« und »Location« hängen auf das engste zusammen (Butler/Robson 2003: 146ff.).

Soziokulturelle Homogenität im Quartier kann zudem das Gefühl von *Sicherheit* und sozialer Kontrolle vermitteln. In dieser Hinsicht wie auch in seinen anderen Facetten ist der Komplex »Sicherheit« eine wesentliche Triebkraft der Entstehung von Familienenklaven. Als Wertanlage bat die City-Immobilie dem suburbanen Häuschen längst den Rang abgelaufen; sie bietet also Investitionssicherheit. Bei Bewohnerinnen von Gated Communities mag die Sorge um die physische Sicherheit ausgeprägt sein; dieser Aspekt ist in den offenen und halboffenen Familiensiedlungen kaum bedeutend.[6] Übergreifend und groß dagegen ist das Bedürfnis, den Kindern ein Umfeld zu bieten, in dem sie sieb möglichst frei bewegen können, zugleich aber relativ geschützt sind vor stadttypischen Gefahren oder Verunsicherungen, wie sie von Straßenverkehr, Kriminalität oder Begegnungen mit unliebsamen Personen(gruppen) ausgeben (können). Hierzu trägt neben der sozialen Zusammensetzung auch die baulich-räumliche Abgeschlossenheit der Familienenklaven wesentlich bei. Es handelt sieb fast immer um aus einer Hand gestaltete, deutlich abgegrenzte Ensembles, die die Distanz zu ihrer städtischen Umgebung materiell und symbolisch hervorheben (vgl. Rieniets 2011). Ein großer Teil auch der (halb-)offenen Siedlungen ist zudem von Mauern, Zäunen oder hoben Hecken umgeben. Wenn Autos überhaupt zugelassen werden, sind die Gebiete im Inneren verkehrsberuhigt; anderen als Anwohnerverkehr gibt es ohnehin kaum.

So ist denn *Privatheit* ein weiterer wichtiger Schlüsselbegriff zum Verständnis der neuen Wohnprojekte, der auch in den Werbe- und Imagebroschüren immer besonders herausgestrichen wird. »Townhouses: Urbane Privatsache« lautet etwa Slogan der Prenzlauer Gärten. Neben dem Privatbesitz an Grund und Boden, privaten Eingängen, Gärten und Stellplätzen bedeutet »privat« immer häufiger auch, dass die Nutzung von Grün- und Gemeinschaftsflächen, Parks, Spielplätzen und Wegen, die das nachbarschaftliche Miteinander fördern sollen, möglichst den Bewohnern der Anlage vorbehalten bleiben soll.

Nicht zuletzt unterstreicht das Wohneigentum in einem der neuen Familienquartiere mit ihrer herausgehobenen, oft hochwertigen Architektur die soziale Stellung der Bewohnerinnen. Die großzügige Stadtwohnung bat die Villa im Grünen auch als Statussymbol abgelöst. Sie befriedigt das Bedürfnis nach *sozialer Distinktion*. Internationale Studien zum Mittelschichtwohnen zeigen zudem, dass Wohnung und Wohnort immer stärker als Ausdruck und Ausweis der eigenen *Identität* wahrgenommen werden: »One's residence is a crucial, possibly the crucial identifyer who you are.« (Savage et al. 2005: 207) Wohnung und Wohnquartier werden damit zu bedeutenden »Lebensstilisierungselementen« (Rorato 2011).

---

6   Neu und bemerkenswert ist allerdings die Selbstverständlichkeit, mit der viele Häuser bzw. Anlagen mit Doormen, Video-Klingelanlagen u.Ä. m. ausgestattet werden.

5. Dörfer in der Stadt: Innere Suburbanisierung

Die Erkenntnis, dass Urbanität mit ihren Gegensätzen, Spannungen und Ambivalenzen von vielen der neuen Städter vor allem als »Hintergrundmusik« nachgefragt wird (Rauterberg 2005), machen sich vor allem diejenigen zunutze, die Quartiere oder Wohnanlagen für die heiß umworbenen Nutzergruppen neu entwickeln. Das Ergebnis ist die rasante Vermehrung von »Urban Villages«: von abgegrenzten, introvertierten Familiensiedlungen, die ein behütetes, dörfliches Wohn- und Lebensgefühl inmitten der Stadt versprechen. Dabei ist letztere als Bezugspunkt, Kontrast und Komplement immer präsent. In den Werbeprospekten und auch in Berichten ihrer Bewohner werden die Familienquartiere als Oasen der Ruhe, Sicherheit, Ordnung und Vertrautheit beworben – umbrandet, umtost vom urbanen Treiben. »Sind wir hier noch in der Stadt? Und ob!« warben die Eldenaer Höfe, ein Townhouseprojekt auf dem Gelände des alten Berliner Schlachthofs. Diese Beschwörung der räumlichen Nähe zur Stadt bei gleichzeitiger Betonung der sozialen und psychischen Distanz zu ihr verbindet sämtliche Projekte. »Kann man gleichzeitig in der Stadt und auf dem Land leben?« fragt der Investor Stofanel rhetorisch. Der Berliner »Marthashor« ist die Antwort: »Das urbane Dorf ist ein Ort mit grünen Flächen und Natur – ein Idylle, wo Menschen sich beschützt und geborgen fühlen können.« (Stofanel-Inhaber Ludwig Stoffel in der Berliner Zeitung, zit.n. Schröder 2008) »Aus dem ruhelosen Treiben der umliegenden Metropole kehren Sie in die erholsame Geborgenheit ihres friedlichen Hauses im Marthashof zurück.« (Website Stofanel) Ganz ähnlich wirbt der Developer des Gilde Carrees in Hannover: Hier wird »eine besondere Wohnform entwickelt, die sich nach den Notwendigkeiten und Bedürfnisse von heutigen Stadtbewohnern richten. Zum einen also die vielfältigen urbanen Qualitäten der Innenstadt zu nutzen, zum anderen privates Wohneigentum in Form eines Hauses zu erwerben und nicht auf den Genuss von Ruhe, Garten und Hof verzichten zu müssen.« (Website Gilde Carree, Grammatikfehler im Original). Die Beispiele ließen sich beliebig vermehren.[7]

Diese Rhetorik der Vereinigung der besten Eigenschaften von Stadt- und Landleben unter Vermeidung der jeweiligen Nachteile ist aus der Suburbanisierungsgeschichte bestens bekannt. Im Konzert mit den anderen genannten Charakteristika: Einfamilienhäuser (meist) mit (Handtuch-)Garten, vorwiegend im Eigentum, Familienbezogenheit, sozioökonomische und -kulturelle Homogenität, Betonung

---

7   Selbst der Entwickler des Carlofts in Berlin Kreuzberg bedient sich dieses Motivs. Im Werbe
     bzw. Imagevideo mit dem Titel »The coolest garage in Berlin« heißt es (in Versform): »Live in
     the middle/of the city but with the feeling/of your own house in the country./With a garden
     and a garage/right on you floor.« (https://www.youtube.com/watch?v=ENCcAO3jAwA letzter
     Zugriff am 19. 11.2012)

von Privatheit und Gemeinschaft, Abgrenzung von der Stadt sowie Absicherung gegen die Gefahren und Unwägbarkeiten des Stadtlebens (Fremdheit, Kontingenz) ist auch und gerade sie in meinen Augen ein Indiz dafür, dass mit den neuen Familiensiedlungen Wohnwünsche und -bedürfnisse in die Innenstädte verlagert werden, die bislang suburban verortet und erfüllt wurden. Wie im Bereich Schule und Bildung nur besonders deutlich wird, trägt die Enklavenbildung zudem gezielt dazu bei, sich gegen Statusgefährdungen zu schützen, die von sozial schwächeren oder marginalisierten Gruppen ausgehen könnten. Deshalb bin ich der Auffassung, dass die heutigen Familieninseln als *funktionale Äquivalente* der fordistischen Vorstadtsiedlungen gelten können. Ich schlage daher vor, die Verbreitung der Familienenklaven in den Städten als eine neue, modernisierte Form von Suburbanisierung zu betrachten – angepasst an die gewandelten Geschlechterbeziehungen und die neuen Arbeitsverhältnisse der flexiblen Ökonomie. Wie im traditionellen Suburbia geht es auch hier maßgeblich »um die Möglichkeit der Entwicklung eines möglichst störungsfreien Privatlebens im Alltag – in räumlicher Distanz zu den jeweiligen sozialen, kulturellen oder wirtschaftlichen Verwerfungen seiner Zeit« (Helbrecht 2009: 15). Anstelle der großflächigen Segregation von Innenstadt und Umland beobachten wir heute die Entstehung von Mittelschicht-Inseln umgeben von ärmeren Wohngebieten. Die Funktion der räumlichen Selbsteinschließung und Abschottung bleibt aber dieselbe.

6.   Mittelschichtinseln als Coping-Strategien

An dieser Stelle drängt sich natürlich die Frage nach den Gründen für diese gezielte Suburbanisierung wachsender Teile unserer Innenstädte auf. Vor allem stellt sich die Frage: Wie ist die Diskrepanz zu erklären zwischen dem begeistert verkündeten Bekenntnis zu Stadt und Urbanität und den deutlichen sozialen Abgrenzungs- und Schließungstendenzen, die die Mittelschichten und gerade auch die jungen Stadteltern an den Tag legen?

Aufschlussreiche Hinweise zur Beantwortung dieser Fragen liefert die britische Studie »London Calling. The Middle Classes and the Remaking of Inner London« von Tim Butler und Garry Robson (2003). In einer groß angelegten empirischen Untersuchung mit 450 face-to-face-Interviews haben die Autoren die Wohnstandortwahl und die Quartiersorientierung von Angehörigen der gehobenen Mittelschichten in sechs gentrifizierten Londoner Stadtteilen untersucht. In einer Vielzahl von Gesprächen haben Butler und Robson erfahren, dass und in welchem Maße die Anforderungen der Arbeitswelt der globalen flexiblen Wissensökonomie gerade auch die hochqualifizierten und einkommensstarken Beschäftigten existenziell verunsichern. Die Zunahme von befristeten und prekären Beschäftigungsverhältnissen im privaten wie im öffentlichen Sektor führt zu einer verbreiteten »workplace angst«.

Dazu setzen der stetig wachsende berufliche Leistungsdruck und der Anspruch, zeitlich permanent verfügbar und sozial wie räumlich jederzeit mobil zu sein, viele Menschen erheblich unter Stress.

Eltern sehen sich in besonderem Maße mit dem Problem konfrontiert, wie sie ihren Kindern angesichts der permanenten Unsicherheit in der Berufswelt die erforderliche Verlässlichkeit, Sicherheit und Stabilität in den sozialen und räumlichen Bezügen gewährleisten sollen. Frappierend ist, in welchem Maße die Dimension der Langfristigkeit, Verlässlichkeit und damit von stabilen Lebensphasen den Familien bereits abhandengekommen ist (vgl. auch Sennett 2000: 21). Der Alltag ist häufig geprägt durch Zeitdruck und Zeitmangel – das hat für Deutschland der jüngste Familienbericht (BMFSFJ 2012) gerade einmal mehr bestätigt.

Und im Besonderen sorgen sich Eltern in den sozial zunehmend polarisierten Großstädten um die Qualität der schulischen Bildung ihrer Kinder. Dass soziale Mobilität bzw. die Behauptung der eigenen Position in der postfordistischen Wissensgesellschaft wesentlich über Bildung und Ausbildung funktionieren, ist im elterlichen Mittelschichtenbewusstsein zutiefst verankert.

Vor diesem Hintergrund interpretieren die Autoren die aktuellen innerstädtischen Transformationsprozesse als räumliche Coping-Strategie der in der globalen Ökonomie zwar erfolgreichen, aber mit ihr dennoch tendenziell überforderten urbanen Mittelschichten. Je stärker Statusunsicherheiten und Anpassungsdruck in der Berufswelt, desto größer der Wunsch – gerade von Eltern, die zu großen Teilen selber in Klein- und Mittelstädten sowie in Suburbs aufgewachsen und sozialisiert worden sind-nach einem »sicheren Hafen«: nach einem sozial und kulturell nicht verunsichernden, überschaubaren und weitgehend kontrollierbaren persönlichen Raum bzw. Wohnumfeld. Einen solchen Stabilitätsanker verheißen Stadtteile mit soziokultureller Mittelklasse-Hegemonie, ein eigenes Haus bzw. eine eigene Wohnung und vergleichsweise beständige Nachbarschaften. In oder nahe solchen Quartieren, in denen Familien mit ähnlichen biographischem Mustern, Ressourcen, Werthaltungen und Zukunftshoffnungen dominieren, erwarten die Eltern auch die Schulen zu finden, in denen die eigenen Kinder mit Peers aus der eigenen Gruppe zusammentreffen, was wiederum als unerlässlich für den Erwerb nicht nur von formalen Bildungszertifikaten, sondern vor allem auch eines spezifischen »Habitus von Bildung« betrachtet wird, der erforderlich ist, um sich später am Karrieremarkt zu behaupten (vgl. Bude 2011: 22). MittelschichtEltern sind sich der wachsenden Bedeutung kulturellen Kapitals für das gesellschaftliche Fortkommen der Einzelnen überaus bewusst. Dabei geht es natürlich um Bildungszertifikate, vor allem aber auch um »weiche« Faktoren wie Sprache und Habitus (vgl. Bourdieu 1983). Schule wird damit nicht mehr nur als der Ort der Vermittlung formalen Wissens betrachtet: Ebenso ist Schule auch der Ort, an dem eine bestimmte Lebenshaltung und ein bestimmtes Arbeitsethos angeeignet und eine Zuordnung zu zukünftigen Berufspositionen vorgenommen wird (van Zanten 2003: 110; vgl. Butler/van Zanten 2007). Eine hohe Konzentration von Kindern aus bildungsfernen Schichten und mit einer anderen als der deutschen Herkunftssprache wird dabei als hochgradig problematisch betrachtet.

Mit Butler und Robson kann die Welle der Reurbanisierung/Gentrifizierung/inneren Suburbanisierung am Beginn des 21. Jahrhunderts also als eine kollektive räumliche Bewältigungsstrategie von Mittelschicht- und gerade auch Familienhaushalten interpretiert werden. Mit Hilfe der Bildung von Mittelschicht-Inseln versuchen sie, die Anforderungen und Zumutungen der flexiblen Ökonomie zu kompensieren. Damit einher geht das Bestreben, sieb insbesondere gegen Statusgefährdungen und Verunsicherungen abzusichern, die von sozial schwächeren oder marginalisierten Gruppen ausgeben können. Deutlich wird, dass sozialräumliche Abschottung und Abgrenzung als wesentlicher Teil der Reproduktionsstrategie der urbanen Mittelklasse verstanden werden müssen (Butler/Robson 2003: 164ff.; Helbrecht 2009: 14).

7. Ausblick

Ein Ziel dieses Beitrags war es zu zeigen, dass der euphorische Reurbanisierungsdiskurs in Wissenschaft, Politik und Planung aus stadtsoziologischer Sicht mit einer falschen Entgegensetzung operiert. Reurbanisierung wird in meinen Augen ganz zu Unrecht als Gegentrend zur Suburbanisierung betrachtet. Dagegen lautet meine These, dass die Rückkehr der Mittelschichten – und insbesondere die von Mittelschicht-Familien in die Stadt – vor allem deshalb möglich wird, weil es diesen Familien – mit vereinten Kräften und natürlich mit machtvoller Unterstützung von Politikern, Planern und Investoren – gelingt, elementare Funktionen und Charakteristika des suburbanen Lebens in die Städte zu transferieren. In der Folge entstehen immer mehr Mittelschichtinseln in den Städten, die sich gegen ihre Umgebung abgrenzen und ihre Bewohner gegen statusniedrigere bzw. bildungsferne Bevölkerungsgruppen abschirmen.

Damit muss man nun auch die vor allem von Richard Florida genährte Hoffnung relativieren, dass die neuen Urbaniten die »natürlichen« Träger und Motoren der erwünschten offenen Stadtgesellschaft sind – eben weil ihnen unterstellt wird, dass sie aufgrund ihrer erklärten Lust an der Stadt über eine hohe soziale Toleranz und Integrationsfähigkeit verfügen und dem und den Anderen oder Fremden gegenüber besonders aufgeschlossen sind. Dies mag-aber auch nur vielleicht – noch für die Gruppe der so genannten jungen Kreativen gelten. Für die beruflich etablierteren und bildungsbewussten urbanen Mittelschichten spricht die Empirie insbesondere ab dem Moment, in dem Kinder ins Spiel bzw. in die Schule kommen, eine ganz andere Sprache.

Daraus – quasi im Umkehrschluss – zu folgern, dass die urbanen Mittelschichten in Wirklichkeit alle prinzipiell intolerant seien, wäre in meinen Augen aber auch vorschnell geurteilt. Wie ich an anderer Stelle ausführlicher argumentiere, legen die genannten Entwicklungen und meine Beobachtungen die Vermutung nahe, dass die Möglichkeit der Enklavenbildung, also die Chance, nicht in allzu engen persönlichen Kontakt mit den Lebenswelten der sozial Schwachen und Marginalisierten zu kommen, eine wichtige Voraussetzung für eine gegenüber den sozialen Ungleichheiten und Ungerechtigkeiten der aktuellen Stadtentwicklung ansonsten sensible und unterstützungsbereite Einstellung und damit auch für Solidarität auf der gesamtstädtischen Ebene ist (Frank 2013). In dieser Sichtweise wäre kleinräumige soziale Segregation, also die Herausbildung von Mittelschicht-Inseln in der Stadt, die entscheidende Voraussetzung einer »allgemeinen Toleranz«; sozialräumliche Abgrenzung wäre eine wichtige Voraussetzung für »allgemeine Solidarität«. So sind große Teile der »nervösen Mitte« (Vogel 2010) zum Beispiel bereit, die gezielte Entwicklung und spezielle Förderung benachteiligter Stadtteile und Schulen zu unterstützen, deren Probleme gerade Mittelschicht-Eltern überdeutlich vor Augen stehen (vgl. Häußermann et al. 2004). Diese Haltung muss als NIMBY (»Not In My Backyard«) beschrieben werden; die Solidarität der Mittelschichten ist deutlich eine aus der Distanz. Nichtsdestoweniger sollten die Städte Wege finden, sich diese zunutze zu machen.

Literatur

Alisch, Monika (1993) Frauen und Gentrification. Der Einfluss von Frauen auf die Konkurrenz um den innerstädtischen Wohnraum, Wiesbaden: Deutscher Universitätsverlag. DOI: 10.1007/978-3-322-85627-2

Allen, Irving (1984): »The Ideology of Dense Neighborhood Redevelopment«, in: Palen, J. John/Bruce London (Hg.), Gentrification, Displacement and Neighborhood Revitalization, Albany, New York: State University of New York Press, S. 27-42.

Beckord, Claas (2009): »Renaissance der (Innen-)Stadt. Mediales Phänomen oder realistische Zukunftsperspektive für die Kernstädte im Ruhrgebiet?«, in: Raum-Planung 144/145, S. 159-163.

Bernien, Sandra (2005): Urbanes Leben. Warum bevorzugen Akademikerinnen mit Kindern den innerstädtischen Berliner Ortsteil Prenzlauer Berg als Lebensort und hat diese Wohnstandortentscheidung Konsequenzen für ihr Reproduktionsverhalten? Diplom-Arbeit am Institut für Sozialwissenschaften, Humboldt-Universität zu Berlin.

Bloldand, Talja (2003): Urban Bonds. Social Relationships in an Inner City Neighborhood. Cambridge, MA/Oxford, UK/Maiden, MA: Polity.

BMFSFJ – Bundesministerium für Familie, Senioren, Frauen und Jugend (Hg.) (2012): Zeit für Familie Familienzeitpolitik als Chance einer nachhaltigen Familienpolitik-Achter Familienbericht https://www.bmfsfj.de/blob/93196/b8a3571f0b33e9d4152d410c1a7db6ee/8–familienbericht-data.pdf (letzter Zugriff am 14.12.2012).

Bodenschatz, Harald (2007): »Alte und neue Wohnungsfrage. Nicht mehr die Versorgung Bedürftiger, sondern das Umwerben Begehrter bewegt Anbieter und Planer zu Wohnungen«, in: Deutsches Architektenblatt 11/2007, S. 12-15.

Bourdieu, Pierre (1983): »Ökonomisches Kapital – Kulturelles Kapital – Soziales Kapital«, in: Reinhard Kreckel (Hg.), Soziale Ungleichheiten. Soziale Welt Sonderband 2, Göttingen: Schwartz, S. 183-198.

Brake, Klaus (2012): »Reurbanisierung – Interdependenzen zum Strukturwandel«, in: Klaus Brake/Günter Herfert (Hg.), Reurbanisierung. Materialität und Diskurs in Deutschland, Wiesbaden: Springer VS, 22-33. DOI: 10.1007/978-3-531-94211-7_2

Butler, Tim/Robson, Garry (2003): London Calling. The Middle Classes and the Remaking of Inner London, Oxford: Berg Publishers.

Butler, Tim/van Zanten, Agnes (Hg.) (2007): Special Issue: School Choice: A European Perspective, Journal of Education Policy 22(1). DOI: 10.1080/02680930601065692

Caulfield, Jon (1994): City Form and Everyday Life: Toronto's Gentrification and Critical Social Practice. Toronto: University of Toronto Press. DOI: 10.3138/9781442672970

Davidson, Mark (2010): »Love thy neighbour? Social mixing in London's gentrification frontiers«, in: Environment and Planning A 42 (3), S. 524-544. DOI: 10.1068/a41379

Davisdon, Mark/Lees, Loretta (2005): »New-build ›gentrification‹ and London's riverside renaissance«, in: Environment and Planning A 37 (7), S. 1165-1190. DOI: 10.1068/a3739

Davisdon, Mark/Lees, Loretta (2010): »New-build gentrification: its histories, trajectories, and critical geographies«, in: Population, Space and Place Special Issue: New Forms of Gentrification 16 (5), S. 395-411.

Ehrenbrusthoff, Nadine (2005): Die Innenstadt als Wohnort der Familie. Eine Fallstudie am Beispiel von Familien im Berliner Stadtteil Prenzlauer Berg. Diplom-Arbeit am Institut für Sozialwissenschaften, Humboldt-Universität zu Berlin.

Florida, Richard (2002): The Rise of the Creative Class, New York, NY: Basic Book.

Florida, Richard (2005): Cities and the Creative Class, New York, NY: Routledge. DOI: 10.4324/9780203997673

Florida, Richard/Gates, Gary (2003): »Technology and Tolerance. The Importance of Diversity to High-Technology Growth«, in: Research in Urban Policy 9/2003, S. 199-219. DOI: 10.1016/S1479-3520(03)09007-X

Frank, Susanne/Greiwe, Ulla (2012): »Phoenix aus der Asche. Das ›neue Dortmund‹ baut sich seine ›erste Adresse‹«, in: Informationen zur Raumentwicklung 11/2012, S. 575-587.

Frank, Susanne (2013): »Innere Suburbanisierung? Mittelschichteltern in den neuen innerstädtischen Familienenklaven«, in: Michael Kronauer/Walter Siebel (Hg.), *Polarisierte Städte: Soziale Ungleichheit als Herausforderung für die Stadtpolitik*, Frankfurt a.M.: Campus, S. 69-89.

Glass, Ruth (1964): London: Aspects of Change, London: MacGibbon & Kee.

Häußermann, Hartmut/Läzer, Katrin Luise/Wurtzbacher, Jens (2004): »Vertrauen und solidarische Einstellungsmuster bei Stadtbewohnern«, in: Journal für Konflikt- und Gewaltforschung 2, S. 32-57.

Hannemann, Christine/Läpple, Dieter (2004): »Zwischen Reurbanisierung, Suburbanisierung und Schrumpfung Ökonomische Perspektiven der Stadtentwicklung in West und Ost«, in: Kommunale Info www.kommunale-info.de/index.html?/infothek/2313.asp (letzter Zugriff am 14.12.12).

Helbrecht, Jlse (2009): »Stadt der Enklaven? Neue Herausforderung der Städte in der globalen Wissensgesellschaft«, Zeitschrift für Stadt-, Regional- und Landesentwicklung 2/2009, S. 2-17.

Herfert, Günter/Osterhage, Frank (2012): »Wohnen in der Stadt: Gibt es eine Trendwende zur Reurbanisierung? Ein quantitativ-analytischer Ansatz«, in: Klaus Brake/Günter Herfert (Hg.), Reurbanisierung. Materialität und Diskurs in Deutschland, Wiesbaden: Springer VS, S. 86-112. DOI: 10.1007/978-3-531-94211-7_6

Karsten, Lia (2003): »Family Gentrifiers: Challenging the City as a Place Simultaneously to Build a Career and to Raise Children«, in: Urban Studies 12/2003, S. 2573-2584. DOI: 10.1080/0042098032000136228

Karsten, Lia. (2007): »Housing as a Way of Life: Towards an Understanding of Middle-Class Families' Preference for an Urban Residential Location«, in: Housing Studies 22 (1), S. 83-98 DOI: 10.1080/02673030601024630

Kleiner-Weidhaas, Isabella (2006): Die ›neue‹ Kinderfreundlichkeit in einem gentrifizierten Innenstadtgebiet untersucht am Beispiel des Münchner Glockenbachviertels, Diplomarbeit, Ludwig-Maximilians-Universität München.

Läpple, Dieter (2008): »Städte im internationalen Kontext Herausforderungen und Chancen der Globalisierung«, in: Schader Stiftung (Hg.), Zuhause in der Stadt – Herausforderungen, Potenziale, Strategien, Darmstadt: Schader-Stiftung, S. 20-31.

Ley, David (1996): The New Middle Class and the Remaking of the Central City, Oxford: Oxford University Press.

Marcuse, Peter (1986): »Abandonment, Gentrification and Displacement«, in: The Linkages in New York City in: Neil Smith/Peter Williams (Hg.), Gentrification of the City, Boston/London/Sydney: Allen & Unwin, S. 153-177.

Paus, Michaela (2008):»Rückkehr zum Stadtleben«, in: Kölner Stadtanzeiger vom 14.04.2008, www.ksta.de/html/artikeUl208124187175.shtml (letzter Zugriff am 14.12.2012).

Porsch, Lucas (2004):»Wohneigentumsbildung in der Stadt – Perspektiven einer nachfrageorientierten Stadtentwicklung in Zeiten des Stadtumbaus«, in: vhw Forum Wohnen und Stadtentwicklung 1/2004, S. 40-45.

Rauterberg, Hanno (2005):»Neue Heimat Stadt Ein Epochenwechsel kündigt sich an: Die Deutschen entdecken das urbane Leben wieder«, in Die Zeit 34/2005 vom 18.08.2005 www.zeit.de/2005/34/StadtRenaissance (letzter Zugriff am 14.12.2012).

Rieniets, Tim (2011):»Urban Villages. Ein Reisebericht über die Suche nach dem Berliner Townhouse«, in: ARCH+ 201/202, 3. 96-99.

Rorato, Miriam (2011): Leben im Problemquartier. Zwangs- und Möglichkeitsräume. Münster/New York, NY/Berlin/München: Waxmann Verlag.

Savage, Michael/Gaynor, Bagnall/Longhurst, B. Brian (2005): Globalization and Belonging, London/Thousand Oaks, Calif.: Sage.

Schmidt, Gisela (2008):»Die Stadt als Wohnort für alle – Bestand- und Wohnungspolitik unter neu en Vorzeichen«, in: Gisela Schmidt/Klaus Seile (Hg.), Bestand? Perspektiven für das Wohnen in der Stadt, Dortmund: Rohn, S. 237-256.

Schröder, Till (2008):»Dorfleben für Großstädter – Berlins Immobilienmarkt kennt ein neues Produkt: Das ›urban village‹ soll das Beste aus Großstadt- und Landleben vereinen«, in: Berliner Zeitung vom 30.08.2008 https://www.berliner-zeitung.de/berlins-immobilienmarkt-kennt-ein-neues-produkt-das-urban-village-soll-das-beste-aus-grossstadt-und-landleben-vereinen-dorfleben-fuer-grossstaedter-li.16910 (letzter Zugriff am 14.12.2012).

Sennett, Richard (2000): Der flexible Mensch. Die Kultur des neuen Kapitalismus, 4. Aufl., Berlin: Berliner Taschenbuch-Verlag.

Siebet, Walter (2005):»Suburbanisierung«, in: Akademie für Raumforschung und Landesplanung (Hg.), Handwörterbuch der Raumplanung, Hannover: ARL, S. 1135-1140.

Siedentop, Stefan (2008):»Die Rückkehr der Städte? Zur Plausibilität der Reurbanisierungshypothese«, in: lnformationen zur Raumentwicklung 3/4/2008, S. 193-210.

Siedentop, Stefan (2012): Forschungen zur Reurbanisierung – methodologische Einordnungen und Perspektiven, Vortrag an der Fakultät Raumplanung, TU Dortmund am 27.02.2012.

Simon, Patrick (2000):»The mosaic pattern. Cohabitation between Ethnic Groups in Belleville, Paris«, in: Sophie Body-Gendrot/Marco Martiniello (Hg.), Minorities in European Cities. The Dynamics of Social Integration and Social Exclusion at the Neighbourhood Level, London: Palgrave Macmillan, S. 100-115. DOI: 10.1007/978-1-349-62841-4_8

Smith, Neil/Williams, Peter (Hg.) (1986): Gentrification of the City, Boston/London/Sydney: Allen & Unwin.

Slater, Tom (2004): »Municipally managed gentrification in South Parkdale, Toronto«, in: The Canadian Geographer 48 (3), S. 303-325. DOI: 10.1111/j.0008-3658.2004.00062.x

Stadt Dortmund (2007): Übersichtsplan zum Bebauungsplan Hö252 – Phoenix See – Teilbereich B. Dortmund: Stadtplanungsamt.

Van Eijk, Gwen (2010): Unequal networks, spatial segregation, relationships and inequality in the city, Amsterdam: IOS Press.

Van Zanten, Agnes (2003): »Middle-Class Parents and Social Mix in French Urban Schools: Reproduction and Transformation of Class Relations in Education«, in: International Studies in Sociology of Education 13 (2), S. 107-123. DOI: 10.1080/09620210300200106

Vogel, Benhold (2010): »Wohlstandspanik und Statusbeflissenheit. Perspektiven auf die nervöse Mitte der Gesellschaft«, in: Peter A. Berger/Nicole Burzan (Hg.), Dynamiken (in) der gesellschaftlichen Mitte, Wiesbaden: Springer VS, S. 23-41. DOI: 10.1007/978-3-531-92514-1_2

Walks, Alan R./Maaranen, Richard (2008): »Gentrification, Social Mix, and Social Polarization: Testing the Linkages in Large Canadian Cities«, in: Urban Geography 29 (4), S. 293-326. DOI: 10.2747/0272-3638.29.4.293

Website Gilde Carree (o.J.): www.ostland.de/gilde-carre/konzeption/(letzter Zugriff am 14.12.2012).

Website Stofanel (o.J.) www.stofanel.com/de/Manhashof/Offering#/Marthashof/Offering (letzter Zugriff am 14.12.2012).

Wefing, Heinrich (2009): »Einige Anmerkungen zum neu erwachten Interesse am Wohnen in den Zentren«, in: Heinrich Wefing (Hg.), Die besten Einfamilienhäuser in der Stadt: Deutschland-Österreich-Schweiz, München: Callwey, o.S.

Wüstenrot-Stiftung (Hg.) (2009): Städte und Baugemeinschaften, Zürich: Karl Krämer Verlag.

(Sozial-)Räumliche Zugriffe

Von der Großsiedlung der Spätmoderne zum kompakten nutzungsgemischten Stadtquartier
Verlaufsformen eines städtebaulichen Erneuerungsprozesses

Daniela Zupan

Erschienen 2015 in *Informationen zur Raumentwicklung* 3, S. 183-199.

Im Bereich der Planung und des Baus von Stadtteilen konnte in der Bundesrepublik Deutschland in den letzten fünf Jahrzehnten ein grundlegender Trendwechsel beobachtet werden, der sich mit dem Übergang von der funktionalistischen Moderne zur kompakten nutzungsgemischten Stadt beschreiben lässt. Er umfasst substanzielle Änderungen in der räumlichen, funktionellen und strukturellen Konzipierung von Quartieren, im Planungsprozess sowie in der Herstellung und Umsetzung. Doch wie kam diese Neuorientierung zustande – wie lassen sich die Prozesse der Entstehung, Verbreitung und Durchsetzung von neuem Wissen erklären und konzeptionell fassen? Zur Beantwortung dieser Fragen wird der Leitbildwechsel als Lernprozess untersucht, indem die bewusste Reflexion der alten Routine sowie aktive Ansätze zur Weiterentwicklung in den Vordergrund der Betrachtung rucken.

Einleitung[1]

Planung und Umsetzung neuer Stadtteile haben sich in den letzten vier bis fünf Jahrzehnten grundlegend verändert. Der Bruch mit der »alten Routine« und der Übergang vom Nachkriegs-Leitbild[2] der funktionalistischen Moderne zu dem der kompakten, nutzungsgemischten Stadt schlug sich auch semantisch nieder: Statt »neuer Siedlungen« werden »neue Quartiere« gebaut. Dieser Beitrag zeichnet diese Neuorientierung des Städtebaus nach. Er unternimmt damit den Versuch, ein bereits außerordentlich gut aufgearbeitetes Kapitel der westdeutschen Geschichte erneut – unter einem veränderten Blickwinkel – zu betrachten.[3] Folgende Frage steht dabei im Zentrum: Bildet sich in diesem Leitbildwechsel lediglich eine Anpassung an sich verändernde gesellschaftliche, politische und ökonomische Verhältnisse sowie die Aufnahme technischer Neuerungen ab, oder lässt sich dieser auch als ein komplexer Lern- und Aushandlungsprozess der Disziplin beschreiben und erklären? Einfacher formuliert: Ist Stadtplanung eine lernende Disziplin (vgl. Jessen 1997)?

---

1   Der Beitrag berichtet aus dem von der Deutschen Forschungsgemeinschaft (DFG) geförderten Projekt »InnoPlan: Innovationen in der Planung: Wie kommt Neuartiges in die räumliche Planung?«, das an der Universität Stuttgart und dem IRS Erkner von Oktober 2013 bis September 2015 durchgeführt wird. In der Folge werden erste Ergebnisse der Projektphase I des Teilprojekts »Planung und Bau neuer Stadtteile« präsentiert. Für kritische Hinweise und Anmerkungen zu diesem Beitrag möchte ich mich bei Heidede Becker, Johann Jessen und Tilman Harlander bedanken.

2   Während die Nachkriegsgeschichte des westdeutschen Städtebaus häufig als Abfolge städtebaulicher Leitbilder beschrieben wird, die als normative Vorgaben das Wachstum von Städten koordinieren und gestalten sollten, ist heutige Planung mit vielfältigen und oft widersprüchlichen Anforderungen konfrontiert; umfassende und zugleich konsistente Leitbilder kann es nicht mehr geben – gleichzeitig kommt die Disziplin jedoch nicht ohne Leitvorstellungen aus, die zumindest zeitlich und räumlich begrenzt Orientierung schaffen (vgl. Jessen 2014: 125ff.). Leitbilder sind inzwischen Teil eines planungspolitischen Diskurses und damit zunehmend Ergebnis von Kommunikation, aber auch selbst Medium der Verständigung über die Disziplin (vgl. Becker 1998: 134). Vor diesem Hintergrund kann die Herausbildung eines neuen städtebaulichen Leitbilds im Sinne eines »vergemeinschaftenden Bandes« (vgl. Braun-Thürmann 2005: 43) genau als jener Prozess verstanden werden, in dessen Verlauf sich die Disziplin des Städtebaus auf einen neuen Konsens im Sinne einer »sozialen Innovation« verständigt (vgl. Jessen 2006: 29).

3   Siehe u.a. Reinborn (1996), von Beyme (1999), Harlander (1999), Düwel/Gutschow (2001).

Neue Siedlungen und neue Quartiere in der Bundesrepublik: Definition und gebaute Praxis

Der Untersuchungsgegenstand ist das städtebauliche Großvorhaben mit einheitlicher städtebaulicher Grundkonzeption und vorwiegender Wohnnutzung, das über 1.000 Wohneinheiten umfasst.[4] Historisch schließt diese Definition sowohl die vorwiegend in den 1950er bis 1970er Jahren errichteten Großsiedlungen als auch neue, ab den 1990er Jahren errichtete Stadtquartiere ein. Typologisch umfasst es Stadterweiterungsvorhaben auf der grünen Wiese (z.b. Neue Vahr Bremen, Hamburg Allermöhe, Potsdam Kirchsteigfeld) genauso wie großflächige Wiederaufbau- (z.b. Berlin Hansaviertel) und Stadtumbauvorhaben in innerstädtischen Lagen (z.b. Frankfurt Deutschherrenviertel, Hamburg HafenCity, Tübingen Südstadt) sowie Vorort- bzw. Stadtrandlagen (z.b. München Riem, Berlin Rummelsburger Bucht, Stuttgart Burgholzhof). Der Beobachtungszeitraum reicht von 1960 bis zur Durchsetzung des neuen Modells in den 2000er Jahren. Abbildung 1 zeigt die Zyklen des Baus von neuen Siedlungen bzw. Quartieren.

Abbildung 1: In der BRD zwischen 1950 und 2015 realisierte Wohneinheiten (WE) in Vorhaben über 1.000 WE mit einheitlicher städtebaulicher Konzeption und vorwiegender Wohnnutzung, erfasst nach Projektbaubeginn[5]

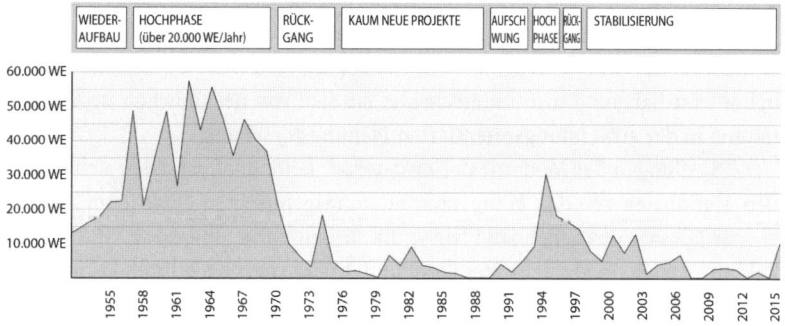

Quelle: eigene Darstellung.

---

4   Vgl. die Definition des BBR 2007: 21 bzw. BBSR 2012: 3, in denen allerdings Quartiere über 500 Wohneinheiten aufgenommen wurden, die nach 1990 errichtet wurden.

5   Als Grundlagen für diese Abbildung dienten die für den Großsiedlungsbericht 1994 durchgeführte Bestandserhebung des BfLR sowie die Erhebung zu den neuen Stadtteilen des BBR (2007). Diese Daten wurden ergänzt durch Recherchen in Literatur (Dokumentation Bundesdemonstrativbauvorhaben, Förderlisten Städtebauförderungsprogramme,

Die zweigipflige Kurve macht deutlich, dass es sich nicht um einen stetig verlaufenden Prozess handelt, sondern dass der Untersuchungsgegenstand in hohem
Maße von Konjunkturzyklen auf dem Wohnungsmarkt abhängig ist: Die Kurve
zeigt den Höhepunkt Mitte der 1960er Jahre an – es ist die Phase der extensiven
Urbanisierung, in der Stadtplanung Stadterweiterung bedeutete (vgl. Siebel 2006:
3f.). In der zweiten Hälfte der 60er Jahre geht der öffentlich geförderte Wohnbau
erstmals zurück (vgl. Conradi/Zöpel 1994: 104) und es findet schrittweise der Übergang zur Phase der intensiven Urbanisierung und des Stadtumbaus statt (vgl. Siebel 2006: 3f.). Rezession, mangelnde Nachfrage und fortschreitender Rückzug des
Bundes bringen den Großsiedlungsbau in den 1980er Jahren beinahe zum Erliegen.
Erst mit Wiedervereinigung und »neuer Wohnungsnot« setzt zu Beginn der 1990er
Jahre eine neue, kleinere Welle des Baus neuer Quartiere ein. Angesichts der drängenden Probleme reflektiert diese das Gegensteuern von Bund und Kommunen,
die in Form von Public-Private-Partnerships, städtebaulicher Verträge oder Entwicklungsmaßnahmen den öffentlichen und privaten Wohnbau ankurbeln wollten
(vgl. Harlander 1999: 380).

Das kompakte, nutzungsgemischte Stadtquartier als soziale Innovation im Städtebau

Diesem Beitrag liegt eine Konzeption sozialer Innovationen zugrunde (vgl. Ibert
et al. 2015), in der Innovationen als neuartige und von Akteuren als neu definierte
Praktiken verstanden werden, die Verbreitung gefunden und sich als neue Routine
durchgesetzt haben.[6] Darin unterscheidet sie sich von der üblichen Begriffsver-
wendung in der anwendungsorientierten Planungsforschung.

Die Siedlungen der Moderne der 1950-1970er Jahre unterscheiden sich in zentralen Merkmalen von den kompakten nutzungsgemischten Quartieren, die seit
den 90er Jahren entstanden sind (siehe u.a. Jessen 2004, BBR 2007, BBSR 2012).
Abbildung 2 stellt, in abstrahierter Form und differenziert nach Produkt- und Pro-
zesselementen, die wichtigsten Unterschiede zusammen.

Wir gehen davon aus, dass es sich auf der Ebene des Idealtypus sowohl in der
räumlichen, funktionellen und strukturellen Konzeption von Quartieren sowie im

---

Architektur- und Städtebauführer, Fachzeitschriften), im Internet sowie durch Anfragen bei
Kommunen. Insgesamt konnten 316 Projekte (über 845.000 Wohneinheiten) in die Darstellung aufgenommen werden.

6   Die Verwendung des Innovationsbegriffes dient als neutrales analytisches Konzept, um die
Herausbildung von Neuerungen in der räumlichen Planung zu rekonstruieren. Damit wird
keine Wertung des Autors vermittelt. Ebenso wenig untersucht dieser Beitrag, inwieweit es
sich bei der als Innovation untersuchten Neuerung und von Akteuren intendierte »Verbesserung« um eine »tatsächliche Verbesserung« gegenüber der vorherigen Routine handelt.

Planungs-, Produktions- und Umsetzungsprozess um substanzielle Änderungen, also um Neuartiges handelt. Dagegen könnte eingewandt werden, dass das Leitbild der kompakten nutzungsgemischten Stadt materiell und ideell auf die Stadtproduktion des späten 19. Jahrhunderts zurückgreift und insofern im eigentlichen Sinne nicht neuartig sei. Da Innovationen durch die neuartige Re-Kombination zum Teil bekannter Elemente erzeugt und begründet werden können, trifft dieser Einwand nicht zu (vgl. Rammert 2010: 45).

Abbildung 2: Merkmale: Großsiedlung und kompaktes nutzungsgemischtes Quartier

L e i t b i l d		Siedlung der Moderne (überwiegend 1950-er bis 1970er Jahre)	Kompaktes nutzungsgemischtes Quartier (ca. ab 1990er Jahre)
Produkt	MORPHOLOGIE	Zeilen- und Punktbauweise, räumliche Entkopplung von Erschließung und Bebauung, fließender Übergang von öffentlichen und privaten Freiräumen	Blockrandbebauung, Korridorstraße, Platzraum, klare Trennung von öffentlichem und privatem Freiraum
	FUNKTIONALRÄUMLICHE KONZEPTION	Trennung der Funktionen, Versorgungsfunktionen in Zentren	Feinkörnige Funktionsmischung, Handel sowie öffentliche und private Dienstleistungen als Erdgeschossnutzung, Schaffung nutzungsoffener Strukturen
	LAGE	Siedlung als selbstständige, von der Umgebung abgegrenzte Einheit	Quartier als in das bestehende Stadtgefüge bewusst integrierte Einheit
	ERSCHLIESSUNG & MOBILITÄT	Trennung der Verkehrsarten (motorisierter und Fußgängerverkehr), großzügige Dimensionierung für einen störungsfrei fließenden Verkehr	Mischung der Verkehrsarten, Verkehrsberuhigung durch sparsame Erschließung
	FREIRÄUME & GRÜN	Bauten in fließender Landschaft, Grünzüge	Baulich-räumlich gefasstes Grün, städtische Freiflächen
Prozess	PLANUNG	Rein innerfachlicher Vorgang, Planung als technischer, künstlerischer und organisatorischer Prozess	Einbeziehung der Bürger in den Planungsprozess
	TRÄGERSCHAFT	Große gemeinnützige Wohnungsbausellschaften als Träger	Ausdifferenzierung der Trägerschaften: private Wohnungsbaugesellschaften, Wohnungsbaugenossenschaften, Bauherrengemeinschaften, Baugruppen etc.
	PRODUKTION	Industrialisierte Bauweisen, gleichförmige Baukomplexe, Großformat, standardisierte Wohnraumversorgung	Gestalterisch individualisierte, auf den Kontext bezogene Baukomplexe, Kleinteiligkeit, vielfältige Wohnungstypen
	IMPLEMENTATION	Keine Fortsetzung kommunaler Aktivitäten nach Einzug der Bewohner	Aktive Förderung des Eingewöhnens der Erstbezieher in die neue Wohnumgebung
Auswahl an Beispielen (Angabe Anzahl Wohneinheiten, Bauzeit)		Bremen Neue Vahr (10.000 WE, 1957-1962), Bielefeld Sennestadt (7.000 WE, 1956-1965), Berlin Märkisches Viertel (16.900 WE, 1963-1974), Hamburg Steilshoop (6.400 WE, 1969-1975)	Potsdam Kirchsteigfeld (2.800 WE, 1993-2000), Frankfurt Deutschherrnviertel (1.500 WE, 1995-2000), Tübingen Südstadt (2.500 WE, 1996-2012), München Riem (6.000 WE, 1996-2012)

Quelle: eigene Darstellung.

Die Neuartigkeit stellt ein notwendiges, nicht jedoch hinreichendes Merkmal einer sozialen Innovation dar. Demnach gelten nicht einmalig Erprobtes, sondern erst durchgesetzte und verbreitete Modelle als Innovation: Während die Siedlungen der 1950er bis 1970er Jahre tendenziell dem Modell der funktionalistischen Moderne folgten, handelt es sich bei den ab den 1990er Jahren errichteten Quartieren um Umsetzungen der kompakten nutzungsgemischten Stadt. Insgesamt fand damit eine Ablösung der alten durch eine neue Praxis statt. Es stellt eine westdeutsche Besonderheit dar, dass es durch die zwei deutlich unterscheidbaren Gipfel (Abb. 1) kaum eine zeitliche Überlappung in der baulichen Umsetzung gegeben hat, sondern die städtebaulichen Leitbilder relativ eindeutig den beiden Wellen zugeordnet werden können. In der Folge wird allerdings demonstriert, dass es sich keineswegs um einen radikalen Bruch handelt, sondern um einen sich über mehrere Jahrzehnte erstreckenden Prozess, der durch Diskontinuitäten und schwankende Aktualitäten charakterisiert war und durch die zeitlich versetzte Entwicklung von Bausteinen hybride Übergangstypen entstehen ließ (Abb. 3).

Um es zusammenzufassen: Die neuen Stadtquartiere setzen sich zeitlich von der Praxis des Großsiedlungsbaus ab und wurden semantisch als etwas Neues definiert. Sie unterscheiden sich in ihrer Konzeption von der vorherigen Praxis, wurden als Modell akzeptiert, haben Verbreitung gefunden und sind zur neuen Normalität geworden. Die veränderte Praxis kann demnach als neuartiges Modell verstanden werden, das aufgrund seiner gelungenen Durchsetzung eine soziale Innovation in der Planung darstellt.

Methoden und Untersuchungsinstrumente

Im Folgenden wird die innere Logik des Leitbildwechsels als ein komplexer Lernprozess rekonstruiert, der seine eigene Zeitlichkeit und Räumlichkeit ausbildet und in dem sich zunächst relativ unabhängige Diskurse überlagern, ineinander verschränken und in einzelnen Phasen auf unterschiedliche Weise und Gewichtung zur Herausbildung der Neuerung beitragen. Es geht also nicht primär um die Ursachen für Veränderungen, sondern um das *wie* (Prozess) und *warum so* (Entwicklungsrichtung).

Abbildung 3: Verlauf der Siedlungs-/Quartierskonzipierung, dargestellt anhand ausgewählter Schwarzpläne

Neue Vahr, Bremen (10.000 WE, 1957-1962)

Steilshoop, Hamburg (6.400 WE, 1969-1975)

Allermöhe-Ost, Hamburg (3.500 WE, 1983-1996)

Rieselfeld Freiburg (4.500 WE, 1994-2004)

Quelle: eigene Darstellung.

Für die empirische Untersuchung wurde ein Mix aus quantitativen und qualitativen Instrumenten angewandt. Wichtiger methodischer Baustein war die diskursanalytische Auswertung (Keller 2007) von fünf ausgewählten Zeitschriften zum Themenfeld.[7] Sie sollten Hinweise darauf erbringen, auf welche Weise im Bereich des Städtebaus Wissens- und Werteordnungen erzeugt und stabilisiert wurden, durch welche Akteure und Mechanismen der neue Regelmodus etabliert wurde, und welche Effekte (z.B. veränderte Handlungsweisen, bauliche Umsetzungen) davon ausgingen. Da trotz des Versuchs, durch die Auswahl der Fachzeitschriften den wissenschaftlichen Diskurs, die planerische Praxis sowie die politische Ebene[8] abzudecken, einzelne entscheidende Diskurse oder Elemente unterrepräsentiert waren, wurden für die qualitative Inhaltsanalyse zusätzliche Schlüsseltexte ausgewählt.

Des Weiteren wurden zehn leitfadengestützte Interviews mit Zeitzeugen und führenden Experten aus der städtebaulich-planerischen Praxis, der wissenschaftlichen Begleitforschung und Diskussion, der stadtpolitischen Ebene sowie der Wohnungspolitik geführt, die den Erneuerungsprozess in der BRD maßgeblich mitbeeinflusst und vorangetrieben haben.

Aus der Auswertung konnte ein Drei-Stufenmodell abgeleitet werden, das den Prozess der Entstehung, Verdichtung und Konkretisierung nachzeichnet (siehe Abb. 4): Stufe 3 sind Publikationen zuzurechnen, die Bereiche des Diskurses abbilden, die maßgeblich zur Herausbildung des neuen Regelmodus beigetragen haben. Die Suche nach einem neuen Modell ist hier allerdings nicht zentrales Anliegen. Zur Stufe 2 wurden Publikationen gezählt, die die aktive Suche nach neuen Modellen und die Diskussion konkurrierender Forderungen thematisieren: Darin ist die Neuerung in Teilen bereits angelegt, die einzelnen Bausteine finden allerdings noch nicht zusammen. In Stufe 1 wurden Publikationen gesammelt, in denen die Elemente zu einem kohärenten Bild zusammengeführt werden und eine kritische Auseinandersetzung mit dem neuen Leitbild und seiner Umsetzung stattfindet.

Die Auswertung zeigte, dass die Herausbildung des neuen Regelmodus in der BRD von drei übergreifenden und zunächst unterschiedlichen Themenfeldern der letzten vier bis fünf Jahrzehnte beeinflusst wurde:

---

7   Folgende Fachzeitschriften wurden ausgewertet: Stadtbauwelt, Arch+, Archiv für Kommunalwissenschaften, Informationen zur Raumentwicklung und Bundesbaublatt. Eine ähnliche Herangehensweise wählt Schultz (2013), wobei sie den gesamten städtebaulichen Diskurs in nur einer Zeitschrift (Stadtbauwelt) nachzeichnet.

8   Im folgenden Beitrag wird die politische Ebene weniger im Vordergrund stehen – diesbezüglich wird auf den im selben Band veröffentlichten Beitrag von Bernd Breuer verwiesen.

- Großsiedlungen als Negativfolie
- Stadterneuerung als Erfahrungs- und Lernfeld
- Ökologie als neuer Imperativ planerischen Handelns

(1) *Großsiedlungen als Negativfolie:* Bereits zu Beginn der 1960er Jahre setzte der kritische Diskurs um die Großsiedlungen ein. Bis Ende der 1970er Jahre wurden, ausgelöst durch intensive Kritik an der bestehenden Praxis, Verbesserungen und Weiterentwicklungen diskutiert. Neben Verbesserungen der infrastrukturellen Versorgung (ÖPNV-Anschluss, Schulen, Einzelhandel etc.) und der Ausstattung des Umfelds wurden Flexibilität und Anpassungsfähigkeit der Baustrukturen, Rationalisierung der Bauproduktion zur Kostensenkung, die Erzeugung von Urbanität und die Suche nach einer Stadtmitte thematisiert. Mitte der 80er Jahre verschob sich die Debatte, veranlasst durch erste Wohnungsleerstände, Vermietungsprobleme, nicht beseitigte Ausstattungsdefizite und Mieterproteste von »Verbesserungen« hin zu »Nachbesserung« und »Rückbau« (Autzen/Becker 1985, Harms/Schubert 1986, Gibbins 1988, Becker 1990) – Begriffe, die zu dieser Zeit zum ersten Mal eingeführt wurden. Die Kritik an den Großsiedlungen ging ins Grundsätzliche (»Scheitern eines Modells«, Jessen 1989). Schreckensmeldungen aus französischen und englischen Großsiedlungen sowie der Zusammenbruch der Neuen Heimat trugen das Ihre zum beschädigten Image der Großsiedlungen bei. Die Großsiedlungen wurden zunehmend als negative Kontrastfolie wahrgenommen, die vor allem demonstrierte, was abzulehnen sei, ohne Orientierung für Alternativen bereit zu halten.

(2) *Stadterneuerung als Erfahrungs- und Lernfeld:* In ihren Anfängen geriet die Stadterneuerung mit den Konzepten der Flächensanierung ähnlich in die Kritik wie der Großsiedlungsbau. Unter dem Protest der Bürger gegen die Abrisskonzepte, aber auch wegen des sinkenden Entwicklungsdrucks auf den Wohnungsmärkten vollzog sich in der Folge der Strategiewechsel von der Funktionssanierung zur erhaltenden und behutsamen Erneuerung. Die direkte Auseinandersetzung mit von Sanierung betroffenen Bevölkerungsgruppen, die Politisierung der Stadtplanung Ende der 1960er Jahre und die ab Ende der 1970er Jahre in den Großstädten wachsende Instandbesetzerbewegung stellten die Stadtplanung als technokratischen Planungsprozess infrage und erforderten das Eingehen auf die Belange der Bewohner. Themen wie Bürgerbeteiligung, Demokratisierung und Dezentralisierung der Planung und Selbsthilfe, aber auch Fragen des Bauens im Bestand, das Verhältnis von Denkmalschutz und zeitgenössischer Architektur sowie Ideen zur Umnutzung alter Bauten standen im Zentrum der Debatten. Ab Anfang der 1970er Jahre bis Mitte der 1980er Jahre bildete die Stadterneuerung ein zentrales Themenfeld im städtebaulichen Diskurs. Während die Großsiedlungen als Kontrastfeld dienten, wurden in der Stadterneuerung jene Bausteine erprobt – von der Baulückenschließung bis zu größeren Neubauprojekten im städtischen Kontext –, die in der Folge auf

Stadterweiterungen auf der grünen Wiese transferiert wurden. Gleiches galt für Verfahren zur Bürgerbeteiligung, die ebenso den Weg von der Stadterneuerung in die Planung neuer Quartiere fanden.

(3) *Ökologie als neuer Imperativ planerischen Handelns:* Umwelt und Ökologie waren bereits in den frühen 1970er Jahren zu neuen Schlagworten geworden (Dahmen 1972: 324) und hatten bekanntlich in der Energiekrise und der aufkommenden Umweltbewegung ihre Wurzeln. Aber erst seit Mitte der 80er Jahre gewannen ökologische Belange für die räumliche Planung immer stärker an Bedeutung. Ziele wie Energieeinsparung, Eindämmung des Landschaftsverbrauchs, Minderung von Lärm- und Luftbelastungen, Bodenschutz und andere wurden nach und nach in die kommunale Planungspraxis aufgenommen, durch Förderprogramme unterstützt, im Bau-, Planungs- und Umweltrecht verankert und in Forderungen wie »Innen- vor Außenentwicklung« und »Nachhaltige Siedlungsentwicklung« emblematisch verdichtet. Spätestens seit Mitte der 1980er Jahre müssen mit wachsender Verbindlichkeit ökologische Belange bei allen wichtigen planerischen Vorhaben berücksichtigt werden. Dies gilt auch für die Planung der neuen Quartiere.

Das erarbeitete Stufenmodell brachte ebenso erste Hinweise auf die zeitlichen Phasenverläufe der Innovation (siehe folgendes Kapitel sowie Abb. 4). Insgesamt kann der Schwerpunkt des Diskurses, der die städtebauliche Konzeption für neue Quartiere maßgeblich beeinflusste, paradoxerweise in den 1980er Jahren verortet werden und liegt damit in jener Periode, in der kaum neue großflächige Stadtteile errichtet worden sind.

Phasen der Innovation

Um neben sich verändernden Rahmenbedingungen vor allem aktive Lernprozesse innerhalb der Disziplin zu erfassen, wird das sozialwissenschaftliche Konzept der sozialen Innovation auf die räumliche Planung übertragen (vgl. Ibert et al. 2015). In einem zirkulären Prozess wurde ein heuristisches Phasenmodell entwickelt, das der folgenden Darstellung zugrunde liegt.

Latenz: Kulturkritik, Selbstzweifel der Fachdisziplin und der Erneuerungsversuch der eingespielten Praxis

Die Zweifel am Städtebau der funktionalistischen Moderne, der den Wiederaufbau der Städte in der Bundesrepublik prägte, setzte in den frühen 1960er Jahren ein und verfestigte sich zunehmend. Es können drei Stränge identifiziert werden: Zum einen wird zunehmend Unbehagen an der Form des Wiederaufbaus geäußert,

Abbildung 4: Darstellung der Diskurse (1960 bis 2010) des Stufenmodells und der Wohn-
bauproduktion (Links: Prozentsatz an erhobenen Artikeln (Stufen 1-3) bezogen auf die Ge-
samtzahl an jährlich in den ausgewerteten Zeitschriften erschienen Artikel. Rechts: Wohn-
bauproduktion, siehe Abbildung 1).

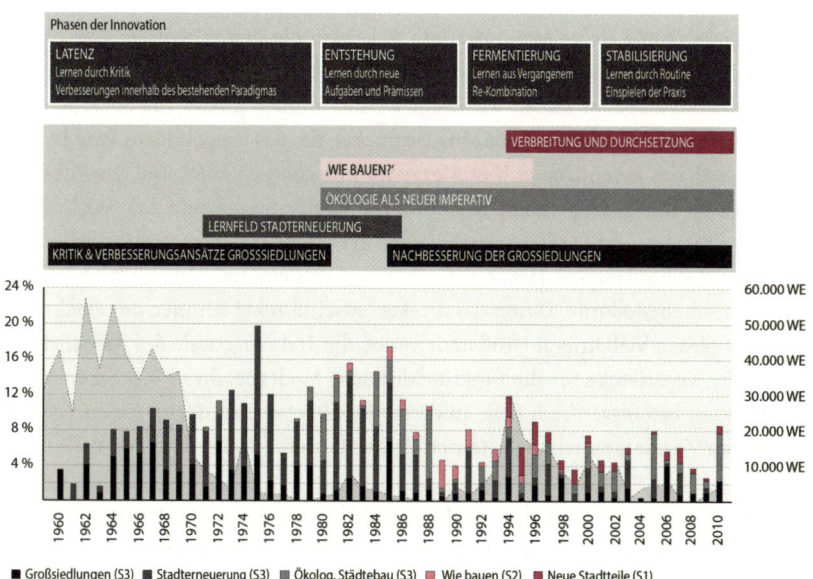

Quelle: eigene Darstellung.

und zwar bezeichnender Weise zunächst nicht von der Fachdisziplin der Stadtplanung selbst (1). Des Weiteren manifestieren sich erste Selbstzweifel innerhalb
der Disziplin: Die Gewissheit früherer Planer der funktionalistischen Moderne, die
keine Zweifel an ihren Zielen, Konzepten und Methoden sowie an der herausgehobenen Bedeutung ihrer Disziplin für die Entwicklung der Städte aufkommen
ließen, teilt die nachfolgende Generation so nicht mehr (2). Schließlich können die
zahlreichen städtebaulichen Ansätze, die in den 1960/70er Jahren innerhalb des
Referenzrahmens der funktionalistischen Moderne formuliert wurden und für gewöhnlich als Wechsel vom Leitbild der *Aufgelockerten und gegliederten Stadt* hin zu *Ur-*
banität durch Dichte[9] beschrieben werden, als innerfachliche Erneuerungsversuche

---

9   Die Wortfolge »Urbanität durch Dichte« taucht in den untersuchten Quellen 1967 in einer
     Stellungnahme zur Baunutzungsverordnung von 1962 in der Stadtbauwelt erstmals auf (sie-
     he Farenholtz 1967: 981). Die von Roskamm (2011: 313) vertretene Vermutung, »Urbanität
     durch Dichte« sei erst im Nachhinein als Leitbild konstruiert worden, die sich maßgeblich
     darauf stützt, dass die Wortkombination nicht in Texten der 1960er und 1970er Jahre auf-

der Praxis verstanden werden (3). Durch das zunehmende Unbehagen und die Kritik an der gängigen Praxis, durch die Selbstzweifel der Planer sowie aufgrund der Erneuerungsversuche, bei denen Elemente thematisiert wurden, die bei der späteren Formierung des Leitbilds eine wichtige Rolle spielten, kann hier die Phase der Latenz angenommen werden.

(1) *Kulturkritik und Unbehagen*: Bekanntlich kamen die ersten Kritiker der gängigen Formen der Stadtentwicklung und der daran beteiligten Akteure nicht aus der Zunft der Städtebauer selbst. Zu Recht werden immer wieder die Schriften der Journalistin Jane Jacobs (1961, 1963 ins Deutsche), des Soziologen Hans Paul Bahrdt (1969, 1968), des Psychoanalytikers Alexander Mitscherlich (1965) und des Publizisten Jobst Siedler (1964) genannt, die mit ihren Publikationen eine tiefe Wirkung in der Architekten- und Städtebauergemeinde erzielten. Trotz unterschiedlicher Zugänge und Schwerpunkte verband sie die Kritik an der »Anti-Urbanität« der funktionalistischen Moderne. Durch das direkte bzw. indirekte Betonen der Qualitäten der komplexen vielfältigen Großstadt verlor die Industriestadt des 19. Jahrhunderts, die Negativfolie für die funktionalistische Moderne, ihren Schrecken. Auch Architekten beteiligten sich früh an dieser Kritik, etwa mit der in vielen Städten gezeigten Wanderausstellung »Heimat deine Häuser« (Bächer et al. 1963).[10]

(2) *Selbstzweifel und Unsicherheit*: Einher ging eine Krise im Selbstverständnis der Städtebauer, die sich sowohl aus der gesellschaftlichen Kritik an ihren gebauten Resultaten als auch aus dem internationalen Austausch speiste: »Die missionarische Sicherheit eines Le Corbusier, des frühen May und des früheren Gropius ist uns verlorengegangen; [...] der Planer empfindet bisweilen selbst ein Gefühl der Willkürlichkeit bei seiner Massenverteilung« (Sieverts 1965: 481). Angeregt durch den anglo-amerikanischen Raum, wo Stadtplanung bereits als interdisziplinäre Steuerungs- und Managementaufgabe verstanden wurde, sollte nun auch in der BRD durch »Verwissenschaftlichung der Planung« und Kooperationen mit anderen Disziplinen »dem Mangel an allgemeingültigen Zielvorstellungen für die Planung« (Bahrdt 1964: 16) abgeholfen werden. Die erhofften unmittelbaren praktischen Hinweise wurden indessen in der Regel enttäuscht. Die Soziologie sah ihren Beitrag vorwiegend in der Kritik der Praxis und war zum Großteil nicht bereit bzw. sah sich nicht dazu in der Lage, den Planern ihre Verantwortung als Entwerfer abzunehmen. Jedoch trugen ihre Schriften zum Thema maßgeblich zur Konkretisierung

---

taucht, sollte vor diesem Hintergrund überprüft werden. Auch die gezielte Schaffung städtischen Gefüges durch höhere Dichtewerte und die Bezeichnung dieser Zielvorstellung als Leitbild finden sich in der Literatur (siehe Stracke 1973: 148).

10   Fischer 1972 sowie Keller 1973.

der bislang diffusen Kritik bei: Während mit der These von Öffentlichkeit und Privatheit bereits zu Beginn der 1960er Jahre eine Theorie vorlag, die die Kritik räumlich in feste Kategorien brachte (Bahrdt 1969²), entstanden am Übergang zu den 1970er Jahren empirische Studien, die sich gezielt mit sozialen Verhältnissen in den neuen Siedlungen auseinandersetzten (u.a. Zapf/Heil/Rudolph 1969, Heil 1971, Weeber 1971).

(3) *Erneuerungsversuche im Paradigma der Moderne:* Schließlich kann auch die städtebauliche Entwurfspraxis der 1960/70er Jahre als ein Prozess des Suchens verstanden werden, in dem innerhalb des Paradigmas der Moderne auf die Erfahrungen des Städtebaus der 1950er Jahre und die daran geübte Kritik reagiert, Einflüsse aus dem europäischen Ausland aufgenommen und auf verschiedenen Maßstabsebenen – von der Wohneinheit bis zum übergreifenden Erschließungskonzept – experimentiert wurde. Wichtige Stichworte waren Urbanität, Dichte und Verflechtung, die auf Tagungen wie »Gesellschaft durch Dichte« (1963) (Boeddinghaus 1995) verhandelt wurden und sich zunehmend in städtebaulichen Wettbewerbsausschreibungen niederschlugen: So findet sich bereits im 1961 durchgeführten Wettbewerb für die Neue Stadt Wulfen die Forderung nach »Stadt statt Siedlung« (Rühl 1962: 3), die zumindest semantisch die zukünftige Entwicklungsrichtung andeutete.

Die wichtigste Plattform zur Diskussion neuer Ansätze stellten die zu jener Zeit noch zahlreichen Wettbewerbe für großflächige Stadterweiterungsvorhaben dar, die auch jüngeren Büros die Präsentation ihrer Ideen ermöglichte. Die Experimentierfelder umfassten:

- *Typologische Ausdifferenzierung des Wohnangebots:* Als Antwort auf die serielle Wohnungsproduktion wurden ausgehend von der Wohnung als kleinster Einheit komplexe Module als städtebauliche Grundbausteine entwickelt. Dafür stehen etwa die Siedlung Halen bei Bern oder die sogenannten Spengelin-Typen in Deutschland (Geschosswohnbau mit vorgelagerter integrierter Reihenhauszeile).
- *Komplexe Zentren als urbane Mitten:* Als Alternative zu den schwach belebten und als monoton erlebten Versorgungszentren wurden bei der Suche nach einer Mitte u.a. multifunktionale Gebäudekomplexe vorgeschlagen. Deren wichtigstes Vorbild war das Zentrum der schottischen New Town Cumbernauld (vor einigen Jahren abgerissen). Sie sollten zum Schauplatz urbanen Lebens werden, das man in den Siedlungen der 1950er Jahre vermisste und das in Bestandsquartieren der Gründerzeit so selbstverständlich war.
- *Städtebauliche Konfigurationen:* Zudem zeigte sich in vielen Entwurfsbeiträgen eine bewusste Abkehr vom traditionellen Zeilenbau der 1950er Jahre. Vorbilder fanden die Planer etwa in den Projekten des niederländischen Stadtplanungsbüros Broek/van Bakema oder des Pariser Büros Candilis/Josic/Woods,

dem französischen Ableger von Team 10. Die neuen Figurationen waren zunächst weniger von der Idee einer zu steigernden Dichte, als von dem Entgegenwirken eines »Siedlungseinerleis« getragen; durch kontextuelles Vorgehen und die Entwicklung skulpturaler Großformen wurde versucht, unverwechselbare Stadträume zu schaffen und lokale Identität zu stiften. In einigen Entwürfen wurde auch die Korridorstraße wiederbelebt: So sah der nur in Teilen umgesetzte Vorschlag des Büro Guther und Stracke im Wettbewerb für die Erweiterung von Neu-Perlach als zentrales Element eine beidseitig bebaute Magistrale vor – ein städtebauliches Element, das im Nachkriegs-Europa fast als Tabu gelten konnte. Der Rückkehr zur geschlossenen Bauweise kam in dieser Phase der Entwurf für die Siedlung Hamburg-Steilshoop, bestehend aus 16 Großblöcken (Bauzeit 1969-1975), am nächsten (vgl. Lindemann 1970: 51).[11]

• *Entwicklungsoffene Strukturplanung:* Schließlich wurden erste Ansätze entwickelt, die nicht auf den Entwurf eines gewünschten Endzustands zielten, sondern ein gestaltungs- und nutzungsneutrales städtebauliches Grundgerüst vorsahen. Auch in dieser Hinsicht gilt das Projekt Hamburg-Steilshoop als Pionier (vgl. ebda, Frick 1967: 1221). Als Prototyp für eine entwicklungsoffene großmaßstäbliche Rahmenplanung kann der Siegerbeitrag des jungen Büros Freie Planergruppe Berlin im 1973 durchgeführten gutachterlichen Planungsverfahren Billwerder-Allermöhe gelten.

Das Ziel der beteiligten Akteure war es, bessere Städte zu bauen. Die Neuerungen gingen häufig von jungen Mitarbeitern in führenden Büros oder aber jungen Planungs-Start-ups aus, die sich bewusst von ihren Lehrern absetzten und durch ihre Entwurfsideen gängige Routinen ins Wanken brachten. Vielfach waren diese inspiriert durch Projekte im westeuropäischen Ausland. Der konflikthafte Dialog zwischen den Generationen, der auch in den späteren Phasen eine wichtige Rolle spielt, wurde immer wieder in Interviews mit den damaligen Protagonisten thematisiert. Den Verdichtungs- und Verflechtungsideen der Jungen stand die alte Garde in wichtigen Positionen, häufig als Stadtbauräte, Planungsdezernenten oder Vorsitzende bei Wettbewerben, skeptisch gegenüber. Auflockerung und Entballung war für sie nicht nur aus stadthygienischen Gründen geboten, sondern stellte eine

---

11   Die schrittweise Wieder-Annäherung an die Form des Baublocks lässt sich parallel auch in den Schriften Hans Paul Bahrdts nachverfolgen: Dieser denunziert 1961 die Blockrandbebauung als ein Modell, das »heute – mit Recht – eines der Hauptangriffsziele der modernen Städteplaner« darstelle (Bahrdt 1962: 93f.). Vielmehr müssten neue, den aktuellen Anforderungen genügende Bauformen gefunden werden (vgl. ebd.: 94f.). Diese Ausführungen weicht er in einer späteren Überarbeitung seiner Schrift auf: In einem Einschub von 1969 hält er es bereits für möglich, dass der Baublock in Zukunft doch wieder eine Rolle spielen könne (vgl. ebd.: 95f.).

biographisch tief wurzelnde Lehre dar, die aus den Erfahrungen des Bombenhagels auf die Großstädte im 2. Weltkrieg zu ziehen sei (vgl. Harlander 1999: 242f.).

Die angestoßenen Verbesserungsansätze hatten schrittweise das Leitbild der *gegliederten und aufgelockerten Stadt* durch das Modell *Urbanität durch Dichte* abgelöst, verblieben jedoch im Paradigma der Moderne. Paradoxerweise führten diese Erneuerungsversuche zu noch größerer Kritik als ihre Vorläufer und erzeugten, trotz wohlmeinender Intention, genau jene Generation von Großsiedlungen, die in der Folge als die Negativfolie schlechthin dargestellt wurde. Begründet wurde dies häufig durch die überragende ökonomische Machtstellung der Gemeinnützigen Wohnungsbaugesellschaften als alleinige Entwicklungsträger, die nachträglich die Ausnutzung erhöhten, Entwürfe veränderten und Infrastrukturen verspätet bereitstellten (siehe Analysen von Planungsgeschichten zur Gropiusstadt Becker/Keim 1977, Fehl 1979, zur Frankfurter Nordweststadt Einsiedel 1979 und zu Ratingen-West Schöller 2005). Allerdings räumten auch verantwortliche Planer ein, die selbstgesteckten Ziele von *Urbanität durch Dichte* nicht erreicht zu haben (vgl. Stracke 1973: 148).

Entstehung: Ökologische Imperative, Lern- und Experimentierfelder im Bestand und hybride Pioniervorhaben

Die Grundzüge und die Begründungen eines neuen Leitbilds für die Konzipierung von Stadtteilen bildeten sich in der BRD seit Ende der 1970er und im Laufe der 1980er Jahre heraus. Damit entstanden sie in einer Phase der Stadtentwicklung, in der kaum neue Stadtteile geplant und errichtet wurden. Es lassen sich drei Bereiche identifizieren, die entscheidende Komponenten beisteuerten: Zum einen sind dies die sich ab Anfang der 1980er Jahre schrittweise konkretisierenden Anforderungen eines ökologischen Städtebaus (1). Zum anderen ist die Praxis der Stadterneuerung und Stadtreparatur als Lern- und Experimentierfeld von entscheidender Bedeutung für die Erprobung des städtebaulichen Repertoires (2). Schließlich zeigt sich in den wenigen »Nachzüglern« der ersten Stadterweiterungswelle bereits das erklärte Ziel, die städtebauliche Konzeption der funktionalistischen Moderne zu überwinden (3).

(1) *Ökologie als Begründung und Imperativ:* In den 1980er Jahren wurden Prinzipien und Komponenten einer umweltgerechten Stadtentwicklung in programmatischen Schriften postuliert (Krusche et al. 1982, Bargholz 1984, Hahn 1987), in Modellvorhaben erprobt sowie über Förderprogramme und erste Gesetzesregelungen verbreitet. Die Verkehrswissenschaft entwickelte bereits Anfang der 1980er Jahre im Zusammenhang mit Wohnumfeldverbesserung und Verkehrsberuhigung das Schlagwort von der Stadt der kurzen Wege, das die verkehrsmindernde Wirkung

städtebaulicher Nutzungsmischung hervorhob (vgl. Billinger et al. 1983: 709). Ökologische Belange bildeten in der Folge auch für die Planung neuer Quartiere einen wichtigen Begründungsrahmen: Demnach zielen bauliche und funktionale Dichte sowie kompakte Bauweisen auch darauf ab, den Bodenverbrauch zu minimieren, die Wege kurz zu halten, umweltschonende Mobilität (Fuß- und Radverkehr) zu fördern und motorisierten Verkehr einzuschränken. Wichtige Elemente und Prinzipien des Leitbilds, die damit erstmals in den 1980er Jahren formuliert wurden, sind ökologisch begründet, was einen Teil des späteren Erfolgs erklärt.

(2) *Generierung von Neuem durch Rückgriff auf Altes:* Der Übergang von Flächenabbruch zu behutsamer Erneuerung und die Wertschätzung historischer Stadtstrukturen speisten sich maßgeblich aus einer Werteverschiebung, für die symbolisch immer wieder das Europäische Denkmalschutzjahr 1975 angeführt wird. Damit war auf offizieller Ebene ein wichtiges Vorzeichen geschaffen worden, das nicht nur den Umgang mit bestehenden Stadtquartieren veränderte, sondern auch die Planung neuer Stadtquartiere maßgeblich beeinflusste: Denn die zunehmend wieder geschätzten innenstädtischen Quartiere des 19. Jahrhunderts sollten nicht nur erhalten werden, sondern lieferten mit Funktionsmischung in hoher baulicher Dichte, Block und Korridorstraße, entschleunigtem Verkehr und belebten öffentlichen Plätzen auch die späteren Ziele für neue Stadtquartiere.

In diesem Zusammenhang wird immer wieder die herausragende Bedeutung der Internationalen Bauausstellung in Berlin (1979-1987) sowie einige Wegbereiter-Projekte im Vorfeld der IBA betont. Die IBA generierte nicht nur die Ziele, sondern konnte durch die Sonderkonditionen großzügiger Förderung auch erste Prototypen für eine Architektur der Stadt[12] entwickeln. Insbesondere die größeren Neubauprojekte, wie die Wohnanlage Ritterstraße-Nord in der Südlichen Friedrichstadt (Städtebauliche Studie von Rob Krier 1977), können als entscheidende städtebauliche Referenzprojekte für die spätere Konzipierung neuer Stadtteile angesehen werden. Als wichtiger gebauter Vorläufer gilt der Wohnblock am Vinetaplatz (1975-1977) in Berlin-Wedding, entworfen von Josef Paul Kleihues, dem Architekten und späteren Direktor der Neubau-IBA. Das Projekt demonstrierte, dass eine zeitgemäße Wohnbebauung in der tradierten Figur des Blocks möglich war. Damit wurde der Rückgriff auf städtebauliche Formen der Vergangenheit enttabuisiert. Dieser Ansatz war zu jener Zeit natürlich heftig umstritten: Gegner lehnten das »Plündern des Fundus« (vgl. Rumpf 1980: 1) strikt ab, Befürworter argumentieren hingegen, dass der Blick in die Vergangenheit endlich neue Impulse liefern könnte (vgl. Zwoch 1981: 211). Während die jüngere Generation von den Planern der Großsiedlungen das Eingeständnis ihres Scheiterns und eine Distanzierung »von ihrem

---

12   Insbesondere das Werk »Die Architektur der Stadt« des Architekten Aldo Rossi (1966, ins
      Deutsche 1973) erlangte großen Einfluss.

stadt- und menschenfeindlichen Lebenswerk« forderte, wurde ihnen von der alten Garde vorgeworfen, dass sie durch ihre Sehnsucht nach »einer ästhetisch inszenierten Kulissenwelt« »weit hinter die befreienden Reformvorstellungen der Moderne zurückfallen« würden (Zwoch 1985: 307).

Die Leitkonzepte der IBA, »Kritische Rekonstruktion der Stadt« und »Grundsätze der behutsamen Stadterneuerung«, die die Innenstadt als Wohnort und die Stadtreparatur zum Programm erhoben, waren für die besondere geopolitische Lage Westberlins Ende der 1970er, Anfang der 1980er Jahre formuliert (vgl. SEN o.J.: 7f.). Durch das Bekenntnis der IBA zu städtebaulichen Formen der Vergangenheit wurde eine mögliche Entwicklungsrichtung für zukünftige großflächige Neubauvorhaben legitimiert. Zusammen mit den Ausstellungsbauten waren die Leitlinien ein wichtiges Signal, das weit über die Stadt Berlin und die Aufgabe der Stadterneuerung hinaus strahlte und wichtige Bausteine für das Leitbild der kompakten, durchmischten Stadt lieferte.

(3) Hybride Pioniervorhaben: Der großflächige Stadterweiterungsbau war Ende der 1970er Jahre wegen sinkender Wohnungsnachfrage beinahe zum Erliegen gekommen. Experimente im Wohnbau zur Nutzerbeteiligung, zum ökologischen Bauen sowie zum Gemeinschaftswohnen fanden vorwiegend in kleineren Vorhaben statt. In wenigen Großsiedlungen wurde noch in größeren Abschnitten weitergebaut, wie zum Beispiel in Nürnberg-Langwasser: Hier wurde im zwischen 1976 und 1987 errichteten Abschnitt P bereits eine radikale Abkehr von den Prinzipien der Moderne angestrebt (vgl. Windsheimer 1995: 203, siehe auch DASL Bayern 1988). Als das letzte vor der Wiedervereinigung verwirklichte großflächige Stadterweiterungsvorhaben in Westdeutschland gilt Neu-Allermöhe (Hamburg). Als nach dem 1973 durchgeführten Wettbewerb erst 1979 die Planung von Neu-Allermöhe für rund 11.000 Einwohner wieder aufgenommen wurde, war es bereits erklärtes Ziel, sich vom Städtebau früherer Großsiedlungsplanungen abzusetzen (Hafner/Wohn/Rebholz-Chaves 1998: 147, siehe auch Polkowski 1998). Aus heutiger Sicht stellen Neu-Allermöhe wie auch der Abschnitt P in Nürnberg-Langwasser hybride Vorhaben des Übergangs dar, die noch nicht alle Merkmale des Alten überwunden hatten und das Neue nur in Ansätzen umsetzen konnten.

Fermentierung: Vom »Ende des Massenwohnungsbaus« über den Theorie-Praxis-Dialog zu den »neuen Quartieren«

Ab der zweiten Hälfte der 1980er Jahre verschränken sich die Diskurse: Anliegen der Ökologie verbinden sich mit denjenigen der Stadterneuerung und der Modernisierung von Großsiedlungen – hier werden in anderem Kontext Elemente und Bausteine diskutiert und erprobt, die in der Folge Impulse für die Debatte um zukünftigen großflächigen Wohnungsneubau gaben (1). Gleichzeitig intensiviert sich die Grundsatzdiskussion über Ziele und Konzepte zukünftigen Städtebaus (Stufe 2). Diese erlangt allerdings erst unter dem Eindruck der sogenannten »neuen Wohnungsnot« praktischen Einfluss, als der Bau großer zusammenhängender Wohnquartiere wieder zur aktuellen Anforderung wird (2). Die zweite Stadterweiterungswelle beginnt mit zahlreichen Wettbewerben für neue Stadtteile in westdeutschen Großstädten. Die Ergebnisse zeigen überwiegend im Vollbild das neue Leitbild der kompakten, durchmischten Stadt (Stufe 1) und werden Großteils danach umgesetzt (3). Das bewusste Absetzen von der alten Praxis des Großsiedlungsbaus, das systematische Zusammenführen von Bausteinen zu einem neuartig kombinierten und als neu definierten Modells für die Konzipierung großflächiger Wohnungsneubauvorhaben sowie die Propagierung und Verbreitung der gewonnenen Leitlinien über Netzwerke, charakterisieren diese Phase der Fermentierung.

(1) *Lernen aus Vergangenem:* Ab Mitte der 1980er Jahre wurde die Nachbesserung der Großsiedlungen in Form von »Bestandspflege und Weiterentwicklung« (Gibbins 1988) zu einem wichtigen Themenfeld, um die Wohnungsbestände im Markt zu halten. Neben baulich-technischen Maßnahmen, wie die Aufwertung von Eingangsbereichen, die Neugestaltung wohnungsnaher Freiräume, der Rückbau überdimensionierter verkehrlicher Infrastruktur oder die Umgestaltung von Versorgungszentren, wurden frühe Ansätze des Quartiermanagements (vgl. Koczy 2015) verfolgt. Vor dem Hintergrund, dass die Neubausiedlungen innerhalb kurzer Zeit zu Sanierungsgebieten geworden waren, die mit Fördermitteln aufwendig nachgebessert werden mussten, und der Krise der gemeinnützigen Wohnungswirtschaft, wurden die Großsiedlungen zunehmend zur Kontrastfolie. Für zukünftigen Städtebau am Stadtrand wurde postuliert: »Als gemeinsamen Nenner kann man lediglich ausmachen: Keine neuen Großsiedlungen!« (Pfeiffer 1991: 1277).

(2) *Konstruktion des Leitbilds im Theorie-Praxis-Dialog:* Die kritischen Erfahrungen mit den Großsiedlungen und die Wirtschaftsflaute der 1980er Jahre hatten dazu geführt, dass man großflächige Stadterweiterungen als mögliche Form der Wohnungsversorgung in der BRD weitgehend ablehnte. Man glaubte, dass die »Zeit der Trabantenstädte und der großflächigen Ausweisungen neuer Baugebiete im Außenbereich vorbei« sei (Bundesbaublatt 1986: 14) – das »Ende des Massenwohnungsbaus« (Herlyn/Saldern/Tessin 1987: 34) wurde ausgerufen. Nach der Wiedervereinigung Deutschlands zeigte sich jedoch rasch, dass dies ein Irrtum war. Die Versäumnisse in der Wohnungspolitik der späten 1980er Jahre mit der Einstellung des sozialen Wohnbaus auf Bundesebene, die Zuwanderung aus den ostdeutschen Bundesländern und der Zustrom der Spätaussiedler veranlassten vor allem westdeutsche Großstädte, wieder neue Stadtteile zu planen, um der »neuen Wohnungsnot« zu begegnen.

Dadurch belebte sich die Debatte über den Städtebau der Zukunft, an der sich Planungspraktiker, Stadtforscher und Fachpublizisten beteiligten. Denn während für Lückenschließungen und kleinere Neubauprojekte im Bestand eine »Rückbesinnung auf die Raumformen [...] der vorindustriellen Stadt« bereits als offenkundig angesehen wurde (Kossak 1985: 26f.), gab es kaum Übereinstimmung in Bezug auf großflächige Wohnungsneubauvorhaben. Begleitet von der Frage, ob große Stadterweiterungsprojekte auf der grünen Wiese angesichts des Flächenverbrauchs überhaupt eine zeitgemäße Antwort auf Wohnungsengpässe darstellen, spitzte sich die Debatte zunehmend auf die Frage zu: Wenn keine neuen Großsiedlungen, was dann? Welches Verständnis von Stadt und Wohnen sollte sich in neuen Quartieren abbilden? Um 1990 erreichte diese Diskussion einen ersten Höhepunkt (u.a. Sieverts 1990, Novy/Zwoch 1991). Deutliche Positionen wurden in den Aufsätzen von Klaus Novy (1990), Stephan Reiß-Schmidt und Felix Zwoch (1986, 1988, 1990) sowie den zahlreichen Publikationen von Dieter Hoffmann-Axthelm (et al. 1990, 1993 und 1996), der das Konzept der »Parzelle« wieder in den städtebaulichen Diskurs einbrachte, und Andreas Feldtkeller (1994) vertreten. Die in Berlin vom Senatsbaudirektor Hans Stimmann angestoßene Initiative für die »neuen Vorstädte« wurde intensiv in den Fachzeitschriften rezipiert (u.a. Stimmann 1994, Hoffmann-Axthelm 1994, Scarpa 1994, Tausch 1995); in Frankfurt veranstaltete der Planungsdezernent Martin Wentz eine Reihe von Fachtagungen, die namhafte Experten aus dem In- und Ausland zusammenbrachten, um über aktuelle Themen der Stadtentwicklung und möglichen Formen zukünftigen Wohnbaus zu diskutieren (u.a. Wentz 1991, 2000).

In der ersten Hälfte der 1990er Jahre wurden Bausteine strategisch zusammengeführt und, zunächst mit leicht divergierenden Schwerpunkten und unterschiedlichen Bezeichnungen, semantisch als neue Modelle (»Neue Vorstädte« in Berlin, »Neue Stadtteile« in Frankfurt) definiert: Die zu neuem Leben erweckte klassische Tradition (Blockrand, vielfältige Erdgeschossnutzung, geschlossene Straßenräume) wurde auf große Neubauvorhaben übertragen und mit ökologischen Aspekten (kompakte Formen, kurze Wege durch Nutzungsmischung) sowie modernen rechtlichen Bestimmungen (u.a. zulässige Dichtewerte, Gebäudeabstände, Hygienevorschriften) verbunden. Wohnungsneubau sollte wieder in großem Maße entstehen, aber in deutlicher Abgrenzung von den Großsiedlungen – kompakt, dicht und gemischt (vgl. BMBau 1993, Jessen 1995: 391).

Gleichzeitig war das Interesse an den Stadterweiterungen wieder geweckt, die in den letzten Jahren im Ausland entstanden waren. In Fallsammlungen fand man beispielhafte Vorhaben aus den Niederlanden, Schweden, Dänemark, Frankreich und Großbritannien, aber auch aus Österreich und der Schweiz, die in der Folge Ziel von Informations- und Weiterbildungsreisen darstellten (Pfeiffer/Aring/Schote 1993, INF 1995, Hafner/Wohn/Rebholz-Chaves 1998; mit dem Schwerpunkt auf städtebauliche Nutzungsmischung Jessen 1999).

(3) Formontiorung über Wettbewerbe. Der eben skizzierte Fachdiskurs, der im Vorfeld der neuen Welle von Stadtteilplanungen von engagierten Planungspolitikern, Stadtforschern und Fachpublizisten geführt wurde, kann als kollektiver, im Dialog von Theorie und Praxis entstandener Lern- und Formierungsprozess verstanden werden, der seine Wirkung in der Folge auf die gesamte Fachdisziplin entfaltete. Daraus lässt sich erklären, dass die Siegerentwürfe der zahlreichen städtebaulichen Wettbewerbe, die für die Planung neuer Stadtteile in den frühen 1990er Jahren durchgeführt wurden, mit wenigen Ausnahmen[13] dem Leitbild der kompakten und gemischten Stadt folgten (z.B. München Riem, Frankfurt Deutschherrenufer, Freiburg Rieselfeld, Tübingen Französisches Viertel).[14] Das neue Leitbild der kompakten und durchmischten Stadt setzte sich damit über die städtebaulichen Wettbewerbe und deren Rezeption in der ersten Hälfte der 1990er Jahre durch.

Stabilisierung: Kanonisierung, Routinisierung und kritische Gegenmodelle

Ab Mitte der 1990er Jahre verfestigt sich das Leitbild der kompakten und durchmischten Stadt, der Diskurs (Stufe 1) nimmt deutlich ab. In dieser Phase der Stabilisierung erhält das Leitbild offiziösen Status und etabliert sich auch in anderen Kontexten (1). Daneben setzt in der Praxis eine gewisse Routine ein: Im Zuge der Verbreitung entfernt es sich zunehmend von den hohen Erwartungen und Idealen früherer Phasen. Einstige engagierte Befürworter wenden sich in der Folge zum Teil enttäuscht ab (2). Schließlich formieren sich erste Gegenpositionen, die die Prämissen des Leitbilds grundlegend infrage stellen, ohne sie jedoch erfolgreich verdrängen zu können (3).

1. *Gängige Doktrin:* Das Leitbild findet sich heute auf unterschiedlichen räumlichen Maßstäben in Vorgaben kommunaler Planungen: Es liegt Stadtentwick-

---

13   Erfolgreiche Wettbewerbsbeiträge, wie der Siegerentwurf für Falkenhöh Falkensee (nahe Berlin), die ausdrücklich auf den Berliner Reformsiedlungsbau der 1920er Jahre Bezug nahmen, stellten eine Ausnahme dar.

14   Viele, vor allem westdeutsche (Groß-)Städte planten einen neuen Stadtteil: Neue Stadtquartiere als Stadterweiterungen: Berlin Karow-Nord, Falkenhöh Falkensee (bei Berlin), Hamburg Allermöhe-West, Potsdam Kirchsteigfeld, Frankfurt Riedberg, Freiburg Rieselfeld, Hannover Kronsberg und andere; Neue Stadtquartiere auf Brachflächen: München Riem, Berlin Rummelsburger Bucht, Frankfurt Deutschherrenufer, Stuttgart Burgholzhof, Kassel Unterneustadt, Tübingen Französisches Viertel, Ostfildern Scharnhauser Park (bei Stuttgart), Freiburg Vauban u.a. Vgl. BBR 2007.

lungsplänen zugrunde (z.b. Stadtentwicklungsplan München 1995 »kompakt, urban, grün«) und ist in Stadtentwicklungsberichten der Bundesregierung (z.b. BMVBS 2009, Stadtentwicklungsbericht 2012) sowie in Manifesten und Chartas der Europäischen Union (z.b. Leipzig Charta zur nachhaltigen Europäischen Stadt 2007) verankert. Das Leitbild wurde zur Europäischen Stadt erweitert und hat damit auch politisch-soziale Konnotation erhalten (vgl. Becker/Jessen 2014: 6). Die kompakte nutzungsgemischte Stadt hat sich damit auf verschiedenen politischen Ebenen, gesellschaftlichen Handlungsfeldern und räumlichen Maßstabsebenen als Leitbild durchgesetzt und ist zum neuen Mainstream geworden.

2. *Lernen durch Routine:* Die Nachfolgeprojekte zeigen in der praktischen Umsetzung nicht mehr den Ehrgeiz der Pionierprojekte. Selten entstehen noch herausragende Vorhaben, vielmehr brachte die gewonnene Routine eine gewisse Abschleifung und zum Teil auch Banalisierung mit sich. Es hat sich gezeigt, dass bestimmte Teilziele nicht oder nur mit Abstrichen erreicht werden konnten: So lassen sich feinkörnige Nutzungsmischung und parzelliertes Bauen unter aktuell dominierenden Marktinteressen nur selten umsetzen. Des Weiteren handelte es sich um abwägendes Lernen, in dem städtebauliche und ökologische Ziele in Konkurrenz miteinander treten: Die geschlossene Blockrandbebauung steht beispielsweise ökologischen Anliegen entgegen, die energieoptimale Ausrichtungen zur Sonne fordern. Unter den Pionieren machte sich angesichts nachlassender Ansprüche und gebauter Realitäten Enttäuschung breit: Die neuen Quartiere seien nichts anderes als die früheren Großsiedlungen, lediglich »in neuen Kleidern« bzw. »mit neuen Frisuren«.

3. *Kritik an der »alten« neuen Praxis:* Die zuvor als junge Vorausdenker aufgetretene Gruppe, die sich mit der Wiederentdeckung der vormodernen Stadt gegenüber den Planern der Moderne hatte durchsetzen können, sah sich bereits früh mit Gegenpositionen konfrontiert: Das Konzept wurde als realitätsfern und rückwärtsgewandt kritisiert und die Anhänger als konservative Romantikerfraktion dargestellt (vgl. Jessen 1995: 395). Zudem wurde dem Leitbild eine naive oder implizit autoritäre Vorstellung von Stadtplanung vorgeworfen (dokumentiert u.a. in Becker/Jessen/Sander 1998). Die Debatten konnten das Leitbild der Europäischen Stadt allerdings nicht ernstlich gefährden – vielmehr hat es sich in Deutschland als aktueller Grundkonsens städtebaulicher Planung durchgesetzt und stellt weiterhin einen wichtigen Bezugspunkt, auch der fachlichen Debatte, dar (siehe Siebel 2004, Frey/Koch 2011 und zuletzt die Ausgabe 12.2015 der StadtBauwelt).

Fazit

Der im Städtebau beobachtete Leitbildwechsel kann nicht allein als passiver Wandel verstanden werden: Der gesamtgesellschaftliche Kontext forderte Anpassungen, gab Denkmuster vor und hielt Restriktionen bereit, derer sich Akteure auf unterschiedliche Weise bedienten. Es handelte sich um einen von Unsicherheit geprägten Prozess, der sowohl ein aktives Lernen aus Vergangenem, das Anstreben von Verbesserungen, ein reges Experimentieren und Aufnehmen von Ideen aus anderen Bereichen und dem Ausland sowie Positionskämpfe zwischen Akteuren (und Generationen) umfasste.

Die Veränderungsdynamik war maßgeblich geprägt durch den Großsiedlungsbau und Ansätze zu seiner Nachbesserung, das Lernfeld der Stadterneuerung sowie die Ökologisierung der räumlichen Planung. Diese drei Stränge trugen in den einzelnen Phasen auf unterschiedliche Weise zum Erneuerungsprozess bei.

In der Latenzphase wurde vor allem der Großsiedlungsbau aktiv weiterentwickelt. Maßgebliche Ansätze zur Veränderung wurden eingeleitet, verblieben jedoch im Paradigma der Moderne.

In der Entstehungsphase wurden neue Bausteine der Stadterneuerung entwickelt sowie erste ökologische Prämissen erarbeitet. Die veränderte Einstellung zur Großstadt trug maßgeblich zur Erneuerung bei: Dichte, Vielfalt und Komplexität wurden positiv konnotiert, wohingegen negative Auswirkungen auf die Gesundheit, wie die Nähe zu Industrie, Straßenlärm und Luftverschmutzung heute als Preis für das Leben in der wieder geschätzten Großstadt in Kauf genommen werden. Mit dem erwachenden Bewusstsein für Ressourcenknappheit und Umweltschutz wiederum traten zunehmend ökologische Belange in den Vordergrund. Nur dadurch lassen sich Erfolg und Verbreitung des Konzepts gegenüber konkurrierenden Ansätzen erklären.

Erst am Übergang zur Fermentierungsphase fand mit Nachbesserung und Rückbau auf breiter Ebene eine Deutung der Großsiedlungen als Gegenmodell statt, die städtebauliche Moderne wurde fortan als Irrweg und die Rückkehr zur Praxis der europäischen Stadt als Korrekturversuch dieser Fehlentwicklung interpretiert. Während sich in der Entstehungsphase Praktiken bereits grundlegender zu wandeln begonnen hatten, fand in der Fermentierungsphase das systematische und reflektierte Zusammenführen von Bausteinen der einzelnen Diskurse statt: Das Gegenmodell Großsiedlung und die Erfahrungen der Nachbesserung, die Skalierung der in der Stadterneuerung erprobten Bausteine sowie die Integration ökologischer Vorgaben wurden nun zu einem neuartigen Gesamtkonzept für neue Quartiere verbunden.

Daneben stellte insbesondere die Konjunktur der Wohnungsproduktion einen bedeutenden Einflussfaktor dar: Indem Phasen der exzessiven Produktion mit solchen der Flaute wechselten, wurden unterschiedliche Formen von Lernprozessen begünstigt: Während in der Latenzphase aufgrund der Kritik ein besonders großer Druck zur Weiterentwicklung herrschte, ließ die hohe Wohnbaurate nur beschränkt Verbesserungen der gängigen Praxis zu. Demgegenüber fand Lernen in der durch geringe Nachfrage gekennzeichneten Entstehungsphase vor allem durch offenes Experimentieren und teils in neuen Aufgabenfeldern (Stadterneuerung) statt. In diesem Zusammenhang spielten aus dem Alltag herausgehobene Situationen und Kontexte für die Entwicklung, Erprobung und Verbreitung von Neuerungen eine wichtige Rolle – allen voran die Internationale Bauausstellung Berlin, aber auch städtebauliche Wettbewerbe und geförderte Modelle in kleinerem Maßstab. Charakteristisch für die Fermentierungsphase wiederum waren der große Druck am Wohnungsmarkt und die unter Planern vorherrschende Angst, wieder dieselben Fehler zu machen. Das Lernen aus Vergangenem wurde prägend, wodurch semantisch die Betonung des Absetzens von Bisherigem und die Darstellung der Neuheit besondere Wichtigkeit erlangten. In der Stabilisierungsphase standen unter gemäßigtem Druck am Wohnungsmarkt und beinahe im Schatten des fachöffentlichen Diskurses das schrittweise Einspielen von Routinen und nicht das Absetzen von Vergangenem oder die gewillte Hervorbringung von völlig Neuartigem im Vordergrund. Bezüglich der am Leitbildwechsel beteiligten Akteure sind bereits erste Muster erkennbar, die hier nur angedeutet werden können. Maßgebliche Akteure und Akteurs-Konstellationen änderten sich im Laufe des Prozesses. Insgesamt war der Leitbildwechsel stark von Generationskonflikten und -rivalitäten geprägt. In diesem Zusammenhang scheint die Figur des konvertierten Alten in einflussreicher Position als Fürsprecher, Träger und vor allem Umsetzer von neuen, unkonventionellen Ideen junger Kollegen wichtig zu sein. Außerdem spielten informelle, häufig interdisziplinäre Netzwerke engagierter Akteure insbesondere in der Entstehungs- und Fermentierungsphase eine große Rolle als Motoren und Vorantreiber der Innovation. Die Protagonisten dieser Netzwerke verstehen sich häufig als Einzelkämpfer in einem wenig innovationsoffenen Milieu. Durch die Verfolgung ähnlicher Vorstellungen und Ziele formieren sie eine qualifizierte Minderheit, mit der sie ihre Isolation durchbrechen, wechselseitig ihren Einfluss stärken und dadurch ihre Vorstellungen besser durchsetzen können.

In seinem Verlauf kann der Leitbildwechsel insofern als soziale Innovation charakterisiert werden, als einzelne Bausteine zu unterschiedlichen Zeitpunkten, auf unterschiedlichen Ebenen und an verschiedenen Orten wirksam wurden. Sie besitzen eigene Verlaufslogiken und kritische Momente, an denen Erkenntnisse fixiert wurden, die in der Folge schwer übergangen werden konnten. Trotz solcher eigenen Logiken wurden im Zuge des Prozesses Verbindungen geknüpft, verändert und wieder aufgelöst, um das Leitbild in Bezug auf gesamtgesellschaftliche Anforderungen passfähig zu halten. Wenn es dazu in zu großen Widerspruch gerät, droht es seine Funktion zu verlieren und muss weiterentwickelt werden, oder es wird seinen Status früher oder später verlieren.

Literatur

Autzen, Rainer/Becker, Heidede (1985): »Moderne Zeiten: Aufwertung, Rückbau oder was sonst?«, in: Stadtbauwelt 86, S. 134-142.

Bächer, Max et al. (1963): Heimat deine Häuser: eine Ausstellung über den deutschen Wohnungsbau im Landesgewerbeamt Baden-Württemberg in Stuttgart (= Sonderheft Deutsche Bauzeitung 8).

Bahrdt, Hans P. (1964): »Sozialwissenschaft und Stadtplanung«, in: Stadtbauwelt (1), S. 16-20.

Bahrdt, Hans P. (1968): Humaner Städtebau. Überlegungen zur Wohnungspolitik und Stadtplanung für eine nahe Zukunft, Hamburg: Christian Wegner.

Bahrdt, Hans P. (1969 [1961]): Die moderne Großstadt. Soziologische Überlegungen zum Städtebau, Hamburg: Reinbek.

Bargholz, Julia (Hg.) (1984): Ökotopolis. Bauen mit der Natur. Aktuelle Ansätze ökologisch orientierter Bau- und Siedlungsweisen in der BRD, Köln, Katalog zur Ausstellung.

BBR – Bundesamt für Bauwesen und Raumordnung (Hg.) (2007): Neue Stadtquartiere. Bestand und städtebauliche Qualitäten. Vorgehen und Ergebnisse der laufenden Bestandserhebung des BBR zu neuen Stadtquartieren www.bbsr.bund.de/BBSR/DE/Veroeffentlichungen/BBS-ROnline/2007/DL_NeueStadtquartiere.pdf %3F__blob %3Dpublication-File %26v %3D2 (letzter Zugriff am 25.05.2020).

BBSR – Bundesinstitut für Bau-, Stadt- und Raumforschung (Hg.) (2012): Neue Stadtquartiere. Bestand und städtebauliche Qualitäten https://www.bbsr.bund.de/BBSR/DE/Veroeffentlichungen/AnalysenKompakt/2012/DL_8_2012.pdf?__blob=publicationFile&v=2 (letzter Zugriff am 25.05.2020).

Becker, Heidede/Keim, Klaus-Dieter (Hg.) (1977): Gropiusstadt – Soziale Verhältnisse am Stadtrand, Stuttgart: Kohlhammer.

Becker, Heidede (1990): Neubauerneuerung. Vom Rückbau zur Nachverdichtung, Berlin: Deutsches Institut für Urbanistik.

Becker, Heidede (1998): »Leitbilder«, in: Hartmut Häußermann (Hg.), Großstadt. Soziologische Stichworte, Opladen: Leske + Budrich Verlag, S. 123-135.

Becker, Heidede/Jessen, Johann/Sander, Robert (Hg.) (1998): Ohne Leitbild? Städtebau in Deutschland und Europa, Stuttgart/Zürich: Krämer.

Becker, Heidede/Jessen, Johann (2014): »Neue Leitbilder? 15 Jahre nach ›Ohne Leitbild? Städtebau in Deutschland und Europa‹«, in: Planerin (6), S. 6-8.

Beyme, Klaus von (1999): »Wohnen und Politik«, in: Ingeborg Flagge (Hg.), Geschichte des Wohnens, Band 5 1945 bis heute: Aufbau, Neubau, Umbau, Stuttgart: DVA, S. 81-152.

Billinger, Hans et al. (1983): »Flächenhafte Verkehrsberuhigung. Planungsvorbereitende Studie Esslingen«, in: Informationen zur Raumentwicklung (8/9), S. 693-722.

BMBau – Bundesministerium für Raumordnung, Bauwesen und Städtebau (Hg.) (1993): Zukunft Stadt 2000. Abschlussbericht, Bonn.

BMVBS – Bundesministerium für Verkehr, Bau und Stadtentwicklung (Hg.) (2009): Stadtentwicklungs-bericht 2008. Neue urbane Lebens- und Handlungsräume, Berlin http://d-nb.info/1000131882/34 (letzter Zugriff am 25.05.2020).

Boeddinghaus, Gerhard (Hg.) (1995): Gesellschaft durch Dichte. Kritische Initiativen zu einem neuen Leitbild für Planung und Städtebau 1963/1964 (= Bauwelt Fundamente, 107), Braunschweig/Wiesbaden: Vieweg. DOI: 10.1515/9783035602456

Braun-Thürmann, Holger (2005): Innovation, Bielefeld: transcript.

Breuer, Bernd (2015): »Großwohnsiedlungen: Interventionsfeld staatlicher Städtebaupolitik – Innovationsfeld der räumlichen Planung?«, in: Informationen zur Raumentwicklung, Jg. 2015 (3), S. 201-218

Bundesbaublatt (1986): »Bundesregierung legt Baugesetzbuch vor«, in: Bundesbaublatt (1), S. 6-15.

Conradi, Peter/Zöpel, Christoph (1994): Wohnen in Deutschland. Not im Luxus, Hamburg: Hoffmann und Campe.

Dahmen, Wilhelm F. (1972): »Biologische und geographische Aspekte«, in: Stadtbauwelt (36), S. 324-332.

DASL Bayern – Deutsche Akademie für Städtebau und Landesplanung Landesgruppe Bayern (Hg.) (1988): Städtebau im Wandel. Stadtteil Nürnberg-Langwasser. Ein Beitrag zur Stadtentwicklung nach 1945 mit Rückblick auf die Siedlungsgeschichte der Gesamtstadt, Nürnberg.

Düwel, Jörn/Gutschow, Nils (2001): Städtebau in Deutschland im 20. Jahrhundert: Ideen – Projekte – Akteure, Stuttgart: Teubner.

Einsiedel, Sandro (1979): »Idee, Anspruch und Wirklichkeit – die Nordweststadt in Frankfurt a.M.«, in: Stadtbauwelt (63), S. 285-293.

Farenholtz, Christian (1967): »Zur Lage«, in: Stadtbauwelt (13), S. 981.

Fehl, Gerhard (1979): »Die Legende vom Stadtbau-künstler – Stadtgestalt und Planungsprozeß der Gropiusstadt in Berlin«, in: Stadtbauwelt (63), S. 275-284.

Feldtkeller, Andreas (1994): Die zweckentfremdete Stadt. Wider die Zerstörung des öffentlichen Raums, Frankfurt a.M.: Campus.

Frey, Oliver/Koch, Florian (Hg.) (2011): Die Zukunft der europäischen Stadt, Wiesbaden: Springer VS. DOI: 10.1007/978-3-531-92653-7

Frick, Dieter (1967): »Zur Diskussion. Wohngebiet Hamburg-Steilshoop«, in: Stadtbauwelt (16), S. 1220-1223.

Gibbins, Olaf (1988): Großsiedlungen: Bestandspflege, Weiterentwicklung, München: Callwey.

Großsiedlungsbericht 1994, Deutscher Bundestag, Drucksache 12/8406 http://dipbt.bundestag.de/doc/btd/12/084/1208406.pdf (letzter Zugriff am 25.05.2020).

Hafner, Thomas/Wohn, Barbara/Rebholz-Chaves, Karin (1998): Wohnsiedlungen. Entwürfe, Typen, Erfahrungen aus Deutschland, Österreich und der Schweiz, Basel: Birkhäuser.

Hahn, Ekhart (Hg.) (1987): Ökologische Stadtplanung. Konzeptionen und Modelle, Frankfurt a.M.: Haag + Herchen.

Harlander, Tilman (1999): »Wohnen und Stadtentwicklung in der Bundesrepublik«, in: Ingeborg Flagge (Hg.), Geschichte des Wohnens, Band 5, 1945 bis heute: Aufbau, Neubau, Umbau, Stuttgart: DVA, S. 233-417.

Harms, Hans/Schubert, Dirk (Hg.) (1986): Qualitäts-veranderungen und langfristige Verbesserungsstrategien von Großsiedlungen. Ein Tagungsbericht. Technische Universität Hamburg. Arbeitsbereich Städtebau Objektsbezogene Stadtplanung im Forschungsschwerpunkt 6, Bd. 26.

Heil, Karolus (1971): Kommunikation und Entfremdung. Menschen am Stadtrand – Legende und Wirklichkeit, Stuttgart/Bern: Krämer.

Herlyn, Ulfert/von Saldern, Adelheid/Tessin, Wulf (1987): »Anfang und Ende des Massenwohnungsbaus«, in: Archiv für Kommunalwissenschaften (26), S. 34-51.

Hoffmann-Axthelm, Dieter (1990): »Warum Stadtplanung in Parzellen vor sich gehen muß«, in: Stadtbauwelt (108), S. 2488-2491.

Hoffmann-Axthelm, Dieter (1993): Die dritte Stadt, Frankfurt a.M.: Suhrkamp.

Hoffmann-Axthelm, Dieter (1994): »Welche Stadterweiterung?«, in: Stadtbauwelt (121), S. 598-603.

Hoffmann-Axthelm, Dieter (1996): Anleitung zum Stadtumbau. Frankfurt a.M.: Campus.

Ibert, Oliver et al. (2015): »Innovationen in der räumlichen Planung«, in: Informationen zur Raumentwicklung, Jg. 2015 (3), S. 171-182

INF – Informationsforum für Städte mit Entwicklungsmaßnahmen in Nordrhein-Westfalen (Hg.) (1995): Platz für neue Wohnungen. Städtebauliche Herausforderungen bei Stadterweiterungen der Zukunft.

Jacobs, Jane (1963): Tod und Leben großer amerikanischer Städte, Berlin: Ullstein.

Jessen, Johann (1989): »Aus den Großsiedlungen lernen? Das Scheitern eines Modells«, in: Die alte Stadt (4), S. 568-581.

Jessen, Johann (1995): »Nutzungsmischung im Städtebau. Trends und Gegentrends«, in: Informationen zur Raumentwicklung, Jg. 1995 (6/7), S. 391-404.

Jessen, Johann (1997): »Stadtplanung – eine lernende Disziplin?«, in: Die alte Stadt (1), S. 59-70.

Jessen, Johann (Red.) (1999): »Planung städtebaulicher Nutzungsmischung in Stadterweiterungs- und Stadtumbauvorhaben in Europa«, in: BBR (Hg.), Werkstatt Praxis 2, Bonn.

Jessen, Johann (2004):»Europäische Stadt als Bausteinkasten für die Städtebaupraxis – die neuen Stadtteile«, in: Walter Siebel (Hg.), Die europäische Stadt, Frankfurt a.M.: Suhrkamp.

Jessen, Johann (2006):»Stadtumbau – Blick zurück nach vorn. Die Bedeutung von Leitbildern bei Neuerungen in der Stadtplanung«, in: Deutsche Zeitschrift für Kommunalwissenschaften (I), S. 23-43.

Jessen, Johann (2014):»Leitbilder der Stadtentwicklung und des Städtebaus«, in: Städtebau-Institut Stuttgart (Hg.), Lehrbausteine Städtebau, 7. (überarbeitete) Auflage, S. 125-132.

Keller, Rolf (1973): Bauen als Umweltzerstörung. Alarmbilder einer Un-Architektur der Gegenwart, Zürich: Artemis & Winkler.

Keller, Reiner (2007): Diskursforschung. Eine Einführung für SozialwissenschaftlerInnen, 3. aktualisierte Auflage, Wiesbaden: Springer VS.

Koczy, Oliver (2015):»Neue Akteure im Stadtteil – Entstehungslinien des Quartiermanagements«, in: Informationen zur Raumentwicklung, Jg. 2015 (3), S. 265-278.

Kossak, Egbert (1985):»Neues Leitbild, neuer Zeitgeist, neues Recht?«, in: Stadtbauwelt (85), S. 25-29.

Krusche, Per et al. (1982): Ökologisches Bauen, Wiesbaden/Berlin: Vieweg. DOI: 10.1007/978-3-322-84893-2

Lehmbrock, Josef/Fischer, Wend (1972): Profitopolis oder Der Mensch braucht eine andere Stadt. Eine Ausstellung über die miserablen Zustand unserer Städte und über die Notwendigkeit, diesen Zustand zu ändern, damit der Mensch wieder menschenwürdig in seiner Stadt leben kann, München: Neue Sammlung, Staatl. Museumf. Angewandte Kunst.

Lindemann, Hans-Eckhard (1970):»Anpassungsfähige Stadtstrukturen: Projekte für neue Wohnanlagen in Hamburg«, in: Stadtbauwelt (25), S. 51-53.

Mitscherlich, Alexander (1965): Die Unwirtlichkeit unserer Städte. Anstiftung zum Unfrieden. Frankfurt a.M.: Suhrkamp.

Novy, Klaus (1990):»Kondratieff killt Städtebau!«, in: Stadtbauwelt (108), S. 2483-2487.

Novy, Klaus/Zwoch, Felix (Hg.) (1991): Nachdenken über Städtebau (= Bauwelt Fundamente 93), Berlin: Birkhäuser. DOI: 10.1515/9783035600827

Pfeiffer, Ulrich (1991):»Städtebau am Stadtrand«, in: Stadtbauwelt (110), S. 1277-1280.

Pfeiffer, Ulrich/Aring, Jürgen/Schote, Heinrich (1993): Große Wohnbaugebiete der 90er Jahre, Bonn: Empirica. Gesellschaft für Struktur- und Stadtforschung.

Polkowski, Dieter (1998):»Hamburger Mischerfahrungen. Stadterweiterungsprojekte in Billwerder-Allermöhe«, in: Heidede Becker/Johann Jessen/Robert Sander (Hg.), Ohne Leitbild? Städtebau in Deutschland und Europa, Stuttgart/Zürich: Krämer, S. 313-324.

Rammert, Werner (2010): »Die Innovationen der Gesellschaft«, in: Jürgen How-aldt/Heike Jacobsen (Hg.), Soziale Innovation. Auf dem Weg zu einem postin-dustriellen Innovationsparadigma, Wiesbaden: Springer, S. 21-51.

Reinborn, Dietmar (1996): Städtebau im 19. und 20. Jahrhundert, Stuttgart u.a.: Kohlhammer.

Reiß-Schmidt, Stephan/Zwoch, Felix (1986): »Unsichtbare Ordnung. Zum Wan-del des Verhältnisses von Städtebau und Stadtkultur«, in: Stadtbauwelt (92), S. 1886-1893.

Reiß-Schmidt, Stephan/Zwoch, Felix (1988): »Die Schönheit der Stadt. Renaissance des Städtebaus oder Konkurs mangels Masse?«, in: Stadtbauwelt (98), S. 986-995.

Reiß-Schmidt, Stephan/Zwoch, Felix (1990): »Befreiung von der Moderne. Wir brauchen eine Kultur des Städtebaus!«, in: Stadtbauwelt (108), S. 2406-2413.

Rossi, Aldo (1973): Die Architektur der Stadt. Skizze zu einer grundlegenden Theorie des Urbanen (= Bauwelt Fundamente 41), Berlin: Birkhäuser.

Roskamm, Nikolai (2011): Dichte. Eine transdisziplinäre Dekonstruktion. Diskurse zu Stadt und Raum, Bielefeld: transcript. DOI: 10.14361/tran-script.9783839418710

Rühl, Konrad (1962): »Nach-Gedachtes zum Wettbewerb Wulfen«, in: architektur wettbewerbe. Sonderheft I Neue Stadt Wulfen, S. 3-5.

Rumpf, Peter (1980): »Fokus«, in: Stadtbauwelt (65), S. 1.

Scarpa, Ludovica (1994): »Das Prinzip ›Vorstadt‹. Bauherrenvielfalt und Staatsin-tervention«, in: Stadtbauwelt (121), S. 609-611.

Schöller, Oliver (2005): Die Blockstruktur. Eine qualitative Untersuchung zur politi-schen Ökonomie des westdeutschen Großsiedlungsbaus, Berlin: Verlag Schiler & Mücke.

Schultz, Brigitte (2013): Was heisst hier Stadt? 50 Jahre Stadtdiskurs am Beispiel der Stadtbauwelt seit 1964, Berlin: Jovis.

SEN – Senator für Bau- und Wohnungswesen (Hg.) (o.J.): Vorlage zur Beschluß-fassung über die Vorbereitung und Durchführung einer internationalen Bau-ausstellung in Berlin im Jahre 1984.

Siebel, Walter (Hg.) (2004): Die europäische Stadt, Frankfut/Main: Suhrkamp.

Siebel, Walter (2006): »Wandel, Rationalität und Dilemmata der Planung«, in: PND Planung neu denken (4), S. 1-22.

Siedler, Wolf Jobst/Niggemeyer, Elisabeth/Angreß, Gina (1964): Die gemordete Stadt: Abgesang auf Putte und Straße, Platz und Baum, Berlin: F. A. Herbig Verlagsbuchhandlung.

Sieverts, Thomas (1965): »Beiträge zur Stadtgestaltung – eine Literaturübersicht«, in: Stadtbauwelt (6), S. 481-492.

Sieverts, Thomas (Hg.) (1990): Zukunftsaufgaben der Stadtplanung, Düsseldorf: Werner Verlag.

Stadtbauwelt (2015): Die Europäische Stadt – eine Chimäre? Stadtbauwelt (205).

Stadtentwicklungsbericht 2012, Deutscher Bundestag, Drucksache 17/14450. Zugriff: www.dstgb.de/dstgb/Home/Schwerpunkte/Städtebaurecht-%20und %20Stadtentwicklung/Aktuelles/Bundesregierung %20stellt %20-Stadtentwicklungsbericht %202012 %20vor/1714450.pdf (letzter Zugriff am 25.05.2020).

Stimmann, Hans (1994): »Die Verstädterung der Peripherie – ein Balanceakt?«, in: Stadtbauwelt (121), S. 582-587.

Stracke, Ferdinand (1973): »Bonn-Tannenbusch- Buschdorf-Planung und Realisierung eines neuen Stadtteils«, in: Stadtbauwelt (38), S. 143-150.

Tausch, Gunnar (1995): »Berlins Träume von der intakten Vorstadt«, in: Arch+ (126), S. 15-16.

Weeber, Rotraut (1971): Eine neue Wohnumwelt. Beziehungen der Bewohner eines Neubaugebiets am Stadtrand zu ihrer sozialen und räumlichen Umwelt, Stuttgart/Bern: Krämer.

Wentz, Martin (Hg.) (1991): Stadtplanung in Frankfurt. Wohnen, Arbeiten, Verkehr. Frankfurt a.M.: Campus.

Wentz, Martin (Hg.) (2000): Die kompakte Stadt, Frankfurt a.M.: Campus.

Windsheimer, Bernd (1995): Nürnberg-Langwasser. Geschichte eines Stadtteils, Nürnberg: Sandberg Verlag.

Zapf, Katrin/Heil, Karolus/Rudolph, Justus (1969): Stadt am Stadtrand. Eine vergleichende Untersuchung in vier Münchner Neubausiedlungen, Frankfurt a.M.: Europäische Verlagsanstalt.

Zwoch, Felix (1981): »Fokus«, in: Stadtbauwelt (71), S. 211.

Zwoch, Felix (1985): »Fokus«, in: Stadtbauwelt (88), S. 307.

Why Do We Want Mixed-Income Housing and Neighborhoods?

James DeFilippis and Jim Fraser

Published 2010 in: Davies, Jonathan/Imbroscio, David (Hg.): *Critical urban studies: new directions.* State University of New York Press, S. 135-147.
Reprinted by permission from Critical Urban Studies edited by Jonathan S. Davies and David L. Imbroscio, the State University of New York Press © 2010, State University of New York. All rights reserved.

»Please, would you tell me,« said Alice, a little timidly,...
»why your cat grins like that?«
»It's a Cheshire cat,« said the Duchess, »and that's why.« – Lewis Carroll

Whenever there is widespread agreement or consensus that a certain policy, or set of related policies, should be pursued and enacted, it becomes necessary to step back and ask, why? This is because once widespread agreement occurs, the theoretical premises that underlay the policies become lost – assumed away as the policy goals become self-evidently »good.« But the »Why?« questions do not cease to be important; they are just asked less frequently. Why, that is, should we pursue the policies in question? What understandings of the current state of affairs and the potential change to them (after the policies are implemented) are required for us to think we should enact the policies?

In the past fifteen years there has emerged a consensus in the fields of urban studies and urban policy that mixed-income housing and neighborhoods (MI HN) are desirable. This consensus, which sits comfortably alongside its sibling paradigm of dispersal (see Goetz/Chapple 2010), is deeply held among mainstream policy analysts, academics, and policymakers in Washington. When Henry Cisneros, the Secretary of the U.S. Department of Housing and Urban Development in the first Clinton Administration used to say, »the most serious problem we have in America today is the concentrations of our very poorest populations in specific neighbor-hoods« (quoted in Ramos 1994: 12), he was simply stating what has become »com-mon sense« in urban studies. It is also, as is discussed here, an understanding rooted in theories of urban political economy that are themselves virtually paradig-matic in the field of urban studies.

In this chapter we discuss the recent sets of policies surrounding MI HN. We do not do so, however, with the goal of assessing particular policies or their im-plementation. Instead, we take a few steps back and we question the premises of these policies. We do so because we have consistently found ourselves attracted to the ideal, in theory, of MI HN – but we remain frustrated by the reality. This con-tradiction could be handled in different ways. We could, for instance, stand behind the veil of »imperfect practice,« as so many have done. Instead, however, we ask if maybe the recurring failure in practice is not simply a result of imperfect practice, but rather a result of flawed theoretical foundations. In short, we think that MI HN is being pursued for the wrong theoretical and normative reasons. And since they are being advocated for the wrong reasons, we should not be surprised when the policies fail to make our cities better places in which to live and work (which, it has to be said, is the measure by which all urban policies should be evaluated and dis-cussed). As they currently exist, mixed-income housing policies are largely based on the (hegemonic) mantra that low-income people themselves are the problem, and that a benevolent gentry needs to colonize their home space in order to cre-ate the conditions necessary to help the poor »bootstrap« themselves into a better socioeconomic position.

The chapter proceeds in several steps. It begins with a discussion of the growth of MI HN, the causes of that growth, and the reasons for its popularity among mainstream policy analysts. It then discusses the policies that emerge from these justifications, and the problems associated with them – problems, that is, if the goal is something like social justice in our housing policies and in our neighborhoods. We argue that the problems that are evident in the policies are rooted in the the-ories behind them, and thus perfecting practice will still lead to unjust outcomes. From there, we explore alternative reasons for supporting MI HN – alternatives rooted in the history of urban social theory, and with explicit or implicit goals of making cities more just. We end with a preliminary discussion of what kinds of policies would follow from those theoretical starting points.

Why Do Policymakers Like MI HN?

Although the reasons for promoting MI HN vary slightly in their content, they in-evitably come back to the issue of helping the poor by having them live in proximity to the rich (or at least the middle class). Even the most thoughtful version of this, by Mark Joseph and his colleagues (Joseph 2007; Joseph et al. 2007), begins with this premise.[1] Joseph, et al. identified the following four reasons why MI HN are being supported and promoted in public policy circles:

The improved social networks/social capital of the poor people that live in MI HN.

1. The increased social control and improved social organization the poor will have if living near middle- and upper-class people.
2. The influence of middle-class and wealthy people on the behavior of the poor – in terms of presenting role models for the poor.
3. The improved services and goods available to the poor once upper-income people live nearby (the political economy of place).

The first of these four has its roots in Putnam's understanding of social capital. The thinking being that poor people lack social capital and placing them in proximity to the wealthy will increase the quality and quantity of their social networks, thereby enabling them to improve their incomes and quality of life. The second and third have their roots in Wilson's »underclass« perspective and Lewis' »culture of poverty« – the distinction between the two (Wilson and Lewis) being increasingly irrelevant from the point of view of policy. This is the idea that, as Brophy and Smith (1997: 6) bluntly put it, »physical concentration of poor households in multifamily projects causes severe problems for the residents, including joblessness, drug abuse, and welfare dependency [...] a mixture of income levels will reduce the social pathology caused by concentration.« Finally, the last reason, the *political economy of place*, is rooted in the recognition that public services and the goods of collective consumption are better provided in middle-class and wealthy neighborhoods than in poor ones.

Joseph, et al. provide a thorough analysis of the empirical support – or lack thereof – for these four suppositions about MI HN, and thus it is not necessary to do so here. But there are a few things to discuss before we can proceed. First, there is actually little empirical evidence to support the first three reasons, and only some to support the fourth. Thus, the consensus, when pressed, seems to rely, as Schwartz and Tajbakhsh (1997: 81) put it, »largely on faith and on dissatisfaction with the previous thrust of low-income housing policy.« Second, there is a fundamental confusion about space and society. The recognition that the spatial concentration of poverty may, in many cases, lead to a worsening set of experiences of poverty, is not at all the same thing as saying that spatial concentration causes

---

1   In fairness to Joseph and his colleagues, they said their goal was to recount the stated reasons for the support for MI NH. They were not necessarily taking ownership for any of those reasons.

poverty. But what has occurred is that MI HN, either through dispersal or rede-velopment strategies, has used space to displace the issue of poverty (sometimes literally as well as figuratively).[2]

Finally, and most important to us here, implicit in these understandings is the assumption – always unstated – that middle-class or wealthy people do not have anything to gain from the proximity of poor people (although probably unstated because it simply does not occur to people, rather than for political expediency). Poor people, in much of this language, come to be simply »a problem« that we need to spread out – and the language of »fair share« or »regional equity« that is often heard sounds remarkably similar to how people involved in environmental justice movements talk about things like waste transfer stations or incinerators.

Of course, there are other reasons why MI HN are being promoted, most of-ten to revalorize disinvested neighborhoods. This usually comes with some dis-placement/dispersal of the poor – whether it is public sector led, in the context of HOPE VI and Section 8 voucherization, or private sector led gentrification – or both simultaneously (see Wyly/Hammel 1999). That is, poor people in many cities are concentrated in places that, with capital reinvestment, can be gentrified and made middle or upper class. The striking thing about this perspective is that, like »the poor people benefit« perspectives, it is predicated on the assumption that poor people themselves bring nothing to the equation. The place that they happen to oc-cupy may have become a potential focal point for the reproduction of capital. But the presence of poor people is largely beside the point. The place's revalorization has everything to do with the larger-scale political economic forces of urbaniza-tion, and virtually nothing to do with the people who happen to reside there. It is striking that when places are poor and marginal to capital the causal reasons given for the poverty of those places center on the characteristics of the poor people who reside there. But when the places become destinations for capital reinvestment the (poor) people who already reside there play absolutely no part in that explanation.

Thus, we have a situation in which the dominant understanding of housing policy says and believes that poor people offer nothing to the rest of society. And if so, let us at least say that out loud that poor people are, in a literal sense, worthless.[3]

---

2   We are grateful to Elvin Wyly (personal communication) for making this point strongly, and that has certainly shaped our thinking about this.

3   They can potentially serve as a reserve army of labor that mediate capital-labor relations for the benefit of keeping wages down. Extrapolating from this perspective, urban planning is used as a form of social control as many problems of contemporary society have been »con-signed to the inner cities and [in the European context of social housing] peripheral estates« (Cochrane, cited in Bridge/Watson 2002: 534).

What Are the Policies That Emerge From These Understandings?

A variety of public policies have emerged from these understandings of the relationship between poor people and places being mapped and understood as poverty stricken. We highlight four here, two fairly large policies, a third that is a well-known but tiny pilot project, and a fourth that is not a policy per se, but rather a set of policies. These are voucherization, HOPE VI, Moving To Opportunity (MTO), and the promotion of gentrification. All have been grafted onto an understanding of poverty that stresses the benefits poor people will experience if they are separated, dispersed, and assimilated into the mainstream of American existence (and perhaps, resocialized). We briefly review these four policies, which seek to send the poor into middle income neighborhoods, and those that aim to move higher socioeconomic status (SES) households in impoverished neighborhoods/developments.

First, since the early 1970s, and increasingly since the early 1990s, there has been a decided shift in the form that federally subsidized housing takes, and that shift has been away from the project-based subsidized stock and toward the voucherization of subsidized housing. Although vouchers (formerly called Section 8 vouchers or certificates, now called Housing Choice Vouchers) were not originally meant to promote MI HN, they have become strongly associated with this goal, and therefore they have grown in support among mainstream housing policy analysts. As the project-based subsidized stock – the older Sections 221(d)3s or 236s, and the newer project-based Section 8s – opt out of the affordable housing programs and convert to market, the tenants within them receive vouchers that they can use in situ or can take with them wherever they decide to live. This slow drip of the conversion of housing from project-based to vouchers has not received the attention of the more dramatic demolitions associated with HOPE VI, but has affected far more affordable housing units, as roughly 250,000 units have been lost, with most converting the tenants to vouchers (see DeFilippis/Wyly 2008). Most policymakers and analysts view this as desirable because the project-based stock is fixed in place, and therefore concentrates poverty, whereas vouchers enable mobility and thereby, theoretically at least, promote the mixing of incomes because low-income people are assumed to want to flee their neighborhoods.

Second, HOPE VI may be viewed as simultaneously a poverty-dispersion program as well as a placed-based revitalization effort (see Goetz/Chapple 2010). The specific dimensions of HOPE VI have been outlined in numerous studies, but one of its central goals is to create physical and social environmental conditions that will enable those defined as lower-income to pull themselves up from poverty into a higher SES and experience an increased quality of life as it relates to the places they live (see Joseph 2007, for an excellent overview of HOPE VI stated underpinnings and goals). Although many critics of HOPE VI show that the absolute numbers of subsidized housing units in these developments decrease in comparison to the preexisting public housing development on which they were built, other studies demonstrated that MI NH has not produced the intended economic or quality-of-life benefits even for those who have been able to relocate into the completed HOPE VI developments (Fraser/Nelson 2008; Joseph 2007). Joseph suggests that there is a »need to lower expectations« for what HOPE VI might accomplish for lower-income populations because the conceptual underpinnings and routes low-income people might use to achieve their goals in the context of HOPE VI are either underspecified or not operating as conceived. We add that this current state of affairs may be due to an underappreciation of the relationships among home, neighborhood, and work. For example, although HOPE VI-inspired improvements in housing stock, architectural design, and aesthetics are seemingly desirable, public housing authorities, social service providers, and even HOPE VI communities all operate in the context of social forces – such as the production of labor markets and public policy – which are beyond their grasp.

Third, MTO has generated significant attention among academics and policymakers – attention far beyond what is suggested by the experimental program's incredibly modest size of less than five thousand people in just five cities (see Goetz/Chapple 2010). The program/experiment placed people from project-based subsidized properties into one of three groups: (a) a group that simply stayed where they were; (b) a group that received vouchers that could only be used in low-poverty neighborhoods, and; (c) a group that received regular Section 8 vouchers. The experiment produced ambiguous results (see Goering/Feins 2003), with households that moved to low-poverty neighborhoods feeling safer in their neighborhoods, and therefore somewhat happier about the neighborhoods, but otherwise not displaying much impact in the fields of health, mental health, employment, earnings, education, crime, or most other issues.

Fourth, whether or not policymakers, public officials, or private-sector supporters of MI HN explicitly endorse gentrification as a potential outcome of MI HN implementation, the reality is that the creation of desirable housing markets can have that effect. Goetz (2003: 70), as an example, notes that »private investors are now bidding up property values in the vicinity of public housing projects,« as a way to accrue profit from speculative increases in land rent. Neil Smith (2002) notes that gentrification is a general strategy engaged by public and private sectors to revitalize their cities to be competitive places for other forms of economic investment. The confluence of housing policy and broader urban economic development strategies tends to promote place as an amenity for new economy workers (i.e., those with more disposable income). What is remarkable about this trend is not that developers have pushed for new markets to invest their capital, but rather that public policy, via academia (Florida 2005), has fostered this sense of creating a common good that, like the Reagan years, promises to trickle down to those in the most vulnerable position but rarely does. Although some observers demonstrated that HOPE VI-styled MI HN pushed people out of their home spaces for the more capitalized members of society, the parallel non-HOPE VI – public-private ventures to reclaim low-income neighborhoods for higher SES populations – simply devastate opportunities for those who are less privileged (Fraser/Kick 2007).

Taken together, all four public policies, or sets of policies, that promote MI HN focus on a conception of poverty that chooses to focus on surface appearances that intuitively suggests »anything is better even for these poor people.« Although this may be based on an implicit understanding of the harshness of living in hyper-segregated poverty, the conceptual premise that MI HN will operate to smooth inequities between raced, gendered, and classed populations is certainly »a grin without a cat.« That is, there is dissociation with preexisting and unequal opportunity structures that operate in a society based on laissez-fare capitalism.

Problems With These Policies

When examining the problems with these policies, a central issue is that that these programs do not produce their hypothesized results and there is little evidence that the expected benefits will be realized. Simply put, poor people do not seem to benefit much from MI HN. It should be noted that the one theorized benefit that actually appears to have some empirical basis is that of the »political economy of place« – but to look at this benefit and therefore argue that we should do MI HN, is a remarkable way of talking about what should be done. This perspective starts with the recognition of an unjust situation (that the quality and distribution of public goods and services is based on the class of the people receiving those services), and, instead of saying that what we should do is rectify the injustice, it assumes the immutability of that injustice. It then suggests that moving people around urban areas and promoting mixes of income distribution is commensurate with opening opportunity structures to people in poverty.

The failure of MI HN to improve life for poor people is not particularly difficult to understand. There are several reasons that seem clear to us. These policies – particularly those that promote mobility – often leave poor people in places without the social networks and informal social support of prior neighborhoods. Similarly, such mobility-based policies often leave poor people without the institutional services and support of their prior neighborhoods, and locates them in new places that lack the institutional capacity to provide those services (Goetz/Chapple 2010).[4]

---

4   Despite assumptions to the contrary, poor urban neighborhoods have dense networks of social support that have been created largely out of necessity because services that are commodities in wealthy neighborhoods (e.g., child care) must be negotiated as noncommodi-

Finally, mixed-income policies also have failed to create social mixing, networks, and interaction – that is, social capital. This is because the MI HN leave the larger social cleavages unaltered. For example, HOPE VI developments – and the organizations that govern them – typically sort people based on subsidized versus market rate status. Similarly, in non-HOPE VI mixed-income neighborhoods, the ability to achieve homeowner status articulates a resident as having automatic rights to the city – that is the right to participate in the creation of the rules of conduct and to enforce them – whereas renters' rights have typically been marginalized. In both scenarios, social sorting occurs based on classed, and in many cases, raced and gendered identities. Finally, such policies often are self-defeating because poor people (especially those with vouchers) often reconcentrate in new places. This is for two primary reasons. First, there is the willful behavior of people trying to recreate former communities and socialities in new physical spaces; and second, even with vouchers up to 110 percent of Fair Market Rent, the market, as the allocator of housing, has tendencies toward segregating people along race and class lines.[5]

Why Do We Like MI HN?

Although the reasons usually given in contemporary public policy circles for the promotion of MI HN are relatively new, the goal itself is not. People with dreams of better cities and towns (e.g., Ebenezer Howard, Patrick Geddes, and Lewis Mumford); or people involved in efforts to improve the cities we have already (e.g., Jane Addams); or people celebrating, and protecting, some of the best of currently existing cities (e.g., Jane Jacobs) have long discussed the benefits of MI HN. Howard, Geddes, and Mumford embraced social integration as part of their broad and deep

---

fied when participants do not have money. Empirical studies have found that relocated public housing residents have a difficult time rebuilding social networks (Clampet-Lundquist 2004), leading to higher degrees of social isolation for children as well as adults in many situations (Curley 2005; Gibson 2007; Goetz 2003). Fraser/Kick (2007), in their study of a HOPE VI project in Durham, North Carolina, found that those residents relocated into other public housing developments not only faced the challenge of building social networks, but did so in the context of harsh environmental conditions (as measured by a longitudinal, spatial cluster analysis of violent crime and Urban Institute survey data reporting decreased levels of safety by residents).

5   These are all problems that come directly from the theoretical assumptions and understandings that inform the particular policies. These are not problems that emerge from »imperfect implementation« as many studies imply, for example, which conclude with such statements as: »Our data point out areas where performance improvements appear urgent and, in addition, there remain some important knowledge gaps that must be overcome before HOPE VI relocation practice can be fully assessed« (Kingsley et al. 2003); and, »While acknowledging the HOPE VI program's important successes, it is also necessary to recognize where the program needs to be improved« (Popkin et al. 2004).

sympathies to the utopian anarchist tradition – a tradition that included the mixing of all classes and activities into cities and towns, with the land being worked and owned in common (see Hall 2002). Addams (1910) followed a different line of reasoning, and argued that the social integration of people would lead to the upper classes learning about life by being exposed to the poor. Finally, Jacobs rather famously embraced the integration of different peoples, activities, and uses of urban space. Our intellectual and political lineage, in our support for MI HN, is not with Oscar Lewis and William Julius Wilson, but with the anarchist utopian planners, the more critically minded of the settlement house movement leaders, and – a bit – with Jacobs.

The problem, however, is that the reasons why MI HN is appealing to us are perhaps better expressed in the negative than in the positive. That is, it is easier for us to see what is wrong with class-based segregation than to convincingly affirm the transcendence of those problems through the processes of integration. But we're getting a bit ahead of ourselves. There are, we think, several reasons why class-based segregation is a barrier to realizing more just cities and processes of urbanization.[6]

First, class-segregated neighborhoods and towns lead to class-segregated public spaces – the rich and poor, simply put, do not interact or even see each other in the public spaces where they gather. And although the specific relationships between public space, the public sphere, and public policy remain issues for debate (see, e.g., Calhoun 1992; Mitchell 2003), it is certainly true that people at least partially come to understand who and what constitutes »the public« by who and what they encounter and interact with once they leave the realm of the private (i.e., their homes and their cars). The second problem stems from the first: Without integrated public spaces, the wealthy are enabled to continue to believe that they are »middle class,« or, similarly, that the United States is a »class-free« society. Lives lived in exclusionary isolation – especially those so often represented in the media as normal – become naturalized, and their particular qualities made invisible to those who live them. Third, the goods and processes of social reproduction, that is, schools, hospitals, and other health care facilities, child care, and so on, also become segregated when there is class-based segregation, which in turn undermines the political will and capacity to support funding for such efforts beyond the immediate realm of individual neighborhoods. This, in short, is one of the reasons why the political economy of place rationale for MI HN has some empirical support. Finally, class-based segregation is a fundamental barrier to urban democracy and social justice. This is simply because democracy (urban or otherwise) requires at least a tacit acceptance that there is a shared fate and future within society (see

---

6   We should acknowledge at the beginning of this discussion that Young (2000) played an important role in our thinking through these issues.

Williamson 2010). We need not embrace Aristotelian republicanism (which we do not, by any means, do) to think that democracy requires recognition of the existence of a mutually shared society. Such understandings of a shared fate in society also benefit a great deal from unmediated interactions that are most likely to occur in shared spaces.

But Is Space the Problem – Or the Solution?

The problem with the previous discussion, however, is that although segregation is a barrier to social justice, it does not necessarily follow that integration (by itself) is a solution. Space, it seems, more easily can be part of the problem than part of the solution. Being in close proximity need not engender interaction, and when it does, that interaction may mean conflict as much as anything else (see Spinner-Halev 2010). It is, in short, unclear whether or not the physical proximity of the rich and poor will lead to the rich even acknowledging, let alone understanding or trying to understand, the poor. There is what we call the »The Agatha Christie problem.« We call it that because there is a reason why the butler could always be the murderer in cozy British murder mysteries: The butler was always completely invisible to everybody else in the room. He shared the most intimate spaces with people, and yet was never seen by those people. Similarly, and not hypothetically, the re-emergence of large numbers of homeless people in the streets and parks of New York City led more to New Yorkers developing a capacity to see past homelessness than it did to interactions, dialogue, or understanding between the housed and non-housed in the city's streets. Proximity also can lead more to conflict than any other outcome. This was certainly the case in Paris in the nineteenth century, which was marked by repeated uprisings by the urban poor and working class. They fought with the bourgeoisie who lived nearby – or at least did so until Haussmann forcibly removed the poor and working class from the center of the city. In both outcomes – invisibility and conflict – proximity without larger changes in the political economy is clearly woefully inadequate as a way to try to realize social justice (or even improve the condition of the poor).

Those who live in mixed-income environments do not escape the reality that »communities« are raced, classed, and gendered. These identities have a long history of being made important in larger society and play out in the workings of mixed-income neighborhoods. The criteria that are implemented on a daily basis to distinguish those who have legitimate claims to the »right to the city« (to inhabit and create urban space) usually undercut subsidized renters in obvious ways (i.e., drug tests, mandatory house-cleaning courses, checks on employment status). How can we not expect those practices to bleed into the social relations between proximate residents and their unequal sense of the right to be in place? This is because the key issue remains the unequal power relations involved in people's access to the space – people's ability, in short, to claim a right to be in the place (or, more broadly, a right to the city). For mixing to have a role in making our cities more just, the people being mixed need to be in proximity on their own terms and those terms need some level of equivalence or comparability. And this is simply not true for the policies that currently promote MI HN.

This last point leads directly to the problem of »community« in MI HN. And here we depart from most all critiques of mixed-income housing policy, because virtually none have taken into account the very notion of »community.« Although community is largely romanticized as a positive force that enables individuals and households to foster connections that serve to expand and deepen group- and individual-level opportunity structures, it also is a social force that its members experience differentially. Mixed-income housing developments/neighborhoods, by definition, are comprised of residents who have preexisting and differential sets of economic, cultural, and social capital (Bourdieu 1986). If these qualities act as mediating structures that position people in their everyday experiences with their neighbors as well as public and private entities that insert themselves into neighborhood affairs, then very real power differentials will exist in mixed-income locales.

This is no different when we talk about building community in mixed-income environments because the ability to have one's needs and desires represented (politics of representation) in the creation of communal processes and social norms is inextricably tied to who has rights to space, what forms of surveillance and governance will be promoted and tolerated, and what resources will be made available to them. Moreover, when »community« and the guiding principles of place do not work for some residents, then the forms of capital listed here become extremely important. Here, consider cultural capital – the stock of experiences, knowledge, and networks of affiliation (Bourdieu 1986). It provides some residents the ability to act swiftly and deftly when bringing extra-neighborhood resources to bear on neighborhood affairs.

On the Use of MI HN for Social Justice

So, the question becomes how can forms of community in MI HN – and their associated processes – be created to smooth power differentials between groups marked by income and wealth differentials? The answers are elusively simple yet procedurally difficult. First, community and other processes of neighborhood governance must always exist in a state of becoming . Because community only can be understood in its articulation with other phenomena such as labor conditions, housing markets, educational opportunities, race, class, gender – and the list goes on ad infinitum – then community and its organizations/institutional manifestations must be constantly critiqued, contested, and renegotiated if it is to respond effectively to the context within which it operates. Mitchell (2003) rightly contends that in order for democracy to flourish as well as the creation of a socially just society, public spaces are crucial sites within which the people may lay claim to a politics of representation. In MI HN settings this is a poignant call for all residents to be able to create the rules of conduct and to respond effectively to the fact that differently »incomed« groups of residents are going to have overlapping desires but also distinct agendas that need to be addressed (see Massey 2005, on »spatial copresence«).

The second set of strategies to produce a vibrant and responsive MI HN revolve around smoothing inequities experienced by low-income residents through actual wealth-accumulation policies. For example, in the wake of the mortgage and foreclosure crisis that has inordinately affected lower-income populations, some housing scholars are thinking about reviving social housing. In the context of MI HN development, shared-equity housing strategies such as community land trusts, limited-equity co-ops, and deed-restricted housing could be employed to move people into low-risk, mixed-income housing (see Davis 2006, for a thorough discussion of »shared-equity homeownership«). This would additionally serve to mediate the pernicious marking of some residents as being marginal community members based on, once again, the tacit assumption that low-income individuals have less to offer than those who can make a larger economic investment in place. By engaging in strategies such as these, we believe that new opportunities might be opened where social mixing might produce some of the building blocks to create real opportunities for low-income residents to actually take part in creating their own opportunity structures rather than relying on the benevolence of more privileged neighbors.

Conclusion

We have argued that MI HN – as it is currently understood theoretically and put into practice by policies – is fundamentally flawed and will not result in improving conditions for people – rich or poor – in U.S. cities. The assumptions made in the first instance, that the policies are only there to benefit the poor because the poor bring nothing to communities, is reproduced and amplified when put in practice. On the one hand, the assumption drives the dismantling of low-income communities (because they contribute nothing anyway), and on the other hand it enables the incredible uneven power relations between groups when they are living together. Instead, we are advocating forms of MI HN that mitigate the power relations between groups – while also recognizing that such power relations extend well beyond any given community or place. Because such power relations extend beyond any community or place, and because poverty is inherently interrelated with labor markets and their operations, perhaps we should call into question the capacity of particular forms of housing or specific housing developments to alleviate poverty. But that does not mean that we should give up on MI HN specifically, or housing-centered interventions more generally. Instead it means that we need to have realistic expectations of what MI HN can do for poor people. Even so, only specific kinds of MI HN can really benefit poor people. The best we can do is to create forms of governance that are more equitable within such developments, and forms of property ownership in which wealth is limited and community-based governance is the rule. In short, if poverty is produced and experienced as a set of material and cultural forces and unequal power relations, then we need to build forms of housing that limit the experiences of poverty in such developments.

These are certainly imperfect and limited interventions in the face of the structured inequities and injustices in U.S. cities. But they offer ways for us to address the problems of spatial segregation by creating forms of integrated neighborhoods that are not simply about the space of housing – but rather its governance and the wealth it generates. Ultimately, these relations are at the heart of all struggles for social justice.

Literature

Addams, Jane (1910): Twenty Years at Hull-House, New York: Macmillan.

Bourdieu, Pierre (1986): »The Forms of Capital«, in: John G. Richardson (ed.), Handbook of Theory and Research for the Sociology of Education, New York: Greenwood, pp. 241-58.

Brophy, Paul/Smith, Rhonda (1997): »Mixed-Income Housing Factors for Success«, in: Cityscape. A Journal of Police Development and Research 3 (2), pp. 3-31.

Calhoun, Craig J. (ed.) (1992): Habermas and the public sphere, Cambridge: MIT Press.

Clampet-Lundquist, Susan (2004): »HOPE VI relocation: Moving to new neighborhoods and building new ties«, in: Housing policy debate 15 (2), pp. 415-447. DOI: 10.1080/10511482.2004.9521507

Curley, Alexandra (2005): »Theories of urban poverty and implications for public housing policy«, Journal of Sociology and Social Welfare 32, pp. 97-117.

Davis, John Emmeus (2006): Shared equity homeownership: The changing landscape of resale-restricted, owner-occupied housing, Montclair, NY: National Housing Institute.

DeFilippis, James/Wyly, Elvin (2008): »Running to stand still: Through the looking glass with federally subsidized housing in New York City«, in: Urban Affairs Review 43 (6), pp. 777-816. DOI: 10.1177/1078087407312179

Florida, Richard (2005). Cities and the creative class, New York: Routledge. DOI: 10.4324/9780203997673

Fraser, James C./Kick, Edward L. (2008): »The role of public, private, non-profit and community sectors in shaping mixed-income housing outcomes in the US«, in: Urban Studies 44(12), pp. 2357-2377. DOI: 10.1080/00420980701540952

Fraser, James/Nelson, Michael H. (2008): »Can Mixed-Income Housing Ameliorate Concentrated Poverty? The Significance of a Geographically Informed Sense of Community«, in: Geography Compass 2 (6), pp. 2127-2144. DOI: 10.1111/j.1749-8198.2008.00175.x

Gibson, Karen J. (2007): »The relocation of the Columbia Villa community: views from residents«, in: Journal of Planning Education and Research 27(1), pp. 5-19. DOI: 10.1177/0739456X07299845

Goering, John M./Feins, Judith D. (eds.) (2003): Choosing a better life?: Evaluating the moving to opportunity social experiment, Washington, DC: The Urban Institute Press.

Goetz, Edward G. (2003): Clearing the way: Deconcentrating the poor in urban America, Washington, DC: The Urban Institute Press.

Goetz, Edward G./Chapple, Karen (2010): »Dispersal as Anti-Poverty Policy«, in: Jonathan Davies/David Imbroscio (eds.), Critical urban studies: new directions. State University of New York Press, pp. 149-164.

Hall, Peter (2002): Cities of Tomorrow, 3rd Edition, Oxford: Blackwell.

Joseph, Mark (2007): »Is Mixed-Income Development an Antidote o Urban Poverty?«, in: Housing Policy Debate 17 (2), pp. 209-234. DOI: 10.1080/10511482.2006.9521567

Joseph, Mark L./Chaskin, Robert J./Webber, Henry S. (2007): »The theoretical basis for addressing poverty through mixed income development«, in: Urban affairs review 42(3), pp. 369-409. DOI: 10.1177/1078087406294043

Kingsley, G. Thomas/Johnson, Jennifer/Pettit, Kathryn LS (2003): »Patterns of Section 8 relocation in the HOPE VI program«, in: Journal of Urban Affairs 25 (4), pp. 427-447. DOI: 10.1111/1467-9906.00171

Massey, Doreen (2005): For Space, London: Sage.

Mitchell, Don (2003): The right to the city: Social justice and the fight for public space, New York: Guilford Press.

Popkin, Susan J./Katz, Bruce/Cunningham, Mary/Brown, Karen/Gustanfson, Jeremy/Turner, Margery (2004): A Decade of HOPE VI: Research Findings and Policy Challenges, Washington, DC: The Urban Institute Press.

Ramos, Dante (1994): »HUD-DLED masses«, in: New Republic 210 (11), pp. 12-14.

Schwartz, Alex/Tajbakhsh, Kian (1997): »Mixed-income housing: Unanswered questions«, in: Cityscape. A Journal of Police Development and Research 3 (2), pp. 71-92.

Smith, Neil (2002): »New globalism, new urbanism: gentrification as global urban strategy«, in: Antipode 34 (3), pp. 427-450. DOI: 10.1111/1467-8330.00249

Spinner-Halev, Jeff (2010): »The Trouble with Diversity«, in: Jonathan Davies/David Imbroscio (eds.), Critical urban studies: new directions. State University of New York Press, pp. 107-120.

Williamson, Thad (2010): »Beyond Sprawl and Anti-Sprawl«, in: Jonathan Davies/David Imbroscio (eds.), Critical urban studies: new directions. State University of New York Press, pp. 165-182.

Wyly, Elvin K./Hammel, Daniel J. (1999): »Islands of decay in seas of renewal: Housing policy and the resurgence of gentrification«, in: Housing Policy Debate 10 (7), pp. 711-771. DOI: 10.1080/10511482.1999.9521348

Young, Iris Marion (2000): Inclusion and democracy, New York: Oxford University Press.

Akteurszentrierte Zugriffe

Die Herausforderer der Behutsamen Stadterneuerung

Matthias Bernt

Erschienen 2013 in: Altrock, Uwe/Kunze, Ronald/Schmitt, Gisela/Schubert, Dirk (Hg.): *Jahrbuch Stadterneuerung 2013. Das Ende der Behutsamkeit? Beiträge aus Lehre und Forschung an deutschsprachigen Hochschulen*, Berlin: Universitätsverlag der TU Berlin, S. 53-67.

Noch Anfang der 1990er Jahre war die intellektuelle Hegemonie der »Behutsamen Stadterneuerung« (mit großem »B«) in den Debatten und Entscheidungen der Berliner Stadtentwicklung überdeutlich. Für viele PlanerInnen waren die »12 Grundsätze der Behutsamen Stadterneuerung« (Bauausstellung Berlin 1987) so etwas wie ein Mantra und auch in der ansonsten eher von einem »Metropolenhype« geprägten Stadtentwicklungspolitik vermochte es die »Behutsame Stadterneuerung« ihren Einfluss auf die Berliner Stadtentwicklung weitgehend zu behaupten. Im Zuge der Kreuzberger Sanierung entwickelte zentrale Zielaussagen wie »Schutz vor Verdrängung«, »Orientierung an den Betroffenen«, »Behutsamkeit«, oder »Betroffenenbeteiligung« wurden nach dem Mauerfall (trotz radikal geänderter Rahmenbedingungen) nach Ostberlin »rübergeklappt« (vgl. Bernt 2003; Bernt/Holm 2009). Und weite Teile der Stadtentwicklungsdebatte wurden völlig selbstverständlich unter das Dach von in der Kreuzberger Internationalen Bauausstellung entwickelten Planungsparadigmen gestellt.

Seitdem hat sich das Bild erheblich geändert. Schlägt man beispielsweise auf dem Website der Senatsverwaltung für Stadtentwicklung und Umwelt nach, findet man schon den Begriff »Behutsame Stadterneuerung« nur noch mit Mühe. Während bspw. »Soziale Stadt«, »Denkmal« und »EU/Internationales« jeweils eigene Frames innehaben, versteckt sich »Stadterneuerung« in den Unterkategorien »Städtebau« und »Förderprogramme« und teilt sich dort den Platz mit »Aktive Stadtzentren«, »Stadtumbau Ost und West« und »Städtebaulicher Denkmalschutz«. Das Wort »behutsam« ist schließlich in den Fließtext gerutscht und wird nur noch als Beiwort für alles Mögliche (z.B. »behutsame

Fassadeninstandsetzung«, »behutsame Arrondierung von Flächenpotenzialen«, »behutsame Gestaltung eines Naturerfahrungsraums für Kinder«) und natürlich in der Adresszeile des Sanierungsbeauftragten S.T.E.R.N. (»Gesellschaft der Behutsamen Stadterneuerung«) verwendet.

Der nachrangige Platz der Behutsamen Stadterneuerung auf der Webseite des Senats entspricht durchaus auch der Planungspraxis, in der ein deutliches Gefälle zwischen dem für viele PlanerInnen nach wie vor wichtigen Bezug auf die Tradition der »Behutsamen Stadterneuerung« und der tatsächlich durchgesetzten Stadtentwicklungspolitik zu beobachten ist. War die Berliner Innenstadt so noch vor zehn Jahren mit fast zwei Dutzend Sanierungsgebieten belegt, finden sich heute in Gesamtberlin nur noch zehn Sanierungsgebiete, von denen drei im nächsten Jahr aufgehoben werden sollen und in den anderen sieben eine leichte Mischung aus Reparaturmaßnahmen im öffentlichen Raum und Gewerbeförderung geplant ist. Hieß es in den Leitsätzen von 1982 noch apodiktisch »[d]ie Erneuerung muss an den Bedürfnissen der jetzigen Bewohner orientiert und mit Ihnen geplant werden. Die Bausubstanz soll im Grundsatz erhalten bleiben«, stand das Ziel der Vermeidung von Verdrängung schon in den 2005 verabschiedeten neuen »Leitsätzen zur Stadterneuerung« gleichberechtigt neben der Förderung des »Zuzugs jüngerer Familien und stabilisierender Bevölkerungsschichten«. Gleichzeitig zu dieser Verschiebung wurden die Förderung von Sanierungsmaßnahmen beendet, der soziale Wohnungsbau eingestellt, Mietobergrenzen bei privat finanzierten Erneuerungsmaßnahmen abgeschafft und das Verbot der Zweckentfremdung von Mietwohnungen aufgegeben. Diese Entwicklung hat in Berlin inzwischen zu stark steigenden Mieten und zu intensiven Mieterprotesten geführt (für einen jeweils aktuellen Überblick, s. http://gentrificationblog.wordpress.com) – nichtsdestoweniger ist eine Rückbesinnung auf die international beachteten, umfangreichen und in vielen Punkten innovativen Erfahrungen der »Behutsamen Stadterneuerung« heute in den Berliner Debatten fast nirgends zu erkennen. (Eine Ausnahme stellt Bodenschatz/Polinna et al. 2010 dar.) Zentrale Schlagwörter der »Behutsamen Stadterneuerung« wie »Orientierung an den Betroffenen«, »Sozialverträglichkeit« oder »Betroffenenbeteiligung« klingen heute in der Berliner Stadtentwicklungspolitik eher wie Nachrichten von einem fremden Stern als ernstzunehmende Leitorientierungen. Und es ist mehr als ein Indiz, wenn der aktuelle Stadtentwicklungssenator neulich in einem Interview sogar verlauten ließ, dass er es nicht für eine Zumutung halte, wenn einkommensschwache BerlinnerInnen wegen gestiegener Mieten von Mitte nach Spandau umziehen müssten (Berliner Kurier 23.1.2012). Auch der Abriss von älterer Bausubstanz zugunsten von Eigentumsneubau ist heute in Berlin kein Tabu mehr (vgl. barbarossastr59.dreipage2.de, mietenstopp.blogsport.de). Misst man die heutige Bedeutung der »Behutsamen Stadterneuerung« an der aktuellen Stadtentwicklungspraxis, kommt man vor diesem Hintergrund nicht umhin festzustellen, dass dieser ehemals innovative und von Politik und Wissenschaft hoch gelobte Planungsansatz an Umsetzungsrelevanz verloren hat.

Der vorliegende Beitrag argumentiert, dass diese Entwicklung nicht nur technisch – als Reaktion der Politik auf veränderte Aufgabenstellungen – interpretiert werden sollte, sondern Ausdruck eines tiefgreifenden Wandels im Denken über die Rolle des Staates in der Stadtentwicklung ist. Dieser Wandel ist nicht naturwüchsig, sondern ihm liegen konkurrierende politische Vorstellungen zugrunde, die sich in unterschiedlichen Erneuerungsansätzen niederschlagen. Wenn man sich fragt, welche Zukunft »behutsame« Ansätze in Zukunft noch haben können, muss man daher an dem Wandel staatlicher Stadterneuerungspolitik ansetzen und analysieren, welche politischen Vorstellungen mit dem Niedergang der »Behutsamen Stadterneuerung« an Durchsetzungskraft verloren haben und durch welche Orientierungen sie ersetzt worden sind. Ich skizziere deshalb in diesem Beitrag in groben Linien wesentliche Entwicklungsstränge der Berliner Stadterneuerung seit dem Fall der Mauer und frage, welche stadtentwicklungspolitischen Leitvorstellungen ihnen zugrunde lagen und auf welcher regulativen Basis sie implementiert wurden. Dabei diskutiere ich die Entwicklung auf der konzeptionellen Basis des sogenannten Advocacy-Coalition-Ansatzes (Sabatier 1988/1993), der davon ausgeht, dass sich politischer Wandel am besten aus der Veränderung kausaler Annahmen und normativer Überzeugungen erklären lässt. Dabei wird angenommen, dass sich in einem bestimmten politischen Themenfeld verschiedene *advocacy coalitions* erkennen lassen, die jeweils unterschiedliche *belief systems* und auf ihnen basierend unterschiedliche Zielorientierungen vertreten und miteinander in Konkurrenz stehen.

Auf dieser Grundlage argumentiere ich, dass die Geschicke der Berliner Stadterneuerung sich seit 1990 wesentlich aus der Konkurrenz von drei alternativen Diskursformationen erklären lassen: aus der IBA kommenden staatlich finanzierten »Behutsamen Stadterneuerung«; aus der im Zuge des Programms Soziale Stadt übernommenen Orientierung auf *empowerment* und Aktivierung sowie einer auf der Grundlage von Haushaltszwängen argumentierenden Austeritätspolitik.

Ich gehe wie folgt vor: Um meinen konzeptionellen Blickwinkel deutlich zu machen, stelle ich zunächst zentrale Facetten des Advocacy-Coalition-Ansatzes vor und diskutiere ihre Implikationen für eine Analyse von stadtentwicklungspolitischen Veränderungen. Im Anschluss beschreibe ich die Entwicklungen der Berliner Stadterneuerung in drei Phasen: a) anhand der Etablierung und des Wandels der Behutsamen Stadterneuerung in den Ostberliner Sanierungsgebieten seit 1993, b) mit dem Aufkommen des Handlungsansatzes »Soziale Stadt« und c) entlang den Implikationen der seit der Jahrtausendwende einsetzenden Austeritätspolitik. Schließlich ziehe ich Schlussfolgerungen und versuche, den Einflussverlust der Behutsamen Stadterneuerung in Konkurrenz mit ihren Herausforderern zu erklären.

Der Advocacy-Coalition-Ansatz als Instrument zur Analyse politischen Wandels

Der in den späten 1980er Jahren von dem amerikanischen Politikwissenschaftler Paul A. Sabatier entwickelte »Advocacy coalitions«-Ansatz beschäftigt sich mit dem Wandel von policies über eine längere Zeitperspektive, i.d.R. innerhalb eines »Policy-Subsystems«, d.h. einem Arrangement verschiedener Akteure, die an einem bestimmten Policybereich interessiert sind (z.B. der Arbeitschutzgesetzgebung, der Mittelstandsförderung oder der Luftschadstoffemissionskontrolle). Die dem Ansatz zugrunde liegende Idee ist, dass »staatliche Maßnahmen in der gleichen Art konzeptionalisiert werden können wie handlungsleitende Orientierungen oder *belief systems*, d.h. als Set von Wertprioritäten und kausalen Annahmen darüber, wie diese zu realisieren sind.« (Sabatier 1993: 120). Der Ansatz geht also davon aus, dass staatliche Politiken implizit »Wertvorstellungen, Annahmen über Kausalbeziehungen, Perzeptionen von Weltzuständen (einschließlich der Größenordnung von Problemen), eine Auffassung über die Wirksamkeit von Policy-Instrumenten etc.« (ebd.: 121) enthalten. Der zentrale Punkt in Sabatiers Argumentation ist dabei, dass Akteure und Politiken in Bezug auf die ihnen zugrunde liegenden *belief systems* strukturiert werden. Ein Policy-Subsystem kann hierdurch durch eine Anzahl von *advocacy-coalitions* beschrieben werden, die sich aus Personen verschiedener Organisationen und Institutionen (Wahlbeamten, Politikern, Verwaltungsangestellten, Lobbyisten, Vertreter von Interessengruppen, Wissenschaftlern ...) zusammensetzen, welche gemeinsame normative und kausale Vorstellungen haben und ihre Handlungen abstimmen. Jede Koalition wendet dabei zu jedem Zeitpunkt vor allem diejenigen Strategien und Politiken an, von denen sie annimmt, dass sie in der Lage sind einen politischen Wandel zu bewirken, der ihren Vorstellungen und Zielen förderlich ist.

Ideen und Strukturen stehen in Sabatiers Modell miteinander in Wechselwirkung. Für politischen Wandel gibt es deshalb in dem beschriebenen Modell zwei Gründe: a) die Wertvorstellungen der Mitglieder einer Koalition ändern sich, b) externe Ereignisse wirken auf das Subsystem ein. Als Beispiele für solche »externen Systemereignisse« nennt Sabatier Veränderungen in sozio-ökonomischen und technologischen Rahmenbedingungen, einen Wandel der öffentlichen Meinung, Veränderungen in den Regierungskoalitionen auf gesamtstaatlicher Ebene, sowie Policy-Entscheidungen und Policy-Wirkungen aus anderen Subsystemen. Werden bestehende Advocacy-Koalitionen mit solchen externen Ereignissen konfrontiert, besteht die Gefahr, dass ihre bis dahin hegemonialen *belief systems* immer weniger der Wirklichkeit entsprechen, in der sie agieren. Die tragenden Narrative werden dann brüchig, und die aus ihnen resultierenden Strategien sind immer weniger in der Lage, eine Verbindung zwischen den angestrebten Normativen und der Realität herzustellen.

Für die Analyse von Policy-Subsystemen, und hierzu kann man sicher auch die Berliner Stadterneuerung zählen, hält dieses Modell drei zentrale Anregungen bereit. Zum Ersten können, fasst man politischen Wandel als Prozess multipler und miteinander verflochtener Policy-Zyklen auf, die Ursachen für aktuelle Veränderungen nur mit einer über eine längere Zeit gehende Perspektive verstanden werden. Zum Zweiten legt das Modell nahe, den Blick vorrangig auf den Wandel von Wertvorstellungen und Handlungsprioritäten zu legen, die dem Wandel von Instrumenten zugrunde liegen: Politiken können sozusagen aus der Analyse von Wertvorstellungen erklärt werden. Zum Dritten macht Sabatier mit seinem Advocacy-Coalition-Ansatz deutlich, dass die entscheidenden Abgrenzungen zwischen verschiedenen Akteuren nicht nach institutionellen Grenzen, sondern entlang von *belief systems* verlaufen. Die Untersuchung sollte deshalb ihren Blick nicht allein auf einen oder mehrere institutionelle Akteure (z.B. die Senatsverwaltung) richten, sondern die Interaktion von in verschiedenen Koalitionen zusammengefassten Akteuren über institutionelle Trennungslinien hinweg untersuchen.

Von Kreuzberg nach Prenzlauer Berg: Der Export der Behutsamen Stadterneuerung

Welches Bild lässt sich auf diese Weise zunächst von der Behutsamen Stadtneuerung zeichnen? Die Behutsame Stadterneuerung, so möchte ich argumentieren, war in ihrer Urform – knapp zusammengefasst – eine weitgehend staatliche Veranstaltung, die auf die vorher in Berlin dominante autoritäre Flächensanierung aufbaute und diese um verfahrensbezogene, architektonische, ökologische und demokratische Innovationen ergänzte. Ihre Grundlage waren – wie in der Flächensanierung – eine durch gemeinnützige Sanierungsträger geprägte Hauseigentümerstruktur »nichtkapitalistischen Charakters« (Welch Guerra 1992: 37), eine hohe staatliche Regelungskapazität sowie eine nahezu vollständige öffentliche Förderung der Erneuerungsmaßnahmen. Im Sanierungsgebiet Kottbusser Tor wurden so gerade einmal drei Prozent aller erneuerten Wohnungen ohne direkte öffentliche Zuschüsse modernisiert (vgl. S.T.E.R.N. 1993: 8ff). Auf diesem Fundament wurden mit der »Behutsamen Stadterneuerung« Zielstellungen und Verfahren angedockt, die im Wesentlichen auf eine Demokratisierung der Sanierung zielten, aber die Grundstruktur eines sozialstaatlichen Sanierungsprogramms mit öffentlicher Finanzierung, sozialen Standards und quasi-öffentlicher Trägerschaft beibehielten. Berühmt geworden sind in diesem Zusammenhang die »12 Grundsätze der Behutsamen Stadterneuerung« vom 24.2.1982, die zentrale Eckpunkte der Kreuzberger Sanierungsstrategie formulierten. Hervorheben möchte ich in diesem Zusammenhang vor allem den Grundsatz Nummer 1: »Die Erneuerung muss an den Bedürfnissen der jetzigen Bewohner orientiert und mit ihnen geplant und realisiert werden. Gleiches gilt für die gewerblichen Nutzer.« Mit diesem Grundsatz wurden (zumindest in der Theorie) die Mieterwünsche – und nicht die Pläne von Hauseigentümern oder die Vorstellungen von Fachplanern – zum Ausgangspunkt der Erneuerung gemacht. Faktisch wurde damit die Duldungspflicht von Mietern gegenüber mieterhöhenden Modernisierungsmaßnahmen, resp. die Verfügungsmacht von Hauseigentümern über ihre Immobilie, zugunsten der Mieterseite eingeschränkt und Macht in Richtung der Mieter verlagert. Dies wurde ergänzt durch die Installation von eigentümerunabhängigen Mieterberatungen und Betroffenenvertretungen, die den Interessen der Bewohner im Sanierungsprozess mehr Gewicht verschaffen sollten.

Mit dem Fall der Mauer stand dieses Sanierungsmodell vor völlig neuen Herausforderungen (vgl. Winters 1995; Häußermann et al. 2002; Bernt 2003; Holm 2006). Wesentliche, allgemein in der Debatte anerkannte Punkte waren dabei folgende:

- Durch den fast durchweg maroden Zustand der Altbausubstanz in Ostberlin waren die Erneuerungskulissen und damit der Finanzbedarf deutlich größer; durch den Verlust des Sonderstatus von Berlin und den Abbau von Bundessubventionen stand aber vergleichsweise weniger Geld zur Verfügung.
- Die Restitution von Immobilien an ihre sogenannten »Alteigentümer« führte in kürzester Zeit zu ihrem Verkauf und zur Etablierung einer weitgehend an schneller Verwertung interessierten Eigentümerstruktur (Dieser 1996; Reimann 2000).
- Hierdurch entstand ein starker Druck auf die Mieten und entsprechend war die Verdrängung einkommensschwacher Bewohner von Anfang an ein zentrales Thema in den Ostberliner Innenstadtgebieten.

Die drei wesentlichen Ausgangsbedingungen der Behutsamen Stadterneuerung – öffentliche, mit starken Bindungen versehene Förderung, quasi-staatliche, gemeinnützige Wohnungseigentümer und hohe staatliche Regelungskapazitäten – wurden damit zusehends obsolet und entsprechend stellte sich schnell die Frage, was von der Behutsamen Stadterneuerung unter den neuen Bedingungen überhaupt übernommen werden kann.

Wie reagierte die Berliner Stadterneuerungsdiskussion auf diesen Wandel? Interessanterweise vor allem mit dem Versuch der Beibehaltung der aus Kreuzberg überkommenen Ziele, Verfahren und Verantwortlichkeiten. Trotz grundlegender Veränderungen wurden dabei wesentliche programmatische Kernaussagen wie »Schutz vor Verdrängung«, »Erhalt der bestehenden Bevölkerungsstruktur« und »Betroffenenbeteiligung« beibehalten. Obwohl die Situation sich in Ostberlin Anfang der 1990er Jahre grundlegend von der Kreuzbergs Anfang der 1980er Jahre unterschied, folgte die Strategiediskussion damit weiterhin eng den etablierten

»Kreuzberger Mustern«. Trotz nahezu diametral entgegen der Kreuzberger Sanierung gesetzten Rahmenbedingungen wurden Zielstellungen der Behutsamen
Stadterneuerung auch in die »Leitsätze zur behutsamen Stadterneuerung«, die
1993 zusammen mit der Ausweisung der ersten Sanierungsgebiete in Ostberlin
verabschiedet wurden und die Ziele der Landesregierung für die Stadterneuerung
festlegen sollten, beibehalten.

Die Umsetzung dieser Ziele in der Praxis gestaltete sich allerdings zusehends
schwierig (vgl. ausführlich Bernt 1998 und 2003; Häußermann et al. 2002): Im Laufe
der Zeit konnte nur noch ein immer kleiner werdender Teil der Häuser mit öffentlichen Mitteln saniert werden und die Durchsetzung von Mietobergrenzen in privat
sanierten Häusern gestaltete sich (vor allem bei Neuvermietungen) schwierig, Entsprechend konnten zwar die baulichen Ziele der Sanierung relativ schnell erreicht
werden, soziale Ziele, wie der Schutz der Gebietsbevölkerung vor Verdrängung
durch hohe Mieten, gerieten aber zusehends ins Hintertreffen. Entgegen der Zielsetzungen vom Erhalt der Bevölkerungsstruktur wurden so Gentrifizierung und
Verdrängung in Mitte, Prenzlauer Berg und Friedrichshain zusehends ein Thema.
Am Helmholtzplatz, dem größten Sanierungsgebiet Berlins, konnten so nur 13 %
der ursprünglichen Bewohner gehalten werden und die neu Hinzugezogenen habe ein erheblich höheres Einkommen. Ärmere Haushalte finden sich hier fast nur
noch in öffentlich geförderten Häusern, deren Zahl rapide abnimmt (vgl. Asum
2012).

Zwischen dem Anspruch auf Behutsamkeit und der Realität tat sich damit eine immer weiter werdende Kluft auf, die zusehends zu politischen Spannungen
führte und sich in aufgeladenen Kontroversen – ob bei Sanierungspraxis noch das
Attribut »behutsam« verdiene, ob Verdrängung und Gentrifizierung nachweisbar
oder nur eingebildet seien, ob mehr staatliche Intervention benötigt werde oder
das vorhandene Instrumentarium ausreiche – zwischen der Verwaltung und Sanierungsbeauftragten auf der einen Seite und Mieterorganisationen und Bewohnerinitiativen auf der anderen Seite entlud. Da sich die Realität der Sanierung immer
weiter von den Versprechen der Behutsamen Stadterneuerung entfernte, wurden
die Standards für »Behutsamkeit« dabei vor allem von den mit ihrer Durchsetzung beruflich betrauten Akteuren (Sanierungsverwaltungsstellen, Abteilung IVc
bei der zuständigen Senatsverwaltung, Sanierungs- und Sozialplanungsbeauftragte ...) zusehends aufgeweicht. Das vor allem in der zweiten Hälfte der 1990er Jahre
regelmäßig zu beobachtende Argumentationsmuster, mit dem die an der Behutsamen Stadterneuerung Beteiligten auf die neuen Herausforderungen reagierten,
lässt sich dabei als flexible »Ja, aber«-Argumentation beschreiben: Ja, um die sozialen Ziele zu halten, sind mehr Fördermittel wünschenswert, aber der Zustand
des Haushaltes lässt es nicht zu. Ja, auch in der Stadterneuerung ist zu sparen,
aber die Grundsätze der Behutsamen Stadterneuerung dürfen dadurch nicht in
Frage gestellt werden. Ja, längere Mietobergrenzen bieten besseren Mieterschutz,

aber sie sind rechtlich nicht durchsetzbar. Ja, die Förderung ist zu teuer, aber anders sind die sozialen Ziele der Sanierung nicht zu erreichen. Egal von welcher Seite die Kritik kam, die bestehende Behutsame Stadterneuerung wurde als einzig mögliche Alternative präsentiert. Wurden Veränderungen angemahnt und Alternativen thematisiert, wurden die dahinterstehenden Politikziele und -ansprüche gar nicht diskutiert, sondern Praktikabilität und Professionalität der Vorschläge in Frage gestellt. Der »deep core« (Sabatier 1993) der Vorstellungen von Behutsamer Stadterneuerung blieb damit unangetastet, aber die Toleranz für Abweichungen vom Ausgangsmodell wurde größer.

Soziale Stadt und Behutsame Stadterneuerung

Wie dünn das Eis war, auf dem sich die Behutsame Stadterneuerung in Berlin bewegte, wurde Ende der 1990er Jahre mit der Einführung des Quartiersmanagements deutlich. Dieses übernahm zwar einerseits aus der Behutsamen Stadterneuerung bekannte Verfahrensweisen, wurde aber andererseits in Bezug auf politische Aufmerksamkeit, Zielsetzung und finanzielle Unterstützung sukzessive zur Konkurrenzveranstaltung der Behutsamen Stadterneuerung ausgebaut und ersetzte diese schließlich weitgehend. Während die Stadterneuerungskulisse in den letzten 15 Jahren sukzessive abgebaut wurde, wurde so das Quartiersmanagement zusehends zum Normalfall der quartiersbezogenen Intervention ausgebaut und umfasst aktuell 34 Gebiete in ganz Berlin. Entsprechend wurde auch der mit der Behutsamen Stadterneuerung betraute Planungs- und Steuerungsapparat zusammengekürzt, und viele der noch aus Kreuzberger Zeiten bekannten Akteure lassen sich heute als Quartiersmanager in Wedding, Neukölln oder Marzahn wiederfinden.

Wie Simon Güntner (2007: 195ff.) gezeigt hat, war dabei bereits das Agenda-Setting des Quartiersmanagements in Berlin von dem Bedürfnis von führenden CDU- und SPD-Politikern geprägt, sich von der etablierten Szene der Behutsamen Stadterneuerung abzuheben und ein eigenständiges Profil zu entwickeln. Diese Abgrenzung wurde nur selten als offener Widerspruch formuliert; wie ein roter Faden zieht sich allerdings durch viele Gründungsdokumente der neuen Politik der »sozialorientierten Stadtentwicklung« die Grundidee, dass bisherige Verfahren trotz erheblicher finanzieller Belastungen »nichts gebracht« hätten.

Über die Entstehungsgeschichte, die Konturen, Vorgehensweisen und kleinteiligen Differenzen der damit in Berlin eingeleiteten und später in die Förderung des Programms Soziale Stadt überführten Verfahrensweise ist in den letzten Jahren viel geschrieben worden. Und es ist an dieser Stelle kaum möglich, einen umfassenden und ausgewogenen Vergleich zwischen Quartiersmanagement und Behutsamer Stadterneuerung vorzunehmen. Nichtsdestoweniger ist es wichtig, darauf hinzuweisen, dass sich neben der Vielzahl von oft erwähnten Gemeinsamkeiten auch deutliche Unterschiede zwischen beiden Programmen ausmachen lassen. In dieser Hinsicht möchte ich vier Punkte herausgreifen, an denen wesentliche Differenzen zwischen Behutsamer Stadterneuerung und Quartiersmanagement deutlich werden.

Ein erster Punkt ist dabei der Ersatz »harter« durch »weiche« Steuerungsinstrumente und damit verbunden die Aufweichung von Zielen für die Quartiersentwicklung (vgl. auch Bernt/Fritsche 2005). Betrachtet man die Behutsame Stadterneuerung durch die Brille heutiger Ansätze, wird schnell deutlich, dass auch diese bei aller Behutsamkeit eher ein »harter« Interventionsansatz war. Ihr Gegenstand waren im Wesentlichen Modernisierungs- und Instandsetzungsprogramme, die darauf zielten, ein bestimmtes »Sanierungsgebiet« auf das Niveau durchschnittlicher gesellschaftlicher Wohnstandards zu heben. Diese galten umfassend, legten für alle Sanierungsmaßnahmen gleiche Standards (z.B. in Form von Kostenpauschalen, Fördermieten, Erneuerungsstandards und Sozialplanrichtlinien) fest, und verbanden diese Zielmarken mit einer starken Stellung des Staates in der Finanzierung der Erneuerung, einem weitgehenden Einsatz städtebaurechtlicher Instrumente und (bis in die 1980er Jahre hinein) mit starken Eingriffen in die lokalen Hauseigentümerstrukturen, bei der kleine Privateigentümer durch große gemeinnützige Wohnungsbaugesellschaften ersetzt wurden.

Im Vergleich hierzu sind sowohl die Ziele als auch die Instrumente, die sich mit der Festlegung eines Stadtviertels als Quartiersmanagementgebiet verbinden, wesentlich »weicher«. Ziel des Quartiersmanagements ist es laut entsprechendem Senatsbeschluss, »eine nachhaltige, soziale, wirtschaftliche städtebauliche und ökologische Entwicklung durch integriertes Handeln und vernetzte Maßnahmen im Quartier zu bewirken« (Abgeordnetenhaus von Berlin 1999). Verglichen mit der traditionellen Zielbestimmung für Sanierungsgebiete ist dies außerordentlich vage, amorph und kaum fassbar. Festgelegt wird kaum, was zu tun ist, sondern eher, wie das zu geschehen hat – »integriert«, »vernetzt«, »synergetisch«, »aktivierend« und »nachhaltig«, sind Stichworte, die hier regelmäßig genannt werden. Da die allgemeinen Zielstellungen des Quartiersmanagements praktisch alles Mögliche, aber nur wenig Konkretes enthalten, fällt die Aufgabe, in konkrete Maßnahmen umsetzbare Ziele festzulegen, an die Quartiersmanager, die in ihren Vierteln Projekte auf den Weg bringen müssen. Hierdurch wird die Agenda, die sich mit der Ausweisung eines Gebietes als Quartiersmanagementgebiet verbindet, flexibilisiert und das Handlungsprogramm unterscheidet sich zwischen einzelnen Gebieten stark nach den jeweiligen Gegebenheiten. Hierdurch wird allerdings (wie Bernt/Fritsche 2005 erörtern) nicht nur eine stärker an lokalen Umständen, sondern auch eine kurzfristige, auf vorzeigbare Erfolge orientierte Handlungsperspektive unterstützt. Der gemeinsame Nenner der äußerst vielfältigen Projekte ist dabei eine inkrementalistische Perspektive, die Ziele nicht aus universal gültigen Ansprüchen heraus bestimmt, sondern im Prozess der Durchführung anhand der jeweils gegebenen Möglichkeiten festlegt.

Ein zweiter Punkt, an dem sich Quartiersmanagement und Behutsame Stadterneuerung unterscheiden, ist die Ersetzung von »Bewohnerbeteiligung« durch »Aktivierung«. Bewohnerbeteiligung hatte in der Behutsamen Stadterneuerung im Wesentlichen die Funktion, vorhandene Machtungleichgewichte zwischen den Bewohnern eines Sanierungsgebietes auf der einen und Hauseigentümern auf der anderen Seite auszugleichen. Ähnlich wie in den im Betriebsverfassungsgesetz verankerten Mitbestimmungsmodalitäten in der Wirtschaft sah die Bewohnerbeteiligung die Einrichtung von Gremien (Betroffenenvertretungen) vor, in denen die Bewohner sich organisieren, Anspruch auf Information erheben, Akteneinsicht nehmen und »Anregungen und Bedenken vortragen« konnten (Vgl. AV-BauGBSan). Außerdem wurden »Sozialpläne« erarbeitet, mit deren Hilfe die nachteiligen Auswirkungen von Sanierungsmaßnahmen auf betroffene Haushalte gemindert werden sollten. Grundlage war auch hier der Gedanke, dass Stadterneuerung nur funktionieren kann, wenn sie sich an den von ihr betroffenen Bewohnern orientiert und in weitestgehender Übereinstimmung mit ihnen durchgeführt wird.

Von der diesem Ansatz zugrundeliegenden Idee, dass es Interessenunterschiede zwischen Bewohnern, Hauseigentümern und Verwaltungen geben kann und dass Bewohner in daraus resultierenden Konflikten oft durch einen Mangel an Ressourcen benachteiligt sind, findet sich in dem mit dem Quartiersmanagement etablierten Verständnis von Bewohnerbeteiligung kaum noch eine Spur. In dem bereits zitierten Senatsbeschluss wird in diesem Bereich stattdessen als Aufgabe formuliert, »jene zu erreichen und insbesondere ihre Mitwirkungsbereitschaft zu wecken, für die sich die Lebensverhältnisse im Quartier [...] verbessern sollen.« (Abgeordnetenhaus 1999: 32). In einer etwas aktuelleren Beschreibung des Aufgabenfeldes heißt es auch:

> »Aufgabe des Berliner Quartiersverfahrens ist es, in den durch Fortzug und wirtschaftlichen Strukturwandel in ihrem sozialen Gefüge geschwächten Kiezen ein neues nachbarschaftliches Miteinander zu organisieren. Ein Wir-Gefühl, aus dem eine möglichst breite Eigenverantwortung für die Entwicklung des Quartiers erwächst und das in einem neuen stabilen Gemeinwesen mündet. Die Befähigung der Bürger zur eigenverantwortlichen Gestaltung der Kieze – Empowerment – ist die Meßlatte des Verfahrens schlechthin.« (Buchholz/Meier o.J.)

»Gemeinsinn«, »Wir-Gefühl«, »Eigenverantwortung« und »Selbsthilfe«, anstelle von »Beteiligung«, »Übereinstimmung« und »Mitbestimmung« sind hier die zentralen Botschaften. Anstelle von Interessenunterschieden, Ansprüchen und Ausgleichsverfahren wird damit ein kommunitäres Verständnis von Bewohnerbeteiligung nach vorne geschoben, in dem *community* und Eigenverantwortung staatliche Intervention ersetzen sollen. Der Schlüssel zur Revitalisierung von

Quartieren liegt in dieser Vorstellung in einem stabilen lokalen Gemeinwesen, das aus sich heraus soziale Integration bewerkstelligen und Eigenverantwortung für seine nähere Umwelt übernehmen kann.

Implementiert wurde dieser Ansatz in Berlin, sieht man von der Vielzahl an Vernetzungs-, Informations- und Erörterungsveranstaltungen der unterschiedlichen Quartiersmanagementteams ab, vor allem über das Instrument der »Bewohnerbeiräte«, in denen eine Jury von Bewohnern selbstständig über die Vergabe von Mitteln aus sogenannten Quartiersfonds entscheiden können. Wie oft angemerkt wird, gibt die Verwaltung damit auf einem sehr direkten Weg Entscheidungs- und Handlungsmacht an die Bewohner ab. Die »Bewohnerbeiräte« stellen damit auf den ersten Blick unbestreitbar eine Weiterentwicklung dar, die zu einem Gewinn an demokratischer Mitbestimmung durch die Bewohner geführt hat. Auf den zweiten Blick fällt die Einschätzung allerdings ambivalenter aus. Denn die Erweiterung von Mitbestimmung bezieht sich ja nur auf einen Teilbereich der Gebietsentwicklung – auf die Beilage zum Menü soz. – während das in der Behutsamen Stadterneuerung geltende Recht auf Informationen und Akteneinsicht sowie die Anregung von Wünschen, Bedenken und Beschwerden und die Einrichtung von entsprechenden Clearingstellen zwischen Verwaltung und Bewohnerschaft (Sanierungsbeiräte) für alle die Stadterneuerung betreffenden Fragen – also soz. für die gesamte Speisekarte – galt. In diesem Punkt stellen die »Bewohnerbeiräte« also lediglich einen geschützten Teilbereich dar, der allerdings mit erweiterten Kompetenzen ausgestattet ist. Hinzu kommt, dass einzelne empirische Studien zur Beteiligungspraxis in Bewohnerbeiräten gezeigt haben, dass diese leicht zur »Laufstallbeteiligung« (Fritsche 2005: 273) verkommen, wobei die durchführenden Quartiersmanagementteams »den Hut aufhaben« und einen starken Einfluss auf Themensetzungen und Umsetzung von vorgeschlagenen Projekten nehmen können. Insgesamt geht die mit der Einrichtung von Quartiersmanagements verbundene Beteiligungsstrategie also mit einer paradoxen Gleichzeitigkeit von Einschränkung und Erweiterung von Mitbestimmungsmöglichkeiten einher. Diese Situation führt auch in der Praxis zu Konflikten: Gerade in innerstädtischen Sanierungs- und Milieuschutzgebieten, die gleichzeitig als Quartiersmanagementgebiet festgelegt wurden (z.B. Boxhagener Platz, Falkplatz, Helmholtzplatz), entwickelte sich so seit den späten 1990er Jahren eine Verdopplung der Bewohnerbeteiligung, wobei auf der einen Seite die etablierten Betroffenenvertretungen zusehends konfrontativ mit der Verwaltung um die Einführung von Mietobergrenzen und erweiterte Einflussmöglichkeiten auf die Sanierung stritten, während auf der anderen Seite neu geschaffene Bewohnerbeiräte demokratisch und konsensual über die Freigabe von Mitteln für Herbstfeste und Fahrradständer entscheiden konnten.

Ein dritter Punkt, in dem sich das Quartiersmanagement von der Behutsamen Stadterneuerung unterscheidet, ist der mit dem neuen Verfahren einhergehende Rückzug des Staates aus wohnungspolitischer Intervention. Die Behutsame Stadterneuerung sanierte ja nicht nur Gebäudehüllen, sondern griff – zunächst über die Richtlinien der Modernisierungs- und Instandsetzungsförderung (ModInst-Förderung), später auch über bezirklich festgelegte Mietobergrenzen – direkt in Mietpreisgestaltung und Belegung von sanierten Wohnungen ein. Hierdurch entstanden in der Berliner Innenstadt (wenigstens für den Zeitraum der Förderlaufzeit) breite Zonen, in denen Mietpreise nicht ökonomisch über Angebot, Nachfrage und Miethöhegesetz, sondern politisch über Förderrichtlinien definiert wurden. Mit der Einführung des Quartiersmanagements verband sich in Berlin auch eine deutliche Kritik an diesen Verfahren. Die Intervention des Staates in die Mietpreisgestaltung wurde als »Gießkannenpolitik« gegeißelt, die eine Konzentration sozial schwacher Bewohner gefördert habe und diese mit einer »Rundum-Versorgung« entmündige. Zur Illustration sei hier ein Zitat von Peter Strieder, dem damaligen Stadtentwicklungssenator, angeführt, der im Jahr 200 im Hausblatt der Stadtentwicklungsverwaltung ausführte:

> »Dem Begriff ›Soziale Stadt‹ haftet bei flüchtiger Betrachtung etwa scheinbar Altertümliches an. Mancher vermute staatliche Betreuungsapparate, eine ›Rundum-Versorgung‹ der Bürger … Wer heute von ›sozialer Stadt‹ spricht, dem verbietet sich allein wegen der angespannten Finanzlage ein Anknüpfen an die Tradition der fast grenzenlosen Subventionierung vergangener Jahrzehnte« (Strieder 2000: 5).

Noch apodiktischer wurde die »entmündigende« Rolle vergangener Förderpolitiken von dem Intellektuellen Hoffmann-Axthelm beschrieben. In seinem in der »tageszeitung« veröffentlichten Artikel »Broschürenrealität ohne Frischluft« (taz vom 10.1.1997: 23) argumentierte dieser, dass die Behutsame Stadterneuerung Kreuzberg zum »Pflegefall« gemacht habe, indem sich die Bewohner »unmerklich abgewöhnt (haben), selber verantwortlich zu sein, mietspiegelgerechte Mieten zu zahlen, Risiken ohne Sozialplan einzugehen«. Die öffentliche Förderung habe den Bezirk zum »Billigwohnparadies« für Sozialfälle gemacht und damit eine »ungesunde Bevölkerungsmischung« verursacht. Obwohl kaum zu bestreiten ist, dass die Förderung von Sanierungsmaßnahmen in Westberlin für Eigentümer, Investoren und Steuerabschreiber außerordentlich großzügig gestaltet wurde, ohne dabei langfristig, über den Bindungszeitraum hinausgehend, bezahlbaren Wohnraum zu sichern, gehen Attribute wie »Rundum-Versorgung«, »grenzenlose Subventionierung«, »Billigwohnparadies« deutlich über die Beschreibung dieses Missstands hinaus. Sie konstruieren eher ein Zerrbild der politischen Wirklichkeit in den 1980er Jahren, das in dieser Form natürlich nur Ablehnung erfahren kann, und verschieben gleichzeitig die Verantwortung für die aus Westberliner Zeiten überkommene Haushaltsbelastung von bundes- und landespolitischen Entscheidungsträgern auf die sozial schwachen Mieter, die es sich angeblich »abgewöhnt (haben), selber verantwortlich zu sein«. Die Kürzung von Fördermitteln und der

Rückzug des Staates aus der Intervention in den Wohnungsmarkt wird damit vom Ruch des Sachzwangs befreit und zu einer an und für sich positiven Entwicklung geadelt, die gleichzeitig eine »verantwortungsvolle« Haushaltspolitik in die Wege leitet und mit der »Entmündigung« von Transferempfängern durch den Sozialstaat Schluss macht.

Dies leitet schließlich zu einem vierten Punkt über, in dem sich der Ansatz des Quartiersmanagements und derjenige der »Behutsamen Stadterneuerung« fundamental unterscheiden: Während in den Begründungszusammenhängen der Behutsamen Stadterneuerung die Bedrohung einkommensschwacher Bevölkerungssegmente durch Abriss, Modernisierungsmaßnahmen und Mietpreiserhöhungen eine zentrale Rolle spielten, fokussierten die Problembeschreibungen, die mit der Einführung des Quartiersmanagements verbunden wurden, vor allem auf die »Entmischung« von Quartieren durch den Wegzug von Bewohnern mit mittleren Einkommen. In diesem Zusammenhang erlangte der sozialwissenschaftlich schwierige Begriff »stabilisierende Schichten« zunehmende Prominenz und die Attraktivierung von Wohnvierteln für Besserverdienende wurde zum kaum noch erklärungsbedürftigen Instrument für die »soziale Stabilisierung« von Quartieren. War der yuppie in den 1980er Jahren noch als Bedrohung für die soziale Mischung erschienen, wurde die Attraktivierung von Quartieren für »Urbaniten mit Handy und Laptop« (Stimmann) jetzt soz. zum Förderziel einer ausgeglichenen Stadtteilentwicklungspolitik. In der Durchführungspraxis erlangte diese Orientierung zwar wenig Bedeutung, weil die Mittel für eine durchgreifende Aufwertung heruntergekommener Quartiere für Besserverdienende gar nicht zur Verfügung standen – für den Berliner Stadtentwicklungsdiskurs hatte diese *storyline* aber eine durchschlagende Bedeutung. Sie wurde als Erklärungsfragment für die Beschreibung von Problemen und Lösungsansätzen im Laufe der Zeit zusehends populär und fand sich sukzessive auch in weiteren Politikansätzen (bspw. dem »Planwerk Innenstadt«, vgl. Kil 1997) und schließlich 2004 in der Neufestlegung von Sanierungszielen wieder, in der der »Zuzug jüngerer Familien und stabilisierender Bevölkerungsschichten« zum Sanierungsziel erklärt wurde.

Fasst man die mit der Einführung des Quartiersmanagements durch die Berliner Verwaltung einhergehenden Diskursverschiebungen zusammen, wird deutlich, dass die Soziale Stadt – obwohl sie wie die Behutsame Stadterneuerung ein durch und durch staatliches Unternehmen war – in Berlin eine neue Wirklichkeitssicht befördert hat. Kernpunkte dieser Wirklichkeitssicht sind der Abschied von umfassender staatlicher Intervention und der Rückzug aus kostenintensiven Erneuerungsprogrammen, eine Utopie von Aktivierung, *community* und nachbarschaftlicher Selbststeuerung sowie eine Substitution von »Verdrängung« durch »Entmischung« als Hauptproblem der Berliner Stadtentwicklung. Vor allem mit der Übernahme von Begriffen wie »sozialer Mischung« und *community* sind dabei Vorstellungen, die aus dem Gesellschafts- und Stadtentwicklungskonzept von New Labour (Colomb 2007) und dem »aktivierenden Staat« der rot-grünen Schröder-Regierung stammen, kaum zu übersehen.

Diese Wirklichkeitssicht reagierte auf neue Phänomene – wie die Abwanderung von Berliner Mittelklassen in das nach dem Fall der Mauer zugänglich gewordene Umland und die damit einhergehende zeitweise Entmischung von Innenstadtquartieren oder den Anfang der 2000er Jahre neu auftretenden Wohnungsleerstand in weniger attraktiven Lagen – aber sie ging auch über das sachlich-rationale Reagieren auf veränderte Problemlagen hinaus und verband den Umbau bestehender Interventionsansätze mit weitergehenden gesellschaftspolitischen Ambitionen.

»Das alte Westberlin ...« Austeritätspolitik in Rot-Rot

Auf einer weniger programmatischen Ebene erwies sich schließlich eine um Haushaltsengpässe und Sparzwänge herum gruppierte Diskursformation in den 2000er Jahren als »Sargnagel« für die Behutsame Stadterneuerung. Mangel an öffentlichen Mitteln und Budgetkürzungen sind dabei alte Bekannte der Berliner Stadterneuerung. Schon in Kreuzberger Zeiten floss Geld lange nicht so problemlos, wie heute oft angenommen wird, und mit dem Übergang nach Ostberlin wurden Mittelkürzungen schließlich zum ständigen Begleiter der Sanierung. Bereits im Vorfeld der Ausweisung der ersten Sanierungsgebiete in Ostberlin hatten daher Vorentwürfe für die damit zu verbindenden neuen Leitsätze aus einer Arbeitsgruppe der Senatsbau- und der Finanzverwaltung eine Orientierung der Sanierungsziele an den mittelfristigen finanziellen Möglichkeiten Berlins gefordert und sich für eine »Plafondierung« der Ausgaben und einen Verzicht auf Miet- und Belegungsbindungen ausgesprochen (vgl. Bernt 2003: 130ff.). Angesichts der absehbaren Budgetrestriktionen, so argumentierte die Vorlage, müssten soziale Zielsetzungen durch das geltende Mietrecht – flankiert durch Wohngeld – als ausreichend gewährleistet gelten. Dieses Ansinnen stieß jedoch Anfang der 1990er Jahre noch auf derart geharnischten Protest der Sanierungsszene, dass es schnell zurückgezogen wurde. In der Folge kam es zwar die ganzen 1990er Jahre hindurch zu schrittweisen Mittelkürzungen und zu einer Aufweichung der Förderbedingungen – die Grundverantwortung des Staates für eine Finanzierung sozialverträglicher Wohnungsmodernisierung wurde aber nicht mehr in Frage gestellt.

Dies änderte sich schlagartig mit dem Berliner Bankenskandal und dem Wechsel der Stadtregierung um die Jahrtausendwende. Spekulationen der landeseigenen Bankgesellschaft Berlin und deren wirtschaftlicher Zusammenbruch führten 2001 für das Land Berlin nicht nur zu zusätzlichen finanziellen Belastungen in Milliardenhöhe, sondern sie legten vor allem einen Filz aus Politikern, Immobilienspekulanten und Bankmanagern offen, mit dem systematisch Verluste und Risiken aus spekulativen Geschäften auf das Land Berlin abgewälzt worden waren. Dieser Skandal führte schließlich zum Sturz des Regierenden Bürgermeisters Diepgen und zu einer rot-roten Regierung aus SPD und PDS. Die finanzielle Konsequenz dieser Vorgänge war für das Land Berlin die Notwendigkeit einer zusätzlichen Kapitalzuführung von 1,7 Mrd. Euro, um die angeschlagene Landesbank zu stützen, sowie die Übernahme von bis zu 21,6 Mrd. Euro an Immobilienrisiken. Dies führte zu derart extremen Belastungen, dass der neue Senat im November 2002 eine »extreme Haushaltsnotlage« erklärte und den Bund (erfolglos) um Schuldenhilfe ersuchte. Vor diesem Hintergrund wurden praktisch alle Ausgaben Berlins auf den Prüfstand gestellt: Mittel für Schulen wurden ebenso gekürzt wie Zuschüsse für Bibliotheken und Theater, die Landesregierung stieg aus dem Tarifvertrag des öffentlichen Dienstes aus und verkaufte 2004 sogar das landeseigene Wohnungsunternehmen GSW mit 72.000 Wohnungen an einen amerikanischen Investor.

Obwohl sich problemlos zeigen lässt, dass der Bankenskandal überhaupt nicht auf die direkte Förderung von Modernisierung, Instandsetzung und sozialem Wohnungsbau, sondern auf die Beteiligung von Berliner Landesunternehmen an auf Bundesgesetzgebung basierenden Steuerabschreibungsspekulationen zurückging, entstand im Gefolge des Bankenskandals ein Klima, in dem die Ansicht, dass Berlin »über seine Verhältnisse gelebt habe, immer breitere Akzeptanz fand. Unter den Tisch fiel dabei auch, dass der Bankenskandal eigentlich nur eine (allerdings dramatische) Zuspitzung eines in der Geschichte Berlins wurzelnden strukturellen Haushaltsproblems war. In einer dem oben angeführten Strieder-Zitat ähnlichen Argumentationslinie fand dabei die sehr spezifische Melange aus den Kosten einer vorsätzlich überdurchschnittlich ausgestatteten Verwaltung und Wohnungsbauförderung in der »Frontstadt« Westberlin, der schnellen Rückführung von Berlinhilfen nach dem Mauerfall und aus überambitionierten Wachstumserwartungen Anfang der 1990er Jahre kaum breite Erörterung. Im Gegenzug gewann die merkwürdig universalisierende Idee, dass »Berlin über seine Verhältnisse gelebt« habe, zusehends an Popularität. Das »alte Westberlin« wurde dabei zunehmend zum neuen Universalschlagwort, mit dem jede Form von Haushaltsbelastung – egal ob durch Tarifverträge, Schulsanierung oder sozialen Wohnungsbau – sofort in die Nähe des »Frontstadtfilzes« gerückt wurde, in dem sich nicht nur Spekulanten, Bankmanager und Politiker, sondern irgendwie alle BerlinerInnen schamlos aus Bundessubventionen bedient hätten. Öffentliche Ausgaben standen nunmehr unter dem Verdacht, eine »Versorgungsmentalität« zu bedienen, nicht mehr finanzierbar zu sein und überhaupt dem »Rundum-sorglos-Paket« des alten bundesrepublikanischen Sozialstaats der 1970er Jahre anzugehören.

Der hiermit eingeschlagene krasse Austeritätskurs hatte unmittelbare Auswirkungen für die Stadterneuerung, die mit einem Jahresbetrag von 70 Mio. Euro immer noch einen nicht unerheblichen Posten im Landesetat darstellte. Entsprechend stellte der Senat 2002 komplett die Förderung von Wohnungsneubau- und

ModInst-Förderung ein und verabschiedete sich kurze Zeit später auch aus der Anschlussförderung im Sozialen Wohnungsbau. Die neue Leitlinie für die Stadterneuerung war damit, wie es der damalige Stadtentwicklungssenator Strieder formulierte: »Öffentliches Geld für öffentliches Eigentum, privates Geld für privates Eigentum.« (o. A.: 2002) Im Klartext hieß das: kein Geld mehr für die Modernisierung von Wohnungen und Konzentration der verbleibenden Mittel auf die Renovierung von Schulen, Parks und Plätzen. *En passant* wurden damit allerdings auch die letzten verbliebenen Möglichkeiten zur sozialen Steuerung der Sanierung aufgegeben, denn es war klar, dass ohne öffentliche Förderung (insbesondere nachdem die Festlegung von Mietobergrenzen bei privat finanzierten Erneuerungsmaßnahmen 2006 vom Bundesverwaltungsgericht für rechtswidrig erklärt worden war) keine Auflagen in Bezug auf Mietpreise und die Belegungsbindungen mehr durchgesetzt werden können. Zusätzlich wurde vom Senat auf eine schnelle Entlassung der Sanierungsgebiete gedrängt. Die Sanierungsziele galten nunmehr als »abgearbeitet«, wenn mehr als 60 % der Häuser erneuert sind. Hierdurch wurde es möglich, den geplanten Kostenansatz der Sanierung zu reduzieren. Anstelle von ursprünglich angesetzten 3,65 Mrd. Euro sollten jetzt nur noch 2,16 Mrd. Euro für alle Gebiete, die ab 1993 in der 9. bis 11. Rechtsverordnung ausgewiesen worden waren, verausgabt werden, von denen 1,65 Mrd. Euro bereits ausgegeben waren. Die rechnerischen Restkosten von 514 Mio. Euro wurden schließlich nach »kritischer Überprüfung durch die Senatsverwaltung« noch einmal auf 252 Mio. Euro für den Gesamtzeitraum von 2005 bis 2010 verringert (vgl. SenStadt 2006: 25. Bericht). Gegenüber dem bisherigen Kostenansatz hatte man also durch »kritische Überprüfung« fünf Sechstel gespart, nicht zuletzt auch dadurch begründet, dass andere Programme wie etwa der Stadtumbau Ost und die Soziale Stadt finanziert werden sollten.

Die Behutsame Stadterneuerung als sozialstaatliches Sanierungsprogramm, das mit öffentlicher Finanzierung und sozialen Standards die Erneuerung der Bausubstanz ohne Abriss und Verdrängung ermöglichen sollte, hatte damit endgültig ausgedient. Zu den Akten gelegt wurden damit allerdings nicht nur die »Wohlfahrtsstadt auf Pump und Staatsknete« (Bodenschatz 1997), sondern wohlfahrtsstaatliche Ansätze in der Stadterneuerung insgesamt. Da der Rückzug aus der öffentlichen Finanzierung von Erneuerungsmaßnahmen nicht mit einer Ausweitung (sondern eher sogar mit einer Deregulierung) von rechtlichen Interventionsinstrumenten einherging, bedeutete der Austeritätskurs zugleich auch die Aufgabe eines Anspruch auf die Durchsetzung von öffentlich definierten Zielvorstellungen für die Erneuerung überhaupt. Aus dem Versprechen der Demokratisierung der Erneuerung war das »alte Westberlin« geworden und Ziele der Erneuerung, staatliche Aufgaben und Ansprüche der Bewohner wurden nicht mehr diskutiert, sondern es wurde nur noch darauf hingewiesen, dass diese nicht mehr finanzierbar seien.

Fazit

Verfolgt man den schrittweisen Hegemonieverlust der Behutsamen Stadterneuerung über zwei Jahrzehnte, werden zwei Zusammenhänge deutlich: Zum einen war das »Rüberklappen« der Behutsamen Stadterneuerung nach Ostberlin mit einer inneren Auszehrung des Leitmotivs verbunden, die zu einer immer breiter werdenden Kluft zwischen Ansprüchen und Wirklichkeit führte. Diese Entwicklung machte die Behutsame Stadterneuerung leicht angreifbar. Zum anderen veränderten sich seit Ende der 1990er Jahre in Berlin die der Stadterneuerung zugrunde liegenden *belief systems*. In diesem Zuge setzten sich zusehends Zielorientierungen durch, die auf eine deutlich reduzierte staatliche Eingriffstiefe abzielten, eine Reduzierung der Haushaltsbelastung versprachen und gerade durch den Verzicht auf soziale Standards weniger angreifbar in Bezug auf deren Erfüllung sein konnten. Diese erwiesen sich als politisch erfolgreich, weil sie tatsächlich auf die mit dem Bankenskandal überdeutlich werdende Überdehnung der alten Sanierungsansätze reagierten und gleichzeitig den Rückzug des Staates mit einem Absenken von Ansprüchen verbanden, der die Landesregierung von der lästig gewordenen Verantwortung für eine behutsame, soziale und demokratische Stadterneuerung »befreite«.

Für den Niedergang der Behutsamen Stadterneuerung sind damit sowohl das Brüchigwerden überkommener Leitvorstellungen und die Konkurrenz neuer Konzepte als auch »externe Schocks« verantwortlich. Die Entwicklung vollzog sich dabei nicht als klarer Bruch, sondern eher als einer Abfolge schleichender Übergänge. Quartiersbezug der Erneuerungspolitik und Anspruch auf aufgabenbezogene Integration von Ressortzuständigkeiten waren so bereits in der Behutsamen Stadterneuerung präsent und wurden im Quartiersmanagement nur zentral gestellt. Auch die Vorstellung, dass die Behutsame Stadterneuerung mit ihrer »Rundumversorgung« ein Konzept aus den 1970er Jahren sei, wurde zwar bereits in den Debatten um die Installation des Quartiersmanagements Ende der 1990er Jahre angelegt, aber erst von der Sparpolitik nach 2001 zum Kern der Erneuerungspolitik gemacht. Was wir heute in Berlin beobachten können, ist daher eher eine Kombination aus Übernahmen von Ideen der Behutsamen Stadterneuerung mit neueren Ansätzen als eine komplette Ersetzung von traditionellen Konzepten. Auf der Strecke geblieben ist dabei allerdings der mit der Behutsamen Stadterneuerung in ihrer Urform verbundene Anspruch auf eine Demokratisierung der Stadterneuerung, resp. auf eine Verschiebung von Entscheidungsmacht zugunsten der Bewohner. In großen Linien gedacht reiht sich der Wandel der Berliner Stadterneuerung damit durchaus in den größeren Kontext eines neoliberalen Staatsumbaus ein, in dem ein Mitbestimmung, Sozialstandards und soziale Integration finanzierender Wohlfahrtsstaat durch eine aktivierende, moderierende und mit Investoren kooperierende Version von Staatlichkeit ersetzt wird.

Was bleibt also von der Behutsamen Stadterneuerung? Welche Chancen hat Behutsamkeit in der Zukunft? Versteht man den Ansatz der Behutsamen Stadterneuerung nicht nur als Fundus von prozessualen und städtebaulichen Ratschlägen, sondern als Versuch, eine gleichberechtigtere und demokratische Stadterneuerung zu ermöglichen, legt die hier dargestellte Entwicklung zwei grundlegende Hindernisse für eine neue Behutsamkeit nahe: Zum einen hat das Versprechen auf Behutsamkeit bislang nur vor dem Hintergrund umfassender öffentlicher Finanzierung einigermaßen umfassend funktioniert. Der politische Erfolg dieses Modells in den 1980er Jahren beruhte grob gesagt auf einem Kompromiss, der für einen begrenzten Zeitraum gleichzeitig die Ansprüche von Hauseigentümern auf rentable Verwertung ihrer Immobilie und die Forderungen von Mietern nach bezahlbarem Wohnraum auf Kosten des Steuerzahlers befriedigte. Die Lösung eines grundsätzlichen Interessenkonfliktes zwischen Mietern und Vermietern basierte somit auf einer hohen Finanzierungskapazität durch die öffentliche Hand und musste mit deren Niedergang an ihre Grenzen stoßen.

Sollen die mit der Behutsamen Stadterneuerung verbundenen Ansprüche wieder an Bedeutung gewinnen, sind für die Zukunft eigentlich nur drei alternative Wege vorstellbar. Eine erste Handlungsalternative würde darauf hinauslaufen, in quasi bewährt keynesianischer Manier durch Steuererhöhungen oder Kreditaufnahme die finanzielle Handlungsfähigkeit des Staates zu verbessern und die dadurch zur Verfügung stehenden Mittel für eine Art Neuauflage des Sozialen Wohnungsbaus einzusetzen. Diese Handlungsorientierung würde zwar einerseits im Gegensatz zur gegenwärtigen Krise der Staatsfinanzen stehen, andererseits aber wahrscheinlich schnell das von der Landespolitik angestrebte Ziel einer Ausweitung des Wohnungsangebotes durch Neubau in die Wege leiten. Eine zweite Möglichkeit bestünde in einer restriktiveren Gestaltung von Miet- und Planungsrecht. In diesem Feld handelt es sich allerdings häufig um Bundesrecht, so dass weitgehende Veränderungen wohl nur in einem insgesamt geänderten politischen Klima durchsetzbar wären. Ein dritter Weg bestünde schließlich in der Veränderung von Eigentumsverhältnissen durch die Unterstützung und Förderung nicht-renditeorientierter Trägerformen. Auch hierfür wären stärkere finanzielle Aufwendungen und/oder rechtliche Änderungen, z.B. durch Einführung einer neuen Wohnungsgemeinnützigkeit, nötig. Wie leicht deutlich wird, sind alle drei hier skizzierten Alternativen nur realisierbar, wenn über das Quartier hinausgehende politische Weichenstellungen vorgenommen werden. Soll Behutsamkeit in der Stadterneuerung zukünftig wieder eine stärkere Bedeutung erlangen, müssen daher vor allem die Rahmenbedingungen der Stadterneuerung verändert werden. Damit kämen dann allerdings notwendig auch die in der Kreuzberger IBA sorgsam ausgeklammerten Fragen der Steuerpolitik, des Stellenwerts von Eigentum sowie des Miet- und des Planungsrechtes wieder auf den Tisch. Nimmt man die immer noch uneingelösten Versprechen der Behutsamen Stadterneuerung ernst, kann eine Diskussion um eine neue Behutsamkeit also nicht allein technisch geführt werden. Sie muss, im Gegenteil, an den politischen Rahmenbedingungen der Stadterneuerung ansetzen und die Frage neu in den Raum werfen, wem die Stadt gehört, wer mit ihr wie viel verdienen darf und welche Rolle ihre Bewohner dabei spielen sollen.

Literatur

O.A. (2002): »Abriss ist in Berlin kein Thema«, in: Die Welt vom 27.2.2002.

Abgeordnetenhaus von Berlin (1999): Vorlage – zur Kenntnisnahme – über Bericht zur Entwicklung einer gesamtstädtischen Strategie zur Entschärfung sozialer Konflikte besonders belasteter Stadtquartiere. Aktionsprogramm »Urbane Integration« – 1. Stufe – und zur Sozialorientierten Stadtentwicklung: Einrichtung von integrierten Stadtteilverfahren – Quartiersmanagement – in Gebieten mit besonderem Entwicklungsbedarf. Drucksache 13/4001, Berlin.

ASUM – Angewandte Stadtforschung und Urbanes Management GmbH (2012): Endbericht zur Sozialstudie Sanierungsgebiet Prenzlauer Berg – Helmholtzplatz 2012, Überprüfung der Ergebnisse der Sanierung, Berlin.

Bauausstellung Berlin GmbH (Hg.) (1987): Internationale Bauausstellung Berlin 1987, Projektübersicht (Katalog), Berlin.

Bernt, Matthias (1998): Stadterneuerung unter Aufwertungsdruck, Bad Sinzheim: Pro Universitate.

Bernt, Matthias (2003): Rübergeklappt. Die »Behutsame Stadterneuerung« im Berlin der 1990er Jahre, Berlin: Schiler Hans Verlag.

Bernt, Matthias/Fritsche, Miriam (2005): »Von Programmen zu Projekten. Die ambivalenten Innovationen des Quartiersmanagements«, in: Sylvia Greiffenhagen/Katja Neller (Hg.), Praxis ohne Theorie? Wissenschaftliche Diskurse zum Bund-Länder-Programm »Stadtteile mit besonderem Erneuerungsbedarf – die Soziale Stadt«, Wiesbaden: Springer VS, S. 202-218. DOI: 10.1007/978-3-322-81026-7_13

Bernt, Matthias/Holm, Andrej (2009): »Is it, or is it not? The conceptualization of gentrification and displacement and its political implications. The case of Prenzlauer Berg«, in: City 13 (2-3), S. 312-324. DOI: 10.1080/13604810902982268

Bodenschatz, Harald (1997): »Stadt im harten Wandel. Vortrag auf der Jahrestagung der SRL am 30.10.1997 in Leipzig«, in: PlanerIn 3, S. 30-35.

Bodenschatz, Harald; Polinna, Cordelia et al. (2010): Learning from IBA – die IBA 1987 in Berlin (Studie im Auftrag der Senatsverwaltung für Stadtentwicklung). Berlin.

Buchholz, Dagmar/Meier, J. (o.J.): Aktivierung & Empowerment www.quartiersmangement-berlin.de/aktivierung-empowerment.2739.0.html (letzter Zugriff am 18.6.2013).

Colomb, Claire (2007): »Unpacking new labours's ›Urban Renaissance‹ agenda: Towards a socially sustainable reurbanization of British cities?«, in: Planning Practice and Research 22 (1), S. 1-24. DOI: 10.1080/02697450701455249

Dieser, Hartwig (1996): »Restitution – Was ist sie und was bewirkt sie?«, in: Hartmut Häußermann/Rainer Neef (Hg.), Stadtentwicklung in Ostdeutschland – soziale und räumliche Tendenzen, Opladen: Springer VS. DOI: 10.1007/978-3-322-89071-9_5

Fritsche, Miriam (2011): Mikropolitik im Quartier. Bewohnerbeteiligung im Stadtumbauprozeß, Wiesbaden: Springer VS. DOI: 10.1007/978-3-531-93498-3

Güntner, Simon (2007): Soziale Stadtpolitik. Institutionen, Netzwerke und Diskurse in der Politkgestaltung, Bielefeld: transcript. DOI: 10.14361/9783839406229

Häußermann, Hartmut/Holm, Andrej/Zunzer, Daniela (2002): Stadterneuerung in der Berliner Republik, Opladen: Leske+Budrich. DOI: 10.1007/978-3-663-11477-2

Hoffmann-Axthelm, Dieter (1997): »Broschürenrealität ohne Frischluft«, in: tageszeitung vom 10.1.1997.

Holm, Andrej (2006): Die Restrukturierung des Raumes. Machtverhältnisse in der Stadterneuerung der 90er Jahre in Ostberlin, Bielefeld: transcript. DOI: 10.14361/9783839405215

Imrie, Rob/Raco, Mike (Hg.) (2003): Urban Renaissance?: New Labour, Community and Urban Policy, Bristol: Policy Press. DOI: 10.2307/j.ctt1t898kc

Kil, Wolfgang (1997): »Würde, Idylle, Segregation. Wie ein ›Planwerk‹ versucht, die Metropole zu bändigen«, in: Kommune. Forum für Politik, Ökonomie, Kultur, S. 13-15.

Reimann, Bettina (2000): Städtische Wohnquartiere, Opladen: Leske+ Budrich.

S.T.E.R.N. Gesellschaft der behutsamen Stadterneuerung mbH (1993): Abschluss der Sanierung. Sicherungsempfehlungen Sanierungsgebiet Kottbusser Tor, Berlin.

Sabatier, Paul A. (1993): »Advocacy-Koalitionen, Policy-Wandel und Policy-Lernen. Eine Alternative zur Phasenheuristik«, in: Adrienne Héritier (Hg.), Policy-Analyse. Kritik und Neuorientierung (= Politische Vierteljahresschrift, Sonderheft 24), S. 116-148. DOI: 10.1007/978-3-663-01473-7_6

Strieder, Peter (2000): »Soziale Stadt als Standortfaktor. Von der Subventionspolitik zum Markenzeichen moderner Urbanität«, in: Senatsverwaltung für Stadtentwicklung Berlin (Hg.), Foyer. Journal für Stadtentwicklung 5, S. 4-7.

Welch Guerra, Max (1992): Vermieterstruktur und Depolitisierung der Wohnungspolitik (=Arbeitshefte des Institutes für Stadt- und Regionalplanung der TU Berlin Heft 44), Berlin.

Winters, Theo (1995): »Stadterneuerung in Prenzlauer Berg. Eine Zwischenbilanz«, in: Die alte Stadt 3, S. 253-266.

Wohnungen als Finanzanlage
Auswirkungen von Responsibilisierung und
Finanzialisierung im Bereich des Wohnens

Susanne Heeg

Dieser Artikel wurde erstmals veröffentlicht in *sub\urban. zeitschrift für kritische stadtforschung* 1(1) (2013), 75-99, doi:
10.36900/suburban.v1i1.71.

Bislang war in deutschen Städten das Wohnen im Eigentum – entweder im Eigenheim oder in der Eigentumswohnung – die Ausnahme. Insbesondere in Großstädten dominierte das Wohnen zur Miete. Gegenwärtig ändert sich dies: Großstädte wie Frankfurt, Berlin, Hamburg, Köln und München sind gegenwärtig geprägt von einer Kauflust privater und institutioneller Investoren. Zugleich hat in
vielen Städten ein Ausverkauf und/oder Vermarktlichung des öffentlichen Wohnungsbestandes stattgefunden. Dies hat dazu beigetragen, dass die Preise sehr
stark angestiegen sind. In dem Beitrag wird die aktuelle Entwicklung auf städtischen Wohnungsmärkten in Deutschland als Folge einer Finanzialisierung von
Immobilien sowie einer Responsibilisierung im Bereich der Wohnversorgung analysiert. Es wird gefragt, welche Folgen dies in Städten hat.

1. Einleitung

Der Wohnimmobilienmarkt in Deutschland ist in Bewegung. In den Medien wurden Ende des vergangenen Jahres Preisentwicklungen und damit zusammenhängend die Frage nach einer drohenden Immobilienblase kontrovers und anhaltend
diskutiert (Beecken 2013b; Deutsche Bundesbank 2012: 55ff.; Henger et al. 2012;
Müller/Neßhöver 2012). Hintergrund hierfür ist eine starke Nachfrage nach Wohnimmobilien in deutschen Großstädten, die auf ein begrenztes Angebot stößt. Es
lässt sich feststellen, dass nach Großbritannien, Irland, Spanien, den Niederlanden etc. inzwischen auch Deutschland vom Immobilienfieber erfasst ist. Sowohl

Investor_innen, Käufer_innen als auch Makler_innen suchen schon bald verzweifelt käuflich erwerbbare Wohnimmobilien oder Flächen für den Wohnungsbau. Es scheint, dass viele gegenwärtig versuchen, mit Immobilientransaktionen entweder vom Preisanstieg zu profitieren, eine sichere Anlage zu tätigen oder mit dem Immobilienerwerb langfristig der Preisspirale und den Unsicherheiten auf dem Mietmarkt zu entgehen. Die unterschiedlichen Motivationen scheinen sich wechselseitig zu verstärken, so dass nach dem Zwischenhoch im Jahr 2012 auch 2013 der Preisanstieg auf dem Immobilienmarkt anhalten soll.[1]

Bislang haben diese dynamischen Entwicklungen auf dem Immobilienmarkt begünstigt, dass Banken und weitere Finanzierungsvehikel Kapital für Immobilientransaktionen zur Verfügung stellen. Nach der Finanzkrise waren Banken und andere Kapitalgeber_innen sehr restriktiv bei der Vergabe von Krediten für Immobilieninvestitionen (Deutsche Bundesbank 2012: 62). Gegenwärtig scheint das Pendel wieder in eine andere Richtung auszuschlagen: Käufer_innen von Wohneigentum haben gegenwärtig die Möglichkeit, dieses auch mit einem sehr hohen Fremdkapitalanteil finanzieren zu können (Hintze 2012; Salzmann 2012) und Private Equity Fonds verfügen wieder über ausreichend Liquidität, um Anlagen in Wohnimmobilien zu tätigen (Lorenz-Hennig/Held 2012). Sowohl Kundeneinlagen bei Sparkassen, Volks- und Raiffeisenbanken als auch eine Kapitalschwemme in verschiedene Finanzprodukte (Aktien, Anleihen, Fondsanteile, Zertifikate etc.) tragen zur Kapitalverfügbarkeit bei, die in der gegebenen krisenhaften Situation zu nicht geringen Anteilen in Immobilien geht. Die Investition in gut gelegene Immobilien von Großstädten genießt gegenwärtig den Ruf, ein sicheres Geschäft in unsicheren Zeiten zu sein. Dies trägt dazu bei, dass selbst Erschließungs- und Baumaßnahmen in bislang eher unattraktiven Lagen wie Ausfallstraßen oder angrenzend an Gewerbegebiete realisiert werden können. Die Hauptsache scheint zu sein, dass sich die Immobilien in einer zugänglichen Lage in oder in der Nähe der inneren Stadt befinden.

In dem vorliegenden Artikel soll es um die Hintergründe und Folgen dieser Entwicklungen in Städten gehen. Die Fragen sind also, welche Bedingungen den Immobilienboom möglich gemacht haben und zu welchen Entwicklungen und Verwerfungen dies in Städten führt.

Zum einen soll damit der Anlass für den gegenwärtigen Run auf (groß-)städtische Immobilien in Deutschland analysiert werden. Häufig wird die Vorliebe für Immobilien mit einem ganzen Geflecht an Erklärungen in Verbindung gebracht: mit der europäischen Schuldenkrise und der Flucht in sichere Sachwerte (vgl. z.B. Scharmanski 4. Quartal 2012; Slavik 2012), mit Reurbanisierung (Stocker 2012),

---

1   Vgl. den Immobilienpreisindex (IMX) des Immobilienportals Immoscout 24 (Frankfurter Rundschau 16./17.2.2013 »Immobilienpreise steigen auch 2013«, 69. Jg., Nr. 40, S. W7) oder auch Kholodilin/Mense 2012.

dem demographischen Wandel (Helbrecht/Geilenkeuser 2012; Kröhnert 2012) und einer Unterbewertung von deutschen Wohnimmobilien (Held et al. 2012; ULI/pwc 2012; Kholodilin et al. 2008). Im vorliegenden Beitrag sollen diese Begründungen nicht in Frage gestellt werden. Aber der Hintergrund für den Hunger auf Immobilien wird breiter verortet, indem er mit einer *Finanzialisierung* sozioökonomischer Verhältnisse in Verbindung gebracht wird. Der Begriff Finanzialisierung fasst die zunehmende Bedeutung finanzieller Motive, kapitalmarktgenerierter Steuerungsgrößen, von Finanzmärkten und Finanzinstitutionen sowie deren Akteur_innen für die nationale und internationale Wirtschaft zusammen (Epstein 2006; Krippner 2005; Windolf 2005). In Bezug auf Immobilien bedeutet dies, dass Immobilien von einem Gebrauchsgut zu einem Finanzprodukt geworden sind. Zentrales Argument ist hierbei, dass der Attraktivitätsgewinn einer Immobilienanlage sich aus der Veränderung des Stellenwerts und der finanztechnischen Inwertsetzung von Immobilien ergibt.

Zum anderen soll in diesem Beitrag geklärt werden, warum sich gegenwärtig der Wunsch nach der eigenen Wohnimmobilie Bahn bricht. Deutschland war bislang in der Europäischen Union ein Land mit einem sehr niedrigen Anteil an Wohneigentum am Wohnungsbestand.[2] Die Eigentümerquote stieg jedoch im Verlauf von 1990 bis 2012 von 38 auf 46 % (für 1990 vgl. Boelhouwer et al. 2005: 2, für 2012 vgl. ifs 2012). Noch für das Jahr 2000 erklärten Ilse Helbrecht und Karin Behring (Behring/Helbrecht 2003) die niedrige Eigentumsquote in Deutschland mit einem hohen Bestand an Sozialwohnungen sowie einem Mietrecht, das Mietern anders als in anderen europäischen Ländern eine hohe rechtliche Sicherheit gewährleisten würde. Vor diesem Hintergrund – so die Autorinnen – bestünde kein Zwang, Wohneigentum zu bilden, um ein Dach über dem Kopf zu haben. Was hat aber seitdem dazu beigetragen, dass Wohneigentum so attraktiv geworden ist? In dem Beitrag wird argumentiert, dass sozialpolitische Veränderungen, die in einer Responsibilisierung gesellschaftlicher Subjekte bestehen, zu einer gestiegenen Wertschätzung von Wohneigentum beigetragen haben. Insbesondere der Abbau des Sozialstaates bedeutet eine zunehmende Verpflichtung zur Selbstvorsorge und Selbstdisziplinierung. Dies begünstigt einen ökonomischen Blick auf Wohnimmobilien als Investition bzw. Absicherung im Alter, bei Krankheit und für weitere Formen ökonomischer Verunsicherung.

Der Artikel basiert auf der Annahme, dass Finanzialisierung und Responsibilisierung auf einen gemeinsamen Nenner verweisen, der in einem Wandel hin zu einem finanzdominierten Akkumulationsregime besteht (Aglietta 2000; Boyer 2000). Dies geht mit einer Infragestellung des sozialstaatlichen Kompromisses

---

2   Nur in Schweden, der Schweiz und Österreich ist die Wohneigentümerquote im Jahr 2000
    noch niedriger (vgl. Behring/Helbrecht 2003: 343).

im Fordismus einher. Statt des Versuchs eines sozialen Ausgleichs und der gesellschaftlichen Umverteilung werden Maßnahmen zur Verbesserung ökonomischer Verwertungsbedingungen ergriffen, die von einer Deregulierung der Arbeit über die Liberalisierung des Finanzsystems bis zum Abbau des Sozialstaates reichen. Diese Bedingungen zusammen eröffnen eine neue Perspektive auf Immobilien als Verwertungs- und Investitionsgut und erklären das starke Interesse von Privatpersonen und institutionellen Investor_innen an Immobilien.

Im folgenden Abschnitt wird zunächst das finanzdominierte Akkumulationsregime diskutiert. Damit sollen die Veränderungen skizziert werden, die auf Arbeit, Finanzmarkt und Sozialstaat einwirken und so den Kontext für eine veränderte Bewertung von Immobilien darstellen. Danach wird die Verwandlung von Immobilien in Vermögensgegenstände analysiert, um im Anschluss einen Blick auf die Situation in Deutschland zu werfen. Im Ausblick sollen die städtischen Folgen in den Fokus genommen werden. Dies beinhaltet, die sozialpolitischen Konsequenzen der Entwicklung hervorzuheben.

2.   Finanzdominiertes Akkumulationsregime

Eine zentrale Annahme in der Debatte um ein finanzdominiertes Akkumulationsregime ist, dass der in der Nachkriegszeit erkämpfte gesellschaftliche Kompromiss zwischen Arbeit und Kapital nicht mehr länger besteht. Der Konsens, wonach eine Steigerung der ökonomischen Produktivität mit einer Erhöhung der Einkommen verbunden sein muss, um einen sozialen Ausgleich in der Gesellschaft zu gewährleisten, sei aufgebrochen worden (Chesnais 2004; Brunhoff 2002; Evans 2001).[3] Demnach setzte sich im Verlauf der vergangenen 30 Jahre eine neue gesellschaftliche Formation durch, die nicht mehr auf technisch-industriellen Innovationen und einer neuen Organisation der Arbeit basiert, sondern auf einem Akkumulationsregime des Vermögensbesitzes und von Finanzmarktakteur_innen, welches sich ausgehend von den USA auf andere Länder ausbreitete (Aglietta 2000, 2002; Boyer 2000). Das neue Regime sei gekennzeichnet durch eine Ausweitung internationaler Investmentmöglichkeiten, die Entwicklung neuer Finanzinstrumente sowie eine Kapitalbeteiligung der Arbeitnehmerschaft, die mit dem Engagement von Pensionsfonds in der Unternehmenskontrolle einhergehe. Hintergrund sei eine Liberalisierung des Finanzmarktes und ein damit einhergehendes Wachstum von Kollektivsparvermögen, das von institutionellen Anleger_innen wie Pensionsfonds oder Versicherungen gewinnbringend investiert würde (Aglietta 2000). Im Zuge

---

3   Auch Wehler (2013) oder Streeck (2013) kommen mit einer anderen begrifflichen und konzeptionellen Herangehensweise zu einer ähnlichen Bewertung der Veränderungen.

dessen haben sich grundlegende Veränderungen ergeben, die sich auf verschiedene institutionelle Kompromisse im Bereich der industriellen Beziehungen, des Lohnverhältnisses, der Wettbewerbsformen und der Ausgestaltung der sozialen Sicherheit ausgewirkt haben.

Als Konsequenz eines verschärften internationalen Wettbewerbs werden Beschäftigte zur Lohnmäßigung aufgerufen und Arbeitsverhältnisse durch eine Lockerung des Kündigungsschutzes oder den Einsatz von Leiharbeitsverhältnissen flexibilisiert. Löhne und Arbeitsverhältnisse werden dabei zur variablen Größe, während die Mindestkapitalrendite von institutionellen Anleger_innen gewahrt bleiben muss, damit diese ihr Kapital nicht aus dem Unternehmen abziehen und eine destabilisierende Wirkung entfalten (Martin et al. 2008, Demirović 2007; Lordon 2000). Die Liberalisierung der Finanzmärkte begünstigte in vielen Ländern eine Reorientierung in den Denkweisen bezüglich der Finanzierbarkeit des Wohlfahrtsstaates (Stichwort Staatsverschuldung), industrieller Beziehungen und neuer Verwertungsanforderungen (Stichworte Flexibilisierung und Mindestkapitalrendite), der Herausbildung eines wirklich globalen Finanzmarktes (Stichwort Derivatehandel und Investmentbanking), der Veränderung von Finanzierungslogiken (von der Banken-zur Finanzmarktfinanzierung) und der finanzwirtschaftlichen Selbstregierung der Individuen (Stichwort Responsibilisierung).

Auch der Immobilienmarkt und die Wohnverhältnisse sind hiervon betroffen. Öffentliche Wohnungsunternehmen kamen in vielen Ländern als Bestandteil des sozialen Kompromisses unter Beschuss: Sie wurden als ineffizient und zum Teil korrupt gebrandmarkt, ihre Tätigkeit wurde als eine Verzerrung des freien Wohnungsmarktes gesehen und/oder die Finanzierbarkeit eines öffentlichen Wohnungsbaus wurde infrage gestellt (Van Kempen et al. 2005, Doling 1994). Mit der Aufkündigung eines öffentlichen bzw. Sozialen Wohnungsbaus, einer verstärkten Eigentumsförderung sowie zunehmend vermieterfreundlichen (d.h. verwertungsfreundlichen) Mietrechtsgesetzgebungen[4] erfolgte in vielen Ländern Europas eine stärker marktgeregelte anstelle einer sozial abgefederten Wohnraumversorgung. Nach Michael Pryke bedeutet die Deregulierung von Finanzmärkten entsprechend:

>»[...] the financing of property development and investment now connects domestic residential and commercial property markets to international capital markets and exposes what were relatively sheltered circuits of property finance to the turmoil of >global< financial flows.« (Pryke 1994: 167).

---

4   So dürfen in Deutschland Vermieter_innen 11 Prozent der Kosten von Modernisierungsmaßnahmen auf die Jahresmiete aufschlagen. Zudem ist seit der Neufassung des § 559 BGB durch das Mietrechtsänderungsgesetz von Ende 2012 die Möglichkeit eingeschränkt worden, bei Baulärm im Zuge von Modernisierungen Mietreduzierungen vorzunehmen.

Auf der einen Seite steht damit eine räumliche und gegenstandsbezogene Ausweitung von ökonomischen Verwertungsmöglichkeiten im Zuge der Liberalisierung von Finanzmärkten und Arbeitsverhältnissen. Im Zuge dessen wird vieles, wenn nicht gar alles zum potenziellen Investment – seien es (öffentliche) Wohnungen, Güter der Daseinsvorsorge, Gesundheit, Nahrungsmittel, landwirtschaftlicher Boden etc. –, bei dem Entscheidungen über Investition und Desinvestition anhand von Renditekennzahlen gefällt werden. Dies bedeutet, dass der Gebrauchswert zunehmend aus dem Blick gerät zugunsten von Indices, die den finanzwirtschaftlichen (Miss-)Erfolg messen und damit eine Finanzialisierung der Güter bewirken (Casey 2011; French et al. 2011; Fine 2010).

Auf der anderen Seite ergeben sich damit neuen Herausforderungen für die gesellschaftlichen Subjekte. Nach Blank et al. (2012) hat ein Wandel in den gesellschaftlichen Leitmotiven stattgefunden, wonach seit nicht allzu langer Zeit Nutzer_innen Entscheidungen überantwortet und abverlangt werden, die im deutschen Sozialstaat – ähnlich wie in vielen anderen westlichen Ländern – bislang nicht zu treffen waren: Es gab obligatorische Sozialversicherungen sowie professionelle soziale Dienste, die für Individuen im Krankheitsfall oder im Alter – paternalistisch, aber auch autoritär – die Verantwortung übernahmen. Anstelle einer kollektiven Verantwortung für Risiken des Lebens ist es nun aber die Pflicht der Individuen, sich für ein Leben in instabilen, einem ständigen Wandel unterliegenden gesellschaftlichen und wirtschaftlichen Umständen zu entscheiden. Es ist notwendig, sich verstärkt privat gegen Risiken wie Krankheit, Arbeitslosigkeit, Erwerbsunfähigkeit, Armut und Alter abzusichern. Anstelle eines Umverteilungssystems, das biographische Risiken gesellschaftlich abfedert, wirkt nun ein auf Kapitaldeckung basierendes Verfahren der Absicherung von Risiken (Gesundheitszusatzversicherungen, Pensionsfonds und weitere Versicherungsprodukte).

Der Druck, gegen Lebensrisiken Eigenvorsorge zu betreiben, wird ergänzt durch den Aufruf, Vermögen zu bilden, das zusätzlich zum Arbeitseinkommen und der daraus resultierenden Rente zur Absicherung beitragen soll. Während die Mehrheit der Privathaushalte früher Geld, das erübrigt werden konnte, in Sparbüchern anlegte, so ist zwischenzeitlich nicht mehr von Sparen die Rede, sondern von Anlegen:

> »[...] nicht mehr ein Sparbuch soll man haben – wie antiquiert –, sondern ein Portfolio, nicht mehr Geld auf der Bank, sondern Aktien im Depot, was sich dann (bestenfalls) auch nicht mehr zu einem Vermögen addiert, das verwaltet werden muss, sondern eines asset management bedarf und einer privaten Anlagepolitik.« (Legnaro et al. 2005: 27)

Inzwischen besteht die Chance der Vermögensoptimierung, die zum Zwang zu einer geschickten, überlegten, vorausschauenden Investmenttätigkeit werden kann.

Auch im Bereich der Erwerbsarbeit und der Arbeitslosigkeit ist der wohlfahrtsstaatliche Kompromiss zwischen Arbeit und Kapital ins Wanken geraten.
Die Absicherung von Arbeitslosigkeit ist zunehmend mit der Aufforderung verbunden, Selbstverantwortung zu zeigen und die eigene Arbeitskraft als *asset* zu
begreifen, das einer ständigen Optimierung unterzogen werden muss. Erfolgt
keine Selbstoptimierung, drohen Strafen.[5] Die Arbeitskraft muss demnach ständig
auf ihre Markttauglichkeit geprüft und Anpassungsmaßnahmen vorgenommen
werden. Es ist also notwendig, sich selbst als Produkt zu sehen, das gestaltet
werden kann/soll/muss, indem langfristig und umfassend in die Entwicklung
»investiert« wird. Diese Freiheit der Optimierung – gegen einen sozialstaatlichen
Paternalismus – appelliert an das Selbstverständnis von Lohnabhängigen, ihre eigenen Potenziale in einem zunehmend unregulierten Arbeitsmarkt zu entwickeln
(Boltanski/Chiapello 2001).

Die grundlegenden Veränderungen, die die Position und die Aufgaben der gesellschaftlichen Subjekte betreffen, lassen sich mit dem Begriff der Responsibilisierung fassen und gehen mit zwei Verschiebungen einher: zum einen von der Arbeit-
nehmer_in zur Arbeitskraftunternehmer_in, und zum anderen von der Sparer_in
zur Anleger_in und Investor_in. Die ökonomische Zukunftssicherung von Individuen ist dabei zunehmend von der internationalen Wirtschaftsdynamik abhängig,
die sowohl Einfluss hat auf die Möglichkeit, die Arbeitskraft zu verkaufen als auch
auf den Erfolg von Investmentanlagen, Pensionsfonds oder Versicherungen. Insgesamt wurde also das Arrangement sozialer Rechte aus dem Fordismus zunehmend
ersetzt durch neue Arrangements, durch die soziale Rechte und Garantien vom
Staat zu den Finanzmärkten verschoben wurden. Nach Manuel Aalbers (2008: 151)
fand ein großer Risikotransfer statt, der beinhaltet, dass Haushalte und Individuen
in ihrer langfristigen Absicherung zunehmend von Finanzmärkten abhängig sind.

Seit mehr als 20 Jahren wird in den verschiedenen kontinentaleuropäischen
Ländern und noch viel länger in Nordamerika und Großbritannien an der Durchsetzung von Rahmenbedingungen gearbeitet, unter denen die Gesetze des Marktes
und der Finanzwirtschaft auch für die Reproduktion der Gesellschaft im Kleinen,
d.h. für die Individuen, gelten.[6]

---

5   So hat der Ex-Kanzler Gerhard Schröder in seiner programmatischen Regierungserklärung
     zur Agenda 2010 darauf hingewiesen: »Wir werden Leistungen des Staates kürzen, Eigen-
     verantwortung fördern und mehr Eigenleistung von den Einzelnen fordern müssen. [...] Nie-
     mandem aber wird künftig gestattet sein, sich zulasten der Gemeinschaft zurückzulehnen.
     Wer zumutbare Arbeit ablehnt – wir werden die Zumutbarkeitskriterien verändern –, der
     wird mit Sanktionen rechnen müssen.« (Regierungserklärung von Bundeskanzler Gerhard
     Schröder vom 14. März 2003)

6   Deutschland ist in dieser Entwicklung eher ein »Nachzügler«, da viele Formen der privaten
     Absicherung (wie z.B. die Riesterrente) erst in den 1990er Jahren entwickelt wurden und zur

»Die Prinzipien einer optimierten sozialen Produktivität setzen ein verstärktes Bedürfnis zur Integration in ökonomische Beziehungsgeflechte voraus, und allgemein geht es um die Einrichtung einer Regierungsform, in der ökonomische Dynamiken die sozialen Lebensprozesse bestimmen.« (Vogl 2011: 134)

Soziale Ordnung soll sich entsprechend der Mechanismen der Kapitalverwertung konstituieren; es soll zu einer Synchronisierung ökonomischer und sozialer Reproduktionen kommen. Dabei erfolgt eine Transformation von einem Vorsorgeverhalten, dass auf Sparguthaben und staatlichen Sicherungsleistungen aufbaut, hin zu einem Verhalten, dass die Vorsorge und Risikominimierung zur Angelegenheit von Individuen macht, die aufgerufen werden, Finanzmarktlogiken zu internalisieren. Frei von staatlicher Willkür und einem staatlichen Zwangskorsett aus Versicherungssystemen sollen sich Individuen nun selbstverantwortlich für Lebensweisen zwischen und in Arbeit, Familie und Freizeit entscheiden. Nach Aihwa Ong beinhaltet dies Regierungsrationalitäten, die einem »governing through freedom« sowie einem »governing through calculation« entsprechen (Ong 2007: 4). Freie und mit einem Unternehmensethos ausgestattete Individuen kalkulieren die Aussichten in verschiedenen gesellschaftlichen Sphären wie Gesundheit, Wohnen, Bildung, Bürokratie, Beruf etc., um sie ihren eigenen Anforderungen entsprechend abzustimmen und zu takten.

Die beschriebenen Prozesse korrespondieren mit der Entwicklung neuer Investmentanlagen, in die jedermann/-frau investieren kann bzw. soll.[7] Öffentliche Wohnungen, Gesundheitsleistungen und Infrastrukturen sowie Güter der (ehemals) öffentlichen Daseinsvorsorge, die vorher für die Mehrheit der Erwerbstätigen keine marktvermittelten Anlagefelder waren, wurden in den vergangenen 20 Jahren einer Finanzialisierung unterzogen. Sie wurden in Fonds eingespeist und in Wertpapiere verwandelt, die nun käuflich erworben werden können. Die zwei Seiten der Medaille des finanzdominierten Akkumulationsregimes bestehen also in einer Responsibilisierung von Individuen sowie in einer Schaffung von Anlagemöglichkeiten, wo vorher keine waren. Altersabsicherung, Wohnen, Abfallent- und Elektrizitätsversorgung etc.[8] unterliegen seit einigen Jahren nicht nur einer Deregulierung und Vermarktlichung, sondern auch einer Verwandlung in Finanz-

---

Anwendung kamen. In der Schweiz, Großbritannien, USA, Kanada oder Neuseeland griffen diese Prozesse bereits deutlich früher.

7   Auf Wohneigentum wird im folgenden Abschnitt eingegangen.

8   Natürlich sind Wohnen, Müllentsorgung, Energie und weitere Güter bzw. Dienstleistungen nicht erst kürzlich zu Waren geworden, sondern es musste auch vor 20 Jahren dafür bezahlt werden. Der Unterschied ist aber, dass diese Güter inzwischen einer Deregulierung sowie einer Verwertungsoptimierung unterliegen, die das Preisgefüge deutlich zuungunsten der Nutzer_innen verschoben haben.

produkte, die hinsichtlich der Rendite mit anderen Anlagen wie Staatsanleihen, Unternehmensaktien etc. verglichen werden.

Auch Immobilien – unabhängig davon, ob es sich um Wohn- oder Gewerbeimmobilien handelt – haben den Status eines Finanzproduktes erhalten. Große Teile des Wohnungsbestands der öffentlichen Hand sowie öffentlicher Unternehmen wurden privatisiert und von den neuen Eigentümer_innen unter Finanzmarktaspekten optimiert. Auch Unternehmen versuchen ihre Immobilien finanziell zu verwerten. Selbstgenutzte Immobilien bekommen für Industrie- und Dienstleistungsunternehmen im Hinblick auf die Pflege von Aktienkursen und den eigenen Finanzierungsbedarf einen neuen Stellenwert, der zu ihrem Verkauf oder zu ihrer betriebswirtschaftlichen Optimierung führt. Bestandsimmobilien werden als untergenutztes Kapital betrachtet, das durch Einspeisen in Fonds, Aktiengesellschaften, Sale-and-Lease-Back-Verfahren etc. verflüssigt werden soll (Morgan et al. 2006). Messlatte der Bewertung sind mögliche Erträge in anderen Finanzmarktbereichen.

Es gibt inzwischen eine Vielzahl von finanzmarktbasierten Anlagemöglichkeiten in Immobilien – u.a. Real Estate Investment Trusts (REITs), Immobilien AGs, Real Estate Private Equity Fonds (REPE), offene und geschlossene Immobilienfonds etc. –, die aufgrund unterschiedlicher Risiken, Gewinn- und Rückgabemöglichkeiten ein breites Feld von Anlagebedürfnissen und -wünschen bedienen. Dies erhöht nicht nur die Attraktivität von Immobilien als Anlageprodukt, sondern auch das verfügbare Investitionskapital. REPE sowie Hedgefonds neigen als stärker risikobereite Anleger dazu, in den ehemals öffentlichen Wohnungsbestand zu investieren; offene und geschlossene Immobilienfonds sowie Immobilien AGs legen ihr Kapital als risikoaverse Investoren eher in Gewerbe- und Büroimmobilien in bedeutenden Wirtschaftszentren an; demgegenüber investieren REITs sowie spezielle Immobilien AGs und -fonds ihr Kapital in innerstädtischen Wohnungsbestand (häufig Altbau mit großem Preissteigerungspotenzial).

Inwieweit korrespondiert dies mit einer Responsibilisierung? Was haben REITs, REPE, Immobilien AGs und -fonds mit Responsibilisierung zu tun? Sie haben weniger direkt, sondern indirekt damit zu tun, denn in Immobilienfonds oder AGs etc. investieren weniger Kleinanleger, sondern große institutionelle Investor_innen, die vom immobilienbezogenen Sachverstand der Fonds bzw. AGs profitieren wollen. Bei diesen Anleger_innen handelt es sich um Vermögensverwaltungen, aber auch Pensionsfonds oder Versicherungen. Insbesondere die letzten zwei institutionellen Anleger_innen verwalten große Teile des gesellschaftlichen Kollektivsparvermögens und sind zu dominanten *playern* auf dem Finanzmarkt geworden (Huffschmid 2009: 61ff, Bellofiore 2002, Clark 2000). Sie haben sich zu Kapitalsammelstellen für die Anlagen der Mehrheit kleiner Sparer_innen und Vorsorger_innen entwickelt.

In dem Maße, in dem durch den Aufruf zur Selbstvorsorge Banken, Versicherungen und Pensionsfonds Geldkapital in die Kassen gespült wird, erfolgt die Anlage größerer und kleinerer Anteile in Immobilien. Immobilien sind aber keine »naturgegebene« Anlagemöglichkeit, sondern erst mit der Entwicklung von immobilienbezogenen Finanzmarktvehikeln ergab sich die Möglichkeit, dass Immobilien zum selbstverständlichen *asset* in einem Portfolio werden konnten. Finanzialisierung bedeutet hier, dass Immobilien zu einer Investmentmöglichkeit wurden, bei der finanzielle Motive – ausgedrückt in der Entwicklung der Wertpapiere – entscheidend sind. Eine Finanzialisierung von Immobilien und neue Kapitalsammelstellen verweisen also untrennbar aufeinander. Mit dem Aufruf zur Eigenvorsorge wurde liquides (Geld-)Kapital geschöpft, das nun Anlagemöglichkeiten benötigt, wie der Fisch das Wasser. Im Zuge dieser Entwicklungen sind viele, die ihr Leben ökonomisch absichern wollen, indirekt zu Anleger_innen in Immobilien geworden – und sind damit ein unerlässliches Rädchen im finanzdominierten Akkumulationsregime. Die soziale Ordnung passt sich damit den vermeintlichen Notwendigkeiten der Kapitalverwertung an.

3. Immobilien als individuelle und institutionelle Vermögensgegenstände

Die Anlage in Immobilienprodukte ist eine Seite. Eine andere ist die Bedeutungssteigerung von Wohneigentum. In vielen europäischen Ländern hat die Bedeutung von Wohneigentum im Zuge der Responsibilisierung zugenommen. Die Vorteilhaftigkeit von Wohneigentum wird mit drei Argumenten beworben, die gesellschaftliche und private Dimensionen ansprechen (vgl. Van Suntum 2010): Erstens wird mit einem hohen Anteil von Eigentümer_innen in einem Stadtteil, einem Quartier oder einer Nachbarschaft eine höhere soziale Stabilität sowie vermehrtes bürgerschaftliches Engagement verbunden. Gemäß der apodiktischen neoliberalen Aussage, dass der Eigennutz gesellschaftlich vorteilhaft ist, wird davon ausgegangen, dass Eigentümer_innen ein höheres Interesse an der Werterhaltung ihrer Nachbarschaft hätten, weil davon der Wert ihrer eigenen Immobilie abhängt. Zweitens wird angenommen, dass Wohneigentum eine geeignete Form der Altersvorsorge sei. Mit dem Erwerb der eigenen Immobilie sei in jungen Erwachsenenjahren zwar Konsumverzicht wegen der Kreditzahlung verbunden, aber dafür würden geringere Wohnkosten – im Vergleich zu Mieter_innen – im Alter Konsum ermöglichen. Hier ist es also wie mit den Verheißungen des Himmelreichs: Die Belohnung gibt es erst in einer fernen Zukunft und nur für diejenigen, die in der Gegenwart Verzicht üben. Vorher müssen aber potenzielle Klippen wie falsche Standortwahl, notwendige berufliche Mobilität, Arbeitslosigkeit, Berufsunfähigkeit etc. überwunden werden. Drittens wird für Wohneigentum mit der höheren Lebenszufriedenheit von Eigentümer_innen geworben. Gemäß dem Motto »my home is my castle« wird davon ausgegangen, dass die Gestaltungsfreiheit im Eigenheim dazu beiträgt, dass die Wohnzufriedenheit optimal ist. Dahinter steht das Ziel, gesellschaftliche Subjekte zu »ertüchtigen«:

>»Das RTB [›Right to Buy‹ war in Großbritannien die Begründung und Legitimation der Thatcher-Regierung zum Verkauf der öffentlichen Wohnungen, Anm. S.H.] zwingt die Menschen, für sich selbst und ihre Nächsten zu sorgen und diese Verantwortung kann nicht einfach auf den Staat zurückprojiziert werden. Nach Schmidtz (1998) sollte die Politik ihre Anstrengungen darauf verwenden, bei den Menschen ein eigenes Verantwortungsbewusstsein zu verinnerlichen, anstatt sie zu zwingen, sich auf externe Kräfte wie den Staat zu verlassen.« (King 2010: 225)

Historisch betrachtet bestanden in allen europäischen Ländern bis in die 1970er Jahre und darüber hinaus neben dem Eigenheim weitere Wohnmöglichkeiten, die Alternativen zum Eigentum dargestellten: Genossenschaftswohnungen, private Mietwohnungen, Sozialwohnungen und öffentliche Wohnungen (der Kommune und großer öffentlicher Arbeitgeber_innen wie bspw. Post und Bahn). Es lässt sich aber in vielen europäischen Ländern eine Bewegung hin zum Eigentum feststellen, die mit der Einschränkung anderer Wohnmöglichkeiten zusammenhängt. In allen europäischen Ländern ist in der einen oder anderen Form eine Privatisierung von öffentlichen Wohnungen, eine Abnahme oder ein Stopp der Förderung von Sozialwohnungen, zurückgehende Unterstützung von Wohngenossenschaften etc. festzustellen, womit Alternativen zum Eigentum zunehmend fehlen (Holm 2011; Van Kempen et al. 2005). Geringverdienende Haushalte stehen inzwischen vor der Herausforderung, dass das geschützte Wohnungssegment abnimmt, der Eigentumserwerb eine große Belastung darstellt und zugleich die Anzahl von Mietwohnungen nicht mit dem Bedarf Schritt hält. Eine Folge der Verknappung von Mietwohnungen ist, dass insbesondere in städtischen Wirtschaftszentren die Mietkosten enorm gestiegen sind. Allerdings sind die Mietpreise in vielen europäischen Metropolen noch deutlich höher als in deutschen. Dies ist in der Regel das Ergebnis von deutlich länger wirkenden Eigentumsorientierungen in der Politik, die dazu führen, dass der Mietwohnungsmarkt ein Nischendasein fristet.[9]

Ausschlaggebend für den Eigentumserwerb ist die vermeintliche Vorteilhaftigkeit der selbst genutzten Immobilie, die sicheres Vermögen im Alter, steuerliche Begünstigungen sowie weitere staatliche Unterstützung beim Erwerb (und der Instandhaltung bzw. Renovierung) verheißt. Weiterhin machen neue und bestehende Finanzierungsformen den Immobilienerwerb attraktiv.

---

9   Vergleiche hierzu die Analyse des Mietwohnungsmarktes in London und München (Palmer 2011).

Vielen Privathaushalten wurde in zahlreichen europäischen Ländern ein erleichterter Zugang zu Hypothekenkrediten angeboten, damit sie ihre Wohnträume realisieren konnten (Aalbers 2008). Es erfolgten Deregulierungen der Immobilienfinanzierungen, -transaktionen und -verwertungen, um mit bereits weitgehend liberalisierten Ländern wie Großbritannien oder den USA gleichzuziehen und um Anlagekapital konkurrieren zu können. Für Individuen bedeutet dies, dass sie vor der Herausforderung stehen, zum Investor zu werden, der zwischen Risiko und Rendite abwägen muss: Werden Arbeits- und Familienverhältnisse stabil genug sein, um das Eigenheim zu tragen? Können finanzielle Verpflichtungen erfüllt werden? Zwar zahlen Eigentümer_ innen keine Miete mehr, aber an die Stelle der Vermieter_in treten für eine lange Zeit Banken oder sonstige Geldgeber. In Deutschland ist der Trend zum Eigentum seit den 1970er Jahren vorhanden, aber erst im Zuge der Finanz- und insbesondere der Schuldenkrise ist aus dem langjährigen Trend eine große Welle geworden (vgl. Deutsche Bundesbank 2010; Braun/Pfeiffer 2004, vgl. Tab. 1). Ilse Helbrecht und Tim Geilenkeuser (2012) argumentieren, dass zunehmend eine Neubewertung von Wohneigentum festzustellen sei. Demnach weisen die Ergebnisse ihres Forschungsprojektes, das von 2008 bis 2011 durchgeführt wurde, auf die gestiegene Bedeutung von Wohneigentum als strategischem Teil der Vermögensentwicklung von Haushalten hin. Die Wohnung oder das Haus stellen ein Investitionsgut dar, das zum Portfolio gehört und dementsprechend behandelt, gekauft oder veräußert wird (Helbrecht/Geilenkeuser 2012: 426). Je jünger die Haushalte sind, desto eher werden Wohnungen als Teil der Altersabsicherung betrachtet (ebd.: 433). Dass dieses Verhalten bei älteren Haushalten geringer ausgeprägt ist, ist ein Indiz für einen Wandel im Verhalten, das sich als Responsibilisierung beschreiben lässt.[10]

---

10   Für Großbritannien vgl. Smith 2008.

Tab. 1: Anzahl von Kauffällen in Neubau und Bestand in einzelnen Städten von 2006- 2011 (Wohnen).

Stadt	2006	2007	2008	2009	2010	2011	in % 06-09	in % 09-11
Berlin	20.496	16.647	15.438	14.279	17.324	21.165	-30,33	48,22
Frank-furt	2.521	2.185	2.245	2.610	3.264	4.043	3,53	54,90
Ham-burg	5.772	5.953	6.720	6.300	7.354	7.206	9,15	14,38
Köln	6.207	6.254	6.345	5.339	5.326	6.610	-13,98	23,81
Mün-chen	10.475	10.176	12.969	10.562	14.177	15.024	0,83	42,25

Quelle: eigene Darstellung nach verschiedenen Studien des BBSR.

Diese Entwicklung darf aber nicht darüber hinwegtäuschen, dass die Bewegung hin zu Eigentum eingebettet ist in ein Ende der öffentlichen Förderung von Sozialwohnungen sowie in einen Handel/eine Verwertung ehemals öffentlicher Wohnungen (Beecken 2013a; Lorenz-Hennig/Held 2012; Holm 2010). Sowohl die Verwertung von ehemals öffentlichen Wohnungen durch institutionelle Investoren als auch die marktgerechte Verwertung des noch bestehenden öffentlichen Wohnungsbestandes führen dazu, dass Wohnen nun stärker durch Marktprozesse geprägt wird. Vor diesem Hintergrund wird ein sicheres Wohnen im Eigenheim zum Traum. Befeuert wird der Traum von Instrumenten wie der Eigenheimförderung[11] oder der Riesterrente, welche die Möglichkeit bieten, Wohneigentum mit privater Altersvorsorge zu verbinden. Der Erwerb von Wohneigentum wird demnach mit staatlichen Zuschüssen unterstützt, da davon ausgegangen wird – wie oben dargestellt –, dass mit Wohneigentum Vermögen im Alter gebildet wird.

Trotzdem können sowohl die Verknappung eines geschützten, preisgünstigen Wohnungssegments als auch der Einbezug von Wohneigentum in die Riesterförderung seit 2008 den starken Anstieg von Wohneigentum als alleinige Faktoren nicht erklären. Es kommt noch hinzu, dass aus Furcht vor Geldentwertung und Inflation gegenwärtig verstärkt eine Flucht in Sachwerte erfolgt. Unterstützt wird diese

---

11   Von 1996 bis 2006 gab es in Deutschland die sogenannte Eigenheimzulage. Davor gab es andere Formen der Eigenheimförderung wie z.b. Abschreibungsmöglichkeiten oder das sogenannte Baukindergeld. Nach der Beendigung 2006 entwickelten sich Initiativen zur Eigenheimförderung vorrangig von der Länderebene ausgehend. So soll z.b. in Hessen anstelle von Sozialwohnungen verstärkt der Erwerb von Wohneigentum (sowohl für Bauherr_innen als auch für Käufer_innen) finanziell unterstützt werden. Das sogenannte Hessen-Darlehen beinhaltet, dass sich Interessent_innen maximal 80.000 € zu nur 1,6 % Zinsen leihen können (Frankfurter Rundschau »Hessen-Kredit für Häuslebau«, 20.12.2012, 68. Jg., Nr. 297, S. F20).

Entwicklung durch historisch niedrige Zinsen bei Kreditaufnahme. Unmittelbar in den Jahren nach der Finanzkrise stieg die Nachfrage nach Eigentumswohnungen durch Privatpersonen (aber auch institutionelle Investoren, siehe Kapitel 3.) stark an, was das Interesse an Immobilien als Krisenpufferbelegt (Held et al. 2012).

Eigenheime und unbebautes Land außerhalb von Städten sind von dieser Entwicklung jedoch weniger betroffen. Nach Angaben der LBS sind über 70 Prozent aller von 2009 bis 2012 neu oder gebraucht gekauften Eigenheime und Eigentumswohnungen in Ballungsgebieten erworben worden – mehr als je zuvor (Kappel 2012).[12] Dies zeigt, dass Wohnungen zunehmend als Investitionsgut wahrgenommen werden, bei denen Wertentwicklung und Wiederverkäuflichkeit kalkuliert werden. Das responsibilisierte Individuum ist damit ein kalkulierendes Individuum.

4.   Aktuelle Entwicklungen in Deutschland

Nicht nur Privatpersonen, sondern immer mehr institutionelle Anleger_innen haben Wohnimmobilien als vermeintlich sicheren Hafen entdeckt. Seit der Schuldenkrise gibt es einerseits eine anhaltend starke Nachfrage nach privaten Wohnungsbaukrediten, und andererseits ziehen immer mehr Investor_innen ihr Kapital unter anderem aus Südeuropa ab, um es in deutsche Immobilien zu investieren (Scharmanski 4. Quartal 2012: 15).

Bezogen auf Immobilien werden gegenwärtig Wohnimmobilien als wertmäßig aussichtsreichste Anlageform gesehen. So werden in einem Immobilienbericht Wohnimmobilien als stabile Wertanlage in instabilen wirtschaftlichen Zeiten beworben:

> »Appartments for rent are possibly the most resilient property type in the current economic climate.« (ULI/pwc 2009: 53) Im gleichen Bericht kommt ein Investor zu Wort, der berichtet: »[We] are currently more on the buy side, want to invest in more modern units in the main urban centres.« (ULI/pwc 2009: 53)

Nur drei Jahre später wird in der Fortschreibung des Berichts darauf hingewiesen:

> »German residential is a popular choice for investors [...]. Investors with residential portfolios report increases in rents and purchase prices for well-located inner-city areas.« (ULI/pwc 2012: 36f.)

---

12   In diesem Zeitraum ist der Anteil der Gebraucht-Erwerbe an allen Käufen deutlich angestiegen, nämlich von zuvor 56 auf 62 Prozent. Neubauten machten demgegenüber nur 38 Prozent aller Erwerbsfälle aus (Kappel 2012).

Drei Entwicklungen sind hervorzuheben: Erstens nahmen die Transaktionen in großen Portfolios wieder zu, zweitens sind wirtschaftlich dynamische Großstädte in Deutschland in den Fokus institutioneller Investoren gerückt, die Bauprojekte in guten Lagen finanzieren, und drittens deutet sich eine darüber hinausgehende, zusätzliche Erweiterung des Fokus auf periphere großstädtische Lagen sowie auf kleinere (Universitäts-)Städte an.

Transaktionen in Wohnportfolios

Nachdem von 1999 bis 2007 das Transaktionsgeschehen in großen Wohnportfolios boomte, brach es 2008 ein. Private Equity Investor_ innen, die bei der Investition auf *Leverage*-Effekte setzten, waren die maßgeblichen Treiber dieser Entwicklung bis 2008. Leverage-Effekt bedeutet, dass durch Einsatz von Fremdkapital die Eigenkapitalrendite einer Investition gesteigert wird. Dies setzt voraus, dass Fremdkapital zu einem niedrigeren Zins aufgenommen wird als die voraussichtliche Gesamtkapitalrentabilität der Investition ist. Dieses Geschäftsmodell brach mit der Finanzkrise jedoch in sich zusammen, da Banken sich gegenseitig kein Geld mehr liehen: Günstiges Fremdkapital war nicht mehr erhältlich. Diese Situation änderte sich nach 2010 wieder. Deutschland wird zurzeit als ein sicherer Hafen in einer krisengeschüttelten Welt wahrgenommen. Insbesondere institutionelle Anleger mit hoher Liquidität, die nach sicherer Anlage drängen, wie Pensionsfonds und Lebensversicherer, aber inzwischen auch risikobereitere Fonds, die Wohnimmobilien aufbereiten, lenken ihre hohe Liquidität nach Deutschland (für Versicherungen vgl. Leykam 2013). Anlass hierfür sind Analysen, wonach deutsche Wohnimmobilien unterbewertet seien und damit Spielraum für Preissteigerungen böten. Nach Jahren der Stagnation oder gar fallender Preise wären die Preissteigerungen allenfalls als moderat zu bezeichnen und durch eine niedrige Verschuldung privater Haushalte gedeckt (Harnau/Möbert 2012: 2). Auch große Portfolios bestehend aus Beständen ehemaliger öffentlicher Wohnungsunternehmen sind vor dem Hintergrund einer negativen Verzinsung deutscher Staatsanleihen Ende 2012[13] wieder zu einer ertragreichen Anlage insbesondere für risikobereite Investoren geworden. Wie Abb. 1 zeigt, nehmen die Transaktionen seit 2011 wieder zu. Zwar unterliegt der Wohnungsbestand in der Regel für eine festgelegte Zeit Sozialklauseln, die Fragen der Entwicklung von Mieten und Kündigungen regulieren, aber mit verschiedenen Strategien wie der Optimierung der Wohnungsverwaltung (z.B. Standardisierung

---

13   Die Zinsen deutscher langfristiger Staatsanleihen werden gegenwärtig als Referenz für die Bewertung von Anlagenrentabilität in der internationalen Finanzwelt genommen. Da es sich um eine sichere Anlage handelt, ist die Verzinsung niedrig; die Verzinsung der Fondsanlage muss damit höher liegen, um attraktiv zu sein.

von Prozessen, Outsourcing) und des Wohnungsportfolios (z.B. geringe Investitionen in Instandhaltung) werden finanzielle Spielräume bereits während der Gültigkeit der Sozialklauseln ausgereizt. Mit dem Auslaufen der Sozialklauseln sind die Mieten aber nicht länger gedeckelt, sondern können entsprechend den Entwicklungen auf dem lokalen Mietmarkt gestaltet werden.

Abbildung 1: Verkaufte Wohnungen nach Portfoliogröße 1999 bis Mitte 2012

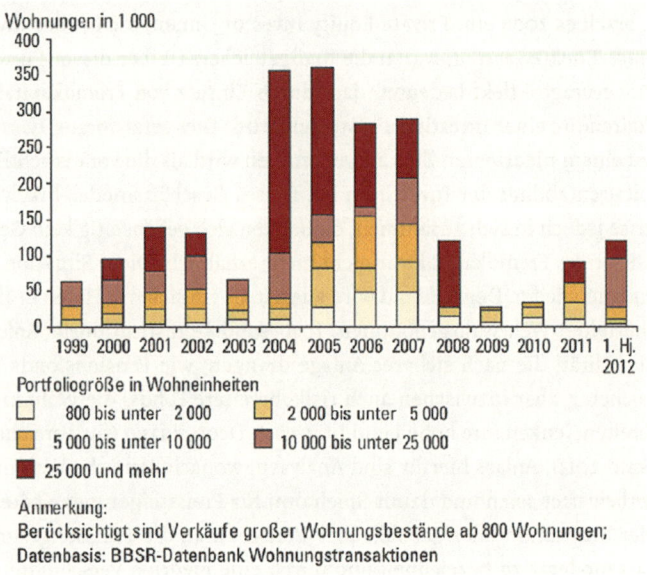

Anmerkung:
Berücksichtigt sind Verkäufe großer Wohnungsbestände ab 800 Wohnungen;
Datenbasis: BBSR-Datenbank Wohnungstransaktionen

Quelle: Lorenz- Hennig/Held 2012: 2

Allein im Jahr 2012 fanden wieder Immobilientransaktionen in einer Anzahl und in einem Umfang statt wie seit der Finanzkrise nicht mehr. So kaufte der Pensionsfonds National Pension Service Korea 2985 Wohneinheiten, der Private Equity Fonds Blackstone erwarb 8000 Wohnungen, 26.000 Wohnungen wurden vom Private Equity Fonds Cerberus gekauft und 23.500 Wohnungen vom Immobilienunternehmen Deutsche Wohnen AG erworben. Die Käufer_innen sind überwiegend Immobilienaktiengesellschaften, Wohnungsbauunternehmen, offene, geschlossene und sonstige Fonds und Pensionskassen. Auch die Verkäufer_innen sind – im Unterschied zur Phase Anfang des Jahrtausends – institutionelle Investor_innen, die nicht selten im Zuge der Finanzkrise in eine finanzielle Schieflage geraten sind oder nach einer günstigen Gelegenheit suchen, zugunsten von ertragreicheren Anlagen verkaufen zu können (Handelsblatt »Goldman Sachs und Cerberus verkaufen GSW-Anteile«, 13.10.2011). Aber auch die öffentliche Hand tritt weiterhin als Verkäuferin auf. So hat z.b. die TLG Wohnen, ein Tochterunternehmen der Treuhand, 11.350 Wohneinheiten in ostdeutschen Städten an die TAG Immobilien AG verkauft. Ein anderes Beispiel ist der Verkauf von rund 32.000 GBW-Wohnungen durch die BayernLB an die Patrizia Immobilien AG (Szymanski 2013; Slavik 2012).

Dennoch nahmen die Verkäufe der öffentlichen Hand sowohl absolut als auch relativ im Vergleich zu den Verkäufen institutioneller Investor_innen ab (Lorenz-Hennig/Held 2012: 3). Im Saldo hat sich infolgedessen der Immobilienanteil institutioneller Investor_innen seit 2010 von 6,1 % auf 7,3 % erhöht. Dies bedeutet eine Erhöhung im Bestand um rund 7 Mrd. € (Scharmanski 4. Quartal 2012: 18).

Bauprojekte in guten Lagen

Neben den großen Transaktionen gibt es auch »kleine« Transaktionen. Es gibt eine kaum zu befriedigende Nachfrage nach gehobenen Immobilien in sehr guten Lagen. Nicht nur Eigennutzer_innen, sondern vor allem institutionelle Investor_innen wollen ihr Geld sicher in Berlin, Hamburg, München, Frankfurt, Düsseldorf, Köln und auch in kleineren Städten wie Stuttgart oder Nürnberg anlegen. Gebaut wird vor allem für Gutbetuchte.

So sollen inzwischen in Frankfurt Wohnungen oder Häuser für weniger als 4000 € pro Quadratmeter eher die Ausnahme sein (Süddeutsche Zeitung »Angst vor dem Sylt-Effekt«, 18.01.2013, Nr. 15). Vor allem Kapitalanleger_innen investieren in hochwertige Wohnungsbauprojekte in der Frankfurter Innenstadt. Ein Ergebnis davon ist, dass Nutzer_innen und Kapitalanleger_innen im Wettbewerb stehen (Helbig 2012). Der für Anleger_innen attraktive Wohnungsmarkt führt dazu, dass in einzelnen Projekten Wohnungen leer stehen, obwohl es eine sehr hohe Wohnungsnachfrage gibt. Denn, wie der Vorstandsvorsitzende der OperaOne AG Ralph Jerey in der Frankfurter Rundschau zitiert wird, möchte man die 46 Wohnungen global veräußern. »Der Hunger der institutionellen Anleger ist im Moment recht groß«, sagt er. Ein Immobilienfonds oder auch ein Versicherungsunternehmen soll die Häuser erwerben, das ist das Ziel.« (Göpfert 2013a) Angesichts des weltweit großen Interesses an Wohnimmobilien in deutschen Großstädten könne man es sich leisten, zu warten. Auch die Deutsche Bundesbank merkt an, dass Kapitalanlageentscheidungen die Entwicklungen in Deutschland im Jahr 2012 auffällig stark prägten. Ein Indiz hierfür sei, dass

»die Nachfrage in den vergleichsweise liquiden und transparenten Teilmärkten, wie dem für Etagenwohnungen in Ballungsräumen, besonders kräftig gestiegen sei. [...] Auch Investoren aus dem Ausland scheinen vermehrt auf dem deutschen Wohnimmobilienmarkt aktiv zu sein. Nicht zuletzt fördert ein gesunkenes Vertrauen gegenüber dem Finanzsystem seit Ausbruch der Finanzkrise die Umschichtung von Finanz- in Realvermögen. Damit rückt der Immobilienmarkt in Deutschland verstärkt in den Blick von Investoren, denen vor allem an einer Realwertsicherung des Vermögens gelegen ist. Speziell in deutschen Ballungsräumen fördert die Flucht in als sicher empfundene Anlagen den aktuellen Preisanstieg.« (Deutsche Bundesbank 2012: 60)

In der Regel bezieht sich dieser Boom vor allem auf innerstädtische, d.h. gut gelegene Bereiche in Großstädten. Die Folgen sind steigende Eigentumspreise. So nahmen beispielsweise die Preise für Eigentumswohnungen in Frankfurt im Jahr 2012 im Vergleich zu 2011 um bis zu 14 Prozent zu (Göpfert 2013b). In München lag der Anstieg bei Eigentumswohnungen mit mittlerem Wohnwert gar bei 21,3 Prozent (Stocker 2012). In einer Analyse der Veränderung von Eigentums- und Mietpreisen von 2007 bis 2012 belegen Konstantin Kholodilin und Andreas Mense, dass die Eigentumspreise erst ab 2010 diese dynamische Entwicklung erfuhren (Kholodilin/Mense 2012: 5). Im Vergleich dazu sei die Entwicklung der Mietpreise moderater. Von Januar 2008 bis September 2010 stiegen sie im Durchschnitt um jährlich 1,4 Prozent und von Oktober 2010 bis September 2012 um 2,4 Prozent (Kholodilin/Mense 2012: 7).[14] Offensichtlich hängt es aber davon ab, welcher Raumbezug vorgenommen wird, denn andere Autor_innen berichten von deutlichen Mietpreissteigerungen in den Kernbereichen von Großstädten (Schürt 2013: 5f, Deutsche Bundesbank 2012: 56; Mortsiefer 2012; Stocker 2012).

Die Abbildung 2 zeigt den Anstieg von Kaufpreisen von 2007 auf 2012, wodurch der Preiseffekt des Zeitraums von 2010 bis 2012 weniger erkennbar wird. Interessant ist die Abbildung allerdings, weil sie zeigt, dass vom Anstieg vor allem bestimmte Standorte wie Ferienregionen sowie Großstädte und ihr Umland betroffen sind. Demgegenüber haben das Ruhrgebiet, ländliche sowie viele ostdeutsche Regionen verloren. Der Immobilienboom ist also stark ein städtischer Boom.

»Periphere« Lagen

Die Preissteigerungen der letzten Jahre in den Innenstädten bedeuten, dass die Rendite unter Druck geraten ist. Gegenwärtig sollen die Mietsteigerungen in diesen Lagen nicht mehr Schritt halten mit den weiter steigenden Kaufpreisen (Bundesbank 2012: 61), so dass es zu Ausweichbewegungen von Investor_innen und Privatanleger_innen kommt. Zum einen werden weniger attraktive Lagen am Rande

---

14 Ein konträres Ergebnis erzielen die Forschungsarbeiten des Bundesinstitutes für Bau-, Stadt- und Raumforschung. Demnach werden die höchsten Wohnungskaufpreise und auch -mieten in den wachsenden und wirtschaftsstarken Metropolen und Regionen wie München, Mittlerer Neckar, Rhein-Main, der Rheinschiene in Nordrhein-Westfalen und Hamburg erzielt (Held et al. 2012: 12ff).

Abbildung 2: Entwicklung der Kaufpreise von Eigentumswohnungen vom 1. Quartal 2007 bis zum 2. Quartal 2012

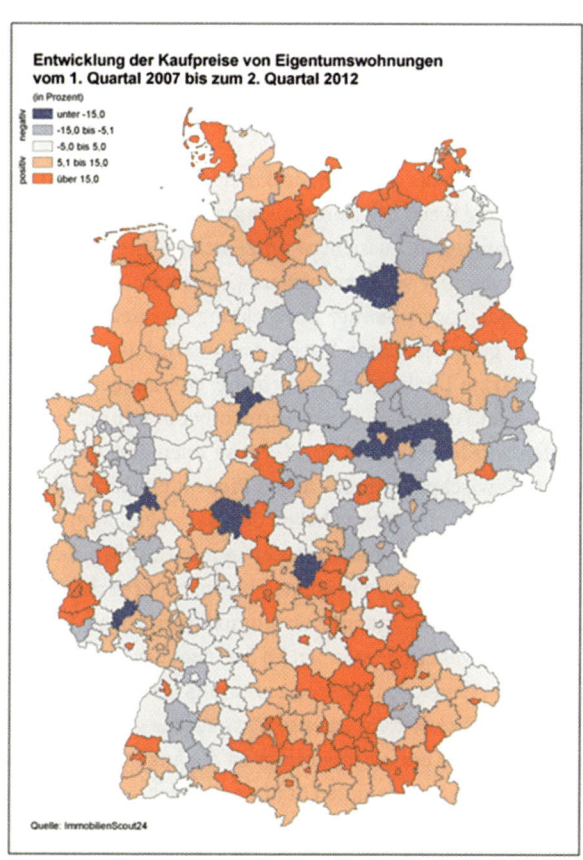

Quelle: Kröhnert 2012

der Innenstädte in die Suche nach Standorten einbezogen und zum anderen wecken Kleinstädte – insbesondere Universitätsstädte – das Interesse von Investoren.

- *Randstädtische Lagen*: In Frankfurt gibt es inzwischen viele Bauvorhaben in bislang eher ungewöhnlichen Lagen wie alten Arbeiterquartieren und/oder an Ausfallstraßen. So entstehen im Stadtteil Gallus, das lange als Problemquartier bezeichnet wurde, drei Wohnbauprojekte in unmittelbarer Nähe zur Mainzer Landstraße, einer sehr stark befahrenen Ausfallstraße. Nach Angaben der Projektentwickler_innen werden annähernd 900 Wohnen realisiert. An einer anderen stark befahrenen Straße entsteht in dem Viertel ein weiteres Projekt mit 237 Wohnungen. Bei allen Projekten gilt, dass zur stark befahrenen Straße Mietwohnungen und zu den ruhigeren Seitenstraßen Eigentumswohnungen realisiert werden (Gedziorowski 2013). Ähnliches gilt für den Stadtteil Ostend, wo in einer ähnlichen Lage (nämlich zwischen Ostbahnhof und Hanauer Landstraße als der Ausfallstraße nach Osten, aber in Nähe zur zukünftigen EZB) ein Gebäudekomplex mit 150 Wohnungen, Büros, ein Hotel und Einzelhandel errichtet werden (Köneke 2013).

- *Mittlere und kleinere Städte*: In einem Marktbericht zu Wohn- und Geschäftshäusern in Deutschland weist der Immobilienmakler Engel & Völkers Commercial (2013) auf abnehmenden Aussichten an zentralen, großstädtischen Standorten hin. Demgegenüber würden mittlere Großstädte mit positiver ökonomischer und soziodemographischer Entwicklung, speziell die deutschen Hochschulstandorte, gute Aussichten bieten. Auch nach Aussagen von Bulwien Gesa seien die Märkte für käuflich erwerbbare Wohnungen in Metropolen fast leer gefegt mit der Folge, dass der Investmentboom nun auf mittelgroße Städte übergreifen würde (Haimann 2012). Preise seien dort noch so niedrig, dass Bruttorenditen zwischen fünf und sieben Prozent erzielbar seien. Vermögende Privatanleger und Family-Offices haben demnach bereits im vergangenen Jahr begonnen, verstärkt Mehrfamilienhäuser in mittelgroßen Städten, d.h. Städten mit 80.000 bis 300.000 Einwohner_innen, zu erwerben. Dem Zinshausmarktbericht der Maklerorganisation Immobilienverband Deutschland (IVD) zufolge stieg das Investitionsvolumen im Segment des Geschosswohnungsbaus in den 50 größten deutschen Städten 2011 um 15,4 Prozent von 10,4 Mrd. Euro auf 12 Mrd. Euro. Nach wie vor ist es so, dass auf die größten Städte der größte Anteil an Investitionen entfällt; allerdings ist die Anzahl der Transaktionen und Transaktionsvolumina in kleineren Städten deutlich gestiegen (IVD 2012).

Zusammengefasst erleben wir gegenwärtig eine Situation in deutschen Städten, die von vielen Akteur_innen als beunruhigend wahrgenommen wird. Nicht nur Mieterschützer_innen, sozialpolitische Akteur_innen und Kritiker_innen einer Eigentumsorientierung im Wohnungsbereich formulieren Bedenken angesichts der Preisentwicklungen auf Mietwohnungs-, Eigentums- und Büroimmobilienmärkten, sondern auch Interessensvertreter_innen der Wohnungswirtschaft, Immobilienhändler_ innen und -beratungen werfen Fragen über die soziale und ökonomische Tragfähigkeit der gegenwärtigen Preisentwicklungen auf (vgl. Beecken 2013a; Diamantis 2013; Henger et al. 2012; Pestel Institut 2012). Häufig werden Bedenken geäußert, inwieweit der Boom wirtschaftlich nachhaltig ist oder nicht vielmehr die Gefahr in sich birgt, dass es zu ähnlichen Blasenphänomenen wie in anderen Ländern kommt (Müller/Neßhöver 2012). Dieser Streit bleibt – wie wiederum die vergleichbare Diskussion in andere Ländern zeigt – solange unentschieden, wie keine

Blase platzt. Bedenken werden in der Regel mit dem Hinweis auf die dynamische Bevölkerungsentwicklung in Städten, die geringe Verschuldung deutscher Haushalte sowie die konservative Kreditvergabe in Deutschland verstreut. Kritiker_innen bestreiten die konservative Kreditvergabe und verweisen auf das Wachstum des Wohnungsbaukreditgeschäfts (Beecken 2013b) und das Auseinanderdriften von Eigentums- und Mietpreisen, die eine Blase plausibel werden lassen.

5. Folgen in Städten: Verdrängung und Gentrification

Immobilien unterlagen in den vergangenen 20 Jahren einer Finanzialisierung. Bei Büroimmobilien griff diese Entwicklung im Zuge von Finanzmarktliberalisierungen bereits Anfang der 1990er Jahre (Heeg 2004), aber Wohnimmobilien unterlagen bis zur Mitte des neuen Jahrtausends einem Dornröschenschlaf. So wurden erst 2007 und damit deutlich später als in vielen anderen europäischen Ländern Wohn-REITs in Deutschland ermöglicht, mit denen Wohnimmobilien in einen Fonds eingespeist werden konnten. 2008 wurde im Zuge der Diskussion über die Notwendigkeit einer privaten Rentenvorsorge der sogenannte Wohn-Riester eingeführt. Damit war es möglich, den privaten Immobilienerwerb staatlich fördern zu lassen. Grundsätzlich sind Immobilien damit eine Anlageform geworden, die mit der Finanzkrise, aber insbesondere mit der europäischen Schuldenkrise an Interesse gewonnen hat. Betongold verspricht, eine Sicherheit gegen Geldverlust bzw. Inflation zu sein. Breite Bevölkerungsschichten sind entweder direkt oder indirekt in den Sog dieser Entwicklungen geraten: entweder direkt beim Versuch, eine eigene Wohnimmobilie zur sozialen Absicherung zu erwerben oder indirekt bei der Investition in Fondsprodukte, die Immobilien in *multi-asset*- oder *single-asset*-Portfolios führen. Eine weitere Variante der indirekten Beteiligung ist, dass in Fonds investiert wird, die wiederum in spezialisierte Immobilienfonds investieren.

Über die städtischen Folgen wird bereits jetzt gestritten. Es ist zu vermuten, dass die Heftigkeit dieser Diskussionen noch zunehmen wird. Denn es ist absehbar, dass mit der Aufwertung von Immobilien die Segregation in Städten weiter befördert wird. Zum einen werden Gentrificationprozesse in innerstädtischen Bereichen zunehmen, und zum anderen werden große, eher randstädtische Wohnungsbestände zum Zufluchtsort? für benachteiligte Bevölkerungsgruppen. Auch von stadtpolitisch Verantwortlichen wird gegenwärtig zur Kenntnis genommen, dass die Aufwertungen in der Kernstadt dazu führen, dass sich überwiegend nur noch Haushalte/Individuen mit stabilen und überdurchschnittlichen Einkommen Wohnungen leisten können (Hausmann 2012). Kernstädtische Bereiche in vielen Städten unterliegen gegenwärtig einem stetigen Zuzug von gutverdienenden Bewohner_innen, steigenden Mieten und Immobilienpreisen sowie Umwandlungen von Miet- in Eigentumswohnungen. Immobilienmärkte reagieren in der Regel ver-

zögert, d.h. steigende Miet- und Eigentumspreise gelten zunächst für neu hinzu-
ziehende oder umziehende Bewohner_innen. Allerdings müssen sich auch Mie-
ter_innen, die schon länger in einem Viertel wohnen, über kurz oder lang auf steigende Wohnkosten einstellen. Die Befürchtung ist, dass als Folge dessen langsam,
aber stetig, die Bevölkerung innerstädtischer Gebiete ausgewechselt wird.

Demgegenüber verfügen Geringverdiener_innen, wenn sie nicht weitere Kom-
pensationsmöglichkeiten (z.B. Untermiete, Sparvermögen etc.) haben, über weniger Zugangsmöglichkeiten zu innerstädtischen Wohnlagen. Konkret tragen Regel-
sätze, die durch Hartz IV gesetzt werden, dazu bei, dass Bewohner_innen aus innerstädtischen Vierteln verdrängt werden. Im Abschlussbericht der Enquetekommission »Wohnungswirtschaftlicher Wandel und neue Finanzinvestoren auf den
Wohnungsmarkten in NRW« wird konstatiert, dass die Knappheit von preisgüns-
tigem Wohnraum absehbar zu steigenden Mietpreisen und auch zu steigenden
Angemessenheitskriterien (d.h. zulässiger Miethöhen) nach Hartz IV führen wird
(Diamantis 2013). Insofern unterliegen Segregationstendenzen auch keinen mythi-
schen Marktgesetzlichkeiten, sondern es sind staatliche Interventionen – auf der
einen Seite über Sozialgesetzgebung und auf der anderen Seite über Eigentumsförderung, Verkauf von öffentlichen Wohnungsbeständen und Finanzmarktderegu-
lierungen –, die den Möglichkeitsraum von Individuen auf dem Wohnungsmarkt
gestalten. Für institutionelle Anleger_innen bzw. Immobilieneigentümer_innen ergeben sich interessante Investitions- und Renditeperspektiven, da sowohl innerstädtische, aber auch randstädtische Immobilien gute Renditeperspektiven bieten.
Zusammengenommen unterstützen diese Regulationen eine soziale Entmischung
der Bevölkerung.

Negative Effekte sind aber nicht nur für sozial benachteiligte Bewohner_in-
nen zu erwarten, sondern auch für die Städte, für die bei stark abnehmenden
Sozialwohnungsbeständen die Versorgung einkommensschwacher Haushalte immer schwieriger wird. Insbesondere in wirtschaftlich dynamischen Städten ergeben sich hohe kommunale Belastungen für die Kosten der Unterkunft, wenn die
Anzahl der Transferleistungsempfänger und das Mietniveau überdurchschnittlich
hoch ausfallen. Die Städte sind angesichts einer abnehmenden Anzahl öffentlicher Wohnungen bzw. eines geschützten Wohnungsbereiches zunehmend mit der
Situation konfrontiert, dass sie den institutionellen Investor_innen als Eigentü-
mer_innen des ehemals öffentlichen Wohnungsbestandes ein sogenanntes Hartz
IV-Geschäftsmodell (Diamantis 2013: 21) ermöglichen. Zielgerichtet wird dabei an
Instandhaltungsleistungen gespart bei einer gleichzeitig maximalen Ausschöpfung
des Mieterhöhungsspielraums. Dies birgt insbesondere für Haushalte mit Markt-
zutrittsproblemen, die sich nur schlecht wehren können (indem sie beispielsweise
»mit den Füßen abstimmen«), große Herausforderungen. Zusammengefasst führt
der Versorgungsnotstand von sozial benachteiligten Bevölkerungsgruppen dazu,
dass Städte notgedrungen den neuen Eigentümer_innen die Mieten – und damit

Renditen – garantieren müssen. Diese haben auf der einen Seite sichere Einnahmequellen und zeigen sich auf der anderen Seite bei Erhaltungsinvestitionen nicht unbedingt motiviert; beides eröffnet stabile Gewinne. Für die Bewohner_innen sind die Wohnbedingungen allerdings häufig prekär: Eine Einkommensarmut ist kombiniert mit Ausgrenzungen auf dem Wohnungsmarkt und schlechten Wohnbedingungen (Müller 2012). Ein Hoffnungsstreifen am Himmel ist, dass die Auseinandersetzung mit vernachlässigten und verwahrlosten Wohnimmobilien zur Hinterfragung der Geschäftsmodelle der neuen Finanzinvestor_innen geführt hat. Nicht nur die Diskussion um die Frage:»Wem gehört die Stadt?«, auch die Skandalisierung des Hartz IV-Geschäftsmodells und Forderungen nach einschränkenden Instrumenten zeigen, dass Bewegung in die Debatte gekommen ist.

Literatur

Aalbers, Manuel B. (2008):»The Financialization of Home and the Mortgage Market Crisis«, in: competition & change 12 (2), S. 148-166.

Aglietta, Michel (2000): Ein neues Akkumulationsregime. Die Regulationstheorie auf dem Prüfstand, Hamburg: VSA.

Aglietta, Michel (2002):»Die finanzielle Globalisierung«, in: Michel Aglietta/Joachim Bischoff/Paul Boccara/Wolfgang F. Haug/Jörg Huffschmid (Hg.), Umbau der Märkte, Hamburg: VSA, S: 9-24.

Beecken, Grit (2013a):»Begehrter Beton. Der deutsche Boom zieht ausländische Investoren an«, in: Frankfurter Rundschau 69 vom 09.01.2013 (7), S. 14.

Beecken, Grit (2013b):»Sparkassen hängen Großbanken ab«, in: Berliner Zeitung vom 24.03.2013 www.berliner-zeitung.de/wirtschaft/milliardengewinn-sparkassen-haengen-grossbanken-ab,10808230,22024072.html (letzter Zugriff am 24.03.2013).

Behring, Karin/Helbrecht, Ilse (2003):»Mieter oder Selbstnutzer in Europa? Ursachen der unterschiedlichen Eigentümerquoten in Europa in ausgewählten europäischen Staaten«, in: Informationen zur Raumentwicklung 6, S. 343-353.

Bellofiore, Riccardo (2002):»Der Kapitalismus der Rentenfonds«, in: Michel Aglietta/Joachim Bischoff/Paul Boccara/Wolfgang F. Haug/Jörg Huffschmid (Hg.), Umbau der Märkte. Hamburg: VSA, S. 61-75.

Blank, Florian/Ewert, Benjamin/Köppe, Stephan (2012):»Leistungsempfänger, Bürger oder Konsumenten? Nutzer in der Sozialpolitik«, in: WSI Mitteilungen 65 (3), S. 168. DOI: 10.5771/0342-300X-2012-3-168

Boelhouwer, Peter J./Doling, John F./Elsinga, Marja/Ford, Janet (2005):»Gains and losses for European home owners«, in: Peter J. Boelhouwer/John F. Doling/Marja Elsinga (Hg.), Home ownership. Getting in, getting from, getting out, Delft, S. 1-18.

Boltanski, Luc/Chiapello, Ève (2001): »Die Rolle der Kritik in der Dynamik des Kapitalismus und der normative Wandel«, in: Berliner Journal für Soziologie 11 (4), S. 459-477. DOI: 10.1007/BF03204032

Boyer, Robert (2000): »The Political in the Era of Globalization and Finance: Focus on some Régulation School Research«, in: International Journal of Urban and Regional Research 24 (2), S. 274-322. DOI: 10.1111/1468-2427.00250

Braun, Reiner/Pfeiffer, Ulrich (2004): Haushalts- und personenbezogene Wohneigentumsquote in Deutschland, Empirica-Studie. Berlin.

Brunhoff, Suzanne (2002): »Der Begriff des Finanzregimes«, in: Michel Aglietta/Joachim Bischoff/Paul Boccara/Wolfgang F. Haug/Jörg Huffschmid (Hg.), Umbau der Märkte. Hamburg: VSA, S. 25-39.

Casey, Terrence (2011): ›Financialization‹ and the future of the neoliberal growth model, Political Studies Association Annual Conference, April 2011. www.psa.ac.uk/journals/pdf/5/2011/6_5.pdf (letzter Zugriff am 25.05.2020).

Chesnais, Francois (2004): »Das finanzdominierte Akkumulationsregime: theoretische Begründung und Reichweite«, in: Christian Zeller (Hg.), Die globale Enteignungsökonomie, Münster: Westfälisches Dampfboot.

Clark, Gordon L. (2000): Pension fund capitalism, Oxford: Oxford University Press.

Demirović, Alex (2007): Demokratie in der Wirtschaft. Positionen, Probleme, Perspektiven, Münster: Westfälisches Dampfboot.

Deutsche Bundesbank (2012): Finanzmarktstabilitätsbericht 2012, Frankfurt a.M.

Diamantis, Claudia (2013): Abschlussbericht der Enquetekommission »Wohnungswirtschaftlicher Wandel und neue Finanzinvestoren auf den Wohnungsmärkten in NRW« (Enquetekommission I), Hg. v. Landtag Nordrhein-Westfalen, Düsseldorf (Drucksache 16/2299). www.landtag.nrw.de/portal/WWW/dokumentenarchiv/Dokument/MMD16-2299.pdf (letzter Zugriff am 21.03.2013).

Doling, John (1994): »The privatisation of social housing in European welfare states«, in: Environment and Planning C 12 (2), S. 243-255. DOI: 10.1068/c120243

Engel & Völkers Commercial (2013): Wohn- und Geschäftshäuser Marktbericht 2013. www.engelvoelkers.com/com/de/Gewerbeimmobilien/research/WGH-Deutschlandbericht-2013-Vorschau.pdf (letzter Zugriff am 05.07.2013).

Epstein, Gerald A. (2006): Financialization and the world economy. Cheltenham.

Evans, Trevor (2001): »Die Rolle finanzieller Faktoren im US-amerikanischen Wirtschaftsboom der 90er Jahre«, in: Prokla. Zeitschrift für kritische Sozialwissenschaften 31 (122), S. 31-45. DOI: 10.32387/prokla.v31i122.751

Fine, Ben (2010): »Locating Financialisation«, in: hist materialism 18 (2), S. 97-116. DOI: 10.1163/156920610X512453

French, Shaun/Leyshon, Andrew/Wainwright, Thomas (2011): »Financializing space, spacing financialization«, in: Progress in Human Geography 35 (6), S. 798-819. DOI: 10.1177/0309132510396749

Gedziorowski, Lukas (2013): »Leben am Gustavsburgplatz. Drei Investoren präsentieren ihre Pläne für den Bau von fast 900 Wohnungen«, in: Frankfurter Rundschau vom 11.04.2013 http://epaper2.zgk.de/epaper2/fr/forms/page.htm (letzter Zugriff am 11.04.2013).

Göpfert, Claus-Jürgen (2013a): »Warten auf Käufer. ›Westend Suites‹ sind fertiggestellt, doch die 46 Wohnungen stehen erst einmal leer«, in: Frankfurter Rundschau vom 29.01.2013, 69. Jg., Nr. 24, F6.

Göpfert, Claus-Jürgen (2013b): »Ansturm auf Wohneigentum. Hohe Nachfrage bei geringem Angebot führt zu Preissteigerungen bis zu 14 Prozent«, in: Frankfurter Rundschau vom 17.01.2013, http://epapers2.zgk.de/epaper2/fr/forms/page.html (letzter Zugriff am 04.02.2013).

Haimann, Richard (2012): »Immobilien: Teure Mitte«, in: Financial Times Deutschland vom 29.11.2012 www.ftd.de/finanzen/immobilien/:immobilien-teure-mitte/70123384.html (letzter Zugriff am 05.07.2013).

Harnau, Jonas/Möbert, Jochen (2012): Deutscher Wohnimmobilienmarkt: Risiko einer Preisblase bis 2020? Ausblick Deutschland, Hg. v. Deutsche Bank. Frankfurt (DB Research), zuletzt aktualisiert am 01.10.2012.

Hausmann, Dierk (2012): Gentrifizierung – Sozialverträgliche Stadtteilentwicklung. Fachtagung in Frankfurt a.M. am 17.11.2011, Hg. v. Stadtplanungsamt Frankfurt. Stadt Frankfurt a.M. Frankfurt (Im Dialog, 9).

Heeg, Susanne (2004): »Mobiler Immobilienmarkt? Finanzmarkt und Immobilienökonomie«, in: Zeitschrift für Wirtschaftsgeographie 48 (2), S. 124-137. DOI: 10.1515/zfw.2004.0009

Helbig, Felix (2012): »Makler reißen sich um Häuser«, in: Frankfurter Rundschau vom 27./28.10.2012, 68. Jg., Nr. 251, F1.

Helbrecht, Ilse/Geilenkeuser, Tim (2012): »Demographischer Wandel, Generationeneffekte und Wohnungsmarktentwicklung: Wohneigentum als Altersvorsorge?« in: Raumforschung & Raumordnung 70 (5), S. 425-436. DOI: 10.1007/s13147-012-0185-8

Held, Tobias/Nielsen, Jörg/Waltersbacher, Matthias (2012): Immobilienpreise und Transaktionen am Wohnimmobilienmarkt. Aktuelle Wohnungsmarktentwicklungen und Tendenzen, BBSR-Analysen Kompakt Nr. 10, Bonn.

Henger, Ralph/Pomogajko, Kirill/Voigtländer, Michael (2012): Gibt es eine spekulative Blase am deutschen Wohnimmobilienmarkt? Hg. v. Institut der deutschen Wirtschaft Köln (=IW-Trends – Vierteljahresschrift zur empirischen Wirtschaftsforschung, 3), zuletzt aktualisiert im Juli 2012.

Hintze, Martin (2012): »Immobilienboom: Häuserkäufer lassen sich von niedrigen Zinsen verführen«, in: manager magazin online vom 18.10.2012 www.manager-magazin.de/finanzen/immobilien/0,2828,861793,00.html (letzter Zugriff am 11.11.2012).

Holm, Andrej (2010): »Institutionelle Anbieter auf deutschen Wohnungsmärkten – neue Strategien der Wohnungsbewirtschaftung«, in: Informationen zur Raumentwicklung (5/6), S. 391-402.

Holm, Andrej (2011): »Politiken und Effekte der Wohnungsprivatisierungen in Europa«, in: Bernd Belina/Norbert Gestring/Wolfgang Müller/Detlev Sträter (Hg.), Urbane Differenzen. Disparitäten innerhalb und zwischen Städten, Münster: Westfälisches Dampfboot, S. 207-230.

Huffschmid, Jörg (2009): »Nicht die Krise, der Finanzkapitalismus ist das Problem. Vom ›normalen‹ Funktionieren von Umverteilung und Instabilität«, in: Mario Candeias/Rainer Rilling (Hg.), Krise. Neues vom Finanzkapitalismus und seinem Staat. Berlin (Texte der Rosa- Luxemburg-Stiftung 55), S. 53-73.

ifs – Institut für Städtebau, Wohnungswirtschaft und Bausparwesen (2012): Selbstgenutztes Wohneigentum/Eigentumsquote http://typo3.p165294. webspaceconfig.de/fileadmin/Daten_Fakten/Wohneigentumsquoten_in_Deutschland_und_Europa.pdf (letzter Zugriff am 24.08.2012).

IVD – Immobilienverband Deutschland (2012): Zinshausmarktbericht 2012: Zinshausmarkt in Deutschland boomt www.ivd.net/derbundesverband/nachrichtendetail/archive/2012/october/article/zinshausmarktbericht-2012-zinshausmarkt-in-deutschland-boomt.html (letzter Zugriff am 05.07.2013).

Kappel, Yvonn (2012): Wohneigentums-Dynamik in Städten. Eigene vier Wände entstehen immer mehr in den großen Verdichtungsräumen, Berlin www.presseportal.de/pm/35604/2309315/wohneigentums-dynamik-in-staedten-eigene-vier-waende-entstehen-immer-mehr-in-den-grossen %20 %2814 (letzter Zugriff am 04.07.2013).

Kholodilin, Konstantin/Mense, Andreas (2012): Wohnungspreise und Mieten steigen 2013 in vielen deutschen Großstädten. Hg. v. Deutsches Institut für Wirtschaftsforschung, Berlin (= DIW-Wochenberichte, 45).

Kholodilin, Konstantin/Menz, Jan-Oliver/Siliverstovs, Boriss (2008): Immobilienkrise? Warum in Deutschland die Preise seit Jahrzehnten stagnieren, Hg. v. Deutsches Institut für Wirtschaftsforschung, Berlin (= DIW-Wochenbericht, 17).

King, Peter (2010): »Die Privatisierung von Sozialwohnungen: Das ›Right to Buy‹ in Großbritannien«, in: Funk, Kerstin (Hg.), Gesellschaftspolitische Vorteile des Wohneigentums. Aspekte des Wohneigentums, Berlin: Liberal Verlag, S. 185-231.

Köneke, Judith (2013): »Hotel, Büros und 150 Wohnungen. Im Herbst soll auf dem Areal der ehemaligen Feuerwache Baubeginn sein«, in: Frankfurter Rundschau vom 5.04.2013 http://epaper2.zgk.de/epaper2/fr/forms/page.htm (letzter Zugriff am 05.04.2013).

Krippner, Greta R. (2005): »The financialization of the American economy«, in: Socio-Economic Review 3(2), S. 173-208. DOI: 10.1093/SER/mwi008

Kröhnert, Steffen (2012): Der Einfluss demografischer Faktoren auf die Preisentwicklung von Wohnimmobilien. Berlin-Institut für Bevölkerung und Entwicklung in Kooperation mit Immobilien Scout GmbH, Vortrag auf dem Transparenzforum, Nov. 2012. www.transparenzoffensive.net/wpcontent/uploads/2012/12/Vortrag_SteffenKr %C3 %B6hnert_TO.pdf (letzter Zugriff am 21.12.2012).

Legnaro, Aldo/Birenheide, Almut/Fischer, Michael (2005): Kapitalismus für alle. Aktien. Aktien, Freiheit und Kontrolle, Münster: Westfälisches Dampfboot.

Leykam, Monika (2013): »Versicherer bevorzugen Deutschland und Nordamerika«, in: Immobilien Zeitung vom 4.06.2013.

Lordon, Frédéric (2000): »Aktionärsdemokratie« als soziale Utopie? Über das neue Finanzregime und Wirtschaftsdemokratie, Hamburg: VSA.

Lorenz-Hennig, Karin/Held, Tobias (2012): Anstieg großer Wohnungstransaktionen in 2012. Verkaufsvolumen von Mietwohnungsportfolios nimmt weiter zu, Bonn.

Martin, Randy/Rafferty, Michael/Bryan, Dick (2008): »Financialization, Risk and Labour«, in: competition & change 12 (2), S. 120-132. DOI: 10.1179/102452908X314849

Morgan, Alan W./Stone Sellers, Bonnie/Thomas, Scott A. (2006): How European companies can unlock value from real estate, Hg. v. McKinsey (= The McKinsey Quarterly). http://mkqpreview1.qdweb.net/PDFDownload.aspx?ar=1753 (letzter Zugriff am 25.05.2020).

Mortsiefer, Henrik (2012): »Wohnen wird zum Luxus in Deutschland«, in Zeit Online vom 10.10.2012 www.zeit.de/wirtschaft/2012-10/berlin-mieten-erhoehung (letzter Zugriff am 02.03.2013).

Müller, Henrik/Neßhöver, Christoph (2012): »Völlig losgelöst«, in: Manager Magazin, 17.02.2012 (3), S. 76.

Müller, Sebastian (2012): Wie Wohnen prekär wird. Finanzinvestoren, Schrottimmobilien und Hartz IV. Dortmund (= Beiträge aus der Forschung, Nr. 181) www.planungspolitik-forschung.de/pdf/kowa_wie-wohnen-prekaerwird.pdf (letzter Zugriff am 10.07.2013).

Ong, Aihwa (2007): »Neoliberalism as a mobile technology«, in: Transactions of the Institute of British Geographers 32 (3), S. 3-8. DOI: 10.1111/j.1475-5661.2007.00234.x

Palmer, Jon (2011): »Brits buy homes, the Germans rent – which of us has got it right?«, in: The Guardian vom 19.03.2011.

Pestel Institut (Hg.) (2012): Bedarf an Sozialwohnungen in Deutschland. Unter Mitarbeit von Matthias Günther, Hannover.

Pryke, Michael (1994): »Finance, property and ›layers of newspaper ironies‹«, in: Environment and Planning A 26 (2), S. 167-170. DOI: 10.1068/a260167

Regierungserklärung des Bundeskanzlers Gerhard Schröder (SPD) (2003): »Mut zum Frieden und zur Veränderung (14.03.2003)«, in: documentArchiv.de (Hg.), www.documentArchiv.de/brd/2003/rede_ schroeder_03-14.html (letzter Zugriff am 15.03.2013).

Salzmann, Bernd (2012): »›Übernehmen Sie sich nicht!‹ Bei der FR-Telefonaktion gaben Experten Tipps für eine tragfähige Baufinanzierung«, in: Frankfurter Rundschau vom 12.12.2012, 68. Jg., Nr. 290, 18.

Scharmanski, André (4. Quartal 2012): Im Sog der Euroschuldenkrise. Auswirkungen der Euroschuldenkrise auf den deutschen Immobilienmarkt, Hg. v. Quantum Immobilien AG, Hamburg (= Quantum Fokus).

Slavik, Angelika (2012): »Ich hätt' so gern ein Einkaufszentrum«, in: Süddeutsche Zeitung vom 10.10.2012 (234), S. 25.

Smith, Susan S. (2008): »Owner-occupation: at home with a hybrid of money and materials«, in: Environment and Planning A, 40 (3), S. 520-535. DOI: 10.1068/a38423

Stocker, Frank (2012): »Wohnen in der Großstadt wird zum Luxus. Die Reurbanisierung hat ihren Preis«, in: Die Welt vom 25.09.2012 www.welt.de/109454198 (letzter Zugriff am 11.11.2012).

Streeck, Wolfgang (2013): Gekaufte Zeit. Die vertagte Krise des demokratischen Kapitalismus, Berlin: Suhrkamp.

Szymanski, Mike (2013): »Verkauf der GBW-Wohnungen Verrat an den Mietern«, in: Süddeutsche Zeitung vom 9.04.2013 www.sueddeutsche.de/bayern/verkauf-der-gbw-wohnungen-verrat-an-den-mietern-1.1643637 (letzter Zugriff am 04.07.2013).

Urban Land Institute/Pricewaterhouse Coopers (2009): Emerging Trends in Real Estate Europe 2009, Washington, C.C.

ULI/pwc – Urban Land Institute/Price Waterhouse Cooper (2009): Emerging trends in real estate, Europe 2009 Washington.

ULI/pwc   Urban Land Institute/Price Waterhouse Cooper (2012): Emerging trends in real estate, Europe 2012, London.

Van Kempen, Ronald/Dekker, Karien/Hall, Stephen/Tosics, Ivan (Hg.) (2005): Restructuring large housing estates in Europe, Bristol: The Policy Press. DOI: 10.2307/j.ctt9qgmvx

Van Suntum, Ulrich (2010): »Gesellschaftspolitische Vorteile des Wohneigentums«, in: Kerstin Funk (Hg.), Gesellschaftspolitische Vorteile des Wohneigentums. Aspekte des Wohneigentums, Berlin: Liberal Verlag, S. 52-81.   www.scribd.com/doc/50532150/3/Gesellschaftspolitische-Vorteile-des-Wohneigentums (letzter Zugriff am 24.08.2012).

Vogl, Joseph (2011): Das Gespenst des Kapitals, 4. Aufl., Zürich: Perlentaucher.

Wehler, Hans-Ulrich (2013): Die neue Umverteilung. Soziale Ungleichheit in Deutschland, München: C. H. Beck. DOI: 10.17104/9783406643873

Windolf, Paul (2005): »Was ist Finanzmarkt-Kapitalismus?«, in: Paul Windolf (Hg.), Finanzmarkt-Kapitalismus. Analysen zum Wandel von Produktionsregimen, in: Kölner Zeitschrift für Soziologie und Sozialpsychologie. Sonderheft 45/2005, S. 20-57. DOI: 10.1007/978-3-322-80779-3_3

Wohnungswirtschaftliche Selbstverwaltung und Selbstfinanzierung – eine ideengeschichtliche Montage

Klaus Novy

Erschienen 1982 in *Leviathan* 10 (1), S. 41-67.

»Nicht um die Konservierung der Vergangenheit, sondern um die Einlösung der vergangenen Hoffnung ist es zu tun. Heute aber setzt die Vergangenheit sich fort als Zerstörung der Vergangenheit«
(Horkheimer/Adorno 1955: 9)

1. Der Fortschritt des Rückschritts – vom Verlust einer Reformkultur

Man könnte meinen, es hätte sie nie gegeben – die Wohnungsreformbewegung. Ihr ging es wie dem Althausbestand, der ja Opfer *zweier* Verwüstungswellen wurde: der des zweiten Weltkrieges und der der Sanierungsorgie am Ende der Wiederaufbauzeit. Es spricht alles dafür, daß die Nachkriegszeit einen mindestens so großen Anteil am Verlust eines über Generationen gewonnenen und verallgemeinerten Standes wohnungsreformerischer Vorstellungen hatte wie die vergleichsweise kurze Phase systematischer Vernichtungsarbeit im totalitären Staat.

»Natürlich« ist das nicht weiter verwunderlich, bedenkt man die schier aussichtslose Lage des Reformers in einer Welt, die ihn mit ihren materiellen Verheißungen tagtäglich zu widerlegen schien. Der Indoktrination der Verhältnisse haben die wenigsten standgehalten. Doch die Verhältnisse haben sich verändert: die Prosperität – an Intensität und Länge fast einmalig – erwies sich als das, was sie historisch immer war: temporär, labil und schneller vergangen als die Denkmuster, die sie her vorbrachte und die uns nun – in den Köpfen und Institutionen zäh geronnen – blockieren. Die alten Denkmuster schieben sich als unproduktive zwischen die sich aufdrängenden neuen Erfahrungen und ihre theoretische und reformpraktische Verarbeitung. Ein Stück Dialektik der Aufklärung? »Es gehört zum heillosen Zustand, daß auch der ehrlichste Reformer, der in abgegriffener Spra-

che die Neuerung empfiehlt, durch Übernahme des eingeschliffenen Kategori-
enapparates und der dahinter stehenden schlechten Philosophie die Macht des
Bestehenden verstärkt, die er brechen möchte« (Horkheimer/Adorno 1955: 8).

Die wohnungspolitischen Verhältnisse sind mehr als verworren. Die angebotenen
wohnungspolitischen Lösungen – alles Variationen des Themas: mehr Markt – *produzieren* die »neue« (und doch so alte) Not, statt sie zu beseitigen. Die jahrzehn-
telange Entpolitisierung zur reinen Versorgungsfrage[1] rächt sich nun durch eine
Repolitisierung vor und quer zu allen traditionellen Formen institutionalisierter
Konfliktaustragung. Es ist vermutlich auch genau diese Struktur – Basisprotes-
te als Reaktion auf neokorporatistische Elitenkartelle (vgl. Heinze 1981) –, die die
Formen der Konfliktaustragung bestimmt und die man nicht anders als beklemmend regressiv empfinden kann[2] Von der propagierten Entideologisierung zum
Verstummen, von der Sprachlosigkeit zum tätigen Widerstand ist es – wie sich
nun erweist – kein allzu weiter Weg. Allein gelassen, ohne Interpretations- und
Organisationshilfe entstand eine Widerstandsbewegung der Betroffenen, der die
Minimalvoraussetzung politischer Akzeptanz fehlt: eine programmatische Alter-
native.

Es ist paradox: Die »Bewegung« ist da – von den Altbewohnern bedrohter
Zechensiedlungen über Sanierungsbetroffene bis zu den jugendlichen Instand-
besetzern. Doch an zugkräftigen wohnungspolitischen Alternativen ist Mangel.
Von Intellektuellen wird das »gerissene Band« zu den Bewegungen zwar beklagt
(Evers/Szankay), aber es wurde auch wenig Handhabbares geboten. Entweder
führten die Anstrengungen des Begriffs aufgrund immer noch vorhandener
»Ableitungsansprüche« (vgl. beispielsweise Hirsch-Borst/Krätke: 51) zu keinen
reformpraktischen Ergebnissen; oder aber die Reformvorschläge[3] sind ein buntes,
aber wenig konsistentes Nebeneinander, bei dem auch dem Nicht-Fachmann
sofort klar wird, daß hier eine grundsätzliche konzeptionelle Alternative nicht
im Spiel ist. Wissenschaftliche Abstinenz einerseits, Eklektizismus und Vol-
untarismus andererseits, auch dieses Reaktionspaar hat seine Geschichte und

---

1   Für eine Untersuchung des Prozesses der Politisierung und Entpolitisierung der Wohnungs-
     politik am Beispiel der Entstehung und Entwicklung der gemeinnützigen Wohnungsunter-
     nehmen vgl. Novy/Uhlig 1981a.
2   Angesichts der Verwilderung der Umgangsformen wohnungspolitischer Institutionen mit
     dem konkreten Lebensraum immer breiterer Kreise sich über die Formen des Widerstandes
     zu empören, scheint mir mehr als heuchlerisch. In Variation einer volkstümlichen Formel:
     hat doch die herrschende Wohnungspolitik die Protestbewegung, die sie verdient. Und die
     Ausdrücke »faschistoides Gesindel«, »Diktatoren von morgen« und »Renegaten des Rechts«
     werfen ein Licht auf die, die sie gebrauchen (vgl. Gemeinnütziges Wohnungswesen 34 (1981):
     475).
3   Für einige aktuelle wohnungspolitische Programme von links vgl. die spezielle Auflistung zu
     Beginn des Literaturanhanges.

nährt wieder einmal das alte Vorurteil: Reformen im System – zum Beispiel branchenweise – seien unmöglich, daher auch nicht theoriefähig.

Im Folgenden gilt es an zwei thematisch verbundenen Problemen – Finanzierung und Trägerformen – zu zeigen, daß die Formulierung einigermaßen konsistenter Reformansätze möglich ist, allerdings auf andere Weise als durch Ableitung aus Analyse und Kritik der privatwirtschaftlichen Wohnungsversorgung. Hier wird vielmehr der Versuch gemacht, einige Lernprozesse der deutschen Wohnungsreformbewegung so zu rekonstruieren, daß sie als Theoriebildungsprozesse abgebildet werden können, um schließlich ein Modell einer reformpraktischen Alternative vorzulegen, wie es so zwar nie geschlossen formuliert wurde, gleichwohl aber implizites Programmgut vieler Wohnungsreformer der zwanziger Jahre war.

Dabei soll sichtbar werden, daß Reformprogramme – entgegen der oben genannten Vorbehalte – theoriefähig sind, auch theoretisch durchdrungen sein müssen, wollen sie mehr sein als die verbreiteten Programme in der Art von Warenhauskatalogen. Selbstverständlich wird damit auch die These zurückgewiesen, daß eine branchenweise oder insuläre Einführung postkapitalistischer Wirtschaftsformen unmöglich sei, wie sie erst jüngst – gerade am Beispiel der Wohnungspolitik – von einem sozialistischen Ökonomen vertreten wurde (Merrett 1979: 298). Schließlich soll – als wissenssoziologisches Nebenthema – sichtbar werden, welch einen auch und gerade kulturell hoch entwickelten Stand eine über Generationen sich entfaltende Reformbewegung, die sich jeder simplen Klassenzuordnung sperrt[4], erreichen kann; und – das ist das eigentlich Schockierende – wie einmal erreichte reformkulturelle Errungenschaften, die weit ins gegnerische Lager hinein zur Selbstverständlichkeit gemacht worden waren, verloren gehen können, als ob es sie nie als gelebten Fortschritt gegeben hätte.

Ganze Wahrnehmungsdimensionen werden paradigmatisch erschlossen – oder eben verstellt. Oft scheint es heute so, als ob nicht einmal mehr eine Ahnung davon da ist, daß Wohnraum auch anders als durch Bezug auf seine Opportunitätskosten bewertet, verteilt und genutzt werden kann. Was ist das für eine

---

4   Die Wohnungs- wie auch Bodenreformbewegung sind von links immer wieder schärfster ideologiekritischer Analyse und politischer Ablehnung ausgesetzt worden: halber Sozialismus, Sozialismus des Kleinbürgertums, Integrations- und Desolidarisierungsstrategien (vgl. Janssen). Die Relevanz von ideologiekritischen Analysen der Interessen und Motive der sich reformerisch betätigenden Gruppen kann überhaupt nicht bestritten werden (für ein ergiebiges Beispiel vgl. Niethammer); allerdings auch nicht, daß dort, wo es bloß um »Entlarvung« geht, dem Reformanliegen kein Dienst erwiesen wird. Viele boden- und wohnungsreformerischen Programmpunkte werden nicht dadurch unbrauchbar, daß sie auch von bürgerlichen oder konservativen Reformern vertreten werden. Da es mir um eine positive Ökonomie der Reformen geht – und hier ist die Zahl der Optionen beschränkt –, wird in folgendem Beitrag nicht ideologiekritisch verfahren, sondern es werden die einzelnen Reformschritte auf ihre funktionale Seite hin geprüft.

Eindeutigkeit, die uns lehrt, daß eine mehrfach abbezahlte Zechensiedlung – um nur ein aktuelles Beispiel zu nehmen –, die von ihren Bewohnern in jeder Hinsicht angeeignet worden ist, wegen Unwirtschaftlichkeit abgerissen oder luxusmodernisiert und privatisiert werden muß. Das Besondere ist dabei nicht, daß es geschieht; Brutalität diese, Art hat es mindestens seit dem systematischen Bauernlegen im Zuge der Umwandlung des Bauernlandes in rentable Schafsdrift im 16. Jahrhundert gegeben. Beklemmend ist die Sprachlosigkeit, mit der man diesem Ereignis gegenübersteht, als ob die Vernunft – zur Kapitallogik verkommen – nur der Wirtschaftlichkeitspartei diente. Warum kommt ein Notverband der über tausend Ruhrsiedlungen, getragen von einer breiten geistigen Reformbewegung, so schwer in Gang? Was hier verloren geht, die Stillstellung des Wohnens gegenuber der Marktdynamık, war mındestens bis 1933 weit ins bürgerliche Lager hinein der wohnungspolitisch offensive Kurs. Es bedurfte dann einiger Jahrzehnte bundesrepublikanischer Fortschritte, um diese und zahlreiche andere wohnungskulturelle Selbstverständlichkeiten wieder vergessen zu machen. Heute scheinen auch noch die minima moralia der Reformpolitik den vermeintlich ökonomischen Sachzwängen geopfert zu werden; als ob die Reformen sich nicht auf eine eigene Ökonomie gründen könnten.

2.   Eine andere Finanzierung – Solidarfonds statt Kapitalmarkt

Die Wohnung ist ein besonderes Gut: arbeitsintensiv, immobil, langlebig und teuer. Vor allem die letzten beiden Bestimmungen haben die Frage der Verteilung der Kosten auf die lange Zeit der Nutzung zum Hauptproblem werden lassen. Doch welche Kosten lassen sich über die Zeit verteilen?

Naturalwirtschaftlich gesehen – also von der Mobilisierung der Ressourcen her – gibt es dabei keine intertemporäre Verteilungsfrage. Es ist trivial, gleichwohl aber formulierungsbedürftig: Stofflich gesehen ist die Kostenfrage mit der Fertigstellung erledigt. Die Kosten des Arbeits- und Ressourceneinsatzes und des Verzichts auf alternative Verwendung trägt die Erbauergeneration, und daran kann kein System von Verbindlichkeiten etwas ändern. Zukünftige Belastungen entstehen nur aus den Betriebskosten des Häuserbestandes. Nimmt man noch einen gewissen Neubaubedarf hinzu (durchschnittlich ca. 2 bis 3 % des Bestandes), so ergeben sich an stofflichen Kosten der Wohnungsversorgung die Ressourcen für die Erhaltung des Bestandes und für die neu zu errichtenden Wohnungen. Verglichen mit dem im Bestand geronnenen Ressourceneinsatz ist das für die jeweilige Nutzergeneration eine geringe Belastung. Da sich aber auch der Bestand aus der Summierung der Zuwächse ergibt, gilt generell, daß die Gesamtheit pro Zeiteinheit jeweils nur die Betriebskosten und den 2 bis 3 prozentigen Wohnungszuwachs aufzubringen hat.

Einzel wirtschaftlich fallen Kosten und Nutzen ungleich und selektiv an, so daß es der Zuordnungsregeln für die Allokation der Ressourcen und Distribution von Nutzungschancen bedarf. Hauptproblem dabei scheint mir zu sein, die Nutznießer des Bestandes, für die ja zunächst nur die Betriebskosten anfallen, auch zu den Kosten für den Neubau heranzuziehen. Da dies auf der Basis der Freiwilligkeit nicht generalisierungsfähig ist, muß ein Ausgleich fest institutionalisiert werden. Idealtypisch erscheint mir dies auf zweierlei Basis möglich: durch die Institutionalisierung einer Pflichtsolidargemeinschaft, was nur auf *politischem* Wege möglich ist; oder in einem System der privaten Verfügung über die Ressourcen durch *ökonomischen* Zwang. Während die Nutzer des Bestandes im Falle der Solidargemeinschaft den Neubau direkt – als Transfer im Umlaufverfahren – über ihre Solidarabgabe finanzieren, geschieht dies im System der privatwirtschaftlichen Wohnungsversorgung auf außerordentlich indirektem Wege: hier zahlt der Wohnungsnutzer (neben den selbstverständlichen Betriebskosten) nicht zur Finanzierung des Neubaus (Vorwärtsfinanzierung), sondern trägt die Verbindlichkeiten ab, die auf dem Haus lasten, in dem er wohnt (Rückwärtsfinanzierung). Aber nicht nur das: Über den Ersatz der stofflichen Baukosten hinaus trägt er noch die Verzinsung des Fremdkapitals, die Verzinsung des Eigenkapitals des Hauseigentümers, die Entschuldungsgewinne sowie die Wertsteigerungen – und all dies unbefristet, unabhängig von den Tilgungs- und Abschreibungsterminen (vgl. hierzu Hirsch-Borst/Krätke 1981: 7ff.). Dieser massive Umverteilungsprozeß, der im wesentlichen einer von den Arbeits- zu den Besitzeinkommen ist, dient schließlich nur dann dem Neubau, wenn der als rentabelste Anlagemöglichkeit gilt.

Je nach Tilgungszeit und Zinssatz werden die Häuser im System der privatwirtschaftlichen Wohnungsversorgung von den Mietern mehrfach »erarbeitet« – innerhalb von 30 bis 60 Jahren normalerweise zwei- bis dreimal (Berechnungsformel vgl. Merrett 1979: 161). Bedenkt man, daß allein der Zinsanteil an der Miete durchschnittlich immer 50 bis 70 % ausmachte und ausmacht – Tendenz zur Zeit steigend –, so wird auch folgendes Urteil aus der freigewerkschaftlichen Wohnungsreformbewegung der zwanziger Jahre verständlich (Wandlungen 1924: 55):

> »Wer nach dieser Darstellung das private Wirtschaftssystem immer noch als die beste und sparsamste Methode zur Beschaffung von Wohnungen hinstellt, der kann mit gleichem Recht das Faß ohne Boden als das ›sparsamste‹ Transportgefäß der Neuzeit bezeichnen. Befreit dieses Faß uns doch von der Mühe, unsere Arbeitsersparnisse als Eigentum zu behalten, zu verwalten und darüber nachzudenken, wo das von uns ersparte Kapital bleibt«.

Die seit den zwanziger Jahren klar erkannten Voraussetzungen für einen ganz anderen Weg der Wohnungsfinanzierung sind:

- ein entschuldeter und von Verwertungsansprüchen befreiter Wohnungsbestand
- die Bildung einer Solidargemeinschaft der Nutzer des Wohnungsbestandes mit
  den Wohnungssuchenden.

Ist dies gegeben, so können sich die Wohnungsnutzer auf die Bezahlung der Betriebskosten einerseits und die Finanzierung des Bestandszuwachses andererseits
beschränken. Da die Neubaufinanzierung nun ohne Umweg über die Kreditmärkte
erfolgen kann, sozusagen in der Art des Umlaufverfahrens der nach dem Solidar-
prinzip aufgebauten Sozialversicherungen, so entstehen auch bei den Neubauten
keine Verzinsungs- und Tilgungspflichten. Das reformierte System kann sich nicht
nur reproduzieren, sondern kann auch selbstfinanziert expandieren bei vergleichsweise niedriger Nutzerbelastung.

3.   Elemente einer ideengeschichtlichen Montage

3.1   Wohnungsreform als Lernprozeß

Wie hat sich der oben skizzierte Entwurf einer wohnungspolitischen Alternative herausgebildet? Anders als bei den Bodenreformern (Hertzka, Flürscheim, Damaschke, Oppenheimer) mit ihrem Hang, mit großem theoretischen Aufwand alle gesellschaftspolitischen Konflikte von einem Punkt – der Bodenfrage – her zu
interpretieren, und mit ihrer Vorliebe für literarische Utopien als Aufklärungsmit-
tel, waren die Wohnungsreformer, deren organisierte Anfänge auf später – in die
neunziger Jahre des letzten Jahrhunderts – zu datieren sind, betont reformprag-
matisch (vgl. für eine Selbstdarstellung: 30 Jahre Wohnungsreform 1928; kritisch:
Niethammer 1979). Sie neigten nicht zu theoretisch fundierten Alternativentwür-
fen. Verständlich genug – aufgrund der revolutionären Implikate – tauchte die Idee
der Reorganisation der Wohnungsbestandsverwaltung gar nicht auf. Man konzentrierte sich in dieser bürgerlichen Reformbewegung auf Vorschläge zur Förderung
des Wohnungs*neu*baues für die »Minderbemittelten«. Da aber die Bestandserfas-
sung eine der beiden Voraussetzungen für die oben skizzierte Finanzierungsalternative ist, geriet diese Möglichkeit zunächst nicht ins Blickfeld. Mir ist keine Formulierung einer Solidarfondsfinanzierung (unter Umgehung des Kapitalmarktes)
vor der Jahrhundertwende bekannt.

Auch die sozialistischen Wohnungsreformprogramme (vgl. Vorwärts vom
26.10.1901 für das erste der SPD; sonst Hirsch 1906) sehen in der Finanzierungsfrage die Erstattung der Kosten vor; wie selbstverständlich ist damit die
Tilgung und beschränkte Verzinsung des eingesetzten Kapitals gemeint. Zum
reformökonomischen Kern sozialdemokratischer Vorstellungen zählt also *nicht*

der Angriff auf diese – wenn auch schon beschränkte – Kapitallogik, sondern die Beseitigung der Exzesse der Bauspekulation und des Wohnungswuchers, ein – gemessen am damals (noch Jahrzehnte) geltenden, »marxistischen« Erfurter Programm – minimalistisches Konzept (vgl. Bauböck 1979: 109). Im wohnungspolitischen Programm deutet sich hier schon die später reale Koalition zwischen sozialdemokratischen (Hirsch, Südekum, Lindemann) und reformbürgerlichen Wohnungs- und Kommunalpolitikern an. Gemessen an der theoretischen und praktischen Phantasie wohnungsreformpolitischer Projekte nach 1918/19 bleiben die sozialdemokratischen Positionen vor 1914 beschämend konventionell. Die so selbstbewußt angepriesene »reiche Mannigfaltigkeit« (Kommunale Praxis 1911: 1125) der verschiedenen lokalen Programme bleibt an der Oberfläche (für eine Synopse aller sozialdemokratischen Gemeindeprogramme vgl. Kommunale Praxis 1902 und 1911).

Nicht nur im sozialdemokratischen Lager zeichnet sich die wohnungsreformpolitische Debatte durch das Fehlen theoretisch-grundsätzlicher und perspektivischer Momente aus. Anders als bei der Bodenreformbewegung *folgt* hier die Theoriebildung und -verallgemeinerung den praktischen Erfahrungen. Einige Etappen und Beispiele dieses langen, kollektiven Lernprozesses möchte ich nun vorstellen.

3.2   Die Fort-Schritte

3.2.1   Kommunale Wohnungsfürsorge und die Frage der Bindung des geförderten Eigentums

In Reaktion auf die drückende Wohnungsnot begannen einzelne Gemeinden in der zweiten Hälfte des 19. Jahrhunderts, Häuser für »Minderbemittelte« zu bauen – in England, Holland und ab 1866 auch in Deutschland. Freiburg i.Br. machte den Anfang. Die dort gemachten Erfahrungen und Lernprozesse gehören zum Kernbestand wohnungsreformerischer Grundsätze, weshalb sie auch in allen älteren Handbüchern ihren festen Platz fanden (vgl. Eberstadt 1920; Albrecht 1930). In einer Denkschrift der Stadt Freiburg aus dem Jahr 1898 heißt es:

> »Das schon in den 60er Jahren geübte System, derartige Wohnungen zwar durch die öffentlichen Mittel, aber in der Absicht zu erbauen, dieselben allmählich in den Privatbesitz der Bedachten übergehen zu lassen, hat sich, wie auch in vielen anderen Orten, nicht bewährt. Die damals erbauten Wohnungen sind heute zum großen Teil im Eigentum von Fabrikbesitzern und Privatleuten« (zitiert nach Damaschke 1913: 78).

Daß die Generalisierung des freien Hauseigentums mittelständische Utopie bleiben muß – wie Jahrzehnte später auch die bitteren Erfahrungen mit den Volksaktien als Schritt zum Volkskapitalismus zeigten –, weiß der Bodenreformer Damaschke schon klar zu analysieren:

»Nach allen Erfahrungen ist es für kleine Leute überaus schwer, das ›freie‹ Eigentum eines Hauses wirklich zu halten. Zeiten der Arbeitslosigkeit, der Krankheit und namentlich der Erbteilung führen leicht zur Oberschuldung, und es ist dann ein langes. mühseliges Kämpfen, dem schließlich oft genug der Zusammenbruch folgt, der das Haus in die Hände kapitalkräftiger Elemente bringt. Und wenn es etwa durch Wertsteigerung des Bodens infolge besonderer Umstände oder der allgemeinen Entwicklung Einzelnen gelingt, ihre Grundstücke mit gutem Gewinn zu verkaufen, so ist dieses arbeitslos gewonnene Einkommen in den meisten Fällen keine Quelle des Segens. Jedenfalls aber hat der folgende Besitzer, der mit dem erhöhten Erwerbspreis zu rechnen bat, in den hohen Hypothekenzinsen und den dadurch bedingten hohen Mietpreisen keinen Anteil mehr an der sozialen Besserung, die mit dem Errichten jener billigen Häuser mit Hilfe der Gesamtheit geplant war« (S. 80).

Ähnliche Erfahrungen machte man bald darauf in Ulm; dort zog man allerdings eine andere institutionelle Konsequenz. Während schließlich Freiburg alle öffentlich geförderten Wohnungen im städtischen Besitz behielt, führte man in Ulm nach einigen Experimenten das städtische Rückkaufsrecht ein. Trotz formeller Privatisierung konnte damit ebenfalls wirksam erreicht werden, daß der öffentlich geförderte Bestand der sozialen Zwecksetzung dauerhaft gesichert und der privaten spekulativen Mobilisierung dauerhaft entzogen blieb. Seit diesen Erfahrungen galt der Grundsatz der Dauerbindung als reformpolitische Selbstverständlichkeit. Zunächst bezog sich die Begründung noch ausschließlich auf die Sicherung des Fürsorge zwecks; später erst wurde sichtbar, daß die verschiedenen institutionellen Varianten der Bindung (Erbbaurecht, Vorkaufsrecht, Rückkaufsrecht, Gemeinnützigkeitsverpflichtung, öffentliches oder genossenschaftliches Eigentum) auch unterschiedliche Potentiale hinsichtlich der Möglichkeit einer sich selbst finanzierenden Alternative beinhalten.

3.2.2 Der Aufstieg der Wohnungsbaugenossenschaften zu bedeutenden Reforminstitutionen: Gemeinschaftseigentum und Ansätze einer eigenen Finanzierung

Mit der Spaltung der Genossenschaftsbewegung und der rasanten Entwicklung eines genuin reformerischen »Verbandes der auf der Grundlage des gemeinschaftlichen Eigentums stehenden Baugenossenschaften« seit 1897 entwickelten sich diese Genossenschaften zu den interessantesten wohnungsreformpolitischen Trägern. Die von den 1400 Baugenossenschaften bis 1914 errichteten 200.000 Wohnungen stellten vielfach wirtschafts-, städtebau- und lebensreformerische Musterleistungen dar. Deutlich und selbstbewußt grenzen sich die reformerischen Baugenossenschaften gegen die besitzindividualistischen Vereine des Schulze-Delitzsch-Verbandes ab, die für ihre Mitglieder sog. Erwerbshäuser bauen, womit die Eigenheimbesitzer der genossenschaftlichen Reformidee entfremdet und der »Eigentumsbestie« – wie es in sozialistischen Kreisen hieß – ausgesetzt wurden. Die Finanzierung der Baugenossenschaften erfolgte zu 10 bis 15 % durch Eigenleistung: Genossenschaftsanteile und Spareinlagen nach dem Prinzip: viele für wenige. Da Genossenschaften aufgrund der Identität von Nutzer und Unternehmer auf Sparsamkeit und Gewinnverzicht angelegt waren, zudem ihr Vermögen dauerhaft dem wohnungsreformpolitischen Zweck widmeten und schließlich als Selbstverwaltungskörper wenig bürokratisch waren (ehrenamtliche Tätigkeit), schienen sie sogar dem spätfeudalen wilhelminischen Staate der geeignete Adressat wohnungspolitischer Förderungsmittel. Bei der staatlichen Förderung handelte es sich um zinsgünstige Kredite oder Bürgschaften (der Landesversicherungsanstalten). Diese senkten zwar die Kapitalkosten, boten jedoch keine grundsätzliche Alternative.

Eine solche tauchte erst mit der praktischen Frage der genossenschaftlichen Wohnungsverwaltung auf: was geschieht mit den Entschuldungs- und Abschreibungsgewinnen? – eine Frage, die sich kein privatwirtschaftlicher Träger stellen würde. Spürbar erregt, entfaltet der Genossenschaftstheoretiker Staudinger seine neue Entdeckung am Beispiel der Hamburger Konsumgenossenschaft PRODUKTION, die sich – wie viele andere – auch im Wohnungsbau für ihre Mitglieder betätigte.

»Nach der Abschreibung und Entschuldung ist das Wertobjekt aus verschuldetem Eigentum zum freien Gesamteigentum. zum Sozialvermögen geworden und kann nunmehr jedem Mitglied der Gesamtheit neue Häuser bauen, ohne daß unsere Enkel auch nur einen Finger krumm zu machen brauchen... Der Mietertrag kommt nun der Gesamtheit zugute und kann bald lawinenartige Zunahme erfahren, endlich die Miete selbst verbilligen« (1912: 4).

Da haben wir sie – die Solidarfondsfinanzierung aus dem entschuldeten Bestand: ein reformpolitisches perpetuum mobile.

3.2.3 Die Stiftung und der revolvierende Fonds

Die Überschüsse der Genossenschaften, die – im Gegensatz zu den Kapitalgesellschaften – den Nutzern gehören, können individuell ausgeschüttet werden (Rückvergütung) oder aber – und dies ist die Linie der sozialreformerischen Genossenschaften – als über individuelles Vermögen der Gemeinschaft akkumuliert oder für gemeinsam zu beschließende Zwecke eingesetzt werden. Das nicht-ausgeschüttete Kapital ist jedoch ein gänzlich dem individuellen Zugriff entzogenes, funktional fast identisch mit dem eines Stiftungsfonds. Ein wirtschaftlich begründeter Verzinsungszwang besteht nicht mehr. Heute würde man dazu »neutralisiertes Kapital« oder »Förderkapitalstock« (Grossfeld 1975: 13) sagen. In den zwanziger Jahren begann es – als »Sozialkapital« – die Reformökonomen theoretisch zu interessieren (vgl. vor allem Renner 1929).

Neben den selbst aufgebrachten Fonds und entschuldeten Beständen gibt es echte Stiftungen: im Produktionsbereich zum Beispiel die Zeiss-Stiftung von Ernst Abbe. Im Wohnungssektor kann die vollintegrierte Genossenschaft *Freidorf* bei Basel (1921-1923 erbaut) das größte Interesse beanspruchen. Der Verband schweizerischer Konsumgenossenschaften stiftete kriegswirtschaftlich bedingte Oberschüsse zum Bau einer Siedlung für Genossenschaftsangestellte. Diese wurde zu einem der interessantesten Genossenschaftsexperimente: der Welt (vgl. Festschrift 1921, 1943, 1969). Als Stiftung fielen für die Bewohner keine Kapitalkosten an; die Mieten hätten theoretisch auf die Deckung der reinen Betriebskosten gesenkt werden können. Das aber hatte eine unter Solidaritätsnormen unzulässige Privilegierung der Siedlungsbewohner bedeutet (und der Gemeinnützigkeit widersprochen). Vertraglich wurde also festgelegt, daß ein Teil der Mieteinnahmen einem neuen Stiftungsfonds zufließen sollte, aus dem die nächste Siedlung zu finanzieren wäre. Ein revolvierender Fonds war entstanden. Man berechnete, daß man auf diese Weise nach 100 Jahren fünf weitere Siedlungen werde finanzieren können, die wieder je für sich zum Ausbau der genossenschaftlichen Lebensweise beitrügen (vgl. Siedlungsgenossenschaft Freidorf 1943: 76).

3.2.4   Erweiterung der Sozialversicherungsidee auf das Wohnen

Wie Winter (1981: 87) betont, müßte das Wohnen Angelegenheit der Theorie der Sozialpolitik und nicht – wie heute üblich – der (Wohnungs-)Wirtschaftspolitik sein. Denn im Bereich der Wohnungsversorgung sind Marktdefizite die Regel und nicht die Ausnahme; Winter schätzt, daß 60 bis 80 % der bundesrepublikanischen Haushalte die Marktmiete, die sich ohne staatliche Interventionen einstellen würde, nicht zahlen könnten. In der Tendenz gilt dies seit der Entstehung einer marktwirtschaftlichen Wohnungsversorgung, und es verwundert daher nicht, daß die Wohnungspolitik früher primär Gegenstand sozialpolitischer Überlegungen und Maßnahmen war (vgl. beispielsweise Preller).

Es war daher auch naheliegend, die Idee der Sozialversicherung auf die Sicherung des Wohnrechtes zu übertragen. Meines Wissens geschah dies zum ersten Mal durch den Sozialpolitiker Schmittmann (1917), der eine Reichswohnversicherung vor· schlug, die aber noch eine spezielle Zwecksetzung hatte: den Lastenausgleich zwischen kinderreichen Familien einerseits und Junggesellen und Kleinfamilien andererseits, wobei – wie bei der sonstigen Sozialversicherung – die Arbeitgeber zu Beitragsanteilen verpflichtet werden sollten.

Die naheliegende Verallgemeinerung der Wohnversicherungs- und Solidargemeinschaftsideen – die Gesunden für die Kranken, die Jungen für die Alten, die Arbeitenden für die Arbeitslosen, die Wohnungsinhaber für die Wohnungslosen –

erfolgte dann 1918 durch den Wohnungsreformer Wetterer in einer unveröffentlichen Denkschrift. Der aus demselben Kreis stammende Hans Kampffmeyer, Sekretär der Deutschen Gartenstadtgesellschaft, beschreibt Wetterers Projekt in der Einleitung zu seiner Wohnungssozialisierungsschrift (1919: 1):

> Wetterer »schlug die Gründung von Pflichtgenossenschaften vor, denen alle versicherungspflichtigen Mieter angehören und die nun ebenso pflichtgemäß für die Befriedigung des Wohnbedürfnisses der breiten Massen sorgen sollten, wie auf dem Gebiet der Krankheit, des Unfalls und der Arbeitsunfähigkeit die Träger unserer Sozialversicherung. Auf dieser breiten Grundlage wollte er die leistungsfähigen Selbstverwaltungsorgane und die großen Betriebsmittel für einen umfassenden Ausbau der gemeinnützigen Wohnungsfürsorge schaffen«.

Bezeichnend ist, daß sowohl Schminmann wie auch Wetterer ihren Versicherungsvorschlag mit dem Selbstverwaltungs- und Genossenschaftsgedanken verbinden; beide also eine vorstaatliche Trägerstruktur konzipieren, die schon damals der Möglichkeit einer Verstaatlichung/Kommunalisierung der Wohnungsversorgung entgegengestellt wurde. Ob Wetterer sich die Finanzierung des Wohnungsbaues noch im Kapitaldeckungsverfahren (Anlage- und Verzinsungszwang) oder schon im Um·laufverfahren (reine Transfers) vorstellte, ist nicht zu erkennen. Im Falle des Umlaufverfahrens wäre das oben abstrakt skizzierte alternative Finanzierungsmodell erreicht: Solidargemeinschaft, Vorwärtsfinanzierung unter Ausschaltung aller Kapitalkosten. Spätestens mit der Inflation und der Sozialisierungsbewegung sollte die neue Idee zum Durchbruch gelangen.

3.2.5   Inflation und Möglichkeiten des Ausgleichs der Alt- und Neubaumieten

Während des Krieges mußten zum Schutze der Bevölkerung vor Wucher und zum Erhalt der Kampfmoral Mieterschutzmaßnahmen eingeführt werden: Mietstopp und Kündigungsschutz. Bald wurde klar, daß bei den extrem steigenden Baupreisen ein Mietenniveau bei Neubauten entstehen würde, das einerseits für die Wohnungssuchenden unerschwinglich sein und das zum anderen eine nicht zu legitimierende Privilegierung der Altmieter gegenüber den Wohnungssuchenden zur Folge haben würde. Die Freigabe der Altmieten – von den Grund· und Hausbesitzern gefordert – hätte eine Vergoldung des Altbaubestandes für ihre Eigentümer bedeutet, ohne daß auch nur eine Chance bestanden hätte, daß die »unverdienten« Mehreinnahmen der Hausbesitzer dem unrentablen, aber dringend nötigen Neubau zugute gekommen wären. Daß eine Mietfreigabe politischer Selbstmord sei, war auch konservativen Kräften klar. Ein bürgerliches Mitglied der Sozialisierungskommission kommentierte dies folgendermaßen: »An Stelle der pünktlichen Mietzahlung würde die Handgranate treten, wenn wir eine derartige Mieterhöhung vornehmen« (Verhandlungen Bd. L: 76).

Die Wohnungspolitik stand also vor der Aufgabe, den Kleinwohnungsbau zu stimulieren, obwohl er unrentabel war, und gleichzeitig die Mieten auf ein sozial zumutbares Maß herunterzubringen. Was lag da näher, als eine Ausgleichsabgabe für die Altbaumieter einzuführen, die ja durch die inflationsbedingte Entwertung der Mieten begünstigt wurden. Der erste Plan dieser Art stammt von Martin Wagner (1917), dem späteren Strategen der gewerkschaftlichen Gemeinwirtschaftsbewegung im Bau- und Wohnungssektor. Eine Mietsteuer sollte die »zwangsweise Regelung der Mietsteigerung zugunsten der Allgemeinheit« ermöglichen, so »daß die gesamte Wohnungsneubauproduktion unter die Kontrolle der Gemeinde gestellt würde« (S. 23). Die »Sozialisierung« einer Mieterhöhung von 10 % der Friedensmiete sollte die Subventionierung der »unrentierlichen« Kostenanteile der Neubauwohnungen moglich machen.

Nach 1919 gab es verschiedene Institutionalisierungsversuche einer solchen Mietsteuer: die Reichswohnbauabgabe, die Wohnungsluxussteuer der Gemeinden (für eine Übersicht vgl. Gitermann 1925: 163ff.). Große Bedeutung erlangten die Hauszinssteuer in Deutschland und die Wohnbausteuer in Wien. Beide Steuern wurden auch mit Hinweis auf die Entschuldung der Hausbesitzer, die durch die Inflation möglich geworden war, begründet (einen Vergleich beider Steuern gibt Fleischmann 1926).

Die inflationsbedingte Entschuldung des Althausbestandes war die historische Chance einer gemeinwirtschaftlichen Finanzierungsalternative. Die seit 1919 sozialistisch verwaltete Stadt Wien nutzte sie. Die Mietshausbesitzer hatten sich durch die Inflation von allen Schulden befreien können; im Gegenzug wurde ihnen nun von der Gemeinde die Aufwertung der Mieten vorenthalten. Ohne daß es dafür eine theoretische Vorarbeit gegeben hätte, die Lösung lag nun auf der Hand: der Zusammenhang von Entschuldung, Mietstopp und neuen Finanzierungsmöglichkeiten für den Neubau wurde erkannt. Schon 1921 sagte der sozialistische Finanzminister Wiens, Breitner, im Gemeinderat: »Wir werden eben den Grundsatz zur Geltung zu bringen haben, daß jene Kreise der Wiener Bevölkerung, denen durch das Mieterschutzgesetz billige Wohnungen und billige Geschäftslokale gewährleistet sind, beizutragen haben, für die Wohnungslosen Unterkünfte durch Neubauten zu schaffen« (zitiert nach Seliger 1980: 103). Breitners späterer Nachfolger und lang· jähriger Wiener Landtagspräsident Robert Danneberg spitzte das Problem noch deutlicher zu:

> »Gebaut muß werden und repariert muß werden. Entweder reparieren die Hausherrn und benützen dies zur Ausbeutung der Mieter oder es baut die Gemeinde, dann bleibt der Hausherr in seinen Rechten beschränkt. Wenn die Lasten für die Neubauten und Reparaturen wie bei einer Versicherung allen aufgelastet werden, kommen wir zu einem viel gerechterem Resultat« (ebd.: 112).

Politisch wurde eine Rumpfmiete fixiert, die ausschließlich die laufenden Betriebs-kosten decken sollte. Hinzu kam die Wohnbausteuer: extrem sozial gestaffelt (Progression von 2 % bei Kleinstwohnungen bis zu 37 % bei Luxuswohnungen) und eindeutig zweckgebunden, nämlich für den Neubau von sog. Volkswohnungen. Mit dieser funktionellen, nicht aber formellen »Enteignung« der Wiener Hausherren und der Umleitung der Mieteinnahmen teilweise zugunsten der Mieter, teilweise zur direkten Förderung des Neubaues wurde das spektakulärste Wohnungsreformprogramm in der sonst eher erfolgskargen Geschichte des Reformsozialismus möglich: mehr als 60.000 Wohnungen bei Mietbelastungen von 3 bis 7 % des Lohnes (vgl. Hautmann/Hautmann 1980; Bauböck 1979; Novy 1979). Möglich war dies vor allem deshalb, weil man ohne Kreditaufnahme und daraus folgenden Kapitalkosten bauen konnte. Fast die gesamte Bautätigkeit wurde aus laufenden Steuereinnahmen finanziert; allerdings reichten die aus der Wohnbausteuer stammenden Mittel allein nicht aus; sie wurden durch Mittel aus dem allgemeinen Etat ergänzt. Für eine kostendeckende Finanzierung dieses sozialisierten Wohnungssektors hätten die Steuersätze, d.h. die Mietbelastungen höher sein müssen. Es waren – ähnlich wie im britischen council housing – politische Mieten.

Die deutsche Entsprechung, die Hauszinssteuer, war ein vergleichsweise halbherziges Instrument: ohne Progression und ohne eindeutige Zweckbindung. Zudem wurden die Mieten laufend erhöht. Dennoch wird ihre Einführung in der gewerkschaftlichen Wohnungsreformbewegung als Sieg eines Prinzips gefeiert: »Diese Hauszinssteuer hat gegenüber dem System der Vorkriegszeit den ökonomischen Vorteil:

1. daß die Nutznießer des Baukapitals (Bauherr, Mieter) befreit sind von den Zwischengewinnen, die sieb die Banken, Anstalten und Vermittler einmalig und dauernd durch Abzug vom Kapital oder durch Aufschläge auf den Zinsfuß in die Tasche gesteckt haben,
2. daß für den Wohnungsbau eine dauernde und gleichmäßig fließende Kapitalquelle erschlossen werden kann, während vor dem Kriege der Wohnungsbau von dem ersparten Kapital des Volkes nur dann Nutzen war, wenn Industrie, Handel und Landwirtschaft das Sparkapital als Betriebs- und Anlagekapital für andere Zwecke nicht voll in Anspruch nahm,
3. daß das von dem gesamten Volk erarbeitete und ersparte Baukapital in der Hand des Staates zu einem Gemeinschaftskapital geworden ist, das den Notständen in der Wohnungswirtschaft weit gerechter werden kann als das Privatkapital, weil sich dieses nur nach dem Grundsatz des größten privaten Nutzens, aber nicht nach volkswirtschaftlicher Zweckmässigkeit, sozialer Notlage und kulturellen Zielen betätigt« (Wandlungen 1926: 56f.).

3.2.6   Sozialisierungsdebatte, Wohnungsbestand und seine Verwaltung durch Bewohnergenossenschaften

Die Sozialisierungsbewegung und -debatte (1919-1921) ist mit ihren Hunderten von Manifesten, Broschüren und Projekten Ausdruck einer phantastischen Entfesselung von Ideen (einen Überblick gibt: Weiß). Hatten sich alle Wohnungsreformansätze bis 1918 auf den Aufbau neuer Wohn- und Lebensformen neben dem privaten Miethausbestand beschränken müssen, so war nun auf einmal die Sozialisierung des Althausbestandes auf der Tagesordnung, zumindest der Reformtheoretiker. Erstaunlich ist, daß die Mehrzahl der Projekte etwas Bezeichnendes gemeinsam haben: man suchte Alternativen zur Verstaatlichung bzw. Kommunalisierung, die man wegen der obrigkeitsstaatlichen Vergangenheit einer bevormundenden Wohnungs*fürsorge* ablehnte. Wie auch in der allgemeinen Sozialisierungsdebatte bevorzugte man Lösungen, die eine branchenweise Selbstverwaltung der beteiligten Gruppen vorsahen (»Strategie der industriellen Selbstverwaltung«; vgl. Novy 1978: 127-176). Man strebte einen Mittelweg zwischen Verstaatlichung und dezentralem Genossenschaftssozialismus/Syndikalismus an, der als Gildensozialismus nach dem ersten Weltkrieg in den meisten europäischen Ländern auch gewisse praktische Erfolge hatte (Wagner 1923).

Die Grundidee der meisten Entwürfe war, den gesamten Mietwohnungsbestand in Selbstverwaltungseinheiten zusammenzufassen – von unten her aufbauend bis zu einem zentralen wohnungswirtschaftlichen Selbstverwaltungsorgan (Reichsgilde, Wohnungsparlament). Die untersten und kleinsten Einheiten nannte man: Hausschaften, Heimstätten, (Ver-)Mietergenossenschaften, Wohngenossenschaften, verschieden je nach Autor. Konzeptionell aktiv in dieser Debatte waren Heyer (1918), Kampffmeyer (1919), Wagner (1920), Hofmann (1921), Engler (1920), ADGB (1921). Die meisten beteiligten sich an den Debatten der von der Regierung eingesetzten Sozialisierungskommission über die Neuregelung des Wohnungswesens (vgl. Verhandlungen, 1921).

Sich von der alten Wohnungsfürsorge abgrenzend, drückt Engler in einem der glänzendsten Beiträge dieser Debatte (auf dem Parteitag der SPD 1920) das neue Grundanliegen so aus: »Wir müssen danach streben, daß der Wohnungsbenützer wieder in den Mittelpunkt der Frage gestellt wird« (S. 240). Genau in dieser Frage unterscheiden sich die reformbürgerlichen von den sozialistischen Projekten. Während erstere die Hausschaften/Heimstätten noch unteralleiniger (Heyer) oder halbparitätischer (Kampffmeyer[5]) Beteiligung der privaten Hausbesitzer vorsehen, gehen letztere nur von der Beteiligung der Wohnungsnutzer aus. Denn, so heißt es in den »Richtlinien zu einem Gesetz über die gemeinwirtschaftliche Regelung des

---

5   Kampffmeyer revidiert bald seine früh entworfene Idee von paritätisch besetzten Heimstätten. Auch er verriet schließlich die reine Bewohnergenossenschaft unter Ausschaltung der Eigentümer (vgl. Verhandlungen Bd. 1: 46ff. und 71ff.).

Wohnungswesens« (ADGB 1921), in denen die freien Gewerkschaften auf sehr konsequente Weise die Ergebnisse der Sozialisierungsdebatte reformpraktisch umzusetzen versuchten:

> »die eigentlichen Ursachen der gegenwärtigen tiefgreifenden Mißstände im Bau-
> und Wohnungswesen sehen wir darin, daß die breite Masse des deutschen Vol-
> kes durch das Privatkapital daran gehindert worden ist, am Aufbau und an der
> Verwaltung seiner Heimstätten tatkräftig mitzuwirken [...] Der politischen Gleich-
> berechtigung muß die wirtschaftliche folgen« (S. S6).

An dieser Debatte scheint mir für die Begründung reformökonomischer Alternativen wichtig, daß die Selbstverwaltung nicht als bloß wünschenswerter Selbstzweck vor gestellt wird (wer hätte auch etwas dagegen?), sondern daß die Form der Bewohnerselbstverwaltung zunehmend als integraler Bestandteil einer sich selbst tragenden und finanzierenden Alternative gedacht wird. Die Schritte, dies zu begründen, sind:

a) Zusammenhang von Solidarfondsfinanzierung und Bewohnergenossenschaften:

> »Der Grundgedanke, der sowohl der Mietabgabe oder Mietsteuer wie der Woh-
> nungssozialisierung zugrunde liegt, ist m.E. gesund. Es ist durchaus möglich, in
> einem großen, in sich abgeschlossenen Gebiet einen Mietausgleich zu erreichen,
> und dadurch die Mietfestsetzung dem sog. freien Spiel der Kräfte zu entziehen.
> Allerdings glaube ich nicht, daß dieses Ziel erreicht wer- den kann, wenn man es
> bei einer hohen Wohnungsabgabe bewenden läßt. Ich glaube, [...] daß auf Grund
> eines [staatlichen; K. N.] Konuollapparates, der außerordentlich unproduktiv ist,
> nicht das erreicht werden könnte, was man durch eine sachgemäß durchgeführte
> Vergenossenschaftlichung nach meiner Überzeugung erreichen wird [...] Ob man
> die Zustimmung der Mieter bekommen würde? [...] Ich glaube, daß man bei all
> diesen Maßnahmen doch das psychologische Moment nicht aus dem Spiel lassen
> darf [...] Ich kann eine Mietergenossenschaft zu einem gewissen Opfer [der Wohn-
> bauabgabe als Solidarbeitrag zur Finanzierung des Neubaues; K. N.] dann brin-
> gen, wenn ich den Leuten sage: ihr werdet dadurch euer eigenes Mieterschicksal
> in die Hand nehmen, ihr werdet eure Mieten nur so weit zu steigern brauchen, als
> es infolge eurer mehr oder weniger guten Verwaltung notwendig ist. Diese Her-
> anziehung zu verantwortlicher Mitarbeit. die ich auf diesem Wege natürlich im
> Zusammenhang mit einer sehr starken Dezentralisation der Genossenschaftsor-
> ganisation erreichen will, erscheint mir als etwas ganz Wesentliches bei meinem
> Vor- schlag. Im Gegensatz zu einer zu weit gehenden Bürokratisierung erstrebe
> ich die Dezentralisation und die Heranziehung zu verantwortlicher Mitarbeit bei
> den Mietern« (Kampffmeyer, in: Verhandlungen Bd. 1: 71/72).

Hofmann (ebd.: 41) ergänzt, daß nur eine Bewohnergenossenschaft in der Lage sei, die schematische und damit leicht ungerecht wirkende Neubauabgabe entsprechend des Gebrauchswertes der Wohnung und der sozialen Lage der Mieter zu differenzieren. Engler (1920: 244) betont, daß die genossenschaftliche Finanzierungspraxis (kreditlose Finanzierung aus dem entschuldeten Bestand) auf die gesamte Mietwohnungswirtschaft zu übertragen sei.

b) Dezentralisation durch Funktionsdifferenzierung: Von der Wohnungsbaugenossenschaft zur Bewohnergenossenschaft: Bei allen Unterschieden im einzelnen war allen klar, daß »die Rechtsform der heutigen Genossenschaft [...] für eine allgemein durchzuführende Gemeinwirtschaft im Wohnungswesen nicht als genügend tragfähig anerkannt werden [kann]« (ADCB 1921: 57). Dabei geht es nicht nur darum, daß die neuen Bewohnerselbstverwaltungsorgane als *Pflicht*genossenschaften einen ganz anderen, nämlich öffentlich-rechtlichen Status hätten, was sicherlich auf die Partizipationsbereitschaft der Mitglieder zurückschlägt (vgl. Verhandlungen Bd. 1: 58).

Noch wichtiger sind aber die Überlegungen zur Neuaufteilung der mit der Wohnungsversorgung verbundenen Funktionen auf die vertikal gegliederte Struktur der Selbstverwaltungsorgane. Im Sinne des Reformkonzepts einer vorstaatlichen Selbstverwaltungsorganisation sollten zahlreiche vormals behördliche Funktionen der Bau-, Wohnungs- und Mieteinigungsämter auf die Selbstverwaltungsorgane »entstaatlicht« werden (vgl. Verhandlungen Bd. 1: 38, 44, 59; ADCB 1921: 51f.; Weiß 1930: 21). Umgekehrt sollten sich die historisch gewachsenen Wohnungsbaugenossenschaften, die sich aufgrund der von der Gemeinnützigkeitsregelung erzwungenen Baupflicht längst zu professionalisierten Wohnungsbaugesellschaften entwickelt hatten, zu reinen »Konsumentenorganisationen« zurückbilden. Die professionalisierungsbedürftigen Neubauaufgaben sollten treuhänderisch von speziellen Stäben geleistet werden. Wagner, wichtigster Theoretiker und auch praktischer Promoter der wohnungswirtschaftlichen Selbstverwaltung (vgl. Uhlig 1979), beschreibt den erforderlichen Funktionswandel der alten Wohnungsbaugenossenschaften wie folgt (1924: 24):

> »Die Baugenossenschaften sind Organe der Konsumenten, aber nicht der Produzenten. Das Produzieren war bei ihnen nur Mittel zum Zweck und nicht Dauerzweck. Das Produzieren verlangt eine andere Wirtschaftsform als das Konsumieren. Die rationelle Produktion zwingt zu vertikaler wirtschaftlicher Betätigung. Die Genossenschaft hat aber horizontalen, zusammenfassenden Charakter. Sie kann darum nur konsumierender, d.h. verwaltender Träger des Wohnungswesens sein... Der Aufgabenkreis der Baugenossenschaften sollte darum besonders und vertiefe eingestellt werden auf die Hausverwaltung, auf die soziale Fürsorge (Kindergärten, Rechtsauskünfte usw.), auf kulturelle Fürsorge (Geselligkeit, Bibliotheken usw.), auf die wirtschaftliche Fürsorge (Beschaffung

von Gartengeräten, Dungstoffen, Samen, günstiger Einkauf von Lebensmitteln, Aushandeln billiger Verkehrstarife usw.) und auf die politische Fürsorge (Vertretung der Bewohner gegenüber den Gemeinden, dem Steuerfiskus usw.)« (Ähnlich auch Hofmann in: Verhandlungen Bd. 1: 43).

Zu dieser Wagner-Passage bleibt anzumerken: Die Verwirklichung eines wohnungswirtschaftlichen Selbstverwaltungs- und Selbstfinanzierungssystems, wie es in der Sozialisierungsdebatte vorgeschlagen wurde und in einem der beiden Voten der Sozialisierungskommission Platz fand, setzte eine staatliche Durchsetzung voraus. Eine solche Chance war aber schon zur Zeit der Sozialisierungsverhandlungen in der Kommission politisch vertan. In Reaktion auf den enttäuschenden Verlauf der Sozialisierungspolitik entwickelte sich sodann eine Gemeinwirtschaftspolitik »von unten«, die innerhalb von vier Jahren ein vorstaatliches System der Bau- und Wohnungswirtschaftsreform entstehen ließ: Bauhütten als freigemeinwirtschaftliche Produzenten; als Bauherrn- bzw. Konsumentenorganisationen entstand ein dreistufiges System: zentrale Wohnungsfürsorgegesellschaft (DEWOG), örtliche Töchter (z.B. GEHAG) und als Selbstverwaltungsorgane der Bewohner Wohngenossenschaften. Die Durchsetzung dieses Konzepts auf freiwilliger Basis stieß auf den Widerstand der professionalisierten Führungsgremien der gewachsenen Wohnungsbaugenossenschaften, die ihre Neubaufunktionen nicht abgeben und zu reinen Bestandsverwaltungen »verkümmern« wollten (vgl. für einen ersten Überblick: Novy/Uhlig 1981b).

4. Wohnungswirtschaftliche Selbstverwaltung und Selbstfinanzierung – ein Modell

Idealtypisch gesehen wäre die wohnungswirtschaftliche Selbstverwaltung und Selbstfinanzierung (wwSVSf) so beschaffen: Der gesamte Miethausbestand wird durch Selbstverwaltungskörperschaften, die horizontal (regional) und vertikal (lokal bis zentral) gegliedert sind, verwaltet. Bei wem das formelle Eigentum liegt (privaten Eigentümern, Staat oder Selbstverwaltungsorganen), ist nicht mehr von entscheidender Bedeutung, da einige Eigentumsfunktionen (treuhänderisch) auf die verschiedenen Selbstverwaltungskörperschaften übergehen, andere – wie die Einkommensfunktion – fortfallen. Bei der Funktionsaufteilung auf die verschiedenen Stufen sind unter Berücksichtigung der Professionalisierungserfordernisse des Zentralisierungsbedarfes (z.B. beim Finanzausgleich) möglichst viele Funktionen an die unteren Organe abzutreten. Dies gilt vor allem für die Bestandsverwaltung.

Wohnungswirtschaftliche Selbstfinanzierung heißt, daß aus den Mieteinnahmen die Gesamtkosten gedeckt werden. Die Mieten haben zwei Bestandteile: ei-

nen zur Deckung der durchschnittlichen Betriebskosten einschließlich Instandsetzung, über dessen Verwendung (nicht Höhe) die Bewohnergenossenschaften
entscheiden; und einen Teil, der zweckgebunden in einen zentralen Neubaufonds
fließt, von wo aus die Mittel zinslos – im Sinne des Umlauf- und Transferprin-
zips der Sozialversicherungen – an die Orte größter Priorität fließen[6]. Ähnlich wie
bei der Idee der sozialreformerischen Einheitsversicherung könnte auch hier ein
interner sozialer Ausgleich eingebaut werden, beispielsweise indem man die Mietabgabe auch nach dem Einkommen oder der Familiengröße staffelt.

Diese Konzeption einer wohnungswirtschaftlichen Alternative unterscheidet
sich grundsätzlich von einer anderen nicht-kapitalistischen Reformkonzeption,
die der Wohnungsversorgung als staatlicher Infrastrukturmaßnahme (vgl. Krätke
1981). Hierbei fallen Träger (Staat/Kommunen) und Nutzer, Finanzierungströme
und Nutzungsentgelte auseinander. Die Mieten werden wie in Wien (bis 1934)
und Großbritannien politisch bestimmt (»reasonable rent«; vgl. Winter; Merrett). Der idealtypische Grenzfall wäre die Finanzierung dieses »merit good«,
dieser Infrastrukturmaßnahme ausschließlich aus öffentlichen Mitteln. Die Woh-
nungsnutzungsregelung würde administrativ erfolgen. Obwohl alle Realtypen
Mischformen sind, stellen die historischen Beispiele des Wohnungsbaues als
kommunaler Infrastrukturmaßnahme jedenfalls Reformen dar, deren Ergebnisse
besser sind als ihr Ruf. Auf diesen Erfahrungen aufbauend, hat jüngst Krätke
(1981) eine reformpraktische Alternative zu formulieren versucht.

Fragen wir nun nach den Lasten und Trägern der Wohnungsbaufinanzierung.
Wer bezahlt den Wohnungsneubau?

---

6   An dieser Stelle werden sich jene Ökonomen, die mit Hayek (1930/1972) nur in der freien Zins-
und Mietpreisbildung eine Garantie pareto-optimaler Ressourcenzuteilung erkennen, verächtlich abwenden: denn wo bleibt die Lösung der Allokationsfrage. Diesen sei in aller Kürze
gesagt: 1) Ein Modell ist ein Modell, und dessen Klarheit ist ausschließlich selbstproduziert.
Reformkonzepte setzen auf einer ganz anderen Konkretionsstufe an, der des »comparative
institutions approach«. Bezugspunkt wohnungsreformerischer Überlegungen ist nicht die
neoklassische Optimalität, sondern die schlechte Realität einer Wohnungsversorgung, die
mehr von der US-amerikanischen Geldpolitik abhängig ist als von deutschen Wohnbedürf-
nissen. 2) Grundanliegen der Wohnungsreformbewegung war es immer (mit Hinweis auf
den besonderen Charakter des Gutes ›Wohnung‹), sie ganz der Marktdynamik zu entziehen.
Die Prinzipien ›Marktsteuerung‹ und ›Wohnung als Kapitalanlage‹ haben die fortwährende
Mobilisierung der Wohnung zur Voraussetzung. Genau diese Prämisse aber, die auch in das
Modell optimaler Allokation eingeht, wird von den Wohnungsreformen grundsätzlich ab-
gelehnt. Die Sicherheit der Wohnung als Lebensraum sei für die soziale Identitätsbildung
der Bewohner von entscheidender Bedeutung. Sie fließt aber nicht in die Marktbewertungs-
und -verteilungsprozesse ein; würde allerdings auch zu absurden Ergebnissen führen. Denn
dann würden stabile Nachbarschaften unentwegt gerade für diese Lebensqualität einen immer höheren Preis zahlen müssen.

- Privatwirtschaftliche Wohnungsversorgung: zunächst die Kapitalgeber und Bauherren, die die Wohnung als Kapitalanlage verstehen und die ihre Renditeansprüche auf die Mieter zu überwälzen suchen.
- Wohnungswirtschaftliche Selbstverwaltung und Selbstfinanzierung: die Solidargemeinschaft der Mieter.
- Wohnungsversorgung als staatliche Infrastrukturmaßnahme: die Steuerzahler.

Jedenfalls trägt letztlich immer der Wohnungsnutzer die Kosten; die Finanzierungskette kann nur mehr oder weniger vermittelt sein. Bedenkt man, daß bei der pwWV allein die Zinsen historisch durchschnittlich 50 bis 70 % der Miete ausmachten, so erkenne man, welch ein Verbilligungspotential allein in der Ausschaltung des Verzinsungszwanges gesehen werden muß. Hinzu kommen eine Reihe von anderen »faux frais« der prWV. Denn in der Marktmiete verstecken sich zusätzlich zur Erstattung der stofflichen Kosten des Neubaues und der Betriebskosten:

- Verzinsung des Fremd- und Eigenkapitals
- Entschuldungsgewinne im Rahmen der Tilgung
- unrealistisch hohe Abschreibungssätze
- Realisierung von Wertsteigerungen (aufgrund einer Lage-Rente, von Nachfrageverschiebungen oder der Produktivitätsentwicklung).

All diese Größen sind ja keine Kosten im volkswirtschaftlichen Sinne, sondern Einkommensansprüche aufgrund bestehender Besitz- und Vertragsverhältnisse. Die pwWV impliziert also immer einen massiven Umverteilungsprozeß von den Arbeitseinkommen zu den Besitzeinkommen. Ja, diese Umverteilungs-"kosten« machen den Hauptteil der Wohnungskosten aus. Während die Mieten im privatwirtschaftlichen System zu einem erheblichen Teil Kapitaleinnahmen sind, sind sie im System der Selbstverwaltung und Selbstfinanzierung reine Transfers innerhalb der Solidargemeinschaft der Mieter. Die Differenz zwischen Marktmiete und Solidarmiete – letzteres sei die normierte Miete innerhalb des Selbstverwaltungs- und Finanzierungssystems – scheint groß genug, als daß sich die Einwände über möglicherweise höhere Kosten der schwerfällig wirkenden Selbstorganisation schon von daher entschärfen. Auch wenn dies in bestimmten Bereichen der Fall sein mag – etwa bei der Wohnungsvermittlung unter Berücksichtigung sozialer Kriterien und kollektiver Bedürfnisse –, so braucht dieser Einwand auch deshalb nicht so ernst genommen zu werden, da die weitgehende Dezentralisierung von wohnungswirtschaftlichen Funktionen auf zweierlei Weise verwaltungsverbilligend sein kann.

Die Selbstverwaltung auf unterster Ebene wird ehrenamtlich sein. Da die Bewohnergenossenschaften überschaubar sind und die Wohnungen eine Art Nutzeigentum darstellen, kann sich die für Genossenschaften spezifische Identität von

Nutzer und Unternehmer noch motivationsfördernd auswirken: Sparsamkeitsdenken und Schonverhalten werden strukturell erzeugt, statt wie im privaten Mietwohnungsbau leerzulaufen. Die Bereitschaft zu Eigenleistungen ist größer und vielen ja auch ein Bedürfnis, das im Mietwohnungsbau nicht zum Ausdruck kommen kann. Selbst heute noch – angesichts problematischer Größenordnungen und bürokratischer Oberformungen – können die Wohnungsbaugenossenschaften auf die niedrigsten Verwaltungs- und Instandsetzungskosten verweisen.

Die Mobilisierung der Ressource Solidarität ist überhaupt einer der zentralen Begründungsmomente für den nutzerbezogenen Aufbau. Die heutige »neue Wohnungsnot« ist ja neben ihrer quantitativen Dimension auch eine der Unzufriedenheit über das Wie des Wohnens. Die vorherrschende Weise der Wohnraumorganisation degradiert den Bewohner zum Mieter; dies impliziert viererlei:

- Passivierung: Der Wohnungssuchende ist bloßer Nachfrager; er kann nur auf bestehende Angebote reagieren.
- Isolierung: Die Möglichkeit der bewußten Bildung von Haus- oder ganzen Nachbarschaftsgemeinschaften wird strukturell erschwert bzw. unmöglich gemacht. Spezialisierung: Der Mieter ist ausschließlich als Konsument gefragt. Eigenarbeit beim Bau, Ausbau, bei Instandsetzung und Modernisierung ist unmöglich oder zumindestens wirtschaftlich sinnlos.
- Reduzierung: Die Wohnraumverwaltung wird von rein wirtschaftlichen Kriterien bestimmt. Wohnraum könnte auch Lebensraum sein, in dem die soziale, politische und kulturelle Identitätsfindung der Bewohner durch die gemeinsame Wohnraumverwaltung erleichtert wird.

Die historisch gewachsenen Wohnungsbaugenossenschaften zeigen – in Resten bis heute –, daß einmal geschaffene Selbstverwaltungsorgane eine Quelle neuer Initiativen sind, dies zumindest so lange, wie die Bewohner partizipieren und durch die Verhältnisse gefordert werden. Es ist auch kein Zufall, daß es vor allem die genossenschaftlichen Siedlungen waren, die eine Vielzahl von Vereinen (Sport, Bildung, Musik, Gartenbau und Kleintierzucht usw.) und Gemeinschaftseinrichtungen (Versammlungsräume, Bibliothek, Vereinskindergärten, Genossenschaftszeitung, Konsumgenossenschaft, andere Bezugsgenossenschaften) hervorbrachten und gemeinsame Feste organisierten. Das durch die Organisationserfahrung gewonnene Selbstvertrauen kam vor allem in Krisen zur Geltung: die Einrichtung von Notküchen zur Versorgung arbeitsloser Mitglieder (FREIE SCHOLLE Berlin); die Gründung von Wirtschaftsgenossenschaften für kriegsversehrte oder arbeitslose Mitglieder (Gartenstadt Bergisch-Gladbach); die Beschäftigung arbeitsloser Mitglieder in eigens aufgebauten Werkstätten und Produktivgenossenschaften (Mannheim).

Den gemeinnützigen Wohnungsbaugesellschaften, die reformökonomisch und wohnkulturell in manchen Punkten den Genossenschaften ähnlich sind, gelingt es bezeichnenderweise kaum, die Solidarität der Bewohner zu mobilisieren. Gefördert wurde die genossenschaftliche Lebensraumgestaltung früher dadurch, daß Genossenschaften – bis zu den Zwangszusammenschlüssen der Nationalsozialisten – meist politisch, beruflich und kulturell integriert waren. Man denke an die Gründungen der sozialdemokratischen Eisenbahner, christlichen Handwerker oder deutschnationalen Handelsgehilfen.

Ein System der wohnungswirtschaftlichen Selbstverwaltung und Selbstfinanzierung jedenfalls könnte die Isolierung bei der heutigen Wohnungssuche überwinden helfen und die Initiative wieder stärker bei den Wohnraumsuchenden selbst institutionalisieren. Die geringe Organisationsfähigkeit sowie die abschreckende Komplexität der Materie müßten kompensiert werden durch Organisationsangebote, die unterhalb der bisherigen Bauherrnebene liegen und die gleichsam hautnah an die Betroffenen heranreichen, ohne sie zu über- oder unterfordern. Das scheint am ehesten möglich auf der Basis von Vorschlägen, die seit der Sozialisierungsdebatte (vgl. 3.2.6) präzise formuliert sind, nämlich durch organisatorische Trennung der professionalisierungsbedürftigen Funktionen wie Bodenbeschaffung, Finanzierung, Planung usw. Diese müßten treuhänderisch durch Organe auf höherer Stufe übernommen werden. Die Initiative zur Gemeinschaftsbildung und die Formulierung der Ansprüche sollten der Selbstorganisation überlassen werden, den Vorläufern der späteren Bewohnervereine oder -genossenschaften. Diese hätten ihr wohnungspolitisches Anliegen innerhalb des Förderungsrahmens und der eigenen Möglichkeiten zu formulieren, den einmal übergebenen Baubestand eigenwirtschaftlich zu verwalten und die zweite Dimension der Genossenschaften, die kulturelle, zu pflegen.

Zur Selbstorganisation als Idealtypus noch eine letzte Anmerkung. Von den drei ordnungspolitischen Alternativen der Wohnungswirtschaft ist sie es, die am stärksten von den anderen Märkten und ihrer Entwicklung abgekoppelt ist. Verglichen mit der prWV ist das sofort einsichtig, da hier die freie Preis- und Zinsbildung da· für sorgen, daß nur dann der Bau· und Wohnungssektor mit Kapital bedient werden, wenn es sich in anderen Branchen oder Ländern nicht mehr lohnt. In dieser Abhängigkeit von Zinsniveau und Konjunkturverlauf liegt einer der Hauptgründe für die technische und sozialorganisatorische Rückständigkeit der Bauwirtschaft. Aber auch die Wohnungsversorgung als staatliche Infrastrukturmaßnahme hängt durch ihre Finanzierung über Steuern viel stärker von der allgemeinen Konjunktur ab als die Selbstorganisation, die sich ausschließlich aus den Einnahmen der Solidarmiete finanziert. Letztere werden zwar aus den Einkommen der Mieter gespeist, stellen aber einen so elementaren Ausgabeposten dar, daß sie in Notfällen durch die Arbeitslosenversicherung oder Sozialhilfe gesichert erscheinen. So gesehen hat die Selbstorganisation die am wenigsten konjunktur-

empfindliche Finanzierungsbasis; und umgekehrt die besten Voraussetzungen für
ein konjunkturunabhängiges, stetiges Bauprogramm. Seit mehr als einem halben
Jahrhundert sieht man darin eine der wichtigsten Voraussetzungen für die Verbilligung des Wohnungsbaues, für die Verstetigung der Konjunktur und für die
wirtschaftliche und soziale Stabilisierung der Bauwirtschaft. In der wwSVSF sind
die relativ stetigen Mieteinnahmen zweckgebunden und werden – solange: Bedarf
besteht – dem Wohnungsbau zugeführt. Wien hat in den zwanziger Jahren gezeigt, wie man durch eine solche Finanzierung – also durch Umverteilung, nicht
Kreditaufnahme – auch aktive Konjunkturpolitik vermittels des Wohnungsbaues
treiben kann (vgl. Novy 1979).

5.   Utopie oder Reformleitbild? – Einstiegsmöglichkeiten

Wohnungsreform hat mit vier Märkten zu tun: dem Boden, Bau-, Finanz- und
Wohnungsmarkt. Der hier skizzierte Vorschlag thematisiert nur die letzten beiden. Es wurde mit historischen und theoretischen Hinweisen zu belegen versucht,
daß in der Finanzierungsfrage ein strategischer Reformspielraum steckt. Es gälte
die Kreditfinanzierung durch eine Solidarfondsfinanzierung zu ersetzen. Die Bildung eines Solidarfonds ist wirtschaftlich unergiebig, wenn er nur von den schon
Betroffenen – hier den Wohnungssuchenden – gebildet wird. Er hat nur Sinn als
Zusammenfassung einer Gemeinschaft, die intern die Risiken ausgleicht. Ein Solidarfonds im Wohnungsbereich kann also nur durch Einschluß jener aufgebaut
werden, die schon eine Wohnung haben.

Solange sich aber deren Mieten traditionell bestimmen, sind keine relevanten
Spielräume zur Zahlung einer Solidarabgabe vorhanden. Ein Solidarfonds setzt
also die Verfügung über einen Althausbestand voraus: keine Solidarfondsfinanzierung ohne entschuldeten und von Verwertungsansprüchen befreiten Hausbe-
stand. Diese Voraussetzung läßt das ganze Solidarfondsmodell utopisch erscheinen; kaum etwas wäre deplazierter in der aktuellen politischen Landschaft als die
Forderung nach Sozialisierung des Miethausbestandes in welcher Form auch immer.

Abschließend muß also gefragt werden, ob sich die idealtypische Alternative
der wwSVSF als Leitbild konkreter wohnungspolitischer Reformschritte eignet.
Gibt es Einstiegsmöglichkeiten staatlicher oder vorstaatlicher Art? Bietet die Wohnungspolitik der letzten Jahre Ansatzpunkte?

5.1   Inflation und Entschuldungsabgabe

Würde man Schumpeters (1942/1972) Empfehlung folgen, wäre »das erste, was getan werden muß ...: eine Inflation hervorrufen« (S. 320). »Eine Inflation ist an sich

ein ausgezeichnetes Mittel, um gewisse Übergangsschwierigkeiten zu ebnen und eine teilweise Expropriation zu bewirken«. Denn sie »expropriiert die Besitzer von Geldforderungen in erfrischend einfacher Weise« (S. 361). Solche Empfehlungen konnte sich nur ein so über den Verhältnissen stehender Außenseiter wie Schumpeter leisten: Reformer jedenfalls nicht. Und die deutschen Sozialdemokraten waren ja nach 1929, als es um kreditfinanzierte Arbeitsbeschaffung ging, bis zur politischen Selbstverleugnung Anti-lnflationisten. Wenn es auch nicht darum gehen kann, die Inflation als Handlungsparameter einzubeziehen, so ist die Inflation doch eine politische Realität, deren Auswirkungen man in Reformüberlegungen einbeziehen kann und muß. Es war ja auch der historische Zufall der Inflation (und des kaiserlichen Mietstopps), der es erst der Wiener Sozialdemokratie mögliche machte, als erste und einzige im großen Maßstab ein Finanzierungssystem einzuführen, das in vielen Zügen dem hier vorgestellten Modell entspricht.

Die Inflation bevorzugt den Besitzer von Realwerten, benachteiligt die Geldwertbesitzer. Die Hauseigentümer zählen zu den lnflationsbegünstigten. Eine Entschuldungsausgleichsabgabe hatte und hat hier ihre Berechtigung, allerdings nur im Zusammenhang mit kontrollierten Mieten, damit die Steuer nicht auf die Mieter überwälzt wird. Konsequent durchgehalten, führt das System zum Unrentabelwerden des privaten Mietwohnungsbaus. Mit der Mietabgabe könnte der Wohnungsbau gefördert werden, der Einstieg zur wwSVSF wäre möglich.

5.2 Entschuldung und Vorkaufsrecht

Wenn die meisten Häuser nach ca. 30 Jahren entschuldet sein könnten, so fragt man sich, wieso es so wenige sind. Die Antwort ist einfach und altbekannt:»man kauft Häuser, nicht um sie zu besitzen, sondern um sie zu verkaufen« (Engler 1920: 241). Das Verkaufskarussell zur Realisierung der Wertsteigerung verhindert nicht nur die Entschuldung des Häuserbestandes, sondern sorgt auch immer für eine Neueigentümerschicht, die – weil so hoch verschuldet – tatsächlich die Mieten möglichst fortwährend steigern möchte und muß. Und diese Neueigentümer haben auch geringere Skrupel in Bezug auf die Grundgesetzforderung: Eigentum verpflichtet. Mieterhöhungen oder Verdrängung werden da nicht durch persönliche Rücksichten erschwert. Hieraus müßten sich reformpraktische Überlegungen ergeben in Richtung auf Einschränkung der beliebigen Veräußerbarkeit des Miethausbesitzes. »Verbot des Häuserhandels« (KPD 1922) oder »Verbot der Häuserspekulation« (Gitermann 1924: 153) sind alte Forderungen. Sinnvoller erschiene die Einführung eines Vorkaufsrechtes der Gemeinden oder Selbstverwaltungsorgane (SPD-Partei- tag 1920: 263), wie es in Rotterdam zur Zeit erfolgreich praktiziert wird.

5.3   Abschreibungen und die Sicherung des Gegenwertes

Was geschieht eigentlich mit den Abschreibungen? Sie werden von den Mietern aufgebracht, steuerlich abgesetzt und am Ende des Abschreibungszeitraumes ist das gesamte ursprünglich investierte Kapital zurück. Das Haus ist dann zwar abgeschrieben, aber steht noch da, bringt Mieteinnahmen wie eh und je, hat sogar meist an »Wert« zugenommen. Nimmt man die Abschreibungsfiktion ernst, so könnte man fordern, daß das abgeschriebene Mietshaus – Buchwert Null – der Allgemeinheit »heimzufallen« hat. Realistischer schon wäre die Einführung einer Abgabe auf abgeschriebene Häuser, die dem Solidarfonds zugute käme. Wirklich sinnvoll hingegen wäre die Abschaffung der Abschreibungsfiktion, verbunden mit einer durch die Bewohner kontrollierten Instandsetzung, die den Gebrauchswert des Hauses sichert.

5.4   Die kontrollierte und limitierte Kapitalanlage

Es gibt kein Grundrecht auf maximale Kapitalverwertung – schon gar nicht auf dem immer sozialpolitischen Auflagen ausgesetzten Wohnungsmarkt. Es wäre eine Gesetzgebung denkbar, die die Kapitalanlage im bestehenden Wohnungsbau erhält, aber begrenzt (vgl. beispielsweise das neue österreichische Mietengesetz). Das eingesetzte Eigenkapital erhielte eine feste und limitierte Verzinsung; Tilgung des Fremdkapitals und Abschreibung würde kontrolliert erfolgen. Alle Entschuldungs-, Abschreibungs- und Wertsteigerungsgewinne würden teils zugunsten der Mieter verhindert oder als Abgabe an den Solidarfonds verallgemeinert. Die organisatorische Voraussetzung wären Haus(schafts)verwaltungen, die von Eigentümern und Mietern getragen würden (Vorschlag Kampffmeyer 1919). Nur so wäre eine unbürokratische Kontrolle zu erreichen und gleichzeitig der Anfang des Aufbaues von Selbstverwaltungsorganen gemacht.

5.5   Dauerbindung aller öffentlich geförderten Wohnungen

Dies war bis 1933 eine kulturelle Selbstverständlichkeit der Wohnungsreformbewegung, deren Sinn schon die allerersten Erfahrungen im kommunalen Wohnungsbau (Freiburg, Ulm) erwiesen hatten. Man bedenke nur, welch ein Wohnungsbestand heute für die hier vorgeschlagene alternative Finanzierung zur Verfügung stünde, hätte man alle öffentlichen Förderungsmittel seit 1945 einem dauerhaft gebundenen und im Sinne der wwSVSF geführten Sektor zufließen lassen. Der soziale Wohnungsbau würde sich längst wesentlich selbst finanzieren, statt freigewordene oder freigekaufte Quelle von Spekulationseinkommen zu sein.

Ob sich der heute bei privaten Trägern vorhandene Bestand von Sozialwohnungen noch dauerhaft binden läßt, müßte geprüft werden. Jedenfalls wäre die dau-

erhafte Bindung in Zukunft zu praktizieren, wobei dies auch auf die Eigentumsförderung anzuwenden wäre. Es ist nicht einzusehen, warum öffentlich geförderte
Eigentumsbildung spekulative Nutzung zulassen und von der Solidarverpflichtung
gegenüber Wohnungssuchenden entbinden soll.

Auch die Fehlbelegungsabgabe ist ein Schritt zur Solidargemeinschaft; ist aber
politisch nur vertretbar, wenn den Mietern Selbstverwaltungs- und Kontrollkompe-
tenzen eingeräumt werden und diese Abschöpfung der Konsumentenrente zweckgebunden im Sinne der wwSVSF geschieht.

5.6 Reform der gemeinnützigen Wohnungswirtschaft

In den Händen der gemeinnützigen Genossenschaften und Kapitalgesellschaften
ist ein großer Bestand gebundener Wohnungen (1978: 3.2 Millionen). An den ursprünglichen Zielen gemessen, müßte dieser Bestand genau jenes Potential bilden,
das die neue Finanzierungsweise zur Voraussetzung hat. Doch ein Heranziehen
dieses Bestandes heute machte zahlreiche Reformen erforderlich:

- Entrümpelung der »Kostenmiete«, die eine Gewinnmiete ist
- Einführung von Bewohnerorganen mit Selbstverwaltungsfunktionen Veränderung der Gemeinnützigkeitsbestimmungen z.b. derart, daß die Baupflicht, die
  ja historisch zum Größenwachstum, zur Professionalisierung und Bürokrati-
  sierung beigetragen hat, ersetzt wird durch das Einhalten der neu gefaßten
  Kostenmiete und durch eine Abgabe in den Solidarfonds (zusammen Solidarmiete)
- keine Privatisierung von Wohnungen, zumindestens nicht ohne Bindung, d.h.
  Solidarverpflichtung je nach Stand der Entschuldung und Rückkaufsrecht Zu-
  lassung des innerunternehmerischen Mietausgleichs unter Kontrolle der Mieterorganisationen und unter Einhaltung der neu gefaßten Kostenmiet- und Ab-
  gabebestimmungen.
- Wiederherstellung des örtlichen Bezugs der gemeinnützigen Wohnungsunternehmen, als Träger kommunaler Wohnungspolitik (heute erscheint das Abhän-
  gigkeitsverhältnis oft umgekehrt)
- Die erst im Nationalsozialismus eingeführte »Gleichschaltung« von Genossenschaften und gemeinnützigen Kapitalgesellschaften in einem Verband ist
  problematisch. Die Genossenschaften bräuchten eine eigene Interessenver-
  tretung, vielleicht sogar – wie früher – gesellschaftspolitisch konkurrierende
  Verbände. Dies allerdings setzt Genossenschaften voraus, die sich ihrer Aufgaben und Interessen bewußt sind (vgl. Kessler 1981) und dies selbst durchsetzen.

5.7   Chancen einer neuen Kleingenossenschaftsbewegung

Die Genossenschafts- und Selbstverwaltungsideen sind in den neuen städtischen Bewegungen wieder zum Leitbild geworden. Hier scheint ein neuer Genossenschaftsaufbruch bevorzustehen; es wäre der 5. in der deutschen Geschichte. Doch steht die bestehende Genossenschaftsorganisation der Wiederbelebung eher im Wege. Die gesamte Verbandsorganisation, die faktisch Monopolcharakter hat, sowie die zur Baupflicht zwingende Gemeinnützigkeitsregelung müßten verändert werden, so daß die Gründung von nicht-wachsenden Kleingenossenschaften bzw. Bewohnervereinen erleichtert wird. Die Baupflicht könnte ersetzt und der neu gefaßten Gemeinnützigkeit könnte entsprochen werden, wenn diese Kleingenossenschaften die neue Mietregelung der wwSVSF (keine Verzinsung des Eigenkapitals, kontrollierte Entschuldung) befolgen und als Mitglied in einem wwSVSF-Verband ihrer Solidarverpflichtung dadurch Genüge täten, daß sie über eine Mietabgabe den verbandlichen Neubaufonds im Maße ihrer Entschuldung speisen würden.

Auf diesem neugenossenschaftlichen Fundament könnte eine umfassende Verbandsorganisation aufgebaut werden, in den Funktionen vergleichbar den Verbänden und Hilfswirtschaften, die bei solchen Aufbrüchen meist entstanden sind. Man denke an die Siedlungs-, Wohnungs- und Baugilde Österreichs (vgl. Novy 1981: 34ff.) oder an den von Kampffmeyer entwickelten Badischen Baubund (vgl. Gartenstadt 8 [1914/16]: 236), die Funktionen wie Materialbeschaffung, Entwurf und Bauplanung, Rechtsberatung, Finanzierung, Bildung und Förderung der »sozialen Wohnkultur« usw. für ihre Mitglieder übernahmen. Als Förderungsmodell wäre denkbar, daß sowohl die staatliche Förderung wie auch die zu fordernde Eigenbeteiligung (mit Kapital oder Arbeit) als neutralisiertes, zinsloses Vermögen einzubringen seien; dann könnte sofort mit der Zahlung einer Solidarabgabe in einen Neubaufonds begonnen werden. Damit wäre die Basis einer sich finanzierenden Wohnungsversorgung gelegt, die in allen heute diskutierten Trägermodellen (vgl. ARCH+ 61: 1982) noch gar nicht ins Blickfeld gerät.

6.   Von der Wohnungsreform zur Gegenreform

Wie ist unter diesen Gesichtspunkten die Wohnungspolitik der letzten 30 Jahre zu beurteilen? Auf eine Formel gebracht, könnte man sagen: genau entgegengesetzt. Ja, die Negativentsprechung ist so auffällig, daß man auf die phantastische Idee kommen könnte, daß – wenn schon nicht den Reformern – so doch zumindest den Gegenreformern die hier skizzierte wohnungspolitische Alternative bewußt sein muß – wenn auch nur, um sie besser abwehren zu können.

Für einen Überblick der gegenreformerischen Züge der deutschen Wohnungspolitik, die angesichts der Erfordernisse der letzten Zeit zum Skandal geworden ist, ist hier kein Platz (vgl. dazu Neef 1981; Krummacher 1978, 1981; Grüber 1981). zusammenfassend läßt sich Folgendes über die wohnungspolitischen Maßnahmen sagen:

- Der durch Wohnungspolitik erfolgte Umverteilungsprozeß geht zu Lasten der unteren Schichten. Früher lief die negative Umverteilung »nach oben innerhalb der Unterschichten« (Niethammer 1979: 371), heute fördert man von der Mitte aufwärts (vgl. Ulbrich 1981).
- Alle Förderungsmittel sind in ihrem Reform- und Wirkungspotential auf ihre eigene Aufhebung hin angelegt. Nicht die dauernde Sicherung des sozialpolitischen Zweckes und schon gar nicht der Aufbau einer sich selbst tragenden Reformalternative ist der Zweck des Mitteleinsatzes, sondern die Wiederherstellung der privatwirtschaftlichen Wohnungsversorgung, die in der Geschichte nie etwas anderes als »unsoziale und kulturwidrige« Verhältnisse schuf, die ja überhaupt erst Anlaß für die Entstehung der Wohnungsreformbewegung gewesen sind. Es wird zunehmend »freies« Eigentum gefördert, obwohl es sich immer weniger leisten können und es keineswegs sicherer als gebundenes (z.B. genossenschaftliches) ist, wie vielen Kleineigentümern jetzt angesichts der »Zinsbombe« und der Arbeitslosigkeit klar wird. Umgekehrt wird die Bildung von gebundenem Eigentum regelrecht erschwert, wie es sich auch im ständigen Rückgang des Genossenschaftswohnungsanteils zeigt. Für die Bildung genossenschaftlichen Eigentums sind die Sonderabschreibungen und Bausparmittel nicht nutzbar. Die Weise der staatlichen Förderung ist nicht auf Verbilligung angelegt: sie verhindert vor allem mögliche Senkungen der Kapitalkosten (Übergang von der Kapital- zur Ertragssubvention, Wohngeld, Zinsbestimmungen in der sog. Kostenmiete).
- Solidarität und Selbstverwaltung werden erschwert oder unmöglich gemacht (kein innergenossenschaftlicher Mietausgleich möglich, Praxis der Fehlbelegung, keine verpflichtenden Normen über die Einrichtung von Mieterausschüssen im sozialen Wohnungsbau).

Der Rückschritt des Fortschritts könnte nicht deutlicher sein. Es ist, als ob es die Wohnungsreformbewegung nie gegeben hätte.

Literatur

ADGB (1921): Richtlinien zu einem Gesetz über die gemeinwirtschaftliche Regelung des Wohnungswesens aufgestellt vom ADGB und AfA-Bund, Berlin.
Albrecht, Gerhard et al. (Hg.) 1930: Handwörterbuch des Wohnungswesens, Jena: G. Fischer.

Arbeitskreis »Wohnen in Wien« mit Unterstützung der Mietervereinigung Österreichs (Hg.) (1981): Wohnen in Wien. Für eine bessere sozialistische Wohnungspolitik, Wien.

Bauböck, Rainer (1979): Wohnungspolitik im sozialdemokratischen Wien 1919-1934,
Salzburg: W. Neugebauer.

Blumenroth, Ulrich (1975): Deutsche Wohnungspolitik seit der Reichsgründung –
Darstellung und kritische Würdigung, Münster: Institut für Siedlungs- und
Wohnungswesen der Universität Münster.

Coffey, Antonia/Swoboda, Hannes/Veit, Wolfgang (1978): Vorschläge zur kommunalen Wohnbaupolitik. Kommunalpolitisches Referat für Kammer für Arbeiter
und Angestellte für Wien, Wien.

Damaschke, Adolf (1913): Die Bodenreform. Grundsätzliches und Geschichtliches
zur Erkenntnis und Oberwindung der sozialen Not, Jena: G. Fischer.

Deutscher Verein für Wohnungsreform e. V. (1928): Dreissig Jahre Wohnungsreform 1898-1928. Denkschrift aus Anlaß des 30. jährigen Bestehens, Berlin.

Eberstadt, Rudolph (1920): Handbuch da Wohnungswesens und der Wohnungsfrage, Jena: Fischer.

Engler, Wilhelm (1920): Die Wohnungsfrage. Referat, in: Protokoll über die Verhandlungen da Parteitages der SPD abgehalten in Kassel v. 10.-16.10.1920,
Nachdruck: Berlin/Bonn/Bad Godesberg, S. 238-258.

Evers, Adalbert/Szankay, Zoltan (1981): »Das gerissene Band«, in: Prokla. Zeitschrift für kritische Sozialwissenschaft 11 (43), S. 43-60. DOI: 10.32387/prok-
la.v11i43.1555

Fleischmann, Julius (1926): Die Wohnungsbaufinanzierung in Wien und deren Leh-
ren für Deutschland, in: Wohnungswirtschaft 3 (1926), S. 125-129, 171-175 und 4
(1927), S. 69-72, 109-112.

Gitermann, Markus (1925): »Die Bekämpfung der Wohnungsnot in Deutschland«,
in: Annalen der Gemeinwirtschaft 1 (1925), S. 82-187 und 2 (1926), S. 97-153.

Grossfeld, Bernhard (1975): Genossenschaft und Eigentum, Tübingen: Mohr.

Grüber, Wolfram (1981): Sozialer Wohnungsbau in der Bundesrepublik. Der
Wohnungssektor zwischen Sozialpolitik und Kapitalinteressen, Köln: Pahl-
Rugenstein Verlag.

Häring, Dieter (1974): Zur Geschichte und Wirkung staatlicher Interventionen
im Wohnungssektor: gesellschaftliche und sozialpolitische Aspekte der Wohnungspolitik in Deutschland. Hammonia-Verlag.

Hautmann, Hans/Hautmann, Rudolf (1980): Die Gemeindebauten des Roten Wien
1919-1934, Wien: Schönbrunn-Verlag.

Hayek, Friedrich (1930/1972): »The Repercussions of Rent Restrictions. Austria«, in:
Institute of Economic Affairs (Hg.), Verdict on Rent Controls, Worthing, S. 1-16.

Heinze, Rolf G. (1981): Verbändepolitik und ›Neokorporatismus‹. Zur politischen
Soziologie organisierter Interessen, Opladen: Westdeutscher Verlag.

Heyer, Georg (1918): Soziale Wohnungsreform, Berlin.

Hirsch, Paul (1906): Kommunale Wohnungspolitik, Berlin.

Hirsch-Borst, Renate/Krätke, Stefan (1981):»Verwertung des Wohnungsbaukapitals und Staatseingriffe im Wohnungssektor«, in: Prokla. Zeitschrift für kritische Sozialwissenschaft 11 (45), S. 47-74. DOI: 10.32387/prokla.v11i45.1538

Hofmann, P (1921): Wohngenossenschaften, in: Kommunale Praxis 29 (1921). S. 617-624.

Horkheimer, Max/Adorno, Theodor W. (1955): Dialektik der Aufklärung, Amsterdam.

Internationales Arbeitsamt (1924): Die Wohnungsprobleme Europas nach dem Kriege, Genf. Internationales Arbeitsamt (1931): Die Wohnungspolitik in Europa. Der Kleinwohnungsbau, Genf.

Janssen, Jom (1971):»Sozialismus, Sozialpolitik und Wohnungsnot«, in: Hans G. Helms/Jom Janssen (Hg.), Kapitalistischer Städtebau, Neuwied/Berlin: Luchterhand, S. 49-94.

Jusos (1981):»Für eine sozialistische Wohnungspolitik«, Teilabdruck in: Gemeinnütziges Wohnungswesen, S. 793-797.

Kampffmeyer, Hans (1919): Wohnungsnot und Heimstättengesetz, Stuttgart.

Kessler, Uwe (1982):»Kommunale Wohnungspolitik und Genossenschaften«, in: Adalbert Evers/Klaus Selle (Hg.), Wohnungsnöte. Anregungen zur Initiative an Ort und Stelle: Neue Wege in der Wohnungspolitik, Frankfurt a.M.: Fischer, S. 150-165.

Krätke, Stefan (1981): Kommunalisierter Wohnungsbau als Infrastrukturmassnahme: Eine Alternative zum Sozialen Wohnungsbau in der Bundesrepublik Deutschland (Beiträge zur kommunalen und regionalen Planung, Frankfurt/Bern: Peter Lang GmbH, Internationaler Verlag der Wissenschaften.

Krätke, Stefan (1981b):»Alternative Wohnungspolitik am Beispiel des kommunalisierten Wohnungsbaus, in: Zeitschrift für sozialistische Politik und Wirtschaft Nr. 12.

Krüger (1921):»Die Vorschläge zur gemeinwirtschaftlichen Regelung des Wohnungswesens«, in: Die Volkswohnung 3, S. 257-285.

Krummacher, Michael (1978): Wohnungspolitik und Sozialstaatspostulat in der Bundesrepublik Deutschland. Eine politikwissenschaftliche Analyse des Anspruchs, der Maßnahmen und Wirkungen der staatlichen Wohnungspolitik in der BRD, Dissertation, Hannover.

Krummacher, Michael (1981):»Wohnungspolitik in der BRD-Leitlinien und Entwicklungsphasen«, in: Prokla. Zeitschrift für kritische Sozialwissenschaft 11 (45), S. 75-111. DOI: 10.32387/prokla.v11i45.1539

Lederer, Emil (1907):»Bodenspekulation und Wohnungsfrage«, in: Archiv für Sozialwissenschaften 25, S. 613ff.

Memorandum (1981): Demokratische Wirtschaftspolitik gegen Marktmacht und Sparmaßnahmen, Köln, S. 87-204.

Merrett, Stephen (1979): State Housing in Britain, London/Boston/Henley: Routledge.

Neef, Rainer (1981): »Kapitalistischer Wohnungsmarkt und die Krise des sozialen Wohnungsbaus«, in: Soziale Welt, S. 219-248.

Niethammer, Lutz (1979): »Ein langer Marsch durch die Institutionen. Zur Vorgeschichte des preußischen Wohnungsgesetzes von 1918«, in: Ders. (Hg.), Wohnen im Wandel. Beiträge zur Geschichte des Alltags in der bürgerlichen Gesellschaft. Wuppertal: Hammer Verlag, S. 363-384.

Novy, Klaus (1978): Strategien der Sozialisierung, Frankfurt/New York: Campus.

Novy, Klaus (1979): »Der Wiener Gemeindewohnungsbau: Sozialisierung von unten. Oder: Zur ver drängten Dimension der Gemeinwirtschaft als Gegenökonomie«, in: ARCH+ 1979(45), S. 9-25.

Novy, Klaus (1981): »Selbsthilfe als Reformbewegung. Der Kampf der Wiener Siedler nach dem ersten Weltkrieg«, in: ARCH+ 1981(55), S. 26-40.

Novy, Klaus/Uhlig, Günther (1981a): »Thesen zur Geschichte wohnungspolitischer Selbsthilfeinitiativen«, in: Rainer Nitsche (Hg.), Häuserkämpfe 1872/1920/194S/1982, Berlin: Transit, S. 110-122.

Novy, Klaus/Uhlig, Günther (1981b): »Bauhüttenbewegung in der Weimarer Republik«, in: Dies. (Hg.), Häuserkämpfe, Westberlin, S. 141-159.

Pergande, Hans-Günther/Pergande, Jürgen (1973): »Die Gesetzgebung auf dem Gebiete des Wohnungswesens und Städtebaus«, in: Deutsche Bau- und Bodenbank (Hg.), 50 Jahre im Dienste der Bau- und Wohnungswirtschaft, Frankfurt a.M., S. 13-209.

Petzinger, Renate/Riege, Marlo (1981): Die neue Wohnungsnot. Wohnungswunder Bundesrepublik, Hamburg: VSA-Verlag.

Preller, Ludwig (1949/1978): Sozialpolitik in der Weimarer Republik, Kronberg: Athenäum/Droste.

Pribram, Karl (1928): »Die Finanzierung des Wohnungsbaues in den Ländern mit Mietzinsbeschränkungen«, in: Internationale Rundschau der Arbeit 6 (1928), S. 1023-1037, 1117-1134.

Renner, Karl (1929): Wege der Verwirklichung, Berlin: Dietz.

Schaaf, Hans (1927): Die Entwicklungstendenzen der gemeinnützigen Bauvereinigungen in Deutschland in der Kriegs- und Nachkriegszeit, Dissertation, Berlin.

Schmittmann, Benedikt (1917): Reichswohnversicherung. Kinderrenten durch Ausbau der Sozialversicherung, Stuttgart: Enke.

Schneider, Dieter (1973): Selbsthilfe, Staatshilfe. Selbstverwaltung. Ein Streifzug durch Theorie und Praxis der Wohnungspolitik, herausgegeben zum fünfzigjährigen Bestehen der Nassauischen Heimstätte, Nassauische Heimstätte, Frankfurt a.M.

Schumpeter, Joseph A. (1942/1972): Kapitalismus, Sozialismus und Demokratie, München.

Seliger, Maren (1980): Sozialdemokratie und Kommunalpolitik in Wien. Zu einigen Aspekten sozialdemokratischer Politik in der Vor- und Zwischenkriegszeit, Wien: Wiener Schriften.

Siedlungsgenossenschaft Freidorf. 25 Jahre, Freidorf, 1943.

Staudinger, Franz (1912): »Die Anlage der Spargelder«, in: Die Gartenstadt 6 (1912), S. 1-5.

»Steine aus Saarbrücken«, Saarbrücker Erklärung für eine neue Wohnungspolitik, diskutiert auf der Jahrestagung des Deutschen Werkbundes v. 10-14.06.1981, Sonderdruck ARCH+, 1981.

Ulbrich, Rudi (1981): Verteilungswirkungen des Förderungssystems für den Wohnungsbau, Bonn: BMBau.

Uhlig, Günter (1979): »Sozialisierung und Rationalisierung im ›Neuen Bauen‹. Martin Wagners Beitrag zu den Reformstrategien im Wohnungsbau«, in: ARCH 1979(45), S. 5-9.

Uhlig, Günter (1977): »Stadtplanung in der Weimarer Republik. Sozialistische Reformaspekte«, in: Neue Gesellschaft für Bildende Kunst in Berlin (Hg.), Wem gehört die Welt, Berlin, S. 50-71.

Verhandlungen der Sozialisierungs-Kommission über die Neuregelung des Wohnungswesens, 2 Bde., Berlin 1921.

Wagner, Martin (1917): Bauwirtschaft, Realkredit und Mieten in und nach dem Kriege, Stuttgart Wagner, Martin (1920): »Die Sozialisierung des Wohnungswesens als volkswirtschaftliche und Kultur-Pflicht«, in: Kommunale Praxis 32 (1920), S. 21S-219.

Wagner, Martin (1923): »Die internationale Baugildenbewegung«, in: Internationale Gewerkschaftsbewegung 3 (1923), S. 97-105.

Wagner, Martin (1924): »Neue Wege zum Kleinwohnungsbau. Ein Programm der Selbsthilfe, Berlin Wandlungen. Der Weg von der privatwirtschaftlichen zur gemeinwirtschaftlichen Finanzierung des Wohnungsbaues«, in: Wohnungswirtschaft 1 (1924), S. 51-58.

Weiß, Wisso (1930): Die Sozialisierung des Wohnungswesens, Heidelberg: Geiling.

Winter, Gerd (1981): »Soziale Wohnungsbaupolitik als Wirtschafts- und Sozialpolitik (Ein englisch- deutscher Vergleich)«, in: Leviathan 9, S. 87-119.

Die Mieter_innenbewegung in Deutschland

Lisa Vollmer

Erschienen 2019 in *Bürger im Staat* 2/3, S. 137-142.

Mieter und Mieterinnen sind als politische Akteure in der Öffentlichkeit präsenter denn je. Die Proteste gegen steigende Mietpreise und die damit einhergehende Verdrängung der Mieter und Mieterinnen aus ihren Wohnungen nehmen zu. Das aktuell zu beobachtende und vermeintlich neue Phänomen hat eine bis ins 19. Jahrhundert zurückreichende Geschichte. Soziale Bewegungen spielten und spielen in der Auseinandersetzung um die Ausgestaltung der Wohnraumversorgung schon immer eine wichtige Rolle. Die Mieter_innenbewegung verfolgt in ihrem Kampf um eine angemessene Wohnraumversorgung zwei Lösungsstrategien, die oft parallel erfolgen: Auf dem Weg der Selbsthilfe geht es darum, mit eigens dafür geschaffenen Institutionen selbst Wohnraum zu schaffen. Zweiter Teil der Strategie ist die Forderung nach staatlichen Eingriffen (z.B. Mietrechtsregulierungen oder sozialer Wohnungsbau). Der Beitrag von Lisa Vollmer widmet sich dieser Geschichte und zeigt die Tradition der Mieter_innenbewegung in Deutschland auf.[1]

Zunehmende Proteste gegen den »Mietenwahnsinn«

Der »Mietenwahnsinn« ist ausgebrochen: In ganz Deutschland protestieren in diesen Jahren Mieter und Mieterinnen gegen steigende Mieten und Verdrängung aus ihren Wohnungen und ihren Nachbarschaften.

Anlass für die Proteste bilden verschiedene Auswirkungen der Wohnraumversorgung. Mit Wohnraumversorgung ist das komplexe System aus einzelnen Wohnungspolitiken sowie anderen, das Politikfeld beeinflussende Regelungen (zum Beispiel die Finanzpolitik) und der Beziehungen zahlreicher öffentlicher und privater Akteure der Wohnraumversorgung gemeint. Wie genau diese Wohnraum-

---

[1] Dieser Artikel basiert auf dem ausführlichen Beitrag: Vollmer, Lisa (i. E.): »Wohnraumversorgung und soziale Bewegungen«, in: Eckardt, Frank/Meier, Sabine (Hg.): Handbuch Wohnungssoziologie, Wiesbaden: Springer VS.

versorgung ausgestaltet ist, wandelt sich. Da Wohnraum sowohl ein menschliches Grundbedürfnis – nach einem Dach über dem Kopf und einem Zuhause – befriedigt, als auch eine Ware ist – dann nennt man ihn Immobilie – spiegeln sich in der Wohnraumversorgung eine Reihe gesellschaftlicher Interessenkonflikte wider (Holm 2011). Und so ist es nicht verwunderlich, dass es immer wieder zu konfliktträchtigen Aushandlungsprozessen um die Ausgestaltung der Wohnraumversorgung kommt.

Soziale Bewegungen spielen in diesen Aushandlungsprozessen dabei eine wichtige, oft unterbeleuchtete Rolle. Eine soziale Bewegung ist ein »mobilisierender kollektiver Akteur, der mit einer gewissen Kontinuität [...] mittels variabler Organisations- und Aktionsformen das Ziel verfolgt, grundlegenden sozialen Wandel herbeizuführen, zu verhindern oder ruckgängig zu machen« (Roth/Rucht 1987: 21). In allgemeinen gesellschaftlichen Krisen gerät oft auch die spezifische Regulation der Wohnraumversorgung in die Krise und eine soziale Bewegung entsteht, die die Interessen der Mieter und Mieterinnen vertritt. Solange die Wohnraumversorgung kapitalistisch organisiert wird, solange also Wohnraum eine Ware ist, mit der Geld verdient wird, solange wird sie immer wieder Probleme für Mieter und Mieterinnen verursachen – von vernachlässigten Häusern über unzumutbare Mietsteigerungen bis zu Zwangsräumungen. Die Mieter_innenbewegung in Deutschland hat in ihrem Kampf gegen diese Auswüchse der kapitalistischen Wohnraumversorgung zwei hauptsächliche Lösungsstrategien hervorgebracht, die oft gleichzeitig verfolgt wurden: Erstens die Selbsthilfe, durch die sich Mieter und Mieterinnen durch eigens geschaffene Institutionen wie Genossenschaften oder das Mietshäuser-Syndikat selbst Wohnraum schaffen. Zweitens die Forderung nach staatlichen Eingriffen, von der Regulierung des Mietrechts bis zu kommunalem Wohnungsbau.

Mietervereine, Krawalle und Mietstreiks vom 19. Jahrhundert bis zum Zweiten Weltkrieg

Im 19. Jahrhundert wuchsen viele Städte im Deutschen Reich in Folge von Industrialisierung und Landflucht rasant an. Diese Urbanisierung brachte die neue, urbane Schicht der Arbeiter und Arbeiterinnen hervor, die untergebracht werden musste. Der entstehende Wohnungsmarkt war größtenteils marktwirtschaftlich organisiert und Wohnraum eine lohnende Investitionsanlage. Dieses ökonomische Verwertungsinteresse, fehlende Regulierungen und eine extrem dichte Bebauung führten zu zahlreichen Problemen: unhygienische Wohnbedingungen, Überbelegung, häufige Umzüge und immer weiter steigende Mieten (Niethammer/Brüggemeier 1976). Deshalb entstand ein neuer politischer Akteur: Die Mieter und Mieterinnen organisierten sich als soziale Bewegung. Politisch waren Mieter und Mieterinnen strukturell unterrepräsentiert, da verschiedene preußische Städteverordnungen vorsahen, dass die Hälfte bis zwei Drittel der Stadtverordneten Hausbesitzende sein musste (von Saldern 1999: 25).

Das Bewusstsein über sich selbst als Gruppe entstand nicht zuletzt, weil alle Mietverträge am selben Termin alle sechs Monate endeten und an diesen sogenannten Ziehtagen zahlreiche temporär obdachlose Arbeiterfamilien mit ihrem Hab und Gut durch die Straßen zogen (Lange 1980: 54f). Eine erste kollektive Aktionsform fanden die Mieter und Mieterinnen in sogenannten Exmittierungskrawallen nach Zwangsräumungen. Nachbarn und Nachbarinnen übten praktische Solidarität, indem sie die geräumten Möbel einfach wieder in die Wohnung trugen oder die Geschäfte der Hausbesitzenden boykottierten, die manchmal Gewerbetreibende in der eigenen Nachbarschaft waren (Schartl 1984). Die in solchen Aktionen entstehende politische Kollektivität ließ die Mieter und Mieterinnen erkennen, dass ihre Lage kein Einzelschicksal war, sondern strukturelle Ursachen hatte.

Neben solchen direkten Aktionsformen gründeten sich in der zweiten Hälfte des 19. Jahrhunderts die ersten Mietervereine[2] als Antwort auf die zunehmend organisierten Hausbesitzenden. Diese Mietervereine schlossen sich 1900 in einem reichsweiten Dachverband zusammen. Innerhalb dieses Verbandes gab es viele Streitigkeiten über die praktische und politische Ausrichtung der Vereine: Wie stark sollten basisaktivistische Umtriebe der Mieterschaft unterstützt werden? Sind Mietervereine nur rechtliche Dienstleister oder auch politische Organisationen? Sollte man mit eigenen Kandidaten bei Wahlen antreten oder würden so die Interessen der Arbeiterschaft gespalten? Über diese und andere Fragen spaltete sich der Dachverband mehrfach (Riese 1990).

Während sich die Mietervereine nur wenig Gedanken um programmatische Forderungen zur Organisation des Wohnungsneubaus machten (Führer 1993), preschte die Mieterschaft voran und setzte auf Selbsthilfe. Zunächst entstanden an den Rändern der Stadt sogenannte Barackensiedlungen, vergleichbar heutigen Slums. Um die dort unwürdigen Lebensverhältnisse zu verbessern, schlossen sich Mieter und Mieterinnen in Bauvereinen, Genossenschaften und Siedlerbewegungen zusammen (Novy 1983). Parallel zu dieser Bewegung thematisierte die Bodenreformbewegung den Widerspruch, dass Boden wie eine Ware gehandelt wird, obwohl er immobil und nicht reproduzierbar ist. Die Bewegung leitete daraus die Forderung nach der vollständigen Sozialisierung des Bodens ab.

---

2   Auf die gendergerechte Sprache wird hier bewusst verzichtet, da das Preußische Vereins- und Versammlungsgesetz von 1850 die Mitgliedschaft von Frauen in Vereinen verbot. Trotzdem waren Frauen zu allen Zeiten höchst aktiv in der Mieter_innenbewegung – was nicht zuletzt durch die der Frau zugeschriebene Verantwortung für das Zuhause zu erklären ist.

Die frühe Mieter_innenbewegung schaffte es, die Wohnungsfrage (vgl. Engels 1973 [1872]) zu einem politischen Thema zu machen. Einige konkrete Erfolge konnten errungen werden: Im ersten Bürgerlichen Gesetzbuch (BGB) von 1900 wurden basale Mietrechte aufgenommen, die die Basis für weitere rechtliche Forderungen bildeten. Zwar wurde in der Weimarer Republik nicht der Boden sozialisiert, aber die Verfassung sah in Artikel 155 ein Grundrecht auf angemessenen Wohnraum vor. In der Weimarer Republik gründeten außerdem zahlreiche Städte kommunale Wohnungsunternehmen zur Erstellung von bezahlbarem Wohnraum. Diese bildeten zusammen mit den in Selbsthilfe entstandenen Institutionen der Wohnraumversorgung die Grundlage eines großen und institutionell diversen gemeinnützigen Wohnungssektors, der Deutschland lange prägte (Zimmermann 1991).

Die Mieter_innenbewegung erfuhr durch die Revolution 1918/19, in der sich die ganze Gesellschaft politisierte, einen Aufschwung. In Anlehnung an die Arbeiter- und Soldatenräte gründeten sich Mieterräte in einzelnen Häusern oder Blocks, die von Instandsetzungen ihres Gebäudes bis zur Sozialisierung des Wohnungswesens und der Selbstverwaltung ihrer Häuser viele verschiedene Forderungen aufstellten. Von den Mieterräten und den politisch radikaleren Mietervereinen gingen eine Reihe von Mietstreiks aus, bei denen die Miete einbehalten wurde, bis Forderungen nach Instandsetzung oder Mietminderung erfüllt waren.

Da der Mietstreik nicht als legales Mittel – wie der Arbeitsstreik – anerkannt wurde, drohte die Kündigung. Daher erwies sich diese Aktionsform als wenig mobilisierungsfähig. Erfolge konnten Mieter und Mieterinnen durch Mietstreiks nur bei kommunalen Trägern erringen (Lengemann 2015: 61).

Die Krisensituation des Ersten Weltkriegs hatte zum ersten Mal zu massiven staatlichen Eingriffen in die marktwirtschaftliche Organisation der Wohnraumversorgung geführt, später abwertend als »Wohnungszwangswirtschaft« bezeichnet. Das Mietniveau wurde festgesetzt, und Wohnungsämter regelten die Belegung von Wohnungen. Als die Regulierungen Mitte der 1920er Jahre schrittweise wieder abgeschafft wurden, reagierte die Mieter_innenbewegung mit großen Demonstrationen (Ott 1984: 177).

Damit hatte sich bereits das klassisch (west-)deutsche Modell der Wohnraumversorgung abgezeichnet: Eingriffe in den Wohnungsmarkt erfolgen nur, wenn die Wohnungskrise den gesellschaftlichen Frieden bedroht.

Mit der Weltwirtschaftskrise ab 1929 verschlechterten sich die Lebensbedingungen für Mieter und Mieterinnen weiter. In den nun wieder häufiger auftretenden Mietstreiks zierte der Slogan »Erst das Essen, dann die Miete« die Hauswände (Stahr 1992). Nach der Machtübernahme der Nationalsozialisten war es mit solchen basisaktivistischen Umtrieben allerdings bald vorbei, und auch die Mietervereine wurden, unter eigenem Zutun (Führer 1993: 239), gleichgeschaltet. Auch bei der »Arisierung« der Wohnraumversorgung wirkten die Mietervereine und Genossenschaften mit. Der Entzug der Wohnberechtigung für Juden und Jüdinnen stand schließlich »am Ende des Entrechtungs- und am Anfang des planmäßigen Vernichtungsprozesses« (Haerendel 1999: 869).

Bürger_inneninitiativen und Hausbesetzungen in West und Ost

Nach dem Zweiten Weltkrieg begann eine neue Ära der sozialen Wohnraumversorgung. Im konservativ-korporatistischen Wohlfahrtsregime westdeutscher Prägung setzte sich eine soziale Wohnungsmarktpolitik (Hanauske 1995: 43) durch, in der massenhafter und standardisierter Wohnungsbau zwar staatlich gefördert wurde, dessen kommunale, private oder gemeinschaftliche Bauträger aber teilweise profitorientiert wirtschafteten. Die durch die Förderungen erkauften Sozialbindungen galten nur temporär, der soziale Wohnungsbau war nur als »soziale Zwischennutzung« gedacht (Donner 2000: 200). Die entstehenden Wohnsiedlungen am Stadtrand oder auf innerstädtischen Freiflächen hatten als Zielgruppe »breite Schichten des Volkes« (§ 1 II WoBauG), waren aber faktisch das Zuhause der Mittelschicht. Ärmere Schichten fanden Wohnraum in den zunächst stark mietpreisregulierten innerstädtischen Altbaubeständen.

Das für die private Wohnungswirtschaft äußert lukrative Verwertungsmodell des sozialen Wohnungsbaus geriet bereits in den 1960er Jahren in eine Krise. Denn die zahlungskräftigen Mittelschichten hatten bereits ihre Wohnungen bezogen, die untere Mittelschicht und ärmere Schichten konnten sich die modernen und gut ausgestatteten Sozialwohnungen nicht leisten. Die Wohnungspolitik inklusive der massiven Förderung des Eigenheimbaus führte zu einer zunehmenden Abwanderung der Mittelschicht aus den Innenstädten und zur Suburbanisierung in Einfamilienhaussiedlungen. Zur Krisenbewältigung wurde mit dem Wohngeld eine Subjektförderung eingeführt, die den Umzug in den sozialen Wohnungsbau ermöglichen sollte. Die Regulierung des Altbaubestandes wurde stark zurückgefahren, und die Sanierung der Innenstädte wurde nun staatlich unterstützt.

Diese Krisenbewältigungsstrategien führten zu einer Reihe sozialer Verwerfungen, die einen neuen Zyklus der Mieter_innenbewegung auslösten und zu Protesten im ganzen Land führten (Jansen 1972: 12). Die neue Welle der Bewegung wurde von selbstorganisierten Mieter_inneninitiativen getragen. Die renitenten Mieter_innenvereine der Vorkriegszeit waren in die korporatistischen Governance der Bundesrepublik eingehegt worden (Ott 1984). Im Laufe der 1970er und 1980er Jahre wurde allerdings eine Reihe neuer, explizit politisch ausgerichteter Mieter_innenvereine gegründet (Nelles/Wanders 1981).

Die innerstädtischen Altbaubestände sollten in vielen Städten durch eine Flächen- bzw. Kahlschlagsanierung modernen, weniger dichten Wohnsiedlungen weichen und mit dem Altbau die hier in Folge der Wohnungspolitik der Nachkriegszeit konzentriert wohnenden ärmeren und migrantischen Schichten (Münch

2010). Folgen dieser Sanierungen waren Abriss und/oder massive Mietsteigerungen durch Modernisierung. Zahlreiche Bürger_inneninitiativen schlossen sich zusammen, um sich gegen steigende Mieten, Verlust der Wohnung durch Abriss, schlechte Lebensverhältnisse in den jahrzehntelang nicht instandgesetzten Häusern und die drohende Verdrängung aus ihren Nachbarschaften mit dem damit einhergehenden Verlust sozialer Netzwerke zur Wehr zu setzen (Bodenschatz et al. 1983; Vollmer 2018a). Anwohner und Anwohnerinnen weigerten sich auszuziehen, wehrten sich gegen die Praktiken der Sanierungsträger und betrieben politische Lobbyarbeit für ihre Anliegen. Punktuell konnten so Abriss und Mietsteigerungen verhindert werden. Langfristig leiteten sie einen Wertewandel hin zu der Betrachtung von dichten und funktionsgemischten Altbauvierteln als lebenswerte Wohnquartiere ein.

Die günstigen Altbauviertel hatten auch Studierende, Kulturschaffende und die neu entstehende alternative Szene angezogen. Aus den Initiativen der Mieter und Mieterinnen und diesen Neuzugezogenen heraus wurden in den 1970er und 1980er Jahren in zahlreichen Städten Häuser besetzt. Die Motive der Besetzer und Besetzerinnen waren dabei sehr vielfältig und reichten von der unmittelbaren Beschaffung von Wohnraum durch sogenannte Instandbesetzungen über die Skandalisierung der Wohnungspolitik, die zu massivem Leerstand bei gleichzeitigem Wohnungsmangel geführt hatte, bis hin zur Schaffung von alternativen Räumen. In Berlin gelang es der Mieter_innenbewegung und der Hausbesetzungsbewegung kurzzeitig, eine behutsame Stadterneuerung durchzusetzen, bei der die Altbauviertel zwar baulich aufgewertet, aber die einkommensarmen Schichten nicht verdrängt wurden (Holm/Kuhn 2011). Die überwiegend materiellen Forderungen der Mieter_innenbewegung wurden in den 1980er und 1990er Jahren allerdings immer mehr von einer Orientierung auf Selbstbestimmung und alternative Lebensformen abgelöst (Kuhn 2014).

In der DDR stellte sich die Wohnungsfrage nicht als Frage der Bezahlbarkeit, denn hier war die Wohnraumversorgung weitgehend der marktwirtschaftlichen Verwertung entzogen (Schildt 1998). Mietpreise wurden festgesetzt, Neubau staatlich subventioniert und durchgeführt. Allerdings herrschte bis zum Ende der DDR quantitativer Wohnraummangel. Die Sanierung des Altbaubestandes hatte wie im Westen zunächst keine Priorität. Die Wohnungsfrage stellte sich also als Frage der Verfügbarkeit und der Wohnqualität. Häuser wurden in der DDR zahlreiche besetzt – allerdings als stille Besetzungen. Das sogenannte Schwarzwohnen in leerstehenden innerstädtischen Altbauten war weniger eine widerständige Praxis, als vielmehr eine Umgangsstrategie mit dem Wohnraummangel (Wolf 2018). Es gab nur wenig nachbarschaftliches Engagement gegen den Abriss oder für die Sanierung des Altbaubestandes (Nowak 2018).

Aus einem solchen Protest des Wohnbezirksausschusses (WBA) 56 in der Oderbergerstraße in Ost-Berlin entstand in den 1990er Jahren ein Aktionsbündnis gegen die Verdrängung einkommensarmer Mieter und Mieterinnen, die durch die Aufhebung der Mietpreisbindung und die Privatisierung durch das Altschulden-hilfegesetz nach dem Zusammenbruch der DRR drohte. Aus dem WBA wurde der Slogan »Wir bleiben Alle!«, der heute noch auf vielen Demonstrationen gerufen wird. Anfang der 1990er Jahre kam es in zahlreichen ostdeutschen Städten zu akti-ven, politischen Hausbesetzungen, eine politische Einflussnahme wie noch in den 1980er Jahren gelang aber nicht mehr (Holm/Kuhn 2011).

»Hoch mit den Löhnen, runter mit der Miete«: zurück zur sozialen Frage

Ab den 1970er Jahren vollzog sich in Westdeutschland eine Abkehr von der for-distischen Wohnungspolitik der Nachkriegszeit hin zu einer neoliberalen Woh-nungspolitik. Die Zahl der neu gebauten Sozialwohnungen sank bereits seit den 1960er Jahren (Egner 2014: 15). Im Jahr 2001 wurde die Zielgruppe des sozialen Wohnungsbaus auf Gruppen mit besonderem Unterstützungsbedarf reduziert und 2006 schließlich vom Bund in die Verantwortung der Länder übertragen. Statt ei-ner sozialen Wohnraumversorgung für die breite Bevölkerung wurde der soziale Wohnungsbau nun als Ausnahme- und Notfallsegment definiert (Schönig 2018). Ein weiterer tiefer Einschnitt war die Abschaffung der Wohnungsgemeinnützigkeit im Jahr 1990, mit der davor ein institutionell diverses Anbietersegment – darunter die Selbsthilfeinstitutionen der Mieter_innenbewegung des 19. Jahrhunderts – auf soziale Ziele verpflichtet wurde. In den Kommunen setze sich die Politik der unter-nehmerischen Stadt durch (Mayer 1990): Innenstädte wurden für die Bedürfnisse der steuerzahlungskräftigen Mittel- und Oberschicht aufgewertet. Öffentliche Lie-genschaften und kommunale Wohnungen wurden privatisiert, wodurch den Städ-ten heute wichtige Instrumente zur Steuerung der Wohnungsversorgung fehlen und sie der aktuellen Wohnungsfrage weitgehend hilflos gegenüberstehen.

Die großen *En-Bloc*-Verkäufe von kommunalen Wohnungsunternehmen oder des Wohnungsbestandes von großen Industrieunternehmen ermöglichten den Einstieg von finanzmarktorientierten Wohnungsmarktakteuren (Unger 2016), denen es nicht um die Erstellung und langfristige Bewirtschaftung von Wohn-raum geht, sondern um kurzfristige Renditeinteressen. Diese Neoliberalisierung der Wohnungspolitik bedeutete aber keineswegs den vollständigen Rückzug des Staates: die Förderung von privatem Wohneigentum wurde fast ungebrochen weitergeführt und gleichzeitig erhöhten sich die staatlichen Ausgaben für die Subjektförderung in Form von Wohngeld und im SGB II- und SGB XII-Bezug kontinuierlich (Schönig/Vollmer 2018: 15).

Die Finanzkrise ab 2007 brachte das Fass schließlich zum Überlaufen, weil in ihrer Folge anlagesuchendes globales Kapital auf die deregulierten deutschen Wohnungsmärkte drängte. Daraufhin stiegen in vielen Städten die Mieten massiv an und ein neuer Zyklus der Mieter_innenbewegung entstand in vielen Groß- und Mittelstädten (Vollmer 2018b). Anlässe von Protest waren und sind zahlreich: städtebauliche Großprojekte, Privatisierung von Wohnraum und Liegenschaften, das Auslaufen der Bindungen im temporär geförderten sozialen Wohnungsbau, Mietsteigerungen in Folge von (energetischer) Modernisierung, Umwandlung von Miet- in Eigentumswohnungen, Zweckentfremdung als Ferienwohnungen und spekulativer Leerstand. Da bestehende Mietverträge Mietern und Mieterinnen einen gewissen Schutz bieten, streben Vermietende einen Wechsel an – in dem sie ihre Mieter und Mieterinnen schikanieren oder zwangsräumen lassen. Blockaden gegen Zwangsräumungen knüpfen direkt an die Praktiken der Mieter_innenbewegung im 19. Jahrhundert an.

Besonders rücksichtslos sind oft die finanzmarktorientierten Wohnungsmarktakteure wie Vonovia oder Deutsche Wohnen. Sie machen hohe Renditen, indem sie an Instandhaltungskosten sparen, weshalb ihre Mieter und Mieterinnen oft unwürdigen Wohnbedingungen ausgesetzt sind. Anschließend modernisieren sie ihre Bestände möglichst kostenaufwändig. Denn die Kosten für die Modernisierung dürfen, im Gegensatz zu denen der Instandhaltung, auf die Mieten umgelegt werden. So ist die Modernisierung ein legales Mittel, die Mieterhöhungsbegrenzung in bestehenden Mietverträgen zu umgehen.

Steigende Mieten führen zur Verdrängung von ärmeren Haushalten, zum Verlust des Zuhauses und der damit verbundenen sozialen Netzwerke. Aber nicht nur dagegen richtet sich der Protest, sondern auch gegen die Verdrängung von sozialer und kultureller Infrastruktur sowie von Kleingewerbe, die Verdrängung der sozialen Nahversorgung, die Nachbarschaften lebenswert macht.

Mittlerweile sind sowohl ärmere Schichten als auch zunehmend Mittelschichten von Verdrängung bedroht. Sie bilden die Trägerschaft der Mieter_innenbewegung. Aufgrund dieser heterogenen Zusammensetzung sind auch Organisations- und Aktionsformen der Mieter_innenbewegung divers. Manche Initiativen gründen sich in einem Haus oder einer Siedlung aus konkreter Betroffenheit heraus, andere auf der nachbarschaftlichen Ebene und wieder andere nehmen sich ein bestimmtes Thema wie Zwangsräumungen oder ein Stadtentwicklungsprojekt zum Anlass. Unterstützt werden die Mieter_inneninitiativen von den Mieter_innenvereinen. Allerdings gibt es oft keine rechtliche Handhabe gegen die Ursachen ihrer steigenden Mieten. Deshalb verlagern sie ihre Aktionen schnell auf die politische Ebene und schreiben Briefe an Politiker und Politikerinnen, demonstrieren in ihrer Nachbarschaft, entwerfen eigene Konzepte für Bebauungen, machen konkrete Vorschläge für alternative Wohnungspolitiken oder blockieren die Zwangsräumung eines Nachbarn bzw. einer Nachbarin, indem sie sich auf die Straße setzen.

Da die Initiativen, ihre Aktionsformen und ihre politischen Strategien relativ heterogen sind, gibt es auch keine einheitliche oder verbindliche gemeinsame Organisationsstruktur. Dennoch kann man von einer Mieter_innenbewegung sprechen, da die Initiativen eine gemeinsame politische Kollektivität teilen, die sich als post-identitär und post-autonom bezeichnen lässt (Vollmer 2019: 149-184). Anders als die sozialen Bewegungen der 1980er und 1990er Jahre verfolgen sie keine identitär abgrenzende Politik, sondern wollen möglichst anschlussfähig für viele unterschiedliche Menschen sein. Und sie möchten ihre Forderungen nicht in abgegrenzten, autonomen Räumen umsetzen, sondern für eine breite Masse materielle Verbesserungen erreichen: Sie stellen die soziale Frage in den Mittelpunkt.

Die neue Mieter_innenbewegung hat die Wohnungsfrage in vielen Städten überhaupt erst wieder zum politischen Thema gemacht. Ob und wie kommunale Regierungen auf die Forderungen der Bewegung reagieren, ist lokal sehr unterschiedlich (z. B. Vollmer/Kadi 2018).

Fazit

Die verschiedenen Phasen der Mieter_innenbewegung haben einige Gemeinsamkeiten. Sie brechen immer dann aus, wenn ein etabliertes Modell der Wohnraumversorgung in die Krise gerät. Die Proteste verstärken diese Krise gleichzeitig. Sie richten sich gegen zu hohe Mieten, die nicht genug Geld zum Leben lassen und/oder schlechte Wohnverhältnisse. Die Mieter_innenbewegungen waren immer dann erfolgreich – konnten also Einfluss auf eine sozialere Ausgestaltung der Wohnraumversorgung nehmen –, wenn sie von einer Koalition aus ärmeren Schichten und Mittelschichten getragen wurden. Wenn es also gelang, dass sich eine an sich heterogene Mieter_innenschaft aufgrund der gemeinsamen Betroffenheit und geteilter sozialer Praktiken zusammenschloss.

Durch standhaftes Eintreten für ihre Interessen konnte die Mieter_innenbewegung die Wohnraumversorgung als ein sozialpolitisches Feld in den Wohlfahrtstaat integrieren. Dies gelang aber in weniger starkem Ausmaß als bei anderen Feldern, zum Beispiel der Renten- oder Sozialversicherungspolitik (Torgerson 1987), denn dem Eigentum an Boden und Immobilien kommt in einem kapitalistischen Wirtschaftssystem eine besonders wichtige Bedeutung zu (Aalbers/Christophers 2014). Deshalb beschränkt sich die Wohnungspolitik oft darauf, regulierend einzugreifen, wenn die Wohnungsfrage ein Ausmaß erreicht hat, dass sie den sozialen Frieden insgesamt bedroht (Harloe 1995).

Die grundsätzlich marktwirtschaftliche Ausrichtung der Wohnraumversorgung bleibt aber bestehen. Solange Wohnraum aber als Ware gehandelt, und nicht als Grundbedürfnis organisiert wird, solange wird es auch zu Mietsteigerungen, Verdrängung und schlechten Lebensverhältnissen kommen. Die Mieter_innenbewegung thematisiert diesen Widerspruch zwischen Ware und Grundbedürfnis und macht Vorschläge für eine wirklich soziale Wohnraumversorgung.

Literatur

Aalbers, Manuel B./Christophers, Brett (2014): »Centring Housing in Political Economy«, in: Housing, Theory and Society 4/2014, S. 373-394. DOI: 10.1080/14036096.2014.947082

Bodenschatz, Harald/Heise, Volker/Korfmacher, Jochen (1983): Schluss mit der Zerstörung? Stadterneuerung und städtische Opposition in Amsterdam, London und West-Berlin, Gießen: Anabas.

Donner, Christian (2000): Wohnungspolitiken in der Europäischen Union: Theorie und Praxis, Wien: Selbstverlag.

Egner, Björn (2014): »Wohnungspolitik seit 1945«, in: Aus Politik und Zeitgeschichte 20-21/2014, S. 13-19.

Engels, Friedrich (1973 [1872]): Die Lage der arbeitenden Klasse in England, Marx-Engels-Werke, Band 18, Berlin: Dietz, S. 209-287.

Führer, Karl Christian (1993): »Die deutsche Mieterbewegung 1918-1945«, in: Günther Schulz (Hg.), Wohnungspolitik im Sozialstaat. Deutsche und europäische Lösungen 1918-1960, Düsseldorf: Droste Verlag, S. 223-245.

Haerendel, Ulrike (1999): »Wohnungspolitik im Nationalsozialismus«, in: Zeitschrift für Sozialreform 10/1999, S. 843-879.

Hanauske, Dieter (1995): Bauen, bauen, bauen ...! Die Wohnungspolitik in Berlin (West) 1945-1961, Berlin: Akademie Verlag.

Harloe, Michael (1995): The People's Home? Social Rented Housing in Europe and America, Oxford: Blackwell.

Holm, Andrej (2011): »Wohnung als Ware. Zur Ökonomie und Politik der Wohnungsversorgung«, in: Widersprüche 121/2011, S. 9-22.

Holm, Andrej/Kuhn, Armin (2011): »Squatting and Urban Renewal: The Interaction of Squatter Movements and Strategies of Urban Restructuring«, in: IJURR 3/2011, S. 644-658. DOI: 10.1111/j.1468-2427.2010.001009.x

Hüttner, Andreas (2018): »Fehlende soziale Infrastruktur und Mieterhöhungen. Proteste von Mieter/innen im Märkischen Viertel 1968 bis 1974«, in: MieterEcho 384/2018, S. 8 -10.

Jansen, Bernd (1972): »Wohnungspolitik, Leitfaden durch ein kalkuliertes Chaos«, in: Kursbuch 27/1972, S. 11-31.

Kuhn, Armin (2014): Vom Häuserkampf zur neoliberalen Stadt. Besetzungsbewegungen und Stadterneuerung in Berlin und Barcelona, Münster: Westfälisches Dampfboot.

Lange, Annemarie (1980): Berlin zur Zeit Bebels und Bismarcks. Zwischen Reichsgründung und Jahrhundertwende, Berlin: Dietz.

Lengemann, Simon (2015): »Erst das Essen, dann die Miete!«. Protest und Selbsthilfe in Berliner Arbeitervierteln während der großen Depression 1931 bis 1933«, in:

Jahrbuch für Forschung zur Geschichte der Arbeiterbewegung III/2015, S. 46-62.

Mayer, Margit (1990): »Lokale Politik in der unternehmerischen Stadt«, in: Renate Borts et al. (Hg.), Das neue Gesicht der Städte. Theoretische Befunde und empirische Ansätze aus der internationalen Debatte, Basel/Boston/Berlin: Birkhäuser, S. 190-208.

Münch, Sybille (2010): Integration durch Wohnungspolitik? Zum Umgang mit ethnischer Segregation im europäischen Vergleich, Wiesbaden: Springer VS.

Nelles, Wilfried/Wanders, Bernhard (1981): »Zwischen Dienstleistungs-Unternehmen und politisch-sozialer Basisbewegung. Mieterorganisationen in der Bundesrepublik« in: Leviathan 3-4/1981, S. 405-421.

Niethammer, Lutz/Brüggemann, Frank (1976): »Wie wohnten Arbeiter im Kaiserreich?«, in: Archiv für Sozialgeschichte 16/1976, S. 61-134.

Novy, Klaus (1983): Genossenschafts-Bewegung. Zur Geschichte und Zukunft der Wohnreform, Berlin: Transit.

Nowak, Peter (2018): »Vom WBA zu ›Wir bleiben Alle!‹. Mieterselbstorganisierung in Ost-Berlin«, in: Philipp Mattern (Hg.), Mieterkämpfe. Vom Kaiserreich bis heute – das Beispiel Berlin, Berlin: Bertz + Fischer, S. 132-146.

Ott, Peter (1984): Geschichte der deutschen Mieterbewegung. Entstehungsbedingungen und Entwicklung bis 1933, Unveröffentlichte Diplomarbeit, FU Berlin.

Riese, Horst (1990): Mieterorganisation und Wohnungsnot. Geschichte einer Bewegung. Basel/Boston/Berlin: Birkhäuser.

Roth, Roland/Rucht, Dieter (1987): Einleitung. Neue soziale Bewegungen in der Bundesrepublik Deutschland. In: Dies. (Hg.), Die sozialen Bewegungen in Deutschland seit 1945. Ein Handbuch, Frankfurt a.M.: Campus, S. 11-16.

Schartl, Matthias (1984): »Ein Kampf ums nackte Überleben. Volkstumulte und Pöbelexzesse als Ausdruck des Aufbegehrens in der Spätphase der Weimarer Republik« in: Manfred Gailus (Hg.), Pöbelexzesse und Volkstumulte in Berlin, Berlin: erlag Europäische Perspektiven, S. 125-167.

Schildt, Alex (1998): »Wohnungspolitik«, in: Hans Günter Hockerts (Hg.), Drei Wege deutscher Sozialstaatlichkeit. NS-Diktatur, Bundesrepublik und DDR im Vergleich, München: Oldenbourg Wissenschaftsverlag, S. 151-190. DOI: 10.1524/9783486703009.151

Schönig, Barbara (2018): »Ausnahmesegment. Form und Funktion sozialen Wohnungsbaus im transformierten Wohlfahrtsstaat«, in: Prokla 191/2018, S. 227-245. DOI: 10.32387/prokla.v48i191.82

Schönig, Barbara/Vollmer, Lisa (2018.): »Wohnungsnot gestern und heute«, in: Informationen zur Raumentwicklung 4/2018, S. 6-19.

Saldern, Adelheid von (1999): »Rückblicke. Zur Geschichte der kommunalen Selbstverwaltung in Deutschland«, in: Helmut Wollmann/Roland Roth (Hg.), Kommunalpolitik. Politisches Handeln in den Gemeinden, Wiesbaden: Springer VS, S. 23-36. DOI: 10.1007/978-3-663-10504-6_2

Stahr, Henrick (1992): »›Erst Essen – dann Miete!‹ Mieterkrawalle, Mieterstreiks und ihre bildliche Repräsentation«, in: Diethart Kerbs/Henrick Stahr (Hg.), Berlin 1932. Das letzte Jahr der ersten deutschen Republik, Berlin: Edition Hentrich, S. 90-114.

Torgersen, Ulf (1987): »Housing. The Wobbly Pillar under the Welfare State«, in: Scandinavian Housing and Planning Research 1/1987, S. 116-126. DOI: 10.1080/02815737.1987.10801428

Unger, Knut (2016): Anlageprodukt Wohnung. Die Finanzindustrialisierung der deutschen Wohnungswirtschaft. In: Widerspruch. Beiträge zur sozialistischen Politik 68/2016, S. 91103.

Vollmer, Lisa (2018a): »Mieter_innenproteste von den 1960er bis in die 1980er Jahre in der BRD. Von der Klassenallianz zur Aufspaltung und Einhegung ins neoliberale Projekt«, in: sub\urban. zeitschrift für kritische stadtforschung 2-3, S. 137-48. DOI: 10.36900/suburban.v6i2/3.434

Vollmer, Lisa (2018b): Strategien gegen Gentrifizierung, Stuttgart: Schmetterling Verlag.

Vollmer, Lisa (2019): Mieter_innenbewegung in Berlin und New York. Die Formierung politischer Kollektivität, Wiesbaden: Springer VS. DOI: 10.1007/978-3-658-24016-5

Vollmer, Lisa/Kadi, Justin (2018): »Wohnungspolitik in der Krise des Neoliberalismus. Postneoliberaler Paradigmenwechsel oder punktuelle staatliche Beruhigungspolitik?«, in: Prokla. Zeitschrift für kritische Sozialwissenschaft 191/2018, S. 247-264. DOI: 10.32387/prokla.v48i191.83

Wolf, Dietmar (2018): »Vom sozialistischen Volkssport zur politischen Bewegung. Schwarzwohnen und Hausbesetzungen in der DDR«, in: Philipp Mattern (Hg.), Mieterkämpfe. Vom Kaiserreich bis heute – das Beispiel Berlin, Berlin: Bertz + Fischer, S. 147-168.

Zimmermann, Clemens (1991): Von der Wohnungsfrage zur Wohnungspolitik. Die Reformbewegungen in Deutschland 1845-1914, Göttingen: Vandenhoeck und Ruprecht. DOI: 10.13109/9783666357534

Autor*innenverzeichnis

Manuel Aalbers ist Professor für Sozial- und Wirtschaftsgeographie an der Katholischen Universität Leuven, wo er das ERC Projekt »The Real Estate/Financial Complex« leitet. Seine Forschungsinteressen sind der Nexus von Immobilienwirtschaft, Finanzialisierung und staatlicher Regulation. Er ist Autor zahlreicher Veröffentlichungen zum Thema Wohnen, unter anderem »The Financialization of Housing« (Routledge, 2016).

Matthias Bernt ist Politologe und Soziologe. Er arbeitet als Senior-Researcher am Leibniz-Institut für Raumbezogene Sozialforschung (IRS) sowie als Privatdozent an der Humboldt-Universität zu Berlin. Seine Forschungsschwerpunkte sind Stadtforschung, Urban Governance, Stadtumbau und Stadterneuerung.

Helmut Brede (1935-1985) war Wirtschaftswissenschaftler und Professor für Regional-, Stadt- und Gemeindeforschung an der Goethe-Universität Frankfurt a.M. Außerdem war er Mitarbeiter der Projektgruppe Wohnungsversorgung, die zwischen 1971 und 1974 am Institut Wohnen und Umwelt in Darmstadt tätig war.

Brett Christophers ist Professor am Department of Social and Economic Geography der Universität Uppsala in Schweden und Autor des Buches »The New Enclosure: The Appropriation of Public Land in Neoliberal Britain« (Verso, 2018). In seiner Forschung beschäftigt er sich mit Fragen der politischen Ökonomie, Wohnungspolitik und Finanzialisierung.

James DeFilippis ist Professor an der Bloustein School of Planning and Public Policy an der Rutgers University, New Jersey. In seiner Forschung befasst er sich mit Prozessen des sozialen Wandels sowie Fragen von Macht und Gerechtigkeit in Städten. Er hat einen BA in Politikwissenschaft der University of Vermont und einen PhD in Geographie der Rutgers University. Bevor er an die Rutgers zurückkehrte, hat er am King's College London und am Baruch College der CUNY unterrichtet.

Barbara Dietrich ist Rechts- und Politikwissenschaftlerin. Ihre Dissertation zur Abschöpfung der Städtischen Grundrente verfasste sie in den Rechtswissenschaften der Universität Bremen. Außerdem war sie Mitarbeiterin der Projektgruppe Wohnungsversorgung, die zwischen 1971 und 1974 am Institut Wohnen und Umwelt in Darmstadt tätig war.

Friedrich Engels (1820-1895) war ein marxistischer Gesellschaftstheoretiker, Historiker und Revolutionär. Mit seiner empirischen Untersuchung »Die Lage der arbeitenden Klasse in England« (1845) und seinen Aufsätzen »Zur Wohnungsfrage« (1872/73) zählt Engels zu den Klassikern der Stadtsoziologie und Wohnungsforschung.

Susanne Frank ist Professorin für Stadt- und Regionalsoziologie an der Fakultät für Raumplanung der TU Dortmund. In ihrer Forschung beschäftigt sie sich schwerpunktmäßig mit dem Wandel von Siedlungsstrukturen in urbanen und ländlichen Regionen (Reurbanisierung/Suburbanisierung/Gentrifizierung).

James Fraser ist Visiting Professor an der University of Minnesota am Center for Urban and Regional Affairs. In seiner Forschung untersucht er urbane Umweltfragen rund um Entwicklung und Governance von städtischen Prozessen sowie Fragen der Wohnungsforschung.

Hartmut Häußermann (1943-2011) war einer der bekanntesten Vertreter*innen der Stadtsoziologie in Deutschland. Er leitete von 1993 bis 2008 den Lehrbereich für Stadt- und Regionalsoziologie an der Humboldt-Universität zu Berlin.

Susanne Heeg ist Professorin für geographische Stadtforschung am Institut für Humangeographie der Goethe-Universität Frankfurt a.M. Ihre Forschungsinteressen umfassen die Finanzialisierung der gebauten Umwelt, Globalisierung von Immobilieninvestments und die Neoliberalisierung des Städtischen. Sie war u.a. Projektleiterin der von der DFG finanzierten Forschungsinitiative »Reshaping the Urban in Neoliberal Times« und des Projektes »Herstellung von transparenten Immobilienmärkten am Beispiel von Warschau«.

Andrej Holm ist wissenschaftlicher Mitarbeiter am Arbeitsbereich Stadt- und Regionalsoziologie des Instituts für Sozialwissenschaften an der Humboldt-Universität zu Berlin. Seine Forschungsschwerpunkte sind Stadtentwicklung, Gentrification und Wohnungspolitik.

Inga Jensen ist Politikwissenschaftlerin und Historische Urbanistin. Schwerpunkte ihrer Forschung sind die Rekommunalisierung und Dekommodifizierung von

Wohnraum sowie die soziale Wohnraumversorgung. Derzeit promoviert sie an der Bauhaus-Universität Weimar in der Nachwuchsforscherinnengruppe »Soziale Wohnraumversorgung in wachsenden Stadtregionen. Stadtplanerische und rechtliche Perspektiven« der Hans-Böckler-Stiftung.

Bernhard Kohaupt ist Architekt und arbeitet als Planer. Außerdem war er Mitarbeiter der Projektgruppe Wohnungsversorgung, die zwischen 1971 und 1974 am Institut Wohnen und Umwelt in Darmstadt tätig war.

Sebastian Kohl ist Soziologe am Max-Planck-Institut für Gesellschaftsforschung. Seine Forschungsschwerpunkte umfassen die Soziologie von Wohnungs-, Hypotheken- und Versicherungsmärkten. Sein Buch »Homeownership, Renting and Society: Historical and Comparative Perspectives« ist 2017 bei Routledge erschienen.

Stefan Krätke war von 1994 bis 2018 Professor für Wirtschafts- und Sozialgeographie an der Europa-Universität Viadrina in Frankfurt (Oder). Seit den 1980er Jahren hat er zahlreiche Artikel und Bücher zur Wohnungspolitik, zur kritischen Stadtforschung und Wirtschaftsgeographie der Globalisierung veröffentlicht.

Walter Matznetter hat Geographie in Wien und München sowie Stadt- und Regionalplanung in Reading (UK) studiert. Er war von 1979 bis 1989Assistent und dann bis 2017 Assistenzprofessor am Institut für Geographie der Universität Wien und ist dort als Lehrbeauftragter weiterhin tätig. Seine langjährigen Forschungsschwerpunkte sind Wohnungsforschung und Stadtgeographie, vor allem im europäischen Vergleich.

Lutz Niethammer ist emeritierter Professor für Neuere Geschichte. Er hatte Lehrstühle an der Universität Essen, der Fernuniversität Hagen sowie der Friedrich-Schiller-Universität Jena inne und gilt als ein Wegbereiter der Oral History in Deutschland. Im Feld der Wohnungsforschung ist er u.a. bekannt durch seine Arbeiten zum preußischen Wohnungsgesetz von 1918 und zur Geschichte des Sozialen Wohnungsbaus sowie als Herausgeber des Sammelbandes »Wohnen im Wandel. Beiträge zur Geschichte des Alltags in der bürgerlichen Gesellschaft« (Hammer, 1979).

Klaus Novy (1944-1991) war Publizist und Professor für Planungs- und Stadtökonomie an der Universität Wuppertal und der TU Berlin. Mit seiner Forschung zur gemeinschaftlichen Selbstorganisation setzte er sich für eine Erneuerung der genossenschaftlichen Wohnkultur ein. In seinem Namen vergibt der Spar- und Bauverein Solingen eG seit 1997 alle fünf Jahre einen Preis für Innovationen beim genossenschaftlichen Bauen und Wohnen.

Sebastian Schipper ist Professor für geographische Stadtforschung an der Goethe-Universität Frankfurt a.m. Seine Forschungsschwerpunkte liegen im Bereich Stadtpolitik, politische Ökonomie des Wohnens, Gentrifizierung und städtische soziale Bewegungen. Seine Habilitation ist 2018 unter dem Titel »Wohnraum dem Markt entziehen? Wohnungspolitik und städtische soziale Bewegungen in Frankfurt und Tel Aviv« im Verlag für Sozialwissenschaften erschienen.

Barbara Schönig ist Professorin für Stadtplanung an der Fakultät Architektur und Urbanistik der Bauhaus-Universität Weimar und seit 2013 Direktorin des Instituts für Europäische Urbanistik. Ihre Forschungsschwerpunkte sind soziale Wohnraumversorgung, Governance und Partizipation in Planung und Stadtentwicklung sowie die (Re-)Strukturierung städtischer, suburbaner ebenso wie ländlicher Räume im Kontext gesellschaftlicher Transformation.

Walter Siebel ist emeritierter Professor für Soziologie an der Universität Oldenburg und war zwischen 1989 und 1995 wissenschaftlicher Direktor der IBA Emscher-Park. Er ist Mitglied in DASL, DGS, ARL und verschiedenen wissenschaftlichen Beiräten. Letzte Buchveröffentlichungen: Die europäische Stadt (2004); Stadtpolitik (2009, zus. mit H. Häußermann und D. Läpple); Polarisierte Städte (2013, zus. mit M. Kronauer); Die Kultur der Stadt (2015).

Ulf Torgersen (1931-2006) war ein norwegischer Professor für Politikwissenschaften. Bis 2000 war er am Institut für Angewandte Sozialforschung (INAS) in Oslo tätig. Zu seinen Forschungsschwerpunkten gehörten unter anderem Parteiorganisation, Arbeits- und Wohnungspolitik.

Lisa Vollmer ist wissenschaftliche Mitarbeiterin am Institut für Europäische Urbanistik an der Bauhaus-Universität Weimar. Ihre Forschungsschwerpunkte sind soziale Bewegungsforschung, Wohnungsforschung und Governanceforschung. Ihre Promotion hat sie zu aktuellen Mieter*innenbewegungen in Berlin und New York verfasst. Sie ist Mitglied der Redaktion von »sub\urban. zeitschrift für kritische stadtforschung«.

Daniela Zupan ist Juniorprofessorin für European Cities and Urban Heritage an der Bauhaus-Universität Weimar. Sie hat Architektur an der Technischen Universität Graz und Slawistik an der Universität Graz studiert. Im Anschluss promovierte sie an der Universität Stuttgart im Bereich Planungstheorie/Stadtforschung. Zu ihren Forschungsschwerpunkten zählen städtebauliche Leitbilder, diskursanalytische Ansätze zur Erforschung von Aushandlungsprozessen städtebaulichen Erbes, postsozialistische Städte und Stadtentwicklungsprozesse in autoritären Kontexten.

Soziologie

Naika Foroutan
Die postmigrantische Gesellschaft
Ein Versprechen der pluralen Demokratie

2019, 280 S., kart., 18 SW-Abbildungen
19,99 € (DE), 978-3-8376-4263-6
E-Book: 17,99 € (DE), ISBN 978-3-8394-4263-0
EPUB: 17,99 € (DE), ISBN 978-3-7328-4263-6

Maria Björkman (Hg.)
Der Mann und die Prostata
Kulturelle, medizinische
und gesellschaftliche Perspektiven

2019, 162 S., kart., 10 SW-Abbildungen
19,99 € (DE), 978-3-8376-4866-9
E-Book: 17,99 € (DE), ISBN 978-3-8394-4866-3

Franz Schultheis
Unternehmen Bourdieu
Ein Erfahrungsbericht

2019, 106 S., kart.
14,99 € (DE), 978-3-8376-4786-0
E-Book: 17,99 € (DE), ISBN 978-3-8394-4786-4
EPUB: 17,99 € (DE), ISBN 978-3-7328-4786-0

Soziologie

Sybille Bauriedl, Anke Strüver (Hg.)
**Smart City – Kritische Perspektiven
auf die Digitalisierung in Städten**
2018, 364 S., kart.
29,99 € (DE), 978-3-8376-4336-7
E-Book: 26,99 € (DE), ISBN 978-3-8394-4336-1
EPUB: 26,99 € (DE), ISBN 978-3-7328-4336-7

Weert Canzler, Andreas Knie, Lisa Ruhrort, Christian Scherf
**Erloschene Liebe?
Das Auto in der Verkehrswende**
Soziologische Deutungen

2018, 174 S., kart.
19,99 € (DE), 978-3-8376-4568-2
E-Book: 17,99 € (DE), ISBN 978-3-8394-4568-6
EPUB: 17,99 € (DE), ISBN 978-3-7328-4568-2

Juliane Karakayali, Bernd Kasparek (Hg.)
**movements.
Journal for Critical Migration
and Border Regime Studies**
Jg. 4, Heft 2/2018

2019, 246 S., kart.
24,99 € (DE), 978-3-8376-4474-6